NomosKommentar

Dr. Christian Johann | Dr. Roya Sangi [Hrsg.]

LkSG

Lieferkettensorgfaltspflichtengesetz

Handkommentar

Dr. Moritz Gabriel, Bonn | Tobias Gafus, Berlin | Dr. Matthias Ganske, Bonn | Dr. Katja Gehne, Ludwigshafen | Dr. Franziska Humbert, Berlin | Dr. Christian Johann, Berlin | Andrea Kämpf, Berlin | Dr. Daniel Neuhöfer, Bonn | Theresa Philippi, Bonn | Dr. Roya Sangi, Berlin | Dr. Henrik Vogel, München | Sabine Wildfeuer, Berlin

Nomos

Zitiervorschlag: HK-LkSG/Vogel LkSG § 12 Rn. 1

Die Deutsche Nationalbibliothek verzeichnet diese Publikation in der Deutschen Nationalbibliografie; detaillierte bibliografische Daten sind im Internet über http://dnb.d-nb.de abrufbar.

ISBN 978-3-8487-7230-8

1. Auflage 2023
© Nomos Verlagsgesellschaft, Baden-Baden 2023. Gesamtverantwortung für Druck und Herstellung bei der Nomos Verlagsgesellschaft mbH & Co. KG. Alle Rechte, auch die des Nachdrucks von Auszügen, der fotomechanischen Wiedergabe und der Übersetzung, vorbehalten.

Vorwort

Als sich abzeichnete, dass das lang diskutierte „Lieferkettengesetz" Wirklichkeit wird, war die Idee eines Kommentarprojekts schnell geboren. Nicht nur stand die praktische Bedeutung außer Frage. Es waren vor allem der Reiz und die Herausforderung eines gänzlich neuen Regelwerks, das höchst unterschiedliche Rechtsgebiete zu einem Ganzen vereint, die uns veranlasst haben, die Idee in die Tat umzusetzen.

Bemerkenswert am Lieferkettensorgfaltspflichtengesetz (LkSG) ist, dass es einen völkerrechtlichen Normenbestand in den Fokus rückt, der zuvor teils nur einem kleinen Kreis von Spezialisten vertraut gewesen sein dürfte. Völkerrecht bindet nach klassischem Verständnis nur Staaten. Sie sind es, die als Vertragsparteien der Übereinkommen zum Schutz der Menschenrechte und der Umwelt zu deren Einhaltung völkerrechtlich verpflichtet sind. Die Unternehmen nimmt nun das LkSG einfachgesetzlich in die Pflicht, soweit sie in ihrem durch die Lieferkette definierten Einflussbereich auf die Vermeidung von Rechtsverletzungen hinwirken können. Das LkSG schafft eine verpflichtende „Menschenrechts-Compliance" für Unternehmen und überführt damit bislang zahnloses „soft law" in „hard law", dessen Verletzung empfindliche Sanktionen nach sich ziehen kann.

Über die Reichweite der aus dem LkSG folgenden Verpflichtungen werden die verschiedenen Stakeholder unterschiedlicher Auffassung sein. Wer durch das Gesetz verpflichtet ist, wird ein engeres Verständnis befürworten; wer sich als NGO zur Durchsetzung der Menschenrechte berufen sieht, ein weiteres. Dieser Handkommentar ist darum bemüht, durch einen normgeleiteten Ansatz für alle Rechtsanwender, die mit dem neuen Gesetz umgehen müssen – sei dies in Unternehmen, NGOs, Anwaltschaft, Verwaltung oder Justiz –, eine kompakte und zugleich aussagekräftige Arbeitshilfe zu bieten.

Ohne unsere Autorinnen und Autoren wäre die Verwirklichung dieses Projekts nicht möglich gewesen. Ihnen zuallererst gilt daher unser großer Dank. Ebenso dankbar sind wir Christoph Krampe vom Nomos Verlag für die professionelle Betreuung und das sorgfältige – und zugleich sensationell zügige – Lektorat. Unersetzliche Hilfe haben außerdem Michaela van der Linde und Maren Dohmen geleistet, die uns stets zuverlässig mit der nötigen Literatur versorgt haben, sowie Eleni Wolfenberg bei der Finalisierung der Umbrüche.

Das Werk hat den Stand Anfang Oktober 2022.

Anregungen und Kritik sind willkommen. Sie erreichen die Herausgeber unter sangi@redeker.de oder johann@redeker.de.

Berlin, im Oktober 2022   *Roya Sangi*   *Christian Johann*

Inhaltsverzeichnis

Vorwort 5
Bearbeiterverzeichnis 9
Abkürzungsverzeichnis 11
Literaturverzeichnis 21

Einleitung 31

Gesetz über die unternehmerischen Sorgfaltspflichten
zur Vermeidung von Menschenrechtsverletzungen in Lieferketten
(Lieferkettensorgfaltspflichtengesetz – LkSG)

Abschnitt 1 Allgemeine Bestimmungen

| § 1 | Anwendungsbereich .... | 43 |
| § 2 | Begriffsbestimmungen .... | 67 |

Abschnitt 2 Sorgfaltspflichten

§ 3	Sorgfaltspflichten	148
§ 4	Risikomanagement	169
§ 5	Risikoanalyse	195
§ 6	Präventionsmaßnahmen	212
§ 7	Abhilfemaßnahmen	242
§ 8	Beschwerdeverfahren	272
§ 9	Mittelbare Zulieferer; Verordnungsermächtigung	305
§ 10	Dokumentations- und Berichtspflicht	323

Abschnitt 3 Zivilprozess

| § 11 | Besondere Prozessstandschaft .... | 336 |

Abschnitt 4 Behördliche Kontrolle und Durchsetzung

Unterabschnitt 1 Berichtsprüfung

| § 12 | Einreichung des Berichts .... | 352 |
| § 13 | Behördliche Berichtsprüfung; Verordnungsermächtigung .... | 354 |

Unterabschnitt 2 Risikobasierte Kontrolle

§ 14	Behördliches Tätigwerden; Verordnungsermächtigung	358
§ 15	Anordnungen und Maßnahmen	363
§ 16	Betretensrechte	366
§ 17	Auskunfts- und Herausgabepflichten	376
§ 18	Duldungs- und Mitwirkungspflichten	390

Unterabschnitt 3 Zuständige Behörde, Handreichungen, Rechenschaftsbericht

§ 19	Zuständige Behörde	394
§ 20	Handreichungen	399
§ 21	Rechenschaftsbericht	401

Abschnitt 5 Öffentliche Beschaffung

§ 22	Ausschluss von der Vergabe öffentlicher Aufträge	402

Abschnitt 6 Zwangsgeld und Bußgeld

§ 23	Zwangsgeld	424
§ 24	Bußgeldvorschriften	424
Anlage		445

Stichwortverzeichnis 447

Bearbeiterverzeichnis

Dr. Moritz Gabriel
Rechtsanwalt, Redeker Sellner Dahs
Rechtsanwälte, Bonn

§ 2 Abs. 2 (zs. mit *Johann*)
§ 2 Abs. 3
§ 2 Abs. 5–8 (zs. mit *Gehne*)
§§ 21, 23

Tobias Gafus
Rechtsanwalt, Redeker Sellner Dahs
Rechtsanwälte, Berlin

§§ 16–18 (zs. mit *Sangi*)

Dr. Matthias Ganske
Rechtsanwalt, Fachanwalt für
Verwaltungsrecht und Fachanwalt für
Vergaberecht, Redeker Sellner Dahs
Rechtsanwälte, Bonn

§ 22

Dr. Katja Gehne
Head of Sustainability Management,
BASF, Ludwigshafen

§ 2 Abs. 5–8 (zs. mit *Gabriel*)
§§ 4–7
(zs. mit *Humbert/Philippi*)
§ 9 Überbl., Abs. 2–4
(zs. mit *Humbert/Philippi*)

*Dr. PD Franziska Humbert, LL.M.
(London)*
Rechtsanwältin, Head of the Just
Economies Team, Oxfam Deutschland,
Berlin

§§ 4–7
(zs. mit *Gehne/Philippi*)
§ 9 Überbl., Abs. 2–4
(zs. mit *Gehne/Philippi*)

Dr. Christian Johann
Rechtsanwalt, Redeker Sellner Dahs
Rechtsanwälte, Berlin

Einleitung (zs. mit *Sangi*)
§ 1 (zs. mit *Wildfeuer*)
§ 2 Abs. 1
§ 2 Abs. 2 (zs. mit *Gabriel*)
§ 2 Abs. 4
§ 20

Andrea Kämpf, LL.M.
Rechtsanwältin
(Syndikusrechtsanwältin) und
Mediatorin, Internationale
Klimaschutzinitiative, Zukunft –
Umwelt – Gesellschaft gGmbH, Berlin

§ 8
§ 9 Abs. 1

Dr. *Daniel Neuhöfer*, LL.M. *(Strathclyde/Glasgow)* Rechtsanwalt, Fachanwalt für Strafrecht, Redeker Sellner Dahs Rechtsanwälte, Bonn	§ 24
Theresa Philippi Rechtsanwältin, Redeker Sellner Dahs Rechtsanwälte, Bonn	§§ 4–7 (zs. mit *Gehne/Humbert*) § 9 Überbl., Abs. 2–4 (zs. mit *Gehne/Humbert*)
Dr. *Roya Sangi*, M.A. Rechtsanwältin, Redeker Sellner Dahs Rechtsanwälte, Berlin	Einleitung (zs. mit *Johann*) §§ 3, 14, 15 §§ 16–18 (zs. mit *Gafus*) § 19
Dr. *Henrik Vogel*, LL.M. *(University of NSW)* Rechtsanwalt, Country Compliance Officer, Generali Deutschland Gruppe, München	§§ 10, 12, 13
Sabine Wildfeuer Rechtsanwältin, Fachanwältin für gewerblichen Rechtsschutz, Redeker Sellner Dahs Rechtsanwälte, Berlin	§ 1 (zs. mit *Johann*) § 11

Die in diesem Kommentar geäußerten Ansichten geben allein die persönliche Meinung der Bearbeiterinnen und Bearbeiter wieder.

Abkürzungsverzeichnis

aA	andere(r) Ansicht/Auffassung
AA	Auswärtiges Amt
Abb.	Abbildung
Abk.	Abkommen
ABl.	Amtsblatt
abl.	ablehnend
Abs.	Absatz
abschl.	abschließend
Abschn.	Abschnitt
abw.	abweichend
abwM	abweichende Meinung
abzgl.	abzüglich
aE	am Ende
AEntG	Arbeitnehmer-Entsendegesetz
AEUV	Vertrag über die Arbeitsweise der Europäischen Union
aF	alte Fassung
AG	Amtsgericht
AG	Die Aktiengesellschaft (Zeitschrift)
AktG	Aktiengesetz
allg.	allgemein
allgA	allgemeine Ansicht
allgM	allgemeine Meinung
Alt.	Alternative
aM	andere Meinung
amtl.	amtlich
Änd.	Änderung
ÄndG	Änderungsgesetz
Anh.	Anhang
Anl.	Anlage
Anm.	Anmerkung
AnwBl	Anwaltsblatt (Zeitschrift)
AO	Abgabenordnung
ArbGG	Arbeitsgerichtsgesetz
ArbSchG	Arbeitsschutzgesetz
ArbStättV	Arbeitsstättenverordnung
Arch.	Archiv
Arg.	Argumentation
ARP	Arbeitsschutz in Recht und Praxis (Zeitschrift)
Art.	Artikel
AtG	Atomgesetz
AufenthG	Aufenthaltsgesetz
Auff.	Auffassung
aufgeh.	aufgehoben

Aufl.	Auflage
AÜG	Arbeitnehmerüberlassungsgesetz
AuR	Arbeit und Recht (Zeitschrift)
ausdr.	ausdrücklich
ausf.	ausführlich
Ausg.	Ausgabe
ausl.	ausländisch
ausschl.	ausschließlich
AVR	Archiv des Völkerrechts (Zeitschrift)
AWG	Außenwirtschaftsgesetz
AWV	Außenwirtschaftsverordnung
Az.	Aktenzeichen
BAFA	Bundesamt für Wirtschaft und Ausfuhrkontrolle
BAnz.	Bundesanzeiger
BayObLG	Bayerisches Oberstes Landesgericht
BB	Betriebs-Berater (Zeitschrift)
BBodSchG	Bundes-Bodenschutzgesetz
Bd.	Band
BDA	Bundesvereinigung der Deutschen Arbeitgeberverbände
Bde.	Bände
BDSG	Bundesdatenschutzgesetz
bearb.	bearbeitet
BeckRS	beck-online.RECHTSPRECHUNG
Begr.	Begründung
begr.	begründet
Beil.	Beilage
Bek.	Bekanntmachung
ber.	berichtigt
bes.	besonders
Beschl.	Beschluss
bespr.	besprochen
BetrSichV	Betriebssicherheitsverordnung
BetrVG	Betriebsverfassungsgesetz
BGB	Bürgerliches Gesetzbuch
BGBl.	Bundesgesetzblatt
BGH	Bundesgerichtshof
BGHSt	Entscheidungen des Bundesgerichtshofes in Strafsachen
BHRRC	Business & Human Rights Resource Centre
BImSchG	Bundes-Immissionsschutzgesetz
bish.	bisher(iger)
BKR	Zeitschrift für Bank- und Kapitalmarktrecht
Bl.	Blatt
BMAS	Bundesministerium für Arbeit und Soziales
BMJ	Bundesministerium der Justiz

BMWK	Bundesministerium für Wirtschaft und Klimaschutz
BMZ	Bundesministerium für wirtschaftliche Zusammenarbeit und Entwicklung
BNatSchG	Bundesnaturschutzgesetz
BnT	Bündnis für nachhaltige Textilien
BR	Bundesrat
BR-Drs.	Bundesrats-Drucksache
BR-Prot.	Bundesrats-Protokoll
BRRG	Beamtenrechtsrahmengesetz
Bsp.	Beispiel
bspw.	beispielsweise
BT	Bundestag
BT-Drs.	Bundestags-Drucksache
BT-Prot.	Bundestags-Protokoll
BVerfG	Bundesverfassungsgericht
BVerfGE	Entscheidungen des Bundesverfassungsgerichts
bzgl.	bezüglich
bzw.	beziehungsweise
ca.	circa
CAO	Compliance Adviser Ombudsman
CB	Compliance Berater (Zeitschrift)
CCZ	Corporate Compliance Zeitschrift
CEACR	Committee of Experts on the Application of Conventions and Recommendations
CMS	Compliance Management-System
COSO	Committee of Sponsoring Organizations of the Treadway Commission
CS	Compliance-System
CSR	Corporate Social Responsibility
Darst.	Darstellung
DAV	Deutscher Anwaltverein
DB	Der Betrieb (Zeitschrift)
DCAF	Geneva Centre for Security Sector Governance
DCGK	Deutscher Corporate Governance Kodex
dgl.	dergleichen, desgleichen
dh	das heißt
diesbzgl.	diesbezüglich
diff.	differenziert, differenzierend
div.	diverse
DK	Der Konzern (Zeitschrift)
Dok.	Dokument
DÖV	Die Öffentliche Verwaltung (Zeitschrift)
Drs.	Drucksache
DS-GVO	Datenschutz-Grundverordnung
DStR	Deutsches Steuerrecht (Zeitschrift)
dt.	deutsch

DVBl	Deutsches Verwaltungsblatt (Zeitschrift)
E	Entwurf
ECCHR	European Center for Constitutional and Human Rights
Ed.	Edition
EGMR	Europäischer Gerichtshof für Menschenrechte
ehem.	ehemalig/e/er/es
Einf.	Einführung
einf.	einführend
eing.	eingehend
eingef.	eingefügt
einhM	einhellige Meinung
Einl.	Einleitung
einschl.	einschließlich
EL	Ergänzungslieferung
Empf.	Empfehlung
EMRK	Europäische Menschenrechtskonvention
endg.	endgültig
engl.	englisch
Entsch.	Entscheidung
Entschl.	Entschluss
entspr.	entspricht, entsprechend
Erg.	Ergebnis, Ergänzung
erg.	ergänzend
Ergbd.	Ergänzungsband
Erkl.	Erklärung
Erl.	Erlass, Erläuterung
ERM	Enterprise Risk Management
Erwgr.	Erwägungsgrund
ESG	Zeitschrift für nachhaltige Unternehmensführung
etc	et cetera (und so weiter)
EuGH	Europäischer Gerichtshof
EUR	Euro
eur.	europäisch
EurUP	Zeitschrift für Europäisches Umwelt- und Planungsrecht
EuZW	Europäische Zeitschrift für Wirtschaftsrecht
eV	eingetragener Verein
evtl.	eventuell
EWG	Europäische Wirtschaftsgemeinschaft
EWR	Europäischer Wirtschaftsraum
f., ff.	folgende Seite bzw. Seiten
FG	Finanzgericht
FinDAG	Finanzdienstleistungsaufsichtsgesetz
FKVO	Fusionskontrollverordnung
Fn.	Fußnote

FS	Festschrift
G	Gesetz
GastG	Gaststättengesetz
GBl.	Gesetzblatt
geänd.	geändert
geb.	geboren
gem.	gemäß
ges.	gesetzlich
GeschGehG	Geschäftsgeheimnisgesetz
GewArch	GewerbeArchiv (Zeitschrift)
GewO	Gewerbeordnung
gewöhnl.	gewöhnlich
GFA	Global Framework Agreement
GGBefG	Gefahrgutbeförderungsgesetz
ggf.	gegebenenfalls
ggü.	gegenüber
GLE	Gleichlautende Ländererlasse
GmbHG	Gesetz betreffend die Gesellschaften mit beschränkter Haftung
GO	Geschäftsordnung/Gemeindeordnung
Grdl.	Grundlage
grdl.	grundlegend
grds.	grundsätzlich
GRUR-Int	Gewerblicher Rechtsschutz und Urheberrecht – International
GS	Gedenkschrift, Gedächtnisschrift
GVBl.	Gesetz- und Verordnungsblatt
GWB	Gesetz gegen Wettbewerbsbeschränkungen
GwG	Geldwäschegesetz
GWR	Gesellschafts- und Wirtschaftsrecht (Zeitschrift)
hA	herrschende Ansicht/Auffassung
HandwO	Handwerksordnung
HdB	Handbuch
HGB	Handelsgesetzbuch
hins.	hinsichtlich
HinSchG	Hinweisgeberschutzgesetz
hL	herrschende Lehre
hM	herrschende Meinung
Hrsg.	Herausgeber
hrsg.	herausgegeben
Hs.	Halbsatz
HwO	Handwerksordnung
IBRRS	Rechtsprechungsservice der IBR (Immobilien- und Baurecht)
ICRC	International Committee of the Red Cross
idF	in der Fassung
idR	in der Regel

idS	in diesem Sinne
iE	im Einzelnen
iErg	im Ergebnis
ieS	im engeren Sinne
IFC	International Finance Corporation
IFG	Informationsfreiheitsgesetz
iHd	in Höhe des/der
iHv	in Höhe von
ILO	International Labour Organization (Internationale Arbeitsorganisation)
IMA	Interministerieller Ausschuss
insbes.	insbesondere
insges.	insgesamt
int.	international
IPBPR	Internationaler Pakt über bürgerliche und politische Rechte
IPWSKR	Internationaler Pakt über wirtschaftliche, soziale und kulturelle Rechte
iRd	im Rahmen des/der
iRv	im Rahmen von
iS	im Sinne
iSd	im Sinne des/der
IStR	Internationales Steuerrecht (Zeitschrift)
iSv	im Sinne von
iÜ	im Übrigen
iVm	in Verbindung mit
iW	im Wesentlichen
IWRZ	Zeitschrift für Internationales Wirtschaftsrecht
iwS	im weiteren Sinne
jew.	jeweils
JR	Juristische Rundschau (Zeitschrift)
jur.	juristisch
jurisPR-StrafR	juris PraxisReport Strafrecht
JuS	Juristische Schulung (Zeitschrift)
JZ	Juristenzeitung (Zeitschrift)
Kap.	Kapitel, Kapital
KlimR	Klima und Recht (Zeitschrift)
Kom.	Komitee, Kommission
KPI	Key Performance Indicator
KriPoZ	Kriminalpolitische Zeitschrift
krit.	kritisch
KrWG	Kreislaufwirtschaftsgesetz
lfd.	laufend
Lfg.	Lieferung
LG	Landgericht
Lit.	Literatur
lit.	litera

LkSG	Lieferkettensorgfaltspflichtengesetz
Ls.	Leitsatz
lt.	laut
LT-Drs.	Landtags-Drucksache
LT-Prot.	Landtags-Protokoll
mablAnm	mit ablehnender Anmerkung
mÄnd	mit Änderungen
mAnm	mit Anmerkung
Mat.	Materialien
maW	mit anderen Worten
max.	maximal
mBespr	mit Besprechung
MDR	Monatsschrift für Deutsches Recht (Zeitschrift)
mE	meines Erachtens
mind.	mindestens
MindestlohnG	Mindestlohngesetz
Mio.	Million(en)
Mitt.	Mitteilung(en)
mkritAnm	mit kritischer Anmerkung
mN	mit Nachweisen
Mrd.	Milliarde(n)
MSI	Multi Stakeholder Initiative
mtl.	monatlich
mwN	mit weiteren Nachweisen
mWv	mit Wirkung vom
mzustAnm	mit zustimmender Anmerkung
nachf.	nachfolgend
Nachw.	Nachweise
NAP	Nationaler Aktionsplan
neu gef.	neu gefasst
nF	neue Fassung
NGO	Non-governmental organization (Nichtregierungsorganisation)
NJW	Neue Juristische Wochenschrift (Zeitschrift)
NJW-RR	Neue Juristische Wochenschrift – Rechtsprechungs-Report
NKS	Nationale Kontaktstelle
Nov.	Novelle
Nr.	Nummer
nrkr	nicht rechtskräftig
NStZ	Neue Zeitschrift für Strafrecht
nv	nicht veröffentlicht
NVwZ	Neue Zeitschrift für Verwaltungsrecht
NZA	Neue Zeitschrift für Arbeits- und Sozialrecht
NZA-RR	Neue Zeitschrift für Arbeits- und Sozialrecht – Rechtsprechungs-Report
NZG	Neue Zeitschrift für Gesellschaftsrecht

NZWiSt	Neue Zeitschrift für Wirtschafts-, Steuer und Unternehmensstrafrecht
o.	oben, oder
o. a.	oben angegeben(e/es/er)
o. g.	oben genannte(r, s.)
oÄ	oder Ähnliche/s.
OECD	Organisation for Economic Co-operation and Development (Organisation für wirtschaftliche Zusammenarbeit und Entwicklung)
öffentl.	öffentlich
OHCHR	Office of the High Commissioner for Human Rights (Büro des Hohen Kommissars für Menschenrechte)
OLG	Oberlandesgericht
OWiG	Gesetz über Ordnungswidrigkeiten
POP	Persistent Organic Pollutants
ProdSG	Produktsicherheitsgesetz
Prot.	Protokoll
RA	Rechtsanwalt
RAW	Recht Automobil Wirtschaft (Zeitschrift)
rd.	rund
RdErl.	Runderlass
RDG	Rechtsdienstleistungsgesetz
RdTW	Recht der Transportwirtschaft (Zeitschrift)
RefE	Referentenentwurf
RegE	Regierungsentwurf
RIW	Recht der Internationalen Wirtschaft (Zeitschrift)
rkr.	rechtskräftig
RL	Richtlinie
RMS	Risikomanagementsystem
Rn.	Randnummer
Rs.	Rechtssache
Rspr.	Rechtsprechung
S.	Seite(n), Satz
s.	siehe
s. auch	siehe auch
SchwarzArbG	Schwarzarbeitsbekämpfungsgesetz
SLAPP	Strategic Lawsuits Against Public Participation
Slg.	Sammlung
sog.	sogenannt
SPA	Schnellbrief für Personalwirtschaft und Arbeitsrecht (Zeitschrift)
st.	ständig
Stellungn.	Stellungnahme
StGB	Strafgesetzbuch
StPO	Strafprozessordnung

str.	streitig, strittig
stRspr	ständige Rechtsprechung
TA Lärm	Technische Anleitung zum Schutz gegen Lärm
teilw.	teilweise
tvA	teilweise vertretene Ansicht
Tz.	Textziffer
u.	und, unter, unten
ua	und andere, unter anderem
uÄ	und Ähnliches
UAbs.	Unterabsatz
UAbschn.	Unterabschnitt
uam	und anderes mehr
uÄm	und Ähnliches mehr
überarb.	überarbeitet
Überbl.	Überblick
überw.	überwiegend
Übk.	Übereinkommen
uE	unseres Erachtens
UIG	Umweltinformationsgesetz
umstr.	umstritten
unstr.	unstreitig
unv.	unverändert, unveränderte Auflage
unveröff.	unveröffentlicht
unzutr.	unzutreffend
Urk.	Urkunde
Urt.	Urteil
usw	und so weiter
uU	unter Umständen
uvam	und vieles anderes mehr
uvm	und viele mehr
v.	vom, von
v. a.	vor allem
VAG	Versicherungsaufsichtsgesetz
Var.	Variante
VCI	Verband der Chemischen Industrie
Verf.	Verfasser, Verfassung, Verfahren
VergabeR	Vergaberecht (Zeitschrift)
Veröff.	Veröffentlichung
vgl.	vergleiche
vH	von Hundert
VN	Vereinte Nationen
VNLP	Leitprinzipien der Vereinten Nationen für Wirtschaft und Menschenrechte, abrufbar unter https://www.auswaertiges-amt.de/de/aussenpolitik/themen/aussenwirtschaft/wirtschaft-und-menschenrechte/vn-leitprinzipien/205212
VO	Verordnung

Vol., vol.	volume (Band)
Voraufl.	Vorauflage
Vorb.	Vorbemerkung
vorl.	vorläufig
vs.	versus
VwGO	Verwaltungsgerichtsordnung
VwVfG	Verwaltungsverfahrensgesetz
VwVG	Verwaltungs-Vollstreckungsgesetz
WHG	Wasserhaushaltsgesetz
WM	Wertpapier-Mitteilungen (Zeitschrift)
wN	weitere Nachweise
WpHG	Wertpapierhandelsgesetz
WRegG	Wettbewerbsregistergesetz
WVRK	Wiener Vertragsrechtskonvention
ZAP	Zeitschrift für die Anwaltspraxis
zB	zum Beispiel
ZCG	Zeitschrift für Corporate Governance
ZEuS	Zeitschrift für europarechtliche Studien
ZfPW	Zeitschrift für die gesamte Privatrechtswissenschaft
ZGR	Zeitschrift für Unternehmens- und Gesellschaftsrecht
ZHR	Zeitschrift für das gesamte Handels- und Wirtschaftsrecht
Ziff.	Ziffer
ZIP	Zeitschrift für Wirtschaftsrecht
zit.	zitiert
ZKM	Zeitschrift für Konfliktmanagement
ZLR	Zeitschrift für das gesamte Lebensmittelrecht
ZRP	Zeitschrift für Rechtspolitik
zT	zum Teil
zul.	zuletzt
ZUR	Zeitschrift für Umweltrecht
zusf.	zusammenfassend
zust.	zustimmend
zutr.	zutreffend
ZVertriebsR	Zeitschrift für Vertriebsrecht
zw.	zweifelhaft
zzgl.	zuzüglich
zzt.	zurzeit

Literaturverzeichnis

BAFA Handreichung Risikoanalyse	BAFA, Risiken ermitteln, gewichten und priorisieren. Handreichung zur Umsetzung einer Risikoanalyse nach den Vorgaben des Lieferkettensorgfaltspflichtengesetzes, August 2022, abrufbar unter https://www.bafa.de/SharedDocs/Downloads/DE/Lieferketten/handreichung_risikoanalyse.html
Beck VergabeR	Burgi/Dreher/Opitz, Beck'scher Vergaberechtskommentar, Band 1, 4. Aufl. 2022
BeckOGK	Gsell/Krüger/Lorenz/Reymann, beck-online.GROSSKOMMENTAR, Band BGB, 42. Ed. 2022
BeckOK ArbR	Rolfs/Giesen/Meßling/Udsching, BeckOK Arbeitsrecht, 65. Ed. 1.9.2022
BeckOK ArbSchR	Winkelmüller/Felz/Hussing, BeckOK Arbeitsschutzrecht, 11. Ed. 1.6.2022
BeckOK BGB	Hau/Poseck, BeckOK BGB, 63. Ed. 1.8.2022
BeckOK GewO	Pielow, BeckOK GewO, 57. Ed. 1.6.2022
BeckOK GG	Epping/Hillgruber, BeckOK Grundgesetz, 52. Ed. 15.8.2022
BeckOK GwG	Frey/Pelz, BeckOK GwG, 11. Ed. 1.9.2022
BeckOK HGB	Häublein/Hoffmann-Theinert, BeckOK HGB, 37. Ed. 15.7./1.8.2022
BeckOK OWiG	Graf, BeckOK OWiG, 35. Ed. 1.7.2022
BeckOK StGB	von Heintschel-Heinegg, BeckOK StGB, 54. Ed. 1.8.2022
BeckOK StPO	Graf, BeckOK StPO mit RiStBV und MiStra, 44. Ed. 1.7.2022
BeckOK UmweltR	Giesberts/Reinhardt, BeckOK Umweltrecht, 63. Ed. 1.7.2022
BeckOK VwVfG	Bader/Ronellenfitsch, BeckOK VwVfG, 56. Ed. 1.7.2022

BeckOK ZPO	Vorwerk/Wolf, BeckOK ZPO, 45. Ed. 1.7.2022
Bergmann/Dienelt	Bergmann/Dienelt, Ausländerrecht, 14. Aufl. 2022
Bieneck AußenwirtschaftsR-HdB	Bieneck, Handbuch des Außenwirtschaftsrechts mit Kriegswaffenkontrollrecht, 2. Aufl. 2005
Byok/Jaeger	Byok/Jaeger, Vergaberecht, 4. Aufl. 2018
Colneric/Gerdemann Umsetzung der Whistleblower-Richtlinie	Colneric/Gerdemann, Die Umsetzung der Whistleblower-Richtlinie in deutsches Recht, 2020, abrufbar unter https://www.hugo-sinzheimer-institut.de/faustdetail.htm?sync_id=HBS-007814
Committee on Economic, Social and Cultural Rights General Comment No. 23	Committee on Economic, Social and Cultural Rights, General Comment No. 23 (2016) on the right to just and favourable conditions of work (article 7 of the International Covenant on Economic, Social and Cultural Rights), UN Doc. E/C.12/GC/23
Committee on Economic, Social and Cultural Rights General Comment No. 15	Committee on Economic, Social and Cultural Rights, General Comment No. 15 (2002) – The right to water (arts. 11 and 12 of the International Covenant on Economic, Social and Cultural Rights), UN Doc. E/C.12/2002/11
Committee on Economic, Social and Cultural Rights General Comment No. 7	Committee on Economic, Social and Cultural Rights, General Comment No. 7 (1997): The right to adequate housing (art. 11 (1) of the Covenant): Forced evictions, UN Doc. E/1998/22
DAV-Stellungnahme Nr. 27/2021	Deutscher Anwaltverein, Stellungnahme zum Regierungsentwurf eines Gesetzes über die unternehmerischen Sorgfaltspflichten in Lieferketten, Nr. 27/2021, April 2021, abrufbar unter https://anwaltverein.de/de/newsroom/sn-27-21-sorgfaltspflichtengesetz
Dürig/Herzog/Scholz	Dürig/Herzog/Scholz, Grundgesetz-Kommentar, 97. EL Januar 2022

Ennuschat/Wank/Winkler	Ennuschat/Wank/Winkler, Gewerbeordnung: GewO, 9. Aufl. 2020
Erbs/Kohlhaas	Erbs/Kohlhaas, Strafrechtliche Nebengesetze, 241. EL Mai 2022
Erman	Erman, BGB, 16. Aufl. 2020
Europäische Kommission Study supply chain	Europäische Kommission, Study on due diligence requirements through the supply chain. External study by British Institute of International & Comparative Law, Final Report, Januar 2020, abrufbar unter https://op.europa.eu/en/publication-detail/-/publication/8ba0a8fd-4c83-11ea-b8b7-01aa75ed71a1/language-en/format-PDF/source-search
FAQ LkSG	BAFA/BMAS/BMWK, Fragen und Antworten zum Lieferkettengesetz, 28.4.2022, abrufbar unter https://www.csr-in-deutschland.de/DE/Wirtschaft-Menschenrechte/Gesetz-ueber-die-unternehmerischen-Sorgfaltspflichten-in-Lieferketten/FAQ/faq.html
Fischer	Fischer, Strafgesetzbuch: StGB, 69. Aufl. 2022
Forschungsbericht BMJV/ Viadrina 2021	Gläßer/Pfeiffer/Schmitz/Bond, Außergerichtliche Beschwerdemechanismen entlang globaler Lieferketten. Empfehlungen für die Institutionalisierung, Implementierung und Verfahrensausgestaltung – Forschungsbericht BMJV/Viadrina, 2021, abrufbar unter https://www.bmj.de/DE/Themen/Menschenrechte/Wirtschaft_und_Menschenrechte/Forschungsbericht_Aussergerichtliche_Beschwerdemechanismen.pdf
General Survey 2007	International Labour Conference, 96th Session, 2007, Eradication of forced labour – General Survey concerning the Forced Labour Convention, 1930 (No. 29), and the Abolition of Forced Labour Convention, 1957 (No. 105), abrufbar unter https://www.ilo.org/ilc/WCMS_089199/lang--en/index.htm

General Survey 2012	International Labour Conference, 101st Session, 2012, Giving globalization a human face – General Survey on the fundamental Conventions concerning rights at work in light of the ILO Declaration on Social Justice for a Fair Globalization, 2008, abrufbar unter https://www.ilo.org/ilc/ILCSessions/previous-sessions/101stSession/reports/reports-submitted/WCMS_174846/lang--en/index.htm
Good Policy Paper: Independent Accountability Mechanisms	Good Policy Paper: Guiding Practice from the Policies of Independent Accountability Mechanisms, Dezember 2021, abrufbar unter https://accountabilitycounsel.org/wp-content/uploads/2021/12/good-policy-paper-final.pdf
Grabosch LkSG	Grabosch, Das neue Lieferkettensorgfaltspflichtengesetz, 2021
Habersack/Casper/Löbbe	Habersack/Casper/Löbbe, GmbHG, Band 1, 2, 3, 3. Aufl. 2019
Haider Menschenrechtsverletzungen	Haider, Haftung von transnationalen Unternehmen und Staaten für Menschenrechtsverletzungen, 2019
Harings/Jürgens LkSG	Harings/Jürgens, Das Lieferkettensorgfaltspflichtengesetz, 2022
Hauschka/Moosmayer/Lösler Corporate Compliance	Hauschka/Moosmayer/Lösler, Corporate Compliance, 3. Aufl. 2016
HdLexEU	Bergmann, Handlexikon der Europäischen Union, 6. Aufl. 2022
Hembach Praxisleitfaden	Hembach, Praxisleitfaden Lieferkettensorgfaltspflichtengesetz (LkSG), 2022
HK-MiLoG	Düwell/Schubert, Mindestlohngesetz, 2. Aufl. 2017
HK-VergabeR	Pünder/Schellenberg, Vergaberecht, 3. Aufl. 2019
HK-VerwR	Fehling/Kastner/Störmer, Verwaltungsrecht, 5. Aufl. 2021
HK-ZPO	Saenger, Zivilprozessordnung, 9. Aufl. 2021

Hobe VölkerR	Hobe, Einführung in das Völkerrecht, 11. Aufl. 2020
Hocke/Sachs/Pelz AußenwirtschaftsR	Hocke/Sachs/Pelz, Außenwirtschaftsrecht, 2. Aufl. 2020
Honig/Knörr/Thiel	Honig/Knörr/Thiel, Handwerksordnung: HwO, 5. Aufl. 2017
Hopt	Hopt, Handelsgesetzbuch, 41. Aufl. 2022
Humbert Child Labour	Humbert, The Challenge of Child Labour in International Law, 2009
IAMnet Guide for independent accountability mechanisms	IAMnet, Guide for independent accountability mechanisms on measures to address the risk of reprisals in complaint mechanisms. A Practical Toolkit, 2019, abrufbar unter https://www.cao-ombudsman.org/resources/guide-independent-accountability-mechanisms-measures-address-risk-reprisals-complaint
Immenga/Mestmäcker	Immenga/Mestmäcker, Wettbewerbsrecht, Band 1, 2, 3, 4, 5, 6. Aufl. 2019
Ipsen VölkerR	Ipsen, Völkerrecht, 7. Aufl. 2018
Jarass/Pieroth	Jarass/Pieroth, Grundgesetz für die Bundesrepublik Deutschland, 17. Aufl. 2022
Johannsen-Roth/Illert/Ghassemi-Tabar	Johannsen-Roth/Illert/Ghassemi-Tabar, DCGK – Deutscher Corporate Governance Kodex, 2020
jurisPK-VergabeR	Heiermann/Zeiss/Summa, juris Praxis-Kommentar Vergaberecht, 5. Aufl. 2016
Karpenstein/Mayer	Karpenstein/Mayer, Konvention zum Schutz der Menschenrechte und Grundfreiheiten: EMRK, 3. Aufl. 2022
Kingreen/Poscher POR	Kingreen/Poscher, Polizei- und Ordnungsrecht, 12. Aufl. 2022
KK-OWiG	Mitsch, Karlsruher Kommentar zum Gesetz über Ordnungswidrigkeiten: OWiG, 5. Aufl. 2018
KK-StPO	Hannich, Karlsruher Kommentar zur Strafprozessordnung: StPO, 8. Aufl. 2019

Klindt ProdSG	Klindt, Produktsicherheitsgesetz, 3. Aufl. 2021
Klinger/Krajewski/Krebs/ Hartmann Sorgfaltspflichten	Klinger/Krajewski/Krebs/Hartmann, Verankerung menschenrechtlicher Sorgfaltspflichten von Unternehmen im deutschen Recht, März 2016, abrufbar unter https://www.oxfam.de/ueber-uns/publikationen/gutachten-verankerung-menschenrechtlicher-sorgfaltspflichten-unternehmen
Köhler/Bornkamm/Feddersen	Köhler/Bornkamm/Feddersen, UWG, 40. Aufl. 2022
Kollmer/Klindt/Schucht	Kollmer/Klindt/Schucht, Arbeitsschutzgesetz, 4. Aufl. 2021
Kopp/Ramsauer	Kopp/Ramsauer, Verwaltungsverfahrensgesetz, 23. Aufl. 2022
Krajewski/Oehm/Saage-Maaß Unternehmensverantwortung für Menschenrechtsverletzungen	Krajewski/Oehm/Saage-Maaß, Zivil- und strafrechtliche Unternehmensverantwortung für Menschenrechtsverletzungen, 2018
Kremer/Bachmann/Lutter/v. Werder	Kremer/Bachmann/Lutter/von Werder, Deutscher Corporate Governance Kodex, 8. Aufl. 2021
Kubis/Tödtmann Vorstand-HdB	Kubis/Tödtmann, Arbeitshandbuch für Vorstandsmitglieder, 3. Aufl. 2022
Lackner/Kühl	Lackner/Kühl, StGB, 29. Aufl. 2018
Landmann/Rohmer GewO	Landmann/Rohmer, Gewerbeordnung, 87. EL September 2021
Landmann/Rohmer UmweltR	Landmann/Rohmer, Umweltrecht, 98. EL April 2022
Lisken/Denninger PolR-HdB	Lisken/Denninger, Handbuch des Polizeirechts, 7. Aufl. 2021
MAH ArbR	Moll, Münchener Anwaltshandbuch Arbeitsrecht, 5. Aufl. 2021
Martin/Krautzberger Denkmalschutz-HdB	Martin/Krautzberger, Handbuch Denkmalschutz und Denkmalpflege, 5. Aufl. 2022
Metzner	Metzner, Gaststättengesetz: GastG, 6. Aufl. 2002

MHdB GesR III	Priester/Mayer/Wicke, Münchener Handbuch des Gesellschaftsrechts, Band 3: Gesellschaft mit beschränkter Haftung, 5. Aufl. 2018
Mitsch Ordnungswidrigkeiten	Mitsch, Recht der Ordnungswidrigkeiten, 2. Aufl. 2005
Moosmayer Compliance	Moosmayer, Compliance, 4. Aufl. 2021
MüKoAktG	Goette/Habersack/Kalss, Münchener Kommentar zum Aktiengesetz, Band 1, 2, 3, 4, 5, 6, 7, 5. Aufl. 2019
MüKoBGB	Säcker/Rixecker/Oetker/Limperg, Münchener Kommentar zum Bürgerlichen Gesetzbuch, Band 1, 2, 3, 9, 11, 9. Aufl. 2021
MüKoGmbHG	Fleischer/Goette, Münchener Kommentar zum Gesetz betreffend die Gesellschaften mit beschränkter Haftung, Band 1, 3, 4. Aufl. 2022
MüKoHGB	Drescher/Fleischer/K. Schmidt, Münchener Kommentar zum Handelsgesetzbuch: HGB, Band 1, 2, 5, 5. Aufl. 2021
MüKoStGB	Erb/Schäfer, Münchener Kommentar zum Strafgesetzbuch, Band 1, 2, 3, 4, 5, 6, 7, 9, 4. Aufl. 2020
MüKoStPO	Knauer/Kudlich/Schneider, Münchener Kommentar zur Strafprozessordnung: StPO, Band 1, 2, 3/1, 3/2, 2014
MüKoWettbR	Bien/Meier-Beck/Montag/Säcker, Münchener Kommentar zum Wettbewerbsrecht, Band 2, 3, 4, 5, 4. Aufl. 2021
MüKoZPO	Krüger/Rauscher, Münchener Kommentar zur ZPO, Band 1, 2, 3, 6. Aufl. 2020
Müller-Wrede GWB	Müller-Wrede, GWB – Vergaberecht, 2016
NK-AktR	Heidel, Aktienrecht und Kapitalmarktrecht, 5. Aufl. 2020
NK-VwGO	Sodan/Ziekow, Verwaltungsgerichtsordnung, 5. Aufl. 2018

NK-VwVfG	Mann/Sennekamp/Uechtritz, Verwaltungsverfahrensgesetz, 2. Aufl. 2019
Nohlen/Schultze Lexikon der Politikwissenschaft	Nohlen/Schultze, Lexikon der Politikwissenschaft, 3. Aufl. 2005
OECD-Leitfaden: verantwortungsvolle Lieferketten für Minerale	OECD-Leitfaden für die Erfüllung der Sorgfaltspflicht zur Förderung verantwortungsvoller Lieferketten für Minerale aus Konflikt- und Hochrisikogebieten, 3. Ausg. 2019, abrufbar unter https://www.oecd.org/publications/oecd-leitfaden-fur-die-erfullung-der-sorgfaltspflicht-zur-forderung-verantwortungsvoller-lieferketten-fur-minerale-aus-konflikt-3d21faa0-de.htm
OECD-Leitfaden: verantwortungsvolles unternehmerisches Handeln	OECD-Leitfaden für die Erfüllung der Sorgfaltspflicht für verantwortungsvolles unternehmerisches Handeln, 2018, abrufbar unter https://mneguidelines.oecd.org/OECD-leitfaden-fur-die-erfullung-der-sorgfaltspflicht-fur-verantwortungsvolles-unternehmerisches-handeln.pdf
OECD-Leitsätze für multinationale Unternehmen	OECD-Leitsätze für multinationale Unternehmen, 2011, abrufbar unter https://www.oecd-ilibrary.org/governance/oecd-leitsatze-fur-multinationale-unternehmen_9789264122352-de
Oetker	Oetker, Handelsgesetzbuch (HGB), 7. Aufl. 2021
OHCHR Corporate Responsibility	OHCHR, The Corporate Responsibility to Respect Human Rights. An Interpretative Guide, 2012, abrufbar unter https://www.ohchr.org/en/publications/special-issue-publications/corporate-responsibility-respect-human-rights-interpretive
Oppenländer/Trölitzsch GmbH-GF-HdB	Oppenländer/Trölitzsch, Praxishandbuch der GmbH-Geschäftsführung, 3. Aufl. 2020
Redeker/v. Oertzen	Redeker/Kothe/von Nicolai, Verwaltungsgerichtsordnung, 17. Aufl. 2022
Reidt/Stickler/Glahs	Reidt/Stickler/Glahs, Vergaberecht, 4. Aufl. 2018

Reinisch/Hobe/Kieninger/Peters Unternehmensverantwortung und IntR	Reinisch/Hobe/Kieninger/Peters, Unternehmensverantwortung und Internationales Recht, 2020
Rothermel	Rothermel, Lieferkettensorgfaltspflichtengesetz, 2022
Röwekamp/Kus/Portz/Prieß	Röwekamp/Kus/Portz/Prieß, Kommentar zum GWB-Vergaberecht, 5. Aufl. 2020
Schack IntZivilVerfR	Schack, Internationales Zivilverfahrensrecht, 8. Aufl. 2021
Scheltema Human Rights Policies and Contract Law	Scheltema, The Mismatch between Human Rights Policies and Contract Law: Improving Contractual Mechanisms to Advance Human Rights Compliance in Supply Chains, in Enneking/Giesen/Schaap/Ryngaert/Kristen/Roorda (Hrsg.), Accountability, International Business Operations and the Law. Providing Justice for Corporate Human Rights Violations in Global Value Chains, 2020, S. 259
Schilling Int. Menschenrechtsschutz	Schilling, Internationaler Menschenrechtsschutz, 4. Aufl. 2022
Schmidbauer/Steiner	Schmidbauer/Steiner, Polizeiaufgabengesetz Polizeiorganisationsgesetz, 5. Aufl. 2020
Schoch/Schneider	Schoch/Schneider, Verwaltungsrecht, Band VwGO, 42. EL Februar 2022
Schoch/Schneider	Schoch/Schneider, Verwaltungsrecht, Band VwVfG, 2. EL April 2022
Schulz Compliance Management	Schulz, Compliance-Management im Unternehmen, 2. Aufl. 2021
Schwark/Zimmer	Schwark/Zimmer, Kapitalmarktrechts-Kommentar, 5. Aufl. 2020
Spindler/Stilz	Spindler/Stilz, Aktienrecht, Band 1, 2, 5. Aufl. 2022
Stelkens/Bonk/Sachs	Stelkens/Bonk/Sachs, VwVfG: Verwaltungsverfahrensgesetz, 9. Aufl. 2018
SWK-ArbR	Grobys/Panzer-Heemeier, StichwortKommentar Arbeitsrecht, 3. Aufl. 2017

Taeger/Gabel	Taeger/Gabel, DSGVO – BDSG – TTDSG, 4. Aufl. 2022
Teichmann Compliance	Teichmann, Compliance, 2014
Terwindt/Saage-Maaß Textilindustrie	Terwindt/Saage-Maaß, Zur Haftung von Sozialauditor_innen in der Textilindustrie, 2017
Thiel PolR	Thiel, Polizei- und Ordnungsrecht, 4. Aufl. 2018
Thomas/Putzo	Thomas/Putzo, ZPO, 43. Aufl. 2022
v. Arnauld VölkerR	von Arnauld, Völkerrecht, 4. Aufl. 2019
Verfahrensleitfaden NKS	Deutsche Nationale Kontaktstelle für die OECD-Leitsätze für multinationale Unternehmen im Bundesministerium für Wirtschaft und Energie, Verfahrensleitfaden, 25.2.2019, abrufbar unter https://www.bmwi.de/Redaktion/DE/Downloads/M-O/oecd-verfahrensleitfaden.pdf
Vitzhum/Proelß VölkerR	Vitzhum/Proelß, Völkerrecht, 8. Aufl. 2019
von der Groeben/Schwarze/Hatje	von der Groeben/Schwarze/Hatje, Europäisches Unionsrecht, 7. Aufl. 2015
Wabnitz/Janovsky/Schmitt WirtschaftsStrafR-HdB	Wabnitz/Janovsky/Schmitt, Handbuch Wirtschafts- und Steuerstrafrecht, 5. Aufl. 2020
Wagner/Ruttloff/Wagner LkSG	Wagner/Ruttloff/Wagner, Das Lieferkettensorgfaltspflichtengesetz in der Unternehmenspraxis, 2022
Weber Rechtswörterbuch	Weber, Rechtswörterbuch, 28. Ed. 1.5.2022
Wieland/Steinmeyer/Grüninger Compliance-Management-HdB	Wieland/Steinmeyer/Grüninger, Handbuch Compliance-Management, 3. Aufl. 2020
Zentes/Glaab	Zentes/Glaab, Geldwäschegesetz, 3. Aufl. 2022
Ziekow/Völlink	Ziekow/Völlink, Vergaberecht, 4. Aufl. 2020
Zöller	Zöller, ZPO – Zivilprozessordnung, 34. Aufl. 2022

Einleitung

I. Überblick 1
II. Vorgeschichte und Hintergründe 7
III. Gesetzgebungsverfahren 11
IV. Zur Auslegung des LkSG 12
V. Zukünftige Rechtsentwicklung 16

I. Überblick

Das Gesetz über die unternehmerischen Sorgfaltspflichten zur Vermeidung von Menschenrechtsverletzungen in Lieferketten (Lieferkettensorgfaltspflichtengesetz – LkSG) wurde als Art. 1 des **Gesetzes über die unternehmerischen Sorgfaltspflichten in Lieferketten vom 16.7.2021** beschlossen und am 22.7.2021 im Bundesgesetzblatt verkündet (BGBl. I 2959). § 13 Abs. 3, § 14 Abs. 2, §§ 19–21 sind am Tage nach der Verkündung in Kraft getreten;[1] im Übrigen tritt das LkSG am 1.1.2023 in Kraft.[2] 1

Wesentlicher Regelungsgegenstand des Gesetzes ist die Festlegung von **menschenrechtlichen** und **umweltbezogenen** Sorgfaltspflichten, welche die Unternehmen, die in den Anwendungsbereich des Gesetzes fallen, in ihren **Lieferketten** „in angemessener Weise" zu beachten haben (§ 3 Abs. 1 S. 1 Hs. 1).[3] Das Gesetz begründet damit nach der Regierungsbegründung „eine **Bemühenspflicht**, aber weder eine Erfolgspflicht noch eine Garantiehaftung".[4] Die Lieferkette im Sinne des LkSG bezieht sich auf alle Produkte und Dienstleistungen eines Unternehmens und umfasst alle Schritte im In- und Ausland, die zur Herstellung der Produkte und zur Erbringung der Dienstleistungen erforderlich sind, angefangen von der Gewinnung der Rohstoffe bis zu der Lieferung an den Endkunden; erfasst ist das Handeln des Unternehmens im eigenen Geschäftsbereich ebenso wie das Handeln unmittelbarer und mittelbarer Zulieferer (§ 2 Abs. 5). **Adressat** des Gesetzes sind Unternehmen mit Inlandsbezug (Hauptverwaltung, Hauptniederlassung, Verwaltungssitz, satzungsmäßiger Sitz oder Zweigniederlassung in Deutschland, § 1 Abs. 1 S. 1 Nr. 1, S. 2 Nr. 1), deren Arbeitnehmerzahl unter Berücksichtigung von Leiharbeitnehmern (§ 1 Abs. 2) und Arbeitnehmern verbundener Unternehmen (§ 1 Abs. 3) einen bestimmten Schwellenwert (3.000 bzw. ab dem 1.1.2024 1.000) überschreitet (§ 1 Abs. 1 S. 1 Nr. 2, S. 2 Nr. 2, S. 3). 2

Die Einhaltung der Sorgfaltspflichten soll dem Ziel dienen, menschenrechtlichen oder umweltbezogenen Risiken **vorzubeugen** oder sie zu **mi-** 3

---

1 Art. 5 Abs. 2 des Gesetzes über die unternehmerischen Sorgfaltspflichten in Lieferketten.
2 Art. 5 Abs. 1 des Gesetzes über die unternehmerischen Sorgfaltspflichten in Lieferketten.
3 Für einen Überblick über das LkSG siehe auch Cappel/Hund IWRZ 2022, 174; Ehmann/Berg GWR 2021, 287; Frank/Edel/Heine/Heine BB 2021, 2165; Gehling/Ott/Lüneborg CCZ 2021, 230; Grabosch/Schönfelder AuR 2021, 488; Koch MDR 2022, 1; Sagan/Schmidt NZA-RR 2022, 281; Stöbener de Mora/Noll NZG 2021, 1237; Stöbener de Mora/Noll NZG 2021,1285; Wagner/Ruttloff NJW 2021, 2145.
4 BT-Drs. 19/28659, 2 (Hervorhebung nur hier); siehe dazu Fleischer CCZ 2022, 205 (209 f.). Zum Charakter der Verpflichtungen im Einzelnen → § 3 Rn. 5 ff.

nimieren bzw. die Verletzung menschenrechtsbezogener oder umweltbezogener Pflichten zu **beenden** (§ 3 Abs. 1 S. 1 Hs. 2). Ein **menschenrechtliches Risiko** definiert das Gesetz als einen Zustand, bei dem aufgrund tatsächlicher Umstände mit hinreichender Wahrscheinlichkeit ein Verstoß gegen eines der in § 2 Abs. 2 Nr. 1 bis 12 im Einzelnen aufgelisteten Verbote droht. Diese betreffen die Kinderarbeit (§ 2 Abs. 2 Nr. 1 und 2), die Zwangsarbeit (§ 2 Abs. 2 Nr. 3), die Sklaverei (§ 2 Abs. 2 Nr. 4), den Arbeitsschutz (§ 2 Abs. 2 Nr. 5), die Koalitionsfreiheit (§ 2 Abs. 2 Nr. 6), die Ungleichbehandlung in Beschäftigung (§ 2 Abs. 2 Nr. 7), das Vorenthalten eines angemessenen Lohns (§ 2 Abs. 2 Nr. 8), die Herbeiführung schädlicher Umwelteinwirkungen (§ 2 Abs. 2 Nr. 9), die widerrechtliche Zwangsräumung bzw. den Entzug von Land, Wald und Gewässern (§ 2 Abs. 2 Nr. 10), die Beauftragung von Sicherheitskräften (§ 2 Abs. 2 Nr. 11) und die qualifizierte Verletzung weiterer geschützter Rechtspositionen (Auffangklausel, § 2 Abs. 2 Nr. 12). **Geschützte Rechtspositionen** sind solche, die sich aus den in Nr. 1 bis 11 der Anlage zum LkSG aufgelisteten völkerrechtlichen Übereinkommen (sog. ILO-Kernübereinkommen (Nr. 29, 87, 98, 100, 105, 111, 138 und 182), Internationaler Pakt über bürgerliche und politische Rechte (IPBPR) und Internationaler Pakt über wirtschaftliche, soziale und kulturelle Rechte (IPWSKR)) ergeben (§ 2 Abs. 1). Ein **umweltbezogenes Risiko** ist ein Zustand, bei dem aufgrund tatsächlicher Umstände mit hinreichender Wahrscheinlichkeit ein Verstoß gegen eines der in § 2 Abs. 3 aufgeführten Verbote droht. Diese betreffen den Umgang mit Quecksilber (Minamata-Übereinkommen, § 2 Abs. 3 Nr. 1 bis 3), Chemikalien (POPs-Übereinkommen, § 2 Abs. 3 Nr. 4 und 5) und die Ausfuhr gefährlicher Abfälle (Baseler Übereinkommen, § 2 Abs. 3 Nr. 6 bis 8). Die **Verletzung einer menschenrechts- oder umweltbezogenen Pflicht** liegt vor, wenn gegen eines der in § 2 Abs. 2 bzw. 3 enthaltenen Verbote verstoßen wird (§ 2 Abs. 4).

4 Die in Abschnitt 2 geregelten **Sorgfaltspflichten** beinhalten gem. § 3 Abs. 1 S. 2

- die Einrichtung eines angemessenen **Risikomanagements** zur Einhaltung der Sorgfaltspflichten (§ 4 Abs. 1) einschließlich der Festlegung einer betriebsinternen Zuständigkeit (zB durch die Benennung eines Menschenrechtsbeauftragten) zur Überwachung des Risikomanagements (§ 4 Abs. 3),
- die Durchführung regelmäßiger (jährlicher und anlassbezogener) **Risikoanalysen** im Rahmen des Risikomanagements zwecks Ermittlung, Gewichtung und Priorisierung der menschenrechtlichen und umweltbezogenen Risiken im eigenen Geschäftsbereich sowie bei unmittelbaren Zulieferern (§ 5),
- das Ergreifen unverzüglicher und angemessener **Präventionsmaßnahmen** (Abgabe einer Grundsatzerklärung (§ 6 Abs. 2), Verankerung angemessener Präventionsmaßnahmen im eigenen Geschäftsbereich (§ 6 Abs. 1 und 3) und gegenüber unmittelbaren Zulieferern (§ 6 Abs. 4)), wenn im Rahmen der Risikoanalyse ein Risiko festgestellt

wurde (§ 6 Abs. 1), und deren jährliche und anlassbezogene Überprüfung (§ 7 Abs. 4),
- das Ergreifen unverzüglicher und angemessener **Abhilfemaßnahmen**, wenn die Verletzung einer menschenrechts- oder umweltbezogenen Pflicht im eigenen Geschäftsbereich des Unternehmens oder bei einem unmittelbaren Zulieferer eingetreten ist oder unmittelbar bevorsteht, um die Verletzung zu verhindern, zu beenden oder das Ausmaß zu minimieren (§ 7 Abs. 1), und deren jährliche und anlassbezogene Überprüfung (§ 6 Abs. 5),
- die Einrichtung eines angemessenen unternehmensinternen **Beschwerdeverfahrens**, das es Personen ermöglicht, auf menschenrechtliche oder umweltbezogene Risiken sowie Verletzungen menschenrechts- oder umweltbezogener Pflichten hinzuweisen, die durch das Handeln des Unternehmens im eigenen Geschäftsbereich oder eines unmittelbaren Zulieferers entstanden sind, oder die Beteiligung an einem entsprechenden externen Beschwerdeverfahren (§ 8),
- die Umsetzung von Sorgfaltspflichten in Bezug auf Risiken bei **mittelbaren Zulieferern** (Einrichtung eines Beschwerdeverfahrens (§ 9 Abs. 1), angepasstes Risikomanagement (§ 9 Abs. 2)),
- die fortlaufende unternehmensinterne **Dokumentation** der Erfüllung der Sorgfaltspflichten (§ 10 Abs. 1) und
- die jährliche, im Internet zu veröffentlichende **Berichterstattung** über die Erfüllung der Sorgfaltspflichten (§ 10 Abs. 2).

Zur **behördlichen Kontrolle und Durchsetzung** der Einhaltung der Sorgfaltspflichten sieht Abschnitt 4 des Gesetzes umfassende Befugnisse des Bundesamtes für Wirtschaft und Ausfuhrkontrolle (**BAFA**) als zuständige Behörde (§ 19 Abs. 1) vor. Der vom Unternehmen zu erstellende Bericht über die Erfüllung der Sorgfaltspflichten ist spätestens vier Monate nach dem Schluss des Geschäftsjahres, auf das er sich bezieht, beim BAFA einzureichen (§ 12) und wird vom BAFA überprüft (§ 13 Abs. 1); entspricht der Bericht nicht den gesetzlichen Anforderungen, kann das BAFA Nachbesserung verlangen (§ 13 Abs. 2). Das BAFA wird nach pflichtgemäßem Ermessen von Amts wegen tätig, um die Einhaltung der Sorgfaltspflichten zu kontrollieren und Pflichtverstöße festzustellen, zu beseitigen und zu verhindern (§ 14 Abs. 1 Nr. 1). Zudem wird es auf Antrag tätig, wenn eine Person substantiiert geltend macht, sie sei infolge der Nichterfüllung von Sorgfaltspflichten in einer geschützten Rechtsposition verletzt oder eine Rechtsverletzung stehe unmittelbar bevor (§ 14 Abs. 1 Nr. 2). Zur Feststellung, Beseitigung oder Verhinderung von Sorgfaltspflichtverstößen kann das BAFA die erforderlichen Anordnungen und Maßnahmen treffen, insbesondere Personen laden, dem Unternehmen aufgeben, einen Plan zur Behebung von Missständen vorzulegen oder konkrete Handlungen zur Erfüllung seiner Pflichten vorzunehmen (§ 15). Zum Instrumentarium der behördlichen Kontrolle und Durchsetzung gehören des Weiteren Betretensrechte (§ 16) sowie Auskunfts- und Herausgabepflichten (§ 17). Die Unternehmen haben die Maßnahmen zu dulden und

5

daran mitzuwirken (§ 18). Bei vorsätzlicher oder fahrlässiger Nichteinhaltung der Sorgfaltspflichten kann das BAFA (§ 24 Abs. 5) erhebliche **Geldbußen** verhängen (§ 24 Abs. 1 bis 4). Wird aufgrund eines rechtskräftig feststellten Verstoßes eine Geldbuße in einer bestimmten Höhe verhängt, soll das betroffene Unternehmen bis zu einer nachgewiesenen Selbstreinigung von der **Vergabe öffentlicher Aufträge** ausgeschlossen werden (§ 22).

6 Die nach dem LkSG vorgesehenen **zivilrechtlichen Mittel** zur Durchsetzung der Verpflichtungen der Unternehmen sind demgegenüber begrenzt. Gemäß § 3 Abs. 3 begründet eine Verletzung der Pflichten aus dem LkSG ausdrücklich keine zivilrechtliche Haftung; eine unabhängig vom LkSG begründete Haftung bleibt aber unberührt. Vorgesehen ist lediglich, dass Personen, die geltend machen, in einer überragend wichtigen geschützten Rechtsposition verletzt zu sein, zur gerichtlichen Geltendmachung ihrer Rechte einer inländischen Gewerkschaft oder Nichtregierungsorganisation die Ermächtigung zur Prozessführung erteilen können (besondere Prozessstandschaft, § 11 Abs. 1).

II. Vorgeschichte und Hintergründe

7 Die im LkSG geregelten Sorgfaltspflichten „orientieren"[5] sich maßgeblich an den vom Sonderbeauftragten der Vereinten Nationen (VN) John Ruggie erarbeiteten **Leitprinzipien für Wirtschaft und Menschenrechte (VNLP)**,[6] welche der Menschenrechtsrat der Vereinten Nationen mit – völkerrechtlich nicht bindender[7] – Resolution vom 6.6.2011[8] gebilligt hat.[9] Die VNLP enthalten insgesamt 31 Prinzipien nebst offiziellen Kommentaren zu den Verpflichtungen der Staaten zum Schutz der Menschenrechte (Abschnitt I, VNLP Nr. 1 bis 10), der Verantwortung von Unternehmen zur Achtung der Menschenrechte (Abschnitt II, VNLP Nr. 11 bis 24) und zum Zugang zu Abhilfe bei Verletzungen (Abschnitt III, VNLP Nr. 24 bis 31). Ausgangspunkt der VNLP ist damit die **staatliche Pflicht zum Schutz** vor Menschenrechtsverletzungen, die in ihrem Ho-

---

5 BT-Drs. 19/28649, 2, 23, 41.
6 Annex zum Report of the Special Representative of the Secretary-General on the issue of human rights and transnational corporations and other business enterprises, John Ruggie – Guiding Principles on Business and Human Rights: Implementing the United Nations „Protect, Respect and Remedy" Framework, UN Doc. A/HRC/17/31, 21.3.2011. Eine vom Büro des VN-Hochkommissars für Menschenrechte (OHCHR) aufbereitete Fassung ist unter https://www.ohchr.org/en/publications/reference-publications/guiding-principles-business-and-human-rights abrufbar. Eine deutsche Übersetzung kann unter https://www.auswaertiges-amt.de/de/aussenpolitik/themen/aussenwirtschaft/wirtschaft-und-menschenrechte/vn-leitprinzipien/205212 abgerufen werden. Für eine synoptische Gegenüberstellung der Regelungen des LkSG und der VNLP siehe Grabosch LkSG/Grabosch § 2 Rn. 15.
7 BT-Drs. 19/28649, 23; Askin ZEuS 2022, 319 (324).
8 Human Rights Council, Resolution 17/4 v. 6.6.2011, Human rights and transnational corporations and other business enterprises, UN Doc. A/HRC/RES/17/4, Abs. 1.
9 Zur Vor- und Entstehungsgeschichte der VNLP siehe Deva in Bantekas/Stein, The Cambridge Companion to Business & Human Rights Law, 2021, S. 145; Stöbener de Mora/Noll NZG 2021, 1237.

heitsbereich durch Dritte, einschließlich Wirtschaftsunternehmen verübt werden; hiernach sind die Staaten angehalten, durch wirksame Politiken, Gesetzgebung, sonstige Regelungen und gerichtliche Entscheidungsverfahren geeignete Maßnahmen zu treffen, um solche Verletzungen zu verhüten, zu untersuchen, zu ahnden und wiedergutzumachen (VNLP Nr. 1).[10] Insbesondere sollen die Staaten ihre Erwartung zum Ausdruck bringen, dass Wirtschaftsunternehmen, die ihrer Jurisdiktion unterstehen, bei ihrer gesamten Geschäftstätigkeit die Menschenrechte achten (VNLP Nr. 2). Dazu sollen Staaten insbesondere Rechtsvorschriften durchsetzen, deren Ziel oder Wirkung darin besteht, von Wirtschaftsunternehmen die Achtung der Menschenrechte einzufordern (VNLP Nr. 3).

Die von den **Wirtschaftsunternehmen** eingeforderte **Achtung der Menschenrechte** beinhaltet, zu vermeiden, die Menschenrechte anderer zu beeinträchtigen, und nachteiligen menschenrechtlichen Auswirkungen (**"adverse human rights impacts"**) zu begegnen, an denen sie beteiligt sind (VNLP Nr. 11). Zu achten sind die international anerkannten Menschenrechte, worunter mindestens die Menschenrechte zu verstehen sind, die in der sog. **"International Bill of Human Rights"**[11] und in der **"Declaration on Fundamental Principles and Rights at Work"** der Internationalen Arbeitsorganisation (ILO) niedergelegt sind (VNLP Nr. 12, → § 2 Rn. 1). Die Verantwortung der Unternehmen, die Menschenrechte zu achten, erfordert insbesondere, dass sie es vermeiden, durch ihre **eigene Tätigkeit** nachteilige Auswirkungen auf die Menschenrechte zu verursachen oder dazu beizutragen und ihnen begegnen, wenn sie auftreten (VNLP Nr. 13 lit. a). Darüber hinaus müssen sie nachteilige Auswirkungen auf die Menschenrechte verhüten oder mindern, die aufgrund einer **Geschäftsbeziehung** mit ihrer Geschäftstätigkeit, ihren Produkten oder Dienstleistungen unmittelbar verbunden sind, selbst wenn sie nicht zu diesen Auswirkungen beitragen (VNLP Nr. 13 lit. b). Um ihrer Verantwortung nachzukommen, sollen die Unternehmen über **Grundsätze und Verfahren** verfügen, die ihrer Größe und ihren Umständen angemessen sind. Dazu gehören

8

- eine Grundsatzverpflichtung, ihrer Verantwortung zur Achtung der Menschenrechte nachzukommen;
- ein Verfahren zur Gewährleistung der menschenrechtlichen **Sorgfaltspflicht** (**"due diligence"**), das darauf abstellt, die Auswirkungen auf die Menschenrechte zu ermitteln, zu verhüten und zu mildern sowie

---

10 Vgl. dazu auch BT-Drs. 19/28649, 35; zu den völkerrechtlichen Schutzpflichten siehe ferner Committee on Economic, Social and Cultural Rights, General Comment No. 24 (2017) on State obligations under the International Covenant on Economic, Social and Cultural Rights in the context of business activities, UN Doc. E/C.12/GC24, Abs. 10 ff.; Zimmermann/Weiß AVR 58 (2021), 424 (425 ff.).
11 Bestehend aus der Allgemeinen Erklärung der Menschenrechte v. 10.12.1948, dem Internationalen Pakt über bürgerliche und politische Rechte vom 19.12.1966 (IPBPR) und dem Internationalen Pakt über wirtschaftliche, soziale und kulturelle Rechte (IPSWKR) vom 19.12.1966, vgl. VNLP Nr. 12, Kommentar (→ § 2 Rn. 1).

Rechenschaft darüber abzulegen, wie sie als Unternehmen diesen begegnen;
- Verfahren, die die Wiedergutmachung etwaiger nachteiliger menschenrechtlicher Auswirkungen ermöglichen, die sie verursachen oder zu denen sie beitragen (VNLP Nr. 15).

9 Um ihre nachteiligen menschenrechtlichen Auswirkungen zu **ermitteln**, zu **verhüten** und zu **mildern** sowie **Rechenschaft** darüber abzulegen, wie sie ihnen begegnen, sollen Wirtschaftsunternehmen eine menschenrechtliche „due diligence" durchführen. Dieses Verfahren soll ua darin bestehen, **tatsächliche** und **potenzielle** menschenrechtliche Auswirkungen zu ermitteln, die sich daraus ergebenden Erkenntnisse zu berücksichtigen und Folgemaßnahmen zu ergreifen, die ergriffenen Maßnahmen nachzuhalten sowie Angaben dazu zu machen, wie den Auswirkungen begegnet wird (VNLP Nr. 17). Zur Abschätzung **menschenrechtlicher Risiken** („human rights risks") sollen Unternehmen alle tatsächlichen oder potenziellen nachteiligen menschenrechtlichen Auswirkungen ermitteln und bewerten, an denen sie entweder durch ihre eigene Tätigkeit oder durch ihre Geschäftsbeziehungen beteiligt sind (VNLP Nr. 18). Zur Verhütung und Verhinderung nachteiliger menschenrechtlicher Auswirkungen sollen sie die Erkenntnisse aus ihren Verträglichkeitsprüfungen in alle einschlägigen internen Geschäftsbereiche und Abläufe integrieren und entsprechende Maßnahmen ergreifen (VNLP Nr. 19).

10 Die VNLP haben nach ihrer Annahme eine weitreichende Rezeption erfahren. Sie sind in Gestalt eines neuen Kapitels insbesondere eingegangen in die im Jahr 2011 neugefassten **OECD-Leitsätze für multinationale Unternehmen**[12] und die im März 2017 überarbeitete Dreigliedrige Grundsatzerklärung über multinationale Unternehmen und Sozialpolitik der ILO.[13] In einer Resolution vom 27.6.2014 rief der Menschenrechtsrat der Vereinten Nationen alle Staaten dazu auf, Schritte zu unternehmen, um die VNLP umzusetzen und zu diesem Zweck nationale Aktionspläne zu entwickeln.[14] Die Bundesregierung beschloss infolgedessen am 16.12.2016 einen **Nationalen Aktionsplan (NAP)** zur Umsetzung der VNLP.[15] Darin formulierte die Bundesregierung insbesondere eine an den VNLP orientierte „Erwartungshaltung" an die unternehmerische Sorgfalt in der Achtung der Menschenrechte.[16] In den Jahren 2018 bis 2020 überprüfte die Bundesregierung in einem umfänglichen Monitoring-Prozess, in welchem Umfang in Deutschland ansässige Unterneh-

---

12 OECD-Leitsätze für multinationale Unternehmen Teil I Kapitel IV; siehe dazu allgemein Hardeck IStR 2011, 933; Kasolowsky/Voland NZG 2014, 1288.
13 Abrufbar unter https://www.ilo.org/empent/Publications/WCMS_579897/lang--en/index.htm; dazu auch Stöbener de Mora/Noll NZG 2021, 1237 (1238).
14 Human Rights Council, Resolution 26/22 – Human rights and transnational corporations and other business
Enterprises, UN Doc. A/HRC/RES/26/22, Ziff. 2.
15 Abrufbar unter https://www.csr-in-deutschland.de/DE/Wirtschaft-Menschenrechte/NAP/Ueber-den-NAP/Originalfassung-des-NAP/originalfassung-des-nap.html; siehe dazu auch BT-Drs. 19/28649, 1.
16 Abschnitt III des NAP, vgl. dazu BT-Drs. 19/28649, 1 f.

men mit über 500 Mitarbeitern den im NAP formulierten Sorgfaltspflichten nachkamen. Der Abschlussbericht kam dabei zu dem Ergebnis, 13–17 % der Unternehmen könnten als „Erfüller" gelten, 83–87 % Prozent der Unternehmen seien „Nicht-Erfüller" und weniger als 1 % seien „Unternehmen mit Umsetzungsplan". Innerhalb der Gruppe der „Nicht-Erfüller" befänden sich bezogen auf die Grundgesamtheit 10–12 % der Unternehmen „auf einem guten Weg" zur Erfüllung der NAP-Anforderungen.[17] Diese eher geringe Resonanz war maßgeblicher Beweggrund für die Verabschiedung des LkSG: „Der Nationale Aktionsplan ist ein wichtiger erster Schritt. Zentral für seine erfolgreiche Umsetzung sind ein einheitliches Verständnis von Inhalt und Umfang der menschenrechtlichen Sorgfaltspflichten und deren breite Verankerung in unternehmensinternen Prozessen. Die Ergebnisse der im Rahmen des Nationalen Aktionsplans durchgeführten repräsentativen Untersuchungen vom Juli 2020 haben gezeigt, dass lediglich zwischen 13 und 17 Prozent der befragten Unternehmen die Anforderungen des Nationalen Aktionsplans erfüllen. Um eine ausreichende Einhaltung zu gewährleisten, bedarf es daher eines **rechtlich verbindlichen** und international anschlussfähigen Sorgfaltsstandards."[18]

III. Gesetzgebungsverfahren

Kurz nachdem das Bundesministerium für Arbeit und Soziales (BMAS) am 28.2.2021 einen Referentenentwurf veröffentlicht hatte,[19] verabschiedete die Bundesregierung am 3.3.2021 den **Regierungsentwurf** eines Gesetzes über die unternehmerischen Sorgfaltspflichten in Lieferketten, dessen Art. 1 das „Gesetz über die unternehmerischen Sorgfaltspflichten zur Vermeidung von Menschenrechtsverletzungen in Lieferketten (Sorgfaltspflichtengesetz)" enthielt.[20] Der Gesetzentwurf wurde am 26.3.2021 dem **Bundesrat** zugeleitet (Art. 76 Abs. 2 S. 1 GG).[21] Die Empfehlungen der Ausschüsse des Bundesrates, welche zahlreiche Anmerkungen und

11

---

17 Auswärtiges Amt, Monitoring des Umsetzungsstandes der im Nationalen Aktionsplan Wirtschaft und Menschenrechte 2016–2020 beschriebenen menschenrechtlichen Sorgfaltspflicht von Unternehmen – Abschlussbericht v. 8.10.2020, abrufbar unter https://www.auswaertiges-amt.de/de/aussenpolitik/themen/aussenwirtschaft/wirtschaft-und-menschenrechte/monitoring-nap/2124010.
18 BT-Drs. 19/28649, 1 f.; siehe auch S. 23: „Im Zuge der Umsetzung des Nationalen Aktionsplans ist deutlich geworden, dass eine freiwillige Selbstverpflichtung nicht ausreicht, damit Unternehmen ihrer menschenrechtlichen Sorgfalt angemessen nachkommen. Deshalb ist eine gesetzliche Verankerung mit behördlichen Durchsetzungsmechanismen geboten."
19 Abrufbar unter https://www.bmas.de/DE/Service/Gesetze-und-Gesetzesvorhaben/gesetz-unternehmerische-sorgfaltspflichten-lieferketten.html.
20 Abrufbar unter https://www.bmas.de/DE/Service/Gesetze-und-Gesetzesvorhaben/gesetz-unternehmerische-sorgfaltspflichten-lieferketten.html; siehe dazu auch https://www.bmas.de/DE/Service/Presse/Pressemitteilungen/2021/bundeskabinett-verabschiedet-sorgfaltspflichtengesetz.html; Ehmann ZVertriebsR 2021, 141; Lutz-Bachmann/Vorbeck/Wengenroth BB 2021, 906; Nietsch/Wiedmann CCZ 2021, 101.
21 BR-Drs. 239/21.

Änderungswünsche enthielten,[22] fanden im Bundesrat keine Mehrheit.[23] Der Bundesrat beschloss gem. Art. 76 Abs. 2 GG, gegen den Gesetzentwurf keine Einwendungen zu erheben.[24] In den **Bundestag** brachte die Bundesregierung den Gesetzentwurf am 19.4.2021 ein.[25] Die erste Beratung erfolgte am 22.4.2021; es wurde die Überweisung an die Ausschüsse beschlossen.[26] Im federführenden **Ausschuss für Arbeit und Soziales** fand am 17.5.2021 eine öffentliche Anhörung statt.[27] Am 9.6.2021 empfahl der Ausschuss, der Bundestag wolle den Entwurf mit den im Ausschuss erarbeiteten – zahlreichen – Änderungen beschließen.[28] Gegenstand dieser Änderungen war ua auch der (Kurz-)Titel des Gesetzes, welcher nun „**Lieferkettensorgfaltspflichtengesetz**" lauten sollte. Das Gesetz wurde nach zweiter und dritter Beratung am 11.6.2021 in der Ausschussfassung nach namentlicher Abstimmung vom Bundestag beschlossen.[29] Der Bundesrat beschloss am 25.6.2021, keinen Antrag gem. Art. 77 Abs. 2 GG (Einberufung des Vermittlungsausschusses) zu stellen.[30] Das Lieferkettensorgfaltspflichtengesetz wurde sodann am 16.7.2021 ausgefertigt und am 22.7.2021 im Bundesgesetzblatt verkündet (→ Rn. 1).

IV. Zur Auslegung des LkSG

12 Wie jedes Gesetz ist das LkSG im Ausgangspunkt mithilfe der **anerkannten Auslegungsmethoden** (Wortlaut, Normzusammenhang/Systematik, Normzweck/Telos und Entstehungsgeschichte) auszulegen. Besonderheit des LkSG ist allerdings, dass es mehr als andere Gesetze in einen völkerrechtlichen Kontext eingebettet ist. Die Modellierung der Sorgfaltspflichten nach dem Vorbild der VNLP darf gleichwohl nicht dazu verleiten, den Inhalt der VNLP im Sinne einer „leitprinzipienkonformen" Auslegung unreflektiert in die im LkSG geregelten Sorgfaltspflichten hineinzuprojizieren.[31] Der Gesetzgeber hat die VNLP im LkSG nicht „eins zu eins" umgesetzt, sondern sich daran, wie es in der Regierungsbegründung ausdrücklich heißt,[32] lediglich – wenn auch umfänglich – „orientiert". Mit dem LkSG verfolgt der Gesetzgeber zudem nicht ausschließlich das Ziel der Stärkung der „Rechte der von Unternehmensaktivitäten betroffenen Menschen in den Lieferketten"; es soll vielmehr auch „den

---

22 BR-Drs. 239/1/21.
23 Siehe BR-Plenarprot. 1004, 190 f. (7.5.2021).
24 BR-Drs. 239/21 (Beschluss).
25 BT-Drs. 19/28649.
26 BT-Plenarprot. 19/224, 28432C-28440C.
27 Siehe dazu Deutscher Bundestrag, Ausschuss für Arbeit und Soziales, Prot.-Nr. 19/126. Die eingegangenen Stellungnahmen sind unter https://www.bundestag.de/webarchiv/Ausschuesse/ausschuesse19/a11/Anhoerungen/837902-837902 abrufbar.
28 BT-Drs. 19/30505.
29 BT-Plenarprot. 19/234, 30272B (412 Ja-Stimmen, 159 Nein-Stimmen, 59 Enthaltungen).
30 BR-Drs. 495/21 (Beschluss).
31 Vgl. Fleischer CCZ 2022, 205 (206).
32 BT-Drs. 19/28649, 2, 23, 41, → Rn. 7.

legitimen Interessen der Unternehmen an Rechtssicherheit und fairen Wettbewerbsbedingungen Rechnung getragen werden."[33] Es ist daher ausgehend von den anerkannten Auslegungsmethoden stets im Einzelfall zu prüfen, ob und inwieweit eine Regelung des LkSG mit einer Regelung der VNLP harmoniert.[34] Ergeben sich hierbei Zweifelsfragen, kann eine **Auslegung im Lichte der VNLP** aber – soweit ein entgegenstehender Wille des Gesetzgebers nicht erkennbar ist – durchaus den Ausschlag geben.[35]

In noch ausgeprägterer Weise an das Völkerrecht gekoppelt sind die nach § 2 Abs. 1 **geschützten Rechtspositionen** sowie die in § 2 Abs. 2 und 3 formulierten **Verbote**, deren drohende Verletzung ein menschenrechtliches oder umweltbezogenes Risiko im Sinne des LkSG begründet. § 2 Abs. 1 verweist hinsichtlich der geschützten (menschenrechtlichen) Rechtspositionen direkt auf die völkerrechtlichen Übereinkommen, die in Nr. 1 bis 11 der Anlage zum LkSG aufgelistet sind. § 2 Abs. 2 und Abs. 3 formulieren zwar eigenständige Verbote. Die Regelungen nehmen aber entweder im Normtext selbst ebenfalls Bezug auf die einschlägigen Übereinkommen (§ 2 Abs. 2 Nr. 1 bis 3, Abs. 3 Nr. 1 bis 6) oder dienen ausweislich der Regierungsbegründung der Verwirklichung der dort jeweils im Einzelnen bezeichneten völkervertragsrechtlichen Regelungen (§ 2 Abs. 2 Nr. 4 bis 11). Zudem weist die Regierungsbegründung mit Blick auf die menschenrechtlichen Regelungen ausdrücklich darauf hin, diese seien durch „langjährige Auslegung der zuständigen Gremien (insbesondere der VN-Vertragsausschüsse und des ILO-Sachverständigenausschusses) konkretisiert worden."[36] All dies deutet darauf hin, dass der Gesetzgeber bezüglich des materiellen Gehalts der geschützten Rechtspositionen bzw. der in § 2 Abs. 2 und 3 formulierten Verbote grundsätzlich von einem **Gleichlauf** zwischen dem LkSG und den einschlägigen **völkervertragsrechtlichen Regelungen** ausgeht. Dabei ist allerdings zu beachten, dass § 2 Abs. 2 und 3 teils nur einen Ausschnitt aus dem völkerrechtlichen Normenbestand als Verbote definieren.

13

Auf die in der Anlage zum LkSG aufgelisteten völkerrechtlichen Übereinkommen finden die in Art. 31 und 32 der **Wiener Vertragsrechtskonvention (WVRK)**[37] niedergelegten und auch völkergewohnheitsrechtlich geltenden[38] Interpretationsregeln Anwendung. Hiernach ist ein Vertrag nach Treu und Glauben in Übereinstimmung mit der gewöhnlichen, seinen Bestimmungen in ihrem Zusammenhang zukommenden Bedeutung im Lichte seines Zieles und Zweckes auszulegen (Art. 31 Abs. 1 WVRK).

14

---

33 BT-Drs. 19/28649, 2; siehe auch Fleischer CCZ 2022, 205 (206).
34 So auch zutreffend Fleischer CCZ 2022, 205 (206).
35 Ähnlich Grabosch LkSG/Grabosch § 2 Rn. 15.
36 BT-Drs. 19/28649, 34.
37 Wiener Übereinkommen über das Recht der Verträge v. 23.5.1969 (BGBl. 1985 II 927).
38 Internationaler Gerichtshof Urt. v. 2.2.2017, Maritime Delimitation in the Indian Ocean (Somalia v. Kenya), Preliminary Objections, I.C.J. Reports 2017, S. 3 Abs. 63 mwN.

Außer dem Zusammenhang ist insbesondere jede spätere Übung („subsequent practice") zu berücksichtigen, aus der die Übereinstimmung der Vertragsparteien über seine Auslegung hervorgeht (Art. 31 Abs. 3 lit. b WVRK). Nach Art. 32 WVRK können ergänzende Auslegungsmittel, insbesondere vorbereitende Arbeiten („travaux préparatoires"), herangezogen werden, um die sich nach Anwendung der Regeln des Art. 31 WVRK ergebende Bedeutung zu bestätigen oder die Bedeutung zu bestimmen, wenn die Auslegung nach Art. 31 WVRK zu keinem klaren oder einem unvernünftigen Ergebnis führt.

15 Wenngleich sie nicht rechtlich verbindlich sind[39] und ungewiss ist, ob sie als „spätere Übung" (Art. 31 Abs. 3 lit. b WVRK) eingeordnet werden können oder eher als ergänzende Auslegung im Sinne von Art. 32 WVRK zu werten sind,[40] kommt im Bereich der Menschenrechtsübereinkommen den Äußerungen der hier etablierten **Vertragsorgane** als „autoritativer" Auslegung[41] praktisch erhebliches Gewicht zu.[42] Für die Auslegung der acht ILO-Kernübereinkommen (→ § 2 Rn. 1) ist daher insbesondere auf die Praxis des bereits im Jahr 1926 durch eine Resolution der Internationalen Arbeitskonferenz (International Labour Conference) gegründeten[43] **ILO-Expertenausschusses** (Committee of Experts on the Application of Conventions and Recommendations – CEACR) zurückzugreifen. Dessen Stellungnahmen können über die von der ILO zur Verfügung gestellte Datenbank Normlex recherchiert werden.[44] Nutzbrin-

---

39 BVerfG Beschl. v. 26.7.2016 – 1 BvL 8/15, BVerfGE 142, 313 Rn. 90; BVerfG Beschl. v. 29.1.2019 – 2 BvC 62/14, BVerfGE 151, 1 Rn. 65 („Nationale Gerichte sollten sich im Rahmen einer völkerrechtsfreundlichen Auslegung des nationalen Rechts mit der Auffassung derartiger Vertragsorgane auseinandersetzen; sie müssen sie aber nicht übernehmen."); vgl. dazu auch Wagner/Ruttloff/Wagner LkSG/Ruttloff/Schulga § 2 Rn. 101.
40 Siehe dazu International Law Commission, Draft conclusions on subsequent agreements and subsequent practice in relation to the interpretation of treaties, with commentaries, 2018, UN Doc. A/73/10; Azaria Vienna International Community Law Review 22 (2020), 33; Dörr in Dörr/Schmalenbach, Vienna Convention on the Law of Treaties – A Commentary, 2. Aufl. 2018, Art. 31 Rn. 85.
41 Vgl. Human Rights Committee, General Comment No. 33 (2008) – Obligations of States parties under the Optional Protocol to the International Covenant on Civil and Political Rights, UN Doc. CCPR/C/GC/33, Abs. 13 („The Views of the Committee under the Optional Protocol represent an authoritative determination by the organ established under the Covenant itself charged with the interpretation of that instrument. These Views derive their character, and the importance which attaches to them, from the integral role of the Committee under both the Covenant and the Optional Protocol."); Saul/Kinley/Mowbray, The International Covenant on Economic, Social and Cultural Rights – Commentary, Cases and Materials, 2016, S. 4.
42 BVerfG Beschl. v. 26.7.2016 – 1 BvL 8/15, BVerfGE 142, 313 Rn. 90; BVerfG Beschl. v. 29.1.2019 – 2 BvC 62/14, BVerfGE 151, 1 Rn. 65.
43 Vgl. International Labour Office, Monitoring Compliance with International Labour Standards – The key role of the ILO Committee of Experts on the Application of Conventions and Recommendations, 2019, abrufbar unter https://www.ilo.org/global/standards/WCMS_730866/lang--en/index.htm, S. 13; zum Mandat siehe auch International Labour Office, Handbook of procedures relating to international labour Conventions and Recommendations, 2019, abrufbar unter https://www.ilo.org/global/standards/information-resources-and-publications/publications/WCMS_697949/lang--en/index.htm, S. 35.
44 Siehe https://www.ilo.org/dyn/normlex/en/f.?p=1000:20010:::NO::.

gend sind insoweit insbesondere auch die vom ILO-Expertenausschuss jährlich veröffentlichten **General Surveys** zu bestimmten Themenbereichen.[45] Beim für den IPWSKR zuständigen **Ausschuss für wirtschaftliche, soziale und kulturelle Rechte** (Committee on Economic, Social and Cultural Rights) handelt es sich um ein im Jahr 1985 eingerichtetes Unterorgan[46] des nach Art. 16 ff. IPWSKR eigentlich für die Überprüfung der Berichte der Vertragsparteien zur Durchführung des Pakts zuständigen VN-Wirtschafts- und Sozialrats (Economic and Social Council). Nach dem (von Deutschland bislang nicht ratifizierten[47]) Fakultativprotokoll zum IPWSKR vom 10.12.2008[48] hat der Ausschuss zudem das Mandat zur Entgegennahme und Behandlung von Mitteilungen („communications") von Einzelpersonen erhalten, zu denen er den Vertragsparteien seine Auffassung („view") mitteilen kann (Individualbeschwerdeverfahren). Vertragsorgan des IPBPR ist der nach Art. 29 des Paktes eingerichtete **Menschenrechtsausschuss** (Human Rights Committee), der nach dem Fakultativprotokoll zum IPBPR (BGBl. 1992 II 1247) ebenfalls das Mandat zur Durchführung von Individualbeschwerdeverfahren hat. Die Spruchpraxis beider Ausschüsse kann über die Datenbank des Büros des VN-Hochkommissars für Menschenrechte (OHCHR) recherchiert werden.[49] Beide Ausschüsse verabschieden zudem in unregelmäßigen Abständen **General Comments** zu einzelnen Rechten des Paktes, die zusammenfassende Darstellungen zum Verständnis der jeweiligen Regelung enthalten.[50]

V. Zukünftige Rechtsentwicklung

Die Europäische Kommission hat am 23.2.2022 einen Vorschlag unterbreitet für eine „Richtlinie des Europäischen Parlaments und des Rates für die Sorgfaltspflichten von Unternehmen im Hinblick auf Nachhaltigkeit und zur Änderung der Richtlinie (EU) 2019/1937".[51] Sofern diese

---

45 Abrufbar unter https://www.ilo.org/global/standards/applying-and-promoting-international-labour-standards/general-surveys/lang--en/index.htm.
46 Economic and Social Council Resolution 1985/17 v. 28.5.1985, UN Doc. E/RES/1985/17; siehe dazu auch Saul/Kinley/Mowbray, The International Covenant on Economic, Social and Cultural Rights – Commentary, Cases and Materials, 2016, S. 4.
47 Die Ratifizierung ist beabsichtigt, siehe den Gesetzentwurf der Bundesregierung „Entwurf eines Gesetzes zu dem Fakultativprotokoll vom 10. Dezember 2008 zum Internationalen Pakt vom 19. Dezember 1966 über wirtschaftliche, soziale und kulturelle Rechte" vom 23.9.2022, BT-Drs. 20/3624.
48 Abrufbar unter https://www.ohchr.org/en/instruments-mechanisms/instruments/optional-protocol-international-covenant-economic-social-and.
49 Siehe https://juris.ohchr.org/en/Search/Documents.
50 Abrufbar unter https://tbinternet.ohchr.org/_layouts/15/treatybodyexternal/TBSearch.aspx?Lang=en&TreatyID=9&DocTypeID=11 (IPWSKR) und https://tbinternet.ohchr.org/_layouts/15/treatybodyexternal/TBSearch.aspx?Lang=en&TreatyID=8&DocTypeID=11 (IPBPR).
51 COM(2022) 71 final; siehe dazu Bettermann/Hoes WM 2022, 697; Hembach CB 2022, 191; Hübner/Habrich/Weller NZG 2022, 644; Lutz-Bachmann/Vorbeck/Wengenroth BB 2022, 835; Nietsch/Wiedmann CCZ 2022, 125; Ruttloff/Rothenburg/Hahn DB 2022, 1116; Spindler ZIP 2022, 765; Wagner/Schuler ESG 2022, 34.

Sorgfaltspflichten-Richtlinie in der Fassung des Vorschlags der Kommission verabschiedet werden sollte, würde dies voraussichtlich einen nicht unerheblichen Änderungsbedarf des LkSG hervorrufen. Der ebenfalls auf den VNLP aufbauende Vorschlag weist in seinen Grundstrukturen zwar große Ähnlichkeiten mit dem LkSG auf.[52] Abweichungen ergeben sich aber insbesondere hinsichtlich des persönlichen Anwendungsbereichs (→ § 1 Rn. 41 ff.), des Umfangs der geschützten Rechtspositionen (→ § 2 Rn. 14, 21) und der zivilrechtlichen Haftung (→ § 3 Rn. 40 ff.).[53] Auf Übereinstimmungen und Unterschiede zwischen dem LkSG und dem Richtlinienvorschlag der Kommission wird jeweils im Rahmen der einzelnen Kommentierungen eingegangen.

---

52 Vgl. Bomsdorf/Blatecki-Burgert ZRP 2022, 141 (141).
53 Siehe dazu Bomsdorf/Blatecki-Burgert ZRP 2022, 141 (141 ff.); Zenner ZEuS 2022, 359 (365 ff.).

Gesetz über die unternehmerischen Sorgfaltspflichten zur Vermeidung von Menschenrechtsverletzungen in Lieferketten (Lieferkettensorgfaltspflichtengesetz – LkSG)

Vom 16. Juli 2021 (BGBl. I S. 2959)
(FNA 705-3)

Abschnitt 1 Allgemeine Bestimmungen

§ 1 Anwendungsbereich

(1) [1]Dieses Gesetz ist anzuwenden auf Unternehmen ungeachtet ihrer Rechtsform, die
1. ihre Hauptverwaltung, ihre Hauptniederlassung, ihren Verwaltungssitz oder ihren satzungsmäßigen Sitz im Inland haben und
2. in der Regel mindestens 3 000 Arbeitnehmer im Inland beschäftigen; ins Ausland entsandte Arbeitnehmer sind erfasst.

[2]Abweichend von Satz 1 Nummer 1 ist dieses Gesetz auch anzuwenden auf Unternehmen ungeachtet ihrer Rechtsform, die
1. eine Zweigniederlassung gemäß § 13d des Handelsgesetzbuchs im Inland haben und
2. in der Regel mindestens 3 000 Arbeitnehmer im Inland beschäftigen.

[3]Ab dem 1. Januar 2024 betragen die in Satz 1 Nummer 2 und Satz 2 Nummer 2 vorgesehenen Schwellenwerte jeweils 1 000 Arbeitnehmer.

(2) Leiharbeitnehmer sind bei der Berechnung der Arbeitnehmerzahl (Absatz 1 Satz 1 Nummer 2 und Satz 2 Nummer 2) des Entleihunternehmens zu berücksichtigen, wenn die Einsatzdauer sechs Monate übersteigt.

(3) Innerhalb von verbundenen Unternehmen (§ 15 des Aktiengesetzes) sind die im Inland beschäftigten Arbeitnehmer sämtlicher konzernangehöriger Gesellschaften bei der Berechnung der Arbeitnehmerzahl (Absatz 1 Satz 1 Nummer 2) der Obergesellschaft zu berücksichtigen; ins Ausland entsandte Arbeitnehmer sind erfasst.

I. Überblick	1
II. Erfasste Unternehmen	6
1. Begriff des Unternehmens	6
2. Inlandsbezug	9
a) Hauptverwaltung, Hauptniederlassung, Verwaltungssitz oder satzungsmäßiger Sitz (Abs. 1 S. 1 Nr. 1)	9
b) Inländische Zweigniederlassung (Abs. 1 S. 2 Nr. 1)	14
3. Schwellenwert	16
a) Überblick	16
b) Berechnung der Arbeitnehmerzahl	18
aa) Formulierung „in der Regel"	18
bb) Formulierung „mindestens"	24
cc) Arbeitnehmer	25
(1) Begriff	25
(2) Beschäftigung im Inland	30

(3) Ins Ausland entsandte Arbeitnehmer ... 31
dd) Leiharbeitnehmer (Abs. 2) 32
ee) Verbundene Unternehmen (Abs. 3) ... 35
III. Zukünftige Rechtsentwicklung 41

I. Überblick

1 § 1 bestimmt den **personellen Anwendungsbereich** des LkSG. Die in §§ 4 bis 10 geregelten **Sorgfaltspflichten** gelten nur für **Unternehmen**, welche die Voraussetzungen des § 1 erfüllen. Grundsätzlich können auch nur Unternehmen im Sinne von § 1 Adressat behördlicher **Kontroll- und Durchsetzungsmaßnahmen** nach Abschnitt 4 des Gesetzes sein. Eine Ausnahme ergibt sich aus § 17 Abs. 2 Nr. 1. Hiernach umfassen die in § 17 Abs. 1 geregelten **Auskunfts- und Herausgabepflichten** auch Angaben und Nachweise zur Feststellung, ob ein Unternehmen in den Anwendungsbereich des LkSG fällt; solche Maßnahmen können sich also auch gegen Unternehmen richten, die – in der ex post-Betrachtung – nicht in den Anwendungsbereich des LkSG fallen (→ § 17 Rn. 5). Der Unternehmensbegriff des § 1 ist schließlich auch maßgeblich für einen **Ausschluss von der Vergabe öffentlicher Aufträge** nach § 22.

2 Ob ein Unternehmen in den Anwendungsbereich des LkSG fällt, macht § 1 von zwei kumulativ[1] zu erfüllenden Voraussetzungen abhängig: Es muss ein **Inlandsbezug** gegeben (Hauptverwaltung, Hauptniederlassung, Verwaltungssitz oder satzungsmäßiger Sitz im Inland, Abs. 1 S. 1 Nr. 1, oder Zweigniederlassung im Inland, Abs. 1 S. 2 Nr. 1) und ein an der Arbeitnehmerzahl bemessener **Schwellenwert** überschritten sein. Der Schwellenwert beträgt ab dem Inkrafttreten des § 1 zum 1.1.2023 **3.000** (Abs. 1 S. 1 Nr. 1) und sinkt ab dem 1.1.2024 auf **1.000 Arbeitnehmer** (Abs. 1 S. 3). Bei der Berechnung zu berücksichtigen sind **Leiharbeitnehmer** mit einer Einsatzdauer von mehr als sechs Monaten (Abs. 2) und bei der Obergesellschaft in einem **verbundenen Unternehmen** die inländischen Beschäftigten sämtlicher konzernangehöriger Gesellschaften (Abs. 3). Bei Unternehmen nach Abs. 1 S. 1 sind zudem **ins Ausland entsandte** Arbeitnehmer erfasst (Abs. 1 S. 1 Nr. 2 Hs. 2). Dies gilt auch für die Berechnung der Arbeitnehmerzahl bei verbundenen Unternehmen (Abs. 3 Hs. 2). Auf die **Branche**, in der das Unternehmen tätig ist, kommt es nicht an.[2]

3 Gegenüber seiner Fassung im **Regierungsentwurf** des LkSG[3] wurde § 1 im Zuge der Beratungen im Ausschuss für Arbeit und Soziales nicht unerheblich **überarbeitet**. In Abs. 1 S. 1 Nr. 2 wurde „klargestellt", dass die Arbeitnehmerzahl grundsätzlich anhand der im Inland beschäftigten Ar-

---

1 Vgl. Hembach Praxisleitfaden S. 52; Lutz-Bachmann/Vorbeck/Wengenroth BB 2021, 906 (906).
2 Vgl. Grabosch LkSG/Grabosch § 3 Rn. 17; Lutz-Bachmann/Vorbeck/Wengenroth BB 2021, 906 (907).
3 BT-Drs. 19/28649, 1.

beitnehmer errechnet wird.⁴ Ebenfalls „zur Klarstellung" erfolgte die Ergänzung des – zuvor nur in der Begründung des Regierungsentwurfs enthaltenen – zweiten Halbsatzes, nach dem auch ins Ausland entsandte Arbeitnehmer erfasst sind.⁵ Neu hinzu kam der im Regierungsentwurf noch nicht enthaltene Abs. 1 S. 2 (Anwendung auf Zweigniederlassungen). Abs. 1 S. 3 (zuvor S. 2) wurde redaktionell angepasst. In Abs. 3 wurde der zuvor verwendete Begriff „Konzernmutter" aus „stilistischen" Gründen durch „Obergesellschaft" ersetzt und der „Inlandsbezug bei der Berechnung der Arbeitnehmerzahl" sowie die Erfassung von ins Ausland entsandten Arbeitnehmern „klargestellt".⁶

Der Unternehmensbegriff des LkSG orientiert sich in wesentlichen Punkten an **VNLP Nr. 14**,⁷ wo die Verantwortung für die Achtung der Menschenrechte ebenfalls unabhängig vom Sektor, dem operativen Umfeld, den Eigentumsverhältnissen und der Struktur des Unternehmens als gegeben angesehen wird. Anders als § 1 enthält VNLP Nr. 14 aber keine Einschränkung hinsichtlich der Größe des Unternehmens. VNLP Nr. 14 liegt vielmehr das Konzept zugrunde, dass einerseits grundsätzlich jedes Unternehmen die Menschenrechte zu achten hat,⁸ andererseits aber die Anforderungen an die Einhaltung dieser Verpflichtung je nach Größe, Sektor, operativem Umfeld, Eigentumsverhältnissen und Struktur sowie nach Maßgabe des Gewichts der nachteiligen Auswirkungen auf die Menschenrechte („adverse human rights impacts") variieren.⁹

Im **Bundesrat** erfuhr die alleinige Ausrichtung auf die Mitarbeiterzahl bei der Bestimmung des Schwellenwerts **Kritik**. Im Gesetzgebungsverfahren bat er darum, „den Anwendungsbereich des Sorgfaltspflichtengesetzes stärker an seinem Zweck, die weltweite Lage der Menschenrechte zu schützen, und einer Kombination aus gesetzlich bereits anerkannten Größenkriterien wie Bilanzsumme, Umsatzerlöse und Anzahl der Be-

---

4 Vgl. BT-Drs. 19/30505, 35.
5 Vgl. BT-Drs. 19/30505, 35.
6 Vgl. BT-Drs. 19/30505, 35.
7 „The responsibility of business enterprises to respect human rights applies to all enterprises regardless of their size, sector, operational context, ownership and structure. Nevertheless, the scale and complexity of the means through which enterprises meet that responsibility may vary according to these factors and with the severity of the enterprise's adverse human rights impacts."
8 Vgl. VNLP Nr. 14, Kommentar: „[...] However, the responsibility to respect human rights applies fully and equally to all business enterprises."
9 Vgl. VNLP Nr. 14, Kommentar: „The means through which a business enterprise meets its responsibility to respect human rights will be proportional to, among other factors, its size. Small and medium-sized enterprises may have less capacity as well as more informal processes and management structures than larger companies, so their respective policies and processes will take on different forms. But some small and medium-sized enterprises can have severe human rights impacts, which will require corresponding measures regardless of their size. Severity of impacts will be judged by their scale, scope and irremediable character. The means through which a business enterprise meets its responsibility to respect human rights may also vary depending on whether, and the extent to which, it conducts business through a corporate group or individually. [...]"

schäftigten zu orientieren."[10] Die Bestimmung des Anwendungsbereichs nach Mitarbeiterzahlen in § 1 des Regierungsentwurfs sei kein hinreichendes sachgerechtes Kriterium, um die Auswirkungen unternehmerischer Tätigkeit auf Menschenrechte oder Umweltbelange zu erfassen. Durch eine Orientierung an der Mitarbeiterzahl belaste der Gesetzentwurf zum einen Unternehmen, deren Produktion oder Geschäftstätigkeit keinen typischen Bezug zu menschenrechtsrelevanten Produktionsprozessen im Ausland aufweist. Aufgrund der Weite des Anwendungsbereichs würden darüber hinaus auch Organe der Rechtspflege (beispielsweise Anwälte) oder andere freie Berufe erfasst, die insgesamt vom Anwendungsbereich ausgenommen sein sollten. Zum anderen hänge die Bedeutung des Unternehmens und die Einflussmöglichkeit auf globale Produktionsprozesse vom wirtschaftlichen Gewicht des Unternehmens ab, das sich besser anhand einer Kombination verschiedener Kriterien wie Bilanzsumme, Umsatzerlösen und Mitarbeiterzahlen bestimmen lasse. Der Anwendungsbereich des Gesetzes solle daher beispielsweise Unternehmen ausnehmen, die keine Lieferketten außerhalb der Europäischen Union haben, sowie Berufsausübungsgesellschaften freier Berufe. Er solle sich stärker an bereits anerkannten gesetzlichen Kategorien unter Berücksichtigung des geltenden europäischen Rechtsrahmens orientieren, wie beispielsweise dem Anwendungsbereich der bilanzrechtlichen CSR-Berichtspflichten.[11] Im vom Bundestag beschlossenen Gesetz hat diese Bitte jedoch keinen Niederschlag gefunden. Der Gesetzgeber hat die vom Bundesrat angeregte Eingrenzung des Anwendungsbereichs demnach bewusst nicht in seinen Willen aufgenommen, was bei der Auslegung des § 1 zu beachten ist.

II. Erfasste Unternehmen

1. Begriff des Unternehmens

6 Eine Definition des „Unternehmens" enthält der Gesetzestext nicht.[12] Dem Wortlaut lässt sich lediglich entnehmen, dass das Gesetz auf Unternehmen **„ungeachtet ihrer Rechtsform"** Anwendung findet. Nach der Begründung des Regierungsentwurfs dient der Begriff des Unternehmens „als Oberbegriff und ist rechtsformneutral. Adressat des Gesetzes und Anknüpfungspunkt für die Arbeitnehmerschwelle ist die jeweilige **natürliche oder juristische Person** oder sonstige **rechtsfähige Personengesellschaft** als **Rechtsträgerin** des Unternehmens. Da das Bestehen von menschenrechtlichen oder umweltbezogenen Risiken nicht von der gewählten Rechtsform des Unternehmens abhängt, sieht das Gesetz diesbezüglich keinerlei Beschränkungen vor."[13] Damit hat der Unternehmensbegriff aber noch keine Kontur. Um eine Person oder eine Gesellschaft zunächst

---

10 BR-Drs. 239/1/21, 5.
11 BR-Drs. 239/1/21, 5 f.
12 Siehe auch Rothenburg/Rogg AG 2022, 1 (2).
13 BT-Drs. 19/28649, 33 (Hervorhebungen nur hier); siehe auch Gehling/Ott/Lüneborg CCZ 2021, 230 (231); Wagner/Ruttloff/Wagner LkSG/Wagner/Wagner/Schuler § 1 Rn. 1.

überhaupt als „Unternehmen" einordnen zu können, bedarf es noch eines weiteren Kriteriums. Entscheidend dürfte nach dem Willen des Gesetzgebers insoweit eine **Tätigkeit am Markt** sein.[14] Dies lässt sich aus der Begründung des Regierungsentwurfs ableiten, nach der juristische Personen des öffentlichen Rechts, „die Verwaltungsaufgaben einer Gebietskörperschaft wahrnehmen", nicht unter § 1 fallen sollen, „soweit sie nicht am Markt unternehmerisch tätig sind."[15] Im Umkehrschluss ist demnach eine unternehmerische Tätigkeit am Markt positives Tatbestandsmerkmal eines Unternehmens im Sinne des LkSG. Was unter einer unternehmerischen Tätigkeit am Markt zu verstehen ist, erläutert die Begründung zwar nicht. Hier gibt aber an anderer Stelle das Gesetz selbst Aufschluss, das in § 2 Abs. 6 S. 2 als Tätigkeit zur Erreichung des Unternehmensziels „jede Tätigkeit zur Herstellung und Verwertung von Produkten und zur Erbringung von Dienstleistungen" definiert. Gleiches ergibt sich aus § 2 Abs. 5 S. 2, der ebenfalls von der Herstellung von Produkten und der Erbringung von Dienstleistungen spricht.[16] Dem LkSG lässt sich demnach ein **funktionaler Unternehmensbegriff** entnehmen,[17] nach dem ein Unternehmen jede Einheit ist, die am Markt tätig ist. Markttätigkeit im Sinne des LkSG ist jede Tätigkeit zur Herstellung und Verwertung von Produkten und zur Erbringung von Dienstleistungen auf einem Markt.[18]

Soweit eine Tätigkeit am Markt (→ Rn. 6) gegeben ist, fallen auch **öffentliche Unternehmen** in den Anwendungsbereich des LkSG.[19] Das gilt insbesondere, wenn es sich um juristische Personen des Privatrechts handelt, deren Anteile ganz oder teilweise von der öffentlichen Hand gehalten werden.[20] Explizit keine Unternehmen im Sinne des LkSG sollen nach der Regierungsbegründung demgegenüber **juristische Personen des öffentlichen Rechts** sein, „die **Verwaltungsaufgaben** einer Gebietskörperschaft wahrnehmen […], soweit sie nicht am Markt unternehmerisch tätig sind."[21] Daraus folgt zum einen, dass auch mit Blick auf die öffentliche Hand ein funktionaler Unternehmensbegriff (→ Rn. 6) gelten soll. Es gibt keine generelle Bereichsausnahme für die öffentliche Hand. Soweit eine Markttätigkeit im Sinne des LkSG gegeben ist, fällt auch ein öffentliches Unternehmen „ungeachtet seiner Rechtsform" in den Anwendungsbereich des Gesetzes; dh es können zB auch Anstalten des öffentli-

7

---

14 Vgl. auch Hembach Praxisleitfaden S. 52.
15 BT-Drs. 19/28649, 33.
16 Vgl. Lutz-Bachmann/Vorbeck/Wengenroth BB 2021, 906 (907).
17 Vgl. dazu auch Nietsch/Wiedmann NJW 2022, 1 (5).
18 Der Unternehmensbegriff ähnelt damit dem des EU-Beihilfenrechts, nach dem ein Unternehmen jede eine wirtschaftliche Tätigkeit ausübende Einheit und wirtschaftliche Tätigkeit jede Tätigkeit ist, die im Anbieten von Waren und Dienstleistungen auf einem Markt besteht, siehe nur EuGH Urt. v. 12.9.2000 – C-180/98 bis C-184/98, ECLI:EU:C:2000:428 Rn. 74 f. = BeckRS 2004, 74737 – Pavlov.
19 BT-Drs. 19/28649, 33, siehe auch Gehling/Ott/Lüneborg CCZ 2021, 230 (231); Harings/Jürgens LkSG S. 30; Lutz-Bachmann/Vorbeck/Wengenroth BB 2021, 906 (906); Spindler ZHR 186 (2022), 67 (73).
20 Vgl. FAQ LkSG III. 4.
21 BT-Drs. 19/28649, 33.

chen Rechts oder Gebietskörperschaften als Träger kommunaler Eigenbetriebe erfasst sein.[22] Zum anderen dürfte die vom Gesetzgeber beabsichtigte Aussparung der „Wahrnehmung von Verwaltungsaufgaben einer Gebietskörperschaft" verallgemeinernd dahin gehend verstanden werden können, dass eine Tätigkeit am Markt zu verneinen ist, soweit **hoheitliche Befugnisse** ausgeübt werden. Es erscheint hier eine Orientierung an den im EU-Wettbewerbsrecht entwickelten Maßstäben naheliegend. Danach stellen Tätigkeiten, die ihrer Art, ihrem Gegenstand und den für sie geltenden Regeln nach mit der Ausübung hoheitlicher Vorrechte verbunden sind, keine wirtschaftliche Tätigkeit dar.[23] Dabei kann ein Rechtsträger in Bezug auf **nur einen Teil** seiner Tätigkeiten als Unternehmen anzusehen sein, wenn die diesem Teil entsprechenden Tätigkeiten als wirtschaftliche Tätigkeiten einzustufen sind: Soweit eine öffentlich-rechtliche Einheit eine wirtschaftliche Tätigkeit ausübt, „die von der Ausübung ihrer hoheitlichen Befugnisse losgelöst werden kann, handelt sie in Bezug auf diese Tätigkeit als Unternehmen; ist die wirtschaftliche Tätigkeit dagegen mit der Ausübung ihrer hoheitlichen Befugnisse untrennbar verbunden, bleiben sämtliche Tätigkeiten dieser Einheit Tätigkeiten in Ausübung hoheitlicher Befugnisse".[24] Diese Abgrenzung erscheint auch mit Blick auf den funktionalen Unternehmensbegriff des LkSG sachgerecht, von dem juristische Personen des öffentlichen Rechts nach der Regierungsbegründung nur ausgenommen werden sollen, „soweit" sie nicht am Markt tätig sind.

8 Eine **Gewinnerzielungsabsicht** ist keine Voraussetzung für die Einordnung als Unternehmen im Sinne des LkSG.[25] Entscheidend ist nach dem funktionalen Unternehmensbegriff die Tätigkeit auf dem Markt (→ Rn. 6). Der Annahme einer solchen Tätigkeit steht das Fehlen einer Gewinnerzielungsabsicht nicht entgegen.[26] Auch gemeinnützige Organisationen und Verbände können daher grundsätzlich in den Anwendungsbereich des LkSG fallen, soweit sie auf einem Markt tätig sind.[27]

---

22 Vgl. auch Nietsch/Wiedmann NJW 2022, 1 (5).
23 Siehe nur EuGH Urt. v. 19.1.1994 – C-364/92, ECLI:EU:C:1994:7 Rn. 30 = NJW 1994, 2344 – Eurocontrol; EuGH Urt. v. 26.3.2009 – C-113/07 P, ECLI:EU:C:2009:191 Rn. 71 = BeckRS 2009, 70333 – Selex Sistemi Integrati; EuGH Urt. v. 11.11.2021 – C-948/19, ECLI:EU:C:2021:906 Rn. 39 = NZA 2021, 1767 – UAB „Manpower Lit.".
24 EuGH Urt. v. 12.7.2012 – C-138/11, ECLI:EU:C:2012:449 Rn. 37f. = GRUR-Int 2012, 1028 – Compass-Datenbank GmbH; siehe auch EuGH Urt. v. 24.3.2022 – C-666/20 P, ECLI:EU:C:2022:225 Rn. 71 = EuZW 2022, 419 – Gesamtverband Verkehrsgewerbe Niedersachsen eV (GVN).
25 Anders wohl Dutzi/Schneider/Hasenau DK 2021, 454 (456); Hembach Praxisleitfaden S. 52, der eine „profitorientierte Betätigung am Markt" für erforderlich hält.
26 Vgl. EuGH Urt. v. 1.7.2008 – C-49/07, ECLI:EU:C:2008:376 Rn. 27 = EuZW 2008, 605 – MOTOE; siehe auch Nietsch/Wiedmann NJW 2022, 1 (5).
27 So auch Nietsch/Wiedmann NJW 2022, 1 (5); Sagan/Schmidt NZA-RR 2022, 281 (283); Spindler ZHR 186 (2022), 67 (73).

2. Inlandsbezug

a) Hauptverwaltung, Hauptniederlassung, Verwaltungssitz oder satzungsmäßiger Sitz (Abs. 1 S. 1 Nr. 1)

Nach Abs. 1 S. 1 Nr. 1 ist ein den Anwendungsbereich des LkSG eröffnender Inlandsbezug bei Unternehmen gegeben, die ihre Hauptverwaltung, ihre Hauptniederlassung, ihren Verwaltungssitz oder ihren satzungsmäßigen Sitz im Inland haben. Das LkSG definiert diese Begriffe nicht. Auch die Gesetzesbegründung enthält dazu keine weitere Erläuterung. Der Gesetzgeber geht davon aus, dass an diesen Orten „**relevante Entscheidungen für das Risikomanagement der Lieferketten** getroffen werden."[28] Ziel der Regelung ist es, auch Unternehmen zu erfassen, „die im **Ausland** nach **europäischem oder ausländischem Recht** gegründet wurden und deren Hauptverwaltungssitz, Hauptniederlassung oder Verwaltungssitz in der Bundesrepublik Deutschland liegt".[29] Mangels gegenteiliger Anhaltspunkte im Gesetz oder seiner Begründung wird man auf die in anderen Rechtsbereichen etablierten Definitionen der in Abs. 1 S. 1 Nr. 1 genannten Anknüpfungspunkte für einen Inlandsbezug zurückgreifen können. Die Begriffstrias „satzungsmäßiger Sitz, Hauptverwaltung, Hauptniederlassung" findet insbesondere im Unionsrecht Verwendung, zB in Art. 54 Abs. 1 AEUV[30] oder Art. 63 Abs. 1 VO (EU) Nr. 1215/2012 (Brüssel Ia-Verordnung),[31] während der Begriff „Verwaltungssitz" eher im deutschen Gesellschaftsrecht beheimatet ist.[32]

9

Die **Hauptverwaltung** ist der – für Dritte objektiv erkennbare[33] – „Ort, an dem die Willensbildung und die eigentliche unternehmerische Leitung der Gesellschaft erfolgt",[34] also die „grundlegenden unternehmerischen Entscheidungen getroffen werden".[35] In der Regel ist dies der Sitz der Organe einer Gesellschaft.[36] Maßgeblich ist „der Ort, an dem die grundlegenden unternehmerischen Entscheidungen getroffen werden, ohne dass es der Kundgabe eines entsprechenden Willens durch die juris-

10

---

28 BT-Drs. 19/28649, 33 (Hervorhebung nur hier); dazu auch Nietsch/Wiedmann NJW 2022, 1 (1 f.).
29 BT-Drs. 19/28649, 33; siehe dazu auch Ott/Lünenborg/Schmelzeisen DB 2022, 238 (239).
30 „Für die Anwendung dieses Kapitels stehen die nach den Rechtsvorschriften eines Mitgliedstaats gegründeten Gesellschaften, die ihren satzungsmäßigen Sitz, ihre Hauptverwaltung oder ihre Hauptniederlassung innerhalb der Union haben, den natürlichen Personen gleich, die Angehörige der Mitgliedstaaten sind."
31 „Gesellschaften und juristische Personen haben für die Anwendung dieser Verordnung ihren Wohnsitz an dem Ort, an dem sich a) ihr satzungsmäßiger Sitz, b) ihre Hauptverwaltung oder c) ihre Hauptniederlassung befindet."
32 Vgl. Habersack/Casper/Löbbe/Ulmer/Löbbe GmbHG § 4a Rn. 5 ff.; MüKo-GmbHG/Hupka GmbHG § 4a Rn. 11.
33 Grabosch LkSG/Grabosch § 3 Rn. 11; von der Groeben/Schwarze/Hatje/Tiedje AEUV Art. 54 Rn. 28.
34 BGH Beschl. v. 27.6.2007 – XII ZB 114/06, NJW-RR 2008, 551 Rn. 11; siehe auch BeckOK ZPO/Thode Brüssel Ia-VO Art. 63 Rn. 8; Grabosch LkSG/Grabosch § 3 Rn. 11.
35 BAG Vorlagebeschl. v. 24.6.2020 – 5 AZR 55/19 (A), BAGE 171, 132 Rn. 27.
36 BAG Urt. v. 23.1.2008 – 5 AZR 60/07, NJW 2008, 2797 Rn. 16; BAG Urt. v. 24.9.2009 – 8 AZR 306/08, BAGE 132, 182 Rn. 31.

tische Person bedarf. Es ist weder notwendig, dass die juristische Person an diesem Ort die Eintragung einer Haupt- oder Zweigniederlassung beantragt", noch dass an diesem Ort „unter bloßer Beibehaltung des satzungsmäßigen Sitzes" an einem anderen Ort „die gesamte Geschäftstätigkeit ausgeübt wird. Lediglich sekundäre Verwaltungsaufgaben, wie die Buchhaltung und die Regelung von Steuerangelegenheiten, sind für die Bestimmung des Sitzes der Hauptverwaltung unerheblich."[37]

11 Die **Hauptniederlassung** eines Unternehmens „ist der Ort, von wo aus die Gesellschaft mit dem Markt in Kontakt tritt, der ‚tatsächliche Sitz der Gesellschaft'. Der Schwerpunkt des unternehmensexternen Geschäftsverkehrs muss bei dieser Niederlassung liegen, was eine Konzentration bedeutsamer Personal- und Sachmittel voraussetzt."[38] Nicht ausreichend für die Annahme eines Schwerpunkts des unternehmensexternen Geschäftsverkehrs ist der Umstand, dass an einem Ort überhaupt Verwaltungs- und Geschäftstätigkeiten entfaltet werden.[39] Gegen die Annahme einer Hauptniederlassung kann es auch sprechen, wenn am betreffenden Ort nur ein verhältnismäßig geringer Anteil der Bilanzsumme erwirtschaftet wird und/oder die Anzahl der Beschäftigten im Verhältnis zur Gesamtzahl der Beschäftigten gering erscheint.[40] Auch eine erhebliche Konzentration von Personal- und Sachmitteln an einem Ort muss stets ins Verhältnis zu den Personal- und Sachmitteln des Gesamtunternehmens gesetzt werden.[41]

12 Maßgebend für den **Verwaltungssitz** „ist der Tätigkeitsort der Geschäftsführung und der dazu berufenen Vertretungsorgane, also der Ort, wo die grundlegenden Entscheidungen der Unternehmensleitung effektiv in laufende Geschäftsführungsakte umgesetzt werden".[42] Der Begriff des Verwaltungssitzes entspricht damit im Wesentlichen dem der Hauptverwaltung.[43] Als Sitz der Hauptverwaltung wird in der Regel der Ort bezeichnet, an dem sich die Hauptverwaltung tatsächlich befindet.[44] Uner-

---

37 BAG Urt. v. 23.1.2008 – 5 AZR 60/07, NJW 2008, 2797; siehe auch BAG Urt. v. 24.9.2009 – 8 AZR 306/08, BAGE 132, 182 Rn. 31.
38 BAG Urt. v. 24.9.2009 – 8 AZR 306/08, BAGE 132, 182 Rn. 34; siehe auch OLG München Urt. v. 6.7.2021 – 5 U 710/20, NZG 2021, 1121 Rn. 30; von der Groeben/Schwarze/Hatje/Tiedje AEUV Art. 54 Rn. 28; BeckOK ZPO/Thode Brüssel Ia-VO Art. 63 Rn. 9.
39 OLG München Urt. v. 6.7.2021 – 5 U 710/20, NZG 2021, 1121 Rn. 32.
40 Vgl. OLG München Urt. v. 6.7.2021 – 5 U 710/20, NZG 2021, 1121 Rn. 32: keine Hauptniederlassung, wenn nur ein Viertel der Bilanzsumme am fraglichen Ort erwirtschaftet wird bzw. dort nur einige Hundert von insgesamt 16.000 Beschäftigten konzentriert sind.
41 OLG München Urt. v. 6.7.2021 – 5 U 710/20, NZG 2021, 1121 Rn. 35.
42 BGH Beschl. v. 23.8.2017 – IV ZR 93/17, NJW-RR 2017, 1320 (1321) mwN; siehe auch Habersack/Casper/Löbbe/Behrens/Hoffmann Einleitung Rn. B 24; MüKoGmbHG/Hupka GmbHG § 4a Rn. 11; BeckOK ZPO/Toussaint ZPO § 17 Rn. 7; MüKo GmbHG/Weller GmbHG Einleitung Rn. 342.
43 Vgl. Grabosch LkSG/Grabosch § 3 Rn. 11.
44 Habersack/Casper/Löbbe/Ulmer/Löbbe GmbHG § 4a Rn. 6; MHdB GesR III/Jasper/Kötteritzsch § 75 Rn. 19.

heblich ist der Ort der tatsächlichen Ausführung der unternehmerischen Entscheidungen.[45]

Der **satzungsmäßige Sitz** eines Unternehmens ist der in der Satzung (vgl. § 5 AktG) bzw. im Gesellschaftsvertrag (vgl. § 4a GmbHG) bestimmte Sitz.[46] Eine Verwaltungs- oder Geschäftstätigkeit an diesem Ort ist nicht erforderlich; solcher Tätigkeiten bedarf es allein zur Begründung einer Hauptverwaltung oder einer Hauptniederlassung.[47] Satzungsmäßiger Sitz und Verwaltungssitz können auseinanderfallen.[48]

b) Inländische Zweigniederlassung (Abs. 1 S. 2 Nr. 1)

Gemäß Abs. 1 S. 2 Nr. 1 ist ein den Anwendungsbereich des LkSG eröffnender Inlandsbezug auch bei solchen Unternehmen begründet, die über eine inländische Zweigniederlassung im Sinne von § 13d HGB verfügen. Die Formulierung „abweichend von Satz 1 Nummer 1" erscheint irreführend. Abs. 1 S. 2 Nr. 1 enthält keine von Abs. 1 S. 1 Nr. 1 „abweichende" Regelung, sondern legt schlicht einen **zusätzlichen Anknüpfungspunkt** für die Begründung des **Inlandsbezugs** fest. Abweichend ist S. 2 nur insofern, als – anders als bei S. 1 – ins Ausland entsandte Arbeitnehmer bei der Berechnung des Schwellenwerts nicht erfasst sind.[49] Abs. 1 S. 2 war im Regierungsentwurf noch nicht enthalten, sondern wurde erst im Zuge der Beratungen im Ausschuss für Arbeit und Soziales ergänzt.[50] Dem ging die im Bundesrat artikulierte Befürchtung voraus, eine Einschränkung des Anwendungsbereichs des Gesetzes auf Unternehmen mit Hauptverwaltung bzw. Hauptniederlassung oder Sitz in Deutschland begründe einen klaren Wettbewerbsnachteil deutscher Unternehmen. Dies gelte insbesondere in Bezug auf solche ausländischen Unternehmen, die nur Filialen oder sonstige Niederlassungen oder gar keinen Sitz in Deutschland haben, jedoch gleichermaßen auf dem deutschen Markt aktiv sind. Mögliche Vorteile einer einfacheren Kontrolle könnten diesen klaren Wettbewerbsnachteil nicht aufwiegen.[51]

---

45 Vgl. MüKoZPO/Patzina ZPO § 17 Rn. 13; BeckOK ZPO/Toussaint ZPO § 17 Rn. 7.
46 Vgl. MüKoGmbHG/Hupka GmbHG § 4a Rn. 10; BeckOK ZPO/Thode Brüssel Ia-VO Art. 63 Rn. 6.
47 BGH Urt. v. 14.11.2017 – VI ZR 73/17, NJW-RR 2018, 290 Rn. 19.
48 Vgl. MüKoGmbHG/Hupka GmbHG § 4a Rn. 99; Grabosch LkSG/Grabosch § 3 Rn. 10.
49 Vgl. BT-Drs. 19/30505, 35. Möglicherweise ist dies der Grund für die vom Gesetzgeber gewählte Regelungstechnik. In systematischer Hinsicht hätte die Zweigniederlassung auch als weiterer Fall des Abs. 1 Satz 1 Nr. 1 geregelt werden können.
50 Vgl. BT-Drs. 19 30505, 35; kritisch zu dieser Erweiterung des Anwendungsbereichs Nietsch/Wiedmann NJW 2022, 1 (2), die hierin eine teilweise Verwässerung der ursprünglichen Konzeption des Regierungsentwurfs sehen, da relevante Entscheidungen für das Risikomanagement zumeist nicht in Zweigniederlassungen getroffen würden und auch eine hohe Beschäftigtenzahl dies nicht gewährleiste.
51 BR-Drs. 239/1/21, 6; siehe dazu auch Jungkind/Raspé/Terbrack DK 2021, 445 (446); Keilmann/Schmidt WM 2021, 717 (717).

15 Der Begriff der Zweigniederlassung ist gesetzlich nicht definiert.[52] Auch § 13d Abs. 1 HGB setzt den Begriff der Zweigniederlassung voraus und regelt lediglich, dass alle eine inländische Zweigniederlassung betreffenden Anmeldungen, Einreichungen und Eintragungen bei dem Gericht zu erfolgen haben, in dessen Bezirk die Zweigniederlassung besteht, wenn sich die Hauptniederlassung eines Einzelkaufmanns oder einer juristischen Person oder der Sitz einer Handelsgesellschaft im Ausland befindet. Vom Vorliegen einer Zweigniederlassung wird ausgegangen, wenn eine von der Hauptniederlassung getrennte Niederlassung besteht, die **nicht nur zu einem vorübergehenden Zweck** im Rahmen des Unternehmens mit einer **gewissen organisatorischen und sachlichen Selbstständigkeit** nach außen **eigene Rechtsgeschäfte** tätigt.[53] Nicht ausreichend ist daher die bloße Durchführung von Hilfs- und Ausführungsgeschäften für die Hauptniederlassung (wie etwa der Betrieb eines Auslieferungslagers, einer Produktionsstätte, einer Reparaturwerkstatt oder einer Verkaufsfiliale).[54] Kennzeichnend für eine Zweigniederlassung ist, dass sie aufgrund ihrer Organisation und ihres Geschäftsbetriebs bei Wegfall der Hauptniederlassung als selbstständige Hauptniederlassung weiterbestehen könnte.[55] Die Errichtung einer Zweigniederlassung ist ein rein tatsächlicher Vorgang; der Eintragung im Handelsregister kommt keine rechtsbegründende, sondern nur deklaratorische Wirkung zu.[56] Anders als eine Tochtergesellschaft hat eine Zweigniederlassung **keine Rechtspersönlichkeit**.[57] Adressat des LkSG ist demnach auch nach Abs. 1 S. 2 Nr. 1 nicht die Zweigniederlassung, sondern das ausländische Unternehmen, dem sie angehört, als Rechtsträger.[58]

3. Schwellenwert

a) Überblick

16 Abs. 1 S. 1 Nr. 2 Hs. 1 und S. 2 Nr. 2 machen die Anwendbarkeit des LkSG jeweils davon abhängig, dass die Arbeitnehmerzahl des Unternehmens „in der Regel" einen bestimmten Schwellenwert erreicht. Dieser beträgt mit dem Inkrafttreten des § 1 zum 1.1.2023 **zunächst 3.000 Arbeitnehmer**. Ab dem **1.1.2024** betragen die Schwellenwerte aus Abs. 1 S. 1 Nr. 2 und Abs. 1 S. 2 Nr. 2 gemäß Abs. 1 S. 3 nur noch jeweils **1.000 Arbeitnehmer**. Der Wahl der Arbeitnehmerzahl als maßgeblichen

---

[52] Vgl. BeckOK HGB/Müther HGB § 13 Rn. 3.
[53] BeckOK HGB/Müther HGB § 13d Rn. 16; siehe auch MüKoHGB/Krafka HGB § 13d Rn. 12; BeckOGK/Schaal HGB § 13 Rn. 25; Ott/Lüneborg/Schmelzeisen DB 2022, 238 (239); Valdini BB 2021, 2955 (2956).
[54] BeckOK HGB/Müther HGB § 13d Rn. 5; siehe auch Grabosch LkSG/Grabosch § 3 Rn. 13, 15.
[55] BeckOGK/Schaal HGB § 13 Rn. 25; MüKoHGB/Krafka HGB § 13 Rn. 9.
[56] MüKoHGB/Krafka HGB § 13d Rn. 12; MüKoAktG/Pentz HGB § 13d Rn. 9.
[57] MüKoHGB/Krafka HGB § 13d Rn. 12; BeckOGK/Schaal HGB § 13 Rn. 24; MüKoAktG/Pentz HGB § 13d Rn. 9; Ott/Lüneborg/Schmelzeisen DB 2022, 238 (239); Valdini BB 2021, 2955 (2956).
[58] So auch Ott/Lüneborg/Schmelzeisen DB 2022, 238 (239); Valdini BB 2021, 2955 (2956).

Schwellenwert liegt die Annahme des Gesetzgebers zugrunde, dass diese ein Indikator für die **wirtschaftliche Leistungsfähigkeit** eines Unternehmens ist.[59] Hintergrund des Abstellens auf die wirtschaftliche Leistungsfähigkeit dürfte wiederum sein, dass Unternehmen in der Regel erst ab einer bestimmten Größe in der Lage sein werden, die zur Erfüllung der Sorgfaltspflichten aus §§ 4 bis 10 notwendigen Compliance-Strukturen aufzubauen.[60] Kritisiert wurde daran, dass die Arbeitnehmerzahl für sich genommen nichts über das Risiko einer Verletzung des durch das LkSG geschützten Rechtsgutes aussage.[61]

Der Schwellenwert gilt zum einen für Unternehmen, die ihre **Hauptverwaltung**, ihre **Hauptniederlassung**, ihren **Verwaltungssitz** oder ihren satzungsmäßigen **Sitz im Inland** haben (Abs. 1 S. 1, → Rn. 9 ff.). In diesem Fall sind sowohl **ins Ausland entsandte Arbeitnehmer** (Abs. 1 S. 1 Nr. 1) als auch **Leiharbeitnehmer** (Abs. 2) mitzuzählen. Zum anderen gilt der Schwellenwert für die Berechnung der Arbeitnehmerzahl von **Zweigniederlassungen** (Abs. 1 S. 2, → Rn. 14). Hier werden ebenfalls **Leiharbeitnehmer** mitgezählt (Abs. 2), nicht aber ins Ausland entsandte Arbeitnehmer. Innerhalb von **verbundenen Unternehmen** (§ 15 AktG) sind gemäß Abs. 3 die im Inland beschäftigten Arbeitnehmer sämtlicher konzernangehöriger Gesellschaften bei der Berechnung der Arbeitnehmerzahl der Obergesellschaft zu berücksichtigen; ins Ausland entsandte Arbeitnehmer sind insoweit erfasst (→ Rn. 2). 17

b) Berechnung der Arbeitnehmerzahl
aa) Formulierung „in der Regel"

Abs. 1 S. 1 Nr. 2 Hs. 1 und S. 2 Nr. 2 sehen vor, dass „in der Regel" mindestens 3.000 Arbeitnehmer im Inland beschäftigt sind (bzw. ab dem 1.1.2024 1.000 Arbeitnehmer, Abs. 1 S. 3). Nach der Regierungsbegründung bedeutet das Merkmal „in der Regel", dass die für das Unternehmen **prägende Personalstärke** maßgeblich ist.[62] Dies erfordere sowohl eine **rückblickende Betrachtung** als auch eine **Prognose** hinsichtlich der zukünftigen Personalentwicklung. Der sowohl rückblickend als auch vorausblickend betrachtete Zeitraum sei ausreichend lang zu bemessen, so dass **kurzzeitige Schwankungen** der Belegschaftsstärke keinen Einfluss auf die Anwendbarkeit oder Nichtanwendbarkeit des LkSG haben. Damit solle Stabilität, Planungssicherheit und letztlich Rechtssicherheit für die Unternehmen erreicht werden. **Vorübergehende Änderungen** etwa der Auftragslage und damit verbundene Schwankungen im Personalbestand sollten keinen Einfluss darauf haben, ob ein Unternehmen an die 18

---

59 Vgl. BT-Drs. 19/28649, 34.
60 Vgl. Jungkind/Raspé/Terbrack DK 2021, 445 (446).
61 Passarge CB 2021, 332 (332); siehe auch BR-Drs. 239/1/21, 5 f. (→ Rn. 5); Cappel/Hund IWRZ 2022, 174 (174); Spindler ZHR 186 (2022), 67 (74).
62 BT-Drs. 19/28649, 33; siehe auch Jungkind/Raspé/Terbrack DK 2021, 445 (446).

nachfolgenden Sorgfaltspflichten gebunden ist.[63] Eine ähnliche Methode werde schon seit Langem in „anderen Rechtsbereichen" zur Berechnung der Arbeitnehmerschwelle herangezogen. Insofern verweist die Regierungsbegründung konkret auf ein Urteil des BAG vom 16.11.2004 (1 AZR 642/03) zu § 111 BetrVG,[64] welcher die Beteiligungsrechte des Betriebsrates bei Betriebsänderungen in Unternehmen mit „in der Regel" mehr als 20 wahlberechtigten Arbeitnehmern regelt. Wenngleich die Regierungsbegründung betont, es seien „vorliegend für die Auslegung allein der Schutzzweck und die weiteren auslegungsrelevanten Merkmale dieses Gesetzes maßgeblich",[65] kann demnach für die Auslegung des unbestimmten Rechtsbegriffs[66] „in der Regel" grundsätzlich auf die Rechtsprechung des BAG zurückgegriffen werden.

19 Zum Merkmal „in der Regel" hat das BAG ausgeführt, es komme nicht darauf an, wie viele Arbeitnehmer einem Unternehmen zu einem Stichtag „zufällig" angehören. Abzustellen sei vielmehr auf die „normale" Zahl der Beschäftigten, dh auf die Personalstärke, die für das Unternehmen **im Allgemeinen kennzeichnend** ist.[67] Für den erforderlichen Rückblick in die Vergangenheit gebe es **keinen für alle Fälle einheitlichen Zeitraum**. Vielmehr könne der normale Personalbestand nur anhand der Gegebenheiten ermittelt werden, die im Einzelfall die Entwicklung des Unternehmens kennzeichnen. Dabei sei zum einen zu berücksichtigen, dass der Begriff „in der Regel" ein **zeitliches Element** enthalte, so dass für einen als normal anzusehenden Personalbestand eine **gewisse Dauer** zu fordern sei. Zum anderen hänge die Beurteilung, welche Belegschaftsstärke für das Unternehmen im Allgemeinen kennzeichnend ist, auch von den **personalwirtschaftlichen Entscheidungen** des Arbeitgebers ab.[68] Zur Bemessung des Referenzzeitraums führt die Regierungsbegründung aus, dieser hänge von einer Einzelfallbetrachtung ab, solle sich aber am **Geschäftsjahr** orientieren.[69] In der Rechtsprechung des BAG wird für die rückblickende Betrachtung bei der Feststellung der Unternehmensgröße ein Zeitraum **zwischen sechs Monaten bis zwei Jahren** als angemessen erachtet.[70] Für die Prognose sind nach der Regierungsbegründung „die Gegebenheiten zu ermitteln, die die Entwicklung des Unternehmens im Einzelfall kennzeichnen. Dazu zählen insbesondere konkrete Veränderungsentscheidungen durch den Arbeitgeber, zum Beispiel, ob für die

---

63 BT-Drs. 19/28649, 33; siehe dazu auch BAG Beschl. v. 4.11.2015 – 7 ABR 42/13, BAGE 153, 171 Rn. 36; BGH Beschl. v. 25.6.2019 – II ZB 21/18, BGHZ 222, 266 Rn. 34.
64 BT-Drs. 19/28649, 33.
65 BT-Drs. 19/28649, 33.
66 Vgl. BAG Urt. v. 16.11.2004 – 1 AZR 642/03, BeckRS 2005, 40267 Rn. 18.
67 BAG Urt. v. 16.11.2004 – 1 AZR 642/03, BeckRS 2005, 40267 Rn. 14; siehe auch BAG Beschl. v. 4.11.2015 – 7 ABR 42/13, BAGE 153, 171 Rn. 36.
68 BAG Urt. v. 16.11.2004 – 1 AZR 642/03, BeckRS 2005, 40267 Rn. 16.
69 BT-Drs. 19/28649, 33.
70 BAG Beschl. v. 4.11.2015 – 7 ABR 42/13, BAGE 153, 171 Rn. 36; siehe auch Frank/Edel/Heine/Heine BB 2021, 2165 (2165), die auch einen Zeitraum von zwei Jahren für angemessen erachten.

Zukunft eine kontinuierliche Verkleinerung der Belegschaft bis zu einem bestimmten Niveau geplant ist. Erforderlich ist, dass diese Entscheidung von dem zuständigen Gesellschaftsorgan beschlossen ist und ihrer Verwirklichung nichts Wesentliches mehr im Weg steht. Daher reichen die bloße Erwartung einer Verschlechterung der Auftragslage oder die bloße Absicht einer Werksschließung nicht aus."[71] Das BAG weist insoweit auf die Maßgeblichkeit „konkreter Veränderungsentscheidungen" hin.[72]

Werden Arbeitnehmer nicht ständig, sondern **lediglich zeitweilig** beschäftigt, kommt es nach dem in der Regierungsbegründung in Bezug genommen[73] Urteil des BAG für die Frage der regelmäßigen Beschäftigung darauf an, ob die Arbeitnehmer normalerweise während des **größten Teils eines Jahres** beschäftigt werden. Dies gelte auch bei Saisonbetrieben, die jeweils für einige Wochen oder Monate im Jahr einen erhöhten Arbeitskräftebedarf haben. Die für diese Zeit **vorübergehend eingestellten Arbeitnehmer** zählten nicht zu den „in der Regel" Beschäftigten. Etwas anderes gelte lediglich für reine **Kampagnebetriebe**, die überhaupt nur während eines Teils des Jahres arbeiten. In diesen sei die Beschäftigtenzahl während der Kampagne maßgebend.[74] Eine Beschäftigung für den größten Teil des Jahres ist eine Beschäftigung, die länger als sechs Monate andauert.[75]

20

Für die Auslegung des Merkmals „in der Regel" in S. 1 Nr. 2 Hs. 1 und S. 2 Nr. 2 ergibt sich aus alledem Folgendes: Der Anwendungsbereich des LkSG ist eröffnet, wenn das Unternehmen den Schwellenwert **aktuell** erreicht und das Erreichen bzw. die Überschreitung **nicht nur vorübergehend** ist. Ein nur vorübergehendes Erreichen des Schwellenwerts dürfte regelmäßig anzunehmen sein, wenn die Arbeitnehmerzahl weniger als sechs Monate mindestens bei 3.000 bzw. 1.000 lag, während es ausgeschlossen erscheint, wenn die Arbeitnehmerzahl über zwei Jahre den Schwellenwert erreichte. Wurde der Schwellenwert für einen Zeitraum von sechs Monaten bis zwei Jahren erreicht, dürfte es auf die Betrachtung des Einzelfalls ankommen. Beruht das Erreichen des Schwellenwerts auf konkreten Unternehmensentscheidungen oder erscheint es als Ausdruck eines stetigen Wachstums, spricht dies dafür, dass die Arbeitnehmerzahl „in der Regel" den Schwellenwert erreicht. Gibt es hingegen konkrete Anhaltspunkte dafür, dass das Erreichen des Schwellenwerts nicht fortdauern wird, kommt auch bei einem Zeitraum von sechs Monaten bis zu zwei Jahren die Verneinung der Anwendbarkeit des LkSG in Betracht. Allerdings dürfte der Maßstab hier umso strenger sein, je länger der Schwellenwert bereits erreicht ist. Das heißt: Je länger der

21

---

71 BT-Drs. 19/28649, 33.
72 BAG Beschl. v. 4.11.2015 – 7 ABR 42/13, BAGE 153, 171 Rn. 36; siehe auch BGH Beschl. v. 25.6.2019 – II ZB 21/18, BGHZ 222, 266 Rn. 34.
73 BT-Drs. 19/28649, 33.
74 BAG Urt. v. 16.11.2004 – 1 AZR 642/03, BeckRS 2005, 40267 Rn. 17.
75 BT-Drs. 19/28649, 34; siehe auch BAG Beschl. v. 4.11.2015 – 7 ABR 42/13, BAGE 153, 171 Rn. 36; BGH Beschl. v. 25.6.2019 – II ZB 21/18, BGHZ 222, 266 Rn. 34.

Schwellenwert schon erreicht ist, desto klarer muss die Perspektive seiner Unterschreitung sein und desto kürzer darf der Zeitraum sein, der bis zur (dauerhaften) Unterschreitung des Schwellenwerts noch vergeht.

22 Die gleichen Maßstäbe dürften umgekehrt für eine **vorübergehende Unterschreitung** des Schwellenwerts gelten. Ein Herausfallen eines Unternehmens, das den Schwellenwert aktuell unterschreitet, aus dem Anwendungsbereich des LkSG dürfte ausgeschlossen sein, wenn der Schwellenwert für einen Zeitraum von weniger als sechs Monaten unterschritten ist, während eine Unterschreitung für einen Zeitraum von mehr als zwei Jahren dafürspricht, dass das Unternehmen „in der Regel" weniger Arbeitnehmer beschäftigt als die Schwellenwerte in S. 1 Nr. 2 Hs. 1 und S. 2 Nr. 2 für die Anwendung des LkSG erfordern. Bei einer Unterschreitung des Schwellenwerts für einen Zeitraum von sechs Monaten bis zu zwei Jahren kommt es wiederum auf die Betrachtung des Einzelfalls an. Beruht sie auf klaren Unternehmensentscheidungen oder ist sie Ausdruck einer stetigen Entwicklung, spricht dies dafür, dass die Anwendbarkeit des LkSG verneint werden kann. Dabei dürften die Anforderungen für den Beleg, dass die Arbeitnehmerzahl „in der Regel" unterhalb des Schwellenwerts liegt, entsprechend sinken, je länger die Unterschreitung andauert (vice versa → Rn. 21).

23 Nicht ausreichend dürfte es für die Verneinung der Anwendung des LkSG sein, wenn der Schwellenwert aktuell und nach der rückblickenden Betrachtung nicht nur vorübergehend erreicht ist, und eine dauerhafte **Unterschreitung für die Zukunft** (nur) konkret **geplant** ist.[76] Ein Herausfallen aus dem Anwendungsbereich dürfte vielmehr mindestens voraussetzen, dass der Schwellenwert zum Betrachtungszeitpunkt aktuell unterschritten ist (zur erforderlichen Länge der Unterschreitung → Rn. 22). Umgekehrt dürfte die **bloße Prognose**, dass der Schwellenwert **zukünftig erreicht** wird, für die Anwendung des LkSG noch nicht genügen. Auch insofern kommt die Anwendung des Gesetzes nur in Betracht, wenn der Schwellenwert aktuell und nicht nur vorübergehend erreicht ist (→ Rn. 21).

bb) Formulierung „mindestens"

24 Nach Abs. 1 S. 1 Nr. 2 Hs. 1 und S. 2 Nr. 2 müssen jeweils „mindestens" 3.000 bzw. 1.000 Arbeitnehmer beschäftigt sein. Damit unterscheidet sich die Regelung etwa von § 111 BetrVG, der die Formulierung „mehr als" enthält. Daraus folgt, dass der Schwellenwert jeweils **ab dem 3.000. bzw. 1.000. Arbeitnehmer** erreicht ist (und nicht etwa erst ab dem 3.001. bzw. dem 1.001.). Umgekehrt gilt, dass der Schwellenwert bei 2.999 bzw. 999 Arbeitnehmern unterschritten ist. In der Praxis dürfte es auf diese Trennschärfe wegen des in den Blick zu nehmenden längeren Zeitraums (→ Rn. 18 ff.) allerdings selten ankommen.

---

76 So auch Wagner/Ruttloff/Wagner LkSG/Wagner/Wagner/Schuler § 1 Rn 6.

cc) Arbeitnehmer
(1) Begriff

Das LkSG definiert den Begriff des Arbeitnehmers nicht.[77] Auch in der Gesetzesbegründung findet sich dazu nichts. Das BAFA als die für die Kontrolle und Durchsetzung des Gesetzes zuständige Behörde (→ § 19 Rn. 2) steht auf dem Standpunkt, maßgeblich sei der **allgemeine Arbeitnehmerbegriff** des § 611a BGB.[78] Kennzeichnend für einen Arbeitnehmer ist hiernach, dass er „im Dienste eines anderen zur Leistung weisungsgebundener, fremdbestimmter Arbeit in persönlicher Abhängigkeit verpflichtet" ist (§ 611a Abs. 1 S. 1 BGB). Das Weisungsrecht kann dabei „Inhalt, Durchführung, Zeit und Ort der Tätigkeit betreffen" (§ 611a Abs. 1 S. 2 BGB). Weisungsgebunden ist gem. § 611a Abs. 1 S. 3 und 4 BGB, „wer nicht im Wesentlichen frei seine Tätigkeit gestalten und seine Arbeitszeit bestimmen kann. Der Grad der persönlichen Abhängigkeit hängt dabei auch von der Eigenart der jeweiligen Tätigkeit ab." Entscheidend ist „eine Gesamtbetrachtung aller Umstände" (§ 611a Abs. 1 S. 5 BGB); auf die Bezeichnung des Verhältnisses im Vertrag kommt es nicht an (§ 611a Abs. 1 S. 6 BGB). Das **BAFA** geht vor diesem Hintergrund davon aus, dass insbesondere auch leitende Angestellte,[79] Arbeitnehmer in Probezeit, Heimarbeiter, unselbstständige Handelsvertreter, Arbeitnehmer in Kurzarbeit und wegen Mutterschaftsurlaub Abwesende als Arbeitnehmer im Sinne von § 1 Abs. 1 zählen.[80]

25

Nicht als Arbeitnehmer versteht das **BAFA**: freie Mitarbeiter und Selbstständige; Organmitglieder juristischer Personen; „in aller Regel" Gesellschafter juristischer Personen, es sei denn, die Person ist als nicht geschäftsführender Gesellschafter zugleich Arbeitnehmer in dem Unternehmen; Personen, bei denen die Hauptpflichten aus dem Arbeitsverhältnis im Geschäftsjahr mehr als sechs Monate ruhen (zB ausgeschiedene Vorruheständler, Personen in der passiven Phase der Altersteilzeit und Arbeitnehmer in Elternzeit); Beamte und Soldaten, da hier ein öffentlich-rechtliches Dienstverhältnis vorliege; Auszubildende, Umschüler gemäß Berufsbildungsgesetz, Praktikanten und Volontäre.[81]

26

Diese Auflistung des BAFA erscheint allerdings **nicht vollständig nachvollziehbar**. Sie mag zwar – abgesehen von den Personen in Elternzeit[82] – im Wesentlichen mit dem Arbeitnehmerbegriff des § 611a Abs. 1 BGB in Einklang zu bringen sein. Widersprüchlich ist sie aber zum Arbeitneh-

27

---

77 Vgl. auch Brouwer CCZ 2022, 137 (139).
78 FAQ LkSG III. 1, 2; dem sich anschließend Wagner/Ruttloff/Wagner LkSG/Wagner/Wagner/Schuler § 1 Rn. 5.
79 Leitende Angestellte sind grundsätzlich echte Arbeitnehmer, vgl. BeckOK ArbR/Volkening KSchG § 14 Rn. 14; für die Mitzählung leitender Angestellter auch Grabosch LkSG/Grabosch § 3 Rn. 5; Hembach Praxisleitfaden S. 53.
80 FAQ LkSG III. 2.
81 FAQ LkSG III. 2.
82 Die Elternzeit führt nur zur Suspendierung der wechselseitigen Hauptpflichten des Arbeitsverhältnisses, nicht aber zu seiner Beendigung. Personen in Elternzeit bleiben vielmehr während der Elternzeit sowohl arbeitsrechtlich als auch betriebsverfassungsrechtlich Arbeitnehmer, vgl. BeckOK ArbR/Schrader BEEG § 15 Rn. 24 ff.

merbegriff des § 5 Abs. 1 und 2 BetrVG. Hiernach sind Arbeitnehmer „Arbeiter und Angestellte einschließlich der zu ihrer Berufsausbildung Beschäftigten, unabhängig davon, ob sie im Betrieb, im Außendienst oder mit Telearbeit beschäftigt werden. Als Arbeitnehmer gelten auch die in Heimarbeit Beschäftigten, die in der Hauptsache für den Betrieb arbeiten. Als Arbeitnehmer gelten ferner Beamte (Beamtinnen und Beamte), Soldaten (Soldatinnen und Soldaten) sowie Arbeitnehmer des öffentlichen Dienstes einschließlich der zu ihrer Berufsausbildung Beschäftigten, die in Betrieben privatrechtlich organisierter Unternehmen tätig sind" (§ 5 Abs. 1 BetrVG). Nicht als Arbeitnehmer gelten hingegen „1. in Betrieben einer juristischen Person die Mitglieder des **Organs**, das zur gesetzlichen Vertretung der juristischen Person berufen ist; 2. die **Gesellschafter** einer offenen Handelsgesellschaft oder die Mitglieder einer anderen Personengesamtheit, soweit sie durch Gesetz, Satzung oder Gesellschaftsvertrag zur Vertretung der Personengesamtheit oder zur Geschäftsführung berufen sind, in deren Betrieben; 3. Personen, deren Beschäftigung nicht in erster Linie ihrem Erwerb dient, sondern vorwiegend durch **Beweggründe karitativer oder religiöser Art** bestimmt ist; 4. Personen, deren Beschäftigung nicht in erster Linie ihrem Erwerb dient und die vorwiegend zu ihrer **Heilung, Wiedereingewöhnung, sittlichen Besserung oder Erziehung** beschäftigt werden; 5. der Ehegatte, der Lebenspartner, Verwandte und Verschwägerte ersten Grades, die in häuslicher Gemeinschaft mit dem Arbeitgeber leben"[83] (§ 5 Abs. 2 BetrVG). Bei Zugrundelegung dieses Arbeitnehmerbegriffs wären also insbesondere auch **Auszubildende**[84] und **Beamte** als Arbeitnehmer einzuordnen. Berücksichtigt man, dass der Schwellenwert der Arbeitnehmerzahl in erster Linie die **wirtschaftliche Leistungsfähigkeit** des Unternehmens abbilden soll (→ Rn. 16) und zudem grundsätzlich – unabhängig von ihrer Rechtsform – auch öffentliche Unternehmen in den Anwendungsbereich des LkSG fallen können (→ Rn. 7), spricht Überwiegendes für eine Orientierung an den Wertungen des § 5 Abs. 1 und 2 BetrVG. Es ist insbesondere nicht ersichtlich, was gegen die Tauglichkeit der Zahl der Auszubildenden oder Beamten als Indikator für die wirtschaftliche Leistungsfähigkeit des Unternehmens sprechen könnte.

28 **Freie Mitarbeiter** sind dann keine Arbeitnehmer im Sinne von § 1, wenn eine weisungsgebundene, fremdbestimmte Arbeit in persönlicher Abhängigkeit im Sinne von § 611a Abs. 1 BGB verneint werden kann.[85] Die Abgrenzung kann im Einzelfall schwierig sein.[86] Bei der Beurteilung wird wiederum der Zweck des Schwellenwertkriteriums zu berücksichtigen sein, die wirtschaftliche Leistungsfähigkeit des Unternehmens abzubilden (→ Rn. 16). Dh sofern die Beschäftigung freier Mitarbeiter als kenn-

---

83 Hervorhebungen nur hier.
84 Für das Mitzählen von Auszubildenden auch Grabosch LkSG/Grabosch § 3 Rn. 5; Hembach Praxisleitfaden S. 53.
85 So im Ergebnis auch Grabosch LkSG/Grabosch § 3 Rn. 5; Hembach Praxisleitfaden S. 53; zur Abgrenzung siehe Kock NJW 2021, 993.
86 Siehe dazu im Einzelnen Kock NJW 2021, 993.

zeichnend für die Leistungsfähigkeit eines Unternehmens angesehen werden kann, könnte die durchzuführende Gesamtbetrachtung (vgl. § 611a Abs. 1 S. 5 BGB) im Lichte der Zwecke des LkSG in Zweifelsfällen für ein weites Verständnis der persönlichen Abhängigkeit sprechen.

Arbeitnehmer werden **pro Kopf** gezählt.[87] Für ein anderes Verständnis, nach dem etwa nur Vollzeitäquivalente zu zählen seien, enthält der Normtext keine Anhaltspunkte.[88]

(2) Beschäftigung im Inland

Was genau als eine Beschäftigung im Inland gilt, definiert das Gesetz nicht. Mit Blick darauf, dass es nach der Regierungsbegründung für die Bestimmung der Arbeitnehmerzahl darauf ankommen soll, was für das Unternehmen „prägend" bzw. „kennzeichnend" ist (→ Rn. 18), erscheint es insoweit sachgerecht, für die Frage, ob eine Beschäftigung im Inland vorliegt, sinngemäß auf den Maßstab des Art. 8 Abs. 2 und 3 VO (EG) Nr. 593/2008 (Rom I-VO) zurückzugreifen. Eine Beschäftigung im Inland wäre dann gegeben, wenn der Arbeitnehmer in Erfüllung seines Arbeitsvertrags seine Arbeit **gewöhnlich** dort verrichtet (entspr. Art. 8 Abs. 2 S. 1 Rom I-VO); dieser Ort wechselt nicht, wenn der Arbeitnehmer seine Arbeit vorübergehend in einem anderen Staat verrichtet (entspr. Art. 8 Abs. 2 S. 2 Rom I-VO). Einer genauen Abgrenzung von einer Entsendung ins Ausland bedarf es bei Arbeitnehmern eines Unternehmens nicht, dessen Inlandsbezug nach Abs. 1 S. 1 Nr. 1 gegeben ist, da ins Ausland entsandte Arbeitnehmer hier ebenfalls mitzuzählen sind (→ Rn. 2 f.). Relevanz kann die Abgrenzung aber bei Arbeitnehmern von **Zweigniederlassungen** nach Abs. 1 S. 2 erlangen. Übt ein Arbeitnehmer seine Tätigkeit in mehreren Staaten aus, „ist gewöhnlicher Arbeitsort der Ort, an dem oder von dem aus er seine berufliche Tätigkeit tatsächlich ausübt, und – in Ermangelung eines Mittelpunkts der Tätigkeit – der Ort, an dem er den größten Teil seiner Arbeit verrichtet".[89] Hinsichtlich des Ortes, „an dem" der Arbeitnehmer gewöhnlich seine Arbeit verrichtet, wäre „von einer indiziengestützten Methode auszugehen, mit der in Zweifelsfällen der Ort ‚von dem aus' der Arbeitnehmer den wesentlichen Teil seiner Verpflichtungen gegenüber seinem Arbeitgeber tatsächlich erfüllt, zu bestimmen ist".[90] Ist ein gewöhnlicher Arbeitsort in einem Staat nicht feststellbar, käme es entspr. Art. 8 Abs. 3 Rom I-VO auf den Ort der Niederlassung an, die den Arbeitnehmer eingestellt hat.[91] Weniger zweckmäßig erschiene demgegenüber im Ausgangspunkt eine Orientierung an § 2 AEntG oder § 20 MindestlohnG. Nach diesen vornehmlich dem Arbeitnehmerschutz dienenden Regelungen käme in Betracht, schon bei kurzzeitigen Tätigkeiten von einer Beschäftigung im Inland

---

87 FAQ LkSG III. 1., 2.; Brouwer CCZ 2022, 137 (139); Grabosch LkSG/Grabosch § 3 Rn. 5; Hembach Praxisleitfaden S. 53.
88 Siehe auch Brouwer CCZ 2022, 137 (139).
89 BAG Urt. v. 7.5.2020 – 2 AZR 692/19, NZA 2021, 225 Rn. 25.
90 BAG Urt. v. 7.5.2020 – 2 AZR 692/19, NZA 2021, 225 Rn. 26 (Flugpersonal).
91 Vgl. BAG Urt. v. 7.5.2020 – 2 AZR 692/19, NZA 2021, 225 Rn. 25.

auszugehen, etwa bei einem Transportunternehmen im Falle über bloße Transitfahrten hinausgehender Kabotagefahrten im Inland.[92] Als „prägend" für ein Unternehmen könnten solche kurzzeitigen Tätigkeiten im Inland wohl allenfalls dann angesehen werden, wenn „in der Regel" (→ Rn. 18) eine den Schwellenwert erreichende Anzahl von Arbeitnehmern von einem Ort im Ausland aus Tätigkeiten im Inland verrichtet.

(3) Ins Ausland entsandte Arbeitnehmer

31 Für die Bestimmung der Arbeitnehmerzahl gem. **Abs. 1 S. 1** (Unternehmen mit Hauptverwaltung, Hauptniederlassung, Verwaltungssitz oder satzungsmäßigem Sitz im Inland, → Rn. 9 ff.) sind nach dem Gesetzeswortlaut ins Ausland entsandte Arbeitnehmer mitzuzählen. Eine Definition des entsandten Arbeitnehmers enthält das Gesetz insoweit ebenso wenig wie seine Begründung. Orientierung bietet insofern aber die Begriffsbestimmung in Art. 2 Abs. 1 RL 96/71/EG des Europäischen Parlaments und des Rates vom 16.12.1996 über die Entsendung von Arbeitnehmern im Rahmen der Erbringung von Dienstleistungen. Hiernach ist ein entsandter Arbeitnehmer jeder Arbeitnehmer, der während eines **begrenzten Zeitraums** seine Arbeitsleistung im Hoheitsgebiet eines anderen Mitgliedstaats als demjenigen erbringt, in dessen Hoheitsgebiet er normalerweise arbeitet. Da § 1 das „Ausland" nicht eingrenzt, sind Entsendungen in das **Hoheitsgebiet jedes anderen Staates** erfasst. Als Entsendung gelten üblicherweise Auslandtätigkeiten, die zwischen wenigen Monaten und einigen Jahren dauern; kennzeichnend für eine Entsendung ist ein langdauerndes Inlandsarbeitsverhältnis, in dessen Rahmen eine vergleichsweise kurze Auslandstätigkeit erfolgt,[93] während derer das ursprüngliche Arbeitsverhältnis in Deutschland für den Zeitraum des Auslandseinsatzes nicht aufgehoben wird, sondern – in welcher Form auch immer – fortbesteht.[94] Eine dauerhafte Auslandstätigkeit führt demgegenüber in der Regel zum vollständigen Übertritt in die ausländische Rechtsordnung.[95] In diesen Fällen entfällt dementsprechend eine Beschäftigung „im Inland", so dass solche Personen für die Berechnung der Arbeitnehmerzahl nicht (mehr) mitzuzählen sind.

dd) Leiharbeitnehmer (Abs. 2)

32 Gemäß Abs. 2 sind bei Unternehmen, die **Entleiher** im Sinne von § 14 Abs. 1 AÜG sind, bei der Berechnung der Arbeitnehmerschwellenwerte nach Abs. 1 S. 1 Nr. 2 (Unternehmen mit Hauptverwaltung, Hauptniederlassung, Verwaltungssitz oder satzungsmäßigem Sitz im Inland, → Rn. 9 ff.) und Abs. 1 S. 2 Nr. 2 (Unternehmen mit Zweigniederlassung im Inland, → Rn. 14 ff.) **die ihnen überlassenen Leiharbeitnehmer** zu be-

---

92 Siehe dazu etwa FG Baden-Württemberg Urt. v. 17.7.2018 – 11 K 2644/16, BeckRS 2018, 20191 Rn. 55; FG Berlin-Brandenburg Urt. v. 16.1.2019 – 1 K 1161/17, BeckRS 2019, 1061, Rn. 39.
93 SWK-ArbR/Borgmann Auslandstätigkeit/Entsendung Rn. 7.
94 MAH ArbR/Melms/Felisiak § 11 Rn. 110.
95 SWK-ArbR/Borgmann Auslandstätigkeit/Entsendung Rn. 1.

rücksichtigen, sofern die Einsatzdauer **sechs Monate** übersteigt. In der Regierungsbegründung heißt es dazu, Leiharbeitnehmer blieben auch während der Zeit der Arbeitsleistung bei einem Entleiher Angehörige des entsendenden Betriebs des Verleihers. Sie zählten für die Schwelle bei dem Entleihunternehmen mit, wenn Arbeitnehmerüberlassung längerfristig als Instrument zur Deckung des Personalbedarfs genutzt werde. Dies sei dann nicht der Fall, wenn der Einsatz der Arbeitnehmerüberlassung nicht kennzeichnend für die maßgebliche Größe des Unternehmens war. Nur wenn eine Mindesteinsatzdauer von sechs Monaten überschritten werde, sei der Einsatz von Leiharbeitnehmern kennzeichnend für die maßgebliche Größe des Unternehmens und seien die Leiharbeitnehmer bei den „in der Regel" beschäftigten Arbeitnehmern mitzuzählen.[96] Die Bemessung, wie lange Leiharbeit stattgefunden hat, folgt nach der Regierungsbegründung einer **arbeitsplatzbezogenen** Betrachtung.[97] Unter Verweis auf die Rechtsprechung des BGH zu § 14 Abs. 2 S. 6 AÜG[98] soll insoweit maßgeblich sein, ob das Unternehmen **während eines Jahres**[99] über die Dauer von mehr als sechs Monaten Arbeitsplätze mit Leiharbeitnehmern besetzt, unabhängig davon, ob es sich dabei um den Einsatz eines bestimmten oder wechselnder Leiharbeitnehmer handelt und ob die Leiharbeitnehmer auf demselben oder auf verschiedenen Arbeitsplätzen eingesetzt werden. Ist dies der Fall, seien die betreffenden Arbeitsplätze bei der Bestimmung des Anwendungsschwellenwertes mitzuzählen, wenn die Beschäftigung von Leiharbeitnehmern über die Dauer von sechs Monaten hinaus regelmäßig erfolgt.[100]

Das Mitzählen der langfristig eingesetzten Leiharbeitnehmer bei der Ermittlung der Arbeitnehmerzahl im Entleihunternehmen für die Anwendbarkeit des LkSG beruhe auf der Erkenntnis, dass die Anzahl der eingesetzten Leiharbeitnehmer für die **wirtschaftliche Leistungsfähigkeit** des Unternehmens genauso relevant ist wie die Stammbelegschaft (dazu auch → Rn. 16 ff.).[101]

33

Ins **Ausland entsandte** Leiharbeitnehmer sollen nach der Regierungsbegründung ebenfalls erfasst sein.[102] Dazu findet sich im Wortlaut des Abs. 2 zwar nichts. Bei Unternehmen nach Abs. 1 S. 1 lässt sich das Hinzuzählen ins Ausland entsandter Leiharbeitnehmer aber damit begründen, dass in Abs. 1 S. 1 Nr. 2 die Einbeziehung ins Ausland entsandter Arbeitnehmer ausdrücklich vorgesehen ist und Abs. 2 näher bestimmt, wer als Arbeitnehmer gilt. Diese Begründung greift allerdings nicht für Abs. 1 S. 2, welcher gerade nicht vorsieht, dass ins Ausland entsandte Ar-

34

---

96 BT-Drs. 19/28649, 34.
97 BT-Drs. 19/28649, 34; siehe dazu auch Frank/Edel/Heine/Heine BB 2021, 2165 (2165).
98 BGH Beschl. v. 25.6.2019 – II ZB 21/18, BGHZ 222, 266 Rn. 21.
99 Kritisch hierzu, weil ein Jahreszeitraum keinen Rückhalt im Normtext des Abs. 2 finde, Frank/Edel/Heine/Heine BB 2021, 2165 (2165 f.).
100 BT-Drs. 19/28649, 34.
101 BT-Drs. 19/28649, 34.
102 BT-Drs. 19/28649, 34.

ee) Verbundene Unternehmen (Abs. 3)

35 Abs. 3 regelt die **Zurechnung** der **Arbeitnehmerzahl** bei verbundenen Unternehmen im Sinne von § 15 AktG. Nach seinem Wortlaut sind bei einer „**Obergesellschaft**", die im **Inland** beschäftigten Arbeitnehmer „**sämtlicher konzernangehöriger Gesellschaften**" bei der Berechnung der Arbeitnehmerzahl nach **Abs. 1 S. Nr. 2** zu berücksichtigen. Der Regierungsbegründung zufolge soll durch die Vorschrift gewährleistet werden, dass „Mutterunternehmen" unter das LkSG fallen, „unabhängig davon, ob die Arbeitnehmer bei dem Mutterunternehmen oder dem oder den Tochterunternehmen beschäftigt sind".[103] Im Regierungsentwurf wurde statt des Begriffs „Obergesellschaft" noch der Begriff „Konzernmutter" verwendet,[104] welcher im Zuge der Beratungen im Ausschuss für Arbeit und Soziales aus „stilistischen" Gründen ersetzt wurde.[105] Ins **Ausland entsandte** Arbeitnehmer (→ Rn. 2) sind nach der ausdrücklichen Regelung des Abs. 3 Hs. 2 jeweils mitzurechnen.

36 Die Regelung weist einige **Unklarheiten** auf,[106] die im Wesentlichen auf Folgendem beruhen: Erstens ist der Begriff der **Obergesellschaft** gesetzlich nicht definiert;[107] zweitens erfasst § 15 AktG nicht nur „**Konzerne**", sondern definiert verbundene Unternehmen als rechtlich selbstständige Unternehmen, die im Verhältnis zueinander in Mehrheitsbesitz stehende Unternehmen und mit Mehrheit beteiligte Unternehmen (§ 16 AktG), abhängige und herrschende Unternehmen (§ 17 AktG), Konzernunternehmen (§ 18 AktG), wechselseitig beteiligte Unternehmen (§ 19 AktG) oder Vertragsteile eines Unternehmensvertrags (§§ 291, 292 AktG) sind; drittens sind damit gem. § 15 iVm § 18 Abs. 2 AktG auch **Gleichordnungskonzerne** verbundene Unternehmen, bei denen es aber Schwierigkeiten bereitet, eine „Obergesellschaft" zu bestimmen.

37 Der Wortlaut des Abs. 3 („*konzern*angehörig") könnte zwar darauf hindeuten, dass Zurechnungsgegenstand ausschließlich die Arbeitnehmer von „Konzernunternehmen" gemäß § 18 AktG sein sollen. Für dieses Verständnis könnte auch sprechen, dass im Regierungsentwurf noch die „*Konzern*mutter" als Zurechnungsadressat vorgesehen war und dieser Begriff nur aus „stilistischen Gründen" – also ohne die Absicht der Än-

---

103 BT-Drs. 19/28649, 34.
104 BT-Drs. 19/28649, 7.
105 Vgl. BT-Drs. 19/30505, 35; dazu auch → Rn. 3.
106 Zum Ganzen siehe insbes. Nietsch/Wiedmann NJW 2022, 1; Ott/Lüneborg/Schmelzeisen DB 2022, 238; Passarge CB 2021, 332; Valdini BB 2021, 2955.
107 Vgl. Frank/Edel/Heine/Heine BB 2021, 2165 (2166); Nietsch/Wiedmann NJW 2022, 1 (2); Ott/Lüneborg/Schmelzeisen DB 2022, 238 (239); Rack CB-Beil. Heft 6/2022, 1 (23).

derung seines Sinngehalts – durch die „Obergesellschaft" ersetzt wurde (→ Rn. 3). Ferner ist in der Regierungsbegründung die Rede davon, dass es für die Berechnung der Arbeitnehmerzahl nicht darauf ankommen soll, ob eine Beschäftigung beim „Mutterunternehmen" oder beim „Tochterunternehmen" gegeben ist.[108] Dabei handelt es sich um Begriffe, die in §§ 271, 290 HGB im Zusammenhang mit dem *Konzern*abschluss Verwendung finden. Gegen ein solch enges Verständnis seines Anwendungsbereichs spricht aber, dass Abs. 3 die Zurechnung innerhalb von „verbundenen Unternehmen" anordnet und dabei ausdrücklich § 15 AktG (und nicht etwa § 18 AktG) in Bezug nimmt.[109] Diese Bezugnahme liefe weitgehend leer, wenn lediglich bei einer Untergruppe der verbundenen Unternehmen eine Zurechnung stattfände.[110] Zugleich widerspräche eine Beschränkung auf Konzernunternehmen Sinn und Zweck der Regelung. Die Zurechnungsregel soll gewährleisten, dass es innerhalb verbundener Unternehmen für die Berechnung der Arbeitnehmerzahl der Obergesellschaft nicht darauf ankommt, bei welcher Gesellschaft die Arbeitnehmer beschäftigt sind.[111] Diese Problematik ist kein Alleinstellungsmerkmal von Konzernunternehmen gem. § 18 AktG, sondern kann sich bei allen verbundenen Unternehmen im Sinne von § 15 AktG stellen. Für eine Beschränkung der Zurechnung auf Arbeitnehmer von Konzernunternehmen ist daher kein Sachgrund ersichtlich. Der Begriff „konzernangehörig" in Abs. 3 ist deshalb **„untechnisch"** zu verstehen und meint alle Unternehmen, die zu einem anderen Unternehmen in einem Verhältnis stehen, das unter §§ 16–19, 291, 292 AktG fällt.[112]

Zurechnungsadressat kann immer nur ein Unternehmen sein, das die Voraussetzungen des Abs. 1 S. 1 Nr. 1 erfüllt, dh seine **Hauptverwaltung**, seine **Hauptniederlassung**, seinen **Verwaltungssitz** oder seinen **satzungsmäßigen Sitz im Inland** hat.[113] Dies folgt zum einen daraus, dass sich der Klammerzusatz in Abs. 3 nur auf die Arbeitnehmerzahl bei Unternehmen nach Abs. 1 S. 1 bezieht.[114] Zum anderen handelt es sich beim Inlandsbezug und der Arbeitnehmerzahl um kumulativ zu erfüllende Kriterien (→ Rn. 2). Abs. 3 betrifft nur das zweite dieser beiden Kriterien. Zurechnungsadressat können demnach grundsätzlich auch **ausländische Unternehmen** sein, deren Inlandsbezug durch Abs. 1 S. 1 Nr. 1 Var. 1, 2 oder 3 begründet ist. Keine Zurechnung erfolgt hingegen bei Zweigniederlas-

38

---

108 BT-Drs. 19/28649, 34, → Rn. 35.
109 Im Übrigen kennt auch § 18 AktG nicht den Begriff der „konzernangehörigen Gesellschaften", sondern spricht nur vom „Konzernunternehmen".
110 So auch Ott/Lüneborg/Schmelzeisen DB 2022, 238 (239 f.).
111 BT-Drs. 19/28649, 34, → Rn. 35; siehe auch Nietsch/Wiedmann NJW 2022, 1 (2); Passarge CB 2021, 332 (334); Rothenburg/Rogg AG 2022, 1 (2).
112 So auch FAQ LkSG IV. 1.; Harings/Jürgens LkSG S. 34; Ott/Lüneborg/Schmelzeisen DB 2022, 238 (239 f.).
113 So auch Ott/Lüneborg/Schmelzeisen DB 2022, 238 (241 f.); Valdini BB 2021, 2955 (2956).
114 Vgl. Valdini BB 2021, 2955 (2956).

sungen, da der Klammerzusatz in Abs. 3 nicht auf Abs. 1 S. 2 Nr. 2 verweist.[115]

39 Aus der Formulierung, nach der die Arbeitnehmer aller konzernangehörigen Gesellschaften bei der Berechnung der Arbeitnehmerzahl der **Obergesellschaft** zu berücksichtigen sind, folgt, dass Abs. 3 allein eine Zurechnung „**nach oben**" verlangt, dh die Arbeitnehmer der Töchter werden der Mutter zugerechnet, nicht jedoch die Arbeitnehmer der Mutter den Töchtern.[116] Hat also zB ein Tochterunternehmen 2.800 (bzw. ab dem 1.1.2024 800) Arbeitnehmer und das Mutterunternehmen 500 Arbeitnehmer im Inland, erreicht kraft Abs. 3 nur das Mutterunternehmen mit 3.300 bzw. 1.300 ihm zuzurechnenden Arbeitnehmern den Schwellenwert nach Abs. 1 S. 1 Nr. 2 und ist damit – wenn zugleich der Inlandsbezug nach Abs. 1 S. 1 Nr. 1 gegeben ist – Adressat des LkSG. Hat hingegen das Tochterunternehmen zB 3.100 (bzw. 1.100) Arbeitnehmer und erreicht damit selbstständig den Schwellenwert des Abs. 1 S. 1 Nr. 1, sind sowohl das Tochterunternehmen (originär) als auch das Mutterunternehmen (über die Zurechnung nach Abs. 3) **jeweils eigenständig** Adressat des LkSG, sofern der Inlandsbezug nach Abs. 1 S. 1 Nr. 1 gegeben ist.[117] Aus dem Erfordernis einer Zurechnung nur „nach oben" folgt zugleich, dass eine Zurechnung unter „**Geschwistern**" ausscheidet.[118] Dem steht nicht entgegen, dass über die Bezugnahme auf § 15 AktG an sich auch der **Gleichordnungskonzern** gem. § 18 Abs. 2 AktG erfasst ist. Dies ändert nichts daran, dass nach dem eindeutigen Wortlaut des Abs. 3 eine Zurechnung nur hinsichtlich der „Obergesellschaft" stattfinden soll. Wo es eine solche nicht gibt, kann demnach auch keine Zurechnung erfolgen; die über § 15 AktG vermittelte Bezugnahme auf § 18 Abs. 2 AktG ist insoweit gegenstandslos.[119] Das bedeutet: Auch wenn bei Zusammenrechnung der Arbeitnehmer mehrerer gleichgeordneter Unternehmen der Schwellenwert von 3.000 bzw. 1.000 überschritten wird, ist der Anwendungsbereich des LkSG nur eröffnet, wenn diese Unternehmen durch eine Obergesellschaft verklammert sind.

40 Da Abs. 3 nur von „der" Obergesellschaft (Singular) spricht (und nicht etwa von den „Obergesellschaft*en*" oder der „jeweiligen" Obergesellschaft), ist davon auszugehen, dass die Zurechnung im Ergebnis nur zu

---

115 Vgl. Valdini BB 2021, 2955 (2956).
116 So auch FAQ LkSG IV. 3.; Passarge CB 2021, 332 (333 f.); Hembach Praxisleitfaden S. 56; Rothenburg/Rogg AG 2022, 1 (2); Wagner/Ruttloff/Wagner LkSG/Wagner/Wagner/Schuler § 1 Rn. 9, 11.
117 Vgl. Grabosch LkSG/Grabosch § 3 Rn. 6.
118 So wohl auch FAQ LkSG IV. 3.; Harings/Jürgens LkSG S. 35; Sagan/Schmidt NZA-RR 2022, 281 (284).
119 AA Frank/Edel/Heine/Heine BB 2021, 2165 (2166), die davon ausgehen, im Gleichordnungskonzern stelle jede der beiden Gesellschaften für die jeweils andere Gesellschaft die Obergesellschaft dar, so dass eine wechselseitige Zuordnung der konzernangehörigen Arbeitnehmer stattfinde; im Ergebnis ebenso Grabosch LkSG/Grabosch § 3 Rn. 6; Spindler ZHR 186 (2022), 67 (75).

einer **einzigen Obergesellschaft** erfolgen soll.[120] Es sind alle Gesellschaften einzuberechnen, die mit der Obergesellschaft verbunden sind, also nicht nur „Töchter", sondern auch „Enkel- und Urenkelgesellschaften".[121] Adressat der Zurechnung ist jedenfalls grundsätzlich die „**ultimative**" **Obergesellschaft**.[122] Dies ist bei verbundenen Unternehmen dasjenige Unternehmen, dem kein weiteres Unternehmen mehr übergeordnet ist (nach der Wortwahl des BAFA die „oberste Konzernmutter"[123]). Sinn und Zweck der Zurechnung nach Abs. 3 sprechen jedoch dafür, in bestimmten Konstellationen auch eine Zurechnung auf einer untergeordneten (**Zwischen-**)**Ebene** vorzunehmen.[124] Dazu gehört der Fall, in dem eine Tochter- und eine Enkelgesellschaft (deren Arbeitnehmerzahlen für sich genommen jeweils unter dem Schwellenwert liegen) zusammengerechnet den Schwellenwert von 3.000 bzw. 1.000 Arbeitnehmern im Inland erreichen, ihnen aber eine (ultimative) Obergesellschaft übergeordnet ist, die keinen **bestimmenden Einfluss** auf sie ausübt, so dass die Tochter- und die Enkelgesellschaft gem. § 2 Abs. 6 S. 3 nicht zum eigenen Geschäftsbereich der Obergesellschaft gehörten. Die Umsetzung der Sorgfaltspflichten liefe dann Gefahr leerzulaufen, obgleich das verbundene Unternehmen (bereits ohne die Muttergesellschaft) eine Arbeitnehmerzahl aufweist, welche die für die Eröffnung des Anwendungsbereichs des LkSG nach dem Willen des Gesetzgebers maßgebliche wirtschaftliche Leistungsfähigkeit indiziert. Eine ähnliche Konstellation kann sich ergeben, wenn mehrere (im Sinne von Abs. 1 S. 1 Nr. 1 inländische) Tochterunternehmen auf nationaler Ebene zwar durch eine (ebenfalls inländische) **Zwischenholding** verbunden sind und so bei Zusammenrechnung nach Abs. 3 zusammen den Schwellenwert von 3.000 bzw. 1.000 Arbeitnehmern im Inland erreichen würden, ihnen aber ein **ausländisches Mutterunternehmen** ohne Inlandsbezug im Sinne von Abs. 1 S. 1 Nr. 1 übergeordnet ist. Käme hier eine Zurechnung ausschließlich an die „ultimative Konzernmutter" in Betracht, fiele auch ein solches Unternehmen aus dem Anwendungsbereich des LkSG, obwohl bezogen auf den inländischen Unternehmsteil beide Voraussetzungen des Abs. 1 S. 1 erfüllt wären. In beiden Konstellationen könnte auch ein Potenzial missbräuchlicher Gestaltungen liegen. So könnten verbundene Unternehmen absichtlich Strukturen wählen, mit denen die Verpflichtungen aus dem LkSG

---

120 FAQ LkSG IV. 4.: „nur zur obersten Konzernmutter (in Deutschland)"; Ott/Lüneborg/Schmelzeisen DB 2022, 238 (240); aA Herrmann/Rünz DB 2021, 3078 (3078); Rack CB-Beil. Heft 6/2022, 1 (23); Sagan/Schmidt NZA-RR 2022, 281 (284).
121 Ott/Lüneborg/Schmelzeisen DB 2022, 238 (239); Passarge CB 2021, 332 (333); Rothenburg/Rogg AG 2022, 1 (2); Sagan/Schmidt NZA-RR 2022, 281 (283).
122 Vgl. FAQ LkSG IV. 4.
123 FAQ LkSG IV. 4.
124 Ob hierfür Raum besteht, ist umstritten; zum Meinungsstand siehe Ott/Lüneborg/Schmelzeisen DB 2022, 238 (240). Im Ergebnis ablehnend Ott/Lüneborg/Schmelzeisen DB 2022, 238 (240 f.); Rothenburg/Rogg AG 2022, 1 (2); Sagan/Schmidt NZA-RR 2022, 281 (284); Valdini BB 2021, 2955 (2956); offen für eine Zurechnung unterhalb der ultimativen Obergesellschaft wohl Hermann/Rünz DB 2021, 3078 (3078); Rack CB-Beil. Heft 6/2022, 1 (23).

unterlaufen werden.[125] Diese (zweckwidrigen) Ergebnisse ließen sich vermeiden, wenn unter Obergesellschaft im Sinne von Abs. 3 nicht allein die „oberste Konzernmutter" verstanden würde, sondern zum einen (auch) die ultimative Obergesellschaft, die einen bestimmenden Einfluss ausübt, und zum anderen die ultimative Obergesellschaft, die einen Inlandsbezug gem. Abs. 1 S. 1 Nr. 1 aufweist.

III. Zukünftige Rechtsentwicklung

41 Die Bestimmung des Geltungsbereichs des Vorschlags für eine Richtlinie des Europäischen Parlaments und des Rates über die Sorgfaltspflichten von Unternehmen im Hinblick auf Nachhaltigkeit und zur Änderung der Richtlinie (EU) 2019/1937 vom 23.2.2022[126] unterscheidet sich von der Regelung in § 1 nicht unerheblich. Sollte die Richtlinie in dieser Form verabschiedet werden, dürften daher im Zuge ihrer Umsetzung ins nationale Recht entsprechende Anpassungen des § 1 zu erwarten sein. Der Vorschlag beinhaltet insbesondere (deutlich) niedrigere Schwellenwerte bei der Arbeitnehmerzahl, greift aber dafür zusätzlich auf das Kriterium des Nettoumsatzes zurück und senkt die Anwendungsschwelle sektorenabhängig:[127] Nach Art. 2 Abs. 1 des Vorschlags gilt die Richtlinie für Unternehmen, die nach den Rechtsvorschriften eines **Mitgliedstaats** gegründet wurden und entweder a) im letzten Geschäftsjahr, für das ein Jahresabschluss erstellt wurde, im **Durchschnitt mehr als 500 Beschäftigte** hatten und einen **weltweiten Nettoumsatz**[128] **von 150 Mio. EUR** erzielten, oder b) die diese Schwellenwerte nicht erreichten, aber im letzten Geschäftsjahr, in dem ein Jahresabschluss erstellt wurde, **im Durchschnitt mehr als 250 Beschäftigte** hatten und einen **weltweiten Nettoumsatz von 40 Mio. EUR** erzielten, sofern mindestens 50 % dieses Umsatzes in einem oder mehreren bestimmten **Sektoren**[129] erwirtschaftet wurden. Gemäß Art. 2 Abs. 2 des Vorschlags gilt die Richtlinie zudem für Unternehmen, die nach den Rechtsvorschriften eines **Drittlandes** gegründet wurden und entweder a) im Geschäftsjahr vor dem letzten Geschäftsjahr **in der Union** einen **Nettoumsatz von mehr 150 Mio. EUR** erzielten oder

---

125 Vgl. Rack CB-Beil. Heft 6/2022, 1 (23); Rothenburg/Rogg AG 2022, 1 (2).
126 COM(2022) 71 final.
127 Siehe dazu Bettermann/Hoes WM 2022, 697 (698).
128 Zur Definition des Nettoumsatzes siehe Art. 3 lit. e des Vorschlags.
129 I) Herstellung von Textilien, Leder und verwandten Erzeugnissen (einschließlich Schuhe) sowie Großhandel mit Textilien, Bekleidung und Schuhen; ii) Landwirtschaft, Forstwirtschaft, Fischerei (einschließlich Aquakultur), Herstellung von Lebensmittelprodukten und Großhandel mit landwirtschaftlichen Rohstoffen, lebenden Tieren, Holz, Lebensmitteln und Getränken; iii) Gewinnung mineralischer Ressourcen unabhängig davon, wo sie gewonnen werden (einschließlich Rohöl, Erdgas, Steinkohle, Braunkohle, Metalle und Metallerze sowie aller anderen, nichtmetallischen Mineralien und Steinbruchprodukten), Herstellung von Grundmetallerzeugnissen, sonstigen Erzeugnissen aus nichtmetallischen Mineralien und Metallerzeugnissen (ausgenommen Maschinen und Ausrüstungen) sowie Großhandel mit mineralischen Rohstoffen, mineralischen Grunderzeugnissen und Zwischenerzeugnissen (einschließlich Metalle und Metallerze, Baustoffe, Brennstoffe, Chemikalien und andere Zwischenprodukte).

b) die im Geschäftsjahr vor dem letzten Geschäftsjahr in der Union einen Nettoumsatz von mehr als **40 Mio. EUR**, aber nicht mehr als **150 Mio. EUR** erzielten, sofern mindestens **50 %** ihres weltweiten Nettoumsatzes in einem oder mehreren der in Abs. 1 lit. b genannten **Sektoren** erwirtschaftet wurden. Die Zahl der **Teilzeitbeschäftigten** soll in Vollzeitäquivalenten berechnet, **Leiharbeitnehmer** bei der Berechnung der Zahl der Beschäftigten so behandelt werden, als ob sie im Bezugszeitraum direkt vom Unternehmen eingestellte Mitarbeiter wären (Art. 2 Abs. 3 des Vorschlags).

Im Gegensatz zu § 1 enthält der Richtlinienvorschlag zudem in Art. 3 lit. a eine differenzierte **Definition des Unternehmens**.[130] Als Unternehmen gelten demnach i) juristische Personen, die in einer der in **Anhang I der RL 2013/34/EU** aufgeführten Rechtsform (dh in Deutschland: Aktiengesellschaft, Kommanditgesellschaft auf Aktien, Gesellschaft mit beschränkter Haftung) gegründet wurden; ii) juristische Personen, die nach dem Recht eines **Drittlandes** in einer Rechtsform gegründet wurden, die mit den in den Anhängen I und II der RL 2013/34/EU aufgeführten Rechtsformen **vergleichbar** ist; iii) juristische Personen, die in einer der in **Anhang II der RL 2013/34/EU** aufgeführten Rechtsformen (dh in Deutschland: offene Handelsgesellschaft und Kommanditgesellschaft) gegründet wurden und ausschließlich aus Unternehmen bestehen, die in einer der unter den Ziffern i) und ii) genannten Rechtsformen organisiert sind, sowie iv) bestimmte **beaufsichtigte Finanzunternehmen**, welche der Vorschlag im Einzelnen auflistet. Der Unternehmensbegriff des Richtlinienvorschlags erscheint damit potenziell enger als der gänzlich rechtsformneutrale (→ Rn. 6 ff.) Ansatz des § 1.[131]

42

§ 2 Begriffsbestimmungen

(1) Geschützte Rechtspositionen im Sinne dieses Gesetzes sind solche, die sich aus den in den Nummern 1 bis 11 der Anlage aufgelisteten Übereinkommen zum Schutz der Menschenrechte ergeben.

(2) Ein menschenrechtliches Risiko im Sinne dieses Gesetzes ist ein Zustand, bei dem aufgrund tatsächlicher Umstände mit hinreichender Wahrscheinlichkeit ein Verstoß gegen eines der folgenden Verbote droht:
1. das Verbot der Beschäftigung eines Kindes unter dem Alter, mit dem nach dem Recht des Beschäftigungsortes die Schulpflicht endet, wobei das Beschäftigungsalter 15 Jahre nicht unterschreiten darf; dies gilt nicht, wenn das Recht des Beschäftigungsortes hiervon in Übereinstimmung mit Artikel 2 Absatz 4 sowie den Artikeln 4 bis 8 des Übereinkommens Nr. 138 der Internationalen Arbeitsorganisation

---

130 Siehe dazu Bettermann/Hoes WM 2022, 697 (697).
131 So auch Bettermann/Hoes WM 2022, 697 (697).

vom 26. Juni 1973 über das Mindestalter für die Zulassung zur Beschäftigung (BGBl. 1976 II S. 201, 202) abweicht;
2. das Verbot der schlimmsten Formen der Kinderarbeit für Kinder unter 18 Jahren; dies umfasst gemäß Artikel 3 des Übereinkommens Nr. 182 der Internationalen Arbeitsorganisation vom 17. Juni 1999 über das Verbot und unverzügliche Maßnahmen zur Beseitigung der schlimmsten Formen der Kinderarbeit (BGBl. 2001 II S. 1290, 1291):
   a) alle Formen der Sklaverei oder alle sklavereiähnlichen Praktiken, wie den Verkauf von Kindern und den Kinderhandel, Schuldknechtschaft und Leibeigenschaft sowie Zwangs- oder Pflichtarbeit, einschließlich der Zwangs- oder Pflichtrekrutierung von Kindern für den Einsatz in bewaffneten Konflikten,
   b) das Heranziehen, Vermitteln oder Anbieten eines Kindes zur Prostitution, zur Herstellung von Pornographie oder zu pornographischen Darbietungen,
   c) das Heranziehen, Vermitteln oder Anbieten eines Kindes zu unerlaubten Tätigkeiten, insbesondere zur Gewinnung von und zum Handel mit Drogen,
   d) Arbeit, die ihrer Natur nach oder aufgrund der Umstände, unter denen sie verrichtet wird, voraussichtlich für die Gesundheit, die Sicherheit oder die Sittlichkeit von Kindern schädlich ist;
3. das Verbot der Beschäftigung von Personen in Zwangsarbeit; dies umfasst jede Arbeitsleistung oder Dienstleistung, die von einer Person unter Androhung von Strafe verlangt wird und für die sie sich nicht freiwillig zur Verfügung gestellt hat, etwa in Folge von Schuldknechtschaft oder Menschenhandel; ausgenommen von der Zwangsarbeit sind Arbeits- oder Dienstleistungen, die mit Artikel 2 Absatz 2 des Übereinkommens Nr. 29 der Internationalen Arbeitsorganisation vom 28. Juni 1930 über Zwangs- oder Pflichtarbeit (BGBl. 1956 II S. 640, 641) oder mit Artikel 8 Buchstabe b und c des Internationen Paktes vom 19. Dezember 1966 über bürgerliche und politische Rechte (BGBl. 1973 II S. 1533, 1534) vereinbar sind;
4. das Verbot aller Formen der Sklaverei, sklavenähnlicher Praktiken, Leibeigenschaft oder anderer Formen von Herrschaftsausübung oder Unterdrückung im Umfeld der Arbeitsstätte, etwa durch extreme wirtschaftliche oder sexuelle Ausbeutung und Erniedrigungen;
5. das Verbot der Missachtung der nach dem Recht des Beschäftigungsortes geltenden Pflichten des Arbeitsschutzes, wenn hierdurch die Gefahr von Unfällen bei der Arbeit oder arbeitsbedingte Gesundheitsgefahren entstehen, insbesondere durch:
   a) offensichtlich ungenügende Sicherheitsstandards bei der Bereitstellung und der Instandhaltung der Arbeitsstätte, des Arbeitsplatzes und der Arbeitsmittel,
   b) das Fehlen geeigneter Schutzmaßnahmen, um Einwirkungen durch chemische, physikalische oder biologische Stoffe zu vermeiden,

c) das Fehlen von Maßnahmen zur Verhinderung übermäßiger körperlicher und geistiger Ermüdung, insbesondere durch eine ungeeignete Arbeitsorganisation in Bezug auf Arbeitszeiten und Ruhepausen oder
d) die ungenügende Ausbildung und Unterweisung von Beschäftigten;
6. das Verbot der Missachtung der Koalitionsfreiheit, nach der
a) Arbeitnehmer sich frei zu Gewerkschaften zusammenzuschließen oder diesen beitreten können,
b) die Gründung, der Beitritt und die Mitgliedschaft zu einer Gewerkschaft nicht als Grund für ungerechtfertigte Diskriminierungen oder Vergeltungsmaßnahmen genutzt werden dürfen,
c) Gewerkschaften sich frei und in Übereinstimmung mit dem Recht des Beschäftigungsortes betätigen dürfen; dieses umfasst das Streikrecht und das Recht auf Kollektivverhandlungen;
7. das Verbot der Ungleichbehandlung in Beschäftigung, etwa aufgrund von nationaler und ethnischer Abstammung, sozialer Herkunft, Gesundheitsstatus, Behinderung, sexueller Orientierung, Alter, Geschlecht, politischer Meinung, Religion oder Weltanschauung, sofern diese nicht in den Erfordernissen der Beschäftigung begründet ist; eine Ungleichbehandlung umfasst insbesondere die Zahlung ungleichen Entgelts für gleichwertige Arbeit;
8. das Verbot des Vorenthaltens eines angemessenen Lohns; der angemessene Lohn ist mindestens der nach dem anwendbaren Recht festgelegte Mindestlohn und bemisst sich ansonsten nach dem Recht des Beschäftigungsortes;
9. das Verbot der Herbeiführung einer schädlichen Bodenveränderung, Gewässerverunreinigung, Luftverunreinigung, schädlichen Lärmemission oder eines übermäßigen Wasserverbrauchs, die
a) die natürlichen Grundlagen zum Erhalt und der Produktion von Nahrung erheblich beeinträchtigt,
b) einer Person den Zugang zu einwandfreiem Trinkwasser verwehrt,
c) einer Person den Zugang zu Sanitäranlagen erschwert oder zerstört oder
d) die Gesundheit einer Person schädigt;
10. das Verbot der widerrechtlichen Zwangsräumung und das Verbot des widerrechtlichen Entzugs von Land, von Wäldern und Gewässern bei dem Erwerb, der Bebauung oder anderweitigen Nutzung von Land, Wäldern und Gewässern, deren Nutzung die Lebensgrundlage einer Person sichert;
11. das Verbot der Beauftragung oder Nutzung privater oder öffentlicher Sicherheitskräfte zum Schutz des unternehmerischen Projekts,

wenn aufgrund mangelnder Unterweisung oder Kontrolle seitens des Unternehmens bei dem Einsatz der Sicherheitskräfte
a) das Verbot von Folter und grausamer, unmenschlicher oder erniedrigender Behandlung missachtet wird,
b) Leib oder Leben verletzt werden oder
c) die Vereinigungs- und Koalitionsfreiheit beeinträchtigt werden;
12. das Verbot eines über die Nummern 1 bis 11 hinausgehenden Tuns oder pflichtwidrigen Unterlassens, das unmittelbar geeignet ist, in besonders schwerwiegender Weise eine geschützte Rechtsposition zu beeinträchtigen und dessen Rechtswidrigkeit bei verständiger Würdigung aller in Betracht kommenden Umstände offensichtlich ist.

(3) Ein umweltbezogenes Risiko im Sinne dieses Gesetzes ist ein Zustand, bei dem auf Grund tatsächlicher Umstände mit hinreichender Wahrscheinlichkeit ein Verstoß gegen eines der folgenden Verbote droht:
1. das Verbot der Herstellung von mit Quecksilber versetzten Produkten gemäß Artikel 4 Absatz 1 und Anlage A Teil I des Übereinkommens von Minamata vom 10. Oktober 2013 über Quecksilber (BGBl. 2017 II S. 610, 611) (Minamata-Übereinkommen);
2. das Verbot der Verwendung von Quecksilber und Quecksilberverbindungen bei Herstellungsprozessen im Sinne des Artikels 5 Absatz 2 und Anlage B Teil I des Minamata-Übereinkommens ab dem für die jeweiligen Produkte und Prozesse im Übereinkommen festgelegten Ausstiegsdatum;
3. das Verbot der Behandlung von Quecksilberabfällen entgegen den Bestimmungen des Artikels 11 Absatz 3 des Minamata-Übereinkommens;
4. das Verbot der Produktion und Verwendung von Chemikalien nach Artikel 3 Absatz 1 Buchstabe a und Anlage A des Stockholmer Übereinkommens vom 23. Mai 2001 über persistente organische Schadstoffe (BGBl. 2002 II S. 803, 804) (POPs-Übereinkommen), zuletzt geändert durch den Beschluss vom 6. Mai 2005 (BGBl. 2009 II S. 1060, 1061), in der Fassung der Verordnung (EU) 2019/1021 des Europäischen Parlaments und des Rates vom 20. Juni 2019 über persistente organische Schadstoffe (ABl. L 169 vom 26.5.2019, S. 45), die zuletzt durch die Delegierte Verordnung (EU) 2021/277 der Kommission vom 16. Dezember 2020 (ABl. L 62 vom 23.2.2021, S. 1) geändert worden ist;
5. das Verbot der nicht umweltgerechten Handhabung, Sammlung, Lagerung und Entsorgung von Abfällen nach den Regelungen, die in der anwendbaren Rechtsordnung nach den Maßgaben des Artikels 6 Absatz 1 Buchstabe d Ziffer i und ii des POPs-Übereinkommens gelten;
6. das Verbot der Ausfuhr gefährlicher Abfälle im Sinne des Artikel 1 Absatz 1 und anderer Abfälle im Sinne des Artikel 1 Absatz 2 des Basler Übereinkommens über die Kontrolle der grenzüberschreitenden Verbringung gefährlicher Abfälle und ihrer Entsorgung vom

22. März 1989 (BGBl. 1994 II S. 2703, 2704) (Basler Übereinkommen), zuletzt geändert durch die Dritte Verordnung zur Änderung von Anlagen zum Basler Übereinkommen vom 22. März 1989 vom 6. Mai 2014 (BGBl. II S. 306, 307), und im Sinne der Verordnung (EG) Nr. 1013/2006 des Europäischen Parlaments und des Rates vom 14. Juni 2006 über die Verbringung von Abfällen (ABl. L 190 vom 12.7.2006, S. 1) (Verordnung (EG) Nr. 1013/2006), die zuletzt durch die Delegierte Verordnung (EU) 2020/2174 der Kommission vom 19. Oktober 2020 (ABl. L 433 vom 22.12.2020, S. 11) geändert worden ist

a) in eine Vertragspartei, die die Einfuhr solcher gefährlichen und anderer Abfälle verboten hat (Artikel 4 Absatz 1 Buchstabe b des Basler Übereinkommens),
b) in einen Einfuhrstaat im Sinne des Artikel 2 Nummer 11 des Basler Übereinkommens, der nicht seine schriftliche Einwilligung zu der bestimmten Einfuhr gegeben hat, wenn dieser Einfuhrstaat die Einfuhr dieser gefährlichen Abfälle nicht verboten hat (Artikel 4 Absatz 1 Buchstabe c des Basler Übereinkommens),
c) in eine Nichtvertragspartei des Basler Übereinkommens (Artikel 4 Absatz 5 des Basler Übereinkommens),
d) in einen Einfuhrstaat, wenn solche gefährlichen Abfälle oder andere Abfälle in diesem Staat oder anderswo nicht umweltgerecht behandelt werden (Artikel 4 Absatz 8 Satz 1 des Basler Übereinkommens);

7. das Verbot der Ausfuhr gefährlicher Abfälle von in Anlage VII des Basler Übereinkommens aufgeführten Staaten in Staaten, die nicht in Anlage VII aufgeführt sind (Artikel 4A des Basler Übereinkommens, Artikel 36 der Verordnung (EG) Nr. 1013/2006) sowie
8. das Verbot der Einfuhr gefährlicher Abfälle und anderer Abfälle aus einer Nichtvertragspartei des Basler Übereinkommens (Artikel 4 Absatz 5 des Basler Übereinkommens).

(4) ¹Eine Verletzung einer menschenrechtsbezogenen Pflicht im Sinne dieses Gesetzes ist der Verstoß gegen ein in Absatz 2 Nummer 1 bis 12 genanntes Verbot. ²Eine Verletzung einer umweltbezogenen Pflicht im Sinne dieses Gesetzes ist der Verstoß gegen ein in Absatz 3 Nummer 1 bis 8 genanntes Verbot.

(5) ¹Die Lieferkette im Sinne dieses Gesetzes bezieht sich auf alle Produkte und Dienstleistungen eines Unternehmens. ²Sie umfasst alle Schritte im In- und Ausland, die zur Herstellung der Produkte und zur Erbringung der Dienstleistungen erforderlich sind, angefangen von der Gewinnung der Rohstoffe bis zu der Lieferung an den Endkunden und erfasst
1. das Handeln eines Unternehmens im eigenen Geschäftsbereich,
2. das Handeln eines unmittelbaren Zulieferers und
3. das Handeln eines mittelbaren Zulieferers.

(6) ¹Der eigene Geschäftsbereich im Sinne dieses Gesetzes erfasst jede Tätigkeit des Unternehmens zur Erreichung des Unternehmensziels. ²Er-

fasst ist damit jede Tätigkeit zur Herstellung und Verwertung von Produkten und zur Erbringung von Dienstleistungen, unabhängig davon, ob sie an einem Standort im In- oder Ausland vorgenommen wird. ³In verbundenen Unternehmen zählt zum eigenen Geschäftsbereich der Obergesellschaft eine konzernangehörige Gesellschaft, wenn die Obergesellschaft auf die konzernangehörige Gesellschaft einen bestimmenden Einfluss ausübt.

(7) Unmittelbarer Zulieferer im Sinne dieses Gesetzes ist ein Partner eines Vertrages über die Lieferung von Waren oder die Erbringung von Dienstleistungen, dessen Zulieferungen für die Herstellung des Produktes des Unternehmens oder zur Erbringung und Inanspruchnahme der betreffenden Dienstleistung notwendig sind.

(8) Mittelbarer Zulieferer im Sinne dieses Gesetzes ist jedes Unternehmen, das kein unmittelbarer Zulieferer ist und dessen Zulieferungen für die Herstellung des Produktes des Unternehmens oder zur Erbringung und Inanspruchnahme der betreffenden Dienstleistung notwendig sind.

I. Geschützte Rechtspositionen (Abs. 1) (*Johann*) 1	h) Vorenthalten eines angemessenen Lohns (Nr. 8) 82
1. Allgemeines 1	i) Schädliche Umwelteinwirkungen (Nr. 9) 85
2. Geschützte Rechtspositionen 7	j) Zwangsräumung und Entzug von Land, Wäldern und Gewässern (Nr. 10) 90
a) Schutz vor Zwang 8	
b) Vereinigungs- und Koalitionsfreiheit 9	
c) Diskriminierung und Gleichbehandlung 10	k) Beauftragung und Nutzung von Sicherheitskräften (Nr. 11) ... 96
d) Schutz des Kindes 11	
e) Arbeit und soziale Sicherheit 12	l) Auffangklausel (Nr. 12) 103
f) Weitere Rechte 13	
3. Zukünftige Rechtsentwicklung 14	3. Zukünftige Rechtsentwicklung 108
II. Menschenrechtliches Risiko (Abs. 2) (*Johann/Gabriel*) 15	III. Umweltbezogenes Risiko (Abs. 3) (*Gabriel*) 109
1. Menschenrechtliches Risiko 15	1. Überblick 109
	2. Anwendbares Recht 113
2. Die einzelnen Verbote 22	3. Die Verbote im Einzelnen 120
a) Kinderarbeit – Mindestalter (Nr. 1) 23	a) Umgang mit Quecksilber (Minamata-Übereinkommen) (Nr. 1 bis 3) 120
b) Schlimmste Formen der Kinderarbeit (Nr. 2) 33	
c) Zwangsarbeit (Nr. 3) .. 40	aa) Herstellung, Einfuhr und Ausfuhr von mit Quecksilber versetzten Produkten (Nr. 1) 121
d) Sklaverei (Nr. 4) 50	
e) Arbeitsschutz (Nr. 5) .. 56	
aa) Allgemeines 56	
bb) Regelbeispiele 60	
f) Koalitionsfreiheit (Nr. 6) 65	bb) Verwendung von Quecksilber und Quecksilberverbindungen bei Herstellungsprozessen (Nr. 2) 125
g) Ungleichbehandlung in Beschäftigung (Nr. 7) .. 74	

cc) Behandlung von Quecksilberabfällen (Nr. 3) 128
b) Umgang mit persistenten organischen Stoffen (POPs-Übereinkommen) (Nr. 4 und 5) 129
  aa) Verbot der Verwendung bestimmter Chemikalien (Nr. 4) 129
  bb) Verbot des nicht umweltgerechten Umgangs mit Abfällen (Nr. 5) ... 134
c) Aus- und Einfuhr von Abfällen (Basler Übereinkommen) (Nr. 6 bis 8) 140
  aa) Verbot der Ausfuhr gefährlicher und anderer Abfälle (Nr. 6) 145
  bb) Verbot der Ausfuhr gefährlicher Abfälle (Nr. 7) 148
  cc) Verbot der Einfuhr gefährlicher Abfälle (Nr. 8) 149
IV. Verletzung einer menschenrechts- oder umweltbezogenen Pflicht (Abs. 4) (*Johann*) 150

V. Lieferkette (Abs. 5) (*Gehne/Gabriel*) 151
  1. Produkte und Dienstleistungen des Unternehmens 152
  2. Bestandteile der Lieferkette 154
    a) Upstream und Downstream 156
    b) „Erforderlichkeit" zur Herstellung des Produkts oder zur Erbringung der Dienstleistung 159
  3. Finanzdienst- und Versicherungsleistungen 161
VI. Eigener Geschäftsbereich (Abs. 6) (*Gehne/Gabriel*) 165
  1. Beitrag zur Erreichung des Unternehmensziels (S. 1) 165
  2. Herstellung und Verwertung von Produkten oder Dienstleistungen (S. 2) 167
  3. Verbundene Unternehmen (S. 3) 169
    a) Verbundene Unternehmen iSv § 15 AktG 170
    b) Bestimmender Einfluss 172
    c) Ausübung des bestimmenden Einflusses 175
VII. Unmittelbarer und mittelbarer Zulieferer (Abs. 7 und 8) (*Gehne/Gabriel*) 177

I. Geschützte Rechtspositionen (Abs. 1) (*Johann*)

1. Allgemeines

§ 2 Abs. 1 definiert den Begriff der **geschützten Rechtsposition** im Sinne des LkSG. Der Begriff ist relevant für § 2 Abs. 2 Nr. 12 (schwerwiegende Beeinträchtigung geschützter Rechtspositionen als Auffangtatbestand für menschenrechtliche Risiken, → Rn. 103 ff.), § 4 Abs. 4 (Berücksichtigungspflicht der Interessen von Personen, die in geschützten Rechtspositionen unmittelbar betroffen sein können im Rahmen des Risikomanagements, → § 4 Rn. 54 ff.), § 7 Abs. 3 S. 1 (Verletzung einer geschützten Rechtsposition als Grund für einen gebotenen Abbruch der Geschäftsbeziehung, → § 7 Rn. 51 ff.), § 11 Abs. 1 (Geltendmachung der Verletzung einer „überwiegend wichtigen" geschützten Rechtsposition im Wege der Prozessstandschaft, → § 11 Rn. 5 ff.) und § 14 Abs. 1 Nr. 2 (Tätigwerden des BAFA bei Geltendmachung einer Verletzung einer geschützten Rechtsposition, → § 14 Rn. 10 ff.). Der Katalog in Nr. 1 bis 11 der Anlage ist **abschließend**.[1] Deutschland ist Vertragspartei aller genannten

---

[1] BT-Drs. 19/28649, 34; vgl. auch Wagner/Ruttloff/Wagner LkSG/Ruttloff/Schulga § 2 Rn. 91.

Übereinkommen, welche demnach gem. Art. 59 Abs. 2 GG innerstaatlich jeweils im Rang eines einfachen Bundesgesetzes stehen[2] und über die Veröffentlichung im Bundesgesetzblatt zugänglich sind.[3] Die Auswahl der Übereinkommen orientiert sich an VNLP Nr. 12 und Teil I Kap. IV Rn. 39 der OECD-Leitsätze für multinationale Unternehmen.[4] Nach den VNLP und den OECD-Leitsätzen haben die Unternehmen mindestens die Menschenrechte der sog. **„International Bill of Human Rights"** zu beachten, welche sich aus der Allgemeinen Erklärung der Menschenrechte vom 10.12.1948,[5] dem IPBPR und dem IPWSKR zusammensetzt,[6] verbunden mit den „principles concerning fundamental rights" aus den acht sog. **Kernübereinkommender der ILO**, wie sie in der „Declaration on Fundamental Principles and Rights at Work" vom 18.6.1998[7] zusammengefasst sind. Hiervon weicht die Auflistung in der Anlage zum LkSG insofern ab, als die Allgemeine Erklärung der Menschenrechte dort nicht genannt ist.

2 Die Definition in Abs. 1 ist in zweierlei Hinsicht **unvollkommen**. Sie besteht zum einen nur in einem (statischen) **Verweis** auf die in Nr. 1 bis 11 der Anlage zum LkSG aufgelisteten Übereinkommen. Zum anderen enthalten Verweisungsobjekte ihrerseits naturgemäß keine strukturierte Auflistung von geschützten Rechtspositionen, geschweige denn eine Definition. Die Übereinkommen enthalten vielmehr zusammengerechnet insgesamt 238 Artikel höchst unterschiedlichen und sich teils überschneidenden Regelungsgehalts. Welche geschützte Rechtspositionen im Sinne von Abs. 1 sind, muss aus ihnen – wie schon der Wortlaut des Abs. 1 („ergeben") zu erkennen gibt – erst noch **abgeleitet** werden.[8]

3 Der Begriff der „Rechtsposition" könnte nach seinem Wortsinn (Position = eine Stellung innehaben) dahingehend verstanden werden, dass es sich dabei um eine *subjektive* Rechtsposition handeln muss, dh um ein Recht, das der Einzelne als (partielles) Völkerrechtsubjekt gegenüber den Vertragsstaaten der Übereinkommen geltend machen können muss. Gegen ein solches Verständnis sprechen jedoch sowohl die Entstehungsgeschichte als auch Systematik sowie Sinn und Zweck der Regelung. In der Fassung des Regierungsentwurfs lautete Abs. 1 noch: „**Menschenrechte** im Sinne dieses Gesetzes sind solche, die sich aus den in den Nummern 1

---

2 BVerfG Beschl. v. 13.10.2016 – 2 BvE 2/15, BVerfGE 143, 101 Rn. 114; BVerfG Beschl. v. 29.1.2019 – 2 BvC 62/14, BVerfGE 151, 1 Rn. 61.
3 Vgl. BT-Drs. 19/28649, 34.
4 Vgl. BT-Drs. 19/28649, 34 unter weiterem Verweis auf Art. 3c, 18 VO (EU) 2020/852 des Europäischen Parlaments und des Rates vom 18.6.2020 über die Einrichtung eines Rahmens zur Erleichterung nachhaltiger Investitionen und zur Änderung der VO (EU) 2019/2088 (Taxonomie-VO).
5 UN Doc. A/RES/217 A (III).
6 Vgl. v. Arnauld VölkerR Rn. 751.
7 Abrufbar unter https://www.ilo.org/declaration/lang--en/index.htm; siehe dazu Humbert Child Labour S. 103 ff.
8 Kritisch hierzu Charnitzky/Weigel RIW 2022, 12 (12); Keilmann/Schmidt WM 2021, 717 (717 f.).

bis 11 der Anlage aufgelisteten Übereinkommen ergeben."[9] Die im Ausschuss für Arbeit und Soziales erfolgte Ersetzung des Begriffs „Menschenrechte" durch „geschützte Rechtspositionen" habe nur der Klarstellung gedient.[10] Es ist daher davon auszugehen, dass nach dem Willen des Gesetzgebers alle in den Übereinkommen enthaltenen „Menschenrechte" als geschützte Rechtspositionen im Sinne des LkSG gelten. Eine Verengung des Begriffs nur auf solche Menschenrechte, die als subjektives, gegen den Vertragsstaat ggf. individuell durchsetzbares Recht anerkannt sind, ließe den Verweis auf die Übereinkommen weitgehend ins Leere laufen. Solche völkerrechtlichen Individualrechte enthält von den hier in Bezug genommenen Übereinkommen nämlich unzweifelhaft nur der IPBPR, dessen Vertragsstaaten nach Art. 2 Abs. 1 verpflichtet sind, die im Pakt anerkannten Rechte zu „achten" („to respect") und sie allen in seinem Gebiet befindlichen und seiner Herrschaftsgewalt unterstehenden Personen diskriminierungsfrei zu „gewährleisten" („to ensure").[11] Er begründet damit sowohl Abwehrrechte als auch positive Gewährleistungspflichten.[12] Art. 2 Abs. 1 IPWSKR enthält demgegenüber nur die Verpflichtung der Vertragsstaaten, unter Ausschöpfung ihrer Möglichkeiten Maßnahmen zu treffen („to take steps"), „um nach und nach mit allen geeigneten Mitteln, vor allem durch gesetzgeberische Maßnahmen, die volle Verwirklichung" der im IPWSKR anerkannten Rechte zu erreichen, und statuiert damit – abgesehen von der Gewährleistung eines Minimalstandards („core obligations") – grundsätzlich keine unmittelbar anwendbaren Rechtspflichten der Vertragsstaaten gegenüber dem Einzelnen.[13] Ähnliches gilt für die ILO-Übereinkommen Nr. 29 (nebst Protokoll von 2014), Nr. 98, Nr. 100, Nr. 105, Nr. 111, Nr. 138 und Nr. 182, die ihre Mitgliedstaaten vornehmlich verpflichten, bestimmte (Schutz-)Maßnahmen und Politiken zu ergreifen.[14] Lediglich im ILO-Ab-

---

9 BT-Drs. 19/28649, 7 (Hervorhebung nur hier).
10 BT-Drs. 19/30505, 35.
11 Siehe dazu Human Rights Committee, General Comment No. 31: The Nature of the General Legal Obligation Imposed on State Parties to the Covenant, UN Doc. CCPR/C/21/Rev.1/Add. 13 vom 26.5.2004, Abs. 2 („[…] article 2 is couched in terms of the obligations of State Parties towards individuals as the right-holders under the Covenant […]") und Abs. 5 („The article 2, paragraph 1, obligation to respect and ensure the rights recognized by the Covenant has immediate effect for all States parties").
12 v. Arnauld VölkerR Rn. 752; Schabas, Nowak's CCPR Commentary, 3. Aufl. 2019, Art. 2 Rn. 21 ff.; Taylor, A Commentary to the International Covenant on Civil and Political Rights, 2020, S. 59 ff.
13 Vgl. Ipsen VölkerR/Heintze § 32 Rn. 15; Hobe VölkerR S. 363; Vitzthum/Proelß VölkerR/Kau Teil III Rn. 238; zur Rechtsnatur der Verpflichtungen im Einzelnen siehe Committee on Economic, Social and Cultural Rights, General Comment No. 3: The nature of the States parties' obligations (art. 2 para. 1 of the Covenant), UN Doc. E/1991/23 vom 14.12.1990, insbes. Abs. 10 zu den „core obligations"; siehe dazu ferner v. Arnauld VölkerR Rn. 758; Kradolfer AVR 50 (2012), 255 ff.
14 Vgl. Art. 2 Abs. 1 ILO 29; Art. 1–6 Protokoll 2014 zu ILO 29; Art. 1–4 ILO 98; Art. 2–4 ILO 100; Art. 1–2 ILO 105; Art. 2–6 ILO 111, Art. 1 ILO 138; Art. 1 ILO 182.

kommen Nr. 87 ist ausdrücklich von „Rechten" der Arbeitnehmer und Arbeitgeber die Rede.

4 Werden als geschützte Rechtspositionen im Sinne des Abs. 1 die in den Übereinkommen geschützten „Menschenrechte" verstanden, bedarf es indes keiner näheren Untersuchung der Rechtsnatur der Verpflichtungen der einzelnen Übereinkommen. Menschenrechte können mit dem BGH vielmehr als **„genuine Begünstigungen des Einzelnen"** aufgefasst werden,[15] mit denen nicht notwendigerweise einhergehen muss, „dass jede vertraglich geschützte menschenrechtsbezogene Regelung auch tatsächlich Individualrechte zuweist. Manche Konventionen verstehen sich lediglich als Niederlegung staatlicher Schutzpflichten im Menschenrechtsbereich, ohne gleichzeitig Individualrechte zu gewähren [...]."[16] Es ist daher zwar erforderlichenfalls für das Verhältnis zwischen dem Einzelnen und dem Vertragsstaat „für jeden völkerrechtlichen Vertrag, der Individuen begünstigt, durch Auslegung zu ermitteln, ob und in welchem Umfang er individuelle Rechte begründen soll, dh ob es sich um eine eigenständige Begünstigung (ein subjektives Recht) [...] handelt oder ob nur eine faktische Begünstigung, ein Rechtsreflex, vorliegt [...]."[17] Das LkSG betrifft jedoch nicht das Verhältnis zwischen dem Einzelnen und dem Vertragsstaat. Abs. 1 legt vielmehr fest, welches die geschützten Rechtspositionen „im Sinne dieses Gesetzes" sind. Das Gesetz gibt somit selbst – und zwar im Zweifel konstitutiv – den **„Geltungsbefehl"** für die sich aus den Übereinkommen ergebenden Rechtspositionen für die Zwecke des LkSG.

5 Aufgrund der fehlenden Relevanz eines subjektiven Rechts des Einzelnen bestehen die geschützten Rechtspositionen auch unabhängig davon, ob der Staat, in dem sich ein betroffener Einzelner aufhält bzw. dessen Jurisdiktion er untersteht, **Vertragspartei** des betreffenden Übereinkommens ist.[18] Indem Abs. 1 ohne weitere Differenzierung als geschützte Rechtspositionen diejenigen bestimmt, die sich aus den genannten Übereinkommen ergeben, verleiht er ihrem Schutz im Anwendungsbereich des LkSG den Charakter einer **„objektiven" Verpflichtung**,[19] die allein am jeweils geschützten **Individualrechtsgut** anknüpft und nicht an den mit dem jeweiligen völkerrechtlichen Übereinkommen begründeten Rechtsbeziehungen. Dies steht auch in Einklang mit VNLP Nr. 12 und den OECD-Leitsätzen. VNLP Nr. 12 sieht in den in Bezug genommen Übereinkommen die international „anerkannten" Menschenrechte, ohne dass dies von der konkreten völkervertraglichen Gebundenheit abhängig gemacht

---

15 BGH Urt. v. 2.11.2006 – III ZR 190/05, BGHZ 169, 348 Rn. 7.
16 BGH Urt. v. 2.11.2006 – III ZR 190/05, BGHZ 169, 348 Rn. 8.
17 BGH Urt. v. 2.11.2006 – III ZR 190/05, BGHZ 169, 348 Rn. 8; siehe auch Ipsen VölkerR/Epping § 9 Rn. 6.
18 So im Ergebnis auch Wagner/Ruttloff/Wagner LkSG/Ruttloff/Wilske/Schulga § 2 Rn. 105 ff.; aA, allerdings ohne nähere Begründung, Gehling/Ott/Lüneborg CCZ 2021, 230 (232).
19 Zum Begriff der objektiven Verpflichtung im Bereich der EMRK siehe Karpenstein/Mayer/Johann EMRK Art. 1 Rn. 4.

wird. Nach den OECD-Leitsätzen sind die in Bezug genommen Menschenrechte in „allen Fällen und unabhängig von dem Land oder dem spezifischen Kontext" zu berücksichtigen (Teil I Kap. IV Rn. 39). Das Gleiche gilt für die ILO-Kernübereinkommen. Die hier niedergelegten Rechte sind nach der Declaration on Fundamental Principles and Rights at Work (→ Rn. 1) von allen ILO-Mitgliedstaaten zu beachten, selbst wenn sie keine Vertragspartei dieser Übereinkommen sind (Ziff. 2 der Erklärung).[20]

Aus Abs. 1 folgt **nicht**, dass die in den Anwendungsbereich des LkSG fallenden **Unternehmen** selbst „unmittelbar an die völkerrechtlich garantierten internationalen Menschenrechte gebunden sind."[21] Der Umfang der Verpflichtungen der Unternehmen richtet sich allein nach den in Abschnitt 2 des LkSG geregelten **Sorgfaltspflichten** (→ § 3 Rn. 10 ff.). 6

2. Geschützte Rechtspositionen

Im Einzelnen ergeben sich aus den in der Anlage zum LkSG aufgelisteten völkerrechtlichen Übereinkommen die folgenden Rechtspositionen (im Sinne von auf bestimmte Rechtsgüter bezogenen genuinen Begünstigungen des Einzelnen, → Rn. 4). 7

a) Schutz vor Zwang

- Recht, keiner **Zwangs- oder Pflichtarbeit** unterworfen zu werden 8
- **Grundsätzliches Verbot** (Art. 8 Abs. 3 IPBPR; Art. 1 Abs. 1 ILO 29[22])
- Verbot **bestimmter Formen** der Zwangsarbeit, nämlich
  - als Mittel des **politischen Zwangs**, politischer Erziehung oder als Strafe wegen politischer Ansichten
  - als Mittel der Rekrutierung und Verwendung von Arbeitskräften für Zwecke der **wirtschaftlichen Entwicklung**
  - als Maßnahme der **Arbeitsdisziplin**
  - als Strafe für die Teilnahme an **Streiks**
  - als Maßnahme rassischer, sozialer, nationaler oder religiöser **Diskriminierung** (Art. 1 ILO 105)
- Verbot der **Sklaverei** (Art. 8 Abs. 1 IPBPR)
- Verbot der **Leibeigenschaft** (Art. 8 Abs. 2 IPBPR)

b) Vereinigungs- und Koalitionsfreiheit

- **Jedermannsrecht**, sich frei mit anderen zusammenzuschließen sowie Gewerkschaften zu bilden und ihnen beizutreten (Art. 22 Abs. 1 IPBPR; Art. 8 Abs. 1 lit. a IPWSKR) 9

---

20 Siehe dazu Servais, International Labour Law, 6. Aufl. 2020, Rn. 209.
21 BT-Drs. 19/28649, 35.
22 Das grundsätzliche Verbot aus Art. 1 Abs. 1 ILO 29 wird flankiert durch die im Protokoll vom 11.6.2014 enthaltenen Verpflichtungen zum Ergreifen wirksamer Maßnahmen zur Beseitigung der Zwangs- oder Pflichtarbeit.

- Recht der **Arbeitnehmer** und **Arbeitgeber**, ohne vorherige Genehmigung Organisationen nach eigener Wahl zu bilden und solchen Organisationen beizutreten (Art. 2 ILO 87)
- Recht der Organisationen, sich **frei zu betätigen** (Art. 8 Abs. 1 lit. c IPWSKR), insbesondere
  - sich **Satzungen** und **Geschäftsordnungen** zu geben,
  - ihre **Vertreter** frei zu wählen,
  - ihre **Geschäftsführung** und **Tätigkeit** zu regeln und
  - ihr **Programm** aufzustellen (Art. 3 Abs. 1 ILO 87)
- **Streikrecht** (Art. 8 Abs. 1 lit. d IPWSKR)
- Verbot, die Organisationen der Arbeitnehmer und Arbeitgeber im Verwaltungswege **aufzulösen** oder **zeitweilig einzustellen** (Art. 4 ILO 87)
- Recht der Organisationen der Arbeitnehmer und Arbeitgeber, **Verbände** und **Zentralverbände** zu bilden und sich solchen anzuschließen (Art. 5 S. 1 ILO 87); entsprechende Geltung der Art. 2–4 (Art. 6 ILO 87)
- Recht der Organisationen, Verbände und Zentralverbände, sich **internationalen Organisationen** der Arbeitnehmer und Arbeitgeber anzuschließen (Art. 5 S. 2 ILO 87; Art. 8 Abs. 1 lit. b IPWSKR)
- Schutz des Erwerbs der **Rechtspersönlichkeit** durch Organisationen der Arbeitnehmer und Arbeitgeber, ihre Verbände und Zentralverbände (Art. 7 ILO 87)
- Schutz der Arbeitnehmer vor gegen die Vereinigungsfreiheit gerichteter **diskriminierender Behandlung** im Zusammenhang mit ihrer Beschäftigung (Art. 1 ILO 98)
- Schutz der Organisationen der Arbeitnehmer und Arbeitgeber bei ihrer Bildung, Tätigkeit und Verwaltung vor **Einmischung** von der anderen Seite (Art. 2 ILO 98)

c) Diskriminierung und Gleichbehandlung

10
- **Allgemeines Verbot** der Diskriminierung wegen der **Rasse**, der **Hautfarbe**, des **Geschlechts**, der **Sprache** der **Religion**, der politischen oder sonstigen **Anschauung**, der nationalen oder sozialen **Herkunft**, des **Vermögens**, der **Geburt** oder des sonstigen **Status** (Art. 26 S. 2 IPBPR; Art. 2 Abs. 2 IPWSKR)
- Verbot der Diskriminierung in **Beschäftigung und Beruf**
  - Verbot jeder Unterscheidung, Ausschließung oder Bevorzugung aufgrund der **Rasse**, der **Hautfarbe**, des **Geschlechts**, des **Glaubensbekenntnisses**, der **politischen Meinung**, der nationalen **Abstammung** oder der sozialen **Herkunft**, die dazu führt, die Gleichheit der Gelegenheiten oder der Behandlung in Beschäftigung oder Beruf aufzuheben oder zu beeinträchtigen (Art. 1 Abs. 1 lit. a ILO 111)
  - Verbot **anderer** vom Mitgliedstaat bestimmter Unterscheidungen, Ausschließungen oder Bevorzugungen

(Art. 1 Abs. 1 lit. b ILO 111)
- **Gleichberechtigung** von Mann und Frau (Art. 4 IPBPR)
- Recht weiblicher und männlicher Arbeitskräfte auf **gleiches Entgelt für gleichwertige Arbeit** (Art. 2 ILO 100; Art. 7 lit. a Ziff. i IPWSKR)
- **Gleichheit vor dem Gesetz** (Art. 26 S. 1 IPBPR)

d) Schutz des Kindes
- Schutz vor **Kinderarbeit**
  - Verbot der Beschäftigung oder Arbeit vor Erreichen des vom Mitgliedstaat festgelegten **Mindestalters**
    (Art. 2 Abs. 1 ILO 138; Art. 10 Nr. 3 S. 4 IPWSKR)
  - Verbot der Festlegung eines Mindestalters unter dem Alter, in dem die **Schulpflicht** endet (Art. 2 Abs. 3 ILO 138)
  - Verbot der Festlegung eines Mindestalters unter **15 Jahren** (Art. 2 Abs. 3 ILO 138) bzw. in Ausnahmefällen unter **14 Jahren**
    (Art. 2 Abs. 4 und 5 ILO 138)
  - Verbot der Festlegung eines Mindestalters unter **18 Jahren** für eine Beschäftigung oder Arbeit, die wegen ihrer Art oder der Verhältnisse, unter denen sie verrichtet wird, gefährlich für das **Leben**, die **Gesundheit** oder die **Sittlichkeit** ist
    (Art. 3 Abs. 1 ILO 138; Art. 10 Nr. 3 S. 3 IPWSKR)
  - Verbot der **schlimmsten Formen** der Kinderarbeit, dh bei allen **Personen unter 18 Jahren** (Art. 2 ILO 182), dh
    - alle Formen der **Sklaverei** oder alle sklavereiähnlichen Praktiken wie der **Verkauf** von Kindern und **Kinderhandel, Schuldknechtschaft** und **Leibeigenschaft** sowie **Zwangs- oder Pflichtarbeit**, einschließlich der Zwangs- oder Pflichtrekrutierung von Kindern für den Einsatz in **bewaffneten Konflikten**
      (Art. 3 lit. a ILO 182)
    - das Heranziehen, Vermitteln oder Anbieten eines Kindes zur **Prostitution,** zur Herstellung von **Pornografie** oder zu pornografischen Darbietungen (Art. 3 lit. b ILO 182)
    - das Heranziehen, Vermitteln oder Anbieten eines Kindes **zu unerlaubten Tätigkeiten**, insbesondere zur Gewinnung von und zum Handel mit Drogen, wie diese in den einschlägigen internationalen Übereinkünften definiert sind
      (Art. 3 lit. c ILO 182)
    - Arbeit, die ihrer Natur nach oder aufgrund der Umstände, unter denen sie verrichtet wird, voraussichtlich für die **Gesundheit**, die **Sicherheit** oder die **Sittlichkeit** von Kindern schädlich ist (Art. 3 lit. d ILO 182)
  - Schutz von Kindern und Jugendlichen vor **wirtschaftlicher Ausbeutung** (Art. 10 Nr. 3 S. 2 IPWSKR)
- Recht des Kindes auf Schutzmaßnahmen, die seine **Rechtsstellung als Minderjähriger** erfordert
  (Art. 24 Abs. 1 IPBPR; Art. 10 Nr. 3 S. 1 IPWSKR)

- Recht des **Kindes** auf **Eintragung** in ein Register und Erhalt eines **Namens** (Art. 24 Abs. 2 IPBPR)
- Recht des **Kindes** auf Erwerb einer **Staatsangehörigkeit** (Art. 24 Abs. 3 IPBPR)

e) Arbeit und soziale Sicherheit

12
- Recht auf **Arbeit**, einschließlich des Rechts auf die Möglichkeit, seinen **Lebensunterhalt** durch frei gewählte oder angenommene Beschäftigung zu verdienen (Art. 6 IPWSKR)
- Recht auf gerechte und günstige **Arbeitsbedingungen**, dh insbesondere auf
  - Arbeitsentgelt, das mindestens sichert:
    - **angemessenen Lohn** und **gleiches Entgelt** für gleichwertige Arbeit ohne Unterschied (Art. 7 lit. a Ziff. i IPWSKR)
    - angemessenen **Lebensunterhalt** (Art. 7 lit. a Ziff. ii IPWSKR)
  - **sichere** und **gesunde** Arbeitsbedingungen (Art. 7 lit. b IPWSKR)
  - diskriminierungsfreie **Aufstiegsmöglichkeiten** (Art. 7 lit. c IPWSKR)
  - Arbeitspausen, Freizeit, angemessene **Begrenzung der Arbeitszeit**, regelmäßig bezahlter **Urlaub** und Vergütung gesetzlicher **Feiertage** (Art. 7 lit. d IPWSKR)
- Recht auf **soziale Sicherheit**, einschließlich der **Sozialversicherung** (Art. 9 IPWSKR)
- **Mutterschutz** (Art. 10 Nr. 2 IPWSKR)

f) Weitere Rechte

13
- Recht auf **Leben** (Art. 6 IPBPR)
- Verbot der **Folter** und **grausamer, unmenschlicher oder erniedrigender Behandlung oder Strafe** (Art. 7 IPBPR)
- Recht auf **Freiheit und Sicherheit** (Art. 9 IPBPR)
- Recht auf **würdevolle Behandlung bei Freiheitsentziehung** (Art. 10 IPBPR)
- Verbot der **Freiheitsentziehung** wegen der Nichterfüllung **vertraglicher Verpflichtungen** (Art. 11 IPBPR)
- Recht auf **Freizügigkeit** (Art. 12 IPBPR)
- Recht auf rechtsstaatliches Verfahren im Falle der **Ausweisung** (Art. 13 IPBPR)
- Recht auf **faires Verfahren** (Art. 14 IPBPR)
- **Nulla poena sine lege** (Art. 15 IPBPR)
- Recht, als **rechtsfähig** anerkannt zu werden (Art. 16 IPBPR)
- Schutz des **Privatlebens**, der **Familie**, der **Wohnung**, des **Schriftverkehrs**, der **Ehre** und des **Rufes** (Art. 17 IPBPR)
- **Gedanken-, Gewissens- und Religionsfreiheit; Weltanschauungsfreiheit** (Art. 18 IPBPR)
- **Meinungsfreiheit** (Art. 19 IPBPR)
- **Versammlungsfreiheit** (Art. 21 IPBPR)

- Schutz der **Familie** (Art. 23 Abs. 1 IPBPR; Art. 10 Nr. 1 S. 1 IPWSKR)
- Recht von Mann und Frau auf **Ehe** und **Familiengründung** (Art. 23 Abs. 2 IPBPR)
- Verbot der **Zwangsehe** (Art. 23 Abs. 3 IPBPR; Art. 10 Nr. 1 S. 2 IPWSKR)
- Recht auf Teilhabe an der Gestaltung **öffentlicher Angelegenheiten** (Art. 25 lit. a IPBPR)
- Aktives und passives **Wahlrecht** (Art. 25 lit. b IPBPR)
- Recht auf diskriminierungsfreien Zugang zu **öffentlichen Ämtern** (Art. 25 lit. c IPBPR)
- Recht der **Minderheiten**, ihr eigenes kulturelles Leben zu pflegen, ihre Religion zu bekennen und sich ihrer eigenen Sprache zu bedienen (Art. 27 IPBPR)
- Recht auf einen angemessenen **Lebensstandard**, einschließlich ausreichender **Ernährung**, **Bekleidung** und **Unterbringung** (Art. 11 Abs. 1 IPWSKR)
- Schutz vor **Hunger** (Art. 11 Abs. 2 IPWSKR)
- Recht auf körperliche und geistige **Gesundheit** (Art. 12 Abs. 1 IPWSKR)
- Recht auf **Bildung** (Art. 13 Abs. 1 IPWSKR)
- Freie **Schulwahl** (Art. 13 Abs. 3 IPWSKR)
- Recht auf Teilhabe am **kulturellen Leben** (Art. 15 Abs. 1 lit. a IPWSKR)
- Recht auf Teilhabe an den Errungenschaften und der Anwendung des **wissenschaftlichen Fortschritts** (Art. 15 Abs. 1 lit. b IPWSKR)
- Recht auf Schutz des **geistigen Eigentums** (Art. 15 Abs. 1 lit. c IPWSKR)
- Freiheit **wissenschaftlicher Forschung** und schöpferischer Tätigkeit (Art. 15 Abs. 3 IPWSKR)

3. Zukünftige Rechtsentwicklung

Der Vorschlag für eine Richtlinie des Europäischen Parlaments und des Rates über die Sorgfaltspflichten von Unternehmen im Hinblick auf Nachhaltigkeit und zur Änderung der Richtlinie (EU) 2019/1937 vom 23.2.2022[23] verfolgt hinsichtlich der geschützten Rechtspositionen im Grundsatz einen ähnlichen Ansatz wie das LkSG. Er definiert in Art. 3 lit. c als „negative Auswirkungen auf die Menschenrechte" „nachteilige Auswirkungen auf geschützte Personen, die sich aus der Verletzung eines der in Teil I Abschnitt 1 des Anhangs aufgeführten Rechte oder Verbote, wie sie in den in Teil I Abschnitt 2 des Anhangs aufgeführten internationalen Übereinkommen verankert sind, ergeben". Der Katalog in Teil I Abschnitt 1 des Anhangs ist allerdings **deutlich umfassender** als der der Anlage zum LkSG. Er enthält über die dort aufgelisteten Menschen-

14

---

23 COM(2022) 71 final.

rechtsübereinkommen hinaus noch die folgenden weiteren Übereinkommen und Instrumente:
- **Allgemeine Erklärung der Menschenrechte** vom 10.12.1948 (UN Doc. A/RES/217 A (III))
- Konvention über die Verhütung und Bestrafung des Völkermords vom 9.12.1948 – **Völkermordkonvention** (BGBl. 1954 II 730)
- Übereinkommen gegen Folter und andere grausame, unmenschliche oder erniedrigende Behandlung oder Strafe vom 10.12.1984 – **UN-Antifolterkonvention (CAT)** (BGBl. 1990 II 247)
- Internationales Übereinkommen zur Beseitigung jeder Form von Rassendiskriminierung vom 7.3.1966 – **UN-Rassendiskriminierungskonvention (ICERD)** (BGBl. 1969 II 961)
- Übereinkommen zur Beseitigung jeder Form von Diskriminierung der Frau vom 18.12.1979 – **UN-Frauenrechtskonvention (CEDAW)** (BGBl. 1985 II 648)
- Übereinkommen über die Rechte des Kindes vom 20.11.1989 – **UN-Kinderrechtskonvention (CRC)** (BGBl. 1992 II 122)
- Übereinkommen über die Rechte von Menschen mit Behinderungen vom 13.12.2006 – **UN-Behindertenrechtskonvention (CRPD)** (BGBl. 2008 II 1420)
- Erklärung der Vereinten Nationen über die **Rechte der indigenen Völker** vom 13.12.2007 (UN Doc. A/RES/61/295)
- Erklärung über die Rechte von Personen, die **nationalen oder ethnischen, religiösen oder sprachlichen Minderheiten** angehören, vom 18.12.1992 (UN Doc. A/RES/47/135)
- Übereinkommen der Vereinten Nationen gegen die grenzüberschreitende organisierte Kriminalität und das Protokoll von Palermo zur Verhütung, Bekämpfung und Bestrafung des Menschenhandels, insbesondere des Frauen- und Kinderhandels, zum Übereinkommen der Vereinten Nationen gegen die grenzüberschreitende organisierte Kriminalität vom 12.12.2000 – **Palermo-Konvention/Protokoll** (BGBl. 2005 II 956)
- Erklärung der Internationalen Arbeitsorganisation über **grundlegende Prinzipien und Rechte bei der Arbeit** vom 18.6.1998 (→ Rn. 1)
- Dreigliedrige Grundsatzerklärung der Internationalen Arbeitsorganisation über **multinationale Unternehmen und Sozialpolitik** vom November 1977[24]

II. Menschenrechtliches Risiko (Abs. 2) (*Johann/Gabriel*)
1. Menschenrechtliches Risiko

15 Abs. 2 Hs. 1 enthält eine **Legaldefinition** des menschenrechtlichen Risikos im Sinne des LkSG. Die Vorbeugung oder Minimierung menschenrechtlicher Risiken ist gem. § 3 Abs. 1 S. 1 neben der Beendigung von

---

[24] Abrufbar unter https://www.ilo.org/empent/Publications/WCMS_094386/lang--en/index.htm.

Verletzungen (→ Rn. 150) eines der Hauptziele der in Abschnitt 2 geregelten Sorgfaltspflichten (→ § 3 Rn. 7). Das menschenrechtliche Risiko ist damit einer der **zentralen** Begriffe des Gesetzes, auf den an zahlreichen Stellen Bezug genommen wird (§ 3 Abs. 2 Nr. 2 und 4, § 4 Abs. 2, § 5 Abs. 1 und 2, § 6 Abs. 2 Nr. 2, § 8 Abs. 1, § 9 Abs. 1, § 10 Abs. 2 Nr. 1 und Abs. 3, § 14 Abs. 1 Nr. 1 lit. a).

Das Gesetz definiert das menschenrechtliche Risiko als einen **Zustand**, bei dem aufgrund **tatsächlicher Umstände** mit **hinreichender Wahrscheinlichkeit** ein Verstoß gegen eines der in Abs. 2 Nr. 1 bis 12 aufgeführten Verbote **droht**. In der Gesetzesbegründung finden sich dazu keine weiteren Erläuterungen.[25] Die Definition weist begriffliche Ähnlichkeiten mit dem polizeirechtlichen Gefahrenbegriff auf.[26] Unter Gefahr im Sinne des Polizeirechts wird „eine Sachlage verstanden, die in absehbarer Zeit mit hinreichender Wahrscheinlichkeit zu einem Schaden für die Schutzgüter der ‚öffentlichen Sicherheit und Ordnung' führen kann".[27] Teils wird angenommen, der Gesetzgeber habe sich bei der Definition des menschenrechtlichen Risikos bewusst am polizeilichen Gefahrenbegriff orientiert, weshalb bei der Auslegung des LkSG auf die in diesem Bereich etablierten Maßstäbe zurückgegriffen werden könne.[28] Den Gesetzesmaterialien lässt sich dazu allerdings nichts entnehmen. Ob es zielführend ist, bei der Auslegung auf die Grundsätze des Polizeirechts zurückzugreifen, erscheint darüber hinaus deshalb zweifelhaft, weil der polizeirechtliche Gefahrenbegriff eine andere Funktion hat als der Begriff des menschenrechtlichen Risikos. Wesentlicher Zweck des polizeirechtlichen Gefahrenbegriffs ist die Beschreibung einer behördlichen Eingriffsschwelle; er dient damit der Einhegung von Verwaltungshandeln und hat auf diese Weise eine grundrechtssichernde Funktion.[29] Nach ihm bestimmt sich also, ob einer Behörde eine bestimmte (Eingriffs-)Handlung *erlaubt* ist. Demgegenüber löst das Vorliegen eines menschenrechtlichen Risikos keine Eingriffsrechte aus, sondern die *Handlungspflicht* eines Unternehmens, ein erkanntes Risiko zu minimieren (§ 4 Abs. 2) und angemessene Präventionsmaßnahmen zu ergreifen (§ 6). Ein Unternehmen muss sich nicht dafür rechtfertigen, solche Maßnahmen ergriffen zu haben, sondern ggf. dafür, sie unterlassen zu haben, obwohl nach Maßgabe von § 2 Abs. 2 Hs. 1 ein menschenrechtliches Risiko anzunehmen war. Diese zum polizeirechtlichen Gefahrenbegriff „umgekehrte" Funktion des Begriffs des menschenrechtlichen Risikos spricht ungeachtet der begrifflichen Ähnlichkeiten für ein grundsätzlich **autonomes** Verständnis des Begriffs im Lichte der Ziele und der Pflichtenstruktur des LkSG sowie seiner völ-

---

25 Vgl. BT-Drs. 19/28649, 35.
26 Vgl. Grabosch LkSG/Schönfelder § 4 Rn. 3 ff.; Hembach Praxisleitfaden S. 59; Stöbener de Mora/Noll NZG 2021, 1237 (1240); Wagner/Ruttloff/Wagner LkSG/ Wagner/Schuler § 2 Rn. 78 ff.
27 Lisken/Denninger PolR-HdB/Graulich Teil E Rn. 126; siehe auch BVerwG Urt. v. 26.2.1974 – I C 31.72, BVerwGE 45, 51 Rn. 32.
28 Grabosch LkSG/Schönfelder § 4 Rn. 5.
29 Lisken/Denninger PolR-HdB/Graulich Teil E Rn. 125.

kerrechtlichen Hintergründe. Gleichwohl ist der Vergleich mit dem polizeirechtlichen Gefahrenbegriff für das Verständnis der Legaldefinition in § 2 Abs. 1 Hs. 1 hilfreich, allerdings vor allem insofern, als er aufgrund der sich dabei zeigenden Unterschiede die Eigenständigkeit des Risikobegriffs des LkSG unterstreicht.

17 Ein **Zustand** ist nach seinem Wortsinn synonym für eine „Sachlage", „Lage", „Gegebenheiten", „Konstellation", „Situation" oder für „Verhältnisse".[30] Der Begriff ist demnach weit zu verstehen. Zugleich ergibt sich aus diesem Wortsinn, dass es nicht darauf ankommt, wer oder was für ein menschenrechtliches Risiko kausal oder verantwortlich ist.

18 Eine **hinreichende Wahrscheinlichkeit** zeichnet sich im Polizeirecht dadurch aus, dass sie auf „tatsächlichen Anhaltspunkten" beruhen muss; bloße „Verdachtsmomente und Vermutungen reichen für sich allein nicht aus".[31] Für das menschenrechtliche Risiko im Sinne des LkSG ergibt sich diese Voraussetzung indes schon aus dem Wortlaut (**„aufgrund tatsächlicher Umstände"**). Auch für den Grundsatz der **„umgekehrten Proportionalität"**, nach dem umso geringere Anforderungen an die Wahrscheinlichkeit eines Schadenseintritts zu stellen sind, je höher der Rang des gefährdeten Rechtsguts oder das Ausmaß der drohenden Schädigung ist,[32] bedarf es nicht des Rückgriffs auf das deutsche Polizeirecht. Dieses Prinzip ist auch im Kontext der VNLP anerkannt: „In traditional risk assessment, risk factors in both the consequences of an event (its severity) and its probability. In the context of human rights risk, severity is the predominant factor. Probability may be relevant in helping prioritize the order in which potential impacts are addressed in some circumstances […]."[33]

19 Sind „tatsächliche Umstände" gegeben, dürfte dies in der Regel eine hinreichende Wahrscheinlichkeit eines Verstoßes **indizieren**. Es steht in diesem Fall bereits per definitionem fest, dass das Stadium eines bloßen Verdachts oder einer Vermutung überschritten ist (→ Rn. 18). Zur Verneinung einer hinreichenden Wahrscheinlichkeit müssten demnach konkrete Umstände dargelegt werden, die geeignet sind, die Indizwirkung der gegebenen tatsächlichen Umstände zu widerlegen. Entsprechend dem anzuwendenden Grundsatz der umgekehrten Proportionalität sind die an die Widerlegung zu stellenden Anforderungen umso strenger, je höher der Rang des gefährdeten Rechtsguts oder die Größe des drohenden Schadens ist (→ Rn. 18).

---

30 Duden, Das Bedeutungswörterbuch, 5. Aufl. 2018, S. 1176.
31 BVerfG Beschl. v. 4.9.2009 – 1 BvR 2147/09, NJW 2010, 141 Rn. 9 (einstweilige Anordnung); siehe auch BVerfG Beschl. v. 1.12.1992 – 1 BvR 88/91, BVerfGE 87, 399 Rn. 52; BVerfG Beschl. v. 14.5.1985 – 1 BvR 233/81, BVerfGE 69, 315 Rn. 80; Kingreen/Poscher POR § 8 Rn. 6.
32 Vgl. Lisken/Denninger PolR-HdB/Bäcker Teil D Rn. 101; Kingreen/Poscher POR § 8 Rn. 7; Thiel PolR § 8 Rn. 53.
33 OHCHR, The Corporate Responsibility to Respect Human Rights. An Interpretive Guide, 2012, S. 6 f.; siehe auch Hembach Praxisleitfaden S. 59.

Für die Begründung eines menschenrechtlichen Risikos genügt, dass ein 20
Verstoß gegen eines der in Nr. 1 bis 12 aufgelisteten Verbote **droht**. Es
muss also noch keine Verletzung im Sinne von § 2 Abs. 4 gegeben sein.
Aus dem Fehlen einer Voraussetzung wie „in absehbarer Zeit" oder „bei
ungehindertem Ablauf",[34] wie sie dem polizeirechtlichen Gefahrenbegriff eigen ist (→ Rn. 16), lässt sich schließen, dass ein Verstoß nicht unmittelbar oder konkret bevorstehen muss, sondern ein **potenzieller** Verstoß ausreichend ist. Dies steht auch im Einklang mit dem in den **VNLP** verwendeten Begriff des „**human rights risk**". Die VNLP verstehen hierunter die potenziellen nachteiligen Auswirkungen eines Wirtschaftsunternehmens auf die Menschenrechte („the business enterprise's **potential adverse human rights impacts**").[35] Eine nachteilige Auswirkung auf die Menschenrechte („adverse human rights impact") liegt vor, wenn eine Handlung die Fähigkeit einer Person, ihre Menschenrechte wahrzunehmen, aufhebt oder verringert („An ,adverse human rights impact' occurs when an action removes or reduces the ability of an individual to enjoy his or her human rights.").[36] Für das Ausreichen eines potenziellen Verstoßes spricht ferner das Ziel des LkSG, menschenrechtlichen Risiken vorzubeugen und diese zu **minimieren** (§ 3 Abs. 1). Unter einem menschenrechtlichen Risiko im Sinne des LkSG kann vor diesem Hintergrund jede Sachlage verstanden werden, bei der aufgrund tatsächlicher Anhaltspunkte eine Menschenrechtsverletzung potenziell möglich erscheint.

Der Vorschlag der Europäischen Kommission vom 23.2.2022 für eine 21
Sorgfaltspflichten-Richtlinie[37] enthält keine vergleichbare allgemeine Definition des menschenrechtlichen Risikos. Er definiert vielmehr in Art. 3 lit. c in Orientierung an der Terminologie der VNLP als „negative Auswirkungen auf die Menschenrechte" („adverse human rights impact") „nachteilige Auswirkungen auf geschützte Personen, die sich aus der Verletzung eines der in Teil I Abschnitt 1 des Anhangs aufgeführten Rechte oder Verbote, wie sie in den in Teil I Abschnitt 2 des Anhangs aufgeführten internationalen Übereinkommen verankert sind, ergeben" (→ Rn. 14). Nach Art. 6 und 7 des Vorschlags sind die Unternehmen insbesondere zu verpflichten, „geeignete Maßnahmen" zu ergreifen, um **potenzielle negative Auswirkungen** auf die Menschenrechte zu ermitteln (Art. 6) und zu vermeiden (Art. 7). Als geeignete Maßnahme definiert wiederum Art. 3 lit. q „eine Maßnahme, mit der die Ziele der Sorgfaltspflicht erreicht werden können, die dem **Schweregrad** und der **Wahr-**

---

34 Vgl. BVerwG Urt. v. 26.2.1974 – I C 3172, BVerwGE 45, 51 (57).
35 VNLP Nr. 17, Kommentar (Hervorhebung nur hier); siehe auch OHCHR, The Corporate Responsibility to Respect Human Rights. An Interpretive Guide, 2012, S. 6: „A business enterprise's human rights risks are any risks that its operations may lead to one or more adverse human rights impacts. They therefore relate to its potential human rights impact."
36 OHCHR, The Corporate Responsibility to Respect Human Rights. An Interpretive Guide, 2012, S. 5.
37 COM(2022) 71 final.

scheinlichkeit der negativen Auswirkungen entsprechen und die dem Unternehmen nach vernünftigem Ermessen zur Verfügung stehen, wobei den Umständen des Einzelfalls, einschließlich der Besonderheiten des Wirtschaftssektors, der spezifischen Geschäftsbeziehung und des diesbezüglichen Einflusses des Unternehmens, sowie der Notwendigkeit, die Priorisierung der Maßnahmen sicherzustellen, Rechnung getragen wird." Gegenstück zum Begriff des menschenrechtlichen Risikos ist im Vorschlag der Sorgfaltspflichten-Richtlinie demnach die potenzielle negative Auswirkung auf die Menschenrechte („potential adverse human rights impact"), so dass bei einer Auslegung des Begriffs des menschenrechtlichen Risikos gem. § 2 Abs. 2 im Lichte der VNLP (→ Rn. 20) im Ergebnis ein vergleichbarer Maßstab gelten dürfte.

2. Die einzelnen Verbote

22 Abs. 2 Hs. 2 führt **abschließend**[38] die Verbote auf, die ein menschenrechtliches Risiko im Sinne von Abs. 2 Hs. 2 begründen, wenn ein Verstoß gegen sie droht.

a) Kinderarbeit – Mindestalter (Nr. 1)

23 Nr. 1 legt als Anknüpfungspunkt für ein menschenrechtliches Risiko den drohenden Verstoß gegen das Verbot der Beschäftigung eines Kindes unter einem bestimmten **Mindestalter** fest und verschafft damit den Vorgaben des **ILO-Übereinkommens Nr. 138** Geltung. Das ILO-Übereinkommen Nr. 138 hat (Stand 2022) 175 Vertragsparteien[39] und hat damit nahezu universelle Geltung. Art. 1 ILO 138 verpflichtet seine Vertragsstaaten, eine innerstaatliche Politik zu verfolgen, die auf eine Abschaffung der Kinderarbeit gerichtet ist, und das Mindestalter für die Zulassung zur Beschäftigung oder Arbeit fortschreitend auf einen Stand anzuheben, bei dem die **volle körperliche und geistige Entwicklung** gesichert ist. Das ILO-Übereinkommen Nr. 138 findet Anwendung auf **alle Arten der Beschäftigung oder Arbeit** und erfasst daher alle Personen, die in wirtschaftliche Tätigkeiten involviert sind, unabhängig davon, ob ein vertragliches Arbeitsverhältnis besteht oder die Tätigkeit vergütet wird.[40] Da das Gesetz unmittelbar auf das ILO-Übereinkommen Nr. 138 Bezug nimmt, ist davon auszugehen, dass der Begriff der Beschäftigung in Nr. 1 gleichbedeutend mit „Beschäftigung oder Arbeit" im Sinne von Art. 1 ILO 138 ist.[41]

24 Die Vertragsstaaten haben nach Art. 2 Abs. 1 ILO 138 zusammen mit der Ratifikationserklärung in einer **Erklärung** das Mindestalter für die Zulassung zur Beschäftigung oder Arbeit in ihrem Staatsgebiet anzuge-

---

38 BT-Drs. 19/28649, 35; siehe auch Stöbener de Mora/Noll NZG 2021, 1237 (1240).
39 Siehe https://www.ilo.org/dyn/normlex/en/f?p=1000:11300:0::NO:11300:P11300 _INSTRUMENT_ID:312283. Nicht ratifiziert wurde es allerdings ua von Australien, dem Iran, Neuseeland, Somalia und den Vereinigten Staaten von Amerika.
40 Vgl. General Survey 2012 S. 148.
41 Vgl. dazu auch Grabosch LkSG/Schönfelder § 4 Rn. 15.

ben; vor Erreichen dieses Alters darf niemand zur Beschäftigung oder Arbeit in irgendeinem Beruf zugelassen werden. Durch weitere Erklärungen können die Vertragsstaaten später auch ein höheres Mindestalter als das ursprünglich angegebene festlegen (Art. 2 Abs. 2 ILO 138). Der Inhalt der Erklärungen ist auf der Internetseite der ILO abrufbar.[42] Das von einem Vertragsstaat anzugebende Mindestalter darf nicht unter dem Alter liegen, in dem die **Schulpflicht** endet und darf grundsätzlich in keinem Fall unter **15 Jahren** liegen (Art. 2 Abs. 3 ILO 138). Dieser Regelungssystematik des ILO-Übereinkommens Nr. 138 trägt § 2 Abs. 2 Nr. 1 Rechnung, indem er für das Alter, in dem die Schulpflicht endet, auf das **Recht des Beschäftigungsortes** abstellt und im Übrigen die absolute Untergrenze des Alters von 15 Jahren aus Art. 2 Abs. 3 ILO 138 übernimmt.

Von der absoluten Altersuntergrenze von 15 Jahren sind nach dem ILO-Übereinkommen Nr. 138 **Ausnahmen** möglich, welche § 2 Abs. 2 Nr. 1 ausdrücklich in Bezug nimmt. Nach der Regierungsbegründung richtet sich das zulässige Mindestalter „nach dem anwendbaren **Recht des Beschäftigungsortes**, soweit es mit den definierten Altersangaben vereinbar ist, das heißt soweit es die Altersschwelle für das zulässige Mindestalter nicht absenkt, oder soweit es eine zulässige Ausnahmeregelung beinhaltet."[43] Dies setze voraus, „dass das ILO-Übereinkommen Nr. 138 Bestandteil des geltenden Rechts des Beschäftigungsortes ist und dass im nationalen Recht eine Ausnahme gemäß der Artikel 2 Absatz 3, Artikel 3 Absatz 3, sowie Artikel 4 bis 8 des ILO-Übereinkommens Nr. 138 geregelt ist."[44] Nach dem Wortlaut des Gesetzes genügt es indes, dass das Recht des Beschäftigungsorts „in Übereinstimmung" mit den Vorgaben des ILO-Übereinkommens Nr. 138 abweichende Regelungen trifft. Soweit solche Regelungen materiell im Einklang mit dem Übereinkommen stehen, kann es deshalb nicht darauf ankommen, ob der betreffende Staat Vertragspartei ist oder welchen Status das Übereinkommen in seinem innerstaatlichen Recht hat (dazu auch → Rn. 5). 25

Art. 2 Abs. 4 ILO 138 erlaubt Vertragsstaaten, deren Wirtschaft und schulische Einrichtungen **ungenügend entwickelt** sind, ggf. nach Anhörung der beteiligten Arbeitgeber- und Arbeitnehmerverbände, anfangs ein Mindestalter von **14 Jahren** anzugeben. Dabei sind die Vertragsstaaten verpflichtet, im Rahmen ihrer gegenüber der ILO bestehenden Berichtspflichten anzugeben, dass die Gründe für die Festlegung dieses Mindestalters fortbestehen bzw. dass sie von einem bestimmten Zeitpunkt an darauf verzichten, die Ausnahme weiter in Anspruch zu nehmen (Art. 2 Abs. 5 ILO 138). Die Staaten, die das Mindestalter von 14 26

---

42 Siehe https://www.ilo.org/dyn/normlex/en/f?p=1000:11300:0::NO:11300:P11300_INSTRUMENT_ID:312283.
43 BT-Drs. 19/28649, 35 (Hervorhebung nur hier).
44 BT-Drs. 19/28649, 35.

Jahren angegeben haben, sind aus der von der ILO im Internet veröffentlichten Liste zum Ratifikationsstand zu ersehen.[45]

27 Nach Art. 4 Abs. 1 ILO 138 können die in einem Vertragsstaat zuständigen Behörden nach Anhörung der beteiligten Arbeitgeber- und Arbeitnehmerverbände **begrenzte Kategorien** der Beschäftigung und Arbeit von der Anwendung des ILO-Übereinkommens ausnehmen, wenn dessen Durchführung in diesen Bereichen **besondere Probleme von erheblicher Bedeutung** verursacht. Typische Beispiele für Kategorien, bei denen Vertragsstaaten von dieser Ausnahme Gebrauch gemacht haben, sind die Arbeit in Familienunternehmen („work in family enterprises") und in der Kleinbauernlandwirtschaft („small-scale agriculture") und häusliche Arbeit („domestic work").[46] Die Vertragsstaaten sind insoweit gem. Art. 4 Abs. 2 ILO 138 gegenüber der ILO berichts- und begründungspflichtig. Unzulässig ist die Ausnahme einer Kategorie von Beschäftigung oder Arbeit aus der Anwendung des ILO-Übereinkommens Nr. 138, die wegen ihrer Art oder der Verhältnisse, unter denen sie verrichtet wird, für das Leben, die Gesundheit oder die Sittlichkeit gefährlich ist (Art. 4 Abs. 3 iVm Art. 3 ILO 138).

28 Vertragsstaaten, deren Wirtschaft und Verwaltungseinrichtungen ungenügend entwickelt sind, können den Geltungsbereich des Übereinkommens ferner anfangs auf **bestimmte Wirtschaftszweige** („branches of economic activity") oder **Arten von Unternehmen** („types of undertakings") begrenzen (Art. 5 Abs. 1 und 2 ILO 138). Mindestens in den Geltungsbereich einbezogen sein müssen aber Industrien zur Gewinnung von Rohstoffen, verarbeitende Industrien, Baugewerbe und öffentliche Arbeiten, Elektrizität, Gas und Wasser; sanitäre Dienste, Verkehrswesen, Lagerung und Nachrichtenübermittlung, Plantagen und andere vorwiegend zu Erwerbszwecken erzeugende landwirtschaftliche Betriebe, mit Ausnahme von Familien- oder Kleinbetrieben, deren Erzeugnisse für den örtlichen Verbrauch bestimmt sind und die nicht regelmäßig Lohnarbeiter beschäftigen (Art. 5 Abs. 4 ILO 138).

29 Art. 6 ILO 138 regelt des Weiteren eine **Bereichsausnahme** für Arbeiten, die von Kindern und Jugendlichen in allgemeinbildenden **Schulen**, berufsbildenden Schulen oder Fachschulen oder in anderen Ausbildungsanstalten oder von Personen, die **mindestens 14 Jahre** alt sind, im Rahmen einer **Berufsausbildung** in Betrieben ausgeführt werden. Nach Art. 7 Abs. 1 ILO 138 kann die Gesetzgebung eines Vertragsstaates zulassen, dass Personen im Alter von **13 bis 15 Jahren**[47] bei **leichten Arbeiten** beschäftigt werden oder solche Arbeiten ausführen, sofern diese Arbeiten für ihre Gesundheit oder Entwicklung voraussichtlich nicht schädlich

---

45 Siehe https://www.ilo.org/dyn/normlex/en/f?p=1000:11300:0::NO:11300:P11300_INSTRUMENT_ID:312283.
46 Vgl. General Survey 2012 S. 149 f.
47 Abweichend hiervon können Vertragsstaaten, welche die Ausnahme nach Art. 2 Abs. 4 ILO 138 in Anspruch nehmen, eine Altersspanne von 12 bis 14 Jahren festlegen (Art. 7 Abs. 4 ILO 138).

sind und nicht so beschaffen sind, dass sie ihren Schulbesuch, ihre Teilnahme an einer Berufsausbildung oder ihre Fähigkeit beeinträchtigen, dem Unterricht mit Nutzen zu folgen.[48] Das Gleiche gilt für Personen, die mindestens **15 Jahre**[49] alt, aber noch **schulpflichtig** sind (Art. 7 Abs. 2 ILO 138). Die zuständigen Behörden sind jeweils verpflichtet, die Tätigkeiten zu bestimmen, bei denen eine solche Beschäftigung oder Arbeit zugelassen werden kann, sowie die Arbeitszeit und die Arbeitsbedingungen vorzuschreiben (Art. 7 Abs. 3 ILO 138).

Gem. Art. 8 Abs. 1 ILO 138 können die zuständigen Behörden des Vertragsstaates, ggf. nach Anhörung der Arbeitgeber- und Arbeitnehmerverbände, in **Einzelfällen** Ausnahmen vom grundsätzlichen Beschäftigungsverbot des Art. 2 ILO 138 zulassen, beispielsweise zum Zweck der Teilnahme an **künstlerischen Veranstaltungen**. Eine solche Genehmigung muss die Zahl der Stunden für eine solche Beschäftigung oder Arbeit begrenzen und die Arbeitsbedingungen festschreiben (Art. 8 Abs. 2 ILO 138).

Das in **Art. 3 ILO 138** enthaltene Verbot der Beschäftigung oder Arbeit von Personen in einem Alter von unter **18 Jahren**, die wegen ihrer Art oder der Verhältnisse, in denen sie verrichtet wird, für das Leben, die Gesundheit oder die Sittlichkeit gefährlich ist, ist nicht Gegenstand von § 2 Abs. 2 Nr. 2. Es wird „gesondert im Zusammenhang mit dem Verbot der schlimmsten Formen der Kinderarbeit unter Nummer 2 Buchstabe d adressiert."[50]

Im Vorschlag der Europäischen Kommission für eine **Sorgfaltspflichten-Richtlinie** ist das Verbot der Kinderarbeit unter einem Mindestalter im Anhang Teil I Nr. 10 inhaltsgleich zu § 2 Abs. 1 Nr. 1 vorgesehen: „Verstoß gegen das Beschäftigungsverbot für ein Kind vor Erreichung des Alters, an dem die Schulpflicht endet, und das auf keinen Fall unter 15 Jahren liegen darf, ausgenommen dort, wo das Recht des Beschäftigungsorts dies entsprechend vorsieht, gemäß Artikel 2 Absatz 4 und den Artikeln 4 bis 8 des Übereinkommens der Internationalen Arbeitsorganisation zum Mindestalter für die Zulassung zur Beschäftigung von 1973 (Nr. 138)".

b) Schlimmste Formen der Kinderarbeit (Nr. 2)

Nach Nr. 2 ist Anknüpfungspunkt für ein menschenrechtliches Risiko ein drohender Verstoß gegen das Verbot der **schlimmsten Formen der Kin-**

---

48 Siehe dazu General Observation (CEACR) – adopted 2008, published 98th ILC session (2009) Minimum Age Convention, 1973 (No. 138), abrufbar unter https://www.ilo.org/dyn/normlex/en/f.?p=1000:13100:0::NO:13100:P13100_COMMENT_ID,P11110_COUNTRY_ID,P11110_COUNTRY_NAME,P11110_COMMENT_YEAR:3066692,,,2008; Minimum Age Recommendation, 1973 (No. 146), abrufbar unter https://www.ilo.org/dyn/normlex/en/f.?p=1000:12100:::NO:12100:P12100_INSTRUMENT_ID:312484, Abs. 13; Akhtar/Nyamutata, International Child Law, 4. Aufl. 2020, S. 300 ff.
49 Abweichend hiervon können Vertragsstaaten, welche die Ausnahme nach Art. 2 Abs. 4 ILO 138 in Anspruch nehmen, ein Alter von 14 Jahren festlegen (Art. 7 Abs. 4 ILO 138).
50 BT-Drs. 19/28649, 35.

derarbeit für Personen unter 18 Jahren. Die Auflistung in lit. a bis d ist im Wesentlichen eine wörtliche Wiedergabe des in Art. 3 ILO 182 enthaltenen Verbotskatalogs. Das ILO-Übereinkommen Nr. 182 wurde (Stand 2022) von 187 Staaten ratifiziert[51] und ist damit nahezu universell gültig. Seine Vertragsstaaten sind verpflichtet, unverzügliche und wirksame Maßnahmen zu treffen, um sicherzustellen, dass die schlimmsten Formen der Kinderarbeit vordringlich verboten und beseitigt werden (Art. 1 ILO 182). „Kind" im Sinne des Übereinkommens sind **alle Personen unter 18 Jahren** (Art. 2 ILO 182). Der Wortlaut des § 2 Abs. 2 Nr. 2, der von „Kindern" unter 18 Jahren spricht, ist insoweit nicht akkurat. Für die Reichweite des Verbots ergibt sich hieraus aber kein Unterschied, da Kinder nach Art. 2 ILO 182 per definitionem Personen unter 18 Jahren sind. Als schlimmste Formen der Kinderarbeit gelten nach Art. 3 ILO 138/§ 2 Abs. 2 Nr. 2:

- alle Formen der **Sklaverei** (lit. a, → Rn. 50 ff.);
- **sklavereiähnliche Praktiken** (lit. a) wie der
  - Verkauf von Kindern und der Kinderhandel (→ Rn. 50),
  - Schuldknechtschaft (→ Rn. 42),
  - Leibeigenschaft (→ Rn. 52),
  - Zwangs- oder Pflichtarbeit (→ Rn. 40 ff.), einschließlich der Zwangs- oder Pflichtrekrutierung von Kindern für den Einsatz in bewaffneten Konflikten;[52]
- das Heranziehen, Vermitteln oder Anbieten eines Kindes
  - zur **Prostitution**,[53]
  - zur Herstellung von **Pornographie** oder zu pornographischen Darbietungen (lit. b);[54]
- das Heranziehen, Vermitteln oder Anbieten eines Kindes zu **unerlaubten Tätigkeiten**, insbesondere zur Gewinnung von und zum Handel mit Drogen (lit. c);[55]
- Arbeit, die ihrer Natur nach oder aufgrund der Umstände, unter denen sie verrichtet wird, voraussichtlich für die **Gesundheit**, die **Sicherheit** oder die **Sittlichkeit** von Kindern schädlich ist (lit. d).[56]

34 Aus Art. 4 Abs. 1 ILO 182 ergibt sich, dass die in § 2 Abs. 2 Nr. 2 lit. d LkSG/Art. 3 lit. d ILO 182 genannten Arten von Arbeit („**Hazardous Work**") nach Konsultation mit den Arbeitgeber- und Arbeitnehmerverbänden durch die **innerstaatliche Gesetzgebung** oder durch die **zuständigen Behörden** festzulegen sind. Dabei sind die einschlägigen internationalen Standards („relevant international standards") zu berücksichtigen, insbesondere Abs. 3 und 4 der ILO-Empfehlung betreffend die schlimms-

---

51 Siehe https://www.ilo.org/dyn/normlex/en/f?p=1000:11300:0::NO:11300:P11300_INSTRUMENT_ID:312327.
52 Siehe dazu General Survey 2012 S. 209 ff.
53 Siehe dazu General Survey 2012 S. 216 ff.
54 Siehe dazu General Survey 2012 S. 220 ff.
55 Siehe dazu General Survey 2012 S. 225 ff.
56 Siehe dazu General Survey 2012 S. 229 ff.

ten Formen der Kinderarbeit vom 17.6.1999 (**Empfehlung 190**).[57] Diese lauten:

3. Bei der Bestimmung der unter Artikel 3 d) des Übereinkommens genannten Arten von Arbeit und bei der Ermittlung, wo sie vorkommen, sollte ua berücksichtigt werden:
a) Arbeit, die Kinder einem körperlichen, psychologischen oder sexuellen Missbrauch aussetzt;
b) Arbeit unter Tage, unter Wasser, in gefährlichen Höhen oder in engen Räumen;
c) Arbeit mit gefährlichen Maschinen, Ausrüstungen und Werkzeugen oder Arbeit, die mit der manuellen Handhabung oder dem manuellen Transport von schweren Lasten verbunden ist;
d) Arbeit in einer ungesunden Umgebung, die Kinder beispielsweise gefährlichen Stoffen, Agenzien oder Verfahren oder gesundheitsschädlichen Temperaturen, Lärmpegeln oder Vibrationen aussetzen kann;
e) Arbeit unter besonders schwierigen Bedingungen, beispielsweise Arbeit während langer Zeit oder während der Nacht oder Arbeit, bei der das Kind ungerechtfertigterweise gezwungen ist, in den Betriebsräumen des Arbeitgebers zu bleiben.

4. Für die unter Artikel 3 d) des Übereinkommens und im vorstehenden Absatz 3 genannten Arten von Arbeit könnte die innerstaatliche Gesetzgebung oder die zuständige Stelle nach Beratung mit den in Betracht kommenden Arbeitnehmer- und Arbeitgeberverbänden eine Beschäftigung oder Arbeit ab dem Alter von 16 Jahren unter der Voraussetzung genehmigen, dass die Gesundheit, die Sicherheit und die Sittlichkeit der betreffenden Kinder voll geschützt sind und die Kinder eine angemessene sachbezogene Unterweisung oder berufliche Ausbildung im entsprechenden Wirtschaftszweig erhalten haben.

Art. 3 lit. d ILO 182/§ 2 Abs. 2 Nr. 1 iVm Art. 4 Abs. 1 ILO 182 und Abs. 4 Empfehlung 190 entsprechen damit im Wesentlichen der Regelung in **Art. 3 ILO 138**, dessen Umsetzung in § 2 Abs. 2 Nr. 1 ausgespart wurde (→ Rn. 31). Nach Art. 4 Abs. 2 ILO 182 müssen die zuständigen Behörden nach Konsultation mit den Arbeitgeber- und Arbeitnehmerverbänden **ermitteln**, wo die als „hazardous work" bestimmten Arten von Arbeit vorkommen. Das Verzeichnis der „hazardous work" ist regelmäßig zu **überprüfen** und erforderlichenfalls zu **revidieren** (Art. 4 Abs. 3 ILO 182). 35

Darüber hinaus erlegt das ILO-Übereinkommen Nr. 182 seinen Vertragsparteien zahlreiche weitere **positive Handlungspflichten** auf:[58] Die Vertragsparteien müssen geeignete Mechanismen zur **Überwachung** der Durchführung des Übereinkommens implementieren (Art. 5 ILO 182); sie haben **Aktionsprogramme** zur vorrangigen Beseitigung der schlimmsten Formen der Kinderarbeit zu planen und durchzuführen (Art. 6 ILO 182); sie müssen alle erforderlichen Maßnahmen treffen, um die wirksame Durchführung und Durchsetzung der Bestimmungen zur Umsetzung 36

---

57 Abrufbar unter https://www.ilo.org/dyn/normlex/en/f?p=NORMLEXPUB:12100:0::NO::P12100_INSTRUMENT_ID:312528; siehe dazu auch Akhtar/Nyamutata, International Child Law, 4. Aufl. 2020, S. 309 ff.
58 Siehe dazu General Observation (CEACR) – adopted 2020, published 109th ILC session (2021), abrufbar unter https://www.ilo.org/dyn/normlex/en/f?p=1000:13100:0::NO:13100:P13100_COMMENT_ID,P11110_COUNTRY_ID,P11110_COUNTRY_NAME,P11110_COMMENT_YEAR:4064555,,,2020.

des Übereinkommens sicherzustellen, einschließlich der Festsetzung und Anwendung von **strafrechtlichen Maßnahmen** oder gegebenenfalls anderen **Zwangsmaßnahmen** (Art. 7 Abs. 1 ILO 182); sie haben innerhalb einer bestimmten Frist wirksame Maßnahmen zu treffen, um

- den Einsatz von Kindern bei den schlimmsten Formen der Kinderarbeit zu **verhindern;**
- die erforderliche und geeignete unmittelbare Unterstützung für das **Herausholen** von Kindern aus den schlimmsten Formen der Kinderarbeit und für ihre **Rehabilitation** und soziale Eingliederung zu gewähren;
- allen aus den schlimmsten Formen der Kinderarbeit herausgeholten Kindern den Zugang zur unentgeltlichen **Grundbildung** und, wann immer möglich und zweckmäßig, zur Berufsbildung zu gewährleisten;
- **besonders gefährdete Kinder** zu ermitteln und zu erreichen; und
- der besonderen Lage von **Mädchen** Rechnung zu tragen (Art. 7 Abs. 2 ILO 182).

37 Jede Vertragspartei muss eine **zuständige Behörde** bezeichnen, die für die Durchführung der Bestimmungen zur Umsetzung dieses Übereinkommens verantwortlich ist (Art. 7 Abs. 3 ILO 182). Schließlich haben die Vertragsstaaten geeignete Schritte zu unternehmen, um sich gegenseitig bei der Durchführung der Bestimmungen dieses Übereinkommens zu helfen, und zwar durch verstärkte **internationale Zusammenarbeit** und/oder Hilfeleistung, einschließlich der Unterstützung für die soziale und wirtschaftliche Entwicklung, für Programme zur Beseitigung von Armut und für universelle Bildung (Art. 8 ILO 182). Soweit sich in einem Staat eine hinreichende Beachtung dieser positiven Verpflichtungen nicht feststellen lässt, dürfte dies ein Indikator für eine erhöhte Wahrscheinlichkeit eines menschenrechtlichen Risikos darstellen.

38 Nach der Regierungsbegründung soll „der besondere Schutz von Kindern im Arbeitsumfeld" auch in **Art. 24 Abs. 1 IPBPR** enthalten sein.[59] Hiernach hat jedes Kind ohne Diskriminierung hinsichtlich der Rasse, der Hautfarbe, des Geschlechts, der Sprache, der Religion, der nationalen oder sozialen Herkunft, des Vermögens oder der Geburt das Recht auf diejenigen Schutzmaßnahmen durch seine Familie, die Gesellschaft und den Staat, die seine Rechtsstellung als Minderjähriger erfordert. Zwar fällt hierunter nach dem VN-Menschenrechtsausschuss ua auch die Verpflichtung der Vertragsstaaten, Kinder vor Ausbeutung durch Zwangsarbeit, Prostitution oder ihren Gebrauch beim illegalen Drogenhandel zu schützen sowie ein Mindestalter für die Beschäftigung festzulegen.[60] Eine spezifische Regelung hinsichtlich des Arbeitsumfelds enthält der Vertragstext aber ersichtlich nicht. Gleichwohl dürfte die in Art. 24

---

59 BT-Drs. 19/28649, 35.
60 Human Rights Committee, General Comment No. 17 (1989) : Article 24 (Rights of the child), UN Doc. HRI/GEN/1/Rev.1 p. 23, Abs. 3 und 4.

Abs. 1 IPBPR verankerte generelle Verpflichtung, diejenigen Schutzmaßnahmen zu treffen, die der Status als Minderjähriger „erfordert" („measures of protection as are required […]"), bei der Auslegung des Verbots der schlimmsten Formen der Kinderarbeit im Sinne eines Effektivitätsgebots zugunsten des Schutzes des Kindes herangezogen werden können.

Im Vorschlag der Europäischen Kommission für eine **Sorgfaltspflichten-** 39
Richtlinie ist das Verbot der schlimmsten Formen der Kinderarbeit im Anhang Teil 1 Nr. 11 in ähnlicher Weise enthalten, allerdings neben dem ILO-Übereinkommen Nr. 182 auch auf die VN-Kinderrechtskonvention gestützt:

„Verstoß gegen das Verbot der Kinderarbeit gemäß Artikel 32 des Übereinkommens über die Rechte des Kindes, einschließlich der schlimmsten Formen der Kinderarbeit (wobei als Kinder alle Personen unter 18 Jahren gelten) gemäß Artikel 3 des Übereinkommens der Internationalen Arbeitsorganisation über die schlimmsten Formen der Kinderarbeit von 1999 (Nr. 182). Dies umfasst: a) alle Formen von Sklaverei und sklavereiähnlichen Praktiken wie den Verkauf von Kindern und den Kinderhandel, Schuldknechtschaft und Leibeigenschaft sowie Zwangs- oder Pflichtarbeit, einschließlich der Zwangs- oder Pflichtrekrutierung von Kindern für den Einsatz in bewaffneten Konflikten, b) das Heranziehen, Vermitteln oder Anbieten eines Kindes zur Prostitution, zur Herstellung von Pornografie oder zu pornografischen Darbietungen, c) das Heranziehen, Vermitteln oder Anbieten eines Kindes zu unerlaubten Tätigkeiten, insbesondere zur Gewinnung von und zum Handel mit Drogen, d) Arbeit, die ihrer Natur nach oder aufgrund der Umstände, unter denen sie verrichtet wird, voraussichtlich für die Gesundheit, die Sicherheit oder die Sittlichkeit von Kindern schädlich ist".

c) Zwangsarbeit (Nr. 3)

Nr. 3 legt fest, dass ein drohender Verstoß gegen das Verbot der **Beschäf-** 40
tigung von Personen in Zwangsarbeit ein menschenrechtliches Risiko darstellt. Grundlagen dieses Verbots sind nach der Regierungsbegründung Art. 8 IPBPR sowie die ILO-Übereinkommen Nr. 29 und Nr. 105.[61] Der IPBPR wurde von 173,[62] das ILO-Übereinkommen Nr. 29 von 179[63] und das ILO-Übereinkommen Nr. 105 von 176[64] Staaten ratifiziert (jeweils Stand 2022); sie sind damit alle nahezu universell anwendbar. Das ILO-Übereinkommen Nr. 29 wurde durch das Protokoll von 2014 (Nr. 2 der Anlage zum LkSG) ergänzt. Dieses wurde bislang (Stand 2022) erst

---

61 BT-Drs. 19/28649, 36.
62 Siehe https://indicators.ohchr.org/. Nicht ratifiziert hat den IPBPR allerdings ua China.
63 Siehe https://www.ilo.org/dyn/normlex/en/f?p=1000:11300:0::NO:11300:P11300_INSTRUMENT_ID:312174. Es fehlen allerdings ua China und die Vereinigten Staaten von Amerika.
64 Siehe https://www.ilo.org/dyn/normlex/en/f?p=1000:11300:0::NO:11300:P11300_INSTRUMENT_ID:312250. Es fehlen allerdings ua China, Myanmar und Japan.

von 59 Staaten ratifiziert.[65] Indikatoren für die Beschäftigung in Zwangsarbeit sind nach der Regierungsbegründung „etwa das Einbehalten von Löhnen, das Einschränken der Bewegungsfreiheit eines Beschäftigten, das Einbehalten von Ausweisdokumenten, die Schaffung unzumutbarer Arbeit- und Lebensverhältnisse durch eine Arbeit unter gefährlichen Bedingungen oder in vom Arbeitgeber gestellten unzumutbaren Unterkünften, ein exzessives Maß an Überstunden sowie die Anwendung von Einschüchterungen und Drohungen".[66]

41 Nach der **Legaldefinition** in Nr. 3 umfasst das Verbot jede **Arbeitsleistung** oder **Dienstleistung**, die von einer Person unter **Androhung von Strafe** verlangt wird und für die sie sich **nicht freiwillig** zur Verfügung gestellt hat, etwa in Folge von Schuldknechtschaft oder Menschenhandel. Die Definition ist damit eng angelehnt und die Definition in Art. 2 Abs. 1 ILO 29 („Als ‚Zwangs- oder Pflichtarbeit' im Sinne dieses Übereinkommens gilt jede Art von Arbeit oder Dienstleistung, die von einer Person unter Androhung irgendeiner Strafe verlangt wird und für die sie sich nicht freiwillig zur Verfügung gestellt hat"),[67] fügt ihr aber die im ILO-Übereinkommen Nr. 29 nicht genannten Regelbeispiele[68] Schuldknechtschaft und Menschenhandel hinzu. Aus der engen Anlehnung an die Definition des Art. 2 Abs. 1 ILO 29 folgt, dass der Nicht-Nennung der Pflichtarbeit im Wortlaut des § 2 Abs. 2 Nr. 3 keine Bedeutung beizumessen ist.

42 Ob die **Schuldknechtschaft** als Unterfall der Zwangsarbeit systematisch richtig verortet ist, erscheint zweifelhaft. Gem. Art. 3 lit. a ILO 182 gilt sie als sklavereiähnliche Praxis (→ Rn. 33). Dem entspricht, dass sie Gegenstand des Zusatzabkommens über die Abschaffung der Sklaverei, des Sklavenhandels und sklavereiähnlicher Einrichtungen und Praktiken vom 7.9.1956 (BGBl. 1958 II 203) ist. Art. 1 lit. a dieses Abkommens definiert sie als eine „Rechtsstellung oder eine Lage, die dadurch entsteht, daß ein Schuldner als Sicherheit für eine Schuld seine persönlichen Dienstleistungen oder diejenigen einer seiner Kontrolle unterstehenden Person verpfändet, wenn der in angemessener Weise festgesetzte Wert dieser Dienstleistungen nicht zur Tilgung der Schuld dient, oder wenn diese Dienstleistungen nicht sowohl nach ihrer Dauer wie auch nach ihrer Art begrenzt und bestimmt sind".[69]

43 Der **Menschenhandel** wird im ILO-Übereinkommen Nr. 29 noch nicht als Aspekt der Zwangs- und Pflichtarbeit thematisiert. Gemäß der Präambel des Protokolls von 2014 erkennt die Allgemeine Konferenz der

---

65 Siehe https://www.ilo.org/dyn/normlex/en/f?p=1000:11300:0::NO:11300:P11300_INSTRUMENT_ID:3174672.
66 BT-Drs. 19/28649, 36.
67 Näher zu dieser Definition, insbesondere zu den Merkmalen „Arbeit oder Dienstleistung", „Androhung von irgendeiner Strafe" und „freiwillig": General Survey 2007 S. 19 ff.; Humbert Child Labour S. 82 ff.
68 Vgl. Grabosch LkSG/Schönfelder § 4 Rn. 22.
69 Vgl. dazu auch General Survey 2007 S. 37 ff.; Grabosch LkSG/Schönfelder § 4 Rn. 22.

ILO aber nunmehr an, „dass die Umstände und Formen von Zwangs- oder Pflichtarbeit sich geändert haben und dass der Menschenhandel für die Zwecke von Zwangs- oder Pflichtarbeit, der mit sexueller Ausbeutung einhergehen kann, Gegenstand wachsender internationaler Sorge ist und dringende Maßnahmen zu seiner wirksamen Beseitigung erfordert". Dementsprechend ist in Art. 1 Abs. 3 des Protokolls von 2014 die Verpflichtung der Vertragsparteien zu einem gezielten Vorgehen gegen den Menschenhandel für die Zwecke von Zwangs- oder Pflichtarbeit verankert. Nach Art. 3 lit. a des Zusatzprotokolls zur Verhütung, Bekämpfung und Bestrafung des Menschenhandels, insbesondere des Frauen- und Kinderhandels, zum Übereinkommen der Vereinten Nationen gegen die grenzüberschreitende organisierte Kriminalität vom 15.11.2000 (**Palermo-Protokoll**, BGBl. 2005 II 956), auf welches die Präambel des Protokolls von 2014 ausdrücklich verweist, „bezeichnet der Ausdruck ‚Menschenhandel' die Anwerbung, Beförderung, Verbringung, Beherbergung oder Aufnahme von Personen durch die Androhung oder Anwendung von Gewalt oder anderen Formen der Nötigung, durch Entführung, Betrug, Täuschung, Missbrauch von Macht oder Ausnutzung besonderer Hilflosigkeit oder durch Gewährung oder Entgegennahme von Zahlungen oder Vorteilen zur Erlangung des Einverständnisses einer Person, die Gewalt über eine andere Person hat, zum Zweck der Ausbeutung. Ausbeutung umfasst mindestens die Ausnutzung der Prostitution anderer oder andere Formen sexueller Ausbeutung, Zwangsarbeit oder Zwangsdienstbarkeit, Sklaverei oder sklavereiähnliche Praktiken, Leibeigenschaft oder die Entnahme von Organen".[70]

Eine weitere **Präzisierung** des Verbots der Zwangs- und Pflichtarbeit ergibt sich aus **Art. 1 ILO 105**. Dieses Übereinkommen wird zwar im Gesetz nicht erwähnt, aber in der Regierungsbegründung als eine der Grundlagen des Verbots der Zwangs- und Pflichtarbeit genannt.[71] Hiernach sind Vertragsparteien verpflichtet, Zwangs- oder Pflichtarbeit zu beseitigen und in keiner Form zu verwenden

a) als Mittel **politischen Zwanges** oder politischer Erziehung oder als Strafe gegenüber Personen, die gewisse politische Ansichten haben oder äußern oder die ihre ideologische Gegnerschaft gegen die bestehende politische, soziale oder wirtschaftliche Ordnung bekunden;[72]
b) als Methode der **Rekrutierung** und Verwendung von Arbeitskräften für Zwecke der wirtschaftlichen Entwicklung;[73]
c) als Maßnahme der **Arbeitsdisziplin**;[74]
d) als Strafe für die Teilnahme an **Streiks**;[75]

44

---

70 Siehe dazu auch General Survey 2007 S. 39 ff.
71 BT-Drs. 19/28649, 36.
72 Siehe dazu im Einzelnen General Survey 2007 S. 81 ff.
73 Siehe dazu im Einzelnen General Survey 2007 S. 91 ff.
74 Siehe dazu im Einzelnen General Survey 2007 S. 93 ff.
75 Siehe dazu im Einzelnen General Survey 2007 S. 99 ff.

e) als Maßnahme rassischer, sozialer, nationaler oder religiöser Diskriminierung.[76]

45 Nicht als Zwangs- oder Pflichtarbeit gelten nach **Art. 2 Abs. 2 ILO 29**

a) jede Arbeit oder Dienstleistung aufgrund der Gesetze über die **Militärdienstpflicht**, soweit diese Arbeit oder Dienstleistung rein militärischen Zwecken dient;[77]
b) jede Arbeit oder Dienstleistung, die zu den **üblichen Bürgerpflichten** der Bürger eines Landes mit voller Selbstregierung gehört;[78]
c) jede Arbeit oder Dienstleistung, die von einer Person aufgrund einer **gerichtlichen Verurteilung** verlangt wird, jedoch unter der Bedingung, dass diese Arbeit oder Dienstleistung unter Überwachung und Aufsicht der öffentlichen Behörden ausgeführt wird und dass der Verurteilte nicht an Einzelpersonen oder private Gesellschaften und Vereinigungen verdingt oder ihnen sonst zur Verfügung gestellt wird;[79]
d) jede Arbeit oder Dienstleistung in Fällen **höherer Gewalt**, nämlich im Falle von Krieg, oder wenn Unglücksfälle eingetreten sind oder drohen, wie Feuersbrunst, Überschwemmung, Hungersnot, Erdbeben, verheerende Menschen- und Viehseuchen, plötzliches Auftreten von wilden Tieren, Insekten- oder Pflanzenplagen, und überhaupt in allen Fällen, in denen das Leben oder die Wohlfahrt der Gesamtheit oder eines Teiles der Bevölkerung bedroht ist;[80]
e) **kleinere Gemeindearbeiten**, die unmittelbar dem Wohle der Gemeinschaft dienen, durch ihre Mitglieder ausgeführt werden und daher zu den üblichen Bürgerpflichten der Mitglieder der Gemeinschaft gerechnet werden können, unter der Voraussetzung, dass die Bevölkerung oder ihre unmittelbaren Vertreter berechtigt sind, sich über die Notwendigkeit der Arbeiten zu äußern.[81]

46 Ähnliches ergibt sich aus **Art. 8 Abs. 3 lit. b und c IPBPR**. Hiernach ist das Verbot der Zwangs- oder Pflichtarbeit nicht so auszulegen, dass es in Staaten, in denen bestimmte Straftaten mit einem **mit Zwangsarbeit verbundenen Freiheitsentzug** geahndet werden können, die Leistung von Zwangsarbeit aufgrund einer Verurteilung durch ein zuständiges Gericht ausschließt (lit. b). Nicht als Zwangs- oder Pflichtarbeit gilt

i) jede nicht unter lit. b genannte Arbeit oder Dienstleistung, die normalerweise von einer Person verlangt wird, der aufgrund einer **rechtmäßigen Gerichtsentscheidung** die Freiheit entzogen oder die aus einem solchen Freiheitsentzug bedingt entlassen worden ist;
ii) jede **Dienstleistung militärischer Art** sowie in Staaten, in denen die Wehrdienstverweigerung aus Gewissensgründen anerkannt wird, je-

---

76 Siehe dazu im Einzelnen General Survey 2007 S. 108 ff.
77 Dazu im Einzelnen General Survey 2007 S. 22 ff.
78 Dazu im Einzelnen General Survey 2007 S. 24.
79 Dazu im Einzelnen General Survey 2007 S. 24 ff.
80 Dazu im Einzelnen General Survey 2007 S. 32 f.
81 Dazu im Einzelnen General Survey 2007 S. 33 f.

de für Wehrdienstverweigerer gesetzlich vorgeschriebene nationale Dienstleistung;
iii) jede Dienstleistung im Falle von **Notständen oder Katastrophen**, die das Leben oder das Wohl der Gemeinschaft bedrohen;
iv) jede Arbeit oder Dienstleistung, die zu den **normalen Bürgerpflichten** gehört.

Art. 7 des Protokolls von 2014 sieht die **Streichung** von Art. 1 Abs. 2 und 3 sowie Art. 3 bis 24 ILO 29 vor, welche es den Vertragsstaaten ermöglichten, **übergangsweise** bestimmte Arten von Zwangs- und Pflichtarbeit zu erlauben. Das Protokoll von 2014 wurde zwar bislang (Stand 2022) erst von 59 Staaten ratifiziert (→ Rn. 40). Dies ist für die Zwecke des § 2 Abs. 2 Nr. 3 aber unbeachtlich, weil nach dem ausdrücklichen Wortlaut ausschließlich die Ausnahmen vom Verbot der Zwangs- und Pflichtarbeit gelten, die sich aus Art. 2 Abs. 2 ILO 29 und Art. 8 lit. b und c IPBPR ergeben. 47

Das Protokoll von 2014 regelt darüber hinaus eine Reihe **positiver Handlungspflichten** der Vertragsstaaten. Sie müssen insbesondere wirksame Maßnahmen ergreifen, um Zwangs- oder Pflichtarbeit zu verhindern und zu beseitigen, um den Opfern Schutz und Zugang zu geeigneten und wirksamen Rechtsbehelfen und Abhilfemaßnahmen, wie zum Beispiel Entschädigung, zu gewährleisten und um die für Zwangs- oder Pflichtarbeit Verantwortlichen zu bestrafen (Art. 1 Abs. 1 Protokoll 2014); dazu gehört die Entwicklung eines innerstaatlichen Aktionsplans zur wirksamen und dauerhaften Beseitigung von Zwangs- oder Pflichtarbeit (Art. 1 Abs. 2 Protokoll 2014). Die Pflichten sind in Art. 2 bis 4 des Protokolls im Einzelnen aufgeführt. Die Nichtumsetzung dieser Verpflichtungen in einem Vertragsstaat bzw. die Nicht-Ratifizierung des Protokolls von 2014 kommt daher als Indikator für eine erhöhte Wahrscheinlichkeit eines menschenrechtlichen Risikos in Betracht. 48

Im Vorschlag der Europäischen Kommission für eine **Sorgfaltspflichten-Richtlinie** ist in der Anlage Teil I Nr. 12 ein mit § 2 Abs. 2 Nr. 3 übereinstimmendes Verbot vorgesehen: „Verstoß gegen das Verbot der Zwangsarbeit; dies umfasst jede Art von Arbeit oder Dienstleistung, die von einer Person unter Androhung einer Strafe verlangt wird und für die sie sich nicht freiwillig zur Verfügung gestellt hat, beispielsweise infolge von Schuldknechtschaft oder Menschenhandel. Von Zwangsarbeit ausgeschlossen sind Arbeiten oder Dienstleistungen, die im Einklang mit Artikel 2 Absatz 2 des Übereinkommens der Internationalen Arbeitsorganisation über Zwangs- oder Pflichtarbeit von 1930 (Nr. 29) oder mit Artikel 8 Absatz 3 Buchstaben b und c des Internationalen Pakts über bürgerliche und politische Rechte stehen". 49

d) Sklaverei (Nr. 4)

Als menschenrechtliches Risiko gilt nach Nr. 4 ein drohender Verstoß gegen das Verbot aller Formen der **Sklaverei, sklavereiähnlicher Praktiken, Leibeigenschaft** oder **anderer Formen** von **Herrschaftsausübung** oder 50

Unterdrückung im Umfeld der Arbeitsstätte, etwa durch extreme wirtschaftliche oder sexuelle Ausbeutung und Erniedrigungen. Die Regierungsbegründung verweist insoweit auf Art. 8 Abs. 1 und 2 IPBPR und mit Blick auf Personen unter 18 Jahren auf Art. 3 lit. a ILO 182 (→ Rn. 33).[82] In Art. 8 Abs. 1 und 2 IPBPR ist geregelt, dass niemand in Sklaverei oder Leibeigenschaft gehalten werden darf; Sklaverei und Sklavenhandel in allen ihren Formen sind verboten. Art. 3 lit. a ILO 182 verbietet ebenfalls alle Formen der Sklaverei und alle sklavereiähnlichen Praktiken, „wie den Verkauf von Kindern und den Kinderhandel, Schuldknechtschaft und Leibeigenschaft sowie Zwangs- oder Pflichtarbeit, einschließlich der Zwangs- oder Pflichtrekrutierung von Kindern für den Einsatz in bewaffneten Konflikten" (→ Rn. 33).

51 **Sklaverei** ist die Rechtsstellung oder die Lage einer Person, an der einzelne oder alle mit dem Eigentumsrecht verbundenen Befugnisse ausgeübt werden (Art. 1 Nr. 1 des Übereinkommens über die Sklaverei vom 25.9.1926 idF vom 7.12.1953, BGBl. 1972 II 1474).[83]

52 Die **Leibeigenschaft** gehört zu den sklavereiähnlichen Praktiken und ist definiert als die Lage oder Rechtsstellung eines Pächters, der durch Gesetz, Gewohnheitsrecht oder Vereinbarung verpflichtet ist, auf einem einer anderen Person gehörenden Grundstück zu leben und zu arbeiten und dieser Person bestimmte entgeltliche oder unentgeltliche Dienste zu leisten, ohne seine Rechtsstellung selbstständig ändern zu können (Art. 1 lit. b des Zusatzabkommens über die Abschaffung der Sklaverei, des Sklavenhandels und sklavereiähnlicher Einrichtungen und Praktiken vom 7.9.1956, BGBl. 1958 II 203).[84]

53 Als weitere **sklavereiähnliche Praktiken** definieren Art. 1 lit. c und d des Zusatzabkommens über die Abschaffung der Sklaverei, des Sklavenhandels und sklavereiähnlicher Einrichtungen und Praktiken vom 7.9.1956 (BGBl. 1958 II 203) Einrichtungen oder Praktiken, durch die

- eine Frau, ohne ein Weigerungsrecht zu besitzen, gegen eine an ihre Eltern, ihren Vormund, ihre Familie oder eine andere Person oder Gruppe gegebene Geld- oder Naturalleistung zur Ehe versprochen oder verheiratet wird,
- der Ehemann einer Frau, seine Familie oder seine Sippe berechtigt ist, sie gegen Entgelt oder in anderer Weise an eine andere Person abzutreten,
- eine Frau beim Tode ihres Ehemanns zwangsläufig an eine andere Person vererbt wird,
- durch die ein Kind oder ein Jugendlicher unter 18 Jahren von seinen natürlichen Eltern oder einem Elternteil oder seinem Vormund ent-

---

[82] BT-Drs. 19/28649, 36. Zum Ratifikationsstand dieser Abkommen → Rn. 40.
[83] Siehe dazu auch Humbert Child Labour S. 36 ff., 54; Schilling Int. Menschenrechtsschutz Rn. 235.
[84] Siehe dazu auch Humbert Child Labour S. 54 ff.; Schilling Int. Menschenrechtsschutz Rn. 235; Taylor, A Commentary to the International Covenant on Civil and Political Rights, 2020, S. 226 ff.

geltlich oder unentgeltlich einer anderen Person übergeben wird, in der Absicht, das Kind oder den Jugendlichen oder seine Arbeitskraft auszunutzen.[85]

Sklavereiähnliche Praktiken werden ferner in Art. 3 lit. a ILO 182 definiert (→ Rn. 33).

Die in § 2 Abs. 2 Nr. 4 genannten **anderen Formen** von **Herrschaftsausübung** oder **Unterdrückung** im Umfeld der Arbeitsstätte haben kein konkretes Formulierungsvorbild im Völkerrecht.[86] Die „extreme wirtschaftliche oder sexuelle Ausbeutung und Erniedrigung" ist nach der Regierungsbegründung als **Beispiel** hierfür zu verstehen.[87] Das Verbot kann als Auffangklausel zur Vermeidung von Schutzlücken verstanden werden.[88] Aus dem Regelungszusammenhang mit den anderen in Nr. 4 verankerten Verboten folgt aber, dass nur das Drohen solcher anderen Formen von Herrschaftsausübung und Unterdrückung ein menschenrechtliches Risiko begründen kann, die in ihrer Eingriffstiefe und Schwere mit Sklaverei und sklavereiähnlichen Praktiken vergleichbar sind.[89] 54

Im Vorschlag der Europäischen Kommission für eine **Sorgfaltspflichten-Richtlinie** ist in der Anlage Teil I Nr. 13 ein mit § 2 Abs. 2 Nr. 4 übereinstimmendes Verbot vorgesehen: „Verstoß gegen das Verbot aller Formen der Sklaverei, sklavereiähnlicher Praktiken, Leibeigenschaft oder anderer Formen der Beherrschung oder Unterdrückung am Arbeitsplatz, wie extreme wirtschaftliche oder sexuelle Ausbeutung und Erniedrigung, gemäß Artikel 4 der Allgemeinen Erklärung der Menschenrechte und Artikel 8 des Internationalen Pakts über bürgerliche und politische Rechte". 55

e) Arbeitsschutz (Nr. 5)
aa) Allgemeines

Gemäß Nr. 5 begründet ein drohender Verstoß gegen das Verbot, die nach dem Recht des Beschäftigungsortes geltenden Pflichten des Arbeitsschutzes zu missachten, ein menschenrechtliches Risiko. Die Regelung wurde aufgenommen, weil die **Missachtung der Pflichten des Arbeitsschutzes** das Risiko arbeitsbedingter Unfälle und Gesundheitsgefahren berge, die in der Folge bei einem Betroffenen Gesundheitsschäden oder den Tod herbeiführen könnten. Die Regelung diene deshalb dem Recht auf Leben aus Art. 6 Abs. 1 IPBPR sowie dem Recht auf Gesundheit aus Art. 12 IPWSKR und der Verwirklichung sicherer und gesunder Arbeitsbedingungen in Sinne des Art. 7 lit. b IPWSKR.[90] 56

Welche arbeitsschutzrechtlichen Pflichten nach Nr. 5 zu achten sind, richtet sich nach dem „**Recht des Beschäftigungsortes**".[91] Das dürfte re- 57

---
85 Siehe dazu Humbert Child Labour S. 39 ff.
86 Vgl. Grabosch LkSG/Schönfelder § 4 Rn. 30.
87 BT-Drs. 19/28649, 36.
88 Vgl. Grabosch LkSG/Schönfelder § 4 Rn. 30.
89 So auch Grabosch LkSG/Schönfelder § 4 Rn. 30.
90 BT-Drs. 19/28649, 36.
91 Siehe auch Sagan/Schmidt NZA-RR 2022, 281 (285).

gelmäßig der Ort sein, an dem die arbeitsvertragliche Leistung durch den Beschäftigten tatsächlich erbracht wird. Nach welchem Recht die privatrechtlichen Beziehungen zwischen Beschäftigtem und Arbeitgeber begründet wurden, dürfte hingegen regelmäßig unerheblich sein.

58 Durch den Verstoß müssen die Gefahr von Unfällen bei der Arbeit oder arbeitsbedingte Gesundheitsgefahren entstehen. Wann anzunehmen ist, dass solche **Gefahren** vorliegen, wird nicht konkretisiert. Es dürfte möglich sein, sich hierfür an der Dogmatik des allgemeinen Gefahrenabwehrrechts zu orientieren – wobei allerdings die Besonderheiten des LkSG zu berücksichtigen sind. Das LkSG hat vorsorgende/vorbeugende Funktion und soll dazu beitragen, das Risiko einer menschenrechts- oder umweltbezogenen Verletzung zu minimieren. Mit dieser Funktion wäre es wohl nicht vereinbar, eine Gefahr im Sinne von Nr. 5 nur dann anzunehmen, wenn sie – in Anlehnung an die gefahrenabwehrrechtliche Terminologie – schon konkret vorliegt, dh im Einzelfall zu erwarten ist, dass bei ungehindertem Geschehensablauf mit hinreichender Wahrscheinlichkeit ein Schaden an den rechtlich geschützten Schutzgütern eintreten wird.[92] Vielmehr dürfte es genügen, wenn die Missachtung der arbeitsschutzrechtlichen Pflichten zur einer **abstrakten Gefahr** führt. Das ist der Fall, wenn eine generell-abstrakte Betrachtung für bestimmte denkbare Verhaltensweisen oder Zustände zu dem Ergebnis führt, dass mit hinreichender Wahrscheinlichkeit ein Schaden einzutreten pflegt.[93] Folgt man dem, ist allerdings auch klar, dass dieses einschränkende Tatbestandsmerkmal erheblich an Bedeutung verliert. Weil Maßnahmen des Arbeitsschutzes (stets) der Verhütung von Unfällen bei der Arbeit und arbeitsbedingten Gesundheitsgefahren dienen (vgl. § 2 Abs. 1 ArbSchG), liegt es nahe, bei deren Nichtbeachtung regelmäßig das Vorliegen einer abstrakten Gefahr anzunehmen.

59 Die Tatbestandsmerkmale „**Unfälle bei der Arbeit**" und „**arbeitsbedingte Gesundheitsgefahren**" sind § 2 Abs. 1 ArbSchG entnommen. Es gilt das hierzu Gesagte (→ Rn. 58).

bb) Regelbeispiele

60 Welche Umstände insbesondere zu Gefahren führen können, wird in Nr. 5 lit. a bis d in **Regelbeispielen** aufgezählt. Die Liste ist **nicht abschließend**.

61 ■ **Sicherheitsstandards (lit. a)**
Eine Gefahr kann zunächst entstehen, wenn Sicherheitsstandards im Betrieb bei der Bereitstellung und der Instandhaltung der Arbeitsstätte, des Arbeitsplatzes und der Arbeitsmittel offensichtlich nicht genügen (um evtl. auftretenden Gefahren vorzubeugen).
Der Gesetzgeber verwendet in diesem Regelbeispiel einige im deutschen Arbeitsschutzrecht geläufige Begriffe. Die **Arbeitsstätte** wird in

---

[92] Schmidbauer/Steiner/Schmidbauer PAG Art. 11 Rn. 15.
[93] Schmidbauer/Steiner/Schmidbauer PAG Art. 11 Rn. 73.

§ 2 Abs. 1 und 2 ArbStättV definiert, der **Arbeitsplatz** in § 2 Abs. 4 ArbStättV. Der Begriff des **Arbeitsmittels** ist in § 2 Abs. 1 BetrSichV näher bestimmt. Obwohl dieses deutsche Arbeitsschutzrecht im Ausland nicht maßgebend ist, dürfte es zumindest zur Konkretisierung des LkSG möglich sein, sich an diesen Begriffen zu orientieren.

Der Gesetzgeber hatte bei der Schaffung des Regelbeispiels allen voran von Gebäuden ausgehende **Brandgefahren** sowie Risiken im Blick, die sich aus dem Fehlen von **Fluchtwegen** und Notausgängen ergeben.[94] Typisch sind zB auch durch **Baumängel** von der Arbeitsstätte ausgehende Gesundheitsrisiken.

Nach Ansicht des Gesetzgebers kann lit. a zudem erfüllt sein, wenn die Arbeiter bei der Tätigkeit **Gefahrenstoffen** ausgesetzt sind, welche die Gesundheit schädigen können. Ein Anwendungsbeispiel sei etwa das Risiko, das sich bei landwirtschaftlichen Tätigkeiten aus **Pestizidvergiftungen** ergeben kann.[95] Einschlägig dürfte für diesen Fall allerdings der speziellere lit. b sei.

Dass die eingeführten Sicherheitsstandards nicht genügen, muss **offensichtlich** sein. Es muss also für den durchschnittlichen Beobachter selbst ohne eingehende Prüfung deutlich (augenfällig, eklatant)[96] erkennbar sein, dass die Sicherheitsstandards im Betrieb nicht erfüllt werden.

Die Bewertung, ob die Sicherheitsstandards (offensichtlich) eingehalten wurden, hat anhand eines **ganzheitlichen Ansatzes** zu erfolgen. Es sind also auch Risiken zu berücksichtigen, die sich (erst) aus dem Zusammenhang zwischen Arbeitsplatz, Arbeitsmittel und Arbeitsverfahren ergeben können.[97]

■ **Schutzmaßnahmen vor Einwirkungen durch Stoffe (lit. b)** 62

Nach lit. b kann eine Gefahr insbesondere auch durch das (vollständige) Fehlen geeigneter Schutzmaßnahmen verwirklicht sein, mit denen (negative) Einwirkungen durch chemische, physikalische oder biologische Stoffe vermieden werden. Derartige Einwirkungen sind allen voran dann zu erwarten, wenn die Betroffenen mit den Stoffen in **direkten Kontakt** oder mittelbar zB über einen kontaminierten Boden, die Luft oder das Wasser in **mittelbaren Kontakt** kommen (können).[98]

Physikalische Einwirkungen können im Rahmen der betrieblichen Tätigkeit etwa bei Unfällen mit unsicheren Maschinen, bei extremen Temperaturen, einem Brand oder der Detonation explosiver Materialien, bei elektrischer Gefährdung und durch Strahlung zu erwarten sein. **Chemische Einwirkungen** können etwa durch Gase in der Raumluft hervorgerufen werden. Durch Kontakt mit Bakterien, Vi-

---

94 BT-Drs. 19/28649, 36.
95 BT-Drs. 19/28649, 36.
96 Zu diesen Synonymen vgl. https://www.duden.de/rechtschreibung/offensichtlich_a nscheinend.
97 BT-Drs. 19/28649, 36.
98 BT-Drs. 19/28649, 37.

ren oder Pilzen kann für die Beschäftigten die Gefahr einer **biologischen Einwirkung** bestehen.[99]

63 ■ **Schutz vor Ermüdung (lit. c)**
Nach lit. c kann eine Gefahr auch durch das (vollständige) Fehlen von Maßnahmen zur Verhinderung übermäßiger **körperlicher und geistiger Ermüdung**, insbesondere durch eine ungeeignete Arbeitsorganisation in Bezug auf Arbeitszeiten und Ruhepausen entstehen. Exzessive Überstunden sowie fehlende Mindestpausenregelungen und Arbeitszeitbegrenzungen sind nach Ansicht des Gesetzgebers zum Beispiel teilweise im Textilsektor vorzufinden. Das Verbot dient nach seinem Dafürhalten auch dem in Art. 7 lit. d IPWSKR verankerten Schutz des Rechts auf Arbeitspausen, Freizeit und eine angemessene Begrenzung der Arbeitszeit.[100]

64 ■ **Ausbildung und Unterweisung (lit. d)**
Nach lit. d können schließlich Gefahren insbesondere durch die ungenügende **Ausbildung und Unterweisung** von Beschäftigten entstehen. Die Ausbildung und Unterweisung ist in der Regel **ungenügend**, wenn Beschäftigte eine den Anforderungen der Tätigkeit entsprechende Ausbildung nicht besitzen oder eine geeignete Unterweisung über die konkreten Gefährdungen des Arbeitsplatzes oder des Aufgabenbereiches sowie über geeignete Gegen- und Notfallmaßnahmen nicht erhalten haben. Maßgebend ist nach Ansicht des Gesetzgebers dabei nicht allein der Zeitpunkt der Einstellung. So könne etwa eine erneute Unterweisung erforderlich sein, wenn im Betrieb neue Arbeitsmittel eingeführt oder die Beschäftigten neuen Aufgabenbereichen zugeteilt werden. Sofern dies im Hinblick auf die von der Arbeitstätigkeit ausgehenden Gefahren erforderlich sei, müssten Unterweisungen also regelmäßig wiederholt werden.[101] Das sind allerdings Aspekte, die sich aus dem einschlägigen nationalen Recht ergeben. Im Vorschlag der Europäischen Kommission für eine **Sorgfaltspflichten-Richtlinie** findet sich in der Anlage Teil I kein § 2 Abs. 2 Nr. 5 entsprechendes Verbot.

f) Koalitionsfreiheit (Nr. 6)

65 Nach Nr. 6 begründet ein drohender Verstoß gegen das Verbot der Missachtung der **Koalitionsfreiheit** ein menschenrechtliches Risiko. Die Regelung dient dazu, Art. 22 IPBPR sowie die ILO-Übereinkommen Nr. 87 und Nr. 98 zur Geltung zu bringen.[102] Nach der Regierungsbegründung könne sich Unternehmensverhalten „unmittelbar negativ auf das Recht ausüben, Gewerkschaften oder andere Mitarbeitenden-Vertretungen zu bilden. Dies kann beispielsweise dann von besonderer Bedeutung sein, wenn ein Unternehmen in Ländern aktiv ist, in denen Gewerkschaften

---

99 BT-Drs. 19/28649, 37.
100 BT-Drs. 19/28649, 37.
101 BT-Drs. 19/28649, 37.
102 BT-Drs. 19/28649, 37.

verboten sind. Generell müssen alle Unternehmen innerhalb ihres Geschäftsbereiches darauf achten, Vereinigungen oder andere Gruppen in ihrer Gründung und ihren Aktivitäten nicht durch ihr unternehmerisches Handeln zu behindern […]".[103]

Die Koalitionsfreiheit beinhaltet nach der **Legaldefinition** des § 2 Abs. 2 Nr. 6   66

- das Recht der Arbeitnehmer, sich frei zu **Gewerkschaften** zusammenzuschließen oder diesen beizutreten (lit. a),
- das Verbot, die Gründung, den Beitritt zu und die Mitgliedschaft in einer Gewerkschaft als Grund für ungerechtfertigte **Diskriminierungen** oder **Vergeltungsmaßnahmen** zu nutzen (lit. b),
- das Recht der Gewerkschaften, sich frei und in Übereinstimmung mit dem Recht des Beschäftigungsortes **betätigen** zu dürfen; dieses umfasst das **Streikrecht** und das Recht auf **Kollektivverhandlungen** (lit. c).

Der **persönliche Anwendungsbereich** des in Nr. 6 formulierten Verbots ist damit **enger** als jener der vom Gesetzgeber in Bezug genommenen völkerrechtlichen Regelungen. Nach Art. 22 Abs. 1 IPBPR hat „jedermann" das Recht, sich frei mit anderen zusammenzuschließen sowie zum Schutz seiner Interessen Gewerkschaften zu bilden und ihnen beizutreten. Auch die ILO-Übereinkommen Nr. 87 und Nr. 98 schützen jeweils nicht nur die Interessen der Arbeitnehmer, sondern auch die der Arbeitgeber.[104] Die Koalitionsfreiheit gem. Art. 8 IPWSKR bezieht sich demgegenüber nur auf Gewerkschaften.   67

Der Schutz vor **Diskriminierungen** und **Vergeltungsmaßnahmen** wegen des Beitritts und der Mitgliedschaft in einer Gewerkschaft hat seinen Ursprung in Art. 1 ILO 98. Hiernach sind die Arbeitnehmer vor jeder gegen die Vereinigungsfreiheit gerichteten unterschiedlichen Behandlung, die mit ihrer Beschäftigung in Zusammenhang steht, angemessen zu schützen (Abs. 1). Dieser Schutz ist insbesondere gegenüber Handlungen zu gewähren, die darauf gerichtet sind,   68

- die **Beschäftigung** eines Arbeitnehmers davon abhängig zu machen, dass er keiner Gewerkschaft beitritt oder aus einer Gewerkschaft austritt (Art. 1 Abs. 2 lit. a ILO 98),
- einen Arbeitnehmer zu **entlassen** oder auf **sonstige Weise zu benachteiligen**, weil er einer Gewerkschaft angehört oder weil er sich außerhalb der Arbeitszeit oder mit Zustimmung des Arbeitgebers während der Arbeitszeit gewerkschaftlich betätigt (Art. 1 Abs. 2 lit. b ILO 98).

Zur Bestimmung des Gehalts der in Nr. 6 geschützten **Betätigungsfreiheit** kann auf das ILO-Übereinkommen Nr. 87 zurückgegriffen werden. Hiernach haben die Arbeitnehmer ohne jeden Unterschied das Recht, ohne vorherige Genehmigung Organisationen nach eigener Wahl zu **bilden**   69

---

103 BT-Drs. 19/28649, 37.
104 Vgl. Art. 2 bis 8 ILO 87; Art. 2 und 4 ILO 98.

und solchen Organisationen **beizutreten**, wobei lediglich die Bedingung gilt, dass sie deren Satzungen einhalten (Art. 2 ILO 87). Die Organisationen der Arbeitnehmer haben das Recht, sich **Satzungen** und **Geschäftsordnungen** zu geben, ihre **Vertreter** frei zu wählen, ihre **Geschäftsführung und Tätigkeit** zu regeln und ihr **Programm** aufzustellen (Art. 3 Abs. 1 ILO 87). Die Behörden haben sich jedes Eingriffes zu enthalten, der geeignet wäre, dieses Recht zu beschränken oder dessen rechtmäßige Ausübung zu behindern (Art. 3 Abs. 2 ILO 87). Die Organisationen dürfen im Verwaltungswege weder **aufgelöst** noch zeitweilig eingestellt werden (Art. 4 ILO 87). Sie sind berechtigt, **Verbände** und **Zentralverbände** zu bilden und sich solchen anzuschließen; die Organisationen, Verbände und Zentralverbände haben wiederum das Recht, sich **internationalen Organisationen** anzuschließen (Art. 5 ILO 87). Geschützt ist auch der Erwerb der Rechtspersönlichkeit (Art. 8 ILO 87). Die Betätigungsfreiheit ist ferner auch gem. **Art. 8 lit. b und c IPWSKR** geschützt.

70 Das **Streikrecht** ist in den ILO-Übereinkommen Nr. 87 und Nr. 98 nicht ausdrücklich geschützt. Ob es gleichwohl Bestandteil der durch die ILO-Übereinkommen geschützten Koalitionsfreiheit ist,[105] bedarf keiner Beantwortung, da die Legaldefinition der Nr. 6 das Streikrecht ausdrücklich anerkennt („dies umfasst"). Dies steht auch im Einklang mit Art. 8 Abs. 1 lit. d IPWSKR, nach dem das Streikrecht ebenfalls als Teil der Koalitionsfreiheit geschützt ist. Der Schutz des Streikrechts dürfte daher auch nicht davon abhängen, ob das in lit. c in Bezug genommene Recht des Beschäftigungsorts das Streikrecht als solches anerkennt.[106] Die Bezugnahme ist vielmehr so zu verstehen, dass die **Ausübung** des Streikrechts in Übereinstimmung dem Recht des Beschäftigungsortes erfolgen muss (zu den Schranken der Koalitionsfreiheit → Rn. 72). Würde lit. c so verstanden, dass das Bestehen eines Streikrechts als solches von der innerstaatlichen Gesetzgebung abhängt, wäre die gesetzliche Hervorhebung des Streikrechts als Bestandteil der Koalitionsfreiheit überflüssig.

71 Das Recht auf **Kollektivverhandlungen** ist in Art. 4 ILO 98 anerkannt. Arbeitgeber- und Arbeitnehmerorganisationen müssen hiernach freiwillig und autonom über den Abschluss von Gesamtarbeitsverträgen zur Regelung der Lohn- und Arbeitsbedingungen verhandeln können; Einmischungen von außen, welche die Aufhebung oder inhaltliche Modifizierung solcher Vereinbarungen bewirken, sind damit unvereinbar.[107]

72 Die Koalitionsfreiheit ist **nicht schrankenlos**. Nach Art. 22 Abs. 2 IPBPR darf die Ausübung dieses Rechts aber keinen anderen als den gesetzlich vorgesehenen Einschränkungen unterworfen werden, die in einer demokratischen Gesellschaft im Interesse der nationalen oder der öffentlichen Sicherheit, der öffentlichen Ordnung (ordre public), zum Schutz der Volksgesundheit, der öffentlichen Sittlichkeit oder zum Schutz der Rech-

---

105 Siehe dazu Servais, International Labour Law, 6. Aufl. 2020, Rn. 286; General Survey 2012 S. 46 ff.; General Survey 2007 S. 99 ff.
106 AA wohl Spindler ZHR 186 (2022), 67 (78).
107 Vgl. General Survey 2012 S. 82.

te und Freiheiten anderer notwendig sind.[108] Ähnliches ergibt sich auch aus Art. 8 ILO 87, der klarstellt, dass Arbeitnehmer sich gleich anderen Personen und organisierten Gemeinschaften bei der Ausübung der ihnen durch das Übereinkommen zuerkannten Rechte an die Gesetze zu halten haben. Des Weiteren sind grundsätzlich Sonderregelungen für die Angehörigen von **Streitkräften, Polizei** und **öffentlicher Verwaltung** zulässig.[109]

Im Vorschlag der Europäischen Kommission für eine **Sorgfaltspflichten-Richtlinie** ist in der Anlage Teil I Nr. 15 ein mit § 2 Abs. 2 Nr. 6 vergleichbares Verbot vorgesehen:

73

„Verstoß gegen das Recht auf Vereinigungsfreiheit, Versammlungsfreiheit, das Vereinigungsrecht und das Recht zu Tarifverhandlungen gemäß Artikel 20 der Allgemeinen Erklärung der Menschenrechte, gemäß den Artikeln 21 und 22 des Internationalen Pakts über bürgerliche und politische Rechte, gemäß Artikel 8 des Internationalen Pakts über wirtschaftliche, soziale und kulturelle Rechte, gemäß dem Übereinkommen der Internationalen Arbeitsorganisation über die Vereinigungsfreiheit und den Schutz des Vereinigungsrechts von 1948 (Nr. 87) und gemäß dem Übereinkommen der Internationalen Arbeitsorganisation über die Anwendung der Grundsätze des Vereinigungsrechtes und des Rechtes zu Kollektivverhandlungen von 1949 (Nr. 98), einschließlich der folgenden Rechte: a) Arbeitnehmern steht es frei, Gewerkschaften zu gründen oder ihnen beizutreten, b) die Gründung, der Beitritt zu und die Mitgliedschaft in einer Gewerkschaft dürfen nicht als Grund für ungerechtfertigte Diskriminierung oder Vergeltungsmaßnahmen herangezogen werden, c) Arbeitnehmerorganisationen steht es frei, im Einklang mit ihren Verfassungen und Regeln ohne Einmischung der Behörden tätig zu werden, d) das Streikrecht und das Recht auf Kollektivverhandlungen".

g) Ungleichbehandlung in Beschäftigung (Nr. 7)

Als menschenrechtliches Risiko gilt nach Nr. 7 ein drohender Verstoß gegen das Verbot der **Ungleichbehandlung in Beschäftigung**; dieses umfasst insbesondere auch die Zahlung eines ungleichen **Entgelts** für gleichwertige Arbeit. Nach der Regierungsbegründung ist Grundlage des in Nr. 7 enthaltenden Diskriminierungsverbots das allgemeine Diskriminierungsverbot aus Art. 2 Abs. 1 IPBPR/Art. 2 Abs. 2 IPWSKR sowie das ILO-Übereinkommen Nr. 111.[110] Das besondere Diskriminierungsverbot hinsichtlich des Entgelts beruhe auf Art. 7 lit. a Ziff. i IPWSKR sowie ILO-Übereinkommen Nr. 100.[111] Das ILO-Übereinkommen Nr. 111 wurde

74

---

108 Siehe auch die entsprechende Regelung in Art. 8 Abs. 1 lit. a S. 2 IPWSKR.
109 Art. 22 Abs. 2 S. 2 IPBPR; Art. 8 Abs. 2 IPWSKR; Art. 9 ILO 87; Art. 5 und 6 ILO 98.
110 BT-Drs. 19/28649, 37.
111 BT-Drs. 19/28649, 38.

(Stand 2022) von 175 Staaten ratifiziert,[112] das ILO-Übereinkommen Nr. 100 von 174.[113]

75 Wie sich aus der Verwendung des Wortes „etwa" ergibt, ist der in Nr. 7 enthaltene Katalog verbotener Diskriminierungsgründe **nicht abschließend**. Er ist zudem nicht deckungsgleich mit den Katalogen in den völkerrechtlichen Übereinkommen:

§ 2 Abs. 2 Nr. 7 LkSG	Art. 2 Abs. 1 IPBPR[114]	Art. 2 Abs. 2 IPWSKR[115]	Art. 1 Abs. 1 lit. a ILO 111[116]
Nationale Abstammung	Nationale Herkunft	Nationale Herkunft	Nationale Abstammung
Ethnische Abstammung	Rasse, Hautfarbe	Rasse, Hautfarbe	Rasse, Hautfarbe
Soziale Herkunft	Soziale Herkunft	Soziale Herkunft	Soziale Herkunft
Gesundheitsstatus	–	–	–
Behinderung	–	–	–
Sexuelle Orientierung	–	–	–
Alter	–	–	–
Geschlecht	Geschlecht	Geschlecht	Geschlecht
Politische Meinung	Politische Anschauung	Politische Anschauung	Politische Meinung
Religion	Religion	Religion	Glaubensbekenntnis
Weltanschauung	–	–	–
–	Sprache	Sprache	–

---

112 Siehe https://www.ilo.org/dyn/normlex/en/f?p=1000:11300:0::NO:11300:P11300_INSTRUMENT_ID:312256. Nicht dazu gehören aber ua Japan, Myanmar und die Vereinigten Staaten von Amerika.
113 Siehe https://www.ilo.org/dyn/normlex/en/f?p=1000:11300:0::NO:11300:P11300_INSTRUMENT_ID:312245. Nicht dazu gehören ua Myanmar und die Vereinigten Staaten von Amerika.
114 Siehe dazu Human Rights Committee, General Comment No. 18 (1989): Non discrimination, UN Doc. HRI/GEN/1/Rev.6, S. 146; Schabas, Nowak's CCPR Commentary, 3. Aufl. 2019, CCPR Art. 2 Rn. 48 ff.
115 Siehe dazu Committee on Economic, Social and Cultural Rights, General Comment No. 20 (2009): Non-discrimination in economic, social and cultural rights (art. 2, para. 2, of the International Covenant on Economic, Social and Cultural Rights), UN Doc. E/C.12/GC/20.
116 Siehe dazu General Observation (CEACR) – adopted 2018, published 108th ILC session (2019), abrufbar unter https://www.ilo.org/dyn/normlex/en/f?p=1000:13100:0::NO:13100:P13100_COMMENT_ID,P11110_COUNTRY_ID,P11110_COUNTRY_NAME,P11110_COMMENT_YEAR:3996050,,,2018; Saul/Kinley/Mowbray, The International Covenant on Economic, Social and Cultural Rights – Commentary, Cases and Materials, 2016, S. 173 ff.

§ 2 Abs. 2 Nr. 7 LkSG	Art. 2 Abs. 1 IPBPR	Art. 2 Abs. 2 IPWSKR	Art. 1 Abs. 1 lit. a ILO 111
–	Sonstige Anschauung	Sonstige Anschauung	–
–	Vermögen	Vermögen	–
–	Geburt	Geburt	–
–	Sonstiger Status	Sonstiger Status	–

In Anbetracht des nicht abschließenden Charakters des Katalogs in Nr. 7 haben diese Abweichungen allerdings keine wesentliche Bedeutung. Eine Auslegung des § 2 Abs. 2 Nr. 7 im Lichte der Übereinkommen führt vielmehr dazu, dass insbesondere ein drohender Verstoß gegen eines der in den Übereinkommen zusätzlich aufgeführten Diskriminierungsverbote ebenfalls ein menschenrechtliches Risiko begründen kann. Im Übrigen ist auch der Katalog der Menschenrechtsübereinkommen nicht abschließend (Art. 2 Abs. 1 IPBPR: „insbesondere"). Gem. Art. 1 Abs. 1 lit. b ILO 111 gilt als Diskriminierung auch „jede andere Unterscheidung, Ausschließung oder Bevorzugung, die dazu führt, die Gleichheit der Gelegenheiten oder der Behandlung in Beschäftigung oder Beruf aufzuheben oder zu beeinträchtigen, und die von dem betreffenden Mitglied nach Anhörung der maßgebenden Arbeitgeber- und Arbeitnehmerverbände, soweit solche bestehen, und anderer geeigneter Stellen bestimmt wird". 76

Aus Art. 1 Abs. 3 ILO 111 ergibt sich, dass der Begriff der **Beschäftigung** auch die **Zulassung** zur Berufsausbildung, zur Beschäftigung und zu den einzelnen Berufen sowie die **Beschäftigungsbedingungen** umfasst. 77

Die in Nr. 7 vorgesehene Ausnahme, dass eine verbotene Ungleichbehandlung nicht vorliegt, sofern diese in den **Erfordernissen der Beschäftigung** begründet ist, stimmt überein mit der Regelung in Art. 1 Abs. 2 ILO 111. Hiernach gilt eine Unterscheidung, Ausschließung oder Bevorzugung hinsichtlich einer bestimmten Beschäftigung, die in den Erfordernissen dieser Beschäftigung begründet ist, nicht als Diskriminierung. Art. 4 ILO 111 sieht ferner vor, dass Maßnahmen gegen eine Person, die in berechtigtem Verdacht einer gegen die Sicherheit des Staates gerichteten Betätigung steht oder die sich tatsächlich in solcher Weise betätigt, nicht als Diskriminierung gelten, vorausgesetzt, dass der betreffenden Person das Recht der Berufung an eine nach landesüblicher Weise errichtete zuständige Instanz offensteht. 78

Art. 2 und 3 ILO 111 sowie Art. 2 bis 4 ILO 100 enthalten wiederum eine Reihe **positiver Verpflichtungen** der Vertragsstaaten, die darauf gerichtet sind, Gleichbehandlung in Beschäftigung und Beruf, insbesondere die Entgeltgleichheit, zu fördern und Diskriminierungen auf diesem Gebiet auszuschalten. Die Nichteinhaltung dieser Verpflichtungen durch einen Vertragsstaat kann demnach Indiz für eine erhöhte Wahrscheinlichkeit eines menschenrechtlichen Risikos sein. 79

80 Der Ausdruck **Entgelt** umfasst gem. Art. 1 lit. a ILO 100 den üblichen Lohn, den Grund- oder Mindestlohn oder das übliche Gehalt, das Grund- oder Mindestgehalt sowie alle zusätzlichen Vergütungen, die der Arbeitgeber aufgrund des Dienstverhältnisses dem Arbeitnehmer mittelbar oder unmittelbar in bar oder in Sachleistungen zu zahlen hat. Einen vergleichbaren Inhalt hat der Begriff des Arbeitsentgelts in Art. 7 lit. a IPWSKR (→ Rn. 82). Die Gleichheit des Entgelts männlicher und weiblicher Arbeitskräfte für gleichwertige Arbeit bezieht sich auf Entgeltsätze, die ohne Rücksicht auf den Unterschied des Geschlechts festgesetzt sind (Art. 1 lit. b ILO 100). Das Recht auf gleiches Entgelt aus Art. 7 lit. a Ziff. i IPWSKR gilt nicht nur dann, wenn die gleiche oder vergleichbare Arbeit ausgeführt wird, sondern auch wenn die Arbeit vollkommen unterschiedlich, aber bei objektiver Betrachtung von **gleichem Wert** („value") ist.[117] Faktoren für die objektive Bestimmung des Wertes der Arbeit können die Fertigkeiten („skills") und Pflichten („responsibilities") des Arbeitnehmers, den verlangten Arbeitsaufwand („effort required by the worker") und die Arbeitsbedingungen umfassen.[118]

81 Im Vorschlag der Europäischen Kommission für eine **Sorgfaltspflichten-Richtlinie** ist in der Anlage Teil I Nr. 16 ein mit § 2 Abs. 2 Nr. 7 vergleichbares Verbot vorgesehen: „Verstoß gegen das Verbot der Ungleichbehandlung in der Beschäftigung, es sei denn, dies ist durch die Erfordernisse der Beschäftigung gemäß den Artikeln 2 und 3 des Übereinkommens der Internationalen Arbeitsorganisation über die Gleichheit des Entgelts von 1951 (Nr. 100), den Artikeln 1 und 2 des Übereinkommens der Internationalen Arbeitsorganisation über Diskriminierung in Beschäftigung und Beruf von 1958 (Nr. 111) und Artikel 7 des Internationalen Pakts über wirtschaftliche, soziale und kulturelle Rechte gerechtfertigt; die Ungleichbehandlung umfasst insbesondere die Zahlung eines ungleichen Entgelts für gleichwertige Arbeit".

h) Vorenthalten eines angemessenen Lohns (Nr. 8)

82 Nr. 8 legt als Anknüpfungspunkt für ein menschenrechtliches Risiko den drohenden Verstoß gegen das Verbot des **Vorenthaltens eines angemessenen Lohns** fest. Die Regelung dient der Verwirklichung von Art. 7 lit. a Ziff. ii IPWSKR.[119] Hiernach erkennen die Vertragsparteien des IPWSKR das Recht eines jeden auf gerechte und günstige Arbeitsbedingungen an, durch die insbesondere ein **Arbeitsentgelt** („remuneration") gewährleistet wird, das allen Arbeitnehmern mindestens einen **angemessenen Lebensunterhalt** („decent living") für sie und ihre Familien sichert. In An-

---

[117] Committee on Economic, Social and Cultural Rights General Comment No. 23 Abs. 11; siehe auch General Observation (CEACR) – adopted 2006, published 96th ILC session (2007), abrufbar unter https://www.ilo.org/dyn/normlex/en/f?p=1000:13100:0::NO:13100:P13100_COMMENT_ID,P11110_COUNTRY_ID,P11110_COUNTRY_NAME,P11110_COMMENT_YEAR:3066674,,,2006.
[118] Committee on Economic, Social and Cultural Rights General Comment No. 23 Abs. 12.
[119] BT-Drs. 19/28649, 38.

betracht der ausdrücklichen Bezugnahme der Regierungsbegründung auf Ziff. ii dürfte mit dem Begriff „angemessener Lohn" nicht der „angemessene Lohn" („fair wages") im Sinne von Art. 7 lit. a Ziff. i IPWSKR gemeint sein. Das hier verankerte Gebot einer „fairen" Bezahlung zielt darauf ab, dass diese insbesondere in einem angemessenen Verhältnis zur erbrachten Arbeitsleistung und zur Qualifikation steht.[120] Der Begriff des Arbeitsentgelts im Sinne von Art. 7 lit. a IPWSKR geht über die engeren Begriffe „Lohn" oder „Gehalt" hinaus und kann auch zusätzliche direkte oder indirekte Geld- oder Sachleistungen des Arbeitgebers umfassen, wie etwa Gratifikationen, Krankenversicherungsbeiträge, Wohnungs- und Essenszuschüsse und das Bereitstellen erschwinglicher Kinderbetreuungseinrichtungen.[121] Ein Arbeitsentgelt, das einen angemessenen Lebensunterhalt sichert, bestimmt sich nach äußeren Faktoren, wie den **Lebenshaltungskosten** und den herrschenden wirtschaftlichen und sozialen Rahmenbedingungen.[122]

Nach der **Legaldefinition** der Nr. 8 ist der angemessene Lohn **mindestens** der nach dem anwendbaren Recht festgelegte **Mindestlohn**. Der Mindestlohn ist das Mindestentgelt, das ein Arbeitgeber den Arbeitnehmern für die in einem bestimmten Zeitraum geleistete Arbeit zu zahlen hat und das nicht durch Tarif- oder Einzelvertrag gesenkt werden kann.[123] Aus der Vorgabe „mindestens" folgt, dass ein zu zahlender „angemessener" Lohn auch über dem Mindestlohn liegen kann, wenn der Mindestlohn sich als zu niedrig erweist, um dem Arbeitnehmer und seiner Familie einen angemessenen Lebensunterhalt zu sichern.[124] Die Formulierung „nach" (statt „im") zeigt, dass es sich nicht um einen gesetzlichen Mindestlohn handeln muss; er kann auch nach Maßgabe des anwendbaren Rechts vertraglich festgelegt sein.[125] Das **anwendbare Recht** ist nicht notwendigerweise das Recht des Beschäftigungsorts; aufgrund einer Entsendung oder einer arbeitsvertraglichen Regelung kann auch ein anderes Recht auf das Arbeitsverhältnis Anwendung finden.[126] Die Bestimmung richtet sich nach dem internationalen Privatrecht.[127] Ist ein Mindestlohn nicht festgelegt („ansonsten"), bemisst sich der angemessene Lohn nach

83

---

[120] Committee on Economic, Social and Cultural Rights General Comment No. 23 Abs. 10: „[…] The notion of a fair wage is not static, since it depends on a range of non-exhaustive objective criteria, reflecting not only the output of the work but also the responsibilities of the worker, the level of skill and education required to perform the work, the impact of the work on the health and safety of the worker, specific hardships related to the work and the impact on the worker's persona and family life […]." Siehe auch Abs. 17.
[121] Committee on Economic, Social and Cultural Rights General Comment No. 23 Abs. 7; siehe auch BT-Drs. 19/28649, 38.
[122] Committee on Economic, Social and Cultural Rights General Comment No. 23 Abs. 18; siehe auch BT-Drs. 19/28649, 38.
[123] Committee on Economic, Social and Cultural Rights General Comment No. 23 Abs. 19; zu den weiteren Anforderungen siehe Abs. 20 ff.
[124] Vgl. Grabosch LkSG/Schönfelder § 4 Rn. 39.
[125] Sagan/Schmidt NZA-RR 2022, 281 (286).
[126] Vgl. Grabosch LkSG/Schönfelder § 4 Rn. 39.
[127] Sagan/Schmidt NZA-RR 2022, 281 (286).

dem **Recht des Beschäftigungsorts**.[128] Ist hiernach keine anerkannte Berechnungsmethode festzustellen, kann nach dem BAFA zur Bestimmung des angemessenen Lohns insbesondere auf die sog. **Anker-Methode**[129] zurückgegriffen werden.[130]

84 Im Vorschlag der Europäischen Kommission für eine **Sorgfaltspflichten-Richtlinie** ist in der Anlage Teil I Nr. 17 ein mit § 2 Abs. 2 Nr. 8 vergleichbares Verbot vorgesehen: „Verstoß gegen das Verbot der Vorenthaltung einer Entlohnung, die einen angemessenen Lebensstandard ermöglicht, gemäß Artikel 7 des Internationalen Pakts über wirtschaftliche, soziale und kulturelle Rechte".

i) Schädliche Umwelteinwirkungen (Nr. 9)

85 Nr. 9 legt fest, dass ein drohender Verstoß gegen das Verbot der Herbeiführung einer **schädlichen Bodenveränderung, Gewässerverunreinigung, Luftverunreinigung, schädlichen Lärmemission** oder eines **übermäßigen Wasserverbrauchs** ein menschenrechtliches Risiko begründet. Die Herbeiführung einer dieser Folgen gilt jedoch nur dann als verboten, wenn sie

a) die natürlichen Grundlagen zum Erhalt und der Produktion von **Nahrung** erheblich beeinträchtigt,

b) einer Person den Zugang zu einwandfreiem **Trinkwasser** verwehrt,

c) einer Person den Zugang zu **Sanitäranlagen** erschwert oder zerstört oder

d) die **Gesundheit** einer Person schädigt.

86 Nach der Regierungsbegründung soll das Verbot dem Schutz des Lebens (Art. 6 Abs. 1 IPBPR), der Gesundheit (Art. 12 Abs. 1 IPWSKR) und der Gewährleistung einer ausreichenden Nahrung sowie Wasser- und Sanitärversorgung (Art. 11 Abs. 1 S. 1 IPWSKR) dienen.[131] Nach Art. 12 Abs. 1 IPWSKR erkennen die Vertragsstaaten das Recht eines jeden auf das für ihn erreichbare Höchstmaß an körperlicher und geistiger Gesundheit an. Art. 11 Abs. 1 S. 1 IPWSKR erkennt das Recht eines jeden auf einen angemessenen Lebensstandard für sich und seine Familie an, einschließlich ausreichender Ernährung. Aus der Formulierung „einschließlich" („including") folgt, dass die in Art. 11 Abs. 1 S. 1 IPWSKR genannten Gesichtspunkte eines angemessenen Lebensstandards nicht abschließend sind.[132] Neben dem **Recht auf ausreichende Ernährung** („The right to adequate food is realized when every man, woman and child, alone or in community with others, have physical and economic

---

128 Vgl. Nietsch/Wiedmann CCZ 2021, 101 (105).
129 Anker/Anker, Living Wages Around the World – Manual for Measurement, 2017, abrufbar unter https://www.elgaronline.com/view/9781786431455/9781786431455.xml; weitere Informationen dazu unter https://globallivingwage.org/about/anker-methodology/; https://www.living-income.com/measurement-living-income.
130 FAQ LkSG V. 4.; siehe dazu auch Grabosch LkSG/Schönfelder § 4 Rn. 40.
131 BT-Drs. 19/28649, 38.
132 Committee on Economic, Social and Cultural Rights General Comment No. 15 Abs. 3.

access at all times to adequate food or means for its procurement. The right to adequate food shall therefore not be interpreted in a narrow or restrictive sense which equates it with a minimum package of calories, proteins and other specific nutrients."[133]) ist das **Recht auf Wasser**, einschließlich einer ausreichenden Sanitärversorgung, deshalb ebenfalls erfasst („The human right to water entitles everyone to sufficient, safe, acceptable, physically accessible and affordable water for personal and domestic uses. An adequate amount of safe water is necessary to prevent death from dehydration, to reduce the risk of water-related disease and to provide for consumption, cooking, personal and domestic hygienic requirements."[134] „[...] The water supply for each person must be sufficient and continuous for personal and domestic uses. These uses ordinarily include drinking, personal sanitation, washing of clothes, food preparation, personal and household hygiene."[135]). Auch das **Recht auf Gesundheit** aus Art. 12 Abs. 1 IPWSKR umfasst als grundlegende Rahmenbedingungen („underlying determinants of health") ua den Zugang zu sicherem Trinkwasser, angemessenen Sanitäreinrichtungen sowie ausreichender Versorgung mit sicheren Lebensmitteln und Nahrung.[136] Der Gesetzgeber geht davon aus, durch eine schädliche Kontamination des Bodens, der Luft oder des Wassers des Landes, in dem die unternehmerische Tätigkeit ausgeführt wird, könnten natürliche Ressourcen derart beeinträchtigt oder zerstört werden, dass der Zugang zu natürlichen Grundlagen zum Erhalt und der Produktion von Nahrung und zu einwandfreiem Trinkwasser verwehrt wird. Ebenso könne eine erhebliche Lärmemission die Gesundheit einer Person schädigen. In Regionen mit akuter Wasserknappheit könne eine Entnahme großer Wassermengen im Rahmen eines unternehmerischen Vorhabens zur Bedrohung der Wasserversorgung der Bevölkerung führen. Ebenso bestehe das Risiko, dass der Zugang zu Sanitäranlagen verwehrt wird, wenn durch eine Verunreinigung des Grundwassers oder den Entzug übergroßer Wassermengen der Zugang zur Sanitärversorgung bedroht wird. Die Herbeiführung einer Nahrungs- oder Wasserverunreinigung oder -verknappung dürfe ebenso nicht dazu führen, dass eine Person an der Gesundheit geschädigt wird.[137]

---

[133] Committee on Economic, Social and Cultural Rights, General Comment No. 12 (1999) – The right to adequate food (art. 11), UN Doc. E/C.12/1999/5, Abs. 6.
[134] Committee on Economic, Social and Cultural Rights, General Comment No. 15 Abs. 2; siehe dazu auch Karbach, Die Wasserversorgung von Mensch und Natur als Herausforderung des Völkerrechts, 2016, S. 134 ff.; Murillo Chávarro, The Human Right to Water, 2015, S. 48 ff.
[135] Committee on Economic, Social and Cultural Rights, General Comment No. 15 Abs. 12; siehe dazu auch Schladebach/Triems KlimR 2022, 198 (198 f.).
[136] Committee on Economic, Social and Cultural Rights, General Comment No. 14 (2000) – The right to the highest attainable standard of health (article 12 of the International Covenant on Economic, Social and Cultural Rights), UN Doc. E/C.12/2000/4, Abs. 11.
[137] BT-Drs. 19/28649, 38.

87 Die in Nr. 9 Hs. 1 aufgeführten Umwelteinwirkungen werden im Gesetz nicht definiert. Auch die Gesetzesbegründung enthält dazu keine weiteren Ausführungen. Die Begriffe scheinen jedoch überwiegend dem deutschen Umwelt(straf)recht entlehnt. Es erscheint daher zweckmäßig, darauf für die Auslegung zurückzugreifen.[138] Zwar kann das deutsche Umweltrecht mangels Geltung außerhalb Deutschlands nicht Maßstab für die rechtliche Bewertung von Umwelteinwirkungen im Ausland sein. Hs. 1 macht die Geltung der Verbote jedoch weder vom örtlichen Recht (anders Nr. 5, Nr. 6 lit. c, → Rn. 57, 70, und Nr. 8, → Rn. 83) noch von der Widerrechtlichkeit (anders Nr. 10, → Rn. 94) abhängig. Gem. § 2 Abs. 3 BBodSchG sind **schädliche Bodenveränderungen** Beeinträchtigungen der Bodenfunktionen, die geeignet sind, Gefahren, erhebliche Nachteile oder erhebliche Belästigungen für den einzelnen oder die Allgemeinheit herbeizuführen. § 2 Abs. 2 BBodSchG führt als Bodenfunktionen an 1. natürliche Funktionen (Lebensgrundlage und Lebensraum für Menschen, Tiere, Pflanzen und Bodenorganismen; Bestandteil des Naturhaushalts, insbesondere mit seinen Wasser- und Nährstoffkreisläufen; Abbau-, Ausgleichs- und Aufbaumedium für stoffliche Einwirkungen aufgrund der Filter-, Puffer- und Stoffumwandlungseigenschaften, insbesondere auch zum Schutz des Grundwassers), 2. Funktionen als Archiv der Natur- und Kulturgeschichte sowie 3. Nutzungsfunktionen (Rohstofflagerstätte; Fläche für Siedlung und Erholung, Standort für die land- und forstwirtschaftliche Nutzung; Standort für sonstige wirtschaftliche und öffentliche Nutzungen, Verkehr, Ver- und Entsorgung). Die **Gewässerverunreinigung** ist gem. § 324 Abs. 1 StGB ein Straftatbestand. Hiernach wird bestraft, wer unbefugt ein Gewässer verunreinigt oder sonst dessen Eigenschaften nachteilig verändert. Als Gewässer gilt ein oberirdisches Gewässer, das Grundwasser und das Meer (§ 330d Abs. 1 Nr. 1 StGB). Eine Verunreinigung liegt vor, wenn es zu einer äußerlich erkennbaren, dauernden oder vorübergehenden nachteiligen Veränderung der Gewässereigenschaften kommt, sei es des Gewässers im Ganzen oder eines nicht unerheblichen Teils davon. Sie zeichnet sich durch „ein Minus an Wassergüte" aus, dh eine nicht ganz unerhebliche objektive Verschlechterung der physikalischen, chemischen, biologischen oder thermischen Beschaffenheit des Wassers.[139] **Luftverunreinigungen** sind gem. § 3 Abs. 4 BImSchG Veränderungen der natürlichen Zusammensetzung der Luft, insbesondere durch Rauch, Ruß, Staub, Gase, Aerosole, Dämpfe oder Geruchsstoffe. Mit einer **schädlichen Lärmemission** dürfte eher eine schädliche Lärm*immission* gemeint sein.[140] Ziff. 2.1 TA Lärm definiert

---

138 Siehe dazu auch Wagner/Ruttloff/Wagner LkSG/Ruttloff/Schulga § 2 Rn. 197 ff.
139 Lackner/Kühl/Heger StGB § 324 Rn. 4.
140 § 3 Abs. 1 BImSchG definiert schädliche Umwelteinwirkungen als Immissionen die nach Art, Ausmaß oder Dauer geeignet sind, Gefahren, erhebliche Nachteile oder erhebliche Belästigungen für die Allgemeinheit oder die Nachbarschaft herbeizuführen. Immissionen sind gem. § 3 Abs. 2 BImSchG auf Menschen, Tiere und Pflanzen, den Boden, das Wasser, die Atmosphäre sowie Kultur- und sonstige Sachgüter einwirkende Luftverunreinigungen, Geräusche, Erschütterungen, Licht,

in Anlehnung an § 3 Abs. 1 und 2 BImSchG als schädliche Umwelteinwirkungen durch Geräusche Geräuschimmissionen, die nach Art, Ausmaß oder Dauer geeignet sind, Gefahren, erhebliche Nachteile oder erhebliche Belästigungen für die Allgemeinheit oder die Nachbarschaft herbeizuführen. Kein ersichtliches Vorbild im deutschen Umweltrecht hat der Begriff des **übermäßigen Wasserverbrauchs**. Im Hinblick auf den Gesetzeszweck (→ Rn. 86) dürfte darunter die Entnahme einer Wassermenge zu verstehen sein, die so groß ist, dass sie zu einer Bedrohung der Wasserversorgung der Bevölkerung führen kann.[141] Das Übermaß richtet sich also nicht danach, ob der Wassergebrauch zur Erreichung des damit verfolgten Zwecks für sich genommen verhältnismäßig (effizient) ist, sondern ist im Sinne der Verteilungsgerechtigkeit zu verstehen.

Nach Hs. 2 gilt die schädliche Umwelteinwirkung nur dann als verboten, wenn alternativ („oder") eine der in Hs. 2 aufgeführten Folgen auftritt. Mit den **natürlichen Grundlagen zum Erhalt und der Produktion von Nahrung** dürften die von den Verboten des Hs. 1 geschützten Umweltmedien Boden, Wasser und Luft gemeint sein, soweit diese zur Erzeugung von Nahrungsmitteln benötigt werden. Unter einer **Beeinträchtigung** ist jede Verminderung der Qualität oder Quantität dieser Umweltmedien zu verstehen.[142] Aus dem Kriterium „erheblich" folgt, dass die Beeinträchtigung ein gewisses Gewicht aufweisen muss. **Trinkwasser** ist Wasser, das zum Verzehr in Form von Getränken und Lebensmitteln bestimmt ist.[143] Als **einwandfrei** dürfte Trinkwasser anzusehen sein, wenn es sicher ist, also frei von Mikroorganismen, chemischen Substanzen und Strahlenbelastungen, die eine Bedrohung der Gesundheit darstellen.[144] **Zugang** umfasst nach Maßgabe des Rechts auf Wasser aus Art. 11 Abs. 1 S. 1 IPWSKR insbesondere physischen,[145] wirtschaftlichen[146] und diskri-

88

Wärme, Strahlen und ähnliche Umwelteinwirkungen. Zum Begriff der Emission siehe § 3 Abs. 3 BImSchG.

141 Zur Problematik des sog. Water Grabbing siehe Schladebach/Triems KlimR 2022, 198.
142 Vgl. BeckOK UmweltR/Schrader BNatSchG § 13 Rn. 11.
143 Committee on Economic, Social and Cultural Rights, General Comment No. 15 Fn. 13.
144 Committee on Economic, Social and Cultural Rights, General Comment No. 15 Abs. 12.
145 Committee on Economic, Social and Cultural Rights, General Comment No. 15 Abs. 12: „Physical accessibility: water, and adequate water facilities and services, must be within safe physical reach for all sections of the population. Sufficient, safe and acceptable water must be accessible within, or in the immediate vicinity, of each household, educational institution and workplace. All water facilities and services must be of sufficient quality, culturally appropriate and sensitive to gender, lifecycle and privacy requirements. Physical security should not be threatened during access to water facilities and services".
146 Committee on Economic, Social and Cultural Rights, General Comment No. 15 Abs. 12: „Economic accessibility: Water, and water facilities and services, must be affordable for all. The direct and indirect costs and charges associated with securing water must be affordable, and must not compromise or threaten the realization of other Covenant rights".

minierungsfreien[147] Zugang („access"). Dementsprechend dürfte der Begriff des **Verwehrens** weit zu verstehen sein und nicht auf ein physisches Verwehren beschränkt sein.[148] **Sanitäranlagen** sind Einrichtungen, die der Beseitigung menschlicher Ausscheidungen dienen.[149] Wegen des Regelungszusammenhangs (Recht auf Wasser) dürften aber nur solche Anlagen erfasst sein, die auf Wasserbasis arbeiten. **Erschweren** bedeutet nach seinem Wortsinn, dass das Verbot schon dann verletzt ist, wenn der Zugang in irgendeiner Weise gehemmt ist, obgleich er noch möglich ist. Unter **Zerstören** wird üblicherweise eine Beschädigung verstanden, die so wesentlich ist, dass die Einrichtung längere Zeit für ihren Zweck unbrauchbar wird.[150] Die Funktion dieser Tatbestandsalternative bleibt allerdings unklar. Grammatisch bezieht sich „zerstört" in lit. c auf den Zugang. Wenn „Zugang" im Einklang mit Art. 11 Abs. 1 S. 1 IPWSKR weit (im Sinne von „access") verstanden wird, passt der Begriff „zerstört" nicht. Zudem beinhaltet ein Zerstören notwendig ein Erschweren. Die Formulierung ist somit missglückt; gemeint sein dürfte daher die Zerstörung von Sanitäranlagen.[151] **Gesundheitsschädigung** ist jedes Hervorrufen oder Steigern eines vom normalen Zustand der körperlichen Funktionen nachteilig abweichenden (pathologischen) Zustandes, gleichgültig, auf welche Art und Weise er verursacht wird und ob der Betroffene dabei Schmerz empfindet.[152]

89 Im Vorschlag der Europäischen Kommission für eine **Sorgfaltspflichten-Richtlinie** ist in der Anlage Teil I Nr. 18 ein mit § 2 Abs. 2 Nr. 9 vergleichbares Verbot vorgesehen: „Verstoß gegen das Verbot, messbare Umweltschädigungen wie schädliche Bodenveränderung, Wasser- oder Luftverschmutzung, schädliche Emissionen oder übermäßigen Wasserverbrauch oder andere Auswirkungen auf natürliche Ressourcen zu verursachen, die a) die natürlichen Grundlagen für die Erhaltung und Erzeugung von Lebensmitteln beeinträchtigen oder b) einer Person den Zugang zu sicherem und sauberem Trinkwasser verwehren oder c) den Zugang zu sanitären Einrichtungen für eine Person schwierig machen oder solche Einrichtungen zerstören oder d) die Gesundheit, Sicherheit, nor-

---

147 Committee on Economic, Social and Cultural Rights, General Comment No. 15 Abs. 12: „Non-discrimination: Water and water facilities and services must be accessible to all, including the most vulnerable or marginalized sections of the population, in law and in fact, without discrimination on any of the prohibited grounds".
148 Unklar ist, warum der Gesetzgeber sich in lit. b für den Begriff des Verwehrens, in lit. c aber für den Begriff des Erschwerens entschieden hat und damit nach dem Wortsinn für das Wirksamwerden des Verbots. Dies erscheint mit Blick darauf, dass das Recht auf Zugang zu einwandfreiem Trinkwasser dem Recht auf Zugang zu Sanitäranlagen mindestens ebenbürtig ist, wertungswidersprüchlich.
149 Vgl. Committee on Economic, Social and Cultural Rights, General Comment No. 15 Fn. 13.
150 Vgl. Lackner/Kühl/Heger StGB § 305 Rn. 3.
151 So auch der entsprechende Tatbestand im Vorschlag der Europäischen Kommission für eine Sorgfaltspflichten-Richtlinie (→ Rn. 108).
152 Lackner/Kühl/Kühl StGB § 223 Rn. 5.

male Nutzung von Eigentum oder Boden oder die normale Ausübung wirtschaftlicher Tätigkeit einer Person beeinträchtigen oder e) die ökologische Integrität beeinträchtigen, wie beispielsweise Entwaldung, gemäß Artikel 3 der Allgemeinen Erklärung der Menschenrechte, Artikel 5 des Internationalen Pakts über bürgerliche und politische Rechte und Artikel 12 des Internationalen Pakts über wirtschaftliche, soziale und kulturelle Rechte".

j) Zwangsräumung und Entzug von Land, Wäldern und Gewässern (Nr. 10)

Anknüpfungspunkt für ein menschenrechtliches Risiko ist nach Nr. 10 ein drohender Verstoß gegen das Verbot der **widerrechtlichen Zwangsräumung** und das Verbot des **widerrechtlichen Entzugs** von **Land**, von **Wäldern** und **Gewässern** bei dem Erwerb, der Bebauung oder anderweitigen Nutzung von Land, Wäldern und Gewässern, sofern die Nutzung die Lebensgrundlage einer Person sichert. Der Gesetzgeber leitet dieses Verbot aus dem Recht auf einen angemessenen Lebensstandard einschließlich ausreichender Nahrung, Unterbringung sowie Wasser- und Sanitärversorgung gemäß Art. 11 Abs. 1 S. 1 IPWSKR ab (→ Rn. 86).[153] Nach der Regierungsbegründung muss ein Unternehmen beim Erwerb, der Bebauung oder anderweitigen Nutzung von Land am Ort der unternehmerischen Tätigkeit vermeiden, dass es zu einer widerrechtlichen Zwangsräumung kommt. Problemlagen ergäben sich insbesondere dort, wo im nationalen Recht vorgesehene prozessrechtliche Garantien für eine Zwangsräumung wie etwa eine rechtzeitige Information und Konsultation der Betroffenen nicht eingehalten werden oder der Zugang zu Rechtsmitteln und angemessener Kompensation durch das Handeln eines Unternehmens erschwert wird.[154]

90

Der Begriff der **Zwangsräumung** ist nicht im vollstreckungsrechtlichen Sinne, sondern „untechnisch" und weit zu verstehen. Da Nr. 10 den Rechten aus Art. 11 Abs. 1 S. 1 IPWSKR Geltung verschaffen soll (→ Rn. 86), ist davon auszugehen, dass sich der Gesetzgeber an dem in diesem Kontext etablierten Begriff der „forced evictions" orientiert hat. Dieser wird definiert als die dauerhafte oder vorübergehende Vertreibung von Personen, Familien oder Gemeinschaften aus den von ihnen bewohnten Häusern und/oder dem von ihnen bewohnten Land gegen ihren Willen und ohne angemessene (Rechts-)Schutzmöglichkeiten.[155] In Abgrenzung zur Zwangsräumung als tatsächlichem Vorgang ist unter **Entzug** die Herbeiführung des Verlusts einer das Land, den Wald oder

91

---

153 BT-Drs. 19/28649, 38.
154 BT-Drs. 19/28649, 38.
155 Committee on Economic, Social and Cultural Rights General Comment No. 7 Annex IV Abs. 4; siehe dazu auch Saul/Kinley/Mowbray, The International Covenant on Economic, Social and Cultural Rights – Commentary, Cases and Materials, 2016, S. 933 ff.; Committee on Economic, Social and Cultural Rights, General Comment No. 26 (2021) on land and economic, social and cultural rights, Draft prepared by the Rapporteurs, Rodrigo Uprimny and Michael Windfuhr, UN Doc. E/C.12/69/R.2, Abs. 9.

das Gewässer betreffenden Rechtsposition zu verstehen, insbesondere des Eigentums oder eines anderen Rechts, das die betroffene Person zur Nutzung berechtigt.[156]

92 Das Verbot der Nr. 10 gilt nur dann, wenn die Zwangsräumung oder der Entzug Land, Wälder oder Gewässer betrifft, deren Nutzung die **Lebensgrundlage** einer Person sichert. Mit Lebensgrundlage ist hier mit Blick auf die Schutzgüter des Art. 11 Abs. 1 S. 1 IPWSKR, auf die die Regierungsbegründung Bezug nimmt (→ Rn. 90), das Vorhandensein ausreichender Nahrung, Unterbringung sowie Wasser- und Sanitätsversorgung gemeint. Die Lebensgrundlage muss auf der **Nutzung** beruhen, dh durch die Erzeugnisse und die sonstige Ausbeute gesichert werden, welche aus dem Land, den Wäldern oder den Gewässern im Sinne einer Fruchtziehung gewonnen werden (vgl. §§ 99, 100 BGB), bzw. mit Blick auf das Recht auf ausreichende Unterbringung („housing") durch den Gebrauch zu Wohnzwecken entstehen.[157]

93 Das Merkmal „bei dem **Erwerb**, bei der **Bebauung** oder **anderweitigen Nutzung**" stellt zum einen klar, dass das Verbot sowohl im Falle einer rechtlichen (Erwerb) als auch im Falle einer tatsächlichen Aneignung (Bebauung oder anderweitige Nutzung) gilt. Zum anderen grenzt es den Verbotstatbestand dahingehend ein, dass eine Zwangsräumung oder ein Entzug, der nicht dem Erwerb oder der Nutzung des Landes, der Wälder oder Gewässer dient, nicht erfasst ist. Die Zwangsräumung/der Entzug muss also im weitesten Sinne der „Güterbeschaffung" zugunsten einer anderen Person dienen.[158] Ausgespart bleiben damit zB Vertreibungen im Kontext bewaffneter Konflikte[159] oder solche, die Strafzwecken dienen.[160]

94 Nicht eindeutig ist nach dem Wortlaut, nach welchem Maßstab eine Zwangsräumung oder ein Entzug **widerrechtlich** ist. Die deutsche Rechtsordnung kommt insoweit nicht in Betracht, weil sie außerhalb des Hoheitsbereichs Deutschlands keine Geltung beanspruchen kann.[161]

---

156 Vgl. insoweit den Wortlaut von Art. 1 Abs. 1 S. 2 EMRKZusProt: „Niemandem darf sein Eigentum entzogen werden […]"/„No one shall be deprived of his possessions […]". Eine Eigentumsentziehung in diesem Sinne umfasst sowohl eine formelle Enteignung als auch eine sog. De facto-Enteignung, dh hoheitliche Maßnahmen, die wegen ihrer schwerwiegenden Auswirkungen einer förmlichen Aufhebung der Eigentumsposition gleichkommen, ohne dass sich die Trägerschaft der Eigentumsposition ändert; siehe dazu Karpenstein/Mayer/Kaiser EMRKZusProt Art. 1 Rn. 32.
157 Siehe zu diesen Aspekten auch Committee on Economic, Social and Cultural Rights, General Comment No. 26 (2021) on land and economic, social and cultural rights, Draft prepared by the Rapporteurs, Rodrigo Uprimny and Michael Windfuhr, UN Doc. E/C.12/69/R.2, Abs. 9–11.
158 Siehe zu diesem Erfordernis im Zusammenhang mit einer Enteignung im Sinne von Art. 14 Abs. 3 GG Jarass/Pieroth/Jarass GG Art. 14 Rn. 77.
159 Committee on Economic, Social and Cultural Rights General Comment No. 7 Annex IV Abs. 5.
160 Vgl. dazu Committee on Economic, Social and Cultural Rights General Comment No. 7 Annex IV Abs. 12.
161 So auch Grabosch LkSG/Schönfelder § 4 Rn. 48.

Auch ein Rückgriff auf das Völkerrecht als Maßstab bereitet aber Schwierigkeiten, da es an einer einschlägigen Regelung fehlt, die die Voraussetzungen einer Zwangsräumung oder des Entzugs von Land, Wäldern oder Gewässern festlegt. Insbesondere hilft hier Art. 11 Abs. 1 S. 1 IPWSKR nicht weiter. Dieser statuiert lediglich abstrakt das Recht auf einen angemessenen Lebensstandard einschließlich ausreichender Ernährung, spricht aber weder Zwangsräumungen noch den Entzug von Land, Wäldern oder Gewässern an. Erst recht formuliert er – im Einklang mit dem fehlenden Charakter der Rechte des IPWSKR als Abwehrrechte (vgl. Art. 2 Abs. 1 IPWSKR → Rn. 3) – keine Schranken bzw. Eingriffsrechtfertigungen. Die Widerrechtlichkeit einer Zwangsräumung oder eines Entzugs muss sich damit grundsätzlich am Maßstab des jeweiligen **nationalen Rechts** bemessen, wovon augenscheinlich auch die Regierungsbegründung ausgeht (→ Rn. 90).[162] Der Rückbezug auf das nationale Recht ist im Bereich des völkerrechtlichen Menschenrechtsschutzes aber auch nicht außergewöhnlich. So sieht Art. 4 IPWSKR vor, dass die Vertragsstaaten die Rechte des Paktes nur einschränken dürfen, wenn dies ua gesetzlich vorgesehen ist („determined by law").[163] Auch hängt zB die Zulässigkeit einer Enteignung nach Art. 1 des Zusatzprotokolls zur EMRK ua davon ab, dass die „durch Gesetz" festgelegten Bedingungen eingehalten werden. An die Qualität des nationalen Rechts sind aber **rechtsstaatliche Mindestanforderungen** zu stellen wie etwa Willkür- und Diskriminierungsfreiheit, Beachtung des Rückwirkungsverbots, Zugänglichkeit, Vorhersehbarkeit und das Vorhandensein von Rechtsschutz- und Entschädigungsmöglichkeiten.[164] Entspricht das nationale Recht diesen Anforderungen nicht, dürfte eine Maßnahme auch dann als widerrechtlich eingestuft werden können, wenn sie mit dem nationalen Recht formal im Einklang steht.[165] Eine gewisse völkerrechtliche Absicherung erfährt die Anwendung des nationalen Rechts durch das Recht auf eine wirksame Beschwerde („effective remedy", Art. 2 Abs. 3 IPBPR) und das Recht auf faires Verfahren (Art. 14 IPBPR).

Im Vorschlag der Europäischen Kommission für eine **Sorgfaltspflichten-Richtlinie** ist in der Anlage Teil I Nr. 19 ein mit § 2 Abs. 2 Nr. 10 vergleichbares Verbot vorgesehen: „Verstoß gegen das Verbot der widerrechtlichen Vertreibung oder der widerrechtlichen Inbesitznahme von Land, Wäldern und Gewässern beim Erwerb, bei der Entwicklung oder bei einer anderweitigen Nutzung von Land, Wäldern und Gewässern (einschließlich durch Entwaldung), deren Nutzung die Lebensgrundlage

95

---

162 Vgl. auch Grabosch LkSG/Schönfelder § 4 Rn. 48; Spindler ZHR 186 (2022), 67 (78); Wagner/Ruttloff/Wagner LkSG/Ruttloff/Schulga § 2 Rn. 229.
163 Siehe dazu auch Schilling Int. Menschenrechtsschutz Rn. 103 ff.
164 Vgl. Saul/Kinley/Mowbray, The International Covenant on Economic, Social and Cultural Rights – Commentary, Cases and Materials, 2016, S. 248; siehe auch BT-Drs. 19/28649, 38 (→ Rn. 90).
165 Vgl. Committee on Economic, Social and Cultural Rights General Comment No. 7 Annex IV Abs. 4: „The prohibition on forced evictions does not, however, apply to evictions carried out by force in accordance with the law and in conformity with the provisions of the International Covenants on Human Rights."

einer Person gemäß Artikel 11 des Internationalen Pakts über wirtschaftliche, soziale und kulturelle Rechte sichert". Ebenfalls einschlägig sein dürfte hier das in der Anlage Teil I Nr. 1 formulierte Verbot: „Verstoß gegen das Recht der Bevölkerung, über die natürlichen Ressourcen eines Landes zu verfügen und nicht ihrer Existenzmittel beraubt zu werden, gemäß Artikel 1 des Internationalen Pakts über bürgerliche und politische Rechte".

k) Beauftragung und Nutzung von Sicherheitskräften (Nr. 11)

96 Nach Nr. 11 droht ein menschenrechtliches Risiko, wenn durch die Beauftragung oder Nutzung privater oder öffentlicher **Sicherheitskräfte** zum **Schutz eines unternehmerischen Projekts** aufgrund **mangelnder Unterweisung** oder **Kontrolle** seitens des Unternehmens bei dem Einsatz der Sicherheitskräfte

a) das Verbot von **Folter** und **grausamer, unmenschlicher oder erniedrigender Behandlung** missachtet wird,
b) **Leib oder Leben** verletzt werden oder
c) die **Vereinigungs- und Koalitionsfreiheit** beeinträchtigt werden.

97 Nr. 11 enthält damit kein generelles Verbot der Beauftragung oder Nutzung privater oder öffentlicher Sicherheitskräfte, sondern zielt auf die Vermeidung bestimmter Folgen eines Einsatzes solcher Sicherheitskräfte ab. Nach der Regierungsbegründung dient die Regelung „dem Schutz der Betroffenen vor extensiver Gewalt, Folter und der Verletzung der Vereinigungs- und Koalitionsfreiheit durch private oder staatliche Sicherheitskräfte im Dienste eines Unternehmens".[166] Lit. a beruhe auf dem Folterverbot gemäß Art. 7 IPBPR,[167] lit. b auf Art. 6 IPBPR (Recht auf Leben)[168] sowie Art. 12 IPWSKR (Recht auf Gesundheit) und lit. c auf Art. 22 IPBPR/Art. 8 IPWSKR (Vereinigungs- und Koalitionsfreiheit).[169] Der Gesetzgeber geht davon aus, dass Tätigkeiten in einem Gebiet, das von einem **bewaffneten Konflikt** betroffen ist, mit dem Risiko einhergehen, „dass Unternehmen Menschenrechtsverletzungen oder Verstöße ge-

---

166 BT-Drs. 19/28649, 38.
167 BT-Drs. 19/28649, 38; siehe zum Inhalt dieses Verbots im Einzelnen Human Rights Committee, General Comment No. 20 (1992): Article 7 (Prohibition of torture, or other cruel, inhuman or degrading treatment or punishment), UN Doc. HRI/GEN/1/Rev.9 (Vol. I), S. 200; Schabas, Nowak's CCPR Commentary, 3. Aufl. 2019, CCPR Art. 7 Rn. 5 ff.; Schilling Int. Menschenrechtsschutz Rn. 192 ff.; Taylor, A Commentary to the International Covenant on Civil and Political Rights, 2020, S. 171 ff.
168 BT-Drs. 19/28649, 38; siehe zum Inhalt dieses Rechts im Einzelnen Human Rights Committee General Comment No. 36 (2019) – Article 6: right to life, UN Doc. CCPR/C/GC/36; Schabas, Nowak's CCPR Commentary, 3. Aufl. 2019, Art. 6 CCPR, Rn. 27 ff.; Schilling Int. Menschenrechtsschutz Rn. 145 ff.; Taylor, A Commentary to the International Covenant on Civil and Political Rights, 2020, S. 139 ff.
169 BT-Drs. 19/28649, 38; siehe zur Koalitionsfreiheit Nr. 6 (→ Rn. 65); zur Vereinigungsfreiheit siehe Schabas, Nowak's CCPR Commentary, 3. Aufl. 2019, CCPR Art. 22 Rn. 1 ff.; Schilling Int. Menschenrechtsschutz Rn. 521 ff.; Taylor, A Commentary to the International Covenant on Civil and Political Rights, 2020, S. 610 ff.

gen das Humanitäre Völkerrecht anderer Akteure fördern. Arbeiten Unternehmen zum Schutz ihres Betriebes mit privaten oder öffentlichen Sicherheitskräften zusammen, müssen sie gewährleisten, dass diese bei dem Einsatz für das Unternehmen Menschenrechte achten. Bei der Nutzung von staatlichen Sicherheitskräften sollten Unternehmen vor der Beauftragung überprüfen, ob gravierende Menschenrechtsverletzungen durch diese Einheiten dokumentiert sind. Beim Einsatz privater Wachmannschaften haben Unternehmen besonderen Einfluss darauf, die Vertragsbeziehung zu solchen Sicherheitskräften derart zu gestalten, dass diese sich an den geltenden Rechtsrahmen halten. Durch eine angemessene Unterweisung und Kontrolle der verwendeten Sicherheitskräfte soll das Risiko der Verletzung von in § 2 Absatz 1 geschützten Rechtspositionen minimiert werden."[170] Nach dem Wortlaut des § 2 Abs. 2 Nr. 11 ist der Geltungsbereich aber nicht auf die Situation eines bewaffneten Konflikts begrenzt. Ein bestimmtes völkerrechtliches Formulierungsvorbild hat die Vorschrift nicht. Sie dürfte aber ua durch VNLP Nr. 23 lit. c veranlasst sein, nach dem Unternehmen „das Risiko, grobe Menschenrechtsverletzungen zu verursachen oder dazu beizutragen, als Frage der Rechtskonformität behandeln [sollten], unabhängig davon, wo sie ihre Geschäfte tätigen". Der Kommentar zu VNLP Nr. 23 führt insoweit als Beispiel an, manche Geschäftsumfelder, wie etwa von Konflikten betroffene Gebiete, könnten das Risiko erhöhen, dass Unternehmen sich an groben Menschenrechtsverletzungen mitschuldig („complicit") machen, die von anderen Akteuren wie etwa Sicherheitskräften („security forces") begangen werden.[171] Ferner dürfte die Regelung vor dem Hintergrund des Regelwerks für Sorgfaltspflichten in der Lieferkette für sog. Konfliktmineralien zu sehen sein.[172] Orientierung zur Problemstellung und Handlungsleitlinien für Unternehmen bieten insbesondere die von einer Multi-Stakeholder-Initiative erarbeiteten Voluntary Principles on Security and Human Rights[173] und darauf aufbauend das ausführliche vom Geneva Centre for Security Sector Governance (DCAF) und dem In-

---

170 BT-Drs. 19/28649, 39.
171 Siehe dazu Davis International Review of the Red Cross 94 (2012), 961 (975 ff.).
172 Siehe dazu VO (EU) 2017/821 des Europäischen Parlaments und des Rates vom 17.5.2017 zur Festlegung von Pflichten zur Erfüllung der Sorgfaltspflichten in der Lieferkette für Unionseinführer von Zinn, Tantal, Wolfram, deren Erzen und Gold aus Konflikt- und Hochrisikogebieten (ABl. 2017 L 130, 1); OECD-Leitfaden: verantwortungsvolle Lieferketten für Minerale, insbes. Anhang II (Musterstrategie für Lieferketten im Sinne einer verantwortungsvollen weltweiten Lieferkette für Minerale aus Konflikt- und Hochrisikogebieten) Ziff. 7: „Sobald wir oder Unternehmen in unserer Lieferkette öffentliche oder private Sicherheitskräfte beauftragen, verpflichten wir uns bzw. die Sicherheitskräfte bei der Beauftragung zur Erfüllung der Freiwilligen Grundsätze für Sicherheit und Menschenrechte. Insbesondere werden wir Prüfstrategien unterstützen oder in die Wege leiten, um eine Beauftragung von Sicherheitskräften mit für schwere Menschenrechtsverletzungen verantwortlichen Einzelpersonen oder Einheiten zu verhindern."
173 Abrufbar unter https://www.voluntaryprinciples.org/the-principles/; siehe dazu auch Freeman/Pica/Camponovo Hastings International and Comparative Law Review 24 (2001), 423.

ternationalen Komitee vom Roten Kreuz erarbeitete Toolkit „Adressing Security and Human Rights Challenges in Complex Environments".[174]

98 Mit **Beauftragung** sind nach dem Wortsinn des Begriffs diejenigen Fälle gemeint, in denen die Tätigkeit von einem Unternehmen veranlasst/initiiert wird, insbesondere auf Grundlage vertraglicher Vereinbarungen zwischen dem Unternehmen und den Sicherheitskräften. **Nutzung** dürfte in Abgrenzung dazu alle weiteren Fälle erfassen, in denen ein Unternehmen sich in sonstiger Weise die Leistungen von Sicherheitskräften zunutze macht oder aufgrund des nationalen Rechts zur Zusammenarbeit mit (öffentlichen) Sicherheitskräften verpflichtet ist.[175]

99 Gegenstand der Regelung ist nur die Beauftragung oder Nutzung zum Schutz des **„unternehmerischen Projekts"**. Davon sind nach dem Wortsinn nicht nur Tätigkeiten wie der Objektschutz von Liegenschaften erfasst, sondern in einem weiten Sinne alle einem Schutz durch Sicherheitskräfte zugänglichen Ressourcen eines unternehmerischen Vorhabens, insbesondere der Schutz des Personals, der Vermögenswerte und der Geschäftstätigkeit.[176]

100 **Unternehmen** im Sinne der Nr. 11 kann jedes Unternehmen sein, das Bestandteil der Lieferkette im Sinne von § 2 Abs. 5 ist.

101 Die Möglichkeit der **Unterweisung** von Sicherheitskräften wird ein Unternehmen im Regelfall nur haben, soweit es diese selbst beauftragt und die Vertragsbeziehungen entsprechend ausgestalten kann.[177] Ebenso erscheint die Ausübung von **Kontrolle** über Sicherheitskräfte nur möglich, soweit das Unternehmen in irgendeiner Weise hinreichend effektive Einwirkungsmöglichkeiten auf die Sicherheitskräfte hat. Der Verbotstatbestand kann daher auf zweierlei Weise erfüllt werden: 1. Das Unternehmen **unterlässt** trotz gegebener Möglichkeit eine ausreichende Unterweisung/Kontrolle. 2. Das Unternehmen **beauftragt/nutzt** Sicherheitskräfte trotz fehlender Kontrollmöglichkeiten.

102 Im Vorschlag der Europäischen Kommission für eine **Sorgfaltspflichten-Richtlinie** findet sich in der Anlage Teil I kein § 2 Abs. 2 Nr. 11 entsprechendes Verbot.

I) Auffangklausel (Nr. 12)

103 Nr. 12 enthält eine **Auffangklausel**, nach der ein menschenrechtliches Risiko auch dann besteht, wenn ein Verstoß gegen ein Verbot droht, das zwar nicht in Nr. 1 bis 11 geregelt ist, aber unmittelbar geeignet ist, in besonders schwerwiegender Weise eine geschützte Rechtsposition im Sin-

---

[174] Abrufbar unter https://www.securityhumanrightshub.org/toolkit-third-edition; siehe dazu auch Grabosch LkSG/Schönfelder § 4 Rn. 53.
[175] Siehe zu dieser Konstellation DCAF & ICRC, Addressing Security and Human Rights Challenges in Complex Environments – Toolkit, 3. Aufl. 2016, S. 40.
[176] Vgl. DCAF & ICRC, Addressing Security and Human Rights Challenges in Complex Environments – Toolkit, 3. Aufl. 2016, S. 44 („protection of the company's staff, assets and operations").
[177] Vgl. BT-Drs. 19/28649, 39, → Rn. 97.

ne von § 2 Abs. 1 (→ Rn. 1) zu beeinträchtigen und die Rechtswidrigkeit dieses Tuns oder Unterlassens bei Würdigung aller in Betracht kommenden Umstände offensichtlich ist. Die Regelung wird unter dem Gesichtspunkt des verfassungsrechtlichen Bestimmtheitsgrundsatzes kritisiert.[178] Diese Kritik greift indes nicht durch.[179] Das **Bestimmtheitsgebot** schließt die Verwendung wertausfüllungsbedürftiger Begriffe bis hin zu Generalklauseln nicht aus. Gegen die Verwendung unbestimmter Rechtsbegriffe bestehen nach der Rechtsprechung des BVerfG keine Bedenken, wenn sich mithilfe der üblichen Auslegungsmethoden, insbesondere durch Heranziehung anderer Vorschriften desselben Gesetzes, durch Berücksichtigung des Normzusammenhangs oder aufgrund einer gefestigten Rechtsprechung eine zuverlässige Grundlage für die Auslegung und Anwendung der Norm gewinnen lässt.[180] Dies erscheint hier mit Blick auf den abschließenden Rechtsgüterkatalog des § 2 Abs. 1 (→ Rn. 7) noch möglich. Die drei unbestimmten Rechtsbegriffe „unmittelbar geeignet", „besonders schwerwiegend" und „offensichtlich" wirken zudem alle zugunsten der sorgfaltspflichtigen Unternehmen, indem sie den Anwendungsbereich der Auffangklausel einschränken.[181]

Aus der Voraussetzung „**unmittelbar geeignet**" folgt, dass das Tun oder Unterlassen direkt, also nicht nur mittelbar, zu einer Rechtsgutsverletzung führen können muss. 104

Das Merkmal „**besonders schwerwiegend**" schließt aus, dass jede drohende einfache Beeinträchtigung einer geschützten Rechtsposition ein menschenrechtliches Risiko begründet. Es muss vielmehr ein qualifizierter Verstoß drohen. Maßstäbe für die Bestimmung, unter welchen Umständen eine besonders schwerwiegende Beeinträchtigung anzunehmen ist, gibt das Gesetz nicht vor. Wann eine Beeinträchtigung besonders schwerwiegend ist, richtet sich zum einen nach dem betroffenen Rechtsgut und zum anderen nach der drohenden Eingriffstiefe: Je höherrangig das Rechtsgut, desto geringer muss die Eingriffstiefe sein. Ein drohender Verstoß gegen das Folterverbot (Art. 7 IPBPR) ist zB per se als besonders schwerwiegend einzustufen, ohne dass es noch auf die Eingriffstiefe (also zB die Art der Folter) ankommt. Bei einer drohenden Beeinträchtigung des Rechtes auf Freiheit und Sicherheit (Art. 9 IPBPR) kann es demgegenüber zB auch auf die Dauer eines Freiheitsentzugs und damit auf die Eingriffstiefe ankommen. 105

---

178 Vgl. Jungkind/Raspé/Terbrack DK 2021, 445 (447); Kamann/Irmscher NZWiSt 2021, 249 (254); Schäfer ZLR 2022, 22 (30); Spindler ZHR 186 (2022), 67 (78 f.); Stöbener de Mora/Noll NZG 2021, 1237 (1240); Wagner/Ruttloff NJW 2021, 2145 Rn. 13; Wagner/Ruttloff/Wagner LkSG Wagner/Ruttloff/Schulga § 2 Rn. 117 ff.; siehe auch Charnitzky/Weigel RIW 2022, 12 (12) in Bezug auf § 2 Abs. 1.
179 So auch Grabosch LkSG/Schönfelder § 4 Rn. 58; Thalhammer DÖV 2021, 825 (832); vgl. auch Zimmermann/Weiss AVR 58 (2020), 424 (448 ff.).
180 BVerfG Urt. v. 24.7.2018 – 2 BvR 309/15, 502/16, BVerfGE 149, 293 Rn. 78 mwN; zu den Maßstäben auch Zimmermann/Weiss AVR 58 (2020), 424 (440 ff.).
181 Vgl. Lutz-Bachmann/Vorbeck/Wengenroth BB 2021, 906 (907).

106 Nicht eindeutig ist nach dem Wortlaut, wonach sich die **Rechtswidrigkeit** des Tuns oder Unterlassens richtet. Da die geschützten Rechtspositionen gem. § 2 Abs. 1, auf die sich das Verbot der Nr. 12 bezieht, dem Völkerrecht entstammen, erscheint es folgerichtig, unter Rechtswidrigkeit hier Völkerrechtswidrigkeit zu verstehen. Dabei ist allerdings zu beachten, dass die nach § 2 Abs. 1 geschützten Rechtspositionen nicht durchgehend mit (subjektiven) Abwehr- oder Teilhaberechten gleichzusetzen sind (→ Rn. 3). Nicht jedes Zurückbleiben hinter den von den Übereinkommen aus Nr. 1 bis 11 der Anlage zum LkSG verfolgten Zielen kann daher als völkerrechtswidrig angesehen werden. Zudem richten sich die in Bezug genommenen Übereinkommen nur an ihre Vertragsstaaten und nicht an die Unternehmen. Dem trägt das Gesetz ua dadurch Rechnung, dass es für die Frage der Rechtswidrigkeit auf die **Würdigung aller in Betracht kommenden Umstände** ankommt. Zu diesen Umständen gehört auch der jeweilige Grad der Verbindlichkeit des Schutzes des betroffenen Rechtsgutes. **Offensichtlich** ist etwas, „wenn sich dies für den unbefangenen Betrachter der Umstände von selbst ergibt und vernünftige Zweifel […] nicht bestehen"[182] oder „jeder Fachkundige dies ohne längere Nachprüfung erkennen kann"[183]. Offensichtlich kann ein Umstand aber auch schon dann sein, wenn er „durch Nachdenken, logische Schlussfolgerung oder durch sich aufdrängende Erkundigung in Erfahrung gebracht werden kann."[184]

107 Im Vorschlag der Europäischen Kommission für eine **Sorgfaltspflichten-Richtlinie** ist in der Anlage Teil I Nr. 21 eine mit § 2 Abs. 2 Nr. 12 vergleichbare Auffangklausel vorgesehen: „Verstoß gegen ein Verbot oder Recht, das nicht unter die Nummern 1 bis 20 fällt, aber in den in Abschnitt 2 dieses Teils aufgeführten Menschenrechtsübereinkommen enthalten ist, durch den ein in diesen Übereinkommen geschütztes rechtliches Interesse unmittelbar beeinträchtigt wird, vorausgesetzt, das betreffende Unternehmen hätte die Gefahr einer solchen Beeinträchtigung sowie alle geeigneten Maßnahmen, die zur Erfüllung der in Artikel 4 der vorliegenden Richtlinie genannten Verpflichtungen zu ergreifen sind, nach vernünftigem Ermessen feststellen können, wobei alle relevanten Umstände seiner Tätigkeit, wie die Branche und die operativen Rahmenbedingungen, zu berücksichtigen sind."

3. Zukünftige Rechtsentwicklung

108 Der Vorschlag der Europäischen Kommission für eine **Sorgfaltspflichten-Richtlinie** formuliert in seinem Anhang Teil I insgesamt 21 verschiedene Verstöße gegen Verbote gegen die in internationalen Menschenrechtsabkommen enthaltenen Rechte und Verbote. Diese finden zum Teil bereits Entsprechungen in den Verboten nach § 2 Abs. 2 Nr. 1 bis 12 (→ Rn. 14). Noch nicht oder zumindest nicht in voller Bandbreite be-

---

182 BGH Urt. v. 10.10.2000 – X ZR 176/98, BeckRS 2000, 10119.
183 BFH Urt. v. 29.4.1988 – VI R 175/83, BFHE 153, 359, BStBl. II 1988, 780 Rn. 9.
184 BVerwG Urt. v. 8.2.1968 – II C 6.67, BeckRS 1968, 31294865.

rücksichtigt sind im Verbotskatalog des LkSG die folgenden im Anhang Teil I des Vorschlags zur Sorgfaltspflichten-Richtlinie aufgeführten Verbote:[185]

- „Verstoß gegen das **Recht auf Leben und Sicherheit** gemäß Artikel 3 der Allgemeinen Erklärung der Menschenrechte" (Nr. 2);
- „Verstoß gegen das Verbot der **Folter** und grausamer, unmenschlicher oder erniedrigender Behandlung gemäß Artikel 5 der Allgemeinen Erklärung der Menschenrechte" (Nr. 3);
- „Verstoß gegen das Recht auf **Freiheit und Sicherheit** gemäß Artikel 9 der Allgemeinen Erklärung der Menschenrechte" (Nr. 4);
- „Verstoß gegen das Verbot willkürlicher oder unrechtmäßiger Eingriffe in die **Privatsphäre, Familie, Wohnung** oder **Korrespondenz** einer Person und Angriffe auf ihren **Ruf** gemäß Artikel 17 der Allgemeinen Erklärung der Menschenrechte" (Nr. 5);
- „Verstoß gegen das Verbot der Beeinträchtigung der **Gedanken-, Gewissens- und Religionsfreiheit** gemäß Artikel 18 der Allgemeinen Erklärung der Menschenrechte" (Nr. 6);
- „Verstoß gegen das Recht auf **gerechte und günstige Arbeitsbedingungen**, einschließlich eines angemessenen Lohns, eines angemessenen Lebensunterhalts, sicherer und gesunder Arbeitsbedingungen und einer angemessenen Begrenzung der Arbeitszeit gemäß Artikel 7 des Internationalen Pakts über wirtschaftliche, soziale und kulturelle Rechte" (Nr. 7);
- „Verstoß gegen das Verbot, den Zugang von Arbeitnehmern zu **angemessener Unterbringung** zu beschränken, wenn die Arbeitskräfte in einer vom Unternehmen bereitgestellten Unterkunft untergebracht sind, und den Zugang der Arbeitnehmer zu **angemessener Ernährung, Bekleidung sowie Wasser- und Sanitärversorgung** am Arbeitsplatz zu beschränken, gemäß Artikel 11 des Internationalen Pakts über wirtschaftliche, soziale und kulturelle Rechte" (Nr. 8);
- „Verstoß gegen das Verbot des **Menschenhandels** gemäß Artikel 3 des Protokolls von Palermo zur Verhütung, Bekämpfung und Bestrafung des Menschenhandels, insbesondere des Frauen- und Kinderhandels, zum Übereinkommen der Vereinten Nationen gegen die grenzüberschreitende organisierte Kriminalität" (Nr. 14);
- „Verstoß gegen das Recht der **indigenen Völker** auf Land, Gebiete und Ressourcen, die sie traditionell besessen, innegehabt oder auf andere Weise genutzt oder erworben haben, gemäß Artikel 25, Artikel 26 Absätze 1 und 2, Artikel 27 und Artikel 29 Absatz 2 der Erklärung der Vereinten Nationen über die Rechte der indigenen Völker" (Nr. 20).

Sollte der Richtlinienvorschlag verwirklicht werden, wäre im Zuge der Umsetzung also mit einer substanziellen Erweiterung des Verbotskatalogs in § 2 Abs. 2 zu rechnen.

---

185 Hervorhebungen jeweils nur hier.

III. Umweltbezogenes Risiko (Abs. 3) (*Gabriel*)
1. Überblick

109 § 2 Abs. 3 definiert den Begriff des **umweltbezogenen Risikos**. Ein umweltbezogenes Risiko ist hiernach ein Zustand, bei dem aufgrund tatsächlicher Umstände mit hinreichender Wahrscheinlichkeit ein Verstoß gegen die in Abs. 3 aufgelisteten Verbote droht. Diese Auflistung ist abschließend.[186] Risiken mit Bezug zur Umwelt, die nicht hierunter fallen, gelten nicht als umweltbezogene Risiken im Sinne des Gesetzes. Trotz der Differenzierung zwischen menschenrechtsbezogenen und umweltbezogenen Risiken zielt das LkSG primär auf den Schutz von Menschenrechten ab.[187] Mit dem Begriff des „umweltbezogenen Risikos" werden deshalb in erster Linie solche Risiken erfasst, die zugleich einen unmittelbaren Bezug zur menschlichen Gesundheit haben und deshalb unmittelbar menschenrechtlich relevant sind.[188]

Der Begriff des umweltbezogenen Risikos entspricht seiner Struktur nach dem des menschenrechtlichen Risikos im Sinne von Abs. 2. Für die Bestimmung, wann ein Zustand vorliegt, „bei dem aufgrund tatsächlicher Umstände mit hinreichender Wahrscheinlichkeit" mit einem Verstoß gegen ein Verbot zu rechnen ist, gelten daher die gleichen Grundsätze (→ Rn. 16 ff.).

110 Die in Abs. 3 gelisteten Verbote ergeben sich aus drei internationalen Übereinkommen. Erstens wird auf bestimmte Pflichten aus dem Übereinkommen von Minamata über Quecksilber (**Minamata-Übereinkommen**, BGBl. 2017 II 610, 611) verwiesen (Nr. 1 bis 3). Ziel dieses Übereinkommens ist es, die menschliche Gesundheit und die Umwelt vor anthropogenen Emissionen und Freisetzungen von Quecksilber und Quecksilberverbindungen zu schützen (Art. 1 Minamata-Übereinkommen). Das Übereinkommen wurde auch von der Europäischen Union genehmigt (Beschluss (EU) 2017/939).

111 Zweitens wird auf bestimmte Pflichten aus dem Übereinkommen über persistente organische Stoffe verwiesen (Persistent Organic Pollutants – **POPs-Übereinkommen**, BGBl. 2002 II 803, 804) (Nr. 4 und Nr. 5). Ziel dieses Übereinkommens ist es, die menschliche Gesundheit und die Umwelt vor persistenten organischen Schadstoffen zu schützen (Art. 1 POPs-Übereinkommen). Das Übereinkommen wurde in der Europäischen Union durch die VO (EU) 2019/1021 umgesetzt (**POP-Verordnung**).

112 Drittens wird auf das Basler Übereinkommen über die Kontrolle der grenzüberschreitenden Verbringung gefährlicher Abfälle und ihrer Entsorgung (**Basler Übereinkommen**) verwiesen (Nr. 6 bis Nr. 8). Die Regelungen zum Basler Übereinkommen waren im ursprünglichen Gesetzent-

---

186 BT-Drs. 19/28649, 39.
187 Vgl. BT-Drs. 19/28649, 1; vgl. auch Nasse RAW 2022, 3 (6).
188 Vgl. BT-Drs. 19/30505, 37 zur Begründung, warum auch das Basler Übereinkommen in die Liste aufgenommen wurde; ebenso Grabosch LkSG/Schönfelder § 4 Rn. 59.

wurf nicht enthalten. Sie sind über die Beschlussempfehlung des Ausschusses für Arbeit und Soziales in das Gesetz gelangt.[189] Das Übereinkommen wird in der Europäischen Union durch die VO (EG) Nr. 1013/2006 (**Abfall-Verordnung**) umgesetzt.

2. Anwendbares Recht

Die **Verweisungstechnik** in Abs. 3 weicht von derjenigen des Abs. 1 ab. Während Abs. 2 teils auf ratifizierte Abkommen verweist, teils auf die Terminologie solcher Abkommen zurückgreift und teils eigenständige Verbote formuliert,[190] orientieren sich die Verbote in Abs. 3 eng an den drei genannten Abkommen. Dabei werden aus den Abkommen nur einige spezifische Verbote herausgegriffen und hierfür auf die einschlägigen Bestimmungen verwiesen.

113

Das **Hauptproblem** einer solchen Verweisungstechnik liegt darin, dass für die in Abs. 3 beschriebenen „Verbote" direkt auf die internationalen Übereinkommen Bezug genommen wird, diese Übereinkommen selbst aber gar keine (unmittelbar gegenüber den Wirtschaftsakteuren geltenden) Verbote enthalten. Adressaten der Übereinkommen sind ausschließlich die Vertragsstaaten. Diese verpflichten sich, die in den Übereinkommen geregelten Vorhaben durch nationale Rechtsakte umzusetzen. Erst diese nationalen Rechtsakte entfalten gegenüber den Wirtschaftsakteuren unmittelbare Regelungswirkung. Nur sie enthalten also die jeweils anwendbaren Verbote.[191] Für den Wirtschaftsakteur, der zu ermitteln versucht, ob ein umweltbezogenes Risiko vorliegt, wäre es deshalb besonders wichtig zu wissen, anhand welchen nationalen Umsetzungsaktes er das Vorliegen eines Verstoßes gegen die in Abs. 3 aufgeführten „Verbote" zu prüfen hat. Mit anderen Worten stellt sich für ihn die Frage, welches Recht bei der Prüfung des Tatbestands von Abs. 3 maßgebend sein soll: das (eigentlich anwendbare) Recht desjenigen Staates, in dem die Produktionsvorgänge stattfinden, oder stets die deutsche Rechtsordnung, in der sämtliche der zitierten Abkommen ratifiziert und umgesetzt wurden. Durch den Verweis auf die Übereinkommen wird diese Frage nicht beantwortet. Für den Rechtsanwender ergeben sich hieraus zwei Auslegungsfragen:

114

Erstens ist fraglich, ob ein Verstoß gegen das jeweils bezeichnete Verbot auch dann angenommen werden kann, wenn die (verbotenen) Produktionsvorgänge in einem Land stattfinden, das die zitierten Übereinkommen **nicht ratifiziert** hat, die Handlungen dort also nicht bzw. nicht aufgrund des jeweils benannten Übereinkommens untersagt sind. Vergleichsweise deutlich war hinsichtlich der Bestimmungen des POPs-Übereinkommens diesbezüglich noch der Gesetzentwurf der Bundesregierung.[192] Maßgebend waren danach die Bestimmungen des jeweils an-

115

---

189 BT-Drs. 19/30505.
190 Grabosch LkSG/Schönfelder § 4 Rn. 9.
191 Vgl. auch Öttinger CB 2022, 345 (347).
192 BT-Drs. 19/28649.

wendbaren nationalen Rechts („soweit dieses nach dem anwendbaren nationalen Recht in Übereinstimmung mit dem POPs-Übereinkommen gilt" (Nr. 4) und „die in der anwendbaren Rechtsordnung nach den Maßgaben des [...] gelten" (Nr. 5)). Auf Vorschlag des Ausschusses für Arbeit und Soziales wurde die Passage in Nr. 4 allerdings aus „redaktionellen Gründen" gestrichen.[193] Geblieben ist nur die Klarstellung in Nr. 5. Dennoch wird in der Literatur angenommen, diese verbliebene Klarstellung des Gesetzgebers in Nr. 5 deute auf eine **„bewusste Systematik"** hin.[194] Wo nichts anderes ausdrücklich klargestellt sei, sei also unerheblich, ob das Abkommen im jeweils anwendbaren Recht tatsächlich ratifiziert wurde. Hierfür sprächen teleologische Gründe, denn Ziel des Abkommens sei es, verantwortliches und nachhaltiges Wirtschaften weltweit zu fördern.

116 Zutreffend ist insoweit, dass sich eine **pauschale Beantwortung** der Frage, welches Recht maßgebend sein soll, verbietet. Nur (noch) Abs. 3 Nr. 5 regelt vergleichsweise klar, welches Recht maßgebend sein soll (vgl. allerdings → Rn. 138 f.) Die anderen Ziffern weichen hinsichtlich der gewählten Formulierungen dagegen mitunter deutlich voneinander ab. Teils werden neben dem Abkommen auch einschlägige EU-Vorschriften genannt (Nr. 4 und Nr. 6) – wobei diese Verweisungstechnik wiederum selbst nicht einheitlich erfolgt („in der Fassung" (Nr. 4) bzw. „im Sinne der" (Nr. 6)). Teils wird zwischen Vertragsparteien und „Nichtvertragsparteien" der Abkommen unterschieden (Nr. 7 und 8). Und teilweise wird auf jegliche Klarstellung verzichtet (Nr. 1 bis 3). Von einer bewussten (und insbesondere einer sachlich nachvollziehbaren) Systematik zu sprechen, erfordert vor diesem Hintergrund viel guten Willen.

117 Hiermit eng verbunden ist zweitens die Frage, welches Recht maßgebend ist, wenn ein in der Lieferkette integrierter Staat das jeweilige Übereinkommen zwar ratifiziert hat, der Staat das Übereinkommen aber nicht oder nicht im gleichen Umfang wie die Bundesrepublik umgesetzt hat. Die Frage des anwendbaren Rechts bleibt relevant, weil selbst zwischen den Vertragsstaaten, die die Abkommen ratifiziert haben, **kein einheitliches Regelungsregime** existiert. Die Übereinkommen sehen zahlreiche Möglichkeiten vor, von den hierin enthaltenen Vorgaben Ausnahmen zu regeln. Von diesen Möglichkeiten haben die Staaten in unterschiedlichem Umfang Gebrauch gemacht. Was in einem Vertragsstaat aufgrund des Abkommens unzulässig ist, mag also in einem anderen Vertragsstaat (noch) zulässig sein. Deshalb ist es auch in diesen Fällen erforderlich, zu bestimmen, welches Recht einschlägig sein soll.

118 Es hätte nahegelegen, **einheitliche Kriterien** vorzugeben, anhand derer das anwendbare Recht bestimmt werden kann. Hierbei hätte berücksichtigt werden müssen, dass der „Export" deutscher Schutzstandards völ-

---

193 BT-Drs. 19/30505, 36.
194 Grabosch LkSG/Schönfelder § 4 Rn. 65, dort auch im Folgenden.

kerrechtlich problematisch sein kann.[195] Dennoch fehlen solche klaren Kriterien. Beispielhaft zeigt sich das anhand der Regelung in Nr. 1: Wollte man dem Gesetzgeber eine bewusste Systematik unterstellen, wäre in Abgrenzung zum Wortlaut in Nr. 5 wohl anzunehmen, dass es bei Nr. 1 allein auf die deutsche Rechtslage ankommt. Ob ein Staat in der Lieferkette das Abkommen ratifiziert hat, wäre also unerheblich. Ein Unternehmen könnte auch dann gegen Nr. 1 verstoßen, wenn sein Verhalten nach dem ansonsten einschlägigen Recht des Drittstaats nicht verboten wäre.[196] Konsequent umgesetzt wird dies allerdings nicht. Hat der Drittstaat das Abkommen nämlich ratifiziert, sollen nach den Vorstellungen des Gesetzgebers die dort maßgebenden Ausnahmen einschlägig sein – und gerade nicht die nach deutschem Recht geltenden.[197] Mal gilt also das eine, mal das andere Recht.

Mit Mitteln der juristischen Methodik lässt sich das jeweils anwendbare Recht vor diesem Hintergrund nicht in allen Fällen bestimmen. Dementsprechend weit liegen die in der Literatur vertretenen Lösungsansätze teils auseinander.[198] Es spricht einiges dafür, die sich zum anwendbaren Recht nicht eindeutig äußernden Regelungen (Nr. 1 bis 4, 6) wegen Verstoßes gegen den **Bestimmtheitsgrundsatz** als **verfassungswidrig** anzusehen.[199] Dies gilt erst recht, weil die Vorschriften zur Konkretisierung der im Gesetz geregelten Handlungspflichten unerlässlich (vgl. zB § 5 Abs. 1 S. 1) und viele dieser Pflichten bußgeldbewehrt sind (vgl. zB § 24 Abs. 1 Nr. 2). Die Begriffsbestimmungen dürften deshalb an dem noch strengeren Maßstab des Art. 103 Abs. 2 GG zu messen sein. Diesen Anforderungen genügen sie vermutlich nicht. 119

3. Die Verbote im Einzelnen

a) Umgang mit Quecksilber (Minamata-Übereinkommen) (Nr. 1 bis 3)

Nummern 1 bis 3 dienen der Einhaltung umweltbezogener Pflichten, die sich aus dem **Minamata-Überkommen** ergeben. 120

aa) Herstellung, Einfuhr und Ausfuhr von mit Quecksilber versetzten Produkten (Nr. 1)

Vom Begriff des umweltbezogenen Risikos umfasst ist zunächst der drohende Verstoß gegen das Verbot, entgegen Art. 4 Abs. 1 und Anlage A Teil I des Minamata-Übereinkommens mit Quecksilber versetzte Produkte herzustellen. Gemäß **Art. 4 Abs. 1 Minamata-Übereinkommen** sorgt jede Vertragspartei „durch Ergreifung geeigneter Maßnahmen dafür, dass die Herstellung, Einfuhr und Ausfuhr von mit Quecksilber versetzten Produkten, die in Anlage A Teil I aufgeführt sind, nach dem für diese 121

---

195 Vgl. Thalhammer DÖV 2021, 825 (827).
196 So wohl Grabosch LkSG/Schönfelder § 4 Rn. 65.
197 BT-Drs. 19/28649, 39.
198 Vgl. etwa Öttinger CB 2022, 345 (347); Grabosch/Schönfelder AuR 2021, 488.
199 In eine ähnliche Richtung deutend: Stöbener de Mora/Noll NZG 2021, 1237 (1340); Thalhammer DÖV 2021, 825 (831 f.).

Produkte festgelegten Ausstiegsdatum unterbleibt; hiervon ausgenommen sind Fälle, in denen Anlage A einen Ausschluss vorsieht oder für die Vertragspartei eine registrierte Ausnahmeregelung nach Artikel 6 gilt".

122 Das bedeutet: Verboten sind grundsätzlich die Herstellung, die Einfuhr und die Ausfuhr von mit Quecksilber versetzten und in Anlage A Teil I zum Minamata-Übereinkommen aufgeführten Produkten. Hierzu gehören ab 2020 etwa Pestizide und Biozide oder bestimmte Arten von Batterien.[200] **Ausgenommen** von diesem Verbot sind Produkte, die ausdrücklich nicht unter Anlage A Teil I fallen sollen (hiervon also „ausgeschlossen" sind). Um welche Produkte es sich hierbei handelt, gibt Anlage A Teil I selbst vor. Hierzu gehören etwa „für den Zivilschutz und militärische Verwendungszwecke unerlässliche Produkte", „bei traditionellen oder religiösen Praktiken verwendete Produkte" oder „Impfstoffe mit Thiomersal als Konservierungsstoff".

123 Ausgenommen vom Verbot sind zudem solche Produkte, für die eine sog. Ausnahmeregelung gemäß **Art. 6 Minamata-Übereinkommen** geschaffen wurde. Eine solche Ausnahmeregelung liegt gemäß Art. 6 Abs. 1 des Minamata-Übereinkommens vor, wenn ein Staat oder eine Organisation der regionalen Wirtschaftsintegration sich durch **schriftliche Notifikation** an das Sekretariat (vgl. Art. 24) für eine oder mehrere Ausnahmeregelungen von den in den Anlagen A und B aufgeführten Ausstiegsdaten registrieren lässt. Die Liste wird vom Sekretariat geführt und ist öffentlich einsehbar.[201]

124 Eine Ausnahme vom Verbot ist schließlich in den Fällen des **Art. 4 Abs. 2 Minamata-Übereinkommen** vorgesehen. Hiernach kann eine Vertragspartei unter bestimmten Bedingungen abweichend von Abs. 1 festlegen, dass sie statt eines Verbots **abweichende Maßnahmen** oder Strategien (zur Verringerung bestehender Risiken) anwendet. Auch bei Gebrauch dieser Option liegt nach den Vorstellungen des Gesetzgebers kein Risiko im Sinne von Abs. 3 vor.[202]

bb) Verwendung von Quecksilber und Quecksilberverbindungen bei Herstellungsprozessen (Nr. 2)

125 Nr. 2 erfasst den drohenden Verstoß gegen das Verbot, Quecksilber und Quecksilberverbindungen bei **Herstellungsprozessen** im Sinne des Art. 5 Abs. 2 und Anlage B Teil I des Minamata-Übereinkommens zu verwenden. Gemäß Art. 5 Abs. 2 Minamata-Übereinkommen sorgt jede Vertragspartei durch Ergreifung geeigneter Maßnahmen dafür, „dass die Verwendung von Quecksilber und Quecksilberverbindungen bei den in Anlage B Teil I aufgeführten Herstellungsprozessen nach dem in der genannten Anlage für die einzelnen Prozesse jeweils festgelegten Ausstiegsdatum unterbleibt; ausgenommen sind Fälle, in denen für die Vertragspartei eine registrierte Ausnahmeregelung nach Artikel 6 gilt".

---

200 Vgl. im Einzelnen etwa Öttinger CB 2022, 345 (348).
201 Siehe https://www.mercuryconvention.org/en/parties/exemptions.
202 BT-Drs. 19/28649, 39.

Die in Bezug genommene Anlage B Teil I nennt zwei Herstellungsprozesse, für die jeweils unterschiedliche Ausstiegsdaten gelten: Erstens die **Chlor-Alkali-Herstellung** („Chlor-alkali production") (ab dem Jahr 2025) und zweitens die **Acetaldehyd-Herstellung**, bei der Quecksilber oder Quecksilberverbindungen als Katalysator verwendet werden („Acetaldehyde production in which mercury or mercury compounds are used as a catalyst") (ab dem Jahr 2018). Die Liste der Ausnahmen nach Art. 6 ist ebenfalls öffentlich einsehbar (→ Rn. 123).

Art. 5 Abs. 1 Minamata-Übereinkommen schränkt den **Begriff der Herstellungsprozesse** in Hinblick auf bestimmte Tätigkeiten zusätzlich ein.[203] Für die Zwecke des Art. 5 und der Anlage B schließen Herstellungsprozesse, bei denen Quecksilber oder Quecksilberverbindungen verwendet werden, demnach weder Prozesse ein, bei denen mit Quecksilber versetzte Produkte verwendet werden, noch Prozesse zur Herstellung von mit Quecksilber versetzten Produkten noch Prozesse, bei denen quecksilberhaltiger Abfall verarbeitet wird.

cc) Behandlung von Quecksilberabfällen (Nr. 3)

Nr. 3 betrifft den drohenden Verstoß gegen das Verbot, Quecksilberabfälle entgegen den Bestimmungen des **Art. 11 Abs. 3 Minamata-Übereinkommen** zu behandeln. Art. 11 Abs. 3 verweist wiederum auf die Bestimmungen des Basler Übereinkommens. Worum es sich bei Quecksilberabfällen handelt, regelt Art. 11 Abs. 2 Minamata-Übereinkommen.

b) Umgang mit persistenten organischen Stoffen (POPs-Übereinkommen) (Nr. 4 und 5)
aa) Verbot der Verwendung bestimmter Chemikalien (Nr. 4)

Nr. 4 enthält das Verbot der Produktion und Verwendung von Chemikalien nach Art. 3 Abs. 1 lit. a und Anlage A des Stockholmer Übereinkommens vom 23.5.2001 über persistente organische Schadstoffe (BGBl. 2002 II 803, 804) (**POPs-Übereinkommen**). Hiernach sorgt jede Vertragspartei für das Verbot oder die Einstellung

- der bei ihr erfolgenden Produktion und Verwendung der in Anlage A aufgenommenen Chemikalien vorbehaltlich der genannten Anlage und
- der bei ihr erfolgenden Einfuhr und Ausfuhr der in Anlage A aufgenommenen Chemikalien nach Maßgabe des Abs. 2.

Anlage A des Übereinkommens enthält eine Liste an Stoffen, die „eliminiert" werden sollen. Die Tabelle ist in drei Spalten aufgeteilt. Die linke Spalte bezeichnet (unter Angabe der CAS-Nummer) den zu eliminierenden Stoff. Die mittlere Spalte benennt die Tätigkeiten, bei denen der Stoff zum Einsatz gelangen kann (Produktion und Verwendung). Die rechte Spalte regelt, ob und für welche der in der mittleren Spalte

---
203 BT-Drs. 19/28649, 39.

genannten Tätigkeiten eine Ausnahme von dem Verbot der Verwendung bestehen kann.

131 Bei den **Ausnahmen** ist zu unterscheiden. Die in der rechten Spalte der Anlage explizit aufgeführten Ausnahmen gelten für alle Vertragsparteien. In begrenzten Fällen können darüber hinaus für einzelne Länder weitere Ausnahmen aufgenommen werden. Dies wird in der rechten Spalte der Tabelle vermerkt („Zugelassen für die in das Register aufgenommenen Vertragsparteien"). Für diese besonderen Ausnahmen gilt das in Art. 4 des Übereinkommens geregelte Verfahren. Vertragsparteien, die von der zugelassenen Ausnahme Gebrauch machen wollen, müssen sich hiermit beim Sekretariat notifizieren. Das Sekretariat führt ein Register, aus dem sich ergibt, für welches Land welche Ausnahme und bis wann gilt. Das Register ist öffentlich einsehbar.[204]

132 Die Verbote des POPs-Übereinkommens gelten „in der Fassung der Verordnung (EU) 2019/1021". Was damit gemeint ist, ist unklar. Art. 3 Abs. 1 POPs-Übereinkommen adressiert zunächst lediglich die Vertragsparteien („Jede Vertragspartei erwirkt […]"). Es bedarf deshalb eines Umsetzungsaktes, um unmittelbar Pflichten für Unternehmen zu begründen. Um einen solchen Umsetzungsakt handelt es sich bei der **VO (EU) 2019/1021 (POP-Verordnung)**. Die EU hat in der POP-Verordnung allerdings nicht den Wortlaut des POPs-Übereinkommens unverändert übernommen. Sie hat vielmehr ein eigenständiges Regelungskonzept geschaffen, das an verschiedenen Stellen von den Regelungen des Übereinkommens abweicht. Bei der Verordnung und dem Übereinkommen handelt es sich also nicht um unterschiedliche „Fassungen" eines Normtextes.

133 Das hat praktische Auswirkungen. Unterschiedliche Vorgaben zwischen POPs-Übereinkommen und POP-Verordnung ergeben sich insbesondere in Bezug auf die für die Verbote geltenden **Ausnahmen**. Wie dargelegt, können – sofern dies in der Anlage A zum Übereinkommen vorgesehen ist – bestimmte, nur für einzelne Vertragsparteien geltende Ausnahmen beim Sekretariat notifiziert werden (Art. 4 Abs. 3, Art. 3 Abs. 6 POPs-Übereinkommen). Diese Option hat auch die EU genutzt.[205] Die von der EU registrierten Ausnahmen sind in der POP-Verordnung aufgeführt; von anderen Ländern registrierte Ausnahmen naturgemäß hingegen nicht. Damit stellt sich die Frage, ob für das Vorliegen eines Verbots im Sinne von Abs. 3 Nr. 4 allein die POP-Verordnung, dh EU-Recht, maßgeblich ist oder ob die in anderen Ländern geltenden, nach Art. 4 POPs-Übereinkommen zulässigen Ausnahmen ebenfalls berücksichtigt werden können.[206] Der Wortlaut des Regierungsentwurfs war diesbezüglich noch eindeutig („das Verbot der Produktion und Verwendung von Chemikalien […] soweit dieses nach dem anwendbaren nationalen Recht in

---

204 Siehe http://www.pops.int/Implementation/Exemptions/SpecificExemptions/tabid/1133/Default.aspx.
205 Vgl. http://chm.pops.int/Implementation/Exemptions/SpecificExemptions/DecabromodiphenyletherRoSE/tabid/7593/Default.aspx.
206 Für Ersteres wohl Grabosch LkSG/Schönfelder § 4 Rn. 65.

Übereinstimmung mit dem POPs-Übereinkommen gilt"[207]). Maßgeblich war hiernach das jeweils anwendbare nationale Recht. Die auf Vorschlag des Ausschusses für Arbeit und Soziales aufgenommene Gesetzesfassung sollte als redaktionelle „Folgeänderung aufgrund der Einfügung der neuen § 2 Absatz 3 Nummer 6 bis 8"[208] dienen. Das ist allerdings schon deshalb merkwürdig, weil sich die Nummern 6 bis 8 nicht zum POPs-Übereinkommen äußern. Worauf der Gesetzgeber mit der Formulierung abzielt, ist also unklar (hierzu bereits → Rn. 143 ff.; dort auch zur Verfassungswidrigkeit der Vorschrift wegen Verstoßes gegen den Bestimmtheitsgrundsatz).

bb) Verbot des nicht umweltgerechten Umgangs mit Abfällen (Nr. 5)

Nr. 5 verweist auf das Verbot der nicht umweltgerechten **Handhabung, Sammlung, Lagerung** und **Entsorgung** von Abfällen nach den Regelungen, die in der anwendbaren Rechtsordnung nach den Maßgaben des Art. 6 Abs. 1 lit. d Ziff. i und ii des POPs-Übereinkommens gelten. 134

Damit **Lagerbestände**, die aus in Anlage A oder Anlage B aufgenommenen Chemikalien bestehen oder diese enthalten, sowie **Abfälle**, die aus einer in Anlage A, B oder C aufgenommenen Chemikalie bestehen, diese enthalten oder mit dieser verunreinigt sind – darunter auch Produkte und Artikel, wenn diese zu derartigen Abfällen werden –, so behandelt werden, dass die menschliche Gesundheit und die Umwelt geschützt werden, verpflichtet sich gemäß **Art. 6 Abs. 1 lit. d Ziff. i und ii POPs-Übereinkommen** jede Vertragspartei, geeignete Maßnahmen zu ergreifen, damit derartige Abfälle 135

- umweltgerecht gehandhabt, gesammelt, befördert und gelagert werden;
- so entsorgt werden, dass die darin enthaltenen persistenten organischen Schadstoffe zerstört oder unumkehrbar umgewandelt werden, so dass sie nicht mehr die Eigenschaften persistenter organischer Schadstoffe aufweisen, oder auf andere Weise umweltgerecht entsorgt werden, wenn ihre Zerstörung oder unumkehrbare Umwandlung nicht die unter Umweltgesichtspunkten vorzuziehende Möglichkeit darstellt oder ihr Gehalt an persistenten organischen Schadstoffen niedrig ist, wobei internationale Regeln, Normen und Richtlinien, auch solche, die nach Abs. 2 gegebenenfalls erarbeitet werden, sowie einschlägige weltweite und regionale Regelungen zur Behandlung gefährlicher Abfälle zu berücksichtigen sind.

In der EU wird diese Verpflichtung durch die **POP-Verordnung** umgesetzt (vgl. allen voran Art. 5 und Art. 7 POP-Verordnung). 136

Findet die wirtschaftliche Betätigung außerhalb der EU statt und ist deshalb die POP-Verordnung nicht anwendbar, gelten gemäß Abs. 3 Nr. 5 die einschlägigen Vorgaben der jeweils **anwendbaren Rechtsordnung**. Al- 137

---

207 BT-Drs. 19/28649, 9.
208 BT-Drs. 19/30505, 36.

lerdings soll das gemäß Nr. 5 nur dann der Fall sein, wenn die Regelungen **nach den Maßgaben** des Art. 6 Abs. 1 lit. d Ziff. i und ii POPs-Übereinkommen erlassen wurden. Diese Formulierung führt zu Folgefragen:

138 Erstens ist unklar, was passiert, wenn in der anwendbaren Rechtsordnung keine „nach den Maßgaben" des Art. 6 Abs. 1 lit. d Ziff. i und ii POPs-Übereinkommen erlassene Regelungen existieren – etwa, weil der jeweilige Staat das Übereinkommen **nicht ratifiziert und/oder nicht umgesetzt** hat. Teils wird differenziert: Habe der jeweilige Staat das Übereinkommen nicht ratifiziert, sei der Tatbestand von Nr. 5 nicht erfüllt. Es liege dann kein umweltbezogenes Risiko vor. Habe der Staat das Abkommen hingegen ratifiziert und bloß keine die Vorgaben des Art. 6 Abs. 1 POPs-Übereinkommen umsetzenden nationalen Regelungen erlassen, müsse das Übereinkommen unmittelbar beachtet werden.[209] Das mag zumindest dort noch nachvollziehbar sein, wo – wie in Deutschland (vgl. Art. 59 Abs. 2 S. 1 GG) – der Ratifikation die Zustimmung durch das nationale Gesetzgebungsorgan voranzugehen hat und der völkerrechtliche Vertrag hierdurch in innerstaatliches Recht transformiert wird.[210] Ist das Übereinkommen hierdurch Teil des innerstaatlichen Rechts geworden, wäre denkbar, die Vorschrift für anwendbar zu erachten. Problematisch bleibt in einem solchen Fall allerdings weiterhin, dass Art. 6 Abs. 1 POPs-Übereinkommen keine Pflichten (und auch keine Verbote) für Wirtschaftsakteure begründet. Es regelt lediglich, dass die Vertragsparteien (dh die Staaten) sich dazu verpflichten, „geeignete" Maßnahmen zu ergreifen. Zudem sind die hierin verwendeten Begriffe sehr vage (Beispiel: „umweltgerecht"), dh für den Wirtschaftsakteur kaum rechtssicher umsetzbar. Das Übereinkommen ist schlicht nicht darauf ausgelegt, unmittelbar von Wirtschaftsakteuren angewandt zu werden. Fehlt es an einer Umsetzung in der jeweils anwendbaren nationalen Rechtsordnung, sprechen deshalb bessere Gründe dafür, den Tatbestand von Nr. 5 auch dann als nicht erfüllt anzusehen, wenn das Übereinkommen von dem jeweiligen Vertragsstaat ratifiziert wurde.

139 Wenn eine solche nationalstaatliche Regelung demgegenüber existiert, ist zweitens fraglich, ob das Unternehmen (oder die Behörde) verpflichtet ist, zu prüfen, ob die nationale Regelung im Einklang mit den Vorgaben des Übereinkommens steht, dh **„nach Maßgabe"** des Art. 6 Abs. 1 POPs-Übereinkommen erlassen wurde. Der Wortlaut deutet in diese Richtung. Doch auch insoweit stellt sich die Frage, wie eine solche Vorgabe in der Praxis konkret umgesetzt werden soll. Trifft das Unternehmen eine allgemeine Pflicht zur Prüfung der **„Völkerrechtskonformität"** des nationalen Umsetzungsaktes? Und was passiert, wenn Uneinigkeit über die Völkerrechtskonformität besteht? Diese Fragen sind ungeklärt.

---

209 Grabosch LkSG/Schönfelder § 4 Rn. 67.
210 BeckOK GG/Pieper GG Art. 59 Rn. 41.

c) Aus- und Einfuhr von Abfällen (Basler Übereinkommen) (Nr. 6 bis 8)

Aufgrund der Empfehlungen des Ausschusses für Arbeit und Soziales wurde Abs. 3 um die Aus- und Einfuhrverbote von Abfällen auf Grundlage des Basler Übereinkommens ergänzt.[211] Der Begriff **„gefährliche Abfälle"** wird in Nr. 6 bis 8 verwendet. Der Ausschuss für Arbeit und Soziales führt hierzu wörtlich aus: „Der Begriff ‚gefährliche Abfälle' wird in Artikel 1 Absatz 1 des Basler Übereinkommens legaldefiniert. Dieser verweist in Buchstabe a auf die Anlagen I und III zum Basler Übereinkommen; in Anlage I wird zudem Bezug auf die Anlagen VIII und IX zum Basler Übereinkommen genommen. Die Anlagen VIII und IX des Basler Übereinkommens sind in Anlage V Teil 1 der Verordnung (EG) Nr. 1013/2006 des Europäischen Parlaments und des Rates vom 14. Juni 2006 über die Verbringung von Abfällen (ABl. L 190 vom 12.7.2006 S. 1), die zuletzt durch die Delegierte Verordnung (EU) 2020/2174 der Kommission vom 19. Oktober 2020 (Abl. L 433 vom 22.12.2020 S. 11) geändert worden ist, referenziert. Zudem sind nach Artikel 1 Absatz 1 Buchstabe b auch solche Abfälle als gefährliche Abfälle einzustufen, die nach dem anwendbaren nationalen Recht der Vertragsparteien als gefährliche Abfälle bezeichnet sind oder als solche gelten."[212] 140

Hierneben wird in Nr. 6 und 8 der Begriff **„andere Abfälle"** verwendet. Worum es sich hierbei handelt, regelt Art. 1 Abs. 2 Basler Übereinkommen. Hierzu wiederum wörtlich der Ausschuss: „Der Begriff ‚andere Abfälle' wird in Artikel 1 Absatz 2 des Basler Übereinkommens legaldefiniert. Dieser verweist auf Anlage II des Basler Übereinkommens. Anlage II des Basler Übereinkommens ist in Anlage V Teil 3 Liste A der Verordnung (EG) Nr. 1013/2006 referenziert."[213] 141

Es gelten also zunächst die Begriffsbestimmungen von Art. 1 Abs. 1 und Abs. 2 des Basler Übereinkommens. Von Nr. 6 einbezogen werden aber auch Abfälle, die unter die **VO (EG) Nr. 1013/2006 (Abfall-Verordnung)** fallen („und im Sinne der Verordnung"). Weil die Abfall-Verordnung den Begriff „andere Abfälle" nicht kennt und Art. 1 Abs. 1 lit. b Basler Übereinkommen – anders als dessen Abs. 2 – eine Öffnungsklausel für die Vertragsparteien enthält, dürfte der Verweis auf die Abfall-Verordnung trotz des missverständlichen Wortlauts der Nr. 6 allerdings lediglich den Begriff der **„gefährlichen Abfälle"** erweitern. Das bedeutet: „Gefährliche Abfälle" im Sinne von Nr. 6 sind Abfälle gemäß Art. 1 Abs. 1 lit. a iVm Anlage I des Basler Übereinkommens und Abfälle gemäß Art. 2 Abs. 2 Abfall-Verordnung (iVm Art. 1 Abs. 1 lit. b Basler Übereinkommen). „Andere Abfälle" sind lediglich Abfälle gemäß Art. 1 Abs. 2 Basler Übereinkommen. 142

Hinsichtlich des auch in Nr. 6 bedeutenden unionsrechtlichen Begriffs des „gefährlichen Abfalls" gilt Folgendes: Art. 2 Nr. 2 Abfall-Verord- 143

---

211 Vgl. BT-Drs. 19/30505, 9.
212 BT-Drs. 19/30505, 37.
213 BT-Drs. 19/30505, 37.

nung verweist auf Art. 1 Abs. 4 RL 91/689/EWG (**Abfall-Richtlinie (alt)**). Diese Richtlinie ist mittlerweile außer Kraft getreten. Sie wurde durch die **RL 2008/98/EG (Abfall-Richtlinie (neu))** ersetzt. Fraglich ist deshalb, ob es sich bei dem Verweis in Art. 2 Nr. 2 Abfall-Verordnung um eine starre Verweisung handelt, ob also die Begriffsbestimmung der alten Richtlinie maßgebend bleibt.[214]

144 Praktische Auswirkungen dürfte dieses Problem allerdings wohl nicht haben. Die neue Begriffsbestimmung in Art. 3 Nr. 2 Abfall-Richtlinie (neu) ist zwar schlanker gehalten. In Art. 7 Abs. 1 (insbesondere S. 3) und Abs. 2 finden sich allerdings Vorschriften, die sich an die alte Richtlinie anlehnen. Maßgebend für die Bestimmung „gefährlicher Abfälle" ist nach beiden Richtlinien allen voran ein in der **Entscheidung 2000/532/EG** der Kommission geführtes Verzeichnis. Es dürfte deshalb in der Praxis auch unerheblich sein, dass die Entscheidung der Kommission selbst mehrdeutig gefasst ist. Während sich der Titel der Entscheidung und dessen Erwägungen auf die alte Richtlinie beziehen, wird das daran angefügte Abfallverzeichnis als „Abfallverzeichnis gemäß Artikel 7 der Richtlinie 2008/98/EG" bezeichnet. Zu einem verfassungsrechtlichen Bestimmtheitsproblem führt diese Regelungstechnik allenfalls nur deshalb nicht, weil es, wie gesagt, im Ergebnis dahinstehen kann.

aa) Verbot der Ausfuhr gefährlicher und anderer Abfälle (Nr. 6)

145 Nr. 6 lit. a verweist auf das Verbot der Ausfuhr gefährlicher Abfälle und anderer Abfälle in eine Vertragspartei, die deren Einfuhr verboten hat (**Art. 4 Abs. 1 lit. b Basler Übereinkommen**). Gemäß Art. 4 Abs. 1 lit. b Basler Übereinkommen verbieten die Vertragsparteien oder erteilen keine Erlaubnis für die Ausfuhr gefährlicher Abfälle und anderer Abfälle in die Vertragsparteien, welche die Einfuhr solcher Abfälle verboten haben, wenn sie nach lit. a davon in Kenntnis gesetzt worden sind. Lit. a verweist auf das Informationsverfahren nach Art. 13 Basler Übereinkommen.

146 Die Vorschrift ist **sprachlich missglückt**. Indem sie von der „**Ausfuhr in einen Einfuhrstaat**" spricht, vermengt sie zwei voneinander zu trennende Vorgänge – die Ausfuhr aus dem Ausfuhrstaat und die Einfuhr in den Einfuhrstaat. Für beide Vorgänge gelten unterschiedliche Regelungsregime. Dennoch dürfte im Umkehrschluss aus Nr. 8 von Nr. 6 nur das Ausfuhr- und nicht auch das Einfuhrverbot erfasst sein. Das bedeutet: Art. 4 lit. b Basler Übereinkommen sieht vor, dass die Vertragsparteien (konkret die jeweiligen Ausfuhrstaaten) das Übereinkommen umsetzen. Dies geschieht im Fall von Art. 4 Abs. 1 lit. b Basler Übereinkommen, indem sie ein **Ausfuhrverbot** erteilen oder eine **Ausfuhrgenehmigung** versagen. Fehlt es an einem solchen nationalen Umsetzungsakt, existiert (im Ausfuhrstaat) kein gegenüber dem Wirtschaftsakteur unmittelbar geltendes Verbot, gegen das er verstoßen könnte. § 2 Abs. 3 Nr. 6 lit. a wäre

---

214 Hierfür wohl Grabosch LkSG/Schönfelder § 4 Rn. 71.

dann nicht erfüllt (zu dem Problem, dass es bei den Übereinkommen stets eines nationalen Umsetzungsaktes bedarf, → Rn. 114).

Nr. 6 lit. b verweist auf das Verbot der „Ausfuhr in einen Einfuhrstaat" im Sinne des Art. 2 Nr. 11 Basler Übereinkommen, der nicht seine schriftliche Einwilligung zu der bestimmten Einfuhr gegeben hat, wenn dieser Einfuhrstaat die Einfuhr dieser gefährlichen Abfälle nicht verboten hat (**Art. 4 Abs. 1 lit. c Basler Übereinkommen**).[215] Nr. 6 lit. c verweist auf das Verbot der „Ausfuhr in eine Nichtvertragspartei" des Basler Übereinkommens (**Art. 4 Abs. 5 Basler Übereinkommen**).[216] Nr. 6 lit. d verweist auf das Verbot der Ausfuhr in einen Einfuhrstaat, wenn solche gefährlichen Abfälle oder andere Abfälle in diesem Staat oder anderswo nicht umweltgerecht behandelt werden (**Art. 4 Abs. 8 S. 1 Basler Übereinkommen**).[217]

147

bb) Verbot der Ausfuhr gefährlicher Abfälle (Nr. 7)

Nr. 7 enthält das „Verbot der Ausfuhr gefährlicher Abfälle von in Anlage VII des Basler Übereinkommens aufgeführten Staaten in Staaten, die nicht in Anlage VII aufgeführt sind". Die Norm verweist insoweit auf **Art. 4A Basler Übereinkommen** sowie **Art. 36 Abfall-Verordnung**. Durch Art. 36 Abfall-Verordnung wird die Verpflichtung nach Art. 4A Basler Übereinkommen für die EU umgesetzt. Beide Vorschriften haben allerdings wiederum einen unterschiedlichen Anwendungsbereich. Art. 36 Abfall-Verordnung setzt nicht nur Art. 4A Basler Übereinkommen um, sondern führt inhaltlich hierüber hinaus. Angesichts des (zunächst) ausschließlichen Verweises auf das Basler Übereinkommen ist allerdings anzunehmen, dass Art. 36 Abs. 1 Abfall-Verordnung im Rahmen der Nr. 7 nur zu beachten ist, soweit sie Art. 4A Basler Übereinkommen umsetzt.

148

cc) Verbot der Einfuhr gefährlicher Abfälle (Nr. 8)

Nr. 8 enthält das Verbot der Einfuhr gefährlicher Abfälle und anderer Abfälle aus einer Nichtvertragspartei des Basler Übereinkommens (**Art. 4 Abs. 5 Basler Übereinkommen**).

149

IV. Verletzung einer menschenrechts- oder umweltbezogenen Pflicht (Abs. 4) (*Johann*)

Abs. 4 definiert die **Verletzung** einer **menschenrechtsbezogenen Pflicht** (S. 1) und die Verletzung einer **umweltbezogenen Pflicht** (S. 2). Die Rege-

150

---

215 Art. 4 Abs. 1 lit. c des Basler Übereinkommens lautet: „Die Vertragsparteien verbieten oder erteilen keine Erlaubnis für die Ausfuhr gefährlicher Abfälle und anderer Abfälle, wenn der Einfuhrstaat nicht seine schriftliche Einwilligung zu der bestimmten Einfuhr erteilt hat, für den Fall, dass dieser Einfuhrstaat die Einfuhr dieser Abfälle nicht verboten hat."
216 Art. 4 Abs. 5 des Basler Übereinkommens lautet: „Die Vertragsparteien erlauben weder die Ausfuhr gefährlicher Abfälle oder anderer Abfälle in eine Nichtvertragspartei noch deren Einfuhr aus einer Nichtvertragspartei."
217 Art. 4 Abs. 8 S. 1 des Basler Übereinkommens lautet: „Jede Vertragspartei verlangt, dass gefährliche Abfälle oder andere Abfälle, die ausgeführt werden sollen, im Einfuhrstaat oder anderswo umweltgerecht behandelt werden."

lung war im Regierungsentwurf noch nicht enthalten. Sie wurde im Zuge der Beratungen im Ausschuss für Arbeit und Soziales ergänzt, weil die Gefahr eines missverständlichen Regelungstextes ausgeschlossen und die Bestimmtheit des Gesetzes erhöht werden sollte wollte.[218] Der Begriff der menschenrechts- oder umweltbezogenen Pflicht wird an zahlreichen Stellen des Gesetzes verwendet (§ 3 Abs. 1 S. 1, Abs. 2 Nr. 2 bis 4; § 4 Abs. 2; § 7 Abs. 1 S. 1, Abs. 2 S. 1, Abs. 3 Nr. 1; § 8 Abs. 1 S. 2; § 9 Abs. 1, Abs. 3; § 10 Abs. 2 S. 2 Nr. 1, Abs. 3; § 14 Abs. 1 Nr. 1 lit. a). Die Definition hat damit in erster Linie eine **Scharnierfunktion** zwischen den in Abschnitt 2 geregelten Sorgfaltspflichten und den Verbotskatalogen in Abs. 2 und 3.

V. Lieferkette (Abs. 5) (*Gehne/Gabriel*)

151 Abs. 5 definiert den Begriff der **Lieferkette**. Die Lieferkette bezieht sich hiernach auf alle Produkte und Dienstleistungen eines Unternehmens. Sie umfasst alle Schritte im In- und Ausland, die zur Herstellung der Produkte und zur Erbringung der Dienstleistungen erforderlich sind, angefangen von der Gewinnung der Rohstoffe bis zu der Lieferung an den Endkunden.

1. Produkte und Dienstleistungen des Unternehmens

152 Die Lieferkette bezieht sich gemäß Abs. 5 S. 1 auf **alle Produkte und Dienstleistungen** des Unternehmens.[219] Irrelevant ist also grundsätzlich, welches Geschäftsmodell dem Unternehmen zugrunde liegt und ob bei der Produktion oder Bereitstellung der von ihm angebotenen Produkte oder Dienstleistungen typischerweise mit dem Auftreten der in § 2 Abs. 2 und Abs. 3 beschriebenen Risiken zu rechnen ist. Die Lieferkette kann sich auf alle Produkte und Dienstleistungen (einschließlich etwa Finanzprodukte oder -dienstleistungen,[220] IT- oder Beratungsleistungen) beziehen.

153 Ob auch **reine Handelsketten** unter den Lieferkettenbegriff fallen, wird teilweise bezweifelt.[221] Der reine Handel mit Waren stelle keine Dienstleistung dar; zudem handele es sich bei Handelswaren nicht um Produkte (dh Erzeugnisse) des Händlers, sondern allein um Produkte des produzierenden Unternehmens.[222] Der Lieferkette fehle bei Händlern, die reine Handelsketten betreiben, somit der Bezugspunkt (dh das Produkt oder die Dienstleistung). Für diese Rechtsansicht spricht der Normwortlaut. Ob sie sich in der Praxis durchsetzen wird, bleibt allerdings abzuwarten.

---

218 BT-Drs. 19/30505, 37.
219 Zum Begriff des Unternehmens, vgl. § 1 Abs. 1.
220 BT-Drs. 19/28649, 40; Stöbener de Mora NZG 2021, 1237 (1340); Bettermann/Hoes BKR 2022, 23.
221 Schall NZG 2022, 787 (788); Korte DB 12/2021, M4–M5; offengelassen von Rothermel § 2 Rn. 96.
222 Schall NZG 2022, 787 (788).

Der Gesetzgeber scheint die Lieferketten des Groß- und Einzelhandels bei Schaffung des LkSG zumindest im Blick gehabt zu haben.[223]

2. Bestandteile der Lieferkette

Die Lieferkette schließt die (gesamte) Produktions- und Dienstleistungskette des Unternehmens ein.[224] Sie erfasst dessen eigenen Geschäftsbereich (§ 2 Abs. 6), das Handeln des vom Unternehmen in Anspruch genommenen unmittelbaren Zulieferers (§ 2 Abs. 7) und des mittelbaren Zulieferers (§ 2 Abs. 8). Sie umfasst alle Schritte im In- und im Ausland, die zur Herstellung der Produkte und zur Erbringung der Dienstleistungen erforderlich sind. Sie reicht von der Gewinnung der Rohstoffe bis zur Auslieferung an den Endkunden. Erfasst sind also nicht nur die Wertschöpfungsschritte, die stattfinden, bevor das Produkt oder die Dienstleistung in den eigenen Geschäftsbereich des verpflichteten Unternehmens gelangt (sog. Upstream-Seite), sondern grundsätzlich auch die weiteren Schritte, die nach Austritt des Produkts oder der Dienstleistung aus dem Geschäftsbereich des Unternehmens bis zum Endkunden stattfinden (sog. Downstream-Seite).[225]

154

Die **Bestandteile einer Lieferkette** können je nach Art des Produktes oder der Leistung variieren. „Die Lieferkette zur Herstellung eines Sachgutes enthält typischerweise die Phase der Beschaffung (dh die Gewinnung und Lieferung von Rohstoffen für die Herstellung von Produkten), der Produktion (die Verarbeitung der Rohstoffe zu den Fertigprodukten) und des Vertriebs (Aktivitäten, die dafür sorgen, dass das Produkt seinen endgültigen Bestimmungsort erreicht, zum Beispiel mithilfe von Distributoren, Lagern, physischen Geschäften oder Online-Plattformen)".[226] Erfasst sind hierbei auch sämtliche Zwischenschritte in der Wertschöpfungskette, wie zB der Transport oder die Zwischenlagerung der Waren.[227]

155

a) Upstream und Downstream

Für die sog. **Upstream-Seite** bestehen insoweit keine Lücken im Lieferkettenbegriff. Über § 2 Abs. 5 S. 2 Hs. 2 Nr. 1 bis 3 wird sichergestellt, dass zur Lieferkette nicht nur das Handeln des Unternehmens im eigenen Geschäftsbereich zählt (Nr. 1), sondern auch das Handeln seiner unmittelbaren und mittelbaren Zulieferer (Nr. 1 und 2), dh im Wesentlichen die gesamte Upstream-Seite des Unternehmens (zum Merkmal der „Erforderlichkeit" allerdings → Rn. 159).

156

Mit Blick auf die **Downstream-Seite** liegt Abs. 5 nach wohl überwiegender Ansicht jedoch ein enger Lieferkettenbegriff zugrunde.[228] Abs. 5 er-

157

---

223 BT-Drs. 19/28649, 23.
224 Grabosch LkSG/Grabosch § 2 Rn. 37.
225 Vgl. hierzu ausführlich Grabosch LkSG/Grabosch § 2 Rn. 41 ff.
226 BT-Drs. 19/28649, 40.
227 BT-Drs. 19/28649, 40; vgl. auch Goßler/Padler BB 2022, 907 f.
228 Schall NZG 2022, 787 (789 f.); Goßler/Padler BB 2022, 906; Harings/Jürgens LkSG S. 55; aA Rothermel § 2 Rn. 91 ff.

wähne zwar ausdrücklich die „Lieferung an den Endkunden" als Teil der Lieferkette. Dennoch bilde die Lieferung an den Endkunden nur dann einen Teil der Lieferkette, wenn sie durch das betroffene Unternehmen selbst erfolgt, die Verwertung des Produkts also zu dessen eigenem Geschäftsbereich zählt (Abs. 5 S. 2 Nr. 1 und Abs. 6). Erfolge die Lieferung an den Endkunden über einen zwischengeschalteten selbstständigen Unternehmer, ende die Lieferkette des produzierenden Unternehmens an der Stelle, an der das Produkt seinen Geschäftsbereich verlässt. Das darauffolgende Handeln des selbstständigen Unternehmens sei nicht Teil der Lieferkette und könne dem verpflichteten Unternehmen nicht zugerechnet werden.[229] Für diese Rechtsansicht spricht der Wortlaut der Definition in Abs. 5 S. 2 („Herstellung der Produkte"), der im Gegensatz zu Abs. 6 neben der Herstellung der Produkte nicht auch deren Verwertung erwähnt. Die auf die Herstellung folgende Verwertung in der Downstream-Seite wäre damit nur von der Lieferkette erfasst, wenn sie zum eigenen Geschäftsbereich des Unternehmens gezählt werden kann (Abs. 5 S. 2 Nr. 1).[230] BAFA, BMAS und BMWK teilen dieses enge Verständnis vom Begriff der Lieferkette in ihren FAQ allerdings nicht. Sie sehen vielmehr ohne Einschränkungen die gesamte Downstream-Seite als Teil der Lieferkette an. Bediene sich das Unternehmen für die Distribution des Produkts eines Dritten, sei dieser Dritte unmittelbarer oder mittelbarer Zulieferer des Unternehmens und deshalb ebenfalls Teil der Lieferkette.[231] Das dürfte jedoch wiederum kaum mit § 2 Abs. 7 und Abs. 8 in Einklang zu bringen sein.[232]

158 Selbst wenn man sich entgegen BAFA, BMAS und BMWK dafür ausspricht, den **Lieferkettenbegriff eng zu fassen** und nicht die gesamte Downstream-Seite als Teil der Lieferkette anzusehen, wird diese Beschränkung nicht für alle Fälle gelten. Dies verdeutlichen die Erwägungen des Gesetzgebers zu den Pflichten der Finanzdienstleister. Während Finanzdienstleister grundsätzlich keine Sorgfaltspflichten über den Kreditnehmer, Sicherungsnehmer oder das Anlageobjekt hinaus treffen sollen, bestehen nach Ansicht des Gesetzgebers **Ausnahmen** von diesem Grundsatz. Nach Sinn und Zweck des Gesetzes, wonach mit den Sorgfaltspflichten gewisse Informations- und Einflussnahmemöglichkeiten einhergehen müssten, sei es „bei Krediten, Sicherheiten oder anderen Finanztransaktionen, die so bedeutend sind, dass mit ihnen typischerweise besondere Informations- und Kontrollmöglichkeiten einhergehen", weiterhin gerechtfertigt, den Endkunden (auch wenn er nicht unmittelbarer Vertragspartner ist) in die Lieferkette einzubeziehen.[233] Diese Erwägungen werden teils verallgemeinert und auf andere Produktgruppen er-

---

[229] Vgl. zu alledem Schall NZG 2022, 787 (789 f.); Goßler/Padler BB 2022, 906.
[230] Vgl. wiederum Schall NZG 2022, 787 (789 f.); Goßler/Padler BB 2022, 906.
[231] FAQ LkSG VI. 11.; vgl. auch Wagner/Ruttloff/Wagner LkSG/Wagner/Wagner/Schuler § 1 Rn. 69.
[232] Dementsprechend krit. etwa Schall NZG 2022, 787 (789); vgl. auch Bettermann/Hoes BKR 2022, 23 (26).
[233] BT-Drs. 19/28649, 40.

streckt. Bei bedeutenden Transaktionen könne im Einzelfall eine über den ersten Vertragspartner hinausreichende Sorgfaltspflicht bis hin zum Endkunden also durchaus bestehen. Vorstellbar sei dies beispielsweise in Konzernsituationen oder wenn es sich um riskante Produkte handelt, bei welchen der Hersteller Einfluss auf den Vertrieb behält und behalten muss.[234] Diese Differenzierung dürfte sowohl mit dem Wortlaut als auch mit dem Sinn und Zweck des Gesetzes am ehesten im Einklang zu bringen sein. Normativer Anknüpfungspunkt für die Erstreckung der Informations- und Kontrollmöglichkeiten auf den Endkunden ist bei bedeutenden Transaktionen Abs. 5 S. 2 Nr. 1 (eigener Geschäftsbereich des verpflichteten Unternehmens). Besonders bei bedeutenden Transaktionen wird das Unternehmen den Vertriebsweg zum Endkunden über seinen eigenen Geschäftsbereich steuern (können). Die Kontrolle des Vertriebswegs ist dann Teil der „Tätigkeit zur […] Verwertung von Produkten" des Unternehmens (Abs. 6 S. 2) und kann nach Abs. 6 S. 2 iVm Abs. 5 S. 2 Nr. 1 in den Lieferkettenbegriff einbezogen werden. Der **Vorschlag der Europäischen Kommission für eine Sorgfaltspflichten-Richtlinie** vom 23.2.2022 bezieht die Downstream-Seite ausdrücklich mit in den Lieferkettenbegriff ein.[235] Die Kommission geht dabei allerdings nicht von dem Begriff der Lieferkette, sondern von dem Begriff der „Wertschöpfungskette" aus.

b) „Erforderlichkeit" zur Herstellung des Produkts oder zur Erbringung der Dienstleistung

Ebenfalls von der Lieferkette erfasst sein sollen Tätigkeiten, die keinen direkten Bezug zum eigentlichen Herstellungsprozess aufweisen, dh nicht im engeren Sinne erforderlich sind, um das Produkt herzustellen oder die Dienstleistung zu erbringen. Hierzu gehören etwa die **Gebäudereinigung** oder die Unterhaltung von **Betriebskantinen**.[236] Dass diese Tätigkeiten „zur Herstellung der Produkte und zur Erbringung der Dienstleistungen erforderlich sind", ergibt sich zwar nicht ohne Weiteres aus dem Wortlaut. Allein auf dessen Basis wäre es durchaus möglich, diese nur indirekt in Bezug zum Herstellungsprozess stehenden Tätigkeiten nicht in den Lieferkettenbegriff einzubeziehen, weil sie keine (erforderlichen) (Zwischen-)**Schritte** in diesen Prozessen bilden.[237] Auch kann die Einbeziehung dieser Tätigkeiten auf praktische Grenzen stoßen. Das verpflichtete Unternehmen mag noch in der Lage sein, die einzelnen Beschaffungs-, Produktions- und Vertriebsschritte im Herstellungsprozess zu überblicken und die damit verbundenen Risiken zu analysieren. Vorgänge, die sich diesem Prozess entziehen und die sich in der alleinigen Sphäre etwa der unmittelbaren oder mittelbaren Zulieferer bewegen, dürften

159

---

234 Schall NZG 2022, 787 (789 f.).
235 COM(2022) 71 final, Rn. 18.
236 Grabosch LkSG/Grabosch § 2 Rn. 41; Rothermel § 2 Rn. 105 ff.
237 Siehe auch Brouwer CCZ 2022, 137 (141); Harings/Jürgens LkSG S. 57; Gehling/Ott/Lüneborg CCZ 2021, 230 (233); Wagner/Ruttloff/Wagner LkSG/Wagner/Wagner/Schuler § 1 Rn. 40.

hingegen für das Unternehmen häufig nicht oder nur begrenzt einsehbar sein. Teilweise wird deshalb dafür plädiert, derartige „sekundäre" Tätigkeiten (zB Herstellung des im Unternehmen ausgeschenkten Kaffees, der Zutaten für das Essen in der Kantine oder des im Unternehmen genutzten Mobiliars) nicht unter den Lieferkettenbegriff zu fassen.[238] Allerdings wird den praktischen Grenzen der unternehmerischen Kontrolle vornehmlich über **§ 3 Abs. 2 Nr. 2** begegnet. Hiernach bestimmt sich die angemessene Weise eines Handelns, das den Sorgfaltspflichten genügt, unter anderem nach dem Einflussvermögen des Unternehmens auf den unmittelbaren Verursacher des Risikos oder der Verletzung einer menschenrechtsbezogenen oder einer umweltbezogenen Pflicht. Dem „Sinn und Zweck des Gesetzes, wonach mit den Sorgfaltspflichten gewisse Informations- und Einflussnahmemöglichkeiten einhergehen müssen",[239] wird somit in erster Linie auf Ebene der Sorgfaltspflichten begegnet.

160 Für die Einbeziehung von nur mittelbar in Bezug zum Herstellungsprozess stehenden Tätigkeiten in den Lieferkettenbegriff dürften zudem die **VNLP** sprechen. Diese sind weit gefasst und enthalten keine Andeutungen betreffend die Abgrenzung zwischen mittelbarem und unmittelbarem Bezug zum Herstellungsprozess (vgl. vor allem VNLP Nr. 13, 17 und 19). Zudem ist es auch aus Sicht des rechtsanwendenden Unternehmens sinnvoll, einen weiten Lieferkettenbegriff zugrunde zu legen. Statt sich auf Ebene der Begriffsbestimmung mit schwierigen Abgrenzungsfragen (mittelbarer/unmittelbarer Bezug zum Herstellungsprozess) auseinanderzusetzen, kann das Unternehmen – praxisnäher – sämtliche in seinem Geschäftsfeld bekannten oder zu erwartenden Risiken einbeziehen und sein Risikomanagement entsprechend anpassen. „Betriebskantinen" und Ähnliches dürften aus naheliegenden Gründen spätestens auf dieser Ebene häufig nicht im primären Fokus des unternehmerischen Risikomanagements stehen. Das ist auch zulässig (vgl. § 3 Abs. 2 Nr. 3, § 4 Abs. 1 S. 1). Umgekehrt müssen diese Tätigkeiten aber auch nicht per se auf begrifflicher Ebene ausgeschlossen werden. So können auch mit diesen Lieferketten erhebliche Risiken verknüpft sein, zB wenn große Unternehmen Werbeartikel, Schutzausrüstung oder auch Kaffee aufgrund der Masse des Bedarfs in erheblichem Umfang einkaufen. Daher bleibt es sinnvoll, derartige Bereiche im Bedarfsfall einzubeziehen, wenn hier Anhaltspunkte für Risiken bestehen, und das Risikomanagement des Unternehmens im Einzelfall entsprechend anzupassen.

---

[238] Gehling/Ott/Lüneborg CCZ 2021, 230 (233); Bettermann/Hoes BKR 2022, 23 (25); Bettermann/Hoes BKR 2022, 23 (24 f.); vgl. auch Verband der Chemischen Industrie eV (VCI), Diskussionspapier zu Rechts- und Umsetzungsfragen des Lieferkettensorgfaltspflichtengesetzes (LkSG), 18.3.2022, S. 28.
[239] BT-Drs. 19/28649, 40.

3. Finanzdienst- und Versicherungsleistungen

Finanzdienstleistungen sind Teil der Lieferkette.[240] Nimmt beispielsweise ein Zulieferer, der einen Hersteller beliefert, einen Finanzierungskredit für seine Produktion auf, soll nach Ansicht des Gesetzgebers auch dieser Kredit und die kreditgebende Bank von der Lieferkette des Herstellers umfasst sein.[241] Die kreditgebende Bank ist in diesem Beispiel **mittelbarer Zulieferer** (Abs. 8) des Unternehmens und deren Handeln dementsprechend Teil der Lieferkette (Abs. 5 S. 2 Nr. 3). Die Bereitstellung eines Finanzierungskredits ist eine Dienstleistung, die notwendig ist, damit das Unternehmen sein Produkt herstellen oder seine eigene Dienstleistung anbieten kann (→ Rn. 178). **Unmittelbarer Zulieferer** (Abs. 7) ist die kreditgebende Bank, wenn sie den Kredit (auf Basis einer vertraglichen Abrede) direkt an das Unternehmen auszahlt. Auch in diesem Fall ist ihr Handeln der Lieferkette des Unternehmens zuzuordnen (Abs. 5 S. 2 Nr. 2). 161

Auch Finanzunternehmen selbst können in den Anwendungsbereich des LkSG fallen und deshalb selbst verpflichtete Unternehmen sein (§ 1 Abs. 1).[242] Parallel zur Diskussion um die Erstreckung des Lieferkettenbegriffs auf die Downstream-Seite (→ Rn. 157) ist allerdings nicht abschließend geklärt, ob sich die Sorgfaltspflichten von Finanzunternehmen auch auf die weitere Produktion ihrer **Endkunden** erstrecken und die Endkunden damit als Teil der Lieferkette eines Finanzdienstleisters gelten. Teils wird dies verneint, weil eine solche Ausnahme sich weder aus dem Wortlaut noch aus der Systematik des am Maßstab von Art. 103 Abs. 2 GG zu messenden Gesetzes ergebe.[243] Die Regierungsbegründung bestimmt hingen, dass den Finanzdienstleistern, die einen Kredit vergeben, keine „Sorgfaltspflichten nach diesem Gesetz über den Kreditnehmer, Sicherungsnehmer oder das Anlageobjekt hinaus" treffen.[244] Im Umkehrschluss wird daraus abgeleitet werden können, dass zumindest hinsichtlich der Kreditnehmer Sorgfaltspflichten für Finanzunternehmen bestehen.[245] Zudem sieht die Regierungsbegründung selbst von dieser Beschränkung Ausnahmen vor (→ Rn. 158).[246] 162

Für **Versicherungsleistungen** gilt zunächst das zu den Finanzdienstleistungen Gesagte. Werden etwa Ausfallrisiken, Betriebsunterbrechungen oder Fehlleistungen (Haftpflicht) durch Versicherungen abgedeckt, bilden diese Versicherungsleistungen einen Teil der Lieferkette. Das **Versicherungsunternehmen** ist in diesem Fall mittelbarer oder unmittelbarer Zulieferer des Unternehmens. Etwas anderes gilt für die Anlage von Vermögenswerten durch das Versicherungsunternehmen. Diese Anlage 163

---

240 Vgl. auch Wagner/Ruttloff/Wagner LkSG/Wagner/Wagner/Schuler § 1 Rn. 43.
241 BT-Drs. 19/28649, 40.
242 Bettermann/Hoes BKR 2022, 23 (23 f.).
243 Bettermann/Hoes BKR 2022, 23 (26 ff.).
244 BT-Drs. 19/28649, 40.
245 Hembach Praxisleitfaden S. 116 f.; Schall NZG 2022, 787 (789).
246 BT-Drs. 19/28649, 40.

ist nach dem Willen des Gesetzgebers nicht Bestandteil der Lieferkette, aufgrund derer das Unternehmen seine Dienstleistungen erbringt.[247]

164 Der **Vorschlag** der Europäischen Kommission für eine **Sorgfaltspflichten-Richtlinie** vom 23.2.2022[248] verwendet abweichend vom LkSG den Begriff der „Wertschöpfungskette", welche definiert wird als „Tätigkeiten im Zusammenhang mit der Produktion von Waren oder der Erbringung von Dienstleistungen durch ein Unternehmen, einschließlich der Entwicklung des Produkts oder der Dienstleistung und der Verwendung und Entsorgung des Produkts sowie der damit verbundenen Tätigkeiten im Rahmen vor- und nachgelagerter etablierter Geschäftsbeziehungen des Unternehmens". In Bezug auf Finanzdienstleistungsunternehmen im Sinne von Buchstabe a Ziffer iv umfasst die ‚Wertschöpfungskette' mit Blick auf die Erbringung dieser spezifischen Dienstleistungen nur die Tätigkeiten der Kunden, die solche Darlehen, Kredite und andere Finanzdienstleistungen erhalten, sowie anderer Unternehmen derselben Gruppe, deren Tätigkeiten mit dem betreffenden Vertrag verbunden sind. Die Wertschöpfungskette solcher beaufsichtigten Finanzunternehmen umfasst nicht KMU, die Darlehen, Kredite, Finanzmittel, Versicherungs- oder Rückversicherungsleistungen von solchen Unternehmen erhalten" (Art. 3 lit. g des Vorschlags). Ob und wann der Richtlinienvorschlag der Europäischen Kommission verabschiedet wird, steht noch nicht fest. Zu erwarten ist allerdings, dass die Definition des Lieferkettenbegriffs nach Erlass der EU-Richtlinie noch einmal überarbeitet wird.

VI. Eigener Geschäftsbereich (Abs. 6) (*Gehne/Gabriel*)
1. Beitrag zur Erreichung des Unternehmensziels (S. 1)

165 Der eigene Geschäftsbereich eines Unternehmens erfasst gemäß Abs. 6 S. 1 jede Tätigkeit des Unternehmens zur Erreichung des **Unternehmensziels** (S. 1). Der Begriff des Unternehmensziels ist nicht definiert und wird deshalb teils als nicht klar greifbar bezeichnet.[249] Welches Ziel das Unternehmen verfolgt, ist im Einzelfall zu bestimmen. Entscheidend dürfte die Perspektive eines verständigen Dritten sein. Anhaltspunkte dafür, welches Unternehmensziel ein Unternehmen verfolgt, ergeben sich allen voran aus dessen Verlautbarungen (etwa auf der Internetseite, in der Werbung oder im Handelsregister). Allein entscheidend müssen diese Verlautbarungen und Erklärungen des Unternehmens allerdings nicht sein. Auch etwa die strategische Ausrichtung, das tatsächliche Marktverhalten sowie die Zusammensetzung der Umsatzzahlen können zur Bestimmung des Unternehmensziels betrachtet werden.

166 Die Tätigkeit muss **zur Erreichung** des Unternehmensziels beitragen, um unter Abs. 6 S. 1 zu fallen.[250] Welche Tätigkeiten hierzu zählen, ist ebenfalls anhand der Umstände des Einzelfalls zu bestimmen. Ohne Weiteres

---

247 BT-Drs. 19/28649, 40.
248 COM(2022) 71 final.
249 Rothermel § 2 Rn. 112.
250 Hembach Praxisleitfaden C.III.1.b.; Rothermel § 2 Rn. 112.

hierzu zählen Tätigkeiten, die **tatsächlich** (objektiv) geeignet sind, das Unternehmensziel zu befördern. Das betrifft zunächst alle Tätigkeiten, die in **unmittelbarem** Bezug zum Unternehmensziel stehen, namentlich also etwa die Entwicklung, die Herstellung und der Vertrieb des Unternehmensprodukts. Der weit gefasste S. 1 beschränkt sich hierauf aber nicht. Auch Tätigkeiten, die nur **mittelbar** zur Erreichung des Unternehmensziels beitragen, können Tätigkeiten im Sinne von S. 1 sein. Zudem müssen die Tätigkeiten nicht zwingend tatsächlich (objektiv) die Erreichung des Unternehmensziels fördern. Es dürfte vielmehr genügen, wenn die Tätigkeit aus **Unternehmenssicht** (subjektiv) dazu beitragen soll, das Unternehmensziel zu fördern – auch wenn dies tatsächlich nicht der Fall ist.

2. Herstellung und Verwertung von Produkten oder Dienstleistungen (S. 2)

Gemäß S. 2 ist vom eigenen Geschäftsbereich jede Tätigkeit zur **Herstellung und Verwertung** von Produkten und zur Erbringung von Dienstleistungen erfasst. S. 2 nimmt damit einen engeren Blickwinkel ein als der weit gefasste S. 1. Er nimmt den konkreten Herstellungs- und Verwertungsvorgang in den Blick, dh diejenigen Vorgänge, die direkt (und nicht nur mittelbar) zur Förderung des Unternehmensziels beitragen. Der Anwendungsbereich von S. 1 dürfte hierdurch allerdings nicht eingeschränkt werden.[251] 167

Es ist gemäß S. 2 unerheblich, ob die Tätigkeit an einem Standort im **In- oder Ausland** stattfindet. Unterhält eine Gesellschaft mehrere Standorte, an denen sie Produkte oder Dienstleistungen erstellt oder verwertet, soll jede dieser Tätigkeiten vom eigenen Geschäftsbereich erfasst sein. Dies betrifft etwa Tätigkeiten an dem Sitz des Unternehmens, einer Niederlassung, Zweigstelle oder der Produktionsstätte eines Unternehmens. Maßgeblich ist, dass der Standort Teil der Gesellschaft als **rechtliche Unternehmenseinheit** ist.[252] 168

3. Verbundene Unternehmen (S. 3)

In verbundenen Unternehmen zählt zum eigenen **Geschäftsbereich der Obergesellschaft** eine konzernangehörige Gesellschaft, wenn die Obergesellschaft auf die konzernangehörige Gesellschaft einen bestimmenden Einfluss ausübt (S. 3). Damit die Rechtsfolge des S. 3 (Zuordnung einer konzernangehörigen Gesellschaft zum eigenen Geschäftsbereich der Obergesellschaft) eintritt, müssen also zwei wesentliche Tatbestandsvoraussetzungen erfüllt sein. Erstens muss es sich bei Obergesellschaft und konzernangehöriger Gesellschaft um „verbundene Unternehmen" handeln. Zweitens muss die Obergesellschaft einen „bestimmenden Einfluss" auf die konzernangehörige Gesellschaft ausüben. 169

---

251 Zweifelnd Rothermel § 2 Rn. 113.
252 BT-Drs. 19/28649, 41.

a) Verbundene Unternehmen iSv § 15 AktG

170 Worum es sich bei verbundenen Unternehmen handelt, ergibt sich aus § 15 AktG (vgl. auch § 1 Abs. 3, → § 1 Rn. 35 ff.). Anders als in § 1 Abs. 3 wird in Abs. 6 S. 3 zwar nicht explizit auf das Aktiengesetz Bezug genommen, weshalb diskutiert wurde, ob in Abs. 6 S. 3 deshalb der (evtl. passendere) Begriff aus § 271 Abs. 3 HGB herangezogen werden könnte. Im Ergebnis sollte jedoch dem **Gleichlauf mit § 1 Abs. 3** der Vorzug gegeben, dh auf § 15 AktG abgestellt werden.[253]

171 Gemäß § 15 AktG sind verbundene Unternehmen rechtlich selbstständige Unternehmen, die im Verhältnis zueinander in Mehrheitsbesitz stehende Unternehmen und mit Mehrheit beteiligte Unternehmen (§ 16 AktG), abhängige und herrschende Unternehmen (§ 17 AktG), Konzernunternehmen (§ 18 AktG), wechselseitig beteiligte Unternehmen (§ 19 AktG) oder Vertragsteile eines Unternehmensvertrags (§ 292 AktG) sind. Die **Obergesellschaft** im Sinne von S. 3 ist hiernach entweder das mit Mehrheit beteiligte Unternehmen gemäß § 16 AktG, das herrschende Unternehmen gemäß § 17 AktG und ggf. (in seiner Funktion als Konzernunternehmen) gemäß § 18 AktG oder das durch einen Unternehmensvertrag nach §§ 291, 292 AktG begünstigte Unternehmen. Der in S. 3 verwendete Begriff der **konzernangehörigen Gesellschaft** ist ungenau.[254] Umfasst sind nicht nur Konzernunternehmen im Sinne von § 18 AktG, sondern alle Gesellschaften im Sinne von § 15 AktG, die das Pendant zu den Obergesellschaften bilden.

b) Bestimmender Einfluss

172 Die Obergesellschaft muss einen **bestimmenden Einfluss** auf die konzernangehörige Gesellschaft ausüben. Es ist davon auszugehen, dass insoweit bewusst nicht der aktienrechtliche Begriff des „beherrschenden Einflusses" (§ 17 AktG) übernommen wurde.[255] Allein aus dem Vorliegen eines beherrschenden Einflusses im Sinne von § 17 AktG kann deshalb auch nicht automatisch auf das Bestehen eines bestimmenden Einflusses im Sinne von Abs. 6 S. 3 geschlossen werden.[256]

173 Ob die Obergesellschaft einen bestimmenden Einfluss auf eine konzernangehörige Gesellschaft ausübt, muss anhand der Umstände des Einzelfalls ermittelt werden. Orientierung, wie hierbei vorzugehen ist, bietet das Wettbewerbsrecht.[257] Ob ein bestimmender Einfluss über die Tätigkeit eines Unternehmens vorliegt, ist etwa gemäß § 37 Abs. 1 Nr. 2 GWB einzeln oder zusammen anhand der Rechte, Verträge oder anderer Mittel zu bestimmen – wobei alle tatsächlichen und rechtlichen Umstände (des

---

[253] Schall NZG 2022, 1235 (1237); iE ebenso Wagner/Ruttloff/Wagner LkSG/Wagner/Wagner/Schuler § 1 Rn. 49.
[254] Vgl. hierzu Spindler/Stilz/Schall AktG § 15 Rn. 1.
[255] Ebenso Ott/Lüneborg/Schmelzeisen DB 2022, 238 (242); Rothermel § 2 Rn. 118; Wagner/Ruttloff/Wagner LkSG/Wagner/Wagner/Schuler § 1 Rn. 52.
[256] Wagner/Ruttloff/Wagner LkSG/Wagner/Wagner/Schuler § 1 Rn. 53.
[257] Ähnlich Schall NZG 2022, 1235 (1241).

Einzelfalls) in die Bewertung einzubeziehen sind.[258] Ein ähnlicher Ansatz liegt Abs. 6 S. 3 zugrunde. Es ist eine **Gesamtschau der Unternehmensbeziehungen** vorzunehmen.[259] Besonders zu berücksichtigen sind hierbei Eigentums- oder Nutzungsrechte an einer Gesamtheit oder an Teilen des Vermögens des Unternehmens sowie die Rechte oder Verträge, die einen bestimmenden Einfluss auf die Zusammensetzung, die Beratungen oder Beschlüsse der Organe des Unternehmens gewähren.[260] Laut der Beschlussempfehlung des Ausschusses für Arbeit und Soziales, auf dessen Vorschlag S. 3 in das Gesetz aufgenommen wurde, setzt der bestimmende Einfluss zunächst voraus, dass eine Einflussnahme nach dem jeweils anwendbaren Recht möglich ist. Zusätzlich seien für die Beurteilung, ob ein bestimmender Einfluss vorliegt, alle erheblichen Gesichtspunkte in einer Gesamtschau zu würdigen, wobei alle wirtschaftlichen, personellen, organisatorischen und rechtlichen Bindungen zwischen Tochter- und Muttergesellschaft im Zusammenhang zu betrachten und zu gewichten seien. Anhaltspunkte für eine bestimmende Einflussnahme könnten „eine hohe Mehrheitsbeteiligung an der Tochtergesellschaft, das Bestehen eines konzernweiten Compliance Systems, die Übernahme von Verantwortung für die Steuerung von Kernprozessen im Tochterunternehmen, eine entsprechende Rechtskonstellation, in der die Möglichkeit der Einflussnahme angelegt ist, personelle Überschneidungen in der (Geschäfts-)Führungsebene, ein bestimmender Einfluss auf das Lieferkettenmanagement der Tochtergesellschaft, die Einflussnahme über die Gesellschafterversammlung sein und dass der Geschäftsbereich der Tochtergesellschaft dem Geschäftsbereich der Obergesellschaft entspricht, etwa, weil die Tochtergesellschaft die gleichen Produkte erstellt und verwertet oder die gleichen Dienstleistungen erbringt wie die Obergesellschaft".[261]

Nicht abschließend geklärt ist, ob über Abs. 6 S. 3 in den eigenen Geschäftsbereich einer Obergesellschaft allein inländische Tochtergesellschaften einbezogen werden oder ob sich die Einbeziehung auf **ausländische Gesellschaften** erstreckt, die ebenfalls von der inländischen Obergesellschaft bestimmt werden.[262] Teils wird eine Erstreckung auf ausländische Gesellschaften verneint; im Wortlaut der Vorschrift ist eine derart enge Auslegung allerdings nicht angelegt. BAFA, BMAS und BMWK vertreten in ihren FAQ zum LkSG dementsprechend, dass es auf den Sitz der Tochtergesellschaft nicht ankomme.[263]

174

---

258 Vgl. auch Art. 3 Abs. 2 der Verordnung (EG) Nr. 139/2004 des Rates vom 20. Januar 2004 über die Kontrolle von Unternehmenszusammenschlüssen („EG-Fusionskontrollverordnung") (ABl. L 24, 1) (FKVO); Immenga/Mestmäcker/Körber FKVO Art. 3 Rn. 28.
259 Wagner/Ruttloff/Wagner LkSG/Wagner/Wagner/Schuler § 1 Rn. 57.
260 Ähnlich Bettermann/Hoes BKR 2022, 23 (25); dort auch zu den Besonderheiten für regulierte Kreditinstitute.
261 BT-Drs. 19/30505, 38; vgl. auch Bettermann/Hoes BKR 2022, 23 (25).
262 Zum Streitstand vgl. Ott/Lüneborg/Schmelzeisen DB 2022, 238 (243), dort auch im Folgenden.
263 Siehe FAQ LkSG IV. 5., 10.

c) Ausübung des bestimmenden Einflusses

175 Gemäß Abs. 6 S. 3 muss die Obergesellschaft ihren bestimmenden Einfluss „ausüben". Dies wird man bei Vorliegen eines Beherrschungsvertrags regelmäßig bejahen können.[264] Im Übrigen ist allerdings nicht klar, ob der Begriff des Ausübens eine aktive Einflussnahme der Obergesellschaft erforderlich macht oder ob es genügt, wenn die Obergesellschaft bloß die Möglichkeit hat, Einfluss zu üben, hiervon aber keinen Gebrauch macht, sich also passiv verhält.[265] Diese Frage wird namentlich bei **Holdinggesellschaften** relevant, die zwar Geschäftsanteile an einem Tochterunternehmen halten und an die etwaige Gewinne abgeführt werden, die im Übrigen aber kein operatives Geschäft ausführen.[266] In diesen Fällen ist häufig schon nicht ganz klar, ob die Holdinggesellschaft als Obergesellschaft im Sinne von S. 3 ausscheiden soll, weil sie keinen „bestimmenden Einfluss" auf ihre Tochtergesellschaften hat, oder ob sie ausscheidet, weil ihr ein bestimmender Einfluss zwar zugestanden werden muss, sie diesen aber nicht „ausübt", dh hiervon keinen Gebrauch macht.[267]

176 Der Ausschuss für Arbeit und Soziales scheint die Frage, ob ein bestimmender Einfluss vorliegt und ob dieser tatsächlich ausgeübt wird, nicht als separate Prüfungspunkte zu behandeln. Stattdessen werden die **tatsächlichen Verhältnisse**, einschließlich der Frage, inwiefern die Obergesellschaft auf das Tochterunternehmen tatsächlich einwirkt, als wesentliche Kriterien bei der Beantwortung der Frage angesehen, ob überhaupt ein bestimmender Einfluss vorliegt. Die Prüfung des „bestimmenden Einflusses" endet hiernach nicht bei der Beantwortung der Frage, ob rechtlich eine Einflussnahme stattfinden kann, sondern umfasst auch die tatsächlichen organisatorischen und personellen Verknüpfungen zwischen den Unternehmen. Die Art und Weise der tatsächlichen Einflussnahme dürfte damit zumindest nach den Vorstellungen des Gesetzgebers ein zu berücksichtigender Faktor bei der Gesamtwürdigung sein.

VII. Unmittelbarer und mittelbarer Zulieferer (Abs. 7 und 8) (*Gehne/Gabriel*)

177 Abs. 7 und 8 definieren die Begriffe des unmittelbaren und des mittelbaren Zulieferers. In beiden Fällen ist erforderlich, dass deren **Zulieferungen** „für die Herstellung des Produktes des Unternehmens oder zur Erbringung und Inanspruchnahme der betreffenden Dienstleistung notwendig sind" (zum **Unternehmensbegriff** → § 1 Rn. 6 ff.). Die Zulieferung umfasst, wie Abs. 7 klarstellt, die Lieferung von Waren oder die Erbringung von Dienstleistungen.

---

264 Schall NZG 2022, 1235 (1239).
265 Ein passives Verhalten lassen zum Beispiel genügen: Wagner/Ruttloff/Wagner LkSG/Wagner/Wagner/Schuler § 1 Rn. 60.
266 Harings/Jürgens LkSG S. 61.
267 Nicht ganz eindeutig etwa Harings/Jürgens LkSG S. 61.

Notwendig sind die Zulieferungen, wenn das Unternehmen ohne diese sein Produkt nicht herstellen oder seine Dienstleistung nicht erbringen könnte. Das ist ohne Weiteres dort zu bejahen, wo die Dienstleistung oder die Lieferung des Zulieferers einen direkten Bezug zum Produktionsprozess des Unternehmens aufweist, dh die Zulieferung einen wesentlichen Schritt im Produktionsvorgang bildet. Ebenfalls umfasst sein können Zulieferungen, die zwar keinen direkten Bezug zum Produkt des Unternehmens aufweisen, die das Unternehmen aber dennoch (zwingend) benötigt, um seiner Tätigkeit nachzugehen. Einen Grenzfall dürften demgegenüber Zulieferungen darstellen, die einen wesentlichen Beitrag zum Funktionieren des Unternehmens leisten, die aber dennoch nicht „notwendig" im engeren Sinne sind (zB Betriebskantinen oder Gebäudereinigung). Allerdings sprechen gute Gründe dafür, diese Zulieferungen auch zu erfassen (vgl. hierzu → Rn. 159 ff.).[268]

178

Finanzdienstleister und **Versicherungsunternehmen** können Zulieferer im Sinne von Abs. 7 und Abs. 8 sein. Finanzdienst- und Versicherungsleistungen sind in diesem Sinne Dienstleistungen, die für die Herstellung des Produktes des Unternehmens oder zur Erbringung und Inanspruchnahme der betreffenden Dienstleistung notwendig sind. Für Finanzdienstleistungen ist dies für gewöhnlich offensichtlich. Denn ohne entsprechendes Kapital können Unternehmen ihren Geschäften nicht nachgehen. Versicherungsleistungen weisen demgegenüber regelmäßig einen allenfalls mittelbaren Bezug zum Herstellungsprozess auf. Auch hierbei handelt es sich um einen Grenzfall, der nur bei weiter Auslegung des Lieferketten- und Zuliefererbegriffs einbezogen werden kann (vgl. wiederum → Rn. 159).

179

Als **unmittelbar** ist die Zulieferung gemäß Abs. 7 anzusehen, wenn der Zulieferer (direkter) **Vertragspartner** des Unternehmens ist.

180

Die Festlegung, wann ein **mittelbarer** Zulieferer im Sinne von Abs. 8 vorliegt, erfolgt durch eine **Negativabgrenzung** zu Abs. 7. Um einen mittelbaren Zulieferer handelt es sich hiernach dann, wenn die Zulieferungen für die Herstellung des Produktes des Unternehmens oder zur Erbringung und Inanspruchnahme der betreffenden Dienstleistung notwendig sind und der Zulieferer **kein unmittelbarer Zulieferer** des Unternehmens ist.

181

Der Vorschlag der Europäischen Kommission vom 23.2.2022 für eine Sorgfaltspflichten-Richtline[269] definiert als „**Geschäftsbeziehung**" „eine Beziehung zu einem Auftragnehmer, einem Unterauftragnehmer oder jedem anderen Rechtssubjekt (,Partner'), i) mit denen das Unternehmen eine Geschäftsvereinbarung geschlossen hat oder denen das Unternehmen Finanzmittel, Versicherungs- oder Rückversicherungsleistungen bietet, oder ii) die für das Unternehmen oder in dessen Namen mit den Pro-

182

---

268 Vgl. Harings/Zegula CCZ 2022, 165 (166); Bettermann/Hoes BKR 2022, 23 (25) etwa wollen den Begriff des Zulieferers dementsprechend beschränken.
269 COM(2022) 71 final.

dukten oder Dienstleistungen des Unternehmens zusammenhängende Geschäftstätigkeiten ausüben" (Art. 3. lit. e) und als „etablierte Geschäftsbeziehung" „eine direkte oder indirekte Geschäftsbeziehung, die in Anbetracht ihrer Intensität oder Dauer beständig ist oder sein dürfte und die keinen unbedeutenden oder lediglich untergeordneten Teil der Wertschöpfungskette darstellt" (Art. 3 lit. f). Diese Begriffsbestimmungen ähneln den Begriffen des unmittelbaren und mittelbaren Zulieferers. Ob der deutsche Gesetzgeber nach Erlass der Richtlinie seine eigenen Begriffsbestimmungen noch einmal adaptiert, wird sich zeigen.

Abschnitt 2 Sorgfaltspflichten
§ 3 Sorgfaltspflichten

(1) [1]Unternehmen sind dazu verpflichtet, in ihren Lieferketten die in diesem Abschnitt festgelegten menschenrechtlichen und umweltbezogenen Sorgfaltspflichten in angemessener Weise zu beachten mit dem Ziel, menschenrechtlichen oder umweltbezogenen Risiken vorzubeugen oder sie zu minimieren oder die Verletzung menschenrechtsbezogener oder umweltbezogener Pflichten zu beenden. [2]Die Sorgfaltspflichten enthalten:

1. die Einrichtung eines Risikomanagements (§ 4 Absatz 1),
2. die Festlegung einer betriebsinternen Zuständigkeit (§ 4 Absatz 3),
3. die Durchführung regelmäßiger Risikoanalysen (§ 5),
4. die Abgabe einer Grundsatzerklärung (§ 6 Absatz 2),
5. die Verankerung von Präventionsmaßnahmen im eigenen Geschäftsbereich (§ 6 Absatz 1 und 3) und gegenüber unmittelbaren Zulieferern (§ 6 Absatz 4),
6. das Ergreifen von Abhilfemaßnahmen (§ 7 Absatz 1 bis 3),
7. die Einrichtung eines Beschwerdeverfahrens (§ 8),
8. die Umsetzung von Sorgfaltspflichten in Bezug auf Risiken bei mittelbaren Zulieferern (§ 9) und
9. die Dokumentation (§ 10 Absatz 1) und die Berichterstattung (§ 10 Absatz 2).

(2) Die angemessene Weise eines Handelns, das den Sorgfaltspflichten genügt, bestimmt sich nach

1. Art und Umfang der Geschäftstätigkeit des Unternehmens,
2. dem Einflussvermögen des Unternehmens auf den unmittelbaren Verursacher eines menschenrechtlichen oder umweltbezogenen Risikos oder der Verletzung einer menschenrechtsbezogenen oder einer umweltbezogenen Pflicht,
3. der typischerweise zu erwartenden Schwere der Verletzung, der Umkehrbarkeit der Verletzung und der Wahrscheinlichkeit der Verletzung einer menschenrechtsbezogenen oder einer umweltbezogenen Pflicht sowie

4. nach der Art des Verursachungsbeitrages des Unternehmens zu dem menschenrechtlichen oder umweltbezogenen Risiko oder zu der Verletzung einer menschenrechtsbezogenen oder einer umweltbezogenen Pflicht.

(3) ¹Eine Verletzung der Pflichten aus diesem Gesetz begründet keine zivilrechtliche Haftung. ²Eine unabhängig von diesem Gesetz begründete zivilrechtliche Haftung bleibt unberührt.

I. Überblick 1	4. Art des Verursachungsbeitrags (Nr. 4) 25
II. Sorgfaltspflichten des Unternehmens (Abs. 1 S. 1) 4	V. Zivilrechtliche Haftung (Abs. 3) 29
1. Wesen und Ziel der Sorgfaltspflichten 5	1. Keine zusätzliche Haftung aufgrund des LkSG
2. Angemessenheitsvorbehalt (Abs. 1 S. 1) 8	(Abs. 3 S. 1) 31
III. Inhalt der Sorgfaltspflichten (Abs. 1 S. 2) 10	2. Sonstige zivilrechtliche Haftung (Abs. 3 S. 2) 32
IV. Maßstab der Angemessenheit des Handelns (Abs. 2) 12	a) Reichweite der sonstigen zivilrechtlichen Haftung 33
1. Art und Umfang der Geschäftstätigkeit (Nr. 1) ... 14	b) Mögliche Haftungsgründe im Sinne des
2. Einflussvermögen des Unternehmens (Nr. 2) 17	Abs. 3 S. 2 37
3. Schwere, Umkehrbarkeit und Wahrscheinlichkeit der Verletzung (Nr. 3) 20	VI. Zukünftige Rechtsentwicklung 40

I. Überblick

§ 3 steht am Beginn des 2. Abschnitts „Sorgfaltspflichten" des LkSG, der 1
mit seinen in den §§ 4–10 aufgeführten und näher spezifizierten Sorgfaltspflichten das **Herzstück** des LkSG bildet. Ihm kommt daher eine entscheidende Funktion als „Gatekeeper" für die Anwendung, Auslegung und das Verständnis der in den §§ 4 ff. geregelten Sorgfaltspflichten zu. Inhaltlich lässt sich § 3 entlang seiner formalen Gliederung wie folgt auffächern:

§ 3 Abs. 1 S. 1 definiert den besonderen Charakter und das Ziel der 2
Sorgfaltspflichten und stellt diese zudem unter einen **sog. Angemessenheitsvorbehalt** (→ Rn. 8 ff.); § 3 Abs. 1 S. 2 zählt die jeweiligen Sorgfaltspflichten abschließend auf (→ Rn. 10 ff.); § 3 Abs. 2 legt den anzuwendenden Maßstab hinsichtlich des Angemessenheitsvorbehalts fest (→ Rn. 12 ff.). Schließlich steckt § 3 Abs. 3 den Rahmen für die sich aus einer etwaigen Sorgfaltspflichtverletzung ergebende zivilrechtliche Haftung der Unternehmen ab.

Der 2. Abschnitt des LkSG samt § 3 als seiner Zentralnorm legt wesentliche 3
Maßgaben für die Anwendung des Systems der menschenrechtlichen und umweltbezogenen Sorgfaltspflichten fest. Ungeachtet seines offen formulierten Normbefehls stellt § 3 indes **keine Generalklausel** im Sinne einer allgemeinen menschenrechtlichen Sorgfaltspflicht der Unternehmen dar, die eine Auffangfunktion für etwaige einzelfallbezogene Lücken des

Katalogs aus § 3 Abs. 1 S. 2 erfüllt. Wortlaut, Systematik und Ziel des § 3 stehen einem solchen Verständnis entgegen. Vielmehr kam es dem Gesetzgeber mit der Schaffung des LkSG gerade darauf an, ausgewählte Sorgfaltspflichten aus dem Völkerrecht („soft law") im Wege einer politischen Selbstverpflichtung unter einen konkreten nationalen Rechtsanwendungsbefehl zu stellen und so in „hard law" zu transformieren.[1] Ferner macht § 3 Abs. 1 S. 2 mit der Formulierung „Die Sorgfaltspflichten enthalten: […]" und dem darauffolgenden Katalog deutlich, dass dieser **abschließend** zu verstehen ist.[2] Auch aus den Materialien zum Gesetzgebungsverfahren ergibt sich, dass der 2. Abschnitt des LkSG ausdrücklich an die bereits bestehenden und unverbindlichen Sorgfaltspflichten aus den VNLP (→ Einleitung Rn. 7)[3] anknüpfen wollte, die die Bundesregierung ebenfalls ihrem Nationalen Aktionsplan (2016, → Einleitung Rn. 10) zur Umsetzung ebenjener VN-Leitprinzipien zugrunde gelegt hat.[4] Diese völkerrechtlich unverbindlichen Prinzipien können daher als historische Gesetzgebungsmaterialien zur Auslegung des LkSG herangezogen werden (→ Einleitung Rn. 12).[5] Dem Gesetzgeber kam es ebenso darauf an, die Tiefe und Breite einschließlich der Grenzen der menschenrechtlichen und umweltbezogenen Handlungspflichten für die Unternehmen – auch im Interesse der Rechtssicherheit – abschließend festzulegen.[6] Nicht zuletzt setzt das strafrechtliche Bestimmtheitsgebot gemäß Art. 103 Abs. 2 GG einem etwaigen Verständnis des § 3 Abs. 1 S. 1 als (subsidiäre) allgemeine Sorgfaltspflicht verfassungsrechtlich Grenzen.[7] § 24 bewehrt nämlich die Einhaltung der §§ 4–10 durch die Unternehmen mit einem Bußgeld und ein Verstoß gegen die Pflichten aus § 3 Abs. 1 S. 1, 2 iVm einer Pflicht aus den §§ 4 ff. stellt eine Ordnungswidrigkeit dar (→ § 24 Rn. 2, 13 ff.).

II. Sorgfaltspflichten des Unternehmens (Abs. 1 S. 1)

4   § 3 Abs. 1 S. 1 formuliert zunächst einen allgemeinen (deklaratorischen) Rechtsanwendungsbefehl für die in § 3 Abs. 1 S. 2 sowie im 2. Abschnitt

---

1 So auch Fleischer CCZ 2022, 205 (208); instruktiv zum Verhältnis des internationalen Regelungswerks und dem deutschen LkSG: Wissenschaftliche Dienste des Deutschen Bundestages, Das Gesetz über die unternehmerischen Sorgfaltspflichten in Lieferketten und die VN-Leitprinzipien für Wirtschaft und Menschenrechte, 17.3.2021, WD 2 – 3000 – 022/21; umfassender Überblick zum bisherigen regulatorischen Rahmen („soft law") auf internationaler Ebene bei Europäische Kommission Study supply chain S. 158 ff., und zur bisherigen Steuerungswirkung völkerrechtlichen soft laws auf Unternehmen: Reinisch/Hobe/Kieninger/Peters Unternehmensverantwortung und IntR/Dörr S. 133.
2 Fleischer CCZ 2022, 205 (208); offengelassen von Jungkind/Raspé/Terbrack DK 2021, 445 (453).
3 Zur Entstehungsgeschichte der VNLP instruktiv auch Newell, Climate change, human rights and corporate accountability, in Humphreys (Hrsg.), Human Rights and Climate Change, 2010, S. 126 (131).
4 Vgl. Begr. RegE LkSG, A. Allgemeiner Teil, BT-Drs. 19/28649, 41.
5 Ehmann ZVertriebsR 2021, 141 (151).
6 Ehmann ZVertriebsR 2021, 141 (151).
7 Krit. zur Bußgeldbewehrung nach § 24 iVm §§ 3 ff. im Hinblick auf Art. 103 Abs. 2 GG: Hembach Praxisleitfaden S. 191 f.

des LkSG festgelegten Sorgfaltspflichten. Gleichzeitig aber stellt er diese unter einen **Angemessenheitsvorbehalt** („in angemessener Weise zu beachten") und ruft dem Rechtsanwender das übergeordnete Ziel des Gesetzes („menschenrechtlichen oder umweltbezogenen Risiken vorzubeugen oder sie zu minimieren oder die Verletzung menschenrechtsbezogener oder umweltbezogener Pflichten zu beenden") in Erinnerung.

1. Wesen und Ziel der Sorgfaltspflichten

Nach seinem Wortlaut legt § 3 Abs. 1 S. 1 den vom persönlichen und materiellen Anwendungsbereich des Gesetzes erfassten Unternehmen eine Pflicht zur Berücksichtigung der in § 3 Abs. 1 S. 1 genannten Sorgfaltspflichten auf. Der Gesetzgeber greift hier mit dem Begriff „**Sorgfalt**" zunächst auf eine überkommene juristische Terminologie zurück, wie sie etwa in § 276 Abs. 2 BGB Verwendung findet. Rechtsdogmatisch weisen die Sorgfaltspflichten ebenfalls eine strukturelle Verwandtschaft zu den zivilrechtlichen Verkehrssicherungspflichten auf, wonach die eigene Risikosphäre so zu organisieren ist, dass Dritte hierdurch keinen Schaden erleiden.[8] Bemerkenswert an § 3 Abs. 1 S. 1 ist jedoch, dass dieser zwar die betroffenen Unternehmen zur Beachtung der im 2. Abschnitt des Gesetzes definierten Sorgfaltspflichten verpflichtet, dieses Gebot aber gleichzeitig mit dem Verweis auf „in angemessener Weise" relativiert. Die Begründung des Regierungsentwurfs zum LkSG und – hiervon inspiriert – der überwiegende Teil der Literatur sprechen daher von einer „Bemühens- und keiner Erfolgspflicht".[9] Hiernach verpflichtet § 3 Abs. 1 S. 1 iVm §§ 4 ff. die Unternehmen **nicht** dazu, das Ausbleiben der Verletzung einer nach § 2 Abs. 2 geschützten Rechtsposition oder sonstiger Menschenrechte in ihren Lieferketten zu garantieren. Die Pflicht aus § 3 Abs. 1 S. 1 verlangt vielmehr im Sinne einer „due diligence" die Durchführung von konkreten Handlungen oder Maßnahmen, die aus Sicht des Gesetzgebers dazu geeignet sind, menschenrechtlichen oder umweltbezogenen Risiken vorzubeugen oder sie zu minimieren oder Menschenrechtsverletzungen zu beenden.[10] Vor diesem Hintergrund ist der Schluss

---

8 Rack CB-Sonderbeil. 2021, 1 (24).
9 Vgl. Begr. RegE LkSG, A. Allgemeiner Teil, BT-Drs. 19/28649, 41; so auch Fleischer CCZ 2022, 205 (208); Hembach Praxisleitfaden S. 120; Wagner ZIP 2021, 1095 (1099); Wagner/Ruttloff NJW 2021, 2145 Rn. 4 f.; Beckers ZfPW 2021, 220 (236); Baade DStR 2022, 1617 (1618); Ehmann/Berg GWR 2021, 287 (288); Leuring/Ruber NJW-Spezial 2021, 399; Gehling/Ott/Lüneborg CCZ 2021, 231 (232 f.).
10 Auch der französische Gesetzgeber hat in seiner loi relative au devoir de vigilance aus dem Jahr 2017 diesen Regelungsansatz verfolgt, vgl. LOI n°2017–399 du 27 mars 2017 relative au devoir de vigilance des sociétés mères et des entreprises donneuses d'ordre (1), JORF n°0074 du 28 mars 2017; so zumindest die Analyse des Rapport Potier, Assemblée Nationale, n°3582, 16.3.2016, S. 14; Überblick zu ähnlichen nationalen Regelungen in weiteren EU-Ländern bei Helck BB 2021, 1603 f. und Europäische Kommission, Study on due diligence requirements through the supply chain, external study by British Institute of International & Comparative Law, Part III: Country reports, Januar 2020, abrufbar unter https://op.europa.eu/en/publication-detail/-/publication/0268dfcf-4c85-11ea-b8b7-01aa75ed71a1/language-en#.

von einer konkreten Verletzung einer in § 2 definierten geschützten Rechtsposition auf die Verletzung einer Sorgfaltspflicht nach § 3 Abs. 1 S. 1 iVm §§ 4 ff. nicht zwingend, da § 3 Abs. 1 S. 1 eben lediglich ein Bemühen der Unternehmen in angemessener Weise verlangt. Umgekehrt ist eine Verletzung von § 3 Abs. 1 S. 1 auch dann denkbar, wenn es zu keiner konkreten Verletzung einer geschützten Rechtsposition gekommen ist.[11] Die Dogmatik und das System der Sorgfaltspflichten im 2. Abschnitt des LkSG fußt daher auf einem **prozessorientierten Risikomanagement** und erteilt einer etwaigen Garantenstellung der Unternehmen für das konkrete Ausbleiben von Menschenrechtsverletzungen in ihren Lieferketten eine Absage.[12] Damit schließt sich auch der deutsche Gesetzgeber in den §§ 3 ff. der internationalen Grundkonzeption einer „Human Rights Due Diligence" an, wie sie in den VNLP entwickelt wurde und wonach bereits das sorgfältige und angemessene verfahrensorientierte Risikomanagement grundsätzlich zu einer Vermeidung der Unternehmenshaftung wegen Menschenrechtsverletzungen führen soll.[13]

6 Dass die Unternehmen keine Erfolgspflicht zur Abwendung von Menschenrechtsverletzungen treffen soll, darf aber nicht darüber hinwegtäuschen, dass einzelne Sorgfaltspflichten (vgl. § 3 Abs. 1 S. 2 Nr. 5 und 6) den Unternehmen jedenfalls eine teilweise Erfolgspflicht auferlegen.[14] So spricht § 6 Abs. 1 iVm den Abs. 2–4 (Präventionsmaßnahmen) davon, dass das Unternehmen im Falle einer Risikofeststellung unverzüglich Präventionsmaßnahmen zu ergreifen „hat". § 7 Abs. 1 (Abhilfemaßnahmen) verlangt ebenfalls, dass das betreffende Unternehmen bei einer Menschenrechtsverletzung oder einem Umweltschaden unverzüglich Abhilfemaßnahmen zu ergreifen „hat". Im Inland im eigenen Geschäftsbereich müssen diese Maßnahmen stets zu einer Beendigung der Verletzung, im Ausland nur „in der Regel" zu einer Beendigung führen (vgl. § 7 Abs. 1 S. 3 und S. 4). Auf der anderen Seite wurde im Rahmen des Gesetzgebungsverfahrens explizit hervorgehoben, dass die Pflichten nach § 3 Abs. 1 S. 1 ihre ultimativen Grenzen dort finden, wo es dem Unternehmen entweder **rechtlich oder tatsächlich unmöglich** ist, geeignete Maßnahmen zur Erfüllung seiner Sorgfaltspflichten aus dem LkSG zu ergreifen.[15] Ungeachtet dessen wird man jedoch festhalten müssen, dass zumindest hinsichtlich der Durchführung der Präventionsmaßnahmen

---

11 Siehe auch Wagner/Ruttloff NJW 2021, 2145 Rn. 4 f.
12 Ähnlich auch der Kommentar zu VNLP Nr. 17 letzter Abs.: „[...] However, business enterprises conducting such due diligence should not assume that, by itself, this will automatically and fully absolve them from liability for causing or contributing to human rights abuses." Ausführlich zum Begriff „Due Diligence" und „Bemühenspflicht" s. Fleischer CCZ 2022, 205 (209 f.).
13 Siehe Begr. RegE LkSG, A. Allgemeiner Teil, BT-Drs. 19/28649, 41; vgl. auch VNLP Nr. 17.
14 Siehe auch Fleischer CCZ 2022, 205 (210); Spießhofer AnwBl 2021, 534 (537); DAV-Stellungnahme Nr. 27/2021 Rn. 27.
15 So mit konkreten Beispielen zur rechtlichen und tatsächlichen Unmöglichkeit die Beschlussempfehlung und der Bericht des Bundestagsausschusses für Arbeit und Soziales, BT-Drs. 19/30505, 38.

aus § 6, der Risikoanalyse aus § 5 und der Abhilfemaßnahmen nach § 7 ein konkreter Erfolg geschuldet wird. Die Grenzen der rechtlichen und tatsächlichen Unmöglichkeit werden zwar mit Blick auf § 7 Abs. 1 relevanter, können jedoch zumindest im Hinblick auf Menschrechtsverletzungen und Umweltschäden im Inland (vgl. § 7 Abs. 1 S. 3) nur in sehr seltenen Fällen eine teilweise Erfolgspflicht der Unternehmen ausschließen.

Das in § 3 Abs. 1 S. 1 hervorgehobene Ziel der Sorgfaltspflichten gewinnt mit Blick auf die Reichweite und Grenzen der Bemühungspflichten sowie der wenigen vereinzelten Erfolgspflichten nochmals an Relevanz. Der Gesetzgeber unterstreicht damit ausdrücklich, dass es Zweck der umfangreichen Sorgfaltspflichten ist, die menschenrechtlichen oder umweltbezogenen Risiken der Unternehmen und in ihren Lieferketten vorzubeugen oder zu minimieren oder konkrete Verletzungen zu beenden. Ein Verständnis von § 3 Abs. 1 S. 1, wonach Unternehmen unmittelbar in der Pflicht stünden, nachzuweisen, dass in ihren Lieferketten etwaige Menschenrechtsverletzungen oder Umweltschäden nicht existierten, ist damit vom Gesetz ausgeschlossen. Die drei Verben – **vorbeugen, minimieren, beenden** – aus der Zweck- und Zielformulierung des § 3 Abs. 1 S. 1 beziehen sich auf die in § 3 Abs. 1 S. 2 Nr. 1 bis 9 aufgezählten Sorgfaltspflichten. Was unter Vorbeugen im Sinne des Gesetzes zu verstehen ist, ergibt sich aus § 4 (Risikomanagement), § 5 (Risikoanalyse) und § 6 (Präventionsmaßnahmen). Die Wörter minimieren und beenden beziehen sich dagegen auf § 7 (Abhilfemaßnahmen), die in § 7 Abs. 1 wiederaufgegriffen und in den weiteren Absätzen erläutert werden (→ § 7 Rn. 3 ff.). 7

2. Angemessenheitsvorbehalt (Abs. 1 S. 1)

§ 3 Abs. 1 S. 1 stellt sämtliche in den §§ 4–10 festgelegten menschenrechtlichen und umweltbezogenen Sorgfaltspflichten unter einen **Vorbehalt der Angemessenheit** („in angemessener Weise"). Hierzu legt § 3 Abs. 2 konkret fest, wie und wonach sich der gesetzliche Maßstab der Angemessenheit bestimmt (→ Rn. 12 ff.). Angemessenheit im Sinne des § 3 Abs. 1 S. 1, Abs. 2 soll bedeuten, dass von den Unternehmen grundsätzlich kein abstrakt-allgemeingültiges Mindestniveau oder überspannte Anforderungen bei der Erfüllung der jeweiligen Sorgfaltspflichten verlangt werden. Vielmehr ist jeweils in Relation zum jeweiligen individuellen Unternehmenskontext eine „machbare" und „angemessene" Umsetzung der sich aus §§ 4–10 ergebenden Sorgfaltspflicht nachzuweisen.[16] Damit macht der Gesetzgeber einerseits deutlich, dass Reichweite und Umfang der Sorgfaltspflichten in Bezug auf die Unternehmen und ihre Lieferketten im Sinne eines **Übermaßverbots** nicht unverhältnismäßig streng sein dürfen. Andererseits setzt er mit dem Wort „angemessen" gleichzeitig ein **Untermaßverbot**, nach dem die Maßnahmen zur Erfüllung der Sorgfaltspflichten ein Mindestmaß an Wirksamkeit im Verhält- 8

---

16 Begr. RegE LkSG, BT-Drs. 19/28649, 40.

nis zur Unternehmenssituation aufweisen müssen.[17] Damit legt § 3 Abs. 1 S. 1 iVm § 3 Abs. 2 statt eines absoluten einen relativen Sorgfaltsmaßstab fest.[18]

9 Auf diese Weise gewinnt zwar das Gesetz an Flexibilität und trägt der jeweiligen **individuellen Unternehmenssituation** Rechnung, es büßt aber gleichzeitig an Klarheit ein. Dem versucht § 3 Abs. 2 dadurch Grenzen zu setzen, dass er dem Rechtsanwender einen Kriterienkatalog zur Bestimmung der Angemessenheit an die Hand gibt, mithilfe dessen sich das unternehmensindividuelle Maß an erforderlichen Sorgfaltspflichten bestimmen lässt. Mit Blick auf § 24 und Art. 103 Abs. 2 GG wird dieser Spagat zwischen einer Vermeidung von überspannten Anforderungen an die Unternehmen und möglichst bestimmten Tatbeständen zwar kritisch gesehen,[19] verfassungsrechtlich dürfte er aber den Bestimmtheitsanforderungen an Ordnungswidrigkeitatbestände gem. Art. 103 Abs. 2 GG,[20] § 3 OWiG genügen – jedenfalls wenn man ihn an den äußerst großzügigen Maßstäben misst, die die Rechtsprechung selbst bei Straftatbeständen anlegt.[21] Die undifferenzierte Kritik an dem unbestimmten Begriff der Angemessenheit lässt auch gänzlich unberücksichtigt,[22] dass dieser Begriff gerade *zugunsten* der Unternehmen eingeführt wurde und letztlich dem verfassungsrechtlichen Grundsatz der **Verhältnismäßigkeit** bei der Festlegung der unternehmerischen Sorgfaltspflichten Rechnung trägt. Damit wird eine Einzelfallgerechtigkeit erst ermöglicht.[23]

III. Inhalt der Sorgfaltspflichten (Abs. 1 S. 2)

10 § 3 Abs. 1 S. 2 zählt die in den §§ 4 ff. näher konkretisierten Sorgfaltspflichten **abschließend** auf. Hierzu zählen die Einrichtung eines Risikomanagements (Nr. 1, → § 4 Rn. 8 ff.), die Festlegung betriebsinterner Zuständigkeiten (Nr. 2, → § 4 Rn. 42 f.), die Durchführung regelmäßiger Risikoanalysen (Nr. 3, → § 5 Rn. 1 ff.), die Abgabe einer Grundsatzerklärung (Nr. 4, → § 6 Rn. 11 ff.), die Verankerung von Präventionsmaßnah-

---

17 Vgl. auch § 4 Abs. 1 S. 1, der explizit von einem „angemessene[n] und wirksame[n]" Risikomanagement spricht.
18 Hierzu siehe auch Fleischer CCZ 2021, 205 (211) mit Verweisen auf parallele Regelungsansätze hinsichtlich der aktienrechtlichen Compliance-Pflichten im Rahmen von § 93 Abs. 1 AktG; Hembach Praxisleitfaden S. 121 mit Verweis auf Art. 32 DS-GVO.
19 Krit. Hembach Praxisleitfaden S. 121, 191 f.; Kamann/Irmscher NZWiSt 2021, 249 (253); Wagner/Ruttloff NJW 2021, 2145 (2146); zur Bedeutung des Angemessenheitsvorbehalts für § 24 siehe auch Mitsch NZWiSt 2021, 409 (411) und instruktiv zur Bedeutung des verfassungsrechtlichen Bestimmtheitsgebots im Kontext des LkSG Zimmermann/Weiß AVR 58 (2020), 424 (440 ff.).
20 Zur Anwendbarkeit des Art. 103 Abs. 2 GG auch auf das Ordnungswidrigkeitenrecht s. nur BVerfG Beschl. v. 15. 9. 2011 – 1 BvR 519/10, NVwZ 2012, 504 (505); Dürig/Herzog/Scholz/Remmert GG Art. 103 Abs. 2 Rn. 56 mwN.
21 Vgl. Dürig/Herzog/Scholz/Remmert GG Art. 103 Abs. 2 Rn. 99 f. mwN.
22 So v.a. Wagner/Ruttloff/Wagner LkSG/Ruttloff/Kappler § 3 Rn. 473; Wagner/Ruttloff NJW 2021, 2145 (2146).
23 Ähnlich auch Lutz-Bachmann/Vorbeck/Wengenroth BB 2021, 906 (910); Thalhammer DÖV 2021, 825 (832); Spindler ZHR 186 (2020), 67 (81); Fleischer CCZ 2022, 205 (213).

men (Nr. 5, → § 6 Rn. 23 ff., 44 ff.), Abhilfemaßnahmen (Nr. 6, → § 7 Rn. 2 ff.), Einrichtung von Beschwerdeverfahren (Nr. 7, → § 8 Rn. 12 ff.), die Umsetzung der Sorgfaltspflichten in Bezug auf mittelbare Zulieferer (Nr. 8, → § 9 Rn. 1 ff.) und die Dokumentation sowie die Berichterstattung (Nr. 9, → § 10 Rn. 2 ff., 21 ff.).

Sämtliche Sorgfaltspflichten sind aufeinander bezogen und bauen aufeinander auf.[24] Teilweise unterteilt die Literatur die Sorgfaltspflichten in **Kernpflichten** und **Begleitpflichten**, da Letztere risikounabhängig zur Umsetzung von angemessenen Maßnahmen verpflichten.[25] An anderer Stelle werden die Sorgfaltspflichten entsprechend den unterschiedlichen **Einflussmöglichkeiten** der Unternehmen eingeteilt. Es wird also zwischen Sorgfaltspflichten im eigenen Geschäftsbereich, für unmittelbare und für mittelbare Zulieferer differenziert.[26] Der Regierungsentwurf betont jedenfalls, dass es sich bei den Sorgfaltspflichten nicht um einen einmaligen Prozess handelt, sondern um einen sich **wiederholenden Kreislauf** von verschiedenen in § 3 Abs. 1 S. 2 und §§ 4 ff. definierten Verfahrensschritten geht.[27]

IV. Maßstab der Angemessenheit des Handelns (Abs. 2)

Absatz 2 benennt in Nummer 1 bis 4 die Kriterien für eine angemessene Ausgestaltung des Risikomanagements (→ Rn. 8 ff.).[28] Dem Unternehmen wird damit ein flexibler Ermessens- und Handlungsspielraum bei der Auswahl der geeigneten Maßnahmen gewährt. Welche Risiken das Unternehmen wie adressieren muss, hängt maßgeblich von der **individuellen Unternehmens- und Risikosituation** ab.[29] Dabei gilt nach der Begründung des Regierungsentwurfs: „je stärker die Einflussmöglichkeit eines Unternehmens ist, je wahrscheinlicher und schwerer die zu erwartende Verletzung der geschützten Rechtsposition und je größer der Verursachungsbeitrag eines Unternehmens ist, desto größere Anstrengungen können einem Unternehmen zur Vermeidung oder Beendigung einer Verletzung zugemutet werden. Je anfälliger eine Geschäftstätigkeit nach Produkt und Produktionsstätte für menschenrechtliche Risiken ist, desto wichtiger ist die Überwachung der Lieferkette."[30] Dahinter steht nichts anderes als die altbekannte und bewährte Formel aus dem allgemeinen Gefahrenabwehrrecht: Je höher die Wahrscheinlichkeit eines Schadenseintritts und je schwerer der zu befürchtende Schaden, desto höher die Anforderungen und Eingriffstiefen der regulatorischen Instrumente.

In welchem Verhältnis die einzelnen Kriterien zueinanderstehen und wie die Unternehmen diese gewichten dürfen, ergibt sich aus § 3 Abs. 2 nicht

---

24 Begr. RegE LkSG, BT-Drs. 19/28649, 41.
25 Lutz-Bachmann/Vorbeck/Wengenroth BB 2021, 906 (910).
26 Gehling/Ott/Lüneborg CCZ 2021, 230 (233); Leuering/Rubner NJW-Spezial 2021, 399; Bäumges/Jürgens CCZ 2022, 195 (196).
27 Begr. RegE LkSG, BT-Drs. 19/28649, 41.
28 Vgl. ebenfalls VNLP Nr. 19 lit. b (deutsche Sprachfassung).
29 Begr. RegE LkSG, BT-Drs. 19/28649, 42.
30 Begr. RegE LkSG, BT-Drs. 19/28649, 42.

eindeutig. Aus der Regelungssystematik des § 3 kann jedoch gefolgert werden, dass den Unternehmen ein **gewisser Einschätzungs- und Ermessensspielraum** hinsichtlich der angemessenen Maßnahmen („Wie") zusteht, solange diese die aus § 3 Abs. 2 folgenden Kriterien berücksichtigen.[31] Auch die offenen Formulierungen des § 3 Abs. 1 S. 1 und des § 3 Abs. 2 zielen darauf ab, den Unternehmen diese Einschätzung zu überlassen. Denn eine pauschale und unternehmensübergreifende Festlegung wird wohl nicht möglich sein und war auch vom Gesetzgeber nicht gewollt.[32] Auf der anderen Seite hat der Gesetzgeber auf einen Zusatz ähnlich zu § 93 Abs. 1 S. 2 AktG verzichtet („Business Judgement Rule"), wonach es genügt, wenn das Unternehmen „vernünftigerweise annehmen durfte", in angemessener Weise zu handeln.[33] § 3 folgt daher dem Prinzip, dass die Unternehmen zwar verbindlich auf das Ziel des Menschenrechtsschutzes und des Umweltschutzes durch Einhaltung ihrer Sorgfaltspflichten verpflichtet werden. Gleichwohl erkennt der Gesetzgeber an, dass jedes Unternehmen mit Blick auf sein besonderes Geschäfts- und Lieferkettenumfeld besser (als der Gesetzgeber) in der Lage ist, eine geeignete Auswahl an Maßnahmen zur Erreichung des Ziels aus § 3 Abs. 1 S. 1 und unter Berücksichtigung von § 3 Abs. 2 zu treffen. Wegen dieser grundlegenden gesetzgeberischen Wertung muss in letzter Konsequenz auch für die Behörden und Gerichte gelten, dass sich eine etwaige Überprüfung auf eine ermessensfehlerfreie Auswahl aus einer **Ex-ante-Perspektive** an geeigneten Maßnahmen zur Erreichung des Ziels aus § 3 Abs. 1 S. 1 zu beschränken hat.[34] Der Kriterienkatalog ist ferner gem. § 5 Abs. 2 S. 2 im Rahmen der durchzuführenden Risikoanalyse zu berücksichtigen (→ § 5 Rn. 25).

1. Art und Umfang der Geschäftstätigkeit (Nr. 1)

14 Art und Umfang der Geschäftstätigkeit beurteilen sich nach der Begründung des Regierungsentwurfs nach „qualitativen und quantitativen Merkmalen".[35] Die **Art der Geschäftstätigkeit** umfasst demnach beispielsweise „die Beschaffenheit des Produkts oder der Dienstleistung, die Vielfalt der erbrachten Leistungen und Geschäftsbeziehungen und die überregionale oder internationale Ausrichtung".[36] Der Begriff „Ge-

---

31 Hembach Praxisleitfaden S. 121 f.; Wagner/Ruttloff NJW 2021, 2145 (2146).
32 Vgl. BT-Drs. 19/30505, 38 und Begr. RegE LkSG, BT-Drs. 19/28649, 42.
33 So die damalige Forderung in DAV-Stellungnahme Nr. 27/2021 Rn. 29; hierzu auch Fleischer CCZ 2022, 205 (213) und Hembach Praxisleitfaden S. 121 f.
34 Zu einem etwaigen behördlichen und gerichtlichen Prüfungsmaßstab der Angemessenheit mwN auch Fleischer CCZ 2022, 205 (213); ähnlich auch Gehling/Ott/Lüneborg CCZ 2021, 230 (231); Ehmann/Berg GWR 2021, 287 (288); Ehmann ZVertriebsR 2021, 205 (207); Baade DStR 2022, 1617 (1618); Leuring/Rubner NJW-Spezial 2021, 399; so auch das Verständnis der Bundesregierung, in FAQ LkSG VI. 3.; aA dagegen Paefgen ZIP 2021, 2006 (2013), wonach ein behördlicher oder gerichtlicher Prüfungsmaßstab sich nicht explizit aus dem Gesetz ermitteln lässt und deutlich für einen objektiven Sorgfaltsmaßstab plädierend; Spindler ZHR 186 (2022), 67 (81).
35 Begr. RegE LkSG, BT-Drs. 19/28649, 42.
36 Begr. RegE LkSG, BT-Drs. 19/28649, 42.

schäftstätigkeit" wird durch § 3 Abs. 2 Nr. 1 nicht selbst definiert. In Anlehnung an § 2 Abs. 6 kann er wie der „eigene Geschäftsbereich" verstanden werden. Darunter fällt jede Tätigkeit zur Erreichung des Unternehmensziels, die Aktivitäten zur Herstellung und Verwertung von Produkten oder zur Erbringung von Dienstleistungen beinhalten kann. Auf eine Gewinnerzielungsabsicht kommt es nicht an, allerdings muss ein hinreichend enger Zusammenhang zwischen der Tätigkeit und dem Unternehmensziel bestehen. Der Gesetzgeber scheint sich mit diesem Begriff an den bisherigen Definitionen zur „Geschäftstätigkeit" aus § 1 Abs. 1 des Produktsicherheitsgesetzes orientiert zu haben.[37] Weiterhin steht das Kriterium Nr. 1 in starker Abhängigkeit von den jeweiligen **Länder-, Warengruppen- oder Branchenspezifika**. Die Angemessenheit von Maßnahmen zur Einhaltung der Sorgfaltspflichten wird daher für internationale Softwareunternehmen oder Dienstleistungsunternehmen eine andere sein als für Konzerne, die auf Rohstofflieferanten oder auf Zulieferer des produzierenden Gewerbes angewiesen sind.

Der **Umfang der Geschäftstätigkeit** bezieht sich nach der Begründung des Regierungsentwurfs unter anderem auf „die Größe des Unternehmens, auf die Anzahl und Funktion der Beschäftigten, auf das Umsatzvolumen, auf das Anlage- und Betriebskapital sowie auf die Produktionskapazität".[38] Der Größenfaktor kann in Bezug auf § 3 Abs. 2 Nr. 1 nur eingeschränkt die erforderliche Angemessenheit an Maßnahmen reduzieren. Dies folgt aus einem Vergleich mit § 1, wonach von den Sorgfaltspflichten aus dem LkSG nur Unternehmen von einer gewissen Größe erfasst werden. Stellte man nun die Größe der Unternehmen wiederum als entscheidendes Kriterium zur Bestimmung der Angemessenheit in Rechnung, würde sich ein Konflikt mit dem Sinn und Zweck des Gesetzes ergeben, das gerade ausdrücklich große Unternehmen in die Pflicht nehmen möchte. Ferner zielt der Gesetzgeber mit § 3 Abs. 2 Nr. 1 weniger auf die Größe des Unternehmens als solches ab, sondern bezieht sich vielmehr auf den Umfang der Geschäftstätigkeit.[39] Hierdurch kann sich im Einzelfall durchaus ein reduzierter Maßstab der Angemessenheit ergeben, wenn der Umfang der Geschäftstätigkeit einen Grad erreicht hat, wonach Risiken bereits statistisch unmöglich oder nur unter Anwendung von unverhältnismäßigen Maßnahmen zu vermeiden wären.

Es sind ferner insbesondere **länder-, branchen- und warengruppenspezifische Risiken** im Sinne der Art der Geschäftstätigkeit zu erwägen. Je anfälliger eine Geschäftstätigkeit nach Art und Umfang ist, die geschützten Rechtspositionen zu verletzen, desto umfassender müssen nach der

---

37 Geschäftstätigkeit iSd § 1 Abs. 1 wird danach sehr weit verstanden: „Jede Zusammenfassung von persönlichen oder sachlichen Mitteln zu dem Zweck, Güter oder Dienste für den Wirtschaftsverkehr zu erzeugen", vgl. mwN Klindt ProdSG/ Schucht ProdSG § 1 Rn. 27 f.
38 Begr. RegE LkSG, BT-Drs. 19/28649, 42.
39 § 1 orientiert sich ausschließlich an der Anzahl der Beschäftigten zur Bestimmung der gesetzlich relevanten Größe der Unternehmen und nicht am Umfang der Geschäftstätigkeit.

Begründung des Regierungsentwurfs die zu ergreifenden Präventions- und Abhilfemaßnahmen ausfallen.[40]

2. Einflussvermögen des Unternehmens (Nr. 2)

17 Die Angemessenheit des Handelns eines Unternehmens mit Blick auf die Sorgfaltspflichten richtet sich gem. § 3 Abs. 2 Nr. 2 auch nach dem **Einflussvermögen** des Unternehmens auf den unmittelbaren Verursacher eines menschenrechtlichen oder umweltbezogenen Risikos oder der Verletzung einer menschenrechtsbezogenen oder einer umweltbezogenen Pflicht.

18 Das Gesetz führt hier den Begriff des **„unmittelbaren Verursachers"** im Verhältnis zum Unternehmen an. Hierbei kann es, wie sich auch aus der Gesetzesbegründung ergibt, um Zulieferer gehen, die wiederum in § 2 Abs. 7 und 8 legaldefiniert sind. Es kann sich jedoch ebenso um eigene Organisationseinheiten des Unternehmens im Sinne des „eigenen Geschäftsbereichs" gem. § 2 Abs. 6 handeln. Dieser umfasst insbesondere auch Konzernstrukturen, also das Verhältnis von Mutter- zu Tochtergesellschaft oder eigene Unternehmensniederlassungen im Ausland. Folglich erfasst der Begriff „unmittelbarer Verursacher" nicht nur „Zulieferer" im Sinne des § 2 Abs. 7 und 8, sondern auch die Konstellation des § 2 Abs. 6 S. 3.[41] Die Begründung der Bundesregierung zu § 3 Abs. 2 Nr. 2 spricht hingegen vom Einflussvermögen der Unternehmen auf Zulieferer bzw. Vertragspartner und mittelbare Zulieferer. Die gesetzeseigene Terminologie wird in der Begründung somit **nicht konsequent** verwendet. Dies kann unter anderem daran liegen, dass insbesondere § 2 Abs. 6 und 7 im Verlauf des weiteren Gesetzgebungsverfahrens redaktionell angepasst wurden. So wurde § 2 Abs. 6 S. 3 erst später aufgenommen, der nunmehr explizit auch Konzerne mit ihren komplexen Verhältnissen von Mutter- und Tochtergesellschaften in den „eigenen Geschäftsbereich" einschließt, die zuvor von Abs. 7 und 8 nicht erfasst wurden.[42]

19 Das Einflussvermögen kann sich beispielsweise nach der **Größe des Unternehmens** oder nach dem **Auftragsvolumen** richten. Im Unterschied zu § 3 Abs. 2 Nr. 1 indiziert hier die „Größe" des Unternehmens im Verhältnis zum Zulieferer, dass das Unternehmen aufgrund von **wirtschaftlichem Einfluss, Marktmacht und wirtschaftlicher Bedeutung** für den Zulieferer mitunter gesteigerte Einflussmöglichkeiten hat. Hierdurch können sich für größere Unternehmen umfangreichere Maßnahmen als angemessen erweisen als für kleinere Unternehmen. Ein wesentlicher Einflussfaktor soll nach der Begründung des Regierungsentwurfs die **Nähe zum Risiko** sein, dh „wo und durch wen das Risiko unmittelbar entsteht:

---

40 Begr. RegE LkSG, BT-Drs. 19/28649, 42.
41 Der Kommentar zu VNLP Nr. 19 (deutsche Sprachfassung) spricht hingegen von „Wirtschaftsunternehmen" und ihrem Einfluss auf „andere Organisationen", was mehr auf Zulieferer fokussiert zu sein scheint.
42 Vgl. Beschlussempfehlung und Bericht des Bundestagsausschusses für Arbeit und Soziales, BT-Drs. 19/30505, 38.

beim Unternehmen selbst, bei einem Vertragspartner oder bei einem mittelbaren Zulieferer entlang der Lieferkette".[43] Abhängig von der Nähe und der Einflussmöglichkeit des Unternehmens, wie zB die wirtschaftliche Bedeutung des Unternehmens für den Zulieferer oder vertragsrechtliche Möglichkeiten, verändern sich die Anforderungen an die zu ergreifenden Maßnahmen.[44] Somit können bei einem sehr starken Einflussvermögen des Unternehmens auf den unmittelbaren Verursacher mitunter auch weitreichende Abhilfemaßnahmen im Sinne des § 7 angemessen sein, während bei sehr schwachen Einflussmöglichkeiten das Spektrum an angemessenen Einflussmöglichkeiten sehr begrenzt ist.

3. Schwere, Umkehrbarkeit und Wahrscheinlichkeit der Verletzung (Nr. 3)

§ 3 Abs. 2 Nr. 3 führt als weiteres Kriterium an, dass sich die Angemessenheit nach der zu erwartenden **Schwere** der Verletzung, der **Umkehrbarkeit** der Verletzung und der **Wahrscheinlichkeit** der Verletzung einer menschenrechtsbezogenen oder einer umweltbezogenen Pflicht bestimmt. Die Begründung des Regierungsentwurfs spricht insoweit vom **Gefahrenpotenzial**.[45]

Die typischerweise zu erwartende **Schwere** der Verletzung der geschützten Rechtsposition bemisst sich nach der Begründung des Regierungsentwurfs qualitativ „nach dem Grad der tatsächlichen oder potenziellen Beeinträchtigung" und quantitativ „nach der Zahl der tatsächlich oder potenziell betroffenen Menschen" sowie nach der „Möglichkeit, die negativen Auswirkungen wieder zu beheben".[46] Zur Bestimmung der Qualität der Beeinträchtigung kann der Grundsatz der umgekehrten Proportionalität (→ § 2 Rn. 18) herangezogen werden, nach dem bei einem höherrangigen Rechtsgut geringere Anforderungen an die Tiefe der Beeinträchtigung zu stellen sind.

Kriterien für die Bewertung von Schwere und Wahrscheinlichkeit können laut Regierungsbegründung zum Beispiel die Zugehörigkeit eines Unternehmens zu einem Hochrisikosektor, die tatsächlichen und ordnungspolitischen Rahmenbedingungen des Produktionsortes, der Umgang mit giftigen Stoffen in der Produktion oder die mangelhafte Nachhaltigkeitsperformance (potenzieller) Lieferanten sein.[47] Was konkret unter sog. „Hochrisikosektoren" zu verstehen ist, lässt die Regierungsbegründung offen. Begriffliche Ähnlichkeiten lassen sich in Art. 15 Abs. 2 des Vorschlags der Kommission für eine Sorgfaltspflichten-Richtlinie zu den Sorgfaltspflichten von Unternehmen ausmachen (→ Rn. 40 ff.).[48] Dieser sieht vor, dass Unternehmen Maßnahmen zur Emissionsreduktion ergrei-

---

43 Begr. RegE LkSG, BT-Drs. 19/28649, 42.
44 Begr. RegE LkSG, BT-Drs. 19/28649, 42.
45 Begr. RegE LkSG, BT-Drs. 19/28649, 42.
46 Begr. RegE LkSG, BT-Drs. 19/28649, 42; so auch VNLP Nr. 19, Kommentar (deutsche Sprachfassung).
47 Begr. RegE LkSG, BT-Drs. 19/28649, 42 f.
48 COM(2022) 71 final.

fen, wenn der Klimawandel als ein „Hauptrisiko" der Unternehmenstätigkeit ermittelt wurde oder hätte ermittelt werden müssen.[49] Diese Formulierung legt nahe, dass sich ein Hochrisikosektor nach objektiven Kriterien bestimmt. Eine Begriffsannäherung ermöglicht auch die Verordnung (EU) 2017/821 zur Festlegung von Pflichten zur Erfüllung der Sorgfaltspflichten in der Lieferkette für Unionseinführer von Zinn, Tantal, Wolfram, deren Erzen und Gold aus Konflikt- und Hochrisikogebieten (ABl. 2017 L 130, 1). Diese definiert in ihrem Art. 2 lit. f „Konflikt- und Hochrisikogebiete" wie folgt: „Gebiete, in denen bewaffnete Konflikte geführt werden oder die sich nach Konflikten in einer fragilen Situation befinden, sowie Gebiete, in denen Staatsführung und Sicherheit schwach oder nicht vorhanden sind, zum Beispiel gescheiterte Staaten, und in denen weitverbreitete und systematische Verstöße gegen internationales Recht einschließlich Menschenrechtsverletzungen stattfinden". Diese Definition bezieht sich zwar auf Regionen und weniger auf Sektoren. Sie liefert jedoch wertvolle Hinweise auch für eine Begriffsbestimmung von Hochrisikosektoren. Dementsprechend ist bei der Bestimmung der Schwere und Wahrscheinlichkeit etwaiger Verletzungen der (politische) Kontext der Geschäftstätigkeit ebenso zu berücksichtigen wie die (regionalen) Rahmenbedingungen der Tätigkeit des Unternehmens.[50]

23 Außerdem nennt § 3 Abs. 2 Nr. 3 die **Umkehrbarkeit** von Verletzungen als Kriterium. Der Gesetzgeber hat im Gesetzestext und den Materialien zum Gesetzgebungsverfahren offengelassen, was hierunter konkret zu verstehen ist. Nach dem Wortlaut und dem Sinn und Zweck der Nr. 3 dürften hierunter diejenigen Fälle zu verstehen sein, bei denen eine Verletzung endgültig einzutreten droht und auch bei nachträglichen pflichtkonformen Maßnahmen irreversibel bliebe. Eine Umkehrbarkeit liegt dagegen dann vor, wenn die Betroffenen noch in die Lage versetzt werden könnten, die betroffenen und beeinträchtigten Menschrechte wieder vollumfänglich wahrzunehmen.[51]

24 Die **Eintrittswahrscheinlichkeit** wird durch die Begründung des Regierungsentwurfs dahingehend beschrieben, dass hierunter die Prognose zu verstehen sei, ob und wann das Risiko in eine Rechtsgutsverletzung mündet.[52] Eine terminologische Parallelität zur hinreichenden Wahrscheinlichkeit in § 2 Abs. 2 liegt nahe (→ § 2 Rn. 18 ff.). Gem. § 2 Abs. 2

---

49 Hierzu Nietsch/Wiedmann CCZ 2022, 125 (129); so auch VNLP Nr. 21, Kommentar (englische Sprachfassung): „Formal reporting by enterprises is expected where risks of severe human rights impacts exist, whether this is due to the nature of the business operations or operating contexts. The reporting should cover topics and indicators concerning how enterprises identify and address adverse impacts on human rights. Independent verification of human rights reporting can strengthen its content and credibility. Sector-specific indicators can provide helpful additional detail."
50 Zur Berücksichtigung des Kontexts der Geschäftstätigkeit vgl. auch VNLP Nr. 21, Kommentar.
51 Human Rights Reporting and Assurance Frameworks Initiative, Berichtsrahmen für die UN-Leitprinzipien für Wirtschaft und Menschenrechte, 2017, S. 23.
52 Begr. RegE LkSG, BT-Drs. 19/28649, 42.

kommt es für ein menschrechts- oder umweltbezogenes Risiko auf die hinreichende Wahrscheinlichkeit eines Verstoßes gegen die in § 2 Abs. 2 aufgeführten Verbote an. § 3 Abs. 2 Nr. 3 spricht von einer Wahrscheinlichkeit der Verletzung von menschenrechtsbezogenen oder einer umweltbezogenen Pflicht, die wiederum gem. § 2 Abs. 4 als Verstoß gegen ein in § 2 Abs. 2 Nr. 1 bis 12 genanntes Verbot definiert wird. Danach sinkt der Spielraum der Unternehmen aufgrund des Angemessenheitsvorbehalts in Relation zum Risikograd im Sinne von § 2 Abs. 2.

4. Art des Verursachungsbeitrags (Nr. 4)

Schließlich ist bei der Ermittlung der Angemessenheit des unternehmerischen Handelns die **spezifische Art des Verursachungsbeitrages** zu berücksichtigen. Dabei ist nach der Begründung des Regierungsentwurfs zu unterscheiden, „ob ein Unternehmen das Risiko unmittelbar alleine oder gemeinsam mit einem anderen Akteur verursacht hat, oder ob es mittelbar einen Beitrag zum Risiko oder zur Verletzung geleistet hat".[53]

Nicht ganz eindeutig ist indes der Begriff des **„Verursachens"**. Die Hinweise der Bundesregierung für die Anwendung des LkSG in der Praxis definieren jedoch „Verursachen" dahin gehend, dass das Unternehmen das betreffende Risiko unmittelbar allein hervorgerufen hat oder durch seine Handlung zur Entstehung oder Verstärkung des Risikos kausal beigetragen hat.[54] Die Schwelle des unmittelbaren oder des mittelbaren Verursachens im Sinne eines Beitrags sei immer dann erreicht, so auch die Hinweise der Bundesregierung, wenn die Handlung oder der Beitrag kausal im Sinne der conditio-sine-qua-non-Formel war.[55] Dieses weite Verständnis soll indes nach den Hinweisen der zuständigen Ministerien durch eine Art „objektive Zurechnung" dahin gehend eingeschränkt werden, dass Unternehmen nicht für solche Ereignisse einzustehen haben, die nach der „normalen Lebensanschauung eines objektiven, informierten Dritten völlig außerhalb der Erfahrung und der Erwartung liegen".[56] Damit wird zwar versucht, ein uferloses Einstehen für sämtliche auch nur mittelbar kausal verursachte Risiken der Unternehmen zu vermeiden. Mit dem Verweis auf eine „normale Lebensanschauung" eines „objektiven, informierten Dritten" wird allerdings der eigentlich intendierte individuelle Einschätzungsspielraum des Angemessenheitsvorbehalts zumindest teilweise wieder objektiviert. Diese teilweise Objektivierung ist aber für die Unternehmen insofern günstiger, als es mit der

---

53 Begr. RegE LkSG, BT-Drs. 19/28649, 43.
54 FAQ LkSG VI. 5.; so auch nahezu wortgleich die Gesetzesbegründung zu § 4 (Begr. RegE LkSG, BT-Drs. 19/28649, 43); die Differenzierung von „Verursachen" und „Beitragen" findet sich bereits in VNLP Nr. 18 (deutsche Sprachfassung).
55 FAQ LkSG VI. 5.; dagegen etwas anders noch das Verständnis des Kommentars zu VNLP Nr. 18 (deutsche Sprachfassung), der von wissentlicher tatkräftiger Unterstützungs- oder Hilfeleistung, die erhebliche Auswirkungen auf die Tatbegehung haben, spricht.
56 FAQ LkSG VI. 5.

objektiven Zurechnung gerade darum geht, den sonst viel weitergehenden reinen Kausalitätsansatz zu beschränken.

27 Im Kern ist daher ein Verursachungsbeitrag grundsätzlich jede **unmittelbare oder mittelbare Initiierung einer Kausalkette** mit Blick auf ein Risiko innerhalb der Lieferkette im Sinne des § 2 Abs. 5, es sei denn, die Verursachung durch diese Handlungen stand aus Sicht eines objektiven, informierten Dritten völlig außerhalb jeglicher Erfahrung oder Erwartungen. Liegt ein solcher Verursachungsbeitrag vor, so richtet sich nach § 3 Abs. 2 Nr. 4 die angemessene Weise des sorgfältigen Handelns der Unternehmen danach, ob diese das Risiko allein unmittelbar hervorgerufen haben oder lediglich durch eine Handlung mittelbar kausal zur Entstehung oder Verstärkung des Risikos beigetragen haben. Folglich verlangt der Gesetzgeber durchaus einen kausalen Zusammenhang zwischen Handlung bzw. Beitrag und dem hervorgerufenen Risiko. Fraglich bleibt jedoch, ob bereits der Umstand, Teil einer globalen Lieferkette zu sein, als ein hinreichend kausaler Verursachungsbeitrag im Sinne des § 3 Abs. 2 Nr. 4 zu qualifizieren ist. Dies dürfte zumindest dann nicht der Fall sein, wenn die betreffenden Unternehmen durch ihre Eingliederung in Lieferketten oder ihre vertraglichen Beziehungen mit Zulieferern aus Sicht eines objektiven, informierten Dritten nichts von einem etwaigen Risiko im Sinne einer „substantiierten Kenntnis" nach § 9 Abs. 3 wissen konnten (→ § 9 Rn. 11 ff.).

28 Ein Beispiel für eine unmittelbare alleinige Verursachung liefert die Begründung des Regierungsentwurfs, nämlich die Missachtung von Arbeitsschutzstandards am eigenen Standort.[57] Eine **unmittelbare (Mit-)Verursachung** soll demnach zum Beispiel dann gegeben sein, wenn ein Unternehmen durch nicht fachgerechte Abfallentsorgung einen Fluss verschmutzt – und andere Unternehmen dies ebenfalls tun – und hierdurch gegebenenfalls die Trinkwasserversorgung der Anwohnenden gefährdet.[58] Eine **mittelbare Verursachung** soll hingegen dann anzunehmen sein, wenn ein Unternehmen die Produktanforderungen gegenüber seinem Zulieferer in letzter Minute ändert, ohne die Lieferzeiten oder den Einkaufspreis anzupassen, und der Zulieferer in der Folge gegen ILO-Kernarbeitsnormen verstößt, um den geänderten Anforderungen gerecht zu werden.[59] Die Art des Verursachungsbeitrages ist typischerweise eng verknüpft mit dem Kriterium des unternehmerischen Einflussvermögens.[60]

V. Zivilrechtliche Haftung (Abs. 3)

29 Mit der Fassung des § 3 Abs. 3 hat der Gesetzgeber sich **gegen das private *enforcement*** im Wege einer weitreichenden zivilrechtlichen Haftung der Unternehmen bei Sorgfaltspflichtverstößen entschieden. Im ur-

---

57 Begr. RegE LkSG, BT-Drs. 19/28649, 43.
58 Begr. RegE LkSG, BT-Drs. 19/28649, 43.
59 Begr. RegE LkSG, BT-Drs. 19/28649, 43.
60 Begr. RegE LkSG, BT-Drs. 19/28649, 43.

sprünglichen Entwurf der Bundesregierung vom April 2021 fehlte Abs. 3 mit seiner (klarstellenden) zivilrechtlichen Haftungsbeschränkung noch.[61] Erst die Beschlussempfehlung des Ausschusses für Arbeit und Soziales vom Juni 2021 enthielt die Ergänzung des § 3 um Abs. 3, um beachtliche zivilrechtliche Haftungsrisiken für die Unternehmen aufgrund des LkSG insbesondere mit Blick auf § 823 BGB zu verhindern.[62]

Nach dem Willen des Gesetzgebers ist damit die Durchsetzung und Überwachung der Einhaltung des LkSG durch die Unternehmen in erster Linie der behördlichen Kontrolle sowie einem **öffentlich-rechtlichen Sanktionsregime** anvertraut.[63] Diese grundsätzliche Abkehr vom zivilrechtlichen Durchsetzungsmechanismus blieb nicht ohne Kritik,[64] erschien aber zumindest vor dem Hintergrund der (bislang) ernüchternden Erfahrungen in Frankreich mit seinen weitreichenden zivilrechtlichen Möglichkeiten zur Durchsetzung der Sorgfaltspflichten der pragmatischere Weg.[65]

1. Keine zusätzliche Haftung aufgrund des LkSG (Abs. 3 S. 1)

§ 3 Abs. 3 S. 1 stellt zunächst klar, dass das LkSG selbst hinsichtlich der Verletzung von Sorgfaltspflichten keine zivilrechtliche Haftung der Unternehmen begründet (→ Rn. 29). Zudem wurde der Umfang der von § 823 Abs. 1 BGB geschützten Rechtsgüter nicht erweitert.[66] Gegenüber

---

61 Vgl. Begr. RegE LkSG, BT-Drs. 19/28649; ausführlich zur Vor- und Entstehungsgeschichte des LkSG in Bezug auf potenzielle deliktsrechtliche Haftungsimplikationen Schneider ZIP 2022, 407.
62 Siehe Beschlussempfehlung und Bericht des Bundestagsausschusses für Arbeit und Soziales, BT-Drs. 19/30505, 11 und 39 mit der entsprechenden Begründung zur Einführung des Abs. 3.
63 Unbeschadet hiervon bleiben die bislang von Betroffenen oder NGOs vereinzelt genutzten Möglichkeiten, wettbewerbsrechtlich gegen Unternehmen und unfaire Arbeitsbedingungen vorzugehen, vgl. zB das Verfahren der Verbraucherschutzzentrale Hamburg gegen Lidl vor dem LG Heilbronn (2010), Dokumentation zum Fall unter https://www.business-humanrights.org/en/latest-news/lidl-lawsuit-re-working-conditions-in-bangladesh/; zum Wettbewerbsrecht in diesem Kontext auch Spindler ZHR 186 (2022), 67 (107); zur bisherigen Praxis der (strategischen) gerichtlichen Durchsetzung von Menschenrechten auf internationaler und nationaler Ebene: Duffy, Strategic Human Rights Litigation, 2018.
64 Zur Kritik mwN bei Rühl/Knauer JZ 2022, 105 Fn. 4; siehe auch die Empfehlungen der BR-Ausschüsse, BR-Drs. 239/1/21, 11.
65 Vgl. Art. L. 225–102–5 Code de commerce und LOI n° 2017–399 du 27 mars 2017, die eine zivilrechtliche Haftung der Unternehmen begründen, aber in praxi kaum gerichtlich geltend gemacht wird; hierzu Fleischer DB 15 (2022), 920; ausführlich auch die Analyse der Auswirkungen der loi de vigilance von Savourey in Europäische Kommission Study supply chain S. 56 ff. und vergleichend die Übersicht zum einschlägigen case law hinsichtlich der gerichtlichen Geltendmachung von Menschenrechtsverletzungen gegen Unternehmen: Marx ua, Study requested by European Parliament on Access to legal remedies for victims of corporate human rights abuses in third countries, Februar 2019, PE.603.475, abrufbar unter https://www.europarl.europa.eu/RegData/etudes/STUD/2019/603475/EXPO_STU(2019)603475_EN.pdf.
66 Wagner ZIP 2021, 1095 (1103); so auch Schneider ZIP 2022, 407 (418); Fleischer DB 2022, 920 (921); Rühl/Knauer JZ 2022, 105 (108); Spindler ZHR 186 (2022), 67 (95).

der geltenden Rechtslage wollte der Gesetzgeber **kein zusätzliches zivilrechtliches Haftungsrisiko** für Unternehmen schaffen.[67] Ungeachtet dessen umfasste § 823 Abs. 1 BGB jedoch bereits vor dem Inkrafttreten des LkSG im Sinne absolut geschützter Rechtsgüter wesentliche menschrechtliche Gewährleistungen wie etwa den Schutz des Lebens oder der körperlichen Unversehrtheit. Die einzelnen Vorschriften des LkSG stellen aber auch keine Schutzgesetze nach § 823 Abs. 2 BGB dar.[68] Gleichzeitig wollte der Gesetzgeber mit der in § 11 geregelten Möglichkeit der Prozessstandschaft die nach bereits geltender Rechtslage unverändert fortbestehende zivilrechtliche Haftung in besonders schwerwiegenden Fällen in ihrer Durchsetzung erleichtern.[69]

2. Sonstige zivilrechtliche Haftung (Abs. 3 S. 2)

32 Mit § 3 Abs. 3 S. 2 hat der Gesetzgeber hingegen die Möglichkeit einer privatrechtlichen Haftung **unabhängig vom LkSG** ausdrücklich erhalten[70] und sich für eine prozessuale Erleichterung der Durchsetzung der Ansprüche von Geschädigten entlang der Lieferkette entschieden (→ § 11 Rn. 16).

a) Reichweite der sonstigen zivilrechtlichen Haftung

33 Angesichts des Wortlauts in § 3 Abs. 3 S. 2 („unabhängig von diesem Gesetz begründete Haftung") ist sich die Literatur jedoch uneins, wie die Reichweite des Verweises in § 3 Abs. 3 S. 2 in Bezug auf zivilrechtliche (meist deliktsrechtliche) Haftungstatbestände außerhalb des LkSG zu bestimmen ist. Hierzu haben sich im Wesentlichen zwei Lager gebildet, die den Begriff „unabhängig" enger oder großzügiger fassen – mit unterschiedlichen Konsequenzen für das anwendbare privatrechtliche Haftungsregime bei Sorgfaltspflichtverletzungen aus dem LkSG. Ein Teil der Literatur spricht sich insofern für ein sehr **enges Verständnis** des § 3 Abs. 3 S. 2 aus. Nach dieser Ansicht soll jegliche Haftung nach deutschem Zivilrecht, die an die Sorgfaltspflichten im LkSG anknüpft, ausgeschlossen sein. Eine etwaige richterliche Rechtsfortbildung der Verkehrssicherungspflichten im Deliktsrecht dürfe sich nicht auf die §§ 3 ff. beziehen.[71] Im Kern wird somit eine eigenständige zivilrechtliche Haftung

---

[67] BT-Drs. 19/30505, 39; anders Paefgen ZIP 2021, 2006 (2011), der die Formulierung als unglücklich erachtet.
[68] BT-Drs. 19/30505, 39; iErg zustimmend Keilmann/Schmidt WM 2021, 717 (720); noch unter Bezugnahme auf den veralteten Gesetzesentwurf für eine Einordnung als Schutzgesetz mit Verweis auf die ansonsten bestehende Sinnlosigkeit des § 11 hingegen Wagner ZIP 2021, 1095 (1102).
[69] BT-Drs. 19/30505, 39; ausführlich hierzu Schneider ZIP 2022, 407 (416 ff.), der auf Inkonsistenzen zwischen § 3 Abs. 3 und § 11 hinweist.
[70] „Soweit unabhängig von den neu geschaffenen Sorgfaltspflichten bereits nach der geltenden Rechtslage eine zivilrechtliche Haftung begründet ist, soll diese jedoch unverändert fortbestehen und in besonders schwerwiegenden Fällen in ihrer Durchsetzung erleichtert werden." (BT-Drs. 19/30505, 39); Dohrmann CCZ 2021, 265 (271).
[71] So Schneider ZIP 2022, 407 (412 ff.) und Späth/Werner CCZ 2021, 241 (250 f.); Stöbener de Mora/Noll NZG 2021, 1285; Spindler ZHR 186 (2022), 67 (95 ff.).

deutscher Unternehmen für Menschenrechtsverletzungen in internationalen Lieferketten neben dem Ausschluss aus § 3 Abs. 3 S 1 abgelehnt. Dies wird unter anderem damit begründet, dass es sich bei den Sorgfaltspflichten aus den §§ 3 ff. um gänzlich „neue" Pflichten handele, die nur schwerlich an bereits bestehende Verkehrssicherungspflichten im Deliktsrecht anzuknüpfen seien.[72] Der klare Ausschluss einer deliktischen Haftung nach § 823 Abs. 2 BGB aufgrund des § 3 Abs. 3 S. 1 müsse erst recht auch für die Haftung bei Verkehrssicherungspflichtverletzungen gem. § 823 Abs. 1 BGB gelten. Eine richterliche Anwendung der §§ 3 ff. als „Subsumtionsgrundlage" für die Statuierung besonderer Verkehrssicherungspflichten der Unternehmen in internationalen Lieferketten sei methodisch und funktional nichts anderes als eine Anwendung der §§ 3 ff. als Schutzgesetz im Sinne des § 823 Abs. 2 BGB.[73] Ferner würde die Durchsetzung menschenrechtlicher Standards über die Verkehrssicherungspflichten nach § 823 Abs. 1 BGB eine Haftung für Menschrechtsverletzungen Dritter (Zulieferer) etablieren, die sich in einer fremden Sphäre zutragen und auf die das haftende Unternehmen meist keinen Einfluss hat.[74] Dies stünde im Gegensatz zum deliktsrechtlichen Grundsatz, dass nur für Risiken und Gefahren aus der eigenen Sphäre zu haften sei. Eine mögliche Haftung in Anlehnung an die Produzentenhaftung oder etablierte Haftungsmechanismen im Reiserecht taugten als Begründung ebenfalls nicht.[75]

Die im Ergebnis überzeugenderen Stimmen im Schrifttum interpretieren dagegen den Verweis in § 3 Abs. 3 S. 2 **großzügiger** dahin gehend, dass nicht jedwede deliktsrechtliche Haftung, die mittelbar an die Sorgfaltspflichten aus den §§ 3 ff. anknüpft, ausgeschlossen ist.[76] Entsprechend der Formulierung des § 3 Abs. 3 S. 2 kommt es vielmehr auf eine eigene genuine und vom LkSG **unabhängige zivilrechtliche Anspruchsgrundlage** an, die sich primär aus § 823 Abs. 1 BGB oder aber aus sonstigen gesellschaftsrechtlichen oder (vor)vertragsrechtlichen Anspruchsgrundlagen ergeben kann.[77] Der Kanon der Sorgfaltspflichten soll lediglich als Grundlage zur richterrechtlichen Ermittlung haftungsbewehrter Verkehrspflichten dienen, da dieser grundsätzlich als öffentlich-rechtliche Verhaltensvorgabe im Rahmen des § 823 Abs. 1 BGB zu berücksichtigen ist.[78] Für einen gewissen Spielraum einer Haftung für Menschenrechts- 34

---

72 Spindler ZHR 186 (2022), 67 (95 ff.).
73 Schneider ZIP 2022, 407 (412 f.); Spindler ZHR 186 (2022), 67 (100).
74 Schneider ZIP 2022, 407 (413).
75 Schneider ZIP 2022, 407 (413).
76 Paefgen ZIP 2021, 2006; Rack CB-Sonderbeil. 2022, 23 f.; Wagner/Ruttloff NJW 2021, 2145; Ehmann/Berg GWR 2021, 287 (291); Rühl/Knauer JZ 2022, 108 f.; Fleischer DB 2022, 920; Koch MDR 2022, 1 (3 f.); Grabosch LkSG/Engel § 7 Rn. 11.
77 Umfassender Überblick hierzu bei Fleischer DB 2022, 920 (922); Paefgen ZIP 2021, 2006 (2011).
78 Paefgen ZIP 2021, 2006 (2011); Wagner ZIP 2021, 1095 (1103), der ua darauf verweist, dass auch öffentlich-rechtliche Sicherheitsstandards zivilrechtliche Verkehrssicherungspflichten konkretisieren können.

verletzungen aus dem allgemeinen Zivilrecht spricht auch, dass der Gesetzgeber diese Haftungsspielräume bei der Schaffung des § 11 (→ § 11 Rn. 15) vor Augen hatte.[79] Sinn und Zweck des § 11 können sich nur dann entfalten, wenn § 3 Abs. 3 S. 2 ein weites Verständnis zugrunde gelegt wird. Gleichwohl ist zu beachten, dass die grundsätzliche gesetzgeberische Wertung nicht im Wege einer weiten und vom LkSG inspirierten Auslegung im Sinne einer allgemeinen rechtsträgerübergreifenden Haftung in Konzernen sowie Lieferketten umgangen wird.[80]

35 Wie weit im Einzelnen die Spielräume für zivilrechtliche Haftungsregime für Menschenrechtsverletzungen in Konzernlagen oder Lieferketten gem. § 3 Abs. 3 S. 2 gehen, wird künftig die **Rechtsprechung** rechtsdogmatisch erarbeiten müssen. Jedenfalls lässt § 3 Abs. 3 S. 2 noch einen erheblichen Spielraum für eine Haftung von Unternehmen nach zivilrechtlichen Anspruchsgrundlagen, die jenseits des LkSG sowohl im inländischen als auch im ausländischen Privatrecht fußen. Maßgeblich bleibt – und dies wird ebenfalls das jeweilige Haftungsregime prater legem zu berücksichtigen haben –, dass der Rechtsgrund einer etwaigen zivilrechtlichen Haftung gem. § 3 Abs. 3 S. 2 losgelöst und unabhängig vom LkSG zu entwickeln ist. Denn die grundlegenden gesetzgeberischen Wertungen setzen einer zivilrechtlichen Haftung zur Durchsetzung menschenrechtlicher und umweltbezogener Vorgaben für Unternehmen enge Grenzen.

36 Unabhängig hiervon bleibt indes für internationale Lieferketten die jeweilige **zivilrechtliche Zurechnung von Verletzungshandlungen** eines Tochterunternehmens oder eines Zulieferers zur Haftungsbegründung (Trennungsprinzip) schwierig. Schließlich bleibt ebenso abzuwarten, wie sich der Unionsgesetzgeber zum Vorschlag der Kommission zum Erlass einer europäischen Sorgfaltspflichten-Richtlinie verhalten wird, der derzeit in Art. 22 ausdrücklich eine zivilrechtliche Haftung der Unternehmen für den Verstoß gegen menschrechtliche oder umweltbezogene Sorgfaltspflichten vorsieht (→ Rn. 40 ff.).

b) Mögliche Haftungsgründe im Sinne des Abs. 3 S. 2

37 Unterstellt, dass deutsches Recht bei Menschenrechtsverletzungen in internationalen Lieferketten zur Anwendung gelangt (zur Zuständigkeit deutscher Gerichte → § 11 Rn. 17 ff.), werden vor dem Hintergrund der oben dargelegten weiten Interpretation des § 3 Abs. 3 S. 2 im Wesentlichen folgende **Anspruchsgrundlagen** zur Begründung einer deliktischen Außenhaftung von Unternehmen bei Menschenrechtsverletzungen disku-

---

79 Rühl/Knauer JZ 2022, 105 (109).
80 Siehe auch Fleischer DB 2022, 920 (922); zur rechtsträgerübergreifenden Haftung bei Sorgfaltspflichtverletzungen nach britischem Recht statt aller Reinisch/Hobe/Kieninger/Peters Unternehmensverantwortung und IntR/Rühl S. 89 (119 ff.); zur Unternehmenshaftung für Menschenrechtsverletzungen in den USA vgl. Krajewski/Oehm/Saage-Maaß Unternehmensverantwortung für Menschenrechtsverletzungen/Reimann S. 101; überblicksartige Darstellungen zu weiteren Rechtsordnungen in Europäische Kommission Study supply chain S. 11.

tiert:[81] die Geschäftsherrenhaftung nach § 831 BGB (in Konzernlagen und Lieferketten), die Haftung wegen Organisationsverschuldens und Verletzung von Verkehrssicherungspflichten nach § 823 Abs. 1 BGB sowie vertragsrechtliche oder vertragsähnliche Haftungsgrundlagen.

Eine **zivilrechtliche Haftung nach § 831 BGB** von Unternehmen für Menschenrechtsverletzungen ihrer Zulieferer wäre zwar mit § 3 Abs. 3 S. 2 vereinbar, wird jedoch nach fast einhelliger Meinung abgelehnt: Zum einen setze die Haftung nach § 831 BGB voraus, dass die internationalen Zulieferer Verrichtungsgehilfen im Sinne der Norm sein müssten und zum anderen eröffne § 831 Abs. 1 S. 2 BGB Exkulpationsmöglichkeiten, da auch für § 831 BGB Haftungsgrund nur vermutetes Eigenverschulden des Geschäftsherrn sei.[82] Zudem wurde bereits vor Verabschiedung des LkSG eine Haftung der Unternehmen für Menschenrechtsverstöße aufgrund von Organisationsverschulden gem. **§ 823 Abs. 1 BGB** diskutiert. Eine solche Haftung setzt das Bestehen und die Verletzung einer Sorgfaltspflicht voraus, die sich nach einigen Stimmen im Schrifttum aus einer **Verkehrssicherungspflicht** der Unternehmen für ihre Lieferketten ergibt.[83] Die Unternehmen müssten ähnlich wie bei der Produzentenhaftung für die Gefahren einstehen, die durch die Errichtung globaler Lieferketten für Umwelt und Menschrechte entstehen könnten.[84] Hierbei wird jedoch gleichzeitig auch auf das konzernrechtliche Trennungsgebot verwiesen, das grundsätzlich einer allzu strengen Haftung der Mutterkonzerne für ihre Tochtergesellschaften oder Zulieferer entgegenstehe.[85] Andere hingegen halten die Grundsätze über die **Verträge mit Schutzwirkungen zugunsten Dritter** für eine weitere taugliche Anspruchsgrundlage zur Haftung von Unternehmen bei Menschrechtsverletzungen in ihren Lieferketten.[86] Hiernach soll dann eine (quasi-)vertragliche Haftung greifen, wenn Dritte in Berührung mit dem Leistungsaustausch zwischen Unternehmen und Zulieferer kommen und sich das Unternehmen zB im Rahmen eines „Code of Conduct" zur Einhaltung von menschenrechtli-

38

---

81 Zur Haftung innerhalb des Konzerns mit rechtsvergleichenden Bezügen Krajewski/Oehm/Saage-Maaß Unternehmensverantwortung für Menschenrechtsverletzungen/Renner/Kuntz S. 52.
82 So mit Blick auf eine Haftung nach § 831 BGB sowohl in Konzernlagen als auch in Lieferketten Krajewski/Oehm/Saage-Maaß Unternehmensverantwortung für Menschenrechtsverletzungen/Hübner S. 13 (19); Reinisch/Hobe/Kieninger/Peters Unternehmensverantwortung und IntR/Rühl S. 89 (108 ff.); Beckers ZfPW 2021, 220 (240 f.); Paefgen ZIP 2021, 2006 (2008); Fleischer DB 2022, 920 (922); Spindler ZHR 186 (2022), 67 (96); MüKoBGB/Wagner BGB § 831 Rn. 17; aA für Konzernlagen Schall ZGR 2018, 479 (492 ff.).
83 Grds. zustimmend und ausführlich mwN Paefgen ZIP 2021, 2010 f., der allerdings eine Geschäftsherrenhaftung für Lieferanten und Tochtergesellschaften gem. § 831 BGB ablehnt; zustimmend zur Haftung nach § 823 Abs. 1 BGB auch Koch MDR 2011, 1 (3 f.); Ehmann/Berg GWR 2021, 287 (291); vgl. dazu auch Boerstra/Römling EurUP 2022, 30.
84 Spindler ZHR 186 (2022), 67 (100).
85 Hierzu Reinisch/Hobe/Kieninger/Peters Unternehmensverantwortung und IntR/Rühl S. 89 (112 f.), die gleichwohl auch auf bereits bestehende haftungsrechtliche Ausnahmen vom Rechtsträgerprinzip hinweist.
86 Vgl. Heinlein NZA 2018, 276 (279).

chen Mindeststandards bekennt.[87] Diese rechtliche Haftungskonstruktion für Schäden von Dritten hat die Rechtsprechung jedoch bspw. im Fall „KiK" abgelehnt.[88] Schließlich wird bisweilen ebenfalls eine Haftung aufgrund **kaufrechtlicher Gewährleistungen** diskutiert, wonach in öffentlichen Hinweisen (Werbung oder besondere Produktkennzeichnungen) der Unternehmen auf die Einhaltung von umwelt- oder menschenrechtsfreundlichen Produktionsbedingungen eine Beschaffenheitsangabe im Sinne des § 434 Abs. 1 BGB liegen kann.[89]

39 Welche (vor/quasi)vertraglichen oder deliktischen Anspruchsgrundlagen jenseits der Sorgfaltspflichten aus dem LkSG zur Begründung von Haftungsansprüchen bemüht werden (können), kann letztlich nicht nur dogmatisch abstrakt hergeleitet und beurteilt werden. Vielmehr hängt die Begründung etwaiger zivilrechtlicher Ansprüche **vom konkreten Einzelfall** und dessen vertraglichen und außervertraglichen Details ab. Steht zB unmittelbar die Verletzung eines (bereits nach § 823 Abs. 1 BGB) deliktisch geschützten Rechts wie des Rechts auf Leben und körperliche Unversehrtheit im Raum, können Haftungsansprüche unabhängig von einer etwaigen Verletzung der Sorgfaltspflichten ohne Weiteres gerügt werden. Gleiches gilt, wenn die Einhaltung bestimmter Sorgfalts- oder Verkehrssicherungspflichten zu einer (vor)vertraglichen Erwartung oder gar Verpflichtung der Vertragspartner eines Unternehmens geworden ist. Hierfür spricht die zunehmende Praxis der internationalen Unternehmen, in den vertraglichen Vereinbarungen mit ihren Kunden Nachhaltigkeits- und Menschenrechtsklauseln vorzusehen. Nicht zuletzt der **Wandel der gesellschaftlichen Wahrnehmung** der globalen Tätigkeit der Unternehmen hat zu einem viel stärkeren Bewusstsein bei den Endverbrauchern geführt. Es ist daher anzunehmen, dass sich diese (vorvertraglichen) Erwartungen längerfristig auch auf die zivilrechtliche Haftung der Unternehmen insgesamt auswirken werden. Freilich wird die Frage der Haftung von der im Einzelnen zu klärenden Kausalität und Zurechnung einer Verletzung bzw. der Schaffung einer Gefahrenquelle abhängen, deren Beweis in der Praxis strukturell nicht einfach zu erbringen sein wird.

VI. Zukünftige Rechtsentwicklung

40 Der am 23.2.2022 veröffentlichte **Vorschlag der Europäischen Kommission** für eine europäische Sorgfaltspflichten-Richtlinie[90] geht – wie bereits die vom EU-Parlament beschlossene Empfehlung zur geplanten

---

87 Paefgen ZIP 2021, 2006 (2012).
88 LG Dortmund Urt. v. 10.1.2019 – 7 O 95/15, BeckRS 2019, 388 Rn. 33; bestätigend OLG Hamm Beschl. v. 21.5.2019 – I-9 U 44/19, NJW 2019, 3527; vgl. dazu statt aller mwN Fleischer DB 2022, 920 (926).
89 So ausführlich mwN Koch MDR 2022, 1 (6 f.); Paefgen ZIP 2021, 2006 (2012).
90 Vorschlag für eine Richtlinie des Europäischen Parlaments und des Rates über die Sorgfaltspflichten von Unternehmen im Hinblick auf Nachhaltigkeit und zur Änderung der Richtlinie (EU) 2019/1937, 23.2.2022, COM(2022) 71 final; allgemein zur Entstehungsgeschichte des Entwurfs auch Nietsch/Wiedmann CCZ 2022, 125.

Richtlinie[91] – über das deutsche LkSG hinaus. Dies gilt insbesondere mit Blick auf die **zivilrechtliche Haftung** sorgfaltspflichtwidrig handelnder Unternehmen, die in Art. 22 der vorgeschlagenen Richtlinie vorgesehen ist. Unternehmen sind gemäß Art. 22 Abs. 1 des Richtlinienvorschlags **schadensersatzpflichtig**, wenn sie gegen eine Verpflichtung aus Art. 7 und Art. 8 verstoßen haben (lit. a) und infolgedessen nachteilige Auswirkungen eingetreten sind, die durch die in Art. 7 und 8 vorgesehenen geeigneten Maßnahmen hätten festgestellt, vermieden, gemildert, beendet oder in ihrem Ausmaß verringert werden müssen und zu einem Schaden geführt haben (lit. b).[92]

Art. 22 Abs. 2 UAbs. 1 des Richtlinienvorschlags sieht indes für sorgfaltswidriges Verhalten indirekter Geschäftspartner einer etablierten Geschäftsbeziehung eine **Exkulpationsmöglichkeit** vor (→ § 11 Rn. 27 ff.). Gemäß Art. 22 Abs. 2 UAbs. 2 des Richtlinienvorschlags ist bei der Bewertung des **Vorliegens und des Umfangs eines Haftungsfalls** nach diesem Absatz den Bemühungen des Unternehmens, insoweit diese direkt mit dem fraglichen Schaden in Verbindung stehen, bei der Erfüllung der von einer Aufsichtsbehörde geforderten Abhilfemaßnahmen, getätigten Investitionen und jeder gezielten Unterstützung sowie einer Zusammenarbeit mit anderen Unternehmen bei der Bewältigung negativer Auswirkungen in seinen Wertschöpfungsketten gebührend Rechnung zu tragen. 41

Angesichts der vorgetragenen **Kritik der Mitgliedstaaten** im Rat zur zivilrechtlichen Haftung nach Art. 22 des Richtlinienvorschlags scheint derzeit fraglich, ob der Entwurf der Kommission so auch seinen Weg in die endgültige Richtlinie finden wird. Die Mitgliedstaaten kritisieren insbesondere die unbestimmte Fassung des Art. 22 des Richtlinienvorschlags, der eindeutige Vorgaben zu Fragen der haftungsbegründenden Kausalität oder zu einem etwaigen Verschuldenserfordernis vermissen lasse.[93] 42

§ 4 Risikomanagement

(1) ¹Unternehmen müssen ein angemessenes und wirksames Risikomanagement zur Einhaltung der Sorgfaltspflichten (§ 3 Absatz 1) einrichten. ²Das Risikomanagement ist in alle maßgebliche Geschäftsabläufe durch angemessene Maßnahmen zu verankern.

---

91 Entschließung des Europäischen Parlaments v. 10.5.2022 mit Empfehlungen an die Kommission zur Sorgfaltspflicht und Rechenschaftspflicht von Unternehmen, P9_TA(2021)0073.
92 Kritisch zum Umfang der vorgeschlagenen Haftungsregelung im Kommissionsvorschlag dagegen Europäischer Wirtschafts- und Sozialausschuss, Stellungnahme INT/973, 14.7.2022, abrufbar unter https://www.eesc.europa.eu/en/our-work/opinions-information-reports/opinions/sustainable-corporate-governance, Rn. 4.5 und 4.6; eine erste Einordnung zu den möglichen Haftungsvoraussetzungen nach Art. 22 des Richtlinienvorschlags unter Bezugnahme auf die Stellungnahmen der Mitgliedstaaten unternehmen Nietsch/Wiedmann CCZ 2022, 125 (132 ff.).
93 Vgl. dazu Nietsch/Wiedmann CCZ 2022, 125 (132 ff.).

(2) Wirksam sind solche Maßnahmen, die es ermöglichen, menschenrechtliche und umweltbezogene Risiken zu erkennen und zu minimieren sowie Verletzungen menschenrechtsbezogener oder umweltbezogener Pflichten zu verhindern, zu beenden oder deren Ausmaß zu minimieren, wenn das Unternehmen diese Risiken oder Verletzungen innerhalb der Lieferkette verursacht oder dazu beigetragen hat.

(3) [1]Das Unternehmen hat dafür zu sorgen, dass festgelegt ist, wer innerhalb des Unternehmens dafür zuständig ist, das Risikomanagement zu überwachen, etwa durch die Benennung eines Menschenrechtsbeauftragten. [2]Die Geschäftsleitung hat sich regelmäßig, mindestens einmal jährlich, über die Arbeit der zuständigen Person oder Personen zu informieren.

(4) Das Unternehmen hat bei der Errichtung und Umsetzung seines Risikomanagementsystems die Interessen seiner Beschäftigten, der Beschäftigten innerhalb seiner Lieferketten und derjenigen, die in sonstiger Weise durch das wirtschaftliche Handeln des Unternehmens oder durch das wirtschaftliche Handeln eines Unternehmens in seinen Lieferketten in einer geschützten Rechtsposition unmittelbar betroffen sein können, angemessen zu berücksichtigen.

I. Überblick 1	b) Übertragung auf die Sorgfaltspflichten und Anforderungen des LkSG 25
II. Allgemeines 2	
1. Normativer Hintergrund 3	
2. Das zu adressierende Risiko (§ 2 Abs. 1, 2, 3) .. 4	c) Reichweite und Anforderungen nach dem LkSG 28
a) Verstoß gegen geschützte Rechtspositionen und Verbote 5	aa) Angemessenheit des Risikomanagements 29
b) Abstrakt oder konkret drohender Verstoß? ... 6	bb) Wirksamkeit des Risikomanagements 33
c) Aufgrund tatsächlicher Umstände hinreichende Wahrscheinlichkeit eines Verstoßes 7	cc) Verankerung in allen maßgeblichen Geschäftsabläufen durch angemessene Maßnahmen 35
III. Die Vorgaben des § 4 im Einzelnen 8	
1. Risikomanagement (Abs. 1) 8	2. Wirksame Maßnahmen (Abs. 2) 38
a) Grundsätze des Risikomanagements 10	3. Überwachungszuständigkeit, Informationspflicht (Abs. 3) 42
aa) Rechtlicher Hintergrund 11	a) Festlegung von Überwachungszuständigkeit 43
bb) Inhalt und Aufbau eines allgemeinen Risikomanagements 14	b) Menschenrechtsbeauftragter 47
cc) Zertifizierte Standards als Ausgangspunkt 18	c) Informationspflichten (S. 2) 52
	4. Zu berücksichtigende Interessen (Abs. 4) 54

a) Grundsätze 54	c) Eigene Beschäftigte 59
b) Wirtschaftliches Handeln des Unternehmens sowie in Bezug auf die Lieferkette 58	d) Beschäftigte innerhalb der Lieferkette 60
	e) Sonstige Betroffene 61
	f) Angemessenheit 66

I. Überblick

§ 4 statuiert in Abs. 1 und Abs. 3 zwei der in § 3 Abs. 1 S. 2 aufgezählten Sorgfaltspflichten: die Einrichtung eines Risikomanagements (Abs. 1) und die Festlegung betriebsinterner Zuständigkeiten zur Überwachung des Risikomanagements (Abs. 3). Das **Risikomanagement** dient der Umsetzung der menschenrechtlichen und umweltbezogenen Sorgfaltspflichten nach § 3 Abs. 1 und besteht aus der **Risikoanalyse** gemäß § 5, zu ergreifenden **Präventions- und Abhilfemaßnahmen** gemäß §§ 6 und 7 sowie dem **Beschwerdemechanismus** gemäß § 8. § 4 stellt hierfür die organisatorischen Rahmenvorgaben und bildet damit die Grundlage für die Einbettung und Durchführung der weiteren Sorgfaltspflichten.[1]

II. Allgemeines

Die Einrichtung eines Risikomanagements nach § 4 Abs. 1 hängt wesentlich von dem zugrunde zu legenden **Risikobegriff** ab. Bei der Auslegung sind der normative Hintergrund sowie Sinn und Zweck des Gesetzes zu beachten.

1. Normativer Hintergrund

Das LkSG dient nach dem zugrunde liegenden Gesetzesentwurf der Bundesregierung der **Verbesserung der internationalen Menschenrechtslage**.[2] Dies soll über die Festlegung eines „klaren, verhältnismäßigen und zumutbaren gesetzlichen Rahmens zur Erfüllung der menschenrechtlichen Sorgfaltspflichten" erreicht werden. Der „Begriff der menschenrechtlichen Sorgfaltspflichten orientiert sich dabei an dem Due Diligence-Begriff der VN-Leitprinzipien für Wirtschaft und Menschenrechte"[3] (VN-LP), explizit konkretisiert durch Leitfäden wie zB den Interpretationsleitfaden zu den VNLP oder die OECD-Leitsätze für multinationale Unternehmen nebst weiterer OECD-Praxishandreichungen zur unternehmerischen Sorgfaltspflicht.[4] Die genannten Instrumente sind entsprechend dem Gebot der **völkerrechtsfreundlichen Auslegung** als „Ausfluss des Grundsatzes der Völkerrechtsfreundlichkeit des Grundgesetzes"[5] bei der Auslegung und Anwendung des Gesetzes zu berücksichtigen (→ Einlei-

---

[1] Vgl. BT-Drs. 19/28649, 43; Grabosch LkSG/Grabosch § 5 Rn. 8.
[2] BT-Drs. 18/28649, 2.
[3] BT-Drs. 19/28649, 2.
[4] BT-Drs. 19/28649, 41.
[5] Wissenschaftliche Dienste des Deutschen Bundestages, Kurzinformation zur Bedeutung und Reichweite des Völkergewohnheitsrechts und des völkerrechtlichen „soft law", 5.10.2018, WD – 3000 – 172/18, S. 2.

tung Rn. 12 ff.).[6] Das Risikomanagement und Maßnahmen gemäß der §§ 3–8 sind daher unter Berücksichtigung der genannten Regelwerke zu gestalten.

2. Das zu adressierende Risiko (§ 2 Abs. 1, 2, 3)

4 Das LkSG regelt den Umgang mit **menschenrechtlichen und umweltbezogenen Risiken,** die sich auf geschützte Rechtspositionen beziehen, die in § 2 Abs. 1 definiert und in § 2 Abs. 2, 3 näher konkretisiert sind. Ein menschenrechtliches oder umweltbezogenes Risiko im Sinne des LkSG ist nach § 2 Abs. 2 ein „Zustand, bei dem aufgrund tatsächlicher Umstände mit hinreichender Wahrscheinlichkeit" ein Verstoß gegen eines der dort aufgeführten Verbote droht (→ § 2 Rn. 16 ff.).

a) Verstoß gegen geschützte Rechtspositionen und Verbote

5 Die geschützten Rechtspositionen basieren auf den elf in der Anlage aufgeführten **internationalen Übereinkommen** und umfassen Kinderarbeit, die schlimmsten Formen der Kinderarbeit, Zwangsarbeit, Sklaverei, die extreme wirtschaftliche Ausbeutung einschließt, Arbeitsschutz nach lokalem Recht, Koalitionsfreiheit, Nichtdiskriminierung, das Vorenthalten eines angemessenen Lohns, der einen angemessenen Lebensunterhalt im Sinne des Art. 7 lit. a. Ziff. ii IPWSKR umfasst (→ § 2 Rn. 82 ff.). Weiterhin genannt sind schädliche Boden-, Gewässer-, Luft-, Lärmemissionen, übermäßiger Wasserverbrauch, widerrechtlicher Entzug von Land und natürlichen Lebensgrundlagen, menschenrechtswidriges Verhalten privater und öffentlicher Sicherheitskräfte (Folter, erniedrigende, grausame, unmenschliche Behandlung, Verletzung von Leib und Leben, Beeinträchtigung der Vereinigungs- und Koalitionsfreiheit). Schließlich erfasst ein Auffangtatbestand über § 2 Abs. 2 Nr. 1–11 hinaus das „Verbot eines Tuns oder pflichtwidrigen Unterlassens, das unmittelbar geeignet ist, in besonders schwerwiegender Weise eine geschützte Rechtsposition" nach § 2 Abs. 1 „zu beeinträchtigen", wenn „dessen Rechtswidrigkeit bei verständiger Würdigung aller in Betracht kommenden Umstände offensichtlich ist". Zu den umweltbezogenen Risiken nach § 2 Abs. 3 gehören Herstellungs- und Verwendungsverbote sowie ein Gebot der umweltgerechten Entsorgung von Quecksilber (Minamata-Übereinkommen von 2013), Produktions- und Verwendungsverbote von persistenten organischen Schadstoffen (Stockholm-Übereinkommen von 2001), umweltgerechte Lagerung und Entsorgung von Abfällen (POPs-Übereinkommen von 2001), Verbot der Ein- und Ausfuhr von Abfällen (Baseler Übereinkommen von 1989).

---

6 Anschaulich dazu Bezirksgericht Den Haag Urt. v. 26.5.2021 – C-09/571932/HA ZA 19–379, ZUR 2021, 632; das zur Klimaverantwortlichkeit von Unternehmen urteilt und die VNLP unmittelbar zur Urteilsbegründung heranzieht, dazu Thielbörger NZG 2021, 1137 (1138).

b) Abstrakt oder konkret drohender Verstoß?

Nach dem Gesetzeswortlaut ist nicht unmittelbar deutlich, ob ein Verstoß gegen geschützte Rechtspositionen in einem **konkreten Fall** drohen muss oder ob schon eine „**abstrakte Gefahr**" ausreicht, dh eine Situation besteht, in der sich typischerweise Verstöße gegen die in § 2 definierten Verbote und Rechtspositionen ergeben. Betrachtet man den historischen und völkerrechtlichen „Soft law"-Hintergrund des LkSG, der auf die VNLP zurückgeht, kann man davon ausgehen, dass es sich hier um abstrakte Risiken bezogen auf typische menschenrechtliche Gefährdungssituationen handelt, da es vorliegend darum geht, menschenrechtliche Risiken zu erkennen und über Präventionsmaßnahmen zu minimieren (§§ 4, 5, 6; → § 2 Rn. 20). Die menschenrechtliche Sorgfaltspflicht bezieht sich nach VNLP Nr. 18 sowohl auf potenzielle als auch auf tatsächliche Verletzungen, die ua über eine risikobasierte Herangehensweise bezogen auf typische Situationen und Kontexte, mögliches Ausmaß und Schwere sowie Wahrscheinlichkeit der Verletzung erfasst und eingegrenzt werden. Sofern sich aus einer Risikoanalyse Risiken bezogen auf eine konkrete Situation ergeben (etwa die Feststellung mangelnder Sicherheitsmaßnahmen bei einem Audit), ist diesen mit Bezug auf den konkreten Fall zu begegnen (zB Verabreden eines Aktionsplans mit Fristen zur Beseitigung des Risikos). Konkrete Risiken werden systematisch zudem von § 7 Abs. 1 erfasst: Wenn eine Verletzung unmittelbar bevorsteht, sind Abhilfemaßnahmen zu ergreifen. Hier werden im Einzelfall die Übergänge zwischen Präventions- und notwendigen Abhilfemaßnahmen nach §§ 6, 7 fließend sein und vom Einzelfall (unmittelbare Gefahrensituation, Schwere drohender Rechtsgutverletzung) abhängen. Dies entspricht der „Pflichtintensivierung in Korrelation zur unternehmensspezifischen Risikosteigerung",[7] die sich im LkSG widerspiegelt.

c) Aufgrund tatsächlicher Umstände hinreichende Wahrscheinlichkeit eines Verstoßes

Der Begriff der „**hinreichenden Wahrscheinlichkeit**" ist bekannt aus der Dogmatik der Gefahrenabwehr. Rein hypothetische Annahmen sollen nicht als Risiken gelten, sie müssen sich nach den Umständen als hinreichend wahrscheinlich darstellen. Im Gefahrenabwehrrecht gilt „kein mathematischer Wahrscheinlichkeitsgrad in Prozent", vielmehr korreliert die Wahrscheinlichkeit mit dem Schweregrad des gefährdeten Rechtsguts: „Je höher der Wert des Rechtsguts und die Höhe des Schadens, desto geringere Anforderungen werden an die Wahrscheinlichkeit gestellt".[8] Die menschenrechtliche Sorgfaltspflichtprüfung nach den VNLP, die nach den oben dargelegten Grundsätzen bei der Auslegung zu beachten sind (→ Rn. 3), hat hier einen breiteren Ansatz. Es werden alle „potenziellen und tatsächlichen" Verstöße betrachtet, um dann über eine Bewer-

---

[7] Seibt/Vesper-Gräske CB 2021, 357 (359), zum risikobasierten Ansatz des LkSG Fleischer CCZ 2022, 205 (208 f.).
[8] Siehe hierzu Grabosch LkSG/Schönfelder § 4 Rn. 8, 78–79.

tung der so breit erfassten Risiken zu einer Bewertung des Risikos und angemessenen Maßnahmen zu gelangen (→ § 2 Rn. 18 ff.). Um dem Präventionsgedanken der VNLP gerecht zu werden, muss hinreichende Wahrscheinlichkeit bereits dann angenommen werden, wenn Anhaltspunkte dafür gegeben sind, dass ein menschenrechtliches Risiko möglich erscheint (→ § 2 Rn. 20). Das entspricht auch der Definition des Vorliegens „substantiierter Kenntnis" in § 9 Abs. 3 Nr. 1–4, das ebenfalls das Vorliegen tatsächlicher Anhaltspunkte erfordert und die Vornahme einer Risikoanalyse, Präventions- und ggf. Abhilfemaßnahmen nötig macht (→ § 9 Rn. 9 ff.).[9]

III. Die Vorgaben des § 4 im Einzelnen
1. Risikomanagement (Abs. 1)

8 Abs. 1 verpflichtet Unternehmen im Anwendungsbereich des LkSG zur Einrichtung eines angemessenen und wirksamen **Risikomanagements zur Einhaltung der Sorgfaltspflichten** aus § 3. Gleichzeitig stellt allein die Einrichtung eines Risikomanagements an sich bereits eine Sorgfaltspflicht nach § 3 Abs. 1 dar. Hierzu gehört, das Risikomanagement in allen maßgeblichen Geschäftsabläufen zu verankern.

9 Mit dem Begriff des Risikomanagements stellt das LkSG auf einen in der Unternehmenswelt bereits **etablierten Mechanismus** ab. Dieser Ansatz wurde schon bei den VNLP verfolgt. Ein Teil der breiten Anerkennung und des Erfolges der VNLP dürfte darauf zurückzuführen sein, dass menschenrechtliche Sorgfaltspflichten mit dem bereits bekannten und für Unternehmen eingängigen und handhabbaren Instrument des Risikomanagements (im Gegensatz zur Erfüllungspflicht[10]) verknüpft wurden. Dieser Ansatz liegt auch dem LkSG zugrunde, um die Pflichten des Gesetzes für Unternehmen zugänglicher zu gestalten. Denn in vielen Bereichen kann auf bereits bekannte Grundsätze und Mechanismen zurückgegriffen werden (hierzu unter → Rn. 10 ff.). Diese müssen jedoch entsprechend den Vorgaben des LkSG angepasst werden. Das bedeutet, dass eine Übertragung auf den Risikobegriff des LkSG erfolgen muss (→ Rn. 25 ff.) und die Anforderungen an Angemessenheit und Reichweite nach dem LkSG zu beachten sind (→ Rn. 28 ff.).

a) Grundsätze des Risikomanagements

10 Ziel des Risikomanagements eines Unternehmens ist es, **unternehmerische Risiken** zu **erkennen** sowie zu **steuern**.[11] Es muss gewährleisten,

---

9 Siehe hierzu auch die Kritik des Deutschen Instituts für Menschenrechte zum Gesetzesentwurf vom 28.2.2021, Vorläufige Stellungnahme, März 2021, abrufbar unter https://www.bmas.de/SharedDocs/Downloads/DE/Gesetze/Stellungnahmen/sorgfaltspflichtengesetz-dimr.pdf?__blob=publicationFile&v.=2.
10 Vgl. Protect, Respect and Remedy: a Framework for Business and Human Rights, 7.4.2008, abrufbar unter https://digitallibrary.un.org/record/625292, Rn. 1 ff., 51 ff.
11 Vgl. Johannsen-Roth/Illert/Ghassemi-Tabar/Ghassemi-Tabar DCGK G4 Rn. 38.

dass diese Risiken vermieden, kompensiert oder reduziert werden.[12] Die auch im LkSG anklingenden Prinzipien der Durchführung einer Risikoanalyse, Maßnahmen zur Risikobewältigung und -überwachung sowie die Risikokommunikation stellen wesentliche Bestandteile eines allgemeinen Risikomanagements dar. Die Gesamtheit aller organisatorischen Regelungen und Maßnahmen zur Identifikation, Bewertung und Steuerung von unternehmerischen Risiken sowie die Überwachung des Systems an sich wird dabei als Risikomanagementsystem bezeichnet.[13]

aa) Rechtlicher Hintergrund

Die in Deutschland – unabhängig vom LkSG – bestehende Pflicht, im Unternehmen ein Compliance-/Risikomanagement durchzuführen bzw. zu etablieren, leitet sich aus den **Legalitäts- und Aufsichtspflichten der Geschäftsleitung** ab.[14] Gesetzlich verankert finden sich diese Pflichten für den Vorstand einer AG in §§ 76, 91, 93 AktG sowie durch Verweis auf die Sorgfalt eines ordentlichen Geschäftsmannes auch in § 43 GmbHG und § 34 GenG. Zudem ist auch der Kaufmann nach dem HGB zur gewissenhaften Berufsausübung verpflichtet (§ 323 Abs. 1 HGB), die die Sorgfalt eines ordentlichen Kaufmanns umfasst. Die anhand von §§ 91, 93 AktG entwickelten Maßstäbe sind somit im Wesentlichen auf die weiteren Rechtsformen übertragbar.[15]

11

§ 93 Abs. 1 S. 1 AktG legt als Maßstab für die Handlungen des Vorstands die **Sorgfalt eines ordentlichen und gewissenhaften Geschäftsleiters** fest. Hierzu gehört unter anderem die Einhaltung aller Bestimmungen des Straf- und Ordnungswidrigkeitenrechts (Legalitätspflicht).[16] Zudem hat der Vorstand gem. § 91 Abs. 2 AktG geeignete Maßnahmen zu treffen, insbesondere ein **Überwachungssystem** einzurichten, damit den Fortbestand der Gesellschaft gefährdende Entwicklungen früh erkannt werden. Ein derartiges Überwachungssystem hat sicherzustellen, dass nicht nur der Vorstand selbst keine Gesetzesverletzungen begeht, sondern dass auch innerhalb des Unternehmens solche nicht stattfinden.[17]

12

---

12 Grabosch LkSG/Grabosch § 5 Rn. 12.
13 Vgl. zum Begriff des Risikomanagementsystems Johannsen-Roth/Illert/Ghassemi-Tabar/Ghassemi-Tabar DCGK G4 Rn. 37; vgl. zum Begriff im HGB MüKoHGB/Lange HGB § 289 Rn. 136.
14 Vgl. zusammenfassend Koch MDR 2022, 1 (1); Hauschka/Moosmayer/Lösler Corporate Compliance/Pauthner/Stephan § 16 Rn. 42; ausführlicher zur Frage, inwiefern sich aus den Compliance-Pflichten eine Verpflichtung zur Einführung eines Compliance-Systems ergibt, vgl. Brunk, Menschenrechtscompliance, 2022, S. 98 ff.
15 Vgl. in Bezug auf die GmbH und die Einführung eines Risikomanagements Oppenländer/Trölitzsch GmbH-GF-HdB/Leinekugel § 18 Rn. 24.
16 Vgl. nur LG München I Urt. v. 10.12.2013 – 5 HK O 1387/10, NZG 2014, 345 (346) mwN; ausführlich zur Legalitätspflicht Brunk, Menschenrechtscompliance, 2022, S. 93 ff.
17 BeckOGK/Fleischer AktG § 91 Rn. 62; vgl. auch Fleischer NZG 2014, 321 (322); Schulz Compliance Management/Schulz Kap. 1 Rn. 42.

13 Um diesen Pflichten nachzukommen, richten Unternehmen **Compliance Management-Systeme** oder **Risikomanagementsysteme** ein.[18] Spätestens seit die Einrichtung mangelhafter Compliance-Systeme und/oder deren unzureichende Überwachung von der Rechtsprechung als Pflichtverletzung eingeordnet wurde,[19] ist anerkannt, dass dem Vorstand einer AG Compliance-Verantwortung zukommt und die Pflicht zur Einrichtung entsprechender – an das jeweilige Unternehmen angepasster – Mechanismen besteht.[20]

bb) Inhalt und Aufbau eines allgemeinen Risikomanagements

14 Die Compliance-Verantwortung liegt beim Vorstand bzw. der Geschäftsleitung.[21] Diese muss dementsprechend für eine **Organisationsstruktur** sorgen, die Rechtsverstöße unterbindet.[22] Zudem treffen sie **Überwachungspflichten** in Bezug auf das implementierte System. Es muss somit sichergestellt sein, dass entsprechende Organisationsstrukturen mit klar geregelten Organisations- und Ablaufstrukturen sowie einer lückenlosen Delegationskette zur Regelung der Verantwortlichkeiten vorliegen.[23] Mit Implementierung des Systems kann die Geschäftsleitung Pflichten weiterdelegieren, die damit verbundenen Auswahl-, Instruktions- und Überwachungspflichten bleiben jedoch bestehen.[24]

15 Die Art und Weise, in der die Einhaltung der Legalitätspflicht sichergestellt wird, ist grundsätzlich dem einzelnen Unternehmen überlassen und ist an den Einzelfall anzupassen.[25] Für den Aufbau eines Risikomanagements können dennoch gewisse Grundelemente als Voraussetzungen genannt werden, die sich in der Praxis etabliert haben. Danach besteht ein funktionierendes Risikomanagementsystem aus einer **Risikoanalyse**, der **Risikobewältigung, Risikoüberwachung** sowie der **Kommunikation** und **Dokumentation** der erfassten Risiken und Maßnahmen.[26] Der Umfang der Maßnahmen hat sich dabei an Art, Größe und Organisation des Unternehmens sowie an relevanten Vorschriften zu orientieren. Zusätzliche Kriterien können bereits aufgetretene Verdachtsfälle aus der Vergangen-

---

18 Vgl. Oppenländer/Trölitzsch GmbH-GF-HdB/Leinekugel § 18 Rn. 17; Bussmann/Salvenmoser/Jeker CCZ 2016 235; Brunk, Menschenrechtscompliance, 2022, S. 142.
19 LG München I Urt. v. 10.12.2013 – 5 HK O 1387/10, NZG 2014, 345.
20 Vgl. BeckOGK/Fleischer AktG § 91 Rn. 62 mwN; BeckOK ArbSchR/Winkelmüller Systematische Darstellungen E Rn. 6 ff.
21 Vgl. §§ 76, 91, 93 AktG, für die Geschäftsführung vgl. Oppenländer/Trölitzsch GmbH-GF-HdB/Leinekugel § 18 Rn. 16.
22 Vgl. Oppenländer/Trölitzsch GmbH-GF-HdB/Leinekugel § 18 Rn. 19; Moosmayer Compliance Rn. 11.
23 Vgl. Hauschka/Moosmayer/Lösler Corporate Compliance/Pauthner/Stephan § 16 Rn. 153.
24 Goette/Barring DStR 2021, 1238 (1239 ff.).
25 LG München I Urt. v. 10.12.2013 – 5 HK O 1387/10, NZG 2014, 345 (347); MüKoAktG/Spindler AktG § 91 Rn. 51; Goette/Barring DStR 2021, 1238 (1239 ff.).
26 Vgl. Kremer/Bachmann/Lutter/v. Werder/Bachmann DCGK G4 Rn. 25 ff.; vgl. daneben Kless DStR 1998, 93 (94 ff.); Huth BB 2007, 2167 (2168 ff.); Hauschka/Moosmayer/Lösler Corporate Compliance/Pauthner/Stephan § 16 Rn. 25; Brunk; Menschenrechtscompliance, 2022, S. 144 ff.

heit oder auch die geografische Präsenz des Unternehmens sein.[27] Das LkSG ordnet sich in diesen Kontext ein und spiegelt diesen gleichsam wider.

Zu Beginn des Risikomanagements steht unabhängig vom Umfang die Risikoanalyse (→ § 5 Rn. 2 ff.) bzw. als Teilschritt davon die **Risikoerkennung**. Dies bedeutet, Risiken müssen identifiziert und bewertet werden, um auf diese Weise möglichen Handlungsbedarf erkennen zu können.[28] Die identifizierten Handlungsbereiche müssen in einem weiteren Schritt in die **Risikobewältigung** eingehen. Das heißt, es müssen Maßnahmen ergriffen werden, um die Verwirklichung der Risiken zu verhindern oder deren Ausmaß zu minimieren (§§ 6, 7). Die zu ergreifenden Maßnahmen sollten sich dabei an einer vorher festgelegten Risikostrategie orientieren, die Anhaltspunkte für angemessene Reaktionen auf den identifizierten Handlungsbedarf bietet.[29] Gleichzeitig muss das System die **Überwachung** der festgelegten Maßnahmen – insbesondere mit Blick auf deren Wirksamkeit – sicherstellen.[30] Aus den Ergebnissen der Risikoüberwachung können sich somit ggf. neue Risiken oder erweiterter Handlungsbedarf ergeben. Es handelt sich mithin um einen wiederholenden und ineinandergreifenden Prozess.[31] Zudem muss sichergestellt sein, dass die relevanten Entscheidungsträger rechtzeitig über die identifizierten Risiken und zu ergreifenden Maßnahmen informiert werden.[32] Damit einher geht auf Unternehmensseite die Definition von Verantwortlichkeiten und Berichtswegen.[33] Teilweise werden hierfür zusätzlich bzw. als Teil des Risikomanagementsystems (RMS) sogenannte Risikoinformationsmanagementsysteme eingerichtet.[34]

Alle **Teilschritte** sind zu **dokumentieren**, um zum einen die zu treffenden Maßnahmen unternehmensintern zu kommunizieren und um zum ande-

---

27 LG München I Urt. v. 10.12.2013 – 5 HK O 1387/10, NZG 2014, 345 (347); MüKoAktG/Spindler AktG § 91 Rn. 51.
28 Vgl. Kremer/Bachmann/Lutter/v. Werder/Bachmann DCGK G4 Rn. 26 f.; s. auch Wieland/Steinmeyer/Grüninger Compliance-Management-HdB/Grüninger/Wanzek II.1.1 Rn. 13; Hauschka/Moosmayer/Lösler Corporate Compliance/Pauthner/Stephan § 16 Rn. 77, 116.
29 Vgl. Kremer/Bachmann/Lutter/v. Werder/Bachmann DCGK G4 Rn. 28; Hauschka/Moosmayer/Lösler Corporate Compliance/Pauthner/Stephan § 16 Rn. 141.
30 Vgl. Kremer/Bachmann/Lutter/v. Werder/Bachmann DCGK G4 Rn. 29; Hauschka/Moosmayer/Lösler Corporate Compliance/Pauthner/Stephan § 16 Rn. 180; vgl. allgemein zur Kontrolle von Compliance-Maßnahmen Schulz Compliance Management/Schulz Kap. 1 Rn. 86.
31 Goette/Barring DStR 2021, 1238 (1240); Oppenländer/Trölitzsch GmbH-GF-HdB/Leinekugel § 18 Rn. 21; in Bezug auf die Umsetzung des LkSG auch Lenz/Bodenstein/Wenzl ZCG 2022, 61 (62).
32 Vgl. Hauschka/Moosmayer/Lösler Corporate Compliance/Pauthner/Stephan § 16 Rn. 153, 205 ff.
33 Vgl. Hauschka/Moosmayer/Lösler Corporate Compliance/Pauthner/Stephan § 16 Rn. 153.
34 Vgl. Kremer/Bachmann/Lutter/v. Werder/Bachmann DCGK G4 Rn. 30.

ren eine nachgelagerte Prüfung zu ermöglichen.[35] Die Dokumentation des Risikomanagements trägt somit zu dessen Optimierung bei.[36]

cc) Zertifizierte Standards als Ausgangspunkt

18 In der Praxis kann für die Einrichtung von Risikomanagementsystemen (RMS) und allgemeinen Compliance-Systemen (CMS) auf **zertifizierte Standards** als Ausgangspunkt zurückgegriffen werden.[37] Doch auch bei Zugrundelegung eines Standards ist immer eine Anpassung an den konkreten Einzelfall erforderlich.[38] In Bezug auf die Umsetzung des LkSG muss zudem in einem weiteren Schritt die Vorgehensweise auf menschenrechtliche und umweltbezogene Risiken übertragen werden (→ Rn. 27). Das heißt, nach dem LkSG relevante Risiken außerhalb des Unternehmens müssen Gegenstand des Management-Systems sein. Die allgemeinen Standards können hierbei lediglich die Grundstruktur vorgeben.

19 Ein gängiger Standard ist beispielsweise derjenige des Instituts der Wirtschaftsprüfer in Deutschland eV über „Die Prüfung des Risikofrüherkennungssystems" (**IDW PS 340** (nF), Stand: 27.5.2020), der insbesondere großen Unternehmen als Vorlage für die Risikofrüherkennung dient. Das allgemeine Risikomanagement geht jedoch über die Früherkennung hinaus.

20 Des Weiteren zu nennen sind Standards zu allgemeinen Compliance Management-Standards, insbesondere **IDW PS 980** und **DIN ISO 37301** (Ersatz für DIN ISO 19600:2016–12) sowie Risikomanagementstandards (**IDW PS 981, ISO 31000**) oder auch das sog. „Three Lines Modell"[39], welches zB in Standards des „Committee of Sponsoring Organizations" (COSO) verwendet wird.[40] Eine klare Trennung von Compliance Management und Risikomanagement ist dabei meistens nicht möglich. So wird die Analyse von Compliance-Risiken grundsätzlich als Bestandteil des Compliance Managements angesehen.[41] Ein Compliance Management-System nach DIN ISO 37301 sollte beispielsweise die Identifizierung, Analyse und Bewertung von Compliance-Risiken vorsehen. Die Beurteilung ist zu dokumentieren und insbesondere bei wesentlichen Veränderungen der Umstände zu wiederholen.[42] Aufbauend hierauf sind Maßnahmen zum Umgang mit den identifizierten Risiken zu planen, die sicherstellen, dass die Compliance-Ziele erreicht werden. Für die Durch-

---

35 Vgl. Kremer/Bachmann/Lutter/v. Werder/Bachmann DCGK G4 Rn. 31; vgl. Hauschka/Moosmayer/Lösler Corporate Compliance/Pauthner/Stephan § 16 Rn. 153.
36 Vgl. LG München I Urt. v. 5.4.2007 – 5 HK O 15964/06, CCZ 2008, 70 (71).
37 So auch für die Umsetzung der Anforderungen des LkSG Fitzer/Gergen CB 2022, 327 (329).
38 Vgl. d'Avoine/Michels NZI 2022, 1 (2); Johannsen-Roth/Illert/Ghassemi-Tabar/ Ghassemi-Tabar DCGK G4 Rn. 41.
39 Vgl. hierzu Lenz/Bodenstein/Wenzl ZCG 2022, 61 (63 f.).
40 https://www.coso.org/sitepages/guidance-on-enterprise-risk-management.aspx?web=1.
41 Vgl. zB DIN ISO 37301:2021.
42 DIN ISO 37301:2021, S. 16.

führung einer entsprechenden Risikobeurteilung innerhalb des CMS wird dabei auf den Standard ISO 31000 verwiesen. Die verschiedenen Standards greifen somit ineinander und sind in der Regel nicht isoliert umzusetzen, vielmehr wird eine Verbindung der verschiedenen Managementsysteme ausdrücklich empfohlen.

Die entsprechenden Systeme können zudem **zertifiziert** werden. Grundlage hierfür sind beispielsweise Standards wie DIN ISO 90001 „Qualitätsmanagementsysteme – Anforderungen",[43] ein in vielen Unternehmen verankerter Management-Ansatz. Hier geht es darum, Produkte und Dienstleistungen nach den Anforderungen von Kunden und zutreffenden gesetzlichen und behördlichen Anforderungen zu liefern, um die Erfassung von Chancen und Risiken in diesem Bereich, die Festlegung von Managementprozessen, um die Ziele zu erreichen und die Konformität nachzuweisen (Anwendungsbereich).[44] 21

Ein wichtiges Element ist hier der sog. **„Planen-Durchführen-Prüfen-Handeln"-Zyklus**, wobei das Planen die Festlegung von Zielen des Systems und das Definieren von Prozessen, Rollen, Verantwortlichkeiten, Schulungen, Handlungsmaßgaben und Ressourcen umfasst, die Durchführung das Umsetzen des Geplanten, das Prüfen die Überwachung der Zielerreichung und Berichterstattung über Ergebnisse, das Handeln das Ergreifen von Maßnahmen zur Verbesserung der Leistung, soweit notwendig.[45] Dahinter steckt der Gedanke der kontinuierlichen Verbesserung der Prozesse und der Leistung. Ein anderer Aspekt ist die **Gesamtschau** von Zielen und Prozessen im Kontext der Organisation, eine Betrachtung der Schnittstellen zur Verbesserung der Effektivität und Effizienz der Zielerreichung und Vermeidung von Inkohärenzen. 22

Risikobasiertes Denken ist dabei im Zusammenhang mit dem Aufstellen von Zielen/Planen und Prüfen von Prozessen ein zentrales Element: Welche Nichtkonformitäten oder Fehlverhalten kann es geben, wie kann diesen wirksam begegnet werden? Dies kann Teil der Zieldefinition (zB wirksame menschenrechtliche Risikoanalyse iSd LkSG als Ziel), aber auch Teil der Prozess-Performanz (Risiko der Nichterreichung der Prozessziele) sein. Das „Verstehen der Erfordernisse und Erwartungen interessierter Parteien" spielt hier eine wichtige Rolle. Der risikobasierte Ansatz führt dabei dazu, dass das Risikomanagement sich zunächst auf die Risiken konzentriert, deren Eintritt am wahrscheinlichsten und/oder mit den schwersten Folgen (Gewichtung der Compliance-Verpflichtung) verbunden ist. Dies soll jedoch nicht bedeuten, dass Risiken in anderen Bereichen akzeptiert werden, sondern lediglich den adäquaten Einsatz 23

---

43 DIN EN ISO 9001:2015.
44 DIN EN ISO 9001:2015, S. 17.
45 Vgl. parallele Anforderungen der VNLP Nr. 16, hier geht es um „klare Angaben zu der Rechenschaftshierarchie und dem Rechenschaftssystem" sowie „notwendige Schulungsmaßnahmen für Mitarbeiter, die in entsprechenden Geschäftsbereichen tätig sind", die in der Erklärung des Unternehmens dargestellt werden sollen.

von Ressourcen ermöglichen.[46] Ziel ist es, langfristig alle Risiken abzudecken.

24 Neben Risiken werden auch systematisch **Chancen** betrachtet, die Leistung, Effizienz oder Effektivität verbessern, Synergien aufstellen oder andere Wertbeiträge im Organisationskontext leisten können.

b) Übertragung auf die Sorgfaltspflichten und Anforderungen des LkSG

25 Das LkSG gibt den Unternehmen nicht vor, auf welche **Art und Weise** die Einhaltung der Pflichten sichergestellt wird. Die statuierten Pflichten können daher entweder mithilfe eines eigens hierfür geschaffenen Systems nachgehalten werden. Sinnvoll wird es jedoch in vielen Fällen sein, die Pflichten in bereits **bestehende Systeme** zu integrieren.[47]

26 Denkbar wäre beispielsweise eine **Integration** nach dem oben dargestellten Management-Ansatz. Im Rahmen des sogenannten „Planen-Durchführen-Prüfen-Handeln"-Zyklus zur Zielerreichung können die Pflichten nach dem LkSG einfließen. Die Anforderungen des LkSG lassen sich in diesem Rahmen als Teil eines Organisationskontextes abbilden und in ihrer Wirksamkeit überwachen.

27 Bei der Integration in ein klassisches Risikomanagementsystem ist jedoch die Risikodefinition des LkSG zu beachten: Während klassische Risikomanagementsysteme auf finanzielle/wirtschaftliche Risiken für das Unternehmen ausgerichtet sind, müssen **nach dem LkSG weitergehende, dh außerhalb des Unternehmens liegende** (→ § 2 Rn. 16 ff., 109 ff.) **Risiken** abgedeckt werden (→ Rn. 4 ff.).[48] Der Umfang eines CMS ist dabei in der Regel bereits weiter gefasst und umfasst beispielsweise auch reine Reputationsschäden. Unabhängig davon ergibt sich jedoch auch in Bezug auf die Sorgfaltspflichten des LkSG bereits ein Risiko daraus, dass bei Nichteinhaltung ein Gesetzesverstoß vorliegt, der nicht mit der Legalitätspflicht des Unternehmens zu vereinen ist. Zudem muss die Risikobetrachtung ggf. auf die vom LkSG erfassten **Geschäftsbereiche** ausgedehnt werden (→ Rn. 29 f.).[49]

c) Reichweite und Anforderungen nach dem LkSG

28 Abs. 1 S. 1 statuiert erste **Anforderungen an das einzurichtende Risikomanagement**, es soll angemessen und wirksam sein. Eine weitere Konkretisierung erfolgt in Satz 2, wonach das System durch angemessene Maßnahmen in alle maßgeblichen Geschäftsabläufe zu verankern ist. Gleichzeitig wird die Reichweite der einzelnen Komponenten des Risikomanagementsystems in den §§ 5 ff. weiter eingeschränkt.

---

46 Vgl. DIN ISO 37301:2021, S. 37.
47 So auch Grabosch LkSG/Grabosch § 5 Rn. 19; Lenz/Bodenstein/Wenzl ZCG 2022, 61 (62); Deutsches Global Compact Netzwerk, Leitprinzipien für Wirtschaft und Menschenrechte, Umsetzung des Rahmens der Vereinten Nationen „Schutz, Achtung und Abhilfe", 2014, Kommentar VN-Leitprinzip 17, 23.
48 Grabosch LkSG/Grabosch § 5 Rn. 25; Fitzer/Gergen CB 2022, 327 (328).
49 Vgl. hierzu auch Grabosch LkSG/Grabosch § 5 Rn. 23.

aa) Angemessenheit des Risikomanagements

Die **Angemessenheit** des Risikomanagements bestimmt sich nach den in § 3 Abs. 2 (→ § 3 Rn. 12 f.) genannten Kriterien, nämlich der Art und dem Umfang der Geschäftstätigkeit, dem Einflussvermögen des Unternehmens, der Schwere und Vermeidbarkeit der Risiken und dem Verursachungsbeitrag. Sie ist Ausdruck des rechtsstaatlichen Verhältnismäßigkeitsprinzips und als solche zentral für die **Verfassungsmäßigkeit des LkSG**.[50] Für die Reichweite der Sorgfaltspflicht bedeutet das, dass diese nicht unabhängig von der konkreten Voraussehbarkeit und Vermeidbarkeit des Risikos oder der Verletzung der geschützten Rechtsposition bzw. der umweltbezogenen Pflicht für das Unternehmens für alle Lieferketten unter Einschluss sämtlicher Lieferanten gelten kann, sondern unter Anwendung der vier Kriterien, insbesondere des Verursachungsbeitrags des Unternehmens, auf bestimmte Lieferanten beschränkt wird. Eine zusätzliche Einschränkung der Reichweite nimmt das LkSG in der **Begrenzung der einzelnen Maßnahmen** auf die erste Lieferstufe vor, indem es die Risikoanalyse gemäß § 5 Abs. 1, die Präventivmaßnahmen gemäß § 6 Abs. 3 und 4 und die Abhilfemaßnahmen gemäß § 7 Abs. 1 auf den eigenen Geschäftsbereich sowie unmittelbare Zulieferer beschränkt, sofern nicht gemäß § 9 Abs. 3 substantiierte Kenntnis (→ § 9 Rn. 11 f.) vorliegt.

29

In der Literatur sowie seitens zivilrechtlicher Akteure wird letztere Einschränkung als ungeeignet für die Lösung der menschenrechtlichen und umweltbezogenen Regelungsprobleme in globalen Lieferketten **kritisiert**. Die Einschränkung sei nicht im Sinne der VNLP, da auf diese Weise keine systematische Erfassung von Risiken in der Lieferkette möglich sei.[51] Die VNLP und auch der OECD-Leitfaden für die Erfüllung der Sorgfaltspflicht für verantwortungsvolles unternehmerisches Handeln, die dem LkSG als Auslegungskontext und Zielbild zugrunde liegen, scheinen mit einer Beschränkung auf unmittelbare Zulieferer und punktuelle Sorgfaltspflicht bei substantiierter Kenntnis kaum vereinbar zu sein. Vielmehr geht es um eine Gesamtschau der Risiken und einen risikobasierten Ansatz für das Risikomanagement.[52] In vielen Bereichen liegen die größten Risiken gerade nicht beim unmittelbaren Lieferanten, son-

30

---

[50] Vgl. Initiative Lieferkettengesetz, Rechtsgutachten zur Ausgestaltung eines Lieferkettengesetzes, Februar 2020, Stand Mai 2020, abrufbar unter https://lieferketteng esetz.de/wp-content/uploads/2020/02/200527_lk_rechtsgutachten_webversion_ds .pdf, S. 47 ff.

[51] Umweltbundesamt (Scherf/Kampffmeyer/Gailhofer/Krebs/Hartmann/Klinger), Umweltbezogene und menschenrechtliche Sorgfaltspflichten als Ansatz zur Stärkung einer nachhaltigen Unternehmensführung, Juli 2020, abrufbar unter https://www.u mweltbundesamt.de/sites/default/files/medien/1410/publikationen/2020-07-15_text e_138-2020_umweltbezogene-sorgfaltspflichten_0.pdf, S. 54; Oxfam Deutschland (Humbert), Nachbesserungsbedarf beim Lieferkettengesetz „light", 18.2.2021, abrufbar unter https://www.oxfam.de/blog/nachbesserungsbedarf-beim-lieferkettenge setz-light; Initiative Lieferkettengesetz, Noch nicht am Start, aber endlich am Ziel: Was das neue Lieferkettengesetz liefert – und was nicht, Juni 2021, abrufbar unter https://www.oxfam.de/system/files/documents/initiative-lieferkettengesetz_analyse_ was-das-neue-gesetz-liefert-1.pdf.

[52] OECD-Leitfaden: verantwortungsvolles unternehmerisches Handeln S. 17, 26.

dern bei der vorgelagerten Rohstoffgewinnung. Nach dem Auslegungszusammenhang des LkSG in der Zusammenschau mit den in § 3 Abs. 2 Nr. 1–4 verankerten Kriterien der Angemessenheit liegt es daher nahe, davon auszugehen, dass das „Pflichtenprogramm" des LkSG „einem risikobasierten Ansatz folgt".[53] Es kann nicht „one size fits all" gelten, „vielmehr muss jedes Unternehmen im Wege einer Bestandsaufnahme (,Anamnese') der eigenen Lieferkette und Tätigkeit ermitteln, wie hoch sein Risikoprofil ist".[54]

31 Der **Vergleich mit dem Vorschlag der Kommission vom 23.2.2022 für eine Richtlinie über die Sorgfaltspflichten** von Unternehmen im Hinblick auf Nachhaltigkeit[55] bestätigt die Auffassung, dass die Beschränkung der Sorgfaltspflicht zu kurz greift und grundsätzlich die gesamte Lieferkette bzw. Wertschöpfungskette Gegenstand der Sorgfaltspflicht sein muss: Nach Art. 3 lit. g des Vorschlags umfasst die „Wertschöpfungskette" Tätigkeiten im Zusammenhang mit der Produktion von Waren oder der Erbringung von Dienstleistungen im Rahmen vor- und nachgelagerter etablierter Geschäftsbeziehungen, mithin die gesamte Kette einschließlich „upstream"-Tätigkeiten wie Rohstoffgewinnung und „downstream"-Tätigkeiten wie Vertrieb.

32 Die nicht unerhebliche Einschränkung besteht hier in der Erfassung lediglich „**etablierter Geschäftsbeziehungen**", die nach Art. 3 lit. f des Richtlinienvorschlags in Anbetracht ihrer Dauer und Intensität beständig sein müssen und keinen unbedeutenden oder lediglich untergeordneten Teil der Wertschöpfungskette darstellen dürfen. Diese Beschränkung wird seitens der Zivilgesellschaft stark kritisiert, da kurze, instabile oder informelle Beziehungen damit außen vorbleiben würden, obwohl auch gerade bei ihnen schwerwiegende Auswirkungen wahrscheinlich seien.[56] Zutreffend wird angeführt, dass eine Beschränkung auf etablierte Geschäftsbeziehungen bedeuten würde, dass alle Produkte, die wie Kaffee, Edelmetalle und andere Rohstoffe zum großen Teil über die Börse bezogen werden, von vorneherein aus dem Sorgfaltspflichtenbereich herausfielen. Auch die informelle Arbeit und inoffizielle Unteraufträge würden von der Definition gar nicht adressiert, obwohl mehr als 60 % der globalen Erwerbsbevölkerung in der informellen Wirtschaft arbeiten und es bekanntermaßen gerade in diesem Bereich oft zu schweren Menschenrechtsverletzungen kommt. Insgesamt würde der Vorschlag mit dieser Beschränkung einen Anreiz setzen, – anstatt im Einklang mit den VNLP nachhaltige und langfristige Geschäftsbeziehungen einzugehen – ua Ware über den sogenannten „Spotmarkt" zu beziehen, wo Ware kurzfristig ge-

---

53 Charnitzky/Weigel RIW 2022, 12 (15); von einem risikobasierten Ansatz geht auch das BAFA aus, vgl. BAFA Handreichung Risikoanalyse S. 4.
54 Charnitzky/Weigel RIW 2022, 12 (15); vgl. auch OECD-Leitfaden: verantwortungsvolles unternehmerisches Handeln S. 26.
55 COM(2022) 71 final.
56 Initiative Lieferkettengesetz, Nachhaltige unternehmerische Sorgfaltspflicht: Stellungnahme zum Vorschlag der EU-Kommission, 2022, abrufbar unter https://lieferkettengesetz.de/hintergrund/#Ver%C3%B6ffentlichungen, S. 13 ff.

handelt wird und Herkunft und Produktionsbedingungen kaum eine Rolle spielen. Zudem wird zutreffend kritisiert, dass der Begriff „dauerhaft" nicht näher definiert wird und das Risiko birgt, den Kreis der erfassten Zulieferer sehr eng zu halten. Anstatt den Kreis der relevanten Geschäftsbeziehungen zu beschränken, wird im Einklang mit den VNLP und dem LkSG die Reichweite der Sorgfaltspflichten risikobasiert am **Verhältnismäßigkeitsgrundsatz** auszurichten und die entsprechenden Angemessenheitskriterien in den Vorschlag aufzunehmen sein.

bb) Wirksamkeit des Risikomanagements

Das einzurichtende Risikomanagement muss **wirksam** sein. Das bedeutet, dass es zur Vermeidung der Risiken innerhalb der Lieferkette **geeignet** sein muss.[57] Dies setzt eine wirksame Organisationsstruktur voraus, die die einzelnen Aspekte des Risikomanagements abdeckt und einen funktionierenden Ablauf garantiert. Neben der Zuweisung von Verantwortlichkeiten[58] und einer lückenlosen Delegation von Aufgaben gehören hierzu auch die Zuweisung von Kompetenzen und Budgethoheiten. Die für die Durchsetzung und Anwendung des Risikomanagements verantwortlichen Personen müssen die ihnen übertragenen Aufgaben auch effektiv wahrnehmen können. Das heißt, Verstöße müssen geahndet und Abhilfemaßnahmen ergriffen werden können.

33

Hierbei können sich Unternehmen erneut an den **allgemeinen Anforderungen an Risikomanagementsysteme** orientieren, die stets eine Komponente zur Überwachung der Wirksamkeit des eigenen Systems enthalten.[59] Auch hier wird die Eignung allgemein daran gemessen, dass das System wesentliche Risiken rechtzeitig erkennt und bewertet sowie eine Steuerung und Überwachung entsprechend den festgelegten Zielen (Risikostrategie) ermöglicht.[60]

34

cc) Verankerung in allen maßgeblichen Geschäftsabläufen durch angemessene Maßnahmen

Die Pflicht, das Risikomanagement in allen maßgeblichen Geschäftsabläufen zu **verankern**, ist eng mit der Wirksamkeit desselben verknüpft. Nur wenn entsprechende Zuständigkeiten und Kompetenzen an den Stellen eines Unternehmens, in denen entsprechende Risiken auftreten können oder die zur Umsetzung entsprechender Präventiv- und Abhilfemaßnahmen erforderlich sind, vorhanden sind, können die Sorgfaltspflichten ordnungsgemäß erfüllt werden. Im allgemeinen Compliance Management ist hierfür eine Prüfung vorgesehen, die die erforderlichen Ressourcen und Verantwortlichkeiten festlegt. Anerkannte Compliance-Standards sehen daher vor, dass die Verantwortlichkeiten für die identifizierten Risiken in der gesamten Organisation zugewiesen werden und

35

---

57 Vgl. Grabosch LkSG/Grabosch § 5 Rn. 13.
58 Vgl. Fitzer/Gergen CB 2022, 327 (328).
59 So auch bei einem CMS nach DIN ISO 37301:2021.
60 Kremer/Bachmann/Lutter/v. Werder/Bachmann DCGK G4 Rn. 13.

eine Integration in Regelwerke, Prozesse und Verfahren erfolgt. Je nachdem, in welchem Umfang das jeweilige Unternehmen sich vorher mit seinen Lieferketten auseinandergesetzt hat, werden hier mit Blick auf das LkSG weitreichende Anpassungen der Abläufe und Prozesse erforderlich werden, die die besonderen Anforderungen des LkSG abdecken.[61]

36 Welche Geschäftsbereiche und -abläufe hiervon betroffen sind, ist von den **Umständen des Einzelfalls** abhängig.[62] Die Schaffung der entsprechenden Verantwortlichkeiten und Abläufe fällt in die Pflicht der Geschäftsführung zur Errichtung eines wirksamen RMS. Die Ausführung der einzelnen Aufgaben kann sie im Anschluss an die identifizierten Bereiche delegieren.

37 Die Schaffung von Organisationsstrukturen ist dabei nach dem Wortlaut auf die Geschäftsabläufe und somit auf das **Unternehmen selbst** beschränkt.

2. Wirksame Maßnahmen (Abs. 2)

38 **Wirksame Maßnahmen** sind nach der Legaldefinition in § 4 Abs. 2 solche Maßnahmen, die es ermöglichen, menschenrechtliche und umweltbezogene Risiken zu erkennen und zu minimieren sowie Verletzungen menschenrechtsbezogener und umweltbezogener Pflichten zu verhindern, zu beenden oder deren Ausmaß zu minimieren, soweit eine Beendigung nicht möglich oder mit unverhältnismäßigem Aufwand verbunden ist, wenn das Unternehmen diese Risiken oder Verletzungen **innerhalb der Lieferkette** verursacht oder dazu beigetragen hat.[63] Die Maßnahmen müssen mithin geeignet sein, eine Wirkung dahin gehend zu erzielen, dass geschützte Rechtspositionen wie zum Beispiel die Gewerkschaftsfreiheit durch die Geschäftstätigkeit des Unternehmens nicht oder weniger beeinträchtigt werden oder deren Verletzung verhindert wird. Gemäß § 5 ist eine **angemessene Risikoanalyse** Bestandteil des Risikomanagements (→ § 5 Rn. 2). Die in §§ 6–10 geregelten Maßnahmensind ebenfalls Gegenstand des Risikomanagements und können je nach Einzelfall eine Vielzahl von Formen annehmen, von Verhaltenskodizes über Betriebsprüfungen hin zu Schulungen von Arbeitskräften.[64]

39 Das Ergreifen wirksamer Maßnahmen betrifft die Einhaltung **eigener Sorgfaltspflichten** des Unternehmens.[65] Es ist daher bspw. nicht ausreichend, externe Prüf- und Zertifizierungsunternehmen mit Sozial- und Umweltaudits zur Überprüfung menschenrechtlicher und umweltbezogener Risiken bei ausländischen Standorten oder Zulieferern zu beauftra-

---

[61] Vgl. Grabosch LkSG/Grabosch § 5 Rn. 23.
[62] Vgl. Grabosch LkSG/Grabosch § 5 Rn. 14, vgl. zu einer möglichen Aufteilung nach dem Three-Lines Modell Bäumgers/Jürgens CCZ 2022, 195 (197 f.).
[63] BT-Drs. 19/28649, 43.
[64] BT-Drs. 19/28649, 43.
[65] BT-Drs. 19/28649, 43.

gen (§ 6 Abs. 3 Nr. 2 und 4, → § 6 Rn. 28 ff., 42 f.).[66] Vielmehr müssen interne **Geschäftsabläufe** wie insbesondere Einkauf, Beschaffung und Zusammenarbeit mit Tochterunternehmen und Lieferanten so gestaltet werden, dass Risiken für die geschützten Rechtspositionen verhindert werden (§ 6 Abs. 3 Nr. 2 und 4, → § 6 Rn. 28 ff., 42 f.). Zudem herrscht ein zunehmender Konsens in Wirtschaft und Zivilgesellschaft, dass bloße Kontrollmaßnahmen in Form von Sozialaudits zur Verbesserung der Menschenrechtslage in der Lieferkette nicht ausreichen, sondern Anreizsysteme und Schulungen von Zulieferern notwendig sind (§ 6 Abs. 4 Nr. 3, → § 6 Rn. 40 f.).[67]

Das Ergreifen wirksamer Maßnahmen im Rahmen des Risikomanagements muss sich nur auf solche Risiken beziehen, die das Unternehmen unmittelbar oder mittelbar (mit)verursacht hat (§ 3 Abs. 2 Nr. 4, → § 3 Rn. 25 ff.).[68] Das Unternehmen muss das **Risiko** unmittelbar allein hervorgerufen oder durch seine Handlung zu der Entstehung oder Verstärkung des Risikos (kausal) beigetragen haben.[69] BAFA, BMAS und BMWK erläutern dazu, dass ein Beitrag bereits im Bestellen eines Produktes bestehen kann.[70] Für eine weite Auslegung dieses Anwendungsbereichs spricht auch der Auslegungshintergrund des VNLP Nr. 18, wonach Unternehmen diejenigen Risiken identifizieren sollen, mit denen sie als Folge ihrer Geschäftsbeziehungen („business relationships") verknüpft sind. Wirksame Maßnahmen der Risikoanalyse sind daher auf die Risiken zu richten, die **infolge der Geschäftstätigkeit** des Unternehmens eintreten können.[71] Die Gesetzesbegründung stellt dabei klar, dass das Risiko im eigenen Geschäftsbereich oder beim unmittelbaren und mittelbaren Zulieferer, mithin in der gesamten Lieferkette, liegen kann.[72] Ein wirksames Risikomanagement („um überhaupt erkennen und beurteilen zu können, ob das Unternehmen möglicherweise einen relevanten

40

---

66 Vgl. dazu auch Grabosch LkSG/Grabosch § 2 Rn. 96; Terwindt/Saage-Maaß Textilindustrie S. 5 f.
67 Vgl. dazu Oxfam, Süße Früchte, bittere Wahrheit, 2016, abrufbar unter https://www.oxfam.de/ueber-uns/publikationen/suesse-fruechte-bittere-wahrheit; Kampagne für Saubere Kleidung, Fig Leaf for Fashion/Sozialaudits – Wie sie Unternehmen schützen und Arbeiter*innen im Stich lassen, 2019, abrufbar unter https://saubere-kleidung.de/2019/11/sozialaudits-lassen-arbeiterinnen-im-stich/; Lidl, Einkaufspolitik, Menschenrechte in der Lieferkette, 21.01.2022, abrufbar unter https://unternehmen.lidl.de/pdf/show/48675, S. 16; Aldi Süd, Menschenrechte, 2021, abrufbar unter https://cr.aldisouthgroup.com/de/verantwortung/unsere-schwerpunkte/menschenrechte#ueber-audits-hinausgehende-herangehensweise; Puma, Menschenrechte, abrufbar unter https://about.puma.com/de-de/sustainability/social; für die Autoindustrie: https://www.drivesustainability.org.
68 BT-Drs. 19/28649, 43.
69 BT-Drs. 19/28649, 43.
70 FAQ LkSG VI. 5. Abs. 3.
71 Klinger/Krajewski/Krebs/Hartmann Sorgfaltspflichten S. 23. AA im Hinblick auf eine Annahme von Verkehrssicherungspflichten Stöbener de Mora/Noll NZG 28/2021, 1237 (1286); VCI, Diskussionspapier zu Rechts- und Umsetzungsfragen des LkSG, 2022, abrufbar unter https://www.vci.de/ergaenzende-downloads/220318-vci-rechts-und-umsetzungsfragen-lksg.pdf, S. 36.
72 BT-Drs. 19/28649, 43.

Beitrag zu einem Risiko geleistet hat"[73]) muss grundsätzlich so aufgestellt sein, dass entsprechende Risiken in der Lieferkette erfasst werden. Hierzu sind dementsprechend „wirksame Maßnahmen" notwendig. Risiken können dabei zB auch schon über einen Vertragsschluss bestehen, je nachdem, welche Verabredungen dieser Vertrag enthält und welche Auswirkungen dies hat. Im Übrigen entspricht es der Systematik des Gesetzes, die **verhältnismäßige Begrenzung** der Sorgfaltspflicht in diesem Bereich nach den Kriterien der Angemessenheit der Maßnahmen (§ 3 Abs. 2) zu bemessen. Vgl. zur Bedeutung eines konkreten Verursachungsbeitrages in Abgrenzung zu einer lediglich bestehenden Geschäftsbeziehung VNLP Nr. 22 (→ § 7 Rn. 21).

41 Gemäß VNLP Nr. 13 lit. a umfassen risikoerhöhende Tätigkeiten des Unternehmens sowohl **Handlungen** als auch **Unterlassungen**. Eine Handlung, die ein Risiko unmittelbar verursacht, ist zum Beispiel die nicht fachgerechte Abfallentsorgung im Hinblick auf Gesundheitsgefahren durch die entstehende Verschmutzung eines Flusses.[74] Eine Handlung, die das Risiko mittelbar erhöht, ist zum Beispiel die Änderung von Produktanforderungen in letzter Minute ohne Anpassung von Lieferzeiten und Preisen, so dass Zulieferer gezwungen sind, gegen Arbeitsrechte zu verstoßen, um fristgerecht zu liefern.[75] Ein weiteres Beispiel ist ein Unternehmen, das durch sein Marktverhalten von der Verletzung geschützter Rechtspositionen und umweltbezogener Pflichten profitiert, Anreize setzt, ein menschenrechtsverletzendes Verhalten zu wiederholen.[76] Das ist zum Beispiel dann der Fall, wenn ein Unternehmen Rahmenlieferverträge mit brasilianischen Fleischproduzenten oder indonesischen Palmölherstellern schließt, die brandgerodete Regenwaldflächen bewirtschaften, so dass das betroffenen Unternehmen letztendlich von den bisherigen Brandrodungen profitiert und Anreize für weitere setzt.[77] **Eine Unterlassung**, die ein menschenrechtliches Risiko erhöht, kann zum Beispiel **Untätigkeit im Fall fehlender Brandschutzmaßnahmen** bei einem Zulieferer

---

73 VCI, Diskussionspapier zu Rechts- und Umsetzungsfragen des LkSG, 2022, abrufbar unter https://www.vci.de/ergaenzende-downloads/220318-vci-rechts-und-umsetzungsfragen-lksg.pdf, S. 35.
74 BT-Drs. 19/28649, 43.
75 Vgl. UN-OHCHR, The Corporate Responsibility to Respect Human Rights, An Interpretive Guide, 2012, abrufbar unter https://www.ohchr.org/en/business-and-human-rights/publications-and-resources, S. 17; BT-Drs. 19/28649, 43.
76 Umweltbundesamt (Scherf/Kampffmeyer/Gailhofer/Krebs/Hartmann/Klinger), Umweltbezogene und menschenrechtliche Sorgfaltspflichten als Ansatz zur Stärkung einer nachhaltigen Unternehmensführung, Juli 2020, abrufbar unter https://www.umweltbundesamt.de/sites/default/files/medien/1410/publikationen/2020-07-15_texte_138-2020_umweltbezogene-sorgfaltspflichten_0.pdf, S. 54 f.
77 Umweltbundesamt (Scherf/Kampffmeyer/Gailhofer/Krebs/Hartmann/Klinger), Umweltbezogene und menschenrechtliche Sorgfaltspflichten als Ansatz zur Stärkung einer nachhaltigen Unternehmensführung, Juli 2020, abrufbar unter https://www.umweltbundesamt.de/sites/default/files/medien/1410/publikationen/2020-07-15_texte_138-2020_umweltbezogene-sorgfaltspflichten_0.pdf, S. 54 f.

trotz Kenntnis sein.[78] Eine Unterlassung wird auch dann angenommen, wenn ein Einkäufer von Früchten trotz Hinweisen durch Gewerkschaften auf Gesundheitsschäden von Arbeiterinnen und Arbeitern auf Zulieferplantagen durch den Einsatz von Pestiziden ohne ausreichende Schutzkleidung nichts unternimmt, um diesen vorzubeugen.[79] Bei pflichtwidrig handelnden unmittelbaren Zulieferern oder bei „substantiierter Kenntnis" (→ § 9 Rn. 11 ff.) bei mittelbaren Zulieferern kann ein **Beitrag prinzipiell auch in der Unterlassung angemessener Sorgfaltspflichten liegen**, da dies die Aufrechterhaltung einer Risikolage erlauben oder perpetuieren kann.

3. Überwachungszuständigkeit, Informationspflicht (Abs. 3)

Nach Abs. 3 hat das Unternehmen dafür zu sorgen, dass festgelegt ist, wer innerhalb des Unternehmens dafür zuständig ist, das Risikomanagement zu **überwachen**. Ein Verstoß gegen die Pflicht, die Zuständigkeiten für die Überwachung der Erfüllung der Sorgfaltspflichten im Unternehmen festzulegen, ist gemäß § 24 Abs. 1 Nr. 1 eine Ordnungswidrigkeit und kann nach § 24 Abs. 2 Nr. 2 mit einem Bußgeld bis zu 500.000 EUR geahndet werden. Dem etwas umständlich erscheinenden Wortlaut „Das Unternehmen hat dafür zu sorgen" (vgl. ähnlich § 5 Abs. 3) kann dabei keine besondere Bedeutung zugesprochen werden. Vielmehr geht aus der Gesetzesbegründung hervor, dass am Unternehmensstandort in allen maßgeblichen unternehmensinternen Geschäftsabläufen, die voraussichtlich die Risikominimierung beeinflussen können, Zuständigkeiten zu verankern sind, um die Erfüllung der Sorgfaltspflichten zu überwachen, etwa im Vorstand, in der Compliance-Abteilung oder im Einkauf.[80] Bei der zuständigen Person oder den zuständigen Personen hat sich die Geschäftsleitung regelmäßig, das heißt, mindestens einmal jährlich, über die damit verbundene Arbeit zu **informieren** (S. 2). Gute Unternehmenspraxis ist es, diese „Festlegung" (→ Rn. 43) der Zuständigkeiten auch öffentlich in Nachhaltigkeitsberichten und auf Websites zu kommunizieren, so dass Betroffene und Stakeholder die Menschenrechtspolitik nachvollziehen und sich bei Bedarf direkt an die richtigen Ansprechpartner wenden können.[81]

42

---

78 ECCHR, Kik: Der Preis der Arbeitsbedingungen Südostasiens, 2020, abrufbar unter https://www.ecchr.eu/fall/kik-der-preis-der-arbeitsbedingungen-in-der-textilindustrie-suedasiens/#case_qa.
79 BT-Drs. 19/28649, 37; Vgl. Humbert/Grabosch, Mehr Menschenrechtsschutz mit einem Lieferkettengesetz „Made in Germany"?, 4.6.2020, abrufbar unter https://verfassungsblog.de/mehr-menschenrechts-schutz-mit-einem-lieferkettengesetz-made-in-germany/; aA im Hinblick auf eine Annahme von Verkehrssicherungspflichten Stöbener de Mora/Noll NZG 2021, 1237 (1286).
80 BT-Drs. 19/28649, 37, 43.
81 Siehe zum Beispiel die Grundsatzerklärung der Menschenrechte der Rewe Group vom 2.3.2019, abrufbar unter https://www.rewe-group.com/de/presse-und-medien/publikationen/leitlinien/grundsatzerklaerung-menschenrechte/; Internationale Erklärung zur Achtung der Menschenrechte von Aldi Süd von 2021, abrufbar unter https://cr.aldisouthgroup.com/de/verantwortung/unsere-schwerpunkte/menschenrechte#acc-1821296201-kommunikation.

a) Festlegung von Überwachungszuständigkeit

43 Die Überwachung des Risiko- oder Compliance Managements ist fester Bestandteil jedes wirksamen Risiko- oder Compliance Management-Systems (→ Rn. 34), denn nur auf diese Weise kann die Funktionalität der Organisationsstruktur sowie die Wirksamkeit der Maßnahmen sichergestellt werden. Die explizite Vorgabe in Abs. 3 stellt somit eine **Konkretisierung der Grundpflicht** dar, ein **wirksames Risikomanagement** zu implementieren. Sie knüpft an die Vorgabe von Abs. 1 S. 2 an, wonach das Risikomanagement in allen maßgeblichen Geschäftsabläufen zu verankern ist, was den Aufbau einer entsprechenden Organisationsstruktur erfordert. Zur Überwachung dieser Strukturen und der verbundenen Maßnahmen muss eine entsprechende Überwachungszuständigkeit geschaffen werden.

44 Bei der Festlegung der Überwachungszuständigkeit kommt den Unternehmen ein **weiter Handlungsspielraum** zu.[82] Das Gesetz enthält – außer der Vorgabe, dass entsprechende Zuständigkeiten festzulegen sind – keine weiteren verpflichtenden Regelungen. Auch hier hat sich die Ausgestaltung am Angemessenheitsgrundsatz sowie dem Gebot, ein wirksames Risikomanagement zu implementieren, zu orientieren.[83]

45 Maßgeblich ist dabei, dass eine **betriebsinterne Zuständigkeit** geschaffen wird, die die Überwachung des Risikomanagements übernimmt.[84] Als Beispiel hierfür nennt der Gesetzeswortlaut die Benennung eines **Menschenrechtsbeauftragten** (→ Rn. 47), die Verpflichtung kann jedoch auch auf andere Art und Weise erfüllt werden. Dabei muss sichergestellt sein, dass die Zuweisung der Verantwortlichkeiten klar und eindeutig ist.[85] Zudem muss die Geschäftsleitung der verantwortlichen Stelle die erforderlichen Ressourcen zur Wahrnehmung ihrer Aufgaben zur Verfügung stellen. Hierzu gehört insbesondere auch der Zugang zu allen relevanten Informationen.[86]

46 Die Festlegung der Überwachungszuständigkeit stellt einen Teil des wirksamen Risikomanagements dar. Somit kann es im Rahmen der nach § 6 erforderlichen **Grundsatzerklärung zur Menschenrechtsstrategie** erforderlich sein, ihre Ausgestaltung genauer darzulegen. Insbesondere vonseiten der Zivilgesellschaft wird gefordert, dass mit Blick auf die Transparenz der Umsetzung die zugrunde liegenden Governancestrukturen grundsätzlich offengelegt werden sollten.[87]

---

[82] Vgl. Hembach Praxisleitfaden S. 129, der die Ausgestaltung als eine unternehmerische Entscheidung nach der Business Judgment Rule einordnet.
[83] So auch Ruttloff/Hahn/Freihoff CCZ 2022, 20 (22).
[84] Ruttloff/Wagner/Reischl/Skoupil CB 2021, 364 (369); Häfeli ARP 2021, 229; zur Frage, inwiefern die Schaffung einer externen Überwachung ausreicht, vgl. Ruttloff/Hahn/Freihoff CCZ 2022, 20 (24).
[85] Ruttloff/Hahn/Freihoff CCZ 2022, 20 (24).
[86] Wagner/Ruttloff NJW 2021, 2145 Rn. 32.
[87] Vgl. dazu auch Oxfam, Supermarktcheck, 2022, abrufbar unter https://www.oxfam.de/supermarkt-check.

b) Menschenrechtsbeauftragter

Abs. 3 führt die Benennung eines **Menschenrechtsbeauftragten** als Beispiel für die Festlegung der Überwachungszuständigkeit an. In der Gesetzesbegründung wird die Einrichtung der Stelle eines Menschenrechtsbeauftragten explizit empfohlen. Des Weiteren sieht sie eine Ansiedlung unmittelbar unterhalb der Geschäftsleitung vor. Die Geschäftsleitung sollte somit die personelle und fachliche Aufsicht über diese Stelle haben und dafür sorgen, dass die Menschenrechte im eigenen Geschäftsbereich und entlang der Lieferkette eingehalten werden.[88]

47

Die Ernennung eines Menschenrechtsbeauftragten ist jedoch **nicht verpflichtend**. Maßgeblich ist lediglich, dass die damit in Abs. 3 verbundenen Funktionen in der Organisationsstruktur abgebildet werden.[89] Es erscheint jedoch zur Gewährleistung eines wirksamen und angemessenen Risikomanagements sinnvoll, der gesetzlichen Empfehlung zu folgen.[90] Gleichzeitig führt allein die Benennung eines Menschenrechtsbeauftragten nicht zu einer befreienden Delegation der Sorgfaltspflichten nach dem LkSG.[91]

48

Die Position des Menschenrechtsbeauftragten bzw. die damit verbundenen Überwachungszuständigkeiten sind bei der **Implementierung von Risikomanagement- und Compliance Management-Systemen** zu berücksichtigen. Auch hier kann sich die Integration in bereits bestehende Strukturen oder die Übertragung der Aufgaben auf bereits ernannte Funktionsträger anbieten.[92] Eine Vorgabe, in welchem Bereich des Unternehmens oder in welcher Abteilung der Beauftragte anzusiedeln ist, enthält das Gesetz nicht. Die Gesetzesbegründung nennt beispielhaft eine Verortung im Vorstand, in der Compliance-Abteilung oder im Einkauf.[93] Bei der Entscheidung sind erneut die Besonderheiten des jeweiligen Unternehmens zu beachten (→ Rn. 42).[94] Sicherzustellen ist jedoch, dass keine **Interessenkonflikte** sowohl mit der eigenen Tätigkeit als auch der hierarchischen Position des Beauftragten auftreten. Insbesondere Letzteres spricht dafür, die Beauftragten – wie in der Gesetzesbegründung empfohlen – direkt unterhalb der Geschäftsleitung anzusiedeln. In diesem Zusammenhang ist es teilweise bereits Praxis, entsprechende Zuständigkeiten auch einem konkreten Mitglied der Geschäftsführung und/oder des Vorstands zuzuordnen.[95]

49

---

88 Vgl. dazu auch Oxfam, Supermarktcheck, 2022, abrufbar unter https://www.oxfam.de/supermarkt-check.
89 Vgl. Häfeli ARP 2021, 229.
90 Ebenso Ruttloff/ Hahn/Freihoff CCZ 2022, 22.
91 Ruttloff/Hahn/Freihoff CCZ 2022, 22 (23 f.).
92 Vgl. ebenso Ruttloff/Hahn/Freihoff CCZ 2022, 20 (22).
93 BT-Drs. 19/28649, 37, 43.
94 Vgl. Ruttloff/Hahn/Freihoff CCZ 2022, 20 (24 f.).
95 Siehe zum Beispiel die Grundsatzerklärung Menschenrechte der Rewe Group vom 2.3.2019, abrufbar unter https://www.rewe-group.com/de/presse-und-medien/publikationen/leitlinien/grundsatzerklaerung-menschenrechte/; Internationale Erklärung zur Achtung der Menschenrechte von Aldi Süd von 2021, abrufbar unter https://cr.aldisouthgroup.com/de/verantwortung/unsere-schwerpunkte/menschenrechte#ac

50 Eine arbeitsrechtliche Privilegierung oder weitere Anforderungen an die **Unabhängigkeit** des Beauftragten gibt das Gesetz nicht explizit vor (zur Unabhängigkeit des Beschwerdemechanismus → § 8 Rn. 40 f.). Eine wirksame Überwachung des Risikomanagements wird jedoch nur möglich sein, wenn dieser seine Tätigkeit ausführen kann, ohne mit arbeitsrechtlichen Sanktionen oder anderen Maßnahmen zur Behinderung seiner Arbeit rechnen zu müssen. Auch dies muss daher im Rahmen der Implementierung eines wirksamen Risikomanagements durch organisatorische Maßnahmen sichergestellt werden.[96]

51 Welche **Aufgaben und Tätigkeiten** konkret in die Zuständigkeit des Menschenrechtsbeauftragten fallen, sollte mangels konkreter gesetzlicher Vorgaben vom Unternehmen definiert und schriftlich festgehalten werden. Die Tätigkeit kann dabei über die verpflichtend vorgeschriebene Überwachungstätigkeit hinausgehen.[97] Aufgrund seiner Überwachungstätigkeit wird der Menschenrechtsbeauftragte eine gute Kenntnis der unternehmensinternen Strukturen und Maßnahmen haben. Zudem benötigt er entsprechende Sachkenntnisse, um die Überwachung des Risikomanagements gewährleisten zu können. Diese Kompetenzen können ebenfalls bei der Umsetzung der Maßnahmen nach dem LkSG eingesetzt werden. Insbesondere dürfte sich eine Einbindung bei der Erstellung der Grundsatzerklärung sowie der Berichtstätigkeit anbieten. Gleiches gilt für die Kommunikation der Ergebnisse der Risikoanalyse nach § 5 Abs. 3 (dazu näher → § 5 Rn. 28 ff.).

c) Informationspflichten (S. 2)

52 Die Letztverantwortung für die Implementierung eines wirksamen Risikomanagements und damit verbunden auch dessen Überwachung verbleibt bei der **Geschäftsleitung**. Aus diesem Grund sieht Abs. 3 S. 2 vor, dass diese sich regelmäßig, dh zumindest jährlich sowie anlassbezogen, etwa bei der Einführung neuer Geschäftsbereiche oder Produkte, über die Arbeit der zuständigen Person oder Personen zu **informieren** hat. Eine Berichtspflicht des Menschenrechtsbeauftragten gegenüber der Überwachungsbehörde ist hingegen nicht vorgesehen.

53 Nicht explizit im Gesetzestext genannt ist ein **Berichts- sowie Anhörungsrecht** des Beauftragten gegenüber der Geschäftsleitung. Dies dürfte sich jedoch bereits aus der Anforderung eines wirksamen Risikomanagements ergeben.

---

c-1821296201-kommunikation. Vgl. dazu auch die Anforderungen des Oxfam-Supermarktchecks unter Details zur Punktevergabe/Transparency und Accountability, 2022, abrufbar unter https://www.oxfam.de/supermarkt-check; zum Vorschlag der Schaffung einer neuen zentralen Funktion Ruttloff/Wagner/Reischl/Skoupil CB 2021, 364.

96 Ruttloff/Hahn/Freihoff CCZ 2022, 20 (26).
97 So auch Ruttloff/Hahn/Freihoff CCZ 2022, 20 (26).

4. Zu berücksichtigende Interessen (Abs. 4)
a) Grundsätze

Die Regierungsbegründung zu § 4 Abs. 4 stellt zunächst klar, dass das LkSG neben dem öffentlichen auch dem **Schutz des individuellen Interesses** der durch die Geschäftstätigkeit der Unternehmen **unmittelbar Betroffenen** (→ Rn. 61) dient. Ob das LkSG damit als **Schutzgesetz** iSd § 823 Abs. 2 BGB gilt und damit einen deliktsrechtlichen Schadensersatzanspruch der Betroffenen auslösen kann, war im parlamentarischen Verfahren äußerst umstritten.[98] Auf die Beschlussempfehlung des Ausschusses für Arbeit und Soziales hin wurde deshalb § 3 Abs. 3 (→ § 3 Rn. 29 ff.) eingefügt, der eine neue zivilrechtliche Anspruchsgrundlage aus dem LkSG ausdrücklich ausschließt.[99] Damit dürfte sich diese Debatte zunächst erübrigt haben. Ohne diese Klarstellung wäre es allerdings naheliegend, von einem solchen Schutzcharakter auszugehen, da nicht nur § 4 Abs. 4, sondern auch die Vorschriften §§ 8, 11, § 14 Abs. 2 den Schutz Einzelner bzw. Betroffener bezwecken.

54

Die Berücksichtigung der Interessen Betroffener folgt dem sowohl in VNLP Nr. 18 sowie auch im OECD-Leitfaden verankerten Grundsatz des „**Stakeholder-Dialogs**" als Kernelement der Sorgfaltspflicht,[100] wobei § 4 Abs. 4 den Kreis der Stakeholder auf **unmittelbar Betroffene** (→ Rn. 61) beschränkt. Die Einbeziehung der Interessen soll dazu beitragen, dass das Unternehmen seine menschenrechtlichen Risiken erkennt, richtig einschätzt und geeignete Präventions- und Abhilfemaßnahmen wählt.[101]

55

Als Form ist insbesondere eine **direkte Konsultation** mit Betroffenen vorgesehen, um deren Partizipation zu ermöglichen und Informationen über ihre Interessen und menschenrechtliche Situation zu erlangen. Gleichzeitig sollen solch ein direkter Austausch und Dialog die Transparenz, das Verständnis und die Akzeptanz für die beidseitigen Anliegen von Betroffenen sowie des Unternehmens fördern und so das Ergreifen wirksamer Maßnahmen ermöglichen.[102]

56

Im Einklang mit dem OECD-Leitfaden für die Erfüllung der Sorgfaltspflicht für verantwortungsvolles unternehmerisches Handeln, der den „Stakeholder-Dialog" für jede Stufe der „Due Diligence" vorsieht, sind auch im LkSG die Interessen der Betroffenen schon bei der Identifizierung möglicher Risiken zu berücksichtigen, das heißt bereits beim **Erstel-**

57

---

98 Vgl. Grabosch LkSG/Engel § 7 Rn. 1; Wissenschaftliche Dienste des Deutschen Bundestages, Gesetzesentwurf über die unternehmerischen Sorgfaltspflichten in Lieferketten (Sorgfaltspflichtengesetz-E) - Einzelfragen zur zivilrechtlichen Haftung, 27.4.2021, WD 7 – 3000 040/21.
99 Vgl. BT-Drs. 19/30505, 42.
100 OECD-Leitfaden: verantwortungsvolles unternehmerisches Handeln S. 19.
101 Vgl. BT-Drs. 19/28649, 44, Fitzer/Gergen CB 2022, 327 (329).
102 Vgl. BT-Drs. 19/28649, 44; auch eine indirekte Beteiligung ist jedoch zulässig vgl. FAQ LkSG VII. 3., zustimmend Fitzer/Gergen CB 2022, 327 (330).

len des Risikomanagements.[103] Das ist vergleichbar mit bestehenden Risikomanagementsystemen, die ebenfalls bereits für eine effektive Risikoidentifikation die Einbindung aller Risiko- und Prozesseigner im Unternehmen sowie die Verankerung in allen Geschäftsprozessen vorsehen.[104] Um mögliche Betroffene zu ermitteln, ist daher zu empfehlen, zunächst eine **„überschlägige Risikoanalyse"** mithilfe zur Verfügung stehender Instrumente wie dem „CSR-Risk-Checker" des von der Bundesregierung ins Leben gerufenen „Helpdesk für Wirtschaft und Menschenrechte" durchzuführen.[105]

b) Wirtschaftliches Handeln des Unternehmens sowie in Bezug auf die Lieferkette

58 Die Regierungsbegründung hat im Einklang mit dem Ansatz der VNLP, die einen weiten Anwendungsbereich der Geschäftstätigkeit vorsehen, und in Übereinstimmung mit dem in § 2 Abs. 5 (→ § 2 Rn. 151 ff.) definierten Begriff der Lieferkette explizit klargestellt, dass der Begriff des „wirtschaftlichen Handelns" weit zu verstehen ist und nicht nur die Produktionstätigkeit im engeren Sinne erfasst, sondern auch zum Beispiel die Erschließung oder den Erwerb von Grundeigentum, um darauf geschäftlich tätig zu sein.[106] Wie schon in § 4 Abs. 2 (→ Rn. 38 ff.) soll auch hier die Geschäftstätigkeit der Unternehmen der **weiteren Lieferkette** und nicht nur unmittelbare Zulieferer in den Blick genommen werden. Das ist insofern folgerichtig, als dass Unternehmen ihre Risikomanagementsysteme grundsätzlich so aufstellen müssen, dass sie bei Beschwerden oder sonstiger Kenntniserlangung von Rechtsverletzungen mittelbarer Zulieferer in der Lage sind, umgehend die gemäß § 9 Abs. 3 nötigen Maßnahmen zu ergreifen, auch wenn sie bei einzelnen Maßnahmen nach §§ 5 ff. zunächst nur die unmittelbaren Zulieferer erfasst haben.

c) Eigene Beschäftigte

59 Zu dem betroffenen Personenkreis, dessen Interessen zu berücksichtigen sind, gehören insbesondere die **Beschäftigten des Unternehmens**. Dazu zählen auch **Selbstständige**, die einem Unternehmen zuliefern und **informell Beschäftigte**, wie Personen, die nach den jeweils geltenden Gesetzen in Schwarzarbeit tätig sind, Arbeitsverboten unterliegen oder Scheinselbstständige sind.[107] Der Begriff „Beschäftigte" ist im Sinne eines effektiven Menschenrechtsschutzes weit auszulegen.

d) Beschäftigte innerhalb der Lieferkette

60 Das Unternehmen hat beim Einrichten seines Risikomanagements nicht nur die Interessen seiner eigenen Beschäftigten zu berücksichtigen, son-

---

103 OECD-Leitfaden: verantwortungsvolles unternehmerisches Handeln S. 52; vgl. BT-Drs. 19/28649, 44.
104 Johannsen-Roth/Illert/Ghassemi-Tabar/Ghassemi-Tabar DCGK G4 Rn. 40.
105 Vgl. Grabosch LkSG/Grabosch § 5 Rn. 44, BAFA Handreichung Risikoanalyse S. 12 ff., Anhang II.
106 Vgl. BT-Drs. 19/28649, 44.
107 Vgl. BT-Drs. 19/28649, 44.

dern auch solche derjenigen, die bei **Unternehmen der Lieferkette** tätig sind. Das ist im Einklang mit § 4 Abs. 2 (→ Rn. 38 ff.), der sich ebenfalls auf die gesamte Lieferkette bezieht, folgerichtig, da zunächst insgesamt das „wirtschaftliche Handeln" (→ Rn. 58) der gesamten Lieferkette ohne Einschränkung auf unmittelbare Zulieferer in den Blick zu nehmen ist. Zahlreiche Fallbeispiele zu Diskriminierung und Niedrigstlöhnen im Teesektor in Assam, Indien,[108] zu Kinder- und Zwangsarbeit im Baumwollanbau in Usbekistan[109] und zu Todesfällen durch mangelnden Brandschutz und Gebäudesicherheit[110] veranschaulichen konkret, wie Arbeiterinnen und Arbeiter im Ausland durch wirtschaftliches Handeln deutscher Unternehmen unmittelbar betroffen sein können.

e) Sonstige Betroffene

Weitere Personen, deren Interessen zu berücksichtigen sind, sind solche, die von den wirtschaftlichen Aktivitäten der unter den Anwendungsbereich fallenden Unternehmen oder ihrer Zulieferer in einer geschützten Rechtsposition **unmittelbar betroffen** sein können.[111] Damit begrenzt das LkSG den Kreis der einzubeziehenden Personen auf solche Stakeholder, die nach dem OECD-Leitfaden für unternehmerische Sorgfalt auch als „Rechteinhaber" bezeichnet werden, da bei ihnen individuelle oder kollektive Menschenrechte (von Gruppen wie indigenen Völkern) beeinträchtigt sein könnten.[112] Von den im OECD-Leitfaden aufgezählten Gruppen kommen für das LkSG als „sonstige Betroffene" neben den bereits erfassten Beschäftigten insbesondere **Gemeinschaften auf lokaler, regionaler oder nationaler Ebene** sowie **Konsumenten oder Endbenutzer von Produkten** in Betracht, da deren Rechtspositionen im Sinne des § 2 Abs. 1 und 2 in Verbindung mit der dazugehörigen Anlage zu Menschenrechts- und Umweltübereikommen gefährdet sein können.[113] Die Regierungsbegründung verweist zutreffend insbesondere auf Personen, die in enger räumlicher Nähe zur unternehmerischen Tätigkeit stehen, wie beispielsweise **Anwohnende oder Nutzer von Nachbargrundstücken des Unternehmensstandorts oder einer Produktionsstätte**.[114] So ist bereits vielfach dokumentiert, dass in globalen Lieferketten von Fruchtunternehmen und Supermarktketten Anwohnerinnen und Anwohner von Ananasplantagen in Costa Rica oder Bananenplantagen in Ecuador unter gravierenden Gesundheitsschäden wie Krebs oder frühkindlichen Missbil-

---

108 Oxfam, Schwarzer Tee, Weiße Weste, 10.10.2019, abrufbar unter https://www.oxfam.de/ueber-uns/publikationen/schwarzer-tee-weisse-weste.
109 Südwind, Zwangsarbeit, Dossier, 2021, abrufbar unter https://saubere-kleidung.de/2022/01/dossier-der-freiheit-so-fern/, S. 8.
110 ECCHR, Textilindustrie, Rana Plaza, 2018, abrufbar unter https://www.ecchr.eu/fall/mehr-show-als-sicherheit-zertifikate-in-der-textilindustrie/; ECCHR, Pakistan, Textilindustrie, 2020, abrufbar unter https://www.ecchr.eu/fall/kik-der-preis-der-arbeitsbedingungen-in-der-textilindustrie-suedasiens/.
111 Vgl. BT-Drs. 19/28649, 44.
112 OECD-Leitfaden: verantwortungsvolles unternehmerisches Handeln S. 50.
113 OECD-Leitfaden: verantwortungsvolles unternehmerisches Handeln S. 50.
114 Vgl. BT-Drs. 19/28649, 44.

dungen, verursacht durch mit Pestiziden kontaminiertes Grundwasser oder durch Ausbringung solcher Pestizide durch Flugzeuge auf Plantagen während der Arbeitszeiten, leiden.[115] Ebenso litten Leib und Leben der ansässigen Bevölkerung durch giftige Minenschlämme beim Bruch des Dammes der Eisenerzmine Corrego do Feijão in Brumadinho, Brasilien, den ein deutsches Unternehmen zuvor zertifiziert hatte.[116]

62 Die Betroffenheit von Personen kann sich auch **anlassbezogen** ergeben, zum Beispiel im Rahmen der Aufklärung von Missständen oder sonstigen Vorfällen. In diesem Zusammenhang kann der in § 8 vorgesehene Beschwerdemechanismus zu neuen Erkenntnissen führen, die im Rahmen der wiederkehrenden Risikoanalyse berücksichtigt werden sollten.[117]

63 Geschützt werden sollen darüber hinaus auch **juristische Personen, Personenvereinigungen oder Gremien**, sofern sie vom persönlichen Schutzbereich der Menschenrechte gemäß § 2 Abs. 1 erfasst sind, insbesondere Gewerkschaften.[118] Die Beteiligung von Gewerkschaften ist v.a. bei der Vermeidung von Arbeitsrechtsverletzungen unabdingbar.[119]

64 Zudem sind im Einklang mit dem OECD-Leitfaden neben bereits betroffenen auch möglicherweise, also **zukünftig oder potenziell** von Rechtsverletzungen betroffene Personen einzubeziehen.[120]

65 In der Praxis kann es sich darüber hinaus als nützlich erweisen, sogenannte „**Stakeholder-Dialoge**" mit weiteren Stakeholdern wie NGOs, zivilgesellschaftlichen Organisationen vor Ort, Menschenrechtsinstitutionen, vor Ort verankerten Organisationen, lokalen Menschenrechtsaktivisten, vergleichbaren Unternehmen innerhalb der Branche, Regierungen des Standortlands (lokal, regional und national), Geschäftspartnern, Investoren und Aktionären durchzuführen, um ein möglichst umfassendes Bild über die menschenrechtlichen und umweltbezogenen Risiken sowie geeignete Maßnahmen zur Prävention und Abhilfe zu bekommen.[121]

---

115 Vgl. zB Oxfam, Süße Früchte, bittere Wahrheit, 31.05.2016, abrufbar unter https://www.oxfam.de/ueber-uns/publikationen/suesse-fruechte-bittere-wahrheit.
116 Misereor, Die Schlammlawine von Brumadinho: eine Katastrophe mit Ansage, 19.2.2019, abrufbar unter https://blog.misereor.de/2019/02/19/die-schlammlawine-von-brumadinho-eine-katastrophe-mit-ansage/.
117 Vgl. BT-Drs. 19/28649, 44.
118 Vgl. BT-Drs. 19/28649, 44.
119 Vgl. Oxfam, Süße Früchte, bittere Wahrheit, 2016, abrufbar unter https://www.oxfam.de/system/files/20150530-oxfam-suesse-fruechte-bittere-wahrheit.pdf, S. 18, 24, 29 f.
120 Vgl. OECD-Leitfaden: verantwortungsvolles unternehmerisches Handeln S. 50; BT-Drs. 19/28649, 44.
121 Vgl. OECD-Leitfaden: verantwortungsvolles unternehmerisches Handeln S. 50. Siehe zum Beispiel https://rewe-group-nachhaltigkeitsbericht.de/2020/gri-bericht/unternehmensfuhrung/gri-102-40-102-42-102-44-stakeholderdialog.html; https://annual-report.puma.com/2020/de/nachhaltigkeit/pumas-nachhaltigkeitsziele-10for25.html.

f) Angemessenheit

Um eine angemessene Konsultation zu ermöglichen, kann der **Abbau sprachlicher und anderweitiger Hürden** erforderlich sein. Besonders ist auf betroffene vulnerable Personen wie beispielsweise Migrantinnen und Migranten oder Menschen mit Behinderungen zu achten, die verstärkt in ihren Rechten bedroht sind.[122]

66

§ 5 Risikoanalyse

(1) ¹Im Rahmen des Risikomanagements hat das Unternehmen eine angemessene Risikoanalyse nach den Abätzen 2 bis 4 durchzuführen, um die menschenrechtlichen und umweltbezogenen Risiken im eigenen Geschäftsbereich sowie bei seinen unmittelbaren Zulieferern zu ermitteln. ²In Fällen, in denen ein Unternehmen eine missbräuchliche Gestaltung der unmittelbaren Zuliefererbeziehung oder ein Umgehungsgeschäft vorgenommen hat, um die Anforderungen an die Sorgfaltspflichten in Hinblick auf den unmittelbaren Zulieferer zu umgehen, gilt ein mittelbarer Zulieferer als unmittelbarer Zulieferer.

(2) ¹Die ermittelten menschenrechtlichen und umweltbezogenen Risiken sind angemessen zu gewichten und zu priorisieren. ²Dabei sind insbesondere die in § 3 Absatz 2 genannten Kriterien maßgeblich.

(3) Das Unternehmen muss dafür Sorge tragen, dass die Ergebnisse der Risikoanalyse intern an die maßgeblichen Entscheidungsträger, etwa an den Vorstand oder an die Einkaufsabteilung, kommuniziert werden.

(4) ¹Die Risikoanalyse ist einmal im Jahr sowie anlassbezogen durchzuführen, wenn das Unternehmen mit einer wesentlich veränderten oder wesentlich erweiterten Risikolage in der Lieferkette rechnen muss, etwa durch die Einführung neuer Produkte, Projekte oder eines neuen Geschäftsfeldes. ²Erkenntnisse aus der Bearbeitung von Hinweisen nach § 8 Absatz 1 sind zu berücksichtigen.

I. Pflicht zur angemessenen Risikoanalyse (Abs. 1) 1	3. Angemessenheit 22
1. Grundsätze der Risikoanalyse 2	II. Angemessene Gewichtung und Priorisierung (Abs. 2) 24
a) Risikoanalyse in bestehenden Compliance Management-Systemen 5	III. Interne Kommunikation der Ergebnisse (Abs. 3) 28
b) Übertragung auf den Risikobegriff des LkSG 10	IV. Jährliche und anlassbezogene Durchführung (Abs. 4) 34
	1. Grundsätzlicher Turnus und Umfang der Risikoanalyse 35
2. Reichweite 16	2. Anlassbezogene Durchführung 38

---

[122] Vgl. BT-Drs. 19/28649, 44.

Mithilfe der Risikoanalyse soll das Unternehmen die menschenrechtlichen und umweltbezogenen Risiken für den **eigenen Geschäftsbereich** (→ Rn. 12, 16) und den Geschäftsbereich des **unmittelbaren Zulieferers** (→ Rn. 16 ff.) identifizieren, bewerten und priorisieren (→ Rn. 24 ff.). Die Analyse dient als Grundlage, um wirksame **Präventions-** (→ § 6 Rn. 23 ff., 44 ff.) und **Abhilfemaßnahmen** (→ § 7 Rn. 2 ff.) festzulegen und bildet somit auch die Basis für das nach § 4 (→ § 4 Rn. 8 ff.) einzurichtende Risikomanagement.[1]

I. Pflicht zur angemessenen Risikoanalyse (Abs. 1)

1 Satz 1 statuiert zunächst die allgemeine Pflicht, eine **angemessene Risikoanalyse** durchzuführen und legt durch Inbezugnahme des eigenen Geschäftsbereichs (→ Rn. 12, 16) und der unmittelbaren Zulieferer (→ Rn. 16 ff.) die grundsätzliche Reichweite fest. Diese wird in Satz 2 unter bestimmten Umständen auf mittelbare Zulieferer (→ Rn. 20) erstreckt. Ein Verstoß gegen die Pflicht, eine angemessene Risikoanalyse durchzuführen, ist eine Ordnungswidrigkeit iSd § 24 Abs. 1 Nr. 2 und kann gemäß § 24 Abs. 2 Nr. 2 mit einer Geldbuße bis zu 500.000 EUR geahndet werden.

1. Grundsätze der Risikoanalyse

2 Um Maßnahmen zur Minimierung oder Verhinderung von Risiken ergreifen zu können, müssen die jeweiligen Risiken zunächst identifiziert werden. Die Durchführung einer Risikoanalyse ist somit Voraussetzung bzw. **erster Schritt im Rahmen eines wirksamen Risikomanagements.**[2] Das LkSG folgt mit den Vorgaben in § 5 damit den allgemeinen Grundsätzen des Compliance- und Risikomanagements (→ Rn. 5 ff.), die unter Berücksichtigung des Risikobegriffs des LkSG (→ Rn. 10 f.) sowie der als Auslegungshilfe heranzuziehenden VNLP (→ Rn. 13, 15 ff.) auf die Vorgaben des LkSG übertragen werden können.[3]

3 Nach der Gesetzesbegründung des LkSG hat eine Risikoanalyse in einem **zweistufigen Prozess** zu erfolgen: In einem ersten Schritt soll ein Überblick über mögliche Auswirkungen eigener Prozesse auf potenziell betroffene Personengruppen gewonnen werden (→ Rn. 8, 12). In einem zweiten Schritt sind die identifizierten Risiken zu konkretisieren sowie zu bewerten (→ Rn. 24 ff.) und – wenn notwendig – zu priorisieren.[4] Für die Priorisierung sind hierbei wiederum die **Angemessenheitskriterien** nach § 3 Abs. 2 maßgeblich (vgl. Abs. 2 S. 2, → Rn. 25 f.). Zudem ist sicherzustellen, dass die Ergebnisse der Risikoanalyse/-bewertung **kommu-**

---

[1] Vgl. BAFA Handreichung Risikoanalyse S. 4.
[2] Vgl. Kremer/Bachmann/Lutter/v. Werder/Bachmann DCGK G4 Rn. 26 f.; s. auch Wieland/Steinmeyer/Grüninger Compliance-Management-HdB/Grüninger/Wanzek II.1.1 Rn. 13; Hauschka/Moosmayer/Lösler Corporate Compliance/Pauthner/Stephan § 16 Rn. 25, 77; Goette/Barring DStR 2021, 1238 (1239).
[3] So auch Grabosch LkSG/Grabosch § 5 Rn. 63; Wagner/Ruttloff NJW 2021, 2145 (25).
[4] BT-Drs. 19/28649, 45.

niziert werden (Abs. 3, → Rn. 28 ff.) und somit Einfluss auf die internen Geschäftsprozesse nehmen können.

Auf der Grundlage der Risikoanalyse und insbesondere der abschließenden Bewertung und Priorisierung hat das Unternehmen in einem nächsten Schritt **menschenrechtsbezogene und umweltbezogene Erwartungen** zu definieren, die es an seine Beschäftigten und Zulieferer in der Lieferkette richtet (näher hierzu → § 6 Rn. 11 ff.). 4

a) Risikoanalyse in bestehenden Compliance Management-Systemen

Im Rahmen bereits etablierter Compliance Management- oder Risikomanagement-Systeme (CMS/RMS) wird die Risikoanalyse als Prozess definiert, der das Unternehmen dabei unterstützen soll, Compliance-Risiken in Zusammenhang mit der jeweiligen Geschäftstätigkeit zu erkennen und zu bewerten.[5] Ziel dabei ist, mithilfe der Analyse die **identifizierten Risiken wirksam zu steuern**.[6] Die Risikoanalyse bildet damit die Grundlage für den Aufbau eines wirksamen CMS/RMS und stellt gleichzeitig einen sich wiederholenden Prozess dar.[7] 5

Für diesen Prozess muss im Rahmen eines wirksamen Risikomanagements ein entsprechender **organisatorischer Rahmen** geschaffen werden, der ein methodisches und strukturiertes Vorgehen gewährleistet,[8] die zugrunde zu legenden Methoden und Verantwortlichkeiten festlegt sowie gleichzeitig die Weitergabe der Ergebnisse der Risikoanalyse sicherstellt.[9] 6

Beim erstmaligen Durchführen einer Risikoanalyse sollten zunächst **Umfang und Ziele der Analyse** dahin gehend festgelegt werden, welche Themenbereiche für das jeweilige Unternehmen mit Blick auf mögliche Risiken relevant sein könnten und daher genauer zu betrachten sind.[10] Hierfür kann auf bereits entwickelte **Risikokataloge** zurückgegriffen werden oder es können zunächst typische Risikobereiche[11] betrachtet werden, die je nach Branche, Größe des Unternehmens etc unterschiedliche Rele- 7

---

5 Vgl. Wieland/Steinmeyer/Grüninger Compliance-Management-HdB/Otremba II.2.1 Rn. 4; Hembach Praxisleitfaden S. 147.
6 Hauschka/Moosmayer/Lösler Corporate Compliance/Pauthner/Stephan § 16 Rn. 23.
7 Schulz Compliance Management/Bartschuka Kap. 8 Rn. 51 ff.; s. auch Wieland/Steinmeyer/Grüninger Compliance-Management-HdB/Wendel II.3.1 Rn. 3; Hembach Praxisleitfaden S. 120.
8 So auch Kremer/Bachmann/Lutter/v. Werder/Bachmann DCGK G4 Rn. 26; zur systematischen Identifikation und Analyse des individuellen Compliance-Risikoprofils vgl. Schulz Compliance Management/Schulz Kap. 1 Rn. 54; Hembach Praxisleitfaden S. 136 f.
9 Hauschka/Moosmayer/Lösler Corporate Compliance/Klahold/Lochen § 37 Rn. 17; Hembach Praxisleitfaden S. 126, 155.
10 Kremer/Bachmann/Lutter/v. Werder/Bachmann DCGK G4 Rn. 26; vgl. hierzu und zum Folgenden auch Wieland/Steinmeyer/Grüninger Compliance-Management-HdB/Wendel II.3.1 Rn. 3 f.
11 Vgl. hierzu Wieland/Steinmeyer/Grüninger Compliance-Management-HdB/Wendel II.3.1 Rn. 6; für einen Überblick über verschiedene Risikofaktoren siehe Hauschka/Moosmayer/Lösler Corporate Compliance/Pauthner/Stephan § 16 Rn. 79 sowie Hembach Praxisleitfaden S. 139 ff.

vanz aufweisen können (vgl. zum sogenannten Risikomapping → Rn. 12).[12]

8 In einem nächsten Schritt sind in den verschiedenen Themenbereichen mögliche **Risiken zu identifizieren**. Hierfür existieren verschiedene methodische Ansätze. Es kann allgemein zwischen dem sogenannten **Top-down- oder Bottom-up**-Vorgehen unterschieden werden. Bei Ersterem startet die Betrachtung auf der obersten Hierarchieebene und den dort vorhandenen Informationen und Abläufen.[13] Dieses Vorgehen kann sich insbesondere anbieten, um eine kurzfristige erste Einschätzung vorzunehmen. Wählt man hingegen einen Bottom-up-Ansatz, werden die Risiken zunächst in den einzelnen Abteilungen/Geschäftseinheiten identifiziert.[14] Hierfür kann beispielsweise auf Befragungen und Fragebögen zurückgegriffen werden. Um eine möglichst umfassende Darstellung zu erhalten, wird sich in vielen Fällen eine Verschneidung beider Ansätze anbieten.[15] Mit der Risikoidentifizierung sollte zudem eine Konkretisierung anhand von Risikoszenarien einhergehen, um festzustellen, auf welcher Ebene und/oder in welcher Abteilung das Risiko primär zu verorten ist.

9 Im Anschluss ist eine **Bewertung der Risiken** vorzunehmen und die entsprechenden Ergebnisse müssen an die verantwortlichen Stellen kommuniziert werden. Die Bewertung dient dazu, den weiteren Handlungsbedarf für die Steuerung/Minimierung der Risiken abzuleiten; Ziel ist somit insbesondere eine Priorisierung von erforderlichen Maßnahmen.[16] Sie kann nach quantitativen und/oder qualitativen Maßstäben erfolgen, Grundkriterium ist die Eintrittswahrscheinlichkeit[17] sowie meist die zu erwartende Schadenshöhe.[18] Zudem bietet sich eine Zusammenfassung im Rahmen von Risikoclustern an.

b) Übertragung auf den Risikobegriff des LkSG

10 Im Allgemeinen dient die Risikoanalyse dazu, Schwachstellen oder Compliance-Risiken im Unternehmen zu identifizieren. Bereits der Verstoß gegen das LkSG an sich kann dabei als Rechtsverstoß ein Compliance-

---

12 Wieland/Steinmeyer/Grüninger Compliance-Management-HdB/Grüninger/Wanzek II.1.1 Rn. 13; BT-Drs. 19/28649, 44.
13 Vgl. hierzu Johannsen-Roth/Illert/Ghassemi-Tabar/Ghassemi-Tabar DCGK G4 Rn. 40; Hauschka/Moosmayer/Lösler Corporate Compliance/Pauthner/Stephan § 16 Rn. 58.
14 Teichmann Compliance/Erben Kap. 7 Rn. 172 ff; Hauschka/Moosmayer/Lösler Corporate Compliance/Pauthner/Stephan § 16 Rn. 57 f.
15 So auch Hauschka/Moosmayer/Lösler Corporate Compliance/Pauthner/Stephan § 16 Rn. 57 ff.
16 Vgl. Kremer/Bachmann/Lutter/v. Werder/Bachmann DCGK G4 Rn. 27; Hauschka/Moosmayer/Lösler Corporate Compliance/Pauthner/Stephan § 16 Rn. 116.
17 Hauschka/Moosmayer/Lösler Corporate Compliance/Pauthner/Stephan § 16 Rn. 116; Hembach Praxisleitfaden S. 145 f.; vgl. zur Kritik an diesem Kriterium Wieland/Steinmeyer/Grüninger Compliance-Management-HdB/Wendel II.3.1 Rn. 3 f.
18 Wieland/Steinmeyer/Grüninger Compliance-Management-HdB/Wendel II.3.1 Rn. 4; Kubis/Tödtmann Vorstand-HdB/Hettich/Charnitzky § 14 Rn. 269.

Risiko darstellen. Die Pflichten des LkSG sind somit auch im Rahmen eines allgemeinen CMS oder RMS zu beachten. Für eine adäquate Analyse der dahinterstehenden Risiken muss jedoch der **spezielle Risikobegriff des LkSG** beachtet werden. Dieser geht über die bisherigen auf das unternehmerische Risiko gerichteten Verfahrens- und Compliance-Systeme hinaus. Relevante Risiken sind hier negative Effekte nicht auf das Unternehmen, sondern auf Personen, Umwelt oder Gesellschaft, die das Unternehmen verursacht oder zu denen es beiträgt.[19] Zudem sind im Rahmen der Risikoanalyse die Besonderheiten zu beachten, die mit einer Analyse der Lieferkette einhergehen.

Zunächst setzt eine Risikoanalyse im Rahmen des LkSG daher voraus, dass ein Unternehmen die Auswirkungen der **eigenen unternehmerischen Tätigkeit** (→ Rn. 19, → § 4 Rn. 40 f.) einschließlich Beschaffungsstrategien und Einkaufspraktiken (→ § 6 Rn. 28 ff., 32 ff.) auf die Menschen kennen muss, die **infolge einer Geschäftsbeziehung** mit den Geschäftsfeldern, den Produkten oder Dienstleistungen des Unternehmens verbunden sind.[20]

In einem ersten Verfahrensschritt sollten Unternehmen daher einen Überblick gewinnen über die **eigene Einkaufspolitik und -prozesse**, über die **Struktur und Akteure beim unmittelbaren Zulieferer** (→ Rn. 17, 19) sowie über die **wichtigen Personengruppen**, die von der Geschäftstätigkeit des Unternehmens betroffen sein können (→ § 4 Rn. 58 ff.).[21] Dies kann nach der Gesetzesbegründung über ein „Risikomapping" „nach Geschäftsfeldern, Standorten, Produkten oder Herkunftsländern erfolgen",[22] wie es in vielen Unternehmen bereits gängige Praxis ist (zu unterscheiden ist hier zwischen der Schaffung von interner Transparenz zur Analyse der eigenen Lieferkette und Transparenz nach außen hinsichtlich dieser Erkenntnisse, hierzu → § 6 Rn. 36 f.).[23] Hierbei sind „kontextabhängige Faktoren, wie die politischen Rahmenbedingungen oder vulnerable Personengruppen" in die „Analyse einzubeziehen".[24] Dies entspricht VNLP Nr. 18, wonach besondere Aufmerksamkeit auf besonders

---

19 Vgl. BT-Drs. 19/28649, 44; OECD-Leitfaden: verantwortungsvolles unternehmerisches Handeln S. 15; BAFA Handreichung Risikoanalyse S. 8; mwN zum Risikobegriff Hembach Praxisleitfaden S. 132 f.
20 Vgl. BT-Drs. 19/28649, 44; BAFA Handreichung Risikoanalyse S. 10; OECD-Leitfaden: verantwortliches unternehmerisches Handeln S. 74.
21 OECD-Leitfaden: verantwortungsvolles unternehmerisches Handeln; Wagner/Ruttloff NJW 2021, 2145 Rn. 27.
22 BT-Drs. 19/28649, 44; vgl. zudem BAFA Handreichung Risikoanalyse S. 12 ff., welche insbesondere branchenspezifische und länderspezifische Risiken nennt.
23 Rewe, Fairness-Leitlinie, Dezember 2011, abrufbar unter https://www.rewe-group.com/content/uploads/2020/12/leitlinie-fairness.pdf?t=2022011611, S. 8–12; Lidl, Unternehmerische Sorgfaltspflicht für Menschenrechte und Umweltschutz beim Einkauf von Handelsware, 13.3.2020, abrufbar unter https://www.lidl.de/de/asset/other/16201-FLY-Positionspapier-Sorgfaltspflicht-A4-DE-online-20200316.pdf, S. 9 f. Eine Auswahl möglicher Quellen, die als Ansatzpunkt einer zunächst abstrakten Risikobetrachtung genutzt werden können, findet sich in Anhang II der BAFA-Handreichung Risikoanalyse.
24 BT-Drs. 19/28649, 44.

schutzbedürftige, vulnerable und von Marginaliät bedrohte Gruppen oder Bevölkerungsteile zu richten ist.[25] Zentral ist die Betrachtung der (potenziellen) Auswirkungen der eigenen Einkaufs- und Beschaffungspraktiken, dh inwiefern **unternehmenseigene Einkaufsstrategien und Politiken** sich negativ auf Menschen und Umwelt in der Lieferkette auswirken.[26]

13 Die **Art und Weise der Durchführung sowie die Wahl der Methoden** der Risikoanalyse sind – wie grundsätzlich im Bereich des Compliance- oder Risikomanagements – dem einzelnen Unternehmen überlassen.[27] Je nach Risiko, Branche und Produktionsregion kann das Unternehmen eine geeignete Methode der Informationsbeschaffung und Bewertung wählen.[28] Das gewählte Vorgehen muss jedoch systematisch erfolgen und alle relevanten Faktoren beachten.[29] Es bieten sich hier im Wesentlichen die gängige und anerkannte Praxis im Zusammenhang mit den VNLP, aber auch anderen Due Diligence-Leitfäden an.[30] Zu beachten ist die Reichweite (→ Rn. 16 ff.) sowie der Grundsatz der Angemessenheit (→ Rn. 22 f.). Externes Wissen von **Betroffenen und Experten** soll im Rahmen der Möglichkeiten herangezogen werden (→ Rn. 15).[31] Mögliche Quellen sind unter anderem Berichte von und der Austausch mit Regierungen, internationalen Organisationen, zivilgesellschaftlichen Organisationen, Arbeitnehmervertretern und Gewerkschaften, nationalen Menschenrechtsinstitutionen (NMRI), Medien und anderen Experten.[32] Zusätzlich sollten über Frühwarnsysteme (zB Hotlines) und **Beschwerdemechanismen** gemeldete Informationen berücksichtigt werden.[33]

14 Des Weiteren kann eine **Inspektion vor Ort** sinnvoll sein, um die Risiken im Zusammenhang mit dem Arbeitsschutz (zB Brand- oder Gebäudesicherheit oder geeignete Schutzmaßnahmen für Beschäftigte) zu bewerten. Solche vertieften Prüfungen oder Untersuchungen vor Ort werden im Bereich der Menschenrechte auch Menschenrechtsverträglichkeitsprüfung

---

25 Vereinte Nationen, Deutsches Global Compact Netzwerk, Leitprinzipien für Wirtschaft und Menschenrechte, 2014, S. 23.
26 Oxfam, The People Behind Prices, 6.2.2019, abrufbar unter https://policy-practice.oxfam.org/resources/the-people-behind-the-prices-a-focused-human-rights-impact-assessment-of-sok-co-620619/; Oxfam, The Workers Behind Sweden's Italian Wine: An illustrative Human Rights Impact Assessment of Systembolaget's Italian wine supply chains, 15.9.2021, abrufbar unter https://policy-practice.oxfam.org/resources/the-workers-behind-swedens-italian-wine-an-illustrative-human-rights-impact-ass-621266/; Lidl, Einkaufspolitik Menschenrechte in der Lieferkette, 21.1.2022, abrufbar unter https://unternehmen.lidl.de/pdf/show/48675.
27 Vgl. BAFA Handreichung Risikoanalyse S. 6; Grabosch LkSG/Grabosch § 5 Rn. 63; Hembach Praxisleitfaden S. 134.
28 BT-Drs. 19/28649, 45.
29 Fitzer/Gergen CB 2022, 327 (331).
30 BT-Drs. 19/28649, 41.
31 BT-Drs. 19/28649, 44; Helck BB 2021, 1603 (1605).
32 OECD-Leitfaden: verantwortungsvolles unternehmerisches Handeln S. 26; Klinner IWRZ 2021, 243 (248); Hembach Praxisleitfaden S. 146, für eine Auflistung möglicher Quellen siehe Fitzer/Gergen CB 2022, 327 (333).
33 OECD-Leitfaden: verantwortungsvolles unternehmerisches Handeln S. 26; Hembach Praxisleitfaden S. 154.

oder **Human Rights Impact Assessment** genannt, im Umweltbereich Umweltverträglichkeitsprüfung.³⁴

Auf der Grundlage der VNLP haben verschiedene Organisationen zentrale Elemente und Methoden für solche Human Rights Impact Assessments entwickelt, die auch im Rahmen des LkSG Beachtung finden können.³⁵ Insbesondere die **Rücksprache und der Dialog mit Rechteinhabern** sind zentral für die Ermittlung der Tragweite und Bewertung negativer Auswirkungen.³⁶ So sind Gespräche mit Arbeitnehmerinnen und Arbeitnehmern oder deren gewerkschaftlicher Vertretung eine wichtige Informationsquelle dafür, ob Arbeitnehmrechte eingehalten werden. Da es für Arbeitskräfte unangenehm sein kann, der Führungsebene ehrliches Feedback zu geben, müssen Gespräche und Gruppendiskussionen in manchen Fällen unter Umständen von vertrauenswürdigen dritten Parteien durchgeführt werden.³⁷ Über den direkten Austausch mit Anwohnern oder deren Interessenvertretern bzw. über geeignete Fallstudien oder weiteres Fachwissen können Informationen dazu erlangt werden, welche Auswirkungen die unternehmerische Tätigkeit auf Gesundheit oder Nutzungsmöglichkeiten von Wasser und Land haben.³⁸ Auch ein Austausch mit relevanten Vertretern der Zivilgesellschaft und anderen Stakeholdern kann hier weitere nützliche Anhaltspunkte liefern und helfen, die Situation angemessen zu erfassen.

2. Reichweite

Zu ermitteln sind nach Abs. 1 S. 1 nur die Risiken im **eigenen Geschäftsbereich** sowie bei den **unmittelbaren Zulieferern**, die infolge einer Geschäftsbeziehung mit den Geschäftsfeldern, den Produkten oder Dienstleistungen des Unternehmens verbunden sind.³⁹ Der **ursprüngliche Gesetzesvorschlag ging an dieser Stelle weiter** und umfasste die gesamte Liefer-

---

34 OECD-Leitfaden: verantwortungsvolles unternehmerisches Handeln S. 4 und 27.
35 Vgl. OECD-Leitfaden: verantwortungsvolles unternehmerisches Handeln S. 27, 28, 69; Oxfam, FIDH Training Manual, 16.3.2016, abrufbar unter https://www.business-humanrights.org/en/latest-news/oxfam-fidh-launch-human-rights-impact-assessment-training-manual-for-communities-affected-by-businesses/; Deutsches Institut für Menschenrechte/Twenty Fifty/Deutsches Global Compact Netzwerk, Menschenrechtliche Risiken und Auswirkungen ermitteln, abrufbar unter https://www.institut-fuer-menschenrechte.de/publikationen/detail/menschenrechtliche-risiken-und-auswirkungen-ermitteln; Shift, Business and Human Rights Impacts: Identifying and Prioritizing Human Rights Risks, abrufbar unter https://shiftproject.org/resource/business-and-human-rights-impacts-identifying-and-prioritizing-human-rights-risks/; Danish Institute for Human Rights, Human rights impact assessment guidance and toolbox, abrufbar unter https://www.humanrights.dk/tools/human-rights-impact-assessment-guidance-toolbox; Danish Institute for Human Rights, Integrating human rights into environmental, social and health impact assessments, abrufbar unter https://www.humanrights.dk/sites/humanrights.dk/files/media/migrated/Integrating_HR_into_ESHIA.pdf; vgl. Nestlé, Addressing human rights impacts, abrufbar unter https://www.nestle-cwa.com/en/respecting-human-rights.
36 OECD-Leitfaden: verantwortungsvolles unternehmerisches Handeln S. 28; Hembach Praxisleitfaden S. 152.
37 OECD-Leitfaden: verantwortungsvolles unternehmerisches Handeln S. 28.
38 BT-Drs. 19/28649, 45.
39 Vgl. BT-Drs. 19/28649, 44.

kette, dh sämtliche Geschäftsbeziehungen, die im Hinblick auf Art und Umfang der Geschäftstätigkeit auf ein angemessenes, dh verhältnismäßiges und zumutbares Maß der Sorgfaltspflicht ausgestaltet werden sollten, im Sinne der geltenden Angemessenheitskriterien nach § 3 Abs. 2.[40]

17 Risiken sind nach **VNLP Nr. 13**, die grundsätzlich als Vorbild der Risikoanalyse nach dem LkSG dienen,[41] dann mit der Geschäftstätigkeit eines Unternehmens **verbunden**, sofern eine **unmittelbare Verbindung** einer (potenziellen) negativen Auswirkung zu den Produkten, Dienstleistungen oder Geschäftstätigkeiten eines Unternehmens besteht.[42] Weder VNLP Nr. 13 noch der OECD-Leitfaden für die Erfüllung der Sorgfaltspflicht setzen für eine solche unmittelbare Verbundenheit **eine direkte vertragliche Beziehung**, zB durch „Direktbeschaffung", voraus. Eine „Verbundenheit" kann danach grundsätzlich auch angenommen werden, wenn ein unmittelbarer Zulieferer nicht in direkter vertraglicher Beziehung mit dem Unternehmen steht, zB wenn die Zulieferung auf der Grundlage eines Vertrages mit einem dritten Unternehmen erfolgt, das den unmittelbaren Zulieferer anweist, ein Produkt zu liefern, zB für die Erfüllung eines Service-Vertrages mit diesem Unternehmen, für welches dieses Produkt eingesetzt werden soll.

18 Nach den Grundsätzen der VNLP kann darüber hinaus zB ein Unternehmen, das durch Kinderarbeit abgebautes Kobalt bezieht und dieses in seinen Produkten verwendet, **in unmittelbarer Verbindung zu diesem negativen Effekt** (dh Kinderarbeit) stehen. In diesem Fall hat das Unternehmen den negativen Effekt nicht selbst verursacht oder zu ihm beigetragen, jedoch besteht trotzdem eine unmittelbare Verbindung zwischen den Produkten des Unternehmens und dem negativen Effekt durch die Geschäftsbeziehungen mit den Rechtsträgern, die in die Beschaffung des Kobalts involviert sind (dh mit dem Verhüttungsbetrieb, Mineralhändler und dem Abbauunternehmen, welches Kinderarbeit verwendet).[43]

19 Mit der Begrenzung auf den eigenen Geschäftsbereich und die unmittelbaren Zulieferer legt das LkSG an dieser Stelle einen bewusst **engeren Maßstab** an die Risikoanalyse an als die VNLP, die für die Risikoanalyse mit dem Kriterium der „Verbundenheit" auch die über den eigenen Geschäftsbereich und die unmittelbaren Lieferanten hinaus gehenden Risiken erfassen. In früheren Fassungen war im Einklang mit den VNLP die gesamte Wertschöpfungskette[44] umfasst und solch eine Einschränkung nicht vorgesehen.[45] In der Diskussion wurden als Grund für diese Be-

---

40 Vgl. Krebs, Immerhin ein Kompromiss, Der Entwurf für ein Lieferkettengesetz, 21.2.2021, abrufbar unter https://verfassungsblog.de/immerhin-ein-kompromiss/.
41 Grabosch LkSG/Grabosch § 5 Rn. 50; ähnlich Hembach Praxisleitfaden S. 132, 134.
42 OECD-Leitfaden: verantwortungsvolles unternehmerisches Handeln S. 74, 75.
43 OECD-Leitfaden: verantwortungsvolles unternehmerisches Handeln S. 74, 75.
44 Vgl. zur Abgrenzung der Begrifflichkeiten Goßler/Palder BB 2022, 906 (906 f.).
45 Initiative Lieferkettengesetz, Eckpunkte für ein Lieferkettengesetz, Zivilgesellschaftliche Auswertung, Juli 2020, abrufbar unter https://lieferkettengesetz.de/2020/07/30/da-muss-mehr-drin-sein-wie-wir-die-eckpunkte-bewerten/.

grenzung im Wesentlichen die viel zu weitreichenden und praxisuntauglichen Pflichten für die gesamte globale Lieferkette genannt.[46] Unternehmen sollten indes in ihre Analyse aufnehmen, inwieweit sie möglicherweise durch konkretes Tun oder Unterlassen menschenrechtliche oder umweltbezogene Risiken in der Lieferkette verursachen oder dazu beitragen könnten, zB wenn „ein besonders niedriger Produkt-/Einkaufspreis im Raum steht, der […] Anhaltspunkte liefert, dass der niedrige Preis möglicherweise durch Kinder- oder Zwangsarbeit zustande gekommen ist".[47] Dieses Risiko sollte von der Risikoanalyse umfasst werden (vgl. zum „wirksamen Risikomanagement" → § 4 Rn. 33 f.). Bei der Durchführung einer anlassbezogenen Risikoanalyse ist zudem grundsätzlich die gesamte Lieferkette in den Blick zu nehmen (→ Rn. 38 ff.).

Eine **Befreiung von der weitgehenderen Risikoanalysepflicht** soll indes 20 nicht gegeben sein, wenn ein Unternehmen eine missbräuchliche Gestaltung der unmittelbaren Zuliefererbeziehung oder ein Umgehungsgeschäft vorgenommen hat, um die Anforderungen an die Sorgfaltspflichten in Hinblick auf den unmittelbaren Zulieferer zu umgehen. Die Regelung in Satz 2 dient somit der Vorbeugung einer **missbräuchlichen Ausgestaltung der Lieferkette**. Anzeichen für missbräuchliche Gestaltungen oder ein Umgehungsgeschäft liegen insbesondere dann vor, wenn der zwischen dem Unternehmen und dem unmittelbaren Zulieferer auftretende Dritte keiner nennenswerten eigenen Wirtschaftstätigkeit nachgeht oder keine auf Dauer angelegte Präsenz in Gestalt von Geschäftsräumen, Personal oder Ausrüstungsgegenständen unterhält.[48] Danach könnten zB auch in der Lieferkette agierende dritte Dienstleister, die keine nennenswerten Geschäftsräume oder Personal benötigen (zB Trader), bereits als „Umgehung" angesehen werden. Maßgeblich muss daher sein, ob eine „Vertragsbeziehung bewusst so gestaltet wurde, „um die Anforderungen an die Sorgfaltspflichten […] zu umgehen".[49] Dies wird dann nicht anzunehmen sein, wenn „die Vertragsbeziehung/-struktur schon vor der Diskussion des vorliegenden Gesetzes bestand", „keine systematische Vorgehensweise für im Wesentlichen gleich gelagerte Risikokonstellationen"[50] vorliegt oder wenn ein „dazwischengeschalteter Lieferant"[51] eine mit einem erkennbaren Mehrwert verbundene Rolle in der Lieferkette spielt. Im Fall eines anzunehmenden missbräuchlich eingerichteten unmittelbaren Lieferanten ist der maßgebliche mittelbare Lieferant als unmittelba-

---

46 Vgl. BDA, Stellungnahme BDA zum Lieferkettengesetz, 1.3.2022, abrufbar unter https://www.bmas.de › sorgfaltspflichtengesetz-bda.
47 Verband der Chemischen Industrie eV (VCI), Diskussionspapier zu Rechts- und Umsetzungsfragen des Lieferkettensorgfaltspflichtengesetzes (LkSG), 18.3.2022, S. 43.
48 BT-Drs. 19/28649, 45.
49 VCI, Diskussionspapier zu Rechts- und Umsetzungsfragen des Lieferkettensorgfaltspflichtengesetzes (LkSG), 18.3.2022, S. 41.
50 VCI, Diskussionspapier zu Rechts- und Umsetzungsfragen des Lieferkettensorgfaltspflichtengesetzes (LkSG), 18.3.2022, S. 41.
51 VCI, Diskussionspapier zu Rechts- und Umsetzungsfragen des Lieferkettensorgfaltspflichtengesetzes (LkSG), 18.3.2022, S. 41.

rer Zulieferer des Unternehmens zu betrachten. Dies umfasst alle damit verbundenen Sorgfaltspflichten.[52]

21 Eine weitere Ausnahme gilt nach § 9 Abs. 3 im Falle der Kenntniserlangung über eine menschenrechtliche oder umweltbezogene Verletzung bei einem mittelbaren Zulieferer, über ein Beschwerdeverfahren oder eine andere Informationsquelle (→ § 9 Rn. 9 ff.). Es erscheint daher ratsam, solcherart Kenntnis von vornherein im Sinne der VNLP mit in die Risikoanalyse aufzunehmen. Hierfür spricht auch der **Vorschlag der Europäischen Kommission für eine Sorgfaltspflichten-Richtlinie**[53] vom 23.2.2022, der sich auf die gesamte Wertschöpfungskette bezieht, so dass Unternehmen – bei Inkrafttreten der Richtlinie und entsprechender Umsetzung – zukünftig ohnehin ihr Risikomanagement auf die gesamte Liefer- und Wertschöpfungskette ausrichten müssen.

3. Angemessenheit

22 Abs. 1 verlangt die Durchführung einer angemessenen Risikoanalyse, die wiederum die Voraussetzung für ein wirksames und angemessenes Risikomanagement darstellen soll. Die Angemessenheit ist beim ersten Schritt der Risikoanalyse im Zusammenhang mit der definierten Reichweite der Analyse zu betrachten (→ Rn. 13), sie ist gleichzeitig aber auch **Maßstab dafür, in welcher Tiefe die Analyse** zu erfolgen hat. So kann beispielsweise die **Ratifizierung eines der in § 2 genannten Übereinkommen** durch den Staat, in dem die zu analysierende Tätigkeit ausgeführt wird, die Wahrscheinlichkeit von Verletzungen der betroffenen Schutzgüter senken. In einem solchen Fall kann grundsätzlich davon ausgegangen werden, dass der ratifizierende Staat entsprechende Regelungen getroffen hat, um seinen Schutzpflichten aus dem Übereinkommen zu entsprechen.[54] Diese Annahme kann der Analyse zugrunde gelegt werden, so dass ggf. eine besondere Vertiefung der Thematik unterbleiben kann. Etwas anderes gilt jedoch, wenn Umsetzungsdefizite bekannt oder ersichtlich sind.[55]

23 Das Unternehmen muss die **Prüfung eines priorisierten Risikos** vertiefen, wenn es für die Ergreifung von Maßnahmen weitere Informationen benötigt, etwa zu der Schwere und Wahrscheinlichkeit der möglichen Menschenrechtsverletzung, zu den betroffenen Personenkreisen, zu dem Zulieferer, bei dem das Risiko besteht, sowie zu der politischen, rechtlichen und kulturellen Situation am Produktionsort, zB durch die Methode des Human Rights Impact Assessments (→ Rn. 14 f.). Eine Praxis vertiefter Risikoanalyse ist auch die sog. Enhanced Due Diligence[56] im Fall von

---

52 BT-Drs. 19/28649, 45.
53 COM(2022) 71 final.
54 Grabosch LkSG/Grabosch § 5 Rn. 63.
55 Grabosch LkSG/Grabosch § 5 Rn. 63.
56 Vgl. London Platinum & Palladium Market, Responsible Platinum/Palladium Guidance, März 2021, abrufbar unter https://www.lppm.com/files/lppm-responsible-sourcing-guidance-revision-3-180521.pdf, S. 8.

Hochrisikoländern in Mineralrohstofflieferketten, die aus den Empfehlungen des OECD-Leitfadens für die Erfüllung der Sorgfaltspflicht zur Förderung verantwortungsvoller Lieferketten für Minerale aus Konflikt- und Hochrisikogebieten abgeleitet wurde.[57]

II. Angemessene Gewichtung und Priorisierung (Abs. 2)

Die ermittelten menschenrechtlichen und umweltbezogenen Risiken sind nach Abs. 2 in einem zweiten Schritt zu **gewichten, zu bewerten und, wenn notwendig, zu priorisieren**. Dies entspricht dem allgemein anerkannten Vorgehen im Rahmen einer Risikoanalyse. Auf dieser Grundlage kann das Unternehmen entscheiden, welche Risiken es zuerst adressiert, sollte es nicht in der Lage sein, alle Risiken gleichzeitig anzugehen.[58] Das Kriterium der Angemessenheit kann hier ein **gestuftes Vorgehen** bei der Analyse rechtfertigen (sog. risikobasierter Ansatz[59]). So kann es sich anbieten – gerade im Zuge der ersten Risikoanalyse – zunächst eine grobe Sichtung und Bewertung von Themen vorzunehmen, um diese im Anschluss zu priorisieren und nacheinander abzuarbeiten.[60] Hierfür bietet sich unter anderem die Bildung von Risikoclustern an. 24

Maßgebliche Kriterien für die Priorisierung nach dem LkSG sind hier wiederum die in § 3 Abs. 2 genannten **Kategorien der Angemessenheit**, etwa die Einflussmöglichkeit, die ein Unternehmen auf die Minderung des Risikos hat, abhängig zum Beispiel von der geordneten Beschaffungsmenge oder von der Größe des Unternehmens.[61] Ebenso wichtig sind die Schwere und Wahrscheinlichkeit der Verletzung gemäß § 3 Abs. 2 Nr. 3. Die Schwere wird nach Grad, Reichweite und Unumkehrbarkeit der Verletzung bewertet, auch die politischen Rahmenbedingungen sowie die Schutzbedürftigkeit von einzelnen Personengruppen fließen in die Beurteilung der Schwere des Risikos mit ein.[62] Zudem sind die Glaubwürdigkeit, Glaubhaftigkeit und Relevanz der ausgewerteten Informationen zu berücksichtigen.[63] 25

Den Unternehmen wird mit Verweis auf die Angemessenheit somit erneut ein gewisser **Handlungsspielraum** eingeräumt, wenn es um die Tiefe und Reichweite der Analyse oder auch das Angehen von Präventionsmaßnahmen geht.[64] Das Vorgehen muss jedoch – wie alle Schritte der Risikoanalyse – entsprechend begründet und dokumentiert werden, um den Sorgfaltspflichten gerecht zu werden bzw. deren Einhaltung darlegen 26

---

57 OECD-Leitfaden für die Erfüllung der Sorgfaltspflicht zur Förderung verantwortungsvoller Lieferketten für Minerale aus Konflikt- und Hochrisikogebieten, 3. Ausg. 2019.
58 BT-Drs. 19/28649, 45; Hembach Praxisleitfaden S. 147.
59 Vgl. BAFA Handreichung Risikoanalyse S. 4.
60 Vgl. auch Grabosch LkSG/Grabosch § 5 Rn. 64; Fleischer CCZ 2022, 205 (212 f.).
61 Vgl. hierzu auch Auflistung in BAFA Handreichung Risikoanalyse S. 19; zur Frage, ob das Geschäftsvolumen als Kriterium zulässig ist, vgl. Brouwer CCZ 2022, 137 (143).
62 Vgl. BT-Drs. 19/28649, 45; Hembach Praxisleitfaden S. 146.
63 BAFA Handreichung Risikoanalyse S. 15.
64 Grabosch LkSG/Grabosch § 5 Rn. 63; Hembach Praxisleitfaden S. 121.

zu können.[65] Die Heranziehung von Risikokategorien nach Bewertungs- oder Scoring-Listen (etwa Hoch- und Niedrig-Risiko-Länder im Sinne der Schwere und Wahrscheinlichkeit möglicher Verletzungsrisiken) und die entsprechende Priorisierung von Lieferanten, welches gängiger Praxis entspricht, sollten hier bereits als „angemessene" Compliance-Maßnahme gelten.[66] Ein weiteres Kriterium kann die Orientierung am Geschäftsvolumen darstellen, welche nicht nur die Intensität der Verbundenheit des Unternehmens ggf. auch mit einem möglichen menschenrechtlichen Risiko beinhaltet, sondern auch die Einflussmöglichkeit als Angemessenheitskriterium (§ 3 Abs. 2) indiziert.[67]

27 **Beispiel aus dem OECD-Leitfaden:** Stellt zB ein Automobilhersteller während seiner Risikoanalyse fest, dass, basierend auf bekannten Brancheninformationen, seine Batterien ein erheblicheres Risiko als andere Komponenten bergen, würde er zunächst anstreben, weitere Informationen zum tatsächlichen Herkunftsort seiner Batterien zu sammeln. Dabei würde er die risikoreicheren Stufen in der Lieferkette für diese Produkte aufzeichnen sowie Informationen über die wahrscheinlichen Herkunftsländer der Materialien in der Batterie sammeln. Erst danach würde er eine detailliertere Bewertung seiner Batterielieferkette zu spezifischen Unterlieferanten und Herkunftsländern durchführen. Auf dieser Grundlage kann das Unternehmen dann individuelle Geschäftsbeziehungen für eingehende Bewertungen und Maßnahmen priorisieren.[68]

III. Interne Kommunikation der Ergebnisse (Abs. 3)

28 Nach Abs. 3 müssen die Ergebnisse der Risikoanalyse intern an die maßgeblichen Entscheidungsträger kommuniziert werden. Auch diese Vorgabe folgt dem allgemein anerkannten Vorgehen im Rahmen einer Risikoanalyse, wonach die identifizierten Risiken im Anschluss an ihre Bewertung an die verantwortlichen Stellen kommuniziert werden (→ Rn. 28 ff.). Gleichzeitig entspricht die Pflicht zur Kommunikation der Ergebnisse den **VNLP Nr. 19.**[69]

29 Die interne Kommunikation der Ergebnisse der Risikoanalyse ist integraler Bestandteil eines angemessenen Risikomanagements. Denn nur auf diese Weise ist sichergestellt, dass die **erforderlichen Maßnahmen zur Steuerung der Risiken** getroffen werden können. Die Sicherstellung der Weitergabe der Ergebnisse ist damit Teil der Organisationsstruktur, die die Unternehmensleitung zur Erfüllung ihrer Sorgfaltspflichten zu implementieren hat (vgl. hierzu → § 4 Rn. 35, 39). Hierzu müssen insbesondere unternehmensinterne Berichtspflichten etabliert werden.[70]

---

65 Grabosch LkSG/Grabosch § 5 Rn. 66.
66 VCI, Diskussionspapier zu Rechts- und Umsetzungsfragen des Lieferkettensorgfaltspflichtengesetzes (LkSG), 18.3.2022, S. 42.
67 VCI, Diskussionspapier zu Rechts- und Umsetzungsfragen des Lieferkettensorgfaltspflichtengesetzes (LkSG), 18.3.2022, S. 43.
68 OECD-Leitfaden: verantwortungsvolles unternehmerisches Handeln S. 64.
69 Vgl. Hembach Praxisleitfaden S. 155.
70 Schork/Schreier CB 2022, 334 (337).

Das LkSG schreibt keine Form vor, in der die Kommunikation zu erfolgen hat. Jedoch sollten die Ergebnisse der Risikoanalyse schon aus **Gründen der Dokumentation** (→ § 4 Rn. 15, 17) **schriftlich** festgehalten und in dieser Form auch weitergegeben werden.[71] 30

Die Ergebnisse sind an die **maßgeblichen Entscheidungsträger** weiterzugeben. Der Gesetzeswortlaut nennt beispielhaft den Vorstand oder die Einkaufsabteilung. Eine Weitergabe der Ergebnisse der Risikoanalyse an die Ebene der Geschäftsleitung ist erforderlich, damit diese ggf. erforderliche Anpassungen des Risikomanagements vornehmen kann.[72] Abs. 3 ergänzt in dieser Hinsicht die **Informationspflichten der Geschäftsleitung** aus § 4 Abs. 2 S. 2 (→ § 4 Rn. 52 f.). 31

Die Nennung der **Einkaufsabteilung** ist als Beispiel für die auf Arbeitsebene zu informierenden Abteilungen zu sehen. Wer über welche Risiken zu informieren ist, hängt vom Aufbau des einzelnen Unternehmens sowie der dem Risikomanagement zugrunde gelegten Organisationsstruktur ab. Für jeden Risikobereich sollte ein Risikoverantwortlicher (**Risk Owner**) benannt sein. Ist ein im Rahmen der Analyse zutage getretenes Risiko noch nicht entsprechend zugeordnet, müssen die Organisationsstruktur bzw. die Verantwortlichkeiten angepasst werden.[73] 32

§ 5 enthält keine Angaben dazu, wie die maßgeblichen Entscheidungsträger mit den erhaltenen Informationen umzugehen haben. Der im Gesetzesentwurf ursprünglich vorgesehene Zusatz, dass die **Informationen angemessen zu berücksichtigen** seien,[74] wurde auf Empfehlung des Ausschusses für Arbeit und Soziales[75] gestrichen. Zur Begründung wurde ausgeführt, Unternehmen könnten aus rechtlichen und tatsächlichen Gründen nicht immer sicherstellen, dass die Geschäftsleitung die Ergebnisse der Risikoanalyse angemessen berücksichtige.[76] Diese Argumentation steht im Widerspruch zu den Governance-Pflichten der Geschäftsleitung, ein wirksames Risikomanagement im Unternehmen zu verantworten (→ § 4 Rn. 11, 14). Es ist mithin davon auszugehen, dass die Pflicht zur angemessenen Berücksichtigung der Risikoinformationen implizit in den Anforderungen eines wirksamen Risikomanagements für die jeweils delegiert Verantwortlichen und Entscheidungsträger enthalten ist. Auch sind die Ergebnisse der Risikoanalyse schon aufgrund der Regelungen in § 6 und § 7 zu berücksichtigen, die konkrete Handlungspflichten für den Fall, dass ein Risiko festgestellt wird, statuieren. 33

---

71 Vgl. Gehling/Ott/Lüneborg CCZ 2021, 230 (234); Schork/Schreier CB 2022, 334 (338); eine „systematische" Dokumentation der identifizierten Risiken ist auch erforderlich nach BAFA Handreichung Risikoanalyse S. 12 ff.
72 Grabosch LkSG/Grabosch § 5 Rn. 70.
73 Grabosch LkSG/Grabosch § 5 Rn. 71.
74 Vgl. BT-Drs. 19/28649, 11.
75 BT-Drs. 19/30505, 12.
76 BT-Drs. 19/30505, 40.

IV. Jährliche und anlassbezogene Durchführung (Abs. 4)

34 Die Risikoanalyse ist gem. Abs. 4 **einmal im Jahr** (→ Rn. 35) sowie **anlassbezogen** durchzuführen, wenn das Unternehmen mit einer wesentlich veränderten oder wesentlich erweiterten Risikolage in der Lieferkette rechnen muss (→ Rn. 28 ff.). Zudem sind Erkenntnisse aus der Bearbeitung von Hinweisen nach § 8 Abs. 1 zu berücksichtigen (→ Rn. 46).

1. Grundsätzlicher Turnus und Umfang der Risikoanalyse

35 Anlassunabhängig ist mindestens einmal im Jahr eine Risikoanalyse durchzuführen. Somit wird sichergestellt, dass der dynamischen Menschenrechtslage sowie kleineren Änderungen im Geschäftsablauf Rechnung getragen wird. Die Analyse muss dabei nicht jedes Mal vollständig neu durchgeführt werden, sondern es reicht eine **Aktualisierung**.[77] Das heißt, die zugrunde gelegten Annahmen und Informationen müssen überprüft und ggf. angepasst werden. Insbesondere **Erkenntnisse aus der Bearbeitung von Hinweisen**, die im Rahmen des nach § 8 Abs. 1 vorgeschriebenen Beschwerdeverfahrens beim Unternehmen eingegangen sind, sind bei der erneuten Durchführung oder Aktualisierung der Risikoanalyse zu beachten.[78]

36 Die Vorgabe der jährlichen Durchführung bezieht sich auf die in den Abs. 1 bis 3 beschriebene Risikoanalyse, die sich in der Regel auf **Risiken im eigenen Geschäftsbereich** sowie bei **unmittelbaren Zulieferern** beschränkt.[79]

37 § 5 enthält keine Vorgabe, zu welchem Zeitpunkt im Jahr die Risikoanalyse zu aktualisieren ist. Jedoch ist zu beachten, dass die Ergebnisse in den **Bericht über die Erfüllung der Sorgfaltspflichten** aufzunehmen sind, der gem. § 10 Abs. 2 spätestens vier Monate nach Schluss des Geschäftsjahres veröffentlicht werden muss (→ § 10 Rn. 31).[80] Auch sog. „rollierende Systeme", die in der Praxis anzutreffen sind, dürften diese Anforderungen erfüllen,[81] solange sie eine mindestens jährliche Betrachtung einer möglicherweise veränderten zugrunde liegenden Risikolage beinhalten. Dies wird zumeist schon dadurch gegeben sein, dass Markt- und Presseinformationen über das Jahr anlassbezogen zu einer Anpassung führen.

2. Anlassbezogene Durchführung

38 Unabhängig von der jährlichen Durchführung ist eine Risikoanalyse erforderlich, wenn das Unternehmen mit einer wesentlich veränderten oder

---

77 BT-Drs. 19/28649, 45; Gehling/Ott/Lüneborg CCZ 2021, 230 (234).
78 BT-Drs. 19/28649, 45.
79 Grabosch LkSG/Grabosch § 5 Rn. 52.
80 Siehe hierzu auch Hembach Praxisleitfaden S. 154.
81 VCI, Diskussionspapier zu Rechts- und Umsetzungsfragen des Lieferkettensorgfaltspflichtengesetzes (LkSG), 18.3.2022, S. 44.

wesentlich erweiterten Risikolage in der Lieferkette rechnen muss.[82] Der **uneingeschränkte Verweis auf die Lieferkette** erweitert den Anwendungsbereich der Risikoanalyse (→ Rn. 40, 43). Gleichzeitig erfolgt eine Einschränkung, indem nur wesentliche Veränderungen die Pflicht zur erneuten Durchführung auslösen (→ Rn. 41). Wann eine solche wesentliche Veränderung oder Erweiterung vorliegen kann, zeigt der Gesetzestext beispielhaft („etwa") anhand einzelner nicht abschließender Regelbeispiele (→ Rn. 41, 44). Auch hier kann zusätzlich auf die Vorgaben der VNLP zurückgegriffen werden (→ Rn. 41, 45).

Abs. 4 unterscheidet sich im Wortlaut von den Parallelregelungen in § 6 Abs. 5 sowie § 7 Abs. 4 dahin gehend, dass nicht auf die Risikolage im eigenen Geschäftsbereich oder beim unmittelbaren Zulieferer, sondern pauschal auf die Risikolage in der Lieferkette verwiesen wird. Die anlassbezogene Risikoanalyse kann somit durch Veränderungen **entlang der gesamten Lieferkette** ausgelöst werden.[83] 39

Demnach muss ein Unternehmen bei wesentlichen Entscheidungen stets im Blick behalten, welche Auswirkungen entlang der Lieferkette diese mit sich bringen (hierzu näher → Rn. 43–45). Auch wenn der Gesetzeswortlaut nicht explizit festlegt, dass in einem solchen Fall auch eine vollständige Risikoanalyse für die gesamte Lieferkette durchzuführen ist, muss sich der **Umfang der Analyse** nach Sinn und Zweck der Vorschrift danach richten, an welcher Stelle der Lieferkette der Anlass für die erneute Analyse festgestellt wurde.[84] Es sind somit alle Risiken zu analysieren, mit denen aufgrund der veränderten Umstände zu rechnen ist – auch solche bei mittelbaren Zulieferern.[85] Dies könnte auch für eine Veränderung der Risikolage mit Blick auf die Kunden (Downstream-Seite) gelten, da diese nach § 2 Abs. 5 S. 2 als Teil der Lieferkette betrachtet werden können (→ § 2 Rn. 151, 154).[86] Teilweise wird eine Einbeziehung der Downstream-Lieferkette mit dem Argument abgelehnt, die Lieferkette umfasse nur das Handeln des Unternehmens im eigenen Geschäftsbereich sowie das Handeln von unmittelbaren und mittelbaren Zulieferern.[87] In der Praxis wird sich aus einer Einbeziehung jedoch keine erhebliche Veränderung ergeben: Ein wirksames Risikomanagement verlangt bereits eine Gesamtbetrachtung der Risiken mit Blick auf marktbekannte Risiken (abstrakte Risikobetrachtung[88]). Diese Gesamtbetrachtung fließt in das Risikomapping und die Priorisierung der Risiken mit 40

---

82 Zur Frage, wie mit neuen Erkenntnissen bei unveränderter Risikolage umzugehen ist, vgl. Korch NJW 2022, 2065 (2069 f.).
83 Hembach Praxisleitfaden S. 155; Grabosch/Schönfelder AuR 2021, 488 (496); Grabosch LkSG/Grabosch § 5 Rn. 58.
84 Hembach Praxisleitfaden S. 155; Grabosch/Schönfelder AuR 2021, 488 (496); Grabosch LkSG/Grabosch § 5 Rn. 58.
85 Vgl. FAQ LkSG VIII. 6.; BAFA Handreichung Risikoanalyse S. 6.
86 Zur Frage, inwieweit der Endkunde vom subjektiven Anwendungsbereich der Lieferkette nach § 2 Abs. 5 erfasst ist, vgl. Schall NZG 2022, 787 (789); Goßler/Palder BB 2022, 906 (906 f.).
87 Goßler/Palder BB 2022, 906 (906 f.).
88 Vgl. hierzu auch BAFA Handreichung Risikoanalyse S. 12 ff.

ein. Eine vertiefte Risikoanalyse bzgl. konkret vorliegender Risiken ist zwar nur für unmittelbare Lieferanten durchzuführen. Wird ein Risiko bei einem konkreten mittelbaren Lieferanten festgestellt, ist nach § 9 Abs. 3 jedoch ebenfalls eine Risikoanalyse mit Blick jedenfalls auf diesen Lieferanten durchzuführen (weitergehend hierzu → § 9 Rn. 11 f., 15 ff.).

41 Eine **wesentlich veränderte oder erweiterte Risikolage** in der Lieferkette kann nach dem Wortlaut beispielsweise durch die Einführung neuer Produkte, Projekte oder eines neuen Geschäftsfeldes eintreten.[89] Die Gesetzesbegründung zu Abs. 4 ergänzt und/oder konkretisiert diese Regelbeispiele weitergehend. Demnach kann eine Risikoanalyse auch vor Aufnahme einer neuen Tätigkeit oder Beziehung, vor strategischen Entscheidungen oder Veränderungen in der Geschäftstätigkeit oder durch einen bevorstehenden Markteintritt, eine Produkteinführung, eine Veränderung der Geschäftsgrundsätze oder noch umfassendere geschäftliche Veränderungen erforderlich werden.[90] Diese Vorgaben stimmen im Wesentlichen mit denen des Interpretationsleitfadens **des VN-Sonderbeauftragten** zu den VNLP überein, die hier auch als weitere Interpretationshilfe herangezogen werden können.[91] Eine Veränderung wird immer dann als wesentlich betrachtet werden können, wenn dies mit einer veränderten menschenrechtlichen Risikolage verbunden ist, die im Sinne eines wirksamen Risikomanagements (→ § 4 Rn. 33) eine Neubewertung erfordert. Guter Praxis entspricht es, gemäß dem allgemeinen unternehmerischen Risikomanagement im Vorfeld von Veränderungen, wie zB einer Akquisition oder einer Geschäftsbeziehung mit neuen Lieferanten, eine Prüfung der Risikolage und von eventuell notwendigen Maßnahmen durchzuführen, um diese als Risikofaktoren und damit verbundene durchzuführende Maßnahmen in die Planung von vornherein mit einzubeziehen.

42 Maßgeblich für den Anstoß der Risikoanalyse sollte daher sein, ob mit einer **wesentlichen Veränderung oder Erweiterung** zu rechnen ist, diese also typischerweise angenommen werden kann. Inwieweit und in welcher Tiefe eine Veränderung eine grundsätzlich neue oder erweiterte Risikoanalyse erfordert, wird auch wiederum anhand der Angemessenheitskriterien gem. § 3 Abs. 2 zu bewerten sein.[92]

43 Wichtig ist daher, dass ein **entsprechender Prüfschritt in alle Unternehmensprozesse**, die zu einer Veränderung der Risikolage beitragen könnten, integriert wird. So sollten die für die Einführung neuer Produkte verantwortlichen Funktionen wissen, dass unter anderen die Vorgaben des LkSG einzuhalten und welche Maßnahmen hiermit verbunden sind.[93] Betrifft dies Geschäftsbereiche oder Mitarbeiter, die nach dem Risikoprofil noch nicht von dem Anwendungsbereich des LkSG betroffen

---

89 Siehe auch Wagner/Ruttloff NJW 2021, 2145 Rn. 26.
90 BT-Drs. 19/28649, 45.
91 Hembach Praxisleitfaden S. 154; OHCHR, The Corporate Responsibility to Respect Human Rights. An Interpretive Guide, 2012, S. 37.
92 Grabosch LkSG/Grabosch § 5 Rn. 60.
93 Grabosch LkSG/Grabosch § 5 Rn. 59.

waren, empfiehlt sich die Einbeziehung des Menschenrechtsbeauftragten und das Anstoßen entsprechender Schulungen.[94]

Die in Abs. 4 genannten Anlässe sind alle im Unternehmen selbst zu verorten. Die Gesetzesbegründung verweist darüber hinaus auch auf **Veränderungen im Geschäftsumfeld**.[95] Damit folgt sie den Empfehlungen des Interpretationsleitfadens des VN-Sonderbeauftragten zu den VNLP.[96] Dies entspricht auch dem vom Gesetzgeber gewählten Anknüpfungspunkt, wonach auf einen Anlass abzustellen ist, bei dem „das Unternehmen mit einer wesentlich veränderten oder wesentlich erweiterten Risikolage in der Lieferkette rechnen muss".[97] Hierzu gehören alle Anlässe, die nach den Grundsätzen eines wirksamen Risikomanagements eine Neubewertung erfordern, deren Umfang und Tragweite sich wiederum nach § 3 Abs. 2 richtet. Insofern kann eine anlassbezogene Risikoanalyse auch aufgrund von Berichten von **Nichtregierungsorganisationen** und **Gewerkschaften** oder aufgrund von Hinweisen der zuständigen **Behörde** erforderlich werden.[98] 44

Die anlassbezogene Risikoanalyse auf lediglich **interne Anlässe** zu beschränken, widerspricht den Grundsätzen eines wirksamen Risikomanagements, da wesentliche Faktoren, wie zB äußere politische Veränderungen, die erhebliche Auswirkungen auf die Situation bei einem unmittelbaren Lieferanten oder auch die Lieferkette haben können, außer Betracht bleiben. Insoweit dürfte auch hier auf die VNLP als Auslegungshintergrund und den Sinn und Zweck des Gesetzes verwiesen werden. Allerdings ergibt sich mit Blick auf diese weite Auslegung die Frage nach dem „Kennenmüssen" wesentlicher Veränderungen, wenn es sich bei der anlassbezogenen Risikoanalyse um eine Sorgfaltspflicht nach dem LkSG handelt. Hier werden mit Blick auf den Bestimmtheitsgrundsatz zumindest ähnlich einschränkende Kriterien gelten müssen wie bei dem Kriterium der „substantiierten Kenntnis" (→ § 9 Rn. 11). 45

Desgleichen können sich auch aus dem **Beschwerdemechanismus** nach § 8 Abs. 1 Hinweise auf wesentliche Veränderungen ergeben.[99] Zwar muss ein solches Verfahren nach § 8 Abs. 1 nur mit Blick auf Beschwerden über Tätigkeiten im eigenen Geschäftsbereich oder im Tätigkeitsbereich von unmittelbaren Zulieferern eingerichtet werden. Es kann jedoch nicht ausgeschlossen werden, dass sich hierbei auch Hinweise auf wesentliche Veränderungen oder Erweiterungen der Risikolage entlang der gesamten Lieferkette ergeben. Solche Hinweise können vom betroffenen Unternehmen nicht ignoriert werden, eine Verpflichtung zum Handeln ergibt sich auch hier in den meisten Konstellationen bereits aus § 9 46

---

94 Hembach Praxisleitfaden S. 155.
95 BT-Drs. 19/28649, 45, vgl. ebenso BAFA Handreichung Risikoanalyse S. 8.
96 Hembach Praxisleitfaden S. 154; OHCHR, The Corporate Responsibility to Respect Human Rights. An Interpretive Guide, 2012, S. 37.
97 Vgl. zu abweichender Ansicht Grabosch LkSG/Grabosch § 5 Rn. 61. Hier wird auf eine zumindest nach innen wirkende Änderung externer Anlässe verwiesen.
98 Grabosch/Schönfelder AuR 2021, 488 (497).
99 Grabosch LkSG/Grabosch § 5 Rn. 62.

Abs. 3. Es kann daher dahinstehen, ob der Verweis in Satz 2 sich nur auf die Durchführung der regelmäßigen[100] oder auch der anlassbezogenen Risikoanalyse[101] bezieht.

§ 6 Präventionsmaßnahmen

(1) Stellt ein Unternehmen im Rahmen einer Risikoanalyse nach § 5 ein Risiko fest, hat es unverzüglich angemessene Präventionsmaßnahmen nach den Absätzen 2 bis 4 zu ergreifen.

(2) ¹Das Unternehmen muss eine Grundsatzerklärung über seine Menschenrechtsstrategie abgeben. ²Die Unternehmensleitung hat die Grundsatzerklärung abzugeben. ³Die Grundsatzerklärung muss mindestens die folgenden Elemente einer Menschenrechtsstrategie des Unternehmens enthalten:
1. die Beschreibung des Verfahrens, mit dem das Unternehmen seinen Pflichten nach § 4 Absatz 1, § 5 Absatz 1, § 6 Absatz 3 bis 5, sowie den §§ 7 bis 10 nachkommt,
2. die für das Unternehmen auf Grundlage der Risikoanalyse festgestellten prioritären menschenrechtlichen und umweltbezogenen Risiken und
3. die auf Grundlage der Risikoanalyse erfolgte Festlegung der menschenrechtsbezogenen und umweltbezogenen Erwartungen, die das Unternehmen an seine Beschäftigten und Zulieferer in der Lieferkette richtet.

(3) Das Unternehmen muss angemessene Präventionsmaßnahmen im eigenen Geschäftsbereich verankern, insbesondere:
1. die Umsetzung der in der Grundsatzerklärung dargelegten Menschenrechtsstrategie in den relevanten Geschäftsabläufen,
2. die Entwicklung und Implementierung geeigneter Beschaffungsstrategien und Einkaufspraktiken, durch die festgestellte Risiken verhindert oder minimiert werden,
3. die Durchführung von Schulungen in den relevanten Geschäftsbereichen,
4. die Durchführung risikobasierter Kontrollmaßnahmen, mit denen die Einhaltung der in der Grundsatzerklärung enthaltenen Menschenrechtsstrategie im eigenen Geschäftsbereich überprüft wird.

(4) Das Unternehmen muss angemessene Präventionsmaßnahmen gegenüber einem unmittelbaren Zulieferer verankern, insbesondere:
1. die Berücksichtigung der menschenrechtsbezogenen und umweltbezogenen Erwartungen bei der Auswahl eines unmittelbaren Zulieferers,
2. die vertragliche Zusicherung eines unmittelbaren Zulieferers, dass dieser die von der Geschäftsleitung des Unternehmens verlangten

---

100 So erscheint es in der Gesetzesbegründung, vgl. BT-Drs. 19/28649, 45.
101 Hembach Praxisleitfaden S. 154 f.

menschenrechtsbezogenen und umweltbezogenen Erwartungen einhält und entlang der Lieferkette angemessen adressiert,
3. die Durchführung von Schulungen und Weiterbildungen zur Durchsetzung der vertraglichen Zusicherungen des unmittelbaren Zulieferers nach Nummer 2,
4. die Vereinbarung angemessener vertraglicher Kontrollmechanismen sowie deren risikobasierte Durchführung, um die Einhaltung der Menschenrechtsstrategie bei dem unmittelbaren Zulieferer zu überprüfen.

(5) ¹Die Wirksamkeit der Präventionsmaßnahmen ist einmal im Jahr sowie anlassbezogen zu überprüfen, wenn das Unternehmen mit einer wesentlich veränderten oder wesentlich erweiterten Risikolage im eigenen Geschäftsbereich oder beim unmittelbaren Zulieferer rechnen muss, etwa durch die Einführung neuer Produkte, Projekte oder eines neuen Geschäftsfeldes. ²Erkenntnisse aus der Bearbeitung von Hinweisen nach § 8 Absatz 1 sind zu berücksichtigen. ³Die Maßnahmen sind bei Bedarf unverzüglich zu aktualisieren.

I. Überblick 1	b) Implementierung der Strategien im Unternehmen 32
II. Pflicht zum Ergreifen von Präventionsmaßnahmen (Abs. 1) 2	3. Durchführung von Schulungen (Nr. 3) 40
III. Grundsatzerklärung über die Menschenrechtsstrategie (Abs. 2)...................... 11	4. Risikobasierte Kontrollmaßnahmen (Nr. 4) 42
1. Pflicht zur Abgabe der Grundsatzerklärung 12	V. Präventionsmaßnahmen gegenüber unmittelbaren Zulieferern (Abs. 4) 44
2. Zuständigkeit 16	1. Berücksichtigung der Erwartungen bei der Auswahl der Zulieferer (Nr. 1) 47
3. Mindestelemente einer Menschenrechtsstrategie 17	
a) Beschreibung des Verfahrens (Nr. 1) 18	
b) Festgestellte prioritäre Risiken (Nr. 2) 19	2. Vertragliche Zusicherung des unmittelbaren Zulieferers (Nr. 2) 48
c) Erwartungen an Beschäftigte und Zulieferer (Nr. 3) 21	a) Einhaltung der Erwartungen durch den unmittelbaren Zulieferer 52
d) Grad der Konkretisierung 22	b) Adressieren entlang der Lieferkette 58
IV. Präventionsmaßnahmen im eigenen Geschäftsbereich (Abs. 3)...................... 23	3. Durchführung von Schulungen (Nr. 3) 61
1. Umsetzung der Menschenrechtsstrategie in den relevanten Geschäftsabläufen (Nr. 1) 24	4. Risikobasierte Kontrollmechanismen (Nr. 4) 63
	VI. Überprüfung der Wirksamkeit (Abs. 5) 68
2. Entwicklung und Implementierung von Beschaffungsstrategien und Einkaufspraktiken 28	VII. Zukünftige Rechtsentwicklung 70
a) Beschaffungsstrategien und Einkaufspraktiken 28	

I. Überblick

1 Aufbauend auf der nach § 5 durchzuführenden Risikoanalyse hat ein Unternehmen unter den Voraussetzungen des § 6 Präventionsmaßnahmen zu ergreifen, um seinen Sorgfaltspflichten nachzukommen.[1] Grundlage der Maßnahmen ist die Abgabe einer Grundsatzerklärung zur Menschenrechtsstrategie des Unternehmens (→ Rn. 12 ff.). Des Weiteren unterscheiden sich die Maßnahmen danach, ob sie im eigenen Geschäftsbereich (→ Rn. 23 ff.) oder gegenüber einem (unmittelbaren) Zulieferer (→ Rn. 44 ff.) zu verankern sind. Zudem muss die Wirksamkeit der Maßnahmen jährlich sowie anlassbezogen überprüft werden (→ Rn. 68 f.).

II. Pflicht zum Ergreifen von Präventionsmaßnahmen (Abs. 1)

2 Nach § 6 sind Präventionsmaßnahmen zu ergreifen, wenn ein **Risiko im eigenen Geschäftsbereich oder beim unmittelbaren Zulieferer** festgestellt wurde. Über § 9 Abs. 3 Nr. 2 können Präventionsmaßnahmen zudem auch gegenüber mittelbaren Zulieferern erforderlich werden, wenn das Unternehmen substantiierte Kenntnis von Risiken erlangt hat (→ § 9 Rn. 9 ff.). Wird im Rahmen einer Risikoanalyse nach § 5 ein Risiko festgestellt, ist das Unternehmen dazu verpflichtet, **unverzüglich angemessene Präventionsmaßnahmen** zu ergreifen. Abs. 1 formuliert damit eine Grundpflicht, die in den folgenden Absätzen näher ausgestaltet wird. Diese Pflicht stellt zusammen mit § 7 den nächsten Schritt im Risikomanagementsystem dar: Nachdem in der Risikoanalyse Handlungsbedarf identifiziert wird, müssen nun **Maßnahmen zur Steuerung der Risiken** festgelegt werden.

3 Die in § 6 geregelten Präventionsmaßnahmen zielen darauf ab, die **Verwirklichung des festgestellten Risikos zu verhindern**. Es geht darum, der Verletzung einer menschenrechtsbezogenen oder einer umweltbezogenen Pflicht vorzubeugen.[2] In Abgrenzung dazu finden die in § 7 aufgeführten Abhilfemaßnahmen erst Anwendung, wenn eine Verletzung bereits eingetreten ist oder unmittelbar bevorsteht (→ § 7 Rn. 7). Ähnlich wie die VNLP (Nr. 19) und der OECD-Leitfaden für verantwortliche Unternehmensführung[3] unterscheidet das LkSG damit zwischen Maßnahmen zur Vorbeugung und Minimierung bestehender Risiken sowie Maßnahmen in Bezug auf eingetretene Verletzungen (Beenden oder Minimierung von bestehender Verletzung, Wiedergutmachung). § 7 Abs. 1 durchbricht diese Trennung, indem er „unmittelbar bevorstehende Verletzungen" mit eingetretenen Verletzungen gleichsetzt. Hieraus können sich im Verhältnis zu Präventionsmaßnahmen nach § 6 Abgrenzungsschwierigkeiten und Wertungsfragen vor allem im Verhältnis zum Umgang mit sehr hohen Risiken für schwerwiegende Verletzungen ergeben. Dies ist insbesondere mit Blick auf § 7 Abs. 3 relevant, wonach ausdrücklich nur bei bestehenden, sehr schwerwiegenden Verletzungen ein Abbruch der Ge-

---

[1] Hembach Praxisleitfaden S. 156; Schork/Schreier CB 2022, 334 (338).
[2] Vgl. BT-Drs. 19/28649, 45.
[3] OECD-Leitfaden: verantwortungsvolles unternehmerisches Handeln S. 29 ff.

schäftsbeziehung geboten sein soll. Hier unterscheidet sich das LkSG von der Herangehensweise der VNLP (→ Rn. 14, → § 7 Rn. 51 f., 57). Generell sind in beiden Bereichen (Prävention und Abhilfe) ähnliche Maßnahmen wie zB Audits, Schulungen, vertragliche Bestimmungen oder der Zusammenschluss in Brancheninitiativen relevant (→ Rn. 40, 42, 48, 61, 63, → § 7 Rn. 37 f., 40). Diese können je nach Anwendung und Zielsetzung zugleich der Prävention und Abhilfe dienen.

Welche Maßnahmen konkret zu ergreifen sind, legt das Gesetz nicht fest und kann es auch nicht festlegen. Es ist weitgehend von der Art und dem Umfang der identifizierten Risiken abhängig, welche Maßnahmen im Einzelfall verfügbar, geeignet und angemessen sind, um diesen wirksam zu begegnen. Die Abs. 3 und 4 sind daher als Regelbeispiele und nicht als konkrete Beispiele für Maßnahmen zu verstehen, die im Einzelfall ergriffen werden müssen.[4] Verpflichtende Grundlage für konkrete Präventionsmaßnahmen ist stets die Erklärung über die Menschenrechtsstrategie des Unternehmens (→ Rn. 12), die Auskunft darüber gibt, wie identifizierte Risiken konkret im Unternehmen adressiert und priorisiert werden (zB Klassifizierung von Risikoländern, Nutzung bestimmter Auditprogramme).[5] Darüber hinaus wird die Pflicht zum Ergreifen von Präventionsmaßnahmen im einzelnen Risikofall im Wesentlichen den **Maßstäben der Angemessenheit** unterliegen. Im Rahmen der Abwägung werden hier, da lediglich ein Risiko und noch keine Pflichtverletzung gegeben ist, insbesondere gemäß § 3 Abs. 2 Nr. 3 die Schwere, Umkehrbarkeit und Wahrscheinlichkeit der Verletzung einer menschenrechtsbezogenen oder einer umweltbezogenen Pflicht eine Rolle spielen (→ § 3 Rn. 20 ff.). Auch wird man hier auf die im Rahmen der Risikoanalyse vorzunehmende Priorisierung zurückgreifen können (→ § 5 Rn. 24 f.). Grundsätzlich sind gemäß § 4 Abs. 4 und im Einklang mit den VNLP und dem OECD-Leitfaden zur unternehmerischen Sorgfalt bei der Auswahl und Festlegung des Umfangs der einzelnen Maßnahmen potenzielle Stakeholder und Rechteinhaber zu Rate zu ziehen (→ § 4 Rn. 54 ff.).[6]

Generell wird für die Entscheidung, welche Maßnahmen als angemessen zu bewerten sind, dem Unternehmen ein **weiter Beurteilungsspielraum** zukommen, da dieses mit den Fällen konfrontiert ist und sich hiermit auseinandergesetzt hat. Es dürften daher nur offensichtlich nicht geeignete, unwirksame oder unangemessene Maßnahmen einen Verstoß gegen die Pflichten des § 6 darstellen.

Präventionsmaßnahmen muss das Unternehmen **unverzüglich nach Feststellung des Risikos** etablieren. **Unverzüglich** ist das Handeln, wenn es im Sinne der Legaldefinition von § 121 BGB „ohne schuldhaftes Zögern" erfolgt, nachdem das Unternehmen von möglichen Verletzungen Kenntnis erlangt hat. Eine feste Zeitvorgabe dürfte wegen der unter-

---
[4] BT-Drs. 19/28649, 47.
[5] BT-Drs. 19/28649, 45.
[6] OECD-Leitfaden: verantwortungsvolles unternehmerisches Handeln S. 31 ff.; Vgl. auch Grabosch LkSG/Grabosch § 5 Rn. 77.

schiedlich komplexen Sachverhalte und dem möglichen Auslandsbezug unangebracht sein. Ähnlich wie bei der **Sorgfalt eines ordentlichen Geschäftsmannes nach § 43 Abs. 1 GmbHG** muss sich der konkrete Zeitraum nach den Umständen des Einzelfalls richten.[7] Nach Maßgabe der Angemessenheitskriterien nach § 3 Abs. 2 (→ § 3 Rn. 14 ff.) muss dabei je schneller gehandelt werden, desto schwerer und wahrscheinlicher die mögliche Verletzung sowie ein Beitrag des Unternehmens erscheint. Als Anhaltspunkt bieten sich Fristen an, die im deutschen Recht mit dem Begriff „unverzüglich" verknüpft sind, wie zB die Zweiwochenfrist nach § 626 BGB. Dies dürfte jedoch nur insofern gelten, als Maßnahmen „unverzüglich" in die Wege geleitet werden, dh zB eine Risikoklassifizierung erfolgt und angemessene Zeiträume für die Erarbeitung von Präventionsmaßnahmen bestimmt werden. Darüber hinaus ist die Annahme einer Zweiwochenfrist für das Ergreifen von Maßnahmen oder auch die Erarbeitung von Präventionsmaßnahmen ungeeignet.[8] Zu sehr hängt vom Einzelfall und der Komplexität der Konstellationen ab, welche Zeitspannen realistischerweise notwendig sind, um Maßnahmen vollumfänglich zu erarbeiten und umzusetzen. Dies gilt umso mehr, als im vorliegenden Kontext nicht nur komplexe Sachverhalte zu adressieren sind, sondern auch die Einbeziehung von und Auseinandersetzung mit Betroffenen und relevanten Stakeholdergruppen zu erfolgen hat, ggf. mehrfach Reisen und Verhandlungen notwendig sind, bis zB ein Aktionsplan vollumfänglich aufgestellt und abgestimmt ist. So wird zB auch langwieriges konzern- oder gar branchenweites Vorgehen langfristig effektiver sein, wobei aber ggf. einzelne zumutbare Sofortmaßnahmen zusätzlich kurzfristig zu ergreifen sind. Sinnvollerweise kann eine feste Frist (zB Zweiwochenfrist) daher nur als zeitliche Orientierung für die **Einleitung der ersten Schritte herzangezogen werden.**

7 Eine **nicht akzeptable Verzögerung** wird daher in zeitlicher Hinsicht nur anzunehmen sein, wenn ein Unternehmen über eine offensichtlich unangemessene Zeitspanne hinweg untätig geblieben ist oder Maßnahmen in zeitlicher Hinsicht offensichtlich unangemessen sind. Auch hier wird § 3 Abs. 2 wiederum für die Beurteilung eine Rolle spielen. Im Einzelfall ist eine Verzögerung jedenfalls akzeptabel bei **sachlichen Gründen**, die zB der Wirksamkeit des Risikomanagements dienen.[9] So ist etwa eine besonnene Planung hektischen Reaktionen vorzuziehen: Gibt es zB in einer Region Hinweise auf leichte Pflichtverletzungen, müssen deswegen nicht gleich routinemäßige Besuche bei Lieferanten in anderen Regionen abgesagt werden. Auch nicht vorhersehbare Ausnahmesituationen im Unternehmen oder externe Faktoren (wie zB hoher Krankheitsstand aufgrund einer Pandemie) dürften zu den sachlich akzeptablen Gründen gehören. Das gilt nicht für übliche Personalausfälle oder interne Organisations-

---

7 Vgl. Grabosch LkSG/Grabosch § 2 Rn. 75; MüKoGmbHG/Hillmann GmbHG § 51a Rn. 48.
8 Vgl. Grabosch LkSG/Grabosch § 6 Rn. 75.
9 Grabosch LkSG/Grabosch § 5 Rn. 77.

schwierigkeiten: Hier muss die Geschäftsleitung die erwartbare Vorsorge treffen.[10]

Auch die **Grundsatzerklärung** ist nach der Systematik des § 6 prinzipiell eine Präventionsmaßnahme und wäre damit nach Abs. 1 ebenfalls unverzüglich zu ergreifen. Da die Grundsatzerklärung von den menschenrechtlichen und umweltbezogenen Erwartungen über das Verfahren und die prioritären Risiken das grundsätzliche Risikomanagementsystem für das Unternehmen umfasst, scheint es „systemisch nicht zu passen", dass diese erst „bei festgestelltem Risiko unverzüglich abzugeben" ist.[11] Es geht hier um die grundsätzliche Analyse zu der Gesamtlage möglicher Risiken und Verletzungen im Unternehmen und darum, wie diese priorisiert und adressiert werden – und weniger um konkrete Risiken bei einem unmittelbaren Zulieferer, die ggf. dringend Maßnahmen erfordern und daher unverzüglich zu adressieren sind. In der Grundsatzerklärung wird vor allem der strategische und risikobasierte Ansatz vermittelt, den das Unternehmen angesichts seiner grundsätzlichen Risikolage wählt. Die Grundsatzerklärung sollte daher **getrennt vom Management konkret ermittelter Risiken** bei Zulieferern in der Lieferkette verstanden werden. Dies gilt prinzipiell auch für die Anforderungen nach Abs. 3 und 4, die eher notwendige Managementschritte für ein effektives (präventives) Risikomanagement vorgeben als Regelbeispiele für Maßnahmen im Einzelfall. Sind zB geeignete Beschaffungsstrategien und Einkaufsrichtlinien nach Abs. 3 Nr. 2 entwickelt, können auf dieser Grundlage konkrete Risiken bei einem bestimmten Lieferanten – wie zB Lieferzeiten – identifiziert und adressiert werden. Dasselbe gilt für nach Abs. 4 Nr. 4 eingerichtete und mit dem Lieferanten vertraglich vereinbarte Kontrollmechanismen. Finden auf dieser Basis in einem über die Risikoanalyse als erhöhtes Risiko eingestuften Kontext (zB Länderrisiko) Nachhaltigkeitsaudits statt, um tatsächlich bestehende Risiken und Lücken beim unmittelbaren Lieferanten zu prüfen und werden hierbei ggf. konkrete Risiken oder Verletzungen identifiziert, wie zB die mangelnde Sicherung von toxischen Abfallhalden, können diese über die allgemeine Präventionsmaßnahme der vertraglichen Zusicherung des Lieferanten adressiert werden, indem zB eine konkrete Präventionsmaßnahmen zur Sicherung der Abfallhalden mit dem Lieferanten verabredet und deren Einhaltung überprüft wird. Insofern ist von der Einrichtung eines allgemeinen Risikoansatzes über Präventionsmaßnahmen nach § 6 Abs. 2–4 auszugehen, über den dann nicht zuletzt darüber konkret identifizierte Risiken im eigenen Geschäftsbereich oder bei Lieferanten adressiert werden können.

Das Kriterium der Unverzüglichkeit wie auch insgesamt die Anforderung, eine Grundsatzerklärung zu erstellen, sollten entsprechend ausge-

---

10 Grabosch LkSG/Grabosch § 5 Rn. 76; zur handelsrechtlichen Obliegenheit der unverzüglichen Mängelrüge: Oetker/Koch HGB § 377 Rn. 66.
11 Vgl. Verband der Chemischen Industrie eV (VCI), Diskussionspapier zu Rechts- und Umsetzungsfragen des Lieferkettensorgfaltspflichtengesetzes (LkSG), 18.3.2022, S. 46.

legt werden. Für die Bewertung des Kriteriums der Unverzüglichkeit werden auch hier die Kriterien der **Angemessenheit nach § 3 Abs. 2** eine Rolle spielen sowie die Maßgabe, dass zu adressierende Risiken in diesem Sinne zu priorisieren sind (→ § 5 Rn. 24 ff.). Es dürfte auch hier von einer **weiten Einschätzungsprärogative des Unternehmens** auszugehen sein, so dass lediglich die offensichtlich unangemessene Verzögerung des Erstellens einer Grundsatzerklärung oder das Nichtergreifen einer Maßnahme nach Abs. 1, 3–4 ohne sachlichen Grund als nicht akzeptable Verzögerung gewertet werden kann.

10 Ein vorsätzlich oder fahrlässig vorgenommener Verstoß gegen die Pflicht nach Abs. 1 stellt gemäß § 24 Abs. 1 Nr. 3 eine **Ordnungswidrigkeit** dar und kann mit einer Geldbuße bis zu 800.000 EUR geahndet werden. Für einen Verstoß ist es ausreichend, wenn eine einzelne Maßnahme nach §§ 2 bis 4 nicht oder nicht rechtzeitig, dh nicht **unverzüglich** (→ Rn. 6), vorgenommen worden ist.

III. Grundsatzerklärung über die Menschenrechtsstrategie (Abs. 2)

11 Die erste Präventionsmaßnahme, die nach Abs. 1 zu ergreifen ist, ist die Abgabe einer Grundsatzerklärung über die Menschenrechtsstrategie des Unternehmens. Sie soll die **Selbstverpflichtung** und das Engagement des Unternehmens zur Achtung der Menschenrechte und der umweltbezogenen Pflichten zum Ausdruck bringen.[12] Die Abgabe hat durch die Unternehmensleitung zu erfolgen (→ Rn. 16). In der Erklärung muss das Unternehmen das Verfahren zur Erfüllung seiner Sorgfaltspflichten erläutern (→ Rn. 18), die dabei prioritär zu beachtenden Risiken nennen (S. 3 Nr. 2, → Rn. 19 f.) und die an die Mitarbeiter und Zulieferer gerichteten menschenrechtsbezogenen und umweltbezogenen Erwartungen (→ Rn. 21) aufzeigen.

1. Pflicht zur Abgabe der Grundsatzerklärung

12 Die Voraussetzung für die Verpflichtung zur Abgabe einer Grundsatzerklärung ergibt sich aus Abs. 1, nämlich die **Feststellung eines Risikos** im Rahmen der Risikoanalyse. Sobald mindestens ein einzelnes Risiko festgestellt wurde, ist eine Erklärung nach Abs. 1 abzugeben.[13]

13 Abs. 2 konkretisiert den Begriff der angemessenen Präventionsmaßnahme und macht Vorgaben für Inhalt und Durchführung. Dabei kann es fraglich erscheinen, ob die Grundsatzerklärung an sich bereits eine **selbstständige Präventionsmaßnahme** darstellt,[14] obwohl sie hauptsächlich die Beschreibung des Vorgehens und der zu ergreifenden Maßnah-

---

12 BT-Drs. 19/28649, 46.
13 Grabosch LkSG/Grabosch § 5 Rn. 78; Spindler ZHR 186 (2022), 67 (84).
14 Zur Einordnung als Präventionsmaßnahme wohl BT-Drs. 19/3050, 40; Grabosch LkSG/Grabosch § 5 Rn. 78; aA Hembach Praxisleitfaden S. 156.

men enthält.[15] Die Einordnung dürfte jedoch keine praktische Relevanz haben; eine Erklärung ist unabhängig davon verpflichtend abzugeben.

Im Rahmen der Grundsatzerklärung soll das Unternehmen seine Menschenrechtsstrategie darlegen, die es zuvor aufbauend auf der Risikoanalyse entwickelt hat. Sie stellt somit ein Kernelement des Risikomanagements dar.[16] Als Vorbild dürfte dem Gesetzgeber das nach **VNLP Nr. 16** abzugebende Policy Statement gedient haben, dessen Vorgaben weitgehend mit denen zur Grundsatzerklärung übereinstimmen,[17] wobei Letztere darüber hinaus erfordert, dass diese „jährlich und anlassbezogen zu überprüfen und bei Bedarf zu aktualisieren ist".[18] Zusammen mit der Berichtspflicht nach § 10 (→ § 10 Rn. 21 ff.) dürfte Abs. 2 zudem die Vorgaben aus **VNLP Nr. 21** erfüllen, wonach ein Unternehmen die Öffentlichkeit darüber informieren sollte, wie es den mit seiner Geschäftstätigkeit verbundenen Risiken begegnet.[19] In Anlehnung an die Vorgaben der VNLP ist die Grundsatzerklärung allen Mitarbeitern, betroffenen Geschäftspartnern – im Falle des LkSG also vor allem den unmittelbaren Zulieferern – und der Öffentlichkeit gegenüber zu kommunizieren (→ Rn. 21). Nach der Gesetzesbegründung soll die Abgabe zudem gegenüber dem Wirtschaftsausschuss und ggf. dem Betriebsrat erfolgen.[20] Grundsätzlich kann davon ausgegangen werden, dass eine taugliche Abgabe vorliegt, wenn die **Erklärung öffentlich abgegeben** und dem oben genannten Personenkreis zugänglich ist und dieser Zugang kommuniziert wurde.[21] Eine Konzerngrundsatzerklärung kann für das gesamte Unternehmen, einschließlich der in den Anwendungsbereich fallenden Tochtergesellschaften, genügen, wenn deren Risiken berücksichtigt sind und den Kommunikationsanforderungen in dem Kontext genüge getan ist.[22] Eine Grundsatzerklärung kann sich dabei aus mehreren Dokumenten zusammensetzen,[23] die aufeinander verweisen sollten, um in ihrer Gesamtheit verständlich zu sein.

Von der Berichtspflicht nach § 10 ist die Grundsatzerklärung nach Abs. 2 dahin gehend zu unterscheiden, dass sie nicht die in der Vergangenheit aufgegriffenen Maßnahmen darstellt, sondern vielmehr **das aktuelle sowie in Zukunft geplante Vorgehen** beschreibt. Die Grundsatzerklärung muss insofern über eine reine Absichtserklärung hinausgehen (vgl. zum

---

15 So Hembach Praxisleitfaden S. 156: „die Grundsatzerklärung selbst ist keine Maßnahme, sondern fasst nur zusammen".
16 So auch Dutzi/Schneider/Hasenau DK 2021, 454 (457).
17 Grabosch LkSG/Grabosch § 5 Rn. 80; Hembach Praxisleitfaden S. 156.
18 VCI, Diskussionspapier zu Rechts- u. Umsetzungsfragen des Lieferkettensorgfaltspflichtengesetzes (LkSG), 18.3.2022, S. 46.
19 Vgl. OHCHR, The Corporate Responsibility to Respect Human Rights. An Interpretive Guide, 2012, S. 57.
20 BT-Drs. 19/28649, 46; Gehling/Ott/Lüneborg CCZ 2021, 230 (234); Hembach Praxisleitfaden S. 156; Grabosch LkSG/Grabosch § 5 Rn. 78; Spindler ZHR 186 (2022), 67 (84).
21 Siehe FAQ LkSG IX. 1.
22 FAQ LkSG IX. 1.
23 FAQ LkSG IX. 2.

Grad der Konkretisierung → Rn. 22) und bei Veränderungen der Risikolage und/oder Menschenrechtsstrategie unverzüglich angepasst werden (vgl. Abs. 5 S. 3, → Rn. 29 ff., 37).[24]

2. Zuständigkeit

16 Die Grundsatzerklärung ist durch die **Unternehmensleitung** abzugeben. Dadurch, dass die Erklärung von der obersten Ebene des Unternehmens abgegeben wird, soll deren Verantwortung und Unterstützung vermittelt werden.[25] Diese Zuständigkeitszuweisung entspricht der Systematik der Sorgfaltspflichten des LkSG, deren Erfüllung im Rahmen der allgemeinen Compliance-Verantwortung zunächst der Unternehmensleitung obliegt (→ § 4 Rn. 14).[26] In diesem Sinne sind auch **die grundsätzlichen Organisationsstrukturen** – unter Ergänzung konkreter Informationen zu den einzelnen Risiken und Maßnahmen – in der Grundsatzerklärung darzulegen.

3. Mindestelemente einer Menschenrechtsstrategie

17 Die Anforderungen an den Inhalt der Grundsatzerklärung ergeben sich aus der Aufzählung der „Elemente einer Menschenrechtsstrategie" in Abs. 2 S. 3 Nr. 1 bis 3.[27] Wie detailliert die dort konkretisierten Angaben zu erfolgen haben, ergibt sich aus dem Gesetzestext nicht (→ Rn. 22).

a) Beschreibung des Verfahrens (Nr. 1)

18 Zunächst soll die Menschenrechtsstrategie eine Beschreibung des Verfahrens enthalten, mit dem das Unternehmen seinen Sorgfaltspflichten nach § 4 Abs. 1, § 5 Abs. 1, § 6 Abs. 3 bis 5 sowie den §§ 7 bis 10 nachkommt. Gefordert ist somit eine **Beschreibung des Risikomanagements**, welche insbesondere den Ablauf der Risikoanalyse, die danach zu bestimmenden Präventions- und Abhilfemaßnahmen, die Einrichtung eines Beschwerdeverfahrens nach § 8, die Erfüllung der Sorgfaltspflichten bezogen auf mittelbare Zulieferer sowie die Dokumentations- und Berichtspflichten darstellt.[28] Diese Vorgaben decken sich mit denen für den öffentlichen Bericht nach § 10 Abs. 2 (→ § 10 Rn. 21 ff.). Die Beschreibung sollte sich an den in der Anlage in den Nummern 1 bis 13 genannten **Menschenrechts- und Umweltübereinkommen** orientieren und dabei insbesondere klare Vorgaben zur Prävention, Minimierung oder Abhilfe von menschenrechtlichen oder umweltbezogenen Risiken im Sinne des § 2 Abs. 2 und Abs. 4 enthalten.[29] Es ist davon auszugehen, dass eine ge-

---

24 Grabosch LkSG/Grabosch § 5 Rn. 80; Seibt/Vesper-Gräske CB 2021, 357 (361).
25 BT-Drs. 19/28649, 46; ähnlich Kubis/Tödtmann Vorstand-HdB/Hettich/Charnitzky § 14 Rn. 271.
26 Vgl. Oppenländer/Trölitzsch GmbH-GF-HdB/Leinekugel § 18 Rn. 19; Moosmayer Compliance Rn. 11.
27 Grabosch LkSG/Grabosch § 5 Rn. 79.
28 BT-Drs. 19/28649, 46; Grabosch LkSG/Grabosch 5 Rn. 79; Hembach Praxisleitfaden S. 157; Spindler ZHR 186 (2022), 67 (84).
29 BT-Drs. 19/28649, 46; Hembach Praxisleitfaden S. 157.

sonderte **Umweltstrategie nicht erforderlich** ist, da nach dem Wortlaut die nach § 6 Abs. 2 S. 3 erforderlichen „Elemente einer Menschenrechtsstrategie" nach Nr. 3 auch umweltbezogene Aspekte mitumfassen.[30] Viele Unternehmen haben bereits eine Menschenrechts- oder Nachhaltigkeitspolitik in Gestalt von Positions- und Grundsatzpapieren veröffentlicht, worüber sie sich selbst verpflichten, ihre Geschäftstätigkeit an grundlegenden Menschrechts- und Umweltübereinkommen auszurichten, oder sie haben über Verhaltenskodizes für Lieferanten Erwartungen an deren verantwortliche Geschäftspraktiken formuliert,[31] die als Ausgangspunkt herangezogen werden können.

b) Festgestellte prioritäre Risiken (Nr. 2)

Neben der Erläuterung des Verfahrens zur Risikoanalyse sind nach Nr. 2 auch deren **Ergebnisse** in die Grundsatzerklärung aufzunehmen.[32] Das heißt, es sind die im Rahmen der Risikoanalyse festgestellten und in einem weiteren Schritt priorisierten menschenrechtlichen und umweltbezogenen Risiken aufzuzeigen. Laut der Gesetzesbegründung soll dies unter Bezugnahme auf die jeweils betroffenen Übereinkommen erfolgen.[33] 19

Da sowohl die Priorisierung als auch die Abarbeitung der Risiken nach den Grundsätzen des Risikomanagements unter Verwendung von Risikoclustern oder anderweitiger Zusammenfassung von Risiken erfolgt (→ § 5 Rn. 9, 24), dürfte hier eine **Nennung der Risikocluster** ausreichend sein.[34] 20

c) Erwartungen an Beschäftigte und Zulieferer (Nr. 3)

Des Weiteren soll das Unternehmen – auf Grundlage der Erkenntnisse aus der Risikoanalyse – die **menschenrechts- und umweltbezogenen Erwartungen** festlegen, die es an seine Beschäftigten, Vertragspartner und mittelbaren Zulieferer richtet.[35] Diese Anforderungen haben ihre Grundlage in **VNLP Nr. 18**, nach dem Unternehmen menschenrechtsbezogene Erwartungen an die Mitarbeiter, Geschäftspartner und sonstigen Parteien festlegen sollen, die mit ihrer Geschäftstätigkeit, ihren Produkten oder ihren Dienstleistungen unmittelbar verbunden sind. Damit können Unternehmen den internen wie externen Kommunikationsanforderungen nachkommen, um etwa eine vertragliche Verpflichtung der Lieferanten 21

---

30 VCI, Diskussionspapier zu Rechts- und Umsetzungsfragen des Lieferkettensorgfaltspflichtengesetzes (LkSG), 18.3.2022, S. 47.
31 Siehe zum Beispiel Lidl, Einkaufspolitik Menschenrechte in der Lieferkette, 21.1.2022, abrufbar unter https://unternehmen.lidl.de/verantwortung; Aldi Süd, Internationale Erklärung zur Achtung der Menschenrechte, November 2021, abrufbar unter https://cr.aldisouthgroup.com/en/responsibility/our-focus-areas/human-rights; Rewe Group, Grundsatzerklärung Menschenrechte, 2.3.2019, abrufbar unter https://www.rewe-group.com/de/presse-und-medien/publikationen/leitlinien/grundsatzerklaerung-menschenrechte/.
32 Hembach Praxisleitfaden S. 157.
33 BT-Drs. 19/28649, 46.
34 Ebenso Grabosch LkSG/Grabosch § 5 Rn. 79.
35 BT-Drs. 19/28649, 46; Grabosch LkSG/Grabosch § 5 Rn. 79.

mit Verweis auf die Grundsatzerklärung zu verankern oder Organisationspflichten nach innen zu begleiten. Nach der Gesetzesbegründung sollten die Erwartungen so formuliert sein, dass sie als Grundlage für die Entwicklung interner sowie externer **Verhaltenskodizes** oder **Verhaltensrichtlinien** dienen können, die das Unternehmen für den eigenen Geschäftsbereich nach § 6 Abs. 3 sowie (potenzielle) Vertragspartner entwickeln sollte.[36]

d) Grad der Konkretisierung

22 Aus dem Gesetzestext geht nicht hervor, in welchem **Detailgrad die Grundsatzerklärung** die zuvor dargelegten Informationen enthalten soll.[37] Eine Konkretisierung zB in Form einer allgemeinen Handreichung des BAFA liegt für die Erstellung der Grundsatzerklärung bisher nicht vor.[38] Fest steht, dass die Erklärung über die Wiedergabe des Gesetzeswortlautes der §§ 4 ff. hinausgehen muss.[39] Es ist jedenfalls davon auszugehen, dass sie so auszugestalten ist, dass der **Inhalt umfassend und verständlich** ist und sowohl nach innen als auch nach außen gemäß Sinn und Zweck der Grundsatzerklärung die geforderten Kernelemente darstellt. Die Grundsatzerklärung soll der Informationsverbreitung innerhalb des Unternehmens dienen, aber auch Transparenz nach außen schaffen, damit Mitarbeiter sich an den Vorgaben orientieren können und die Öffentlichkeit die Erfüllung der Sorgfaltspflichten nachvollziehen kann.[40] Dies erfordert, dass die festgestellten Risiken und die darauf aufbauenden Maßnahmen möglichst konkret benannt werden.[41] Außerdem sollte sie nicht nur die in Abs. 3 erwähnte Menschenrechtsstrategie, sondern auch die Organisationsstruktur des Managementprozesses vermitteln.[42] Die Grundsatzerklärung kann dabei **auch knapp ausfallen**.[43] In der Praxis ist eine kurze und aussagekräftige Darstellung oftmals übersichtlicher und zielführender als ausführliche und detaillierte Ausformulierungen.

IV. Präventionsmaßnahmen im eigenen Geschäftsbereich (Abs. 3)

23 Absatz 3 spezifiziert in den Nummern 1 bis 3 angemessene Präventionsmaßnahmen im eigenen Geschäftsbereich in Form von **Regelbeispielen**. Die genannten Beispiele entsprechen den Vorgaben der VNLP[44] und dem

---

36 BT-Drs. 19/28649, 46; Grabosch LkSG/Grabosch § 5 Rn. 79; Spindler ZHR 186 (2022), 67 (84).
37 Hembach Praxisleitfaden S. 157.
38 Die Handreichung des BAFA zur Umsetzung einer Risikoanalyse verhält sich hierzu nicht; vgl. jedoch BMAS, Branchendialog Automobilindustrie, Handlungsanleitung zum Kernelement Grundsatzerklärung, Stand Juni 2022.
39 Grabosch LkSG/Grabosch § 5 Rn. 80; vgl. Hembach Praxisleitfaden S. 157 f.
40 Vgl. zu den Folgen der Transparenz Grabosch LkSG/Grabosch § 5 Rn. 81.
41 Hembach Praxisleitfaden S. 157 f.
42 Vgl. Inkota, Kleidung, abrufbar unter https://www.inkota.de/themen/kleidung-schuhe/kleidung.
43 Herrmann/Rünz DB 2021, 3078 (3083).
44 OHCHR, The Corporate Responsibility to Respect Human Rights. An Interpretative Guide, 2012, S. 29 ff.

OECD-Leitfaden zur Erfüllung der Sorgfaltspflicht[45]. Sie bilden zentrale Maßnahmen für eine effektive Verankerung einer Menschenrechtsstrategie in alltäglichen Unternehmensabläufen und -entscheidungen.[46] Die Regelbeispiele dürften daher, entsprechend der Grundsatzerklärung, systematisch als grundlegend zu etablierende Anforderungen an das präventive Risikomanagement zu verstehen sein und nicht als Beispiele für Präventionsmaßnahmen im konkreten Risikofall.

1. Umsetzung der Menschenrechtsstrategie in den relevanten Geschäftsabläufen (Nr. 1)

Für ein wirksames Risikomanagement ist als erster Schritt die Umsetzung der auf Basis der konkret identifizierten Risiken erarbeiteten Menschenrechtsstrategie in relevante Geschäftsabläufe erforderlich. Dies soll durch die Vorgabe **interner und externer Verhaltensvorschriften**[47] erfolgen, die sich aus der Menschenrechtsstrategie ableiten lassen. In der Praxis wird es sich hierbei vor allem um die Definition und Implementierung geeigneter Prozesse, einschließlich zB interne Richtlinien oder Verhaltenskodizes, handeln. 24

Während sich die Maßnahmen auf die als **risikorelevant identifizierten Geschäftsbereiche** fokussieren,[48] sollte gleichzeitig im gesamten Unternehmen ein Bewusstsein für die menschenrechts- und umweltbezogenen Sorgfaltspflichten geschaffen werden.[49] Dies dient nicht zuletzt einem wirksamen Risikomanagement. Bei der Umsetzung der Menschenrechtsstrategie in konkrete Präventionsmaßnahmen können sich Unternehmen an bereits **bestehenden Standards** orientieren oder diese übernehmen. Die Integration derartiger Standards in tägliche Geschäftsabläufe kann eine weitergehende Übertragung konkreter Verhaltensvorgaben in die Tätigkeit des jeweiligen Unternehmens und eine entsprechende Vermittlung an die Belegschaft erfordern.[50] Bei der Ausgestaltung sind je nach Unternehmenskontext ggf. auch eine Beteiligung des Betriebsrats oder die Grenzen des allgemeinen Persönlichkeitsrechts der Arbeitnehmer zu beachten.[51] 25

Unter Umständen können oder müssen die erarbeiteten Richtlinien auch **konzernweit** zur Anwendung kommen.[52] Erstreckt sich der Anwendungsbereich dadurch auf andere Rechtsordnungen, sind dort eventuell 26

---

45 OECD-Leitfaden: verantwortungsvolles unternehmerisches Handeln S. 24 f., 64.
46 BT-Drs. 19/28649, 46; Grabosch LkSG/Grabosch § 5 Rn. 82.
47 BT-Drs. 19/28649, 46; Grabosch LkSG/Grabosch § 5 Rn. 83; Spindler ZHR 186 (2022), 67 (84); Hembach Praxisleitfaden S. 158.
48 BT-Drs. 19/28649, 46; Grabosch LkSG/Grabosch § 5 Rn. 83; Hembach Praxisleitfaden S. 158.
49 Hembach Praxisleitfaden S. 158 f.; Groß SPA 2021, 69 (70).
50 BT-Drs. 19/28649, 46.
51 Grabosch LkSG/Grabosch § 5 Rn. 84.
52 Grabosch LkSG/Grabosch § 5 Rn. 83 f.

bestehende rechtliche Anforderungen (zB Arbeitnehmerbeteiligung) zu beachten.[53]

27 Darüber hinaus können sich **Verhaltensvorschriften auch an Dritte** richten, ein Beispiel hierfür kann ein Lieferantenkodex sein, in dem die menschenrechtlichen Erwartungen konkretisiert werden (→ Rn. 52 f.). Diese können als Grundlage für Vertragsverhandlungen und zur Vertragsgestaltung genutzt werden und so sicherstellen, dass die Menschenrechtsstrategie auch in diese Prozesse integriert ist.[54] Ein auch von der Zivilgesellschaft anerkannter umfassender Verhaltenskodex im Bereich Menschen- und Arbeitsrechte ist zum Beispiel der **Verhaltenskodex der britischen Ethical Trading Initiative**, in der zunehmend auch deutsche Unternehmen Mitglieder sind.[55] Des Weiteren wird die Festlegung einer Strategie zur Auswahl von Lieferanten (vgl. auch → Rn. 47 ff.) sowie die Festlegung von Maßnahmen im Falle eines Verstoßes gegen den **Lieferantenkodex** (vgl. auch → Rn. 55) empfohlen.[56]

2. Entwicklung und Implementierung von Beschaffungsstrategien und Einkaufspraktiken

a) Beschaffungsstrategien und Einkaufspraktiken

28 Nach der Gesetzesbegründung und dem OECD-Leitfaden zur unternehmerischen Sorgfaltspflicht hat der **Einkauf** als Schaltstelle zwischen Unternehmen und Zulieferer eine zentrale Rolle bei der Vermeidung und Minimierung menschenrechtlicher und umweltbezogener Risiken in der Lieferkette.[57] Die Festlegung von Lieferzeiten, Einkaufspreisen oder die Dauer von Vertragsbeziehungen können potenziell zur Verwirklichung oder Erhöhung eines menschenrechtlichen Risikos bei einem Zulieferer beitragen.[58] Der OECD-Leitfaden führt aus, dass die verspätete Aufgabe, Änderung oder Stornierung von Bestellungen durch die Einkaufsabteilung eines Unternehmens Praktiken sind, die zu Arbeitsrisiken bei Lieferanten führen können.[59] Der Interpretationsleitfaden zu den VNLP legt bei der Erläuterung von Nr. 13 dar, dass ein Unternehmen dann zu einer nachteiligen Auswirkung auf die Menschenrechte beiträgt oder diese verursacht, wenn es die Produktanforderungen gegenüber Zulieferern in letzter Minute ändert, ohne die Lieferzeiten und Preise anzupassen und dadurch Zulieferer indirekt dazu drängt, gegen Arbeitsrechte wie angemessene Arbeitszeiten und Arbeitsschutz zu verstoßen.[60]

---

53 Grabosch LkSG/Grabosch § 5 Rn. 84.
54 Vgl. BT-Drs. 19/28649, 47.
55 Ethical Trading Initiative, The ETI Base Code, 2018, abrufbar unter https://www.ethicaltrade.org/eti-base-code.
56 BT-Drs. 19/28649, 46.
57 BT-Drs. 19/28649, 47; OECD-Leitfaden: verantwortungsvolles unternehmerisches Handeln S. 87.
58 BT-Drs. 19/28649, 47.
59 OECD-Leitfaden: verantwortungsvolles unternehmerisches Handeln S. 87.
60 Vgl. OHCHR, The Corporate Responsibility to Respect Human Rights. An Interpretive Guide, 2012, S. 17; ähnlich Hembach Praxisleitfaden S. 159.

Entsprechend sieht der ISO 26000-Leitfaden im Abschnitt zu **Fair Operating Practices** die Vereinbarung angemessener Preise, ausreichender Lieferzeiten und langfristiger Geschäftsbeziehungen vor.[61] Ebenso ist in zahlreichen Studien der Zivilgesellschaft nachgewiesen, wie Einkaufspraktiken in Form von **Preisdruck auf Lieferanten, kurzen Lieferzeiten, der Nichtannahme von Waren und fehlender Langfristigkeit und Verlässlichkeit** von Aufträgen und Begleichung von Rechnungen in Geschäftsbeziehungen zu prekären Produktionsbedingungen bei Zulieferern führen können. Hierzu gehören zB Niedriglöhne, Zwangsüberstunden, Verstöße gegen Gewerkschaftsrechte sowie Gesundheitsschäden durch übermäßigen und/oder nicht ausreichend geschulten und gesicherten Einsatz von Pestiziden.[62] Neben den genannten Einkaufspraktiken verstärkt insbesondere der Einkauf in Form von **Auktionen sowie auf dem sog. „Spot Market" oder an der Börse** die Verlagerung von Kosten und Risiken auf Zulieferer. Dies ist aus Sicht der Unternehmen generell weniger aufwendig als der Aufbau einer langfristigen Lieferbeziehung und erlaubt den ad hoc Einkauf zu günstigen Konditionen, was vor allem dann von Vorteil ist, wenn in einem Geschäftsbereich wenig absehbar ist, welche Mengen über welchen Zeitraum gebraucht werden. Jedoch erhöhen sich hier Einkaufsrisiken einschließlich bezüglich prekärer Menschenrechts- und Umweltbedingungen, wenn Geschäfte kurzfristig und mit niedriger Prüfungsschwelle mit weitgehend unbekannten Partnern abgeschlossen werden. So empfiehlt der OECD-Leitfaden zur Erfüllung der unternehmerischen Sorgfalt auch den Unterhalt langfristiger Geschäftsbeziehungen.[63] In einigen privatwirtschaftlichen Bereichen, die hohen menschenrechtlichen Risiken unterliegen und die Spot Market-Einkäufe ermöglichen, wie zB London Metal Exchange (LME) oder auch London Platinum and Palladium Market (LPPM) oder London Bullion Market Association (LBMA) als spezialisierter Marktplatz für Edelmetalle, haben sich hier bereits Standards entwickelt, die eine Zertifizierung der Marktteilnehmer im Bereich des verantwortlichen Bezugs von Rohstoffen erfordern.[64]

---

61 Leitfaden der International Standardization Organisation ISO 26000, Guidance on social responsibility, Fair Operating practices, 6.6, ISO 26 000 2010–11-o1, 1. Ausg.
62 Oxfam International, Trading Away Our Rights, 2004; Oxfam Deutschland, Fair Play at the Olympics, 2004; Oxfam Deutschland, Endstation Ladentheke, 2008; Oxfam Deutschland, Bittere Bananen, 2011; Oxfam Deutschland, Billige Bananen, 2012; Oxfam Deutschland, Mangos mit Makel, 2013; Oxfam Deutschland, Süße Früchte, Bittere Wahrheit, 2016; Oxfam Deutschland, Billig verkauft – teuer bezahlt, 2017; Fair Trade Advocacy Office/Coordinadora Latinoamericana y del Caribe de Pequeños Productores y Trabajadores de Comercio Justo, Why Purchasing Practices must be a Part of Upcoming due diligence legislation, mwN abrufbar unter https://fairtrade-advocacy.org/wp-content/uploads/2021/01/FTAO_article_B HRRC_Compendium.pdf.
63 OECD-Leitfaden: verantwortungsvolles unternehmerisches Handeln S. 25.
64 Vgl. https://www.lme.com/en/Education/Online-resources/LME-insight/LME-Resp onsible-Sourcing; https://www.lppm.com/responsible-sourcing/governance/; https:// www.lbma.org.uk/responsible-sourcing.

30 Entsprechend hebt die Gesetzesbegründung die besondere Bedeutung der Entwicklung und Implementierung von **Beschaffungsstrategien und Einkaufspraktiken** im Einklang mit der Grundsatzerklärung und der darin enthaltenen Menschenrechtsstrategie als Schlüssel zur Einhaltung der Menschenrechte in der Lieferkette hervor.[65] Hierzu gehören auch das Angebot zu Schulungen oder anderen Maßnahmen zur Unterstützung des Kapazitätsaufbaus bei Zulieferern oder auch das Setzen **wirtschaftlicher Anreize** (Prämien, größere Auftragsvolumina) für verantwortliche Praktiken gegenüber Zulieferern.[66] Unternehmen sollten entsprechend ihrer identifizierten menschenrechtlichen und umweltbezogenen Risikofelder systematisch Risiken ihrer Einkaufspraktiken analysieren, entsprechende Strategien entwickeln und Maßnahmen ergreifen.

31 Für die **Lebensmittelbranche**[67] bietet neben der EU-Richtlinie über unlautere Handelspraktiken in den Geschäftsbeziehungen zwischen Unternehmen in der Agrar- und Lebensmittelversorgungskette[68] das Agrarorganisationen-Lieferkettengesetz[69] eine Auflistung unlauterer Handelspraktiken wie zum Beispiel die Vereinbarung der Kostenübernahme durch den Lieferanten in bestimmten Fällen, Preisnachlässe für die Listung von Agrarerzeugnissen oder das Zurückschicken nicht verkaufter Erzeugnisse.

b) Implementierung der Strategien im Unternehmen

32 Zur Gestaltung der Beschaffungsstrategien im Unternehmen sollte nach der Gesetzesbegründung für die **einzelnen Beschaffungsschritte** (ua Produktentwicklungen, Auftragsplatzierungen, Einkauf, Produktionsvorlaufzeiten) in einer unternehmensinternen Verhaltens-Richtlinie festgelegt werden, welche Vorkehrungen zu treffen sind, um Risiken zu minimieren oder vorzubeugen.[70] Jede Branche, jeder Produktions- und Geschäftsbereich wird hier mit sehr unterschiedlichen Bedingungen und Herausforderungen konfrontiert sein.

33 Der von der Zivilgesellschaft unterstützte, allgemeine **Leitfaden der Ethical Trading Initiative (ETI-Guide)** empfiehlt, den Einkaufsprozess in sechs verschiedene Schritte/Module aufzugliedern: (1) Kriterien für die Auswahl von Zulieferern, (2) Produktentwicklung, (3) Preisverhandlungen, (4) Festlegung von Vertragsbedingungen, (5) Messung der Auswirkungen der Einkaufspraktiken auf Lieferanten und (6) Arbeitsrechte – und genaue Vorgaben festzulegen, wie Menschenrechts- und Arbeitsstan-

---

65 BT-Drs. 19/28649, 47.
66 OECD-Leitfaden: verantwortungsvolles unternehmerisches Handeln S. 82.
67 Zu den Auswirkungen des LkSG auf die Lebensmittelwirtschaft siehe Schäfer ZLR 2022, 22.
68 Richtlinie (EU) 2019/633 des Europäischen Parlaments und des Rates vom 17.4.2019 über unlautere Handelspraktiken in den Geschäftsbeziehungen zwischen Unternehmen in der Agrar- und Lebensmittelversorgungskette (ABl. 2019 L 111, 59).
69 Agrarorganisationen-und-Lieferketten-Gesetz in der Fassung der Bekanntmachung vom 24.8.2021 (BGBl. I 4036).
70 BT-Drs. 19/28649, 47.

dards in den einzelnen Arbeitsschritten der verschiedenen Stufen beachtet werden können.[71] Entsprechendes lässt sich auf den Kontext des LkSG übertragen. Die Gesetzesbegründung zu Nr. 1–4 der Absätze 3 und 4 spiegelt einige dieser Empfehlungen wider, wie zum Beispiel Schulungen von Einkäufern im Bereich Menschenrechte (Abs. 3 Nr. 3)[72] oder die vertragliche Verpflichtung von Lieferanten, menschenrechtsbezogene Vorgaben des Unternehmens zu beachten bei Abs. 4 Nr. 2 (→ Rn. 48 ff.).

Der ETI-Guide gibt zu allen genannten Modulen detaillierte **Empfehlungen** wie zum Beispiel die Entwicklung eines fairen Preises auf der Grundlage von existenzsichernden Löhnen, die Vereinbarung von Lieferzeiten, die mögliche Engpässe und Ursachen von Verzögerungen berücksichtigen, sowie das Festhalten der Konditionen in schriftlichen Verträgen in der Sprache von Einkäufer und Lieferant. Geeignete Beschaffungsstrategien im Sinne von Abs. 3 Nr. 2 sind nach dem ETI-Guide zB folgende Leitlinien für Einkäufer:[73] 34

- klare, prompte und genaue Kommunikation bei Bestellungen;
- Verbot eines (Einkaufs-)Preises unter den Produktionskosten, da sich dies auf die Löhne und Arbeitsbedingungen der Arbeitnehmer auswirkt;
- kein Lieferantenwechsel, wenn nur ein höherer Einkaufspreis angemessene Löhne und Arbeitsbedingungen für die Arbeitnehmer gewährleistet;[74]
- Aufträge mit angemessenen Vorlaufzeiten, die keine übermäßigen Arbeitszeiten oder die Vergabe von nicht kostendeckenden Unteraufträgen nach sich ziehen;
- Verzicht auf wiederholte und kurzfristige Auftragsänderungen; wenn Änderungen unvermeidlich sind, sind die angestrebten Lieferzeiten entsprechend anzupassen;
- materielle und praktische Unterstützung der Lieferanten bei der Erfüllung ihrer Verpflichtungen, die sich aus Verhaltenskodizes ergeben;
- Beteiligung an den Kosten für die Umsetzung und Überwachung von Verbesserungen der Arbeitsbedingungen;
- Berücksichtigung der Lohn- und Arbeitsbedingungen der Beschäftigten bei der Auswahl der Geschäftspartner, anstatt eine Geschäftsbeziehung nur an Preis oder Qualität zu messen.

---

71 Ethical Trading Initiative, Guide to buying responsibly, 7.9.2017, abrufbar unter https://www.ethicaltrade.org/resources/guide-to-buying-responsibly, S. 26 ff.
72 BT-Drs. 19/28649, 47; Kubis/Tödtmann Vorstand-HdB/Hettich/Charnitzky § 14 Rn. 272; Hembach Praxisleitfaden S. 160.
73 Vgl. Ethical Trading Initiative, Guide to buying responsibly, 7.9.2017, abrufbar unter https://www.ethicaltrade.org/resources/guide-to-buying-responsibly, S. 31; deutsche Version der Autorin Humbert.
74 Im Kern geht es hier darum, die Deckung angemessener Löhne und Arbeitsbedingungen durch den angebotenen oder verhandelten Preis sicherzustellen, und weniger um ein Verbot des Lieferantenwechsels.

35 Um ein wirksames Risikomanagement im Unternehmen sicherzustellen, können Unternehmen **Brancheninitiativen** beitreten, die Leitlinien und Instrumente für faire Einkaufspolitik an die Hand geben, wie zB die Ethical Trading Initiative, die Ethical Food Initiative,[75] Action, Collaboration, Transformation (ACT)[76] oder auch die Fair Wear Foundation[77]. Hierbei ist darauf zu achten, dass diese Initiativen den grundsätzlichen Anforderungen an Initiativen entsprechen, um verantwortliche Lieferpraktiken im Sinne des LkSG umzusetzen (vgl. hierzu → § 7 Rn. 43 f.). Einige Unternehmen benennen bereits die Ausgestaltung ihrer Einkaufspolitik wie langfristige Lieferbeziehungen, angemessene Zahlungsbedingungen und planbare Auftragsvolumen als Teil ihrer Sorgfaltspflicht.[78] Einkaufspraktiken sind auch zunehmend Teil von sogenannten Human Rights Impact Assessments.[79]

36 Laut Gesetzesbegründung sowie dem OECD-Leitfaden zur unternehmerischen Sorgfaltspflicht[80] gehört auch **die Bemühung um Transparenz und Kenntnis der Lieferkette** (→ § 5 Rn. 17–19) zu einer unternehmensinternen Verhaltensrichtlinie zu Einkaufspraktiken und Beschaffungsstrategien.[81] Einzelne Unternehmen veröffentlichen bereits Teile ihrer Lieferkette.[82] Dies entspricht auch **Forderungen der Zivilgesellschaft** nach Transparenz. Auch wenn das LkSG die Pflicht des Risikomanagements auf unmittelbare Zulieferer beschränkt, sollten Unternehmen sich daher im Sinne der VNLP bemühen, sich einen Überblick über ihre Lieferketten und mögliche damit verknüpfte Risiken zu verschaffen (vgl. VNLP Nr. 13).[83] Dort, wo hohe Risiken zu erwarten sind und Lieferkettenzusammenhänge hinreichend überschaubar, wie zB bei Rohstofflieferanten, sollten Unternehmen auch Lieferkettenteilnehmer aufschlüsseln, um angemessene Risikoanalysen durchführen zu können. Ein geeignetes Risikomanagement über die gesamte Lieferkette sollte daher Bestandteil einer geeigneten Menschenrechtspolitik sein. Ohne Kenntnis der Lieferkette tragen Unternehmen nicht zur Verminderung von menschenrechtlichen und umweltbezogenen Risiken in den relevanten Risikobereichen bei. NGOs weisen insbesondere auch auf die Wichtigkeit der Transparenz für die Möglichkeit von Betroffenen hin, Missstände bei mittelbaren Lieferanten zu kommunizieren und Beschwerden einzureichen, die dann

---

75 Siehe https://equitablefood.org/.
76 Siehe https://actonlivingwages.com/.
77 Siehe https://www.fairwear.org.
78 Siehe zum Beispiel Lidl, Einkaufspolitik. Menschenrechte in der Lieferkette, 21.1.2022, abrufbar unter https://unternehmen.lidl.de/pdf/show/48675, S. 19.
79 Siehe das Human Rights Impact Assessment von Lidl zu Beeren aus Huelva und Bananen aus Kolumbien, November 2021, abrufbar unter https://unternehmen.lidl.de/verantwortung/gut-fuer-die-menschen/fair-handeln/handlungsfelder/menschenrechte/hria; https://www.lidl.de/de/asset/other/2020-12-18_Lidl_HRIA_Berry-Kurzversion.pdf.
80 Vgl. OECD-Leitfaden: verantwortungsvolles unternehmerisches Handeln S. 26.
81 BT-Drs. 19/28649, 47.
82 Siehe https://about.puma.com/de-de/sustainability/social; https://www.adidas-group.com/de/nachhaltigkeit/soziale-auswirkungen/beschaffungskette/.
83 Vgl. BAFA Handreichung Risikoanalyse S. 11.

über Präventions- und Abhilfemaßnahmen adressiert werden können.[84] Hier dürften auch Berichtspflichten nach § 10 Abs. 2 (→ § 10 Rn. 21 ff.) eine wichtige Rolle spielen.

Transparenz ist jedoch nicht immer mit Anforderungen und Bedürfnissen vereinbar, die ein Unternehmen unter **wettbewerbsrechtlichen oder auch geschäftlichen Gesichtspunkten** hat. Gerade wenn ein Markt eng und umkämpft ist oder der Preisdruck hoch, ist es für Unternehmen wichtig, dass ihre Lieferbeziehungen nicht öffentlich bekannt sind. Andernfalls können sie gegenüber Kunden mit Blick auf andere Wettbewerber wertvolle Verhandlungs- oder auch Geschäftspositionen verlieren. Dies gilt vor allem, wenn (wie es teilweise in der Praxis einem Trend entspricht) für die Überprüfung verantwortlicher Geschäftspraktiken alle Geschäftstransaktionen bekannt gemacht werden sollen. Hier sollte ein **vernünftiges Maß** zwischen tatsächlich erforderlichen Kontrollpraktiken für ein wirkungsvolles Risikomanagement und Transparenzanforderungen gefunden werden. 37

Guter Praxis dürfte es entsprechen, wenn Unternehmen einen engen Austausch mit NGOs zu identifizierten Risikofeldern und Herausforderungen in ihrer Lieferkette suchen. Hierbei können sie in sensiblen Geschäftsbereichen im vernünftigen Rahmen Vertraulichkeit vereinbaren, während NGOs Einblicke erhalten, auf Missstände hinweisen, beraten oder auch Kontakt zu Betroffenen vermitteln können. Hierbei ist jedoch darauf zu achten, dass NGOs ihrer Rolle nachkommen können müssen, Missstände auch aufzudecken oder anzuprangern, wenn für sie die Maßnahmen eines Unternehmens nicht weit genug gehen. Auch gegenüber Kunden und Geschäftspartnern, die Lieferkettentransparenz für ihr Risikomanagement fordern, sollte gelten, dass diese unter Vertraulichkeitsklauseln verschafft werden kann. In **wettbewerbssensiblen Bereichen**, zB wenn Kunden gleichzeitig Wettbewerber sind, sollte es auch möglich sein, über dritte Parteien (zB Auditoren) die Einhaltung eines angemessenen menschenrechtlichen und umweltbezogenen Risikomanagements der Lieferkette anhand verabredeter Verantwortlichkeitsmaßstäbe zu überprüfen, ohne dass hierbei detailliertere Informationen zu den einzelnen Lieferkettenteilnehmern oder Einkaufsvolumina und Preise an den Wettbewerber weitergegeben werden müssen. 38

Angesichts digitaler Möglichkeiten, wie zB **digitale Plattformen und Blockchain**, wird zudem in der Praxis vielfach an Initiativen gearbeitet, die eine anonymisierte Rückverfolgung von Transaktionen und Warenflüssen von der Rohstoffgewinnung bis zum Endkunden zulassen oder auch Plattformen schaffen, auf denen ein Austausch zu Informationen oder auch die Sicherstellung verantwortlicher Geschäftspraktiken über 39

---

84 Im Oxfam-Supermarktcheck für Menschenrechte ist die Offenlegung der Lieferkette ein Indikator T 5.1 – 5.3, https://www.oxfam.de/supermarkt-check, https://view.officeapps.live.com/op/view.aspx?src=https%3A%2F%2Fwww.oxfam.de%2Fsystem%2Ffiles%2Fdocuments%2F2022_oxfam_supermarkets_scorecard_data.xlsx&wdOrigin=BROWSELINK.

digitale Informationsweitergabe von Zertifikaten und Teilnahme betroffener Lieferkettenteilnehmer anonymisiert möglich sind.[85] Systeme dieser Art sind komplex und befinden sich im Aufbau. Es gibt in der Praxis auch mehr und mehr Anbieter von Blockchain-Lösungen, einschließlich damit verknüpfter, auf Unternehmen zugeschnittener, digitalbasierter Managementprozesse, die von der Quelle bis zur Verarbeitung eines Rohstoffes oder bis zum Endkunden verantwortliche Geschäftspraktiken im Menschenrechts- und Umweltbereich im Sinne des LkSG sicherstellen sollen.

3. Durchführung von Schulungen (Nr. 3)

40 Laut Gesetzesbegründung und dem OECD-Leitfaden für die unternehmerische Sorgfaltspflicht[86] soll durch Schulungen oder Fortbildungen sichergestellt werden, dass die eigenen Beschäftigten die Menschenrechtsstrategie sowie entsprechende **Verhaltenskodizes und Richtlinien kennen, verstehen und richtig anwenden.**[87] Wichtig ist hier insbesondere, dass diejenigen, denen für das menschenrechts- und umweltbezogene Risikomanagement eine Rolle zukommt, über die Prozesse und Verantwortlichkeiten informiert sind, die sie umzusetzen und auszufüllen haben. Als zentrale Maßnahmen sollten zB Einkäufer so geschult werden, dass sie die verankerten Standards im Tagesgeschäft und in den einzelnen Arbeitsvorgängen anwenden können und in der Lage sind, mögliche Zielkonflikte zwischen Einkauf und Minimierung eines menschenrechtlichen Risikos – zum Beispiel in Form von Lieferzeiten – zu identifizieren und zu adressieren.[88]

41 Der ETI-Guide empfiehlt die Verwendung von sogenannten **Key Performance Indicators** (KPIs) für die Beachtung der Menschenrechte für Einkäufer.[89] Einige Unternehmen bemühen sich bereits um solch eine Ausrichtung ihrer Einkaufspolitik.[90] Hierbei ist jedoch darauf zu achten, dass diese KPIs den richtigen Anreiz setzen und zu einem effektiven Management beitragen. Auch die definierte, enge Zusammenarbeit zwischen den verschiedenen Abteilungen zu Nachhaltigkeit und Einkauf oder gar

---

85 Vgl. zB https://catena-x.net/en.
86 Vgl. OECD-Leitfaden: verantwortungsvolles unternehmerisches Handeln S. 24.
87 BT-Drs. 19/28649, 47; vgl. auch Grabosch LkSG/Grabosch § 5 Rn. 86.
88 BT-Drs. 19/28649, 47.
89 Ethical Trading Initiative, Guide to buying responsibly, 7.9.2017, abrufbar unter https://www.ethicaltrade.org/resources/guide-to-buying-responsibly, S. 20. Im Oxfam-Supermarktcheck für Menschenrechte wird die Anpassung der Einkaufspolitik an die Menschenrechtsstrategie ua durch Key Performance Indicators für Einkäufer gefordert, Indikator T 6.1 – 6.3, https://www.oxfam.de/supermarkt-check, https://view.officeapps.live.com/op/view.aspx?src=https%3A%2F%2Fwww.oxfam.de%2Fsystem%2Ffiles%2Fdocuments%2F2022_oxfam_supermarkets_scorecard_data.xlsx&wdOrigin=BROWSELINK.
90 Vgl. Lidl, Menschenrechte in der Lieferkette, 21.1.2022, abrufbar unter https://unternehmen.lidl.de/pdf/show/48675, S. 12 ff.; Aldi Süd, Internationale Erklärung zur Achtung der Menschenrechte, November 2021, abrufbar unter https://cr.aldisouthgroup.com/de/verantwortung/unsere-schwerpunkte/menschenrechte.

die Einrichtung gemischter Teams gehört zB bereits zum Standard vieler globaler Rahmenwerke.[91]

4. Risikobasierte Kontrollmaßnahmen (Nr. 4)

Als letztes Regelbeispiel nennt Abs. 3 die Durchführung risikobasierter Kontrollmaßnahmen, mit denen die Einhaltung der in der Grundsatzerklärung enthaltenen Menschenrechtsstrategie im eigenen Geschäftsbereich überprüft wird. Damit soll sichergestellt werden, dass die in den Nr. 1 bis 3 genannten Maßnahmen wirksam in die Unternehmensabläufe integriert und die **Vorgaben tatsächlich umgesetzt** werden.[92] 42

Die Kontrollen können beispielsweise in Form von Stichproben und Befragungen stattfinden. Auch die Überprüfung der dokumentierten Abläufe kann zweckdienlich sein. Dabei ist ein **risikobasierter Ansatz** zu verfolgen, das heißt Kontrollen sollen insbesondere in Bereichen stattfinden, in denen ein besonders hohes oder besonders priorisiertes Risiko betroffen ist und/oder Verstöße gegen die Unternehmensvorgaben zu erwarten sind. Letzteres kann sich beispielsweise aus vorhergehenden Verstößen oder öffentlich bekannten Risikokonstellationen ergeben.[93] Bestandteil der Kontrollmaßnahmen ist nach der Gesetzesbegründung zudem auch die regelmäßige Aktualisierung der Verhaltensrichtlinien.[94] Generell bietet sich hier auch das Einfassen des menschenrechtlichen und umweltbezogenen Risiko- und Lieferantenmanagements in **Qualitätsmanagementprozesse** nach ISO 9001 oder auch Compliance-Managementprozesse (zB COSO ERM) an, die auch mit internen Audits verknüpft sind (→ § 4 Rn. 20 f.). Dies wird in vielen Unternehmen bereits gängiger Geschäftspraxis entsprechen. 43

V. Präventionsmaßnahmen gegenüber unmittelbaren Zulieferern (Abs. 4)

Parallel zur Regelung in Abs. 3 nennt Abs. 4 **Regelbeispiele** für Präventionsmaßnahmen gegenüber einem unmittelbaren Zulieferer: die Berücksichtigung der nach Abs. 2 Nr. 3 festzulegenden Erwartungen bei der Auswahl der Zulieferer (Nr. 1), die vertragliche Zusicherung der Einhaltung und Weitergabe dieser Erwartungen (Nr. 2), die Durchführung von Schulungen und Weiterbildungen zur Durchsetzung der Zusicherung (Nr. 3) und die Vereinbarung angemessener Kontrollmechanismen (Nr. 4). Die Formulierung des Wortlautes kann dahin gehend verstanden werden, dass die folgenden Regelbeispiele umzusetzen sind („insbesondere"). Auch hier geht es um **Präventionsmaßnahmen im Sinne grundlegender Elemente eines Lieferanten-Risikomanagements**, um den Sorg- 44

---

91 Vgl. UN Global Compact, A Guide for Business. How to Develop a Human Rights Policy, 2. Aufl. 2015, abrufbar unter https://www.unglobalcompact.org/library/22, S. 11; Ethical Trading Initiative, Guide to buying responsibly, 7.9.2017, abrufbar unter https://www.ethicaltrade.org/resources/guide-to-buying-responsibly, S. 19.
92 BT-Drs. 19/28649, 47; Grabosch LkSG/Grabosch § 5 Rn. 87.
93 Grabosch LkSG/Grabosch § 5 Rn. 87.
94 BT-Drs. 19/28649, 47.

faltspflichten nach §§ 4, 5, 6, 7, 10 aufgrund der Risikoanalyse des Unternehmens gerecht werden zu können. Dies ist abzugrenzen von individuellen Maßnahmen für den einzelnen identifizierten konkreten Risikofall (wie zB mangelnde Kennzeichnung toxischer Stoffe) bei einem Lieferanten, die nach § 6 Abs. 1 unverzüglich auf der Basis der nach § 6 Abs. 2–4 etablierten Präventionsmaßnahmen zu ergreifen sind, wie zB die Verabredung einer Korrekturmaßnahme nach einem Audit, das aufgrund der vertraglichen Vereinbarung von entsprechenden Kontrollmechanismen stattfinden konnte oder auch die Anpassung von Einkaufspraktiken gegenüber einem bestimmten Zulieferer bei festgestelltem Risiko nach überarbeiteter Einkaufs- und Beschaffungsstrategie gem. § 6 Abs. 3 Nr. 2.

45 In der Praxis wird eine scharfe **Trennung zwischen den in den Regelbeispielen** aufgeführten Maßnahmen oft nicht möglich sein, da sie sich zT überlappen oder aufeinander aufbauen. Zudem können sie auch Teil der nach § 7 (→ § 7 Rn. 12 ff.) zu ergreifenden Abhilfemaßnahmen sein.[95] In allen Schritten sollte eine **enge Einbindung der unmittelbaren Zulieferer** und anderen Beteiligten erfolgen, um eine dauerhafte und vertrauensbasierte Kooperation aufzubauen, welche die Akzeptanz für die Umsetzung konkret erforderlicher Maßnahmen beim Zulieferer stärkt.[96] Mit Blick auf die Angemessenheit der Maßnahmen kann das Unternehmen sein Engagement zu einem gewissen Grad davon abhängig machen, inwieweit es von einer solchen Kooperation langfristig profitieren kann. Im Rahmen dieser Abwägung ist insbesondere der Verursachungsbeitrag des jeweiligen Unternehmens sowie die zu erwartende Schwere des Verstoßes (→ § 3 Rn. 20 ff., → Rn. 4) zu gewichten.[97]

46 Laut der Gesetzesbegründung sollen diese Vorgaben sowohl für Zulieferer gelten, mit denen sich eine Vertragsbeziehung anbahnt, als auch für die, mit denen bereits eine Vertragsbeziehung besteht (genauer bzgl. der Pflicht zu vertraglichen Zusicherungen → Rn. 48 ff.).[98]

1. Berücksichtigung der Erwartungen bei der Auswahl der Zulieferer (Nr. 1)

47 Das Unternehmen soll seine gemäß Abs. 2 Nr. 3 (→ Rn. 21 ff.) formulierten menschenrechts- und umweltbezogenen Erwartungen an seine Zulieferer als festen Bestandteil einer **Lieferantenbewertung** einrichten, um die Aufnahme einer Vertragsbeziehung vorab zu evaluieren.[99] Die Erwartungen haben sich nach der Gesetzesbegründung zu § 6 Abs. 2 Nr. 3 an den in der Anlage zu § 2 aufgelisteten Menschenrechts- und Umweltübereinkommen zu orientieren und klare Vorgaben zur Prävention, Minimierung und Abhilfe von Risiken zu enthalten. Inwieweit Lieferanten bereits

---

95 Grabosch LkSG/Grabosch § 5 Rn. 89.
96 Vgl. Grabosch LkSG/Grabosch § 5 Rn. 89.
97 Grabosch LkSG/Grabosch § 5 Rn. 89.
98 BT-Drs. 19/28649, 47; Grabosch LkSG/Grabosch § 5 Rn. 88.
99 BT-Drs. 19/28649, 47.

so aufgestellt sind, dass sie diesen Vorgaben genügen oder aber bereit sind, sich hierhin zu entwickeln, sollte als Maßstab in die Lieferantenbewertung aufgenommen werden.[100] Nach dem OECD-Leitfaden zur Erfüllung der unternehmerischen Sorgfaltspflicht kann eine solche Bewertung in Form eines **Präqualifizierungsprozesses** oder mithilfe von Ausschreibungskriterien oder Screening-Kriterien, die die menschenrechts- und umweltbezogenen Erwartungen berücksichtigen, erfolgen.[101]

2. Vertragliche Zusicherung des unmittelbaren Zulieferers (Nr. 2)

§ 6 Abs. 4 Nr. 2 verlangt „die vertragliche Zusicherung eines unmittelbaren Zulieferers, dass dieser die von der Geschäftsleitung des Unternehmens verlangten menschenrechtsbezogenen und umweltbezogenen Erwartungen einhält und entlang der Lieferkette angemessen adressiert". Hierbei ist davon auszugehen, dass es weniger um eine Pflicht zur Einhaltung des konkreten individuellen Verhaltenskodex des Unternehmens geht, sondern um die vertragliche Verabredung der Einhaltung einer gemeinsam verstandenen Ausprägung der im LkSG ausgewiesenen Standards sowie die Durchführung und Einhaltung von Maßnahmen, die aufgrund der im spezifischen Lieferzusammenhang ermittelten Risiken als notwendig identifiziert worden sind.[102] Alles andere wäre wenig praxistauglich, da Lieferanten kaum individuell im Detail unterschiedliche Kodizes und Anforderungen verschiedener (möglicherweise zahlreicher) Kunden einhalten können. Dies muss zumindest verhandelbar sein, mit dem Ziel, dass Lieferanten ein von Kunden identifiziertes notwendiges und angemessenes Risikomanagement im Sinne des LkSG im konkreten Fall durchführen – aber nicht generelle, teilweise im spezifischen Kontext ggf. nicht verhältnismäßige und nicht akzeptable, Detailvorschriften einzuhalten haben (→ Rn. 54, 57). Die vertragliche Verankerung der Erwartungen **sichert die Umsetzung der Menschenrechtsstrategie beim unmittelbaren Zulieferer** sowie darüber hinaus in der Lieferkette. Dem Instrument der vertraglichen Zusicherung dürfte in der Praxis daher große Bedeutung zukommen und ein Verzicht auf eine entsprechende grundlegende Maßnahme nur in Ausnahmefällen zu begründen sein.

48

Vertragliche Zusicherungen können durch Spezifikationen als Annex zum Liefervertrag, spezielle Vertragsklauseln oder allgemeine Geschäftsbedingungen erwirkt werden. Neben der Akzeptanz grundlegender Maßnahmen im Sinne des Abs. 4 sollten darüber hinaus besondere Vereinbarungen zu Maßnahmen in Bezug auf **spezifische** beim unmittelbaren Lieferanten oder in dessen Lieferkette identifizierte **Risiken** vereinbart werden, wie zB die Nutzung bestimmter spezialisierter Audit-Standards für ein angemessenes Risikomanagement in diesen konkreten Risikoberei-

49

---

100 Vgl. dazu auch Grabosch LkSG/Grabosch § 5 Rn. 91.
101 OECD-Leitfaden: verantwortungsvolles unternehmerisches Handeln S. 62.
102 BT-Drs. 19/28649, 47.

chen.[103] Diese können etwa in Form von spezifischen Klauseln neben allgemeinen Klauseln oder Geschäftsbedingungen in individuelle Verträge aufgenommen werden.

50 Die Gesetzesbegründung und der Auslegungshintergrund nach VNLP und OECD-Leitfaden enthalten keine Anhaltspunkte dazu, was zu unternehmen ist, wenn ein unmittelbarer **Zulieferer entsprechenden vertraglichen Regelungen nicht zustimmt.** Wenn dies Ausdruck einer allgemeinen Verweigerung der Kooperation und des mangelnden Willens, Sorgfaltspflichten im Umgang mit menschenrechtlichen und umweltbezogenen Risiken anzuerkennen, ist, sollte eine Lieferbeziehung mit diesem Lieferanten nicht eingegangen werden. Die grundlegenden Voraussetzungen für ein wirksames Risikomanagement nach den Sorgfaltspflichten gem. § 3 sind hier nicht erfüllt. Gleichzeitig sind der Grundsatz „Befähigung vor Rückzug"[104] und die Tatsache, dass rechtlich oder tatsächlich Unmögliches nicht verlangt werden kann,[105] zu berücksichtigen.[106]

51 Eine andere Frage ist, inwieweit die **vertragliche Zusicherung auch für bestehende Verträge zu erwirken ist.** Nach dem Wortlaut kann Abs. 4 Nr. 2 im Zusammenhang mit Nr. 1 ausgelegt werden und sich auf die Zeit vor Vertragsschluss beziehen. Dagegen spricht jedoch die Betrachtung der Regelbeispiele als allgemeine Instrumente eines effektiven Lieferanten-Risikomanagements (→ Rn. 44). Generell wird es angesichts der Anforderungen des LkSG angeraten sein, vertragliche Zusicherungen auch für bestehende Verträge zu erwirken. Die damit verbundene Abstimmung mit dem Lieferanten zu menschenrechts- und umweltbezogenen Sorgfaltspflichten sowie die daraus resultierende vertragliche Abrede sind ein wichtiges Instrument eines wirksamen Risikomanagements. Die Anfrage zur Zustimmung zu entsprechenden vertraglichen Klauseln kann zB mit dem Argument geschehen, dass das Unternehmen neuen Compliance-Anforderungen nach dem LkSG ausgesetzt ist und daher Vertragsanpassungen vornehmen möchte. Generell gilt aber auch hier, dass rechtlich und tatsächlich Unmögliches nicht verlangt werden kann. Es hängt somit vom Vertragspartner ab, ob er entsprechenden vertraglichen Zusatzregelungen zustimmt.[107]

---

103 Ein Beispiel ist ein Audit nach der Initiative for Responsible Mining Assurance (IRMA) für ein angemessenes Risikomanagement bei Minen und Raffinerien, s. https://responsiblemining.net/ Kobalt. (bmwgroup.com) sowie die Anforderungen an den Kobalt-Einkauf bei BMW, s. https://www.bmwgroup.com/de/nachhaltigkeit/unser-fokus/umwelt-und-sozialstandards/lieferkette/rohstoffe-teaser/kobalt.html.
104 Vgl. hierzu Hembach Praxisleitfaden S. 166.
105 BT-Drs. 19/30505, 38; Noll/Stöbener NZG 2021, 1237 (1241).
106 Vgl. VCI, Diskussionspapier zu Rechts- und Umsetzungsfragen des Lieferkettensorgfaltspflichtengesetzes (LkSG), 18.3.2022, S. 50; Brouwer CCZ 2022, 137 (144).
107 Vgl. VCI, Diskussionspapier zu Rechts- und Umsetzungsfragen des Lieferkettensorgfaltspflichtengesetzes (LkSG), 18.3.2022, S. 50.

a) Einhaltung der Erwartungen durch den unmittelbaren Zulieferer

Auf Basis der Grundsatzerklärung und Menschenrechtsstrategie hat das Unternehmen vertraglich festzulegen, welchen Vorgaben der unmittelbare Zulieferer zuzustimmen hat, um identifizierten menschenrechtlichen und umweltbezogenen Risiken vorzubeugen.[108] Hierfür können konkrete Vorgaben in die Vertragsgrundlage aufgenommen oder im Rahmen dieser auf den **Lieferantenkodex** des Unternehmens (→ Rn. 27) oder andere Standards verwiesen werden.[109]

Meist geschieht dies über eine Aufnahme entsprechender Inhalte in die **allgemeinen Einkaufsbedingungen**. Hierbei sind – zumindest sofern deutsches Recht anwendbar sein sollte – die Regelungen zur Ausgestaltung Allgemeiner Geschäftsbedingungen (§§ 305 ff. BGB) zu beachten. Andernfalls könnte die Vereinbarung mangels Wirksamkeit ins Leere gehen. Dies könnte beispielsweise der Fall sein, wenn die an den Vertragspartner gestellten Anforderungen von diesem absehbar nicht ohne Unterstützung erfüllt werden können.[110]

Auch wenn die §§ 305 ff. BGB in diesem Fall nicht einschlägig sein sollten, ist zu hinterfragen, ob die **Aufstellung unrealistischer Anforderungen** als angemessene Präventionsmaßnahme gelten kann. Denn eine Verbesserung des Schutzes der Menschenrechte ist hier nicht zu erwarten. Unternehmen können ihre Verpflichtung zur Einhaltung der Sorgfaltspflichten daher nicht einfach durch vertragliche Regelungen an ihre Zulieferer abgeben, sondern müssen die Wirksamkeit der Maßnahmen überprüfen. Wenn erforderlich, muss weitere Unterstützung angeboten und/oder müssen zusätzliche Präventionsmaßnahmen ergriffen werden, die sich auf eine gemeinsame Lösung konzentrieren.[111]

Neben materiellrechtlichen Vorgaben sollte die vertragliche Zusicherung auch dazu genutzt werden, die **Einhaltung weiterer Sorgfaltspflichten** (§§ 4, 5, 7-10) abzusichern oder zu erleichtern. Dies gilt zB für Informationen, die für das Risikomanagement nach § 4 notwendig sind. Mit Blick auf § 7 sollte die Durchführung einer Risikoanalyse sowie das Erarbeiten und Ergreifen geeigneter und angemessener Maßnahmen im Fall von Verletzungen von Menschenrechts- oder Umweltpositionen sowie das Recht des Unternehmens, Zugang zu entsprechenden Informationen zu bekommen, um sich einen Eindruck von der Wirksamkeit der Maßnahmen zu verschaffen, vertraglich verankert werden (→ § 7 Rn. 28–30). Desgleichen sollten angesichts des Risikos möglicher Verstöße gegen diese Erwartungen **Sanktionsmöglichkeiten** verankert werden. Dies können zB **Vertragsstrafen**, ein **Recht zur Zurückweisung von Leistungen** und sollten mit Blick auf § 7 Abs. 3 jedenfalls **Kündigungsrechte** sein (vgl. zur Umsetzung des Abbruchs der Geschäftsbeziehungen nach § 7 Abs. 3

---

108 BT-Drs. 19/28649, 47; Grabosch LkSG/Grabosch § 5 Rn. 93.
109 Vgl. BT-Drs. 19/28649, 47; Grabosch LkSG/Grabosch § 5 Rn. 94.
110 Grabosch LkSG/Grabosch § 5 Rn. 95.
111 Ähnlich Hembach Praxisleitfaden S. 161 f.

→ § 7 Rn. 77 ff.).[112] Sinnvoll erscheint zudem die **Vereinbarung von Berichts- oder Informationspflichten** des Zulieferers gegenüber dem Unternehmen, um die Risikoanalyse anlassbezogen aktualisieren zu können.[113] Solche Berichtspflichten können auch Teil der nach Nr. 4 (→ Rn. 42 f.) vorgesehenen vertraglichen Kontrollmechanismen sein. Nach der Gesetzesbegründung ist auch dafür Sorge zu tragen, dass vertragliche Verpflichtungen so ausgestaltet sind, dass sie auch nach Vertragsabschluss an die Ergebnisse weiterer Risikoanalysen angepasst werden können.[114]

56 Die **Akzeptanz vertraglicher Verpflichtungen** durch unmittelbare Zulieferer dürfte in der Praxis nicht immer gegeben sein. Auch mit Blick auf gute Beziehungen und Kooperation im Bereich menschenrechtlicher und umweltbezogener Risiken sollte **eine enge Abstimmung mit unmittelbaren Zulieferern** erfolgen und Hintergründe, Sinn und Zweck dieser Klauseln dargelegt werden. Die nach Nr. 2 vorzusehenden Regelungen dürften in der Regel einfacher akzeptiert werden, wenn auf bereits bekannte und etablierte Branchenstandards oder branchenübergreifende Lieferantenkodizes zurückgegriffen wird.[115]

57 Wenn ein Lieferant viele Kunden hat und seine Produkte und Dienstleistungen in mehr als einem industriellen Sektor anbietet, kann es möglicherweise nicht praktikabel sein, ihm die konkreten unternehmenseigenen Erwartungen aufzuerlegen. Für Lieferanten kann es **eine große oder gar unmögliche Herausforderung** sein, an sie gestellte individuelle Erwartungen und Kodizes mit unterschiedlichen Anforderungen oder detaillierten Einzelheiten verschiedener Kunden (wie zB die Kommunikation von individuellen Kundenkodizes an Aktionäre) zu erfüllen. Dieser Herausforderung kann bspw. durch die Ausrichtung der Erwartungen an internationalen (zB VNLP) oder branchenweiten Standards sowie durch Abstimmung mit anderen Branchenakteuren begegnet werden. Letzteres setzt die Beachtung wettbewerbsrechtlicher Anforderungen voraus. Wesentlich ist ein Dialog mit Lieferanten darüber, wie widersprüchliche oder in der Praxis nur schwer taugliche Anforderungen adressiert oder großer Aufwand gemindert und Anforderungen vereinheitlicht oder gegenseitig anerkannt werden können.

---

112 Hembach Praxisleitfaden S. 160; vgl. hierzu auch die Vorgaben der Model Contract Clauses to Protect Workers in International Supply Chains der American Bar Association, abrufbar unter https://www.americanbar.org/groups/human_rights/business-human-rights-initiative/contractual-clauses-project/.
113 Hembach Praxisleitfaden S. 162; BT-Drs. 19/28649, 47; Grabosch LkSG/Grabosch § 5 Rn. 93.
114 BT-Drs. 19/28649, 47; Grabosch LkSG/Grabosch § 5 Rn. 93.
115 Vgl. unter Verweis auf die Model Contract Clauses to Protect Workers in International Supply Chains der American Bar Association Grabosch LkSG/Grabosch § 5 Rn. 96; Hembach Praxisleitfaden S. 161.

b) Adressieren entlang der Lieferkette

Neben einer Zusicherung bezogen auf sein eigenes Handeln soll der unmittelbare Zulieferer sich nach Nr. 2 auch dazu verpflichten, die menschenrechts- und umweltbezogenen Erwartungen des Unternehmens auch entlang der Lieferkette angemessen zu adressieren. Dies erfolgt insbesondere im Rahmen von sogenannten **Weitergabeklauseln**, in denen sich der Vertragspartner dazu verpflichtet, seine eigenen Zulieferer ebenfalls zur Einhaltung der vorgegebenen Erwartungen zu verpflichten.[116]

Ziel einer solchen Ausgestaltung ist es, dass die Erwartungen auf diese Weise auch in der weiteren Lieferkette etabliert werden (trickle-down effect). Auf diese Weise sind die Sorgfaltspflichten des LkSG mittelbar auch durch Unternehmen zu erfüllen, die zunächst nicht in den Anwendungsbereich des Gesetzes fallen.[117] In der Praxis ist die Sicherstellung der **Wirksamkeit allgemeiner Weitergabeklauseln** aufgrund mangelnder vertraglicher Beziehungen, Informationen und Kontrollmöglichkeiten schwierig. Wirksame Kontrolle über die Lieferkette bedeutet hier einen sehr großen Aufwand, der nach § 3 Abs. 2 angemessen sein muss. Werden die Anforderungen jedoch lediglich in Klauseln verankert, ohne dass eine Wirksamkeit effektiv überprüft werden kann, sind sie als effektives Management-Instrument eher von geringem Wert bzw. müssen vor dem Hintergrund des Risikos ihrer limitierten Wirksamkeit betrachtet werden. Abhilfe können hier wiederum **digitale Plattformen und Blockchain-Technologie** schaffen. Darüber ist es grundsätzlich möglich, Informationen und Nachweise über die Lieferkette anonymisiert zur Verfügung zu stellen (→ Rn. 39).

Eine andere Möglichkeit stellen Vorgaben dahin gehend dar, dass bestimmte Produkte, die beispielsweise mit einem sehr hohen menschenrechtlichen Risiko verbunden sind, nur von zertifizierten Lieferanten bezogen werden dürfen.[118] Dies kann verbunden mit Informations- und Berichtspflichten zu diesen Zertifikaten auch wirksam überprüft werden.

3. Durchführung von Schulungen (Nr. 3)

Nr. 3 nennt die Durchführung von Schulungen/Weiterbildungen als weitere Präventionsmaßnahme zur **Durchsetzung vertraglicher Zusicherungen des unmittelbaren Zulieferers** zur Einhaltung menschenrechts- und umweltbezogener Erwartungen. Sie dienen der erforderlichen Befähigung der Vertragspartner, die entsprechenden Anforderungen erfüllen zu können. Es ist ratsam, die Pflicht zur Mitwirkung bei Schulungen/Weiterbildungen in Vereinbarungen mit Zulieferern festzuhalten, um solche Maß-

---
116 BT-Drs. 19/28649, 48.
117 Hembach Praxisleitfaden S. 162.
118 BT-Drs. 19/28649, 48; Grabosch LkSG/Grabosch § 5 Rn. 93; Hembach Praxisleitfaden S. 162; vgl. Gehling/Ott/Lüneborg CCZ 2021, 230 (236); grundsätzlich zur Vertragsgestaltung Klinger/Krajewski/Krebs/Hartmann Sorgfaltspflichten S. 30 f.

nahmen effektiv durchführen zu können.[119] Entsprechende Schulungen sind bereits gängige Unternehmenspraxis in Form von Lieferantenqualifizierungsprogrammen.[120] Für eine Verbesserung der Menschen- und Arbeitsrechtslage vor Ort ist es wichtig, dass auch Mitarbeiter und Betroffene an Schulungen teilnehmen können, um ihre Rechte zu verstehen und verteidigen zu können.[121]

62 In der Praxis stellt sich die Frage der **Notwendigkeit von Schulungen**, wenn angenommen werden kann, dass der Lieferant die menschenrechts- und umweltbezogenen Erwartungen des Unternehmens verstanden hat und/oder äquivalent über sein etabliertes eigenes Managementsystem bereits erfüllt und über entsprechende Expertise verfügt.[122] Insbesondere wenn Zulieferer in Ländern mit kolonialer Vergangenheit oder mit entwicklungspolitischem Hintergrund beheimatet sind, kann hier schnell der Eindruck der Bevormundung und mangelnden Augenhöhe entstehen und Schulungsanforderungen als beleidigend oder unangemessen empfunden werden. Insgesamt dürfte davon auszugehen sein, dass die Angemessenheitskriterien des § 3 Abs. 2 auch für die Durchführung der Präventionsmaßnahmen gelten und es sich bei den Nr. 1–4 lediglich um Regelbeispiele handelt, dh eine generelle Verpflichtung zur Durchführung von Schulungen nicht besteht.[123] Zudem dürfte es als unzumutbar zu werten sein, Unternehmen zu Schulungen zu verpflichten, die keinen Mehrwert aufweisen oder der Geschäftsbeziehung nicht zuträglich sind. In der Praxis sollte sorgsam in Abstimmung mit den Lieferanten geprüft werden, für welche Lieferanten eine Schulung angeraten ist. Alternativ kann auch ein **Austausch unter Experten** zum menschenrechtlichen und umweltbezogenen Risikomanagement angeboten werden, über den Lücken im Risikomanagement des Lieferanten erfasst und gezielt adressiert werden können. Dazu gehört auch die Einbeziehung und Information von Mitarbeitern und Betroffenen zu Anforderungen, Rechtspositionen und Beschwerdemechanismus.

4. Risikobasierte Kontrollmechanismen (Nr. 4)

63 Laut Gesetzesbegründung kann die Überprüfung der Einhaltung der Vereinbarungen bei unmittelbaren Zulieferern durch **selbst durchgeführte**

---

119 Grabosch LkSG/Grabosch § 5 Rn. 98.
120 Vgl. das „Social-Improvement-Programme" der Rewe Group, https://www.rewe-group.com/de/presse-und-medien/newsroom/stories/sozialer-fortschritt-trainingsprogramm-fuer-lieferanten/, oder das Lieferantenqualifizierungsprogramm bei Tchibo, https://www.we-socialquality.com/we-programme.aspx?l=2.
121 Vgl. Oxfam Deutschland, Süße Früchte, Bittere Wahrheit, 2016, abrufbar unter https://www.oxfam.de/ueber-uns/publikationen/suesse-fruechte-bittere-wahrheit, S. 29; Know-the-chain, https://knowthechain.org/addressing-forced-labor-risks-in-lower-tiers-of-electronics-supply-chains-examples-of-company-practice/#1615832800868-ae31fc8f-4104; https://www.business-humanrights.org/en/big-issues/labour-rights/beyond-social-auditing/.
122 Vgl. VCI, Diskussionspapier zu Rechts- und Umsetzungsfragen des Lieferkettensorgfaltspflichtengesetzes (LkSG), 18.3.2022, S. 51; Brouwer CCZ 2022, 137 (144).
123 Hembach Praxisleitfaden S. 156.

Kontrollen, etwa Lieferantenbesuche vor Ort, Durchführung eigener Audits oder durch mit Audits beauftragte Dritte oder auch die Inanspruchnahme bekannter **Zertifizierungs- oder Audit-Systeme**, erfolgen, soweit dadurch eine unabhängige und angemessene Kontrolle gewährleistet wird.[124] Die Möglichkeit und Durchführung solcher Kontrollen soll vertraglich mit dem Zulieferer vereinbart werden.[125] Angesichts der großen Bedeutung, die Audits und Zertifizierungen in der Praxis haben, ist jedoch zu betonen, dass diese je nach Anforderungen und Ausgestaltung lediglich mehr oder weniger effektive Werkzeuge zur Überprüfung und Sicherstellung der Wirksamkeit von Managementsystemen sind.

Die Einrichtung extern prüfender bekannter Zertifizierungs- oder Audit-Systeme entbindet das Unternehmen nicht von seinen Sorgfaltspflichten nach dem LkSG.[126] Kontinuierliche Risikoüberwachung und anlassbezogene Risikoanalysen sowie das Ergreifen entsprechender Maßnahmen können dadurch nicht ersetzt werden. Zudem ist das **Ergebnis von Audits oder Zertifizierungen häufig unzutreffend**.[127] Audits sind nur eine Momentaufnahme und häufig angekündigt, so dass sie nicht unbedingt die Realität widerspiegeln. Zudem kommt es für die Qualität und Wirksamkeit von Audits entscheidend auf die Anforderungen an das Audit (zB verpflichtende Interviews mit Mitarbeitern und Betroffenen, tatsächliche Überprüfung der Situation oder eher dokumentbezogene Prüfung) sowie die Qualität der Auditoren an. Diese Einschätzung entspricht zahlreichen Studien der Zivilgesellschaft und zunehmend Unternehmenspolitiken, die die begrenzte Aussagekraft und Wirkung von Sozialaudits/Betriebskontrollen zur Verbesserung der Menschenrechtslage feststellen. Um die Aussagekraft von Audits zu erhöhen, fordern NGOs zB die Einbeziehung von Gewerkschaften oder anderen Stakeholdern.[128] Auch unangekündigte Audits, wie zB Interviews von Mitarbeitern außerhalb des Arbeitsorts im geschützten Raum, und Schulungen sowie Qualitätsprüfungsanforderungen an Auditoren können die Wirksamkeit von Audits verbessern.

Über Audits hinaus sollten daher entsprechend der identifizierten Risiken und Situationen bei relevanten Zulieferern angemessene **weitergehende Maßnahmen** ergriffen werden, wenn deutlich ist, dass Audits in einem konkreten Fall nicht abschließend als geeignetes Mittel der Risikominimierung oder Abhilfe gewertet werden können. Je nach Situation sollte auf Maßnahmen wie zB Anreizsysteme und Schulungen oder Ka-

---

124 BT-Drs. 19/28649, 48.
125 BT-Drs. 19/28649, 48.
126 BT-Drs. 19/28649, 48.
127 Grabosch LkSG/Grabosch § 2 Rn. 96; Terwindt/Saage-Maaß Textilindustrie S. 5 f.
128 ECCHR/Brot für die Welt/Misereor, Menschenrechtsfitness von Audits und Zertifizierern, 2021, abrufbar unter https://www.ecchr.eu/publikation/menschenrechtsfitness-von-audits-und-zertifizierern-1/, S. 25–39; Oxfam Deutschland, Süße Früchte, Bittere Wahrheit, 2016, abrufbar unter https://www.oxfam.de/system/files/20150530-oxfam-suesse-fruechte-bittere-wahrheit.pdf, S. 29.

pazitätsaufbau bei Zulieferern zurückgegriffen[129] oder Maßnahmen wie zB die bereits erwähnten Human Rights Impact Assessments (→ Rn. 35), geeignete Stakeholder-Dialoge oder Initiativen angestoßen werden.

66 Die in § 6 geregelten Präventionsmaßnahmen zielen darauf ab, die Verwirklichung des im Rahmen der Risikoanalyse festgestellten Risikos zu verhindern. Entsprechend sind wirksame und angemessene Maßnahmen zu ergreifen. Ähnliches gilt für Fälle eingetretener Verletzungen gem. § 7. **Audits und Zertifizierungen** sind lediglich ein wichtiges Kontrollinstrument, aber **nicht in allen Bereichen und Konstellationen hinreichend zielführend und wirksam**. So können die Erstellung und Überwachung geeigneter Aktionspläne zusammen mit relevanten Stakeholdern[130] sowie die Anpassung der eigenen Beschaffungsstrategien und Einkaufspraktiken nach § 6 Abs. 3 Nr. 2 (→ Rn. 28 ff.) oder auch die Sicherstellung effektiven Wissens und Kapazität für wirksames Management menschenrechtlicher und umweltbezogener Risiken beim Lieferanten über Schulungen nach § 6 Abs. 4 Nr. 3 (→ Rn. 40 ff.) in vielen Situationen unabdingbare Maßnahmen sein, um wirksames Risikomanagement beim Lieferanten zu erreichen.

67 Während der Gesetzeswortlaut risikobasierte Kontrollen lediglich als Maßnahme gegenüber unmittelbaren Zulieferern erwähnt, empfiehlt die Gesetzesbegründung auch **die Kontrolle strategisch relevanter mittelbarer Zulieferer**.[131] Das kann wie auch im Fall der Lieferantenkodizes in Form von Weitergabeklauseln (→ Rn. 58 f.) geschehen, in denen der Lieferant verpflichtet wird, eigene Vertragspartner ebenfalls zur Kontrolle der menschenrechts- und umweltbezogenen Standards zu verpflichten (→ Rn. 58). Darüber hinaus wird jedoch ggf. auch eine entsprechende über den unmittelbaren Lieferanten hinausgehende Risikoanalyse notwendig sein (vgl. hierzu → Rn. 69, → § 5 Rn. 39 f.).

---

129 Vgl. dazu Oxfam Deutschland, Süße Früchte, Bittere Wahrheit, 2016, abrufbar unter https://www.oxfam.de/ueber-uns/publikationen/suesse-fruechte-bittere-wahrheit; Kampagne für Saubere Kleidung, Fig Leaf for Fashion/Sozialaudits – Wie sie Unternehmen schützen und Arbeiter*innen im Stich lassen, 2019, abrufbar unter https://saubere-kleidung.de/2019/11/sozialaudits-lassen-arbeiterinnen-im-stich/; ECCHR, Bangladesch – Textilindustrie – Rana Plaza, Mehr Show als Sicherheit: Zertifikate in der Textilindustrie, 2018, abrufbar unter https://www.ecchr.eu/fall/mehr-show-als-sicherheit-zertifikate-in-der-textilindustrie/; Lidl, Einkaufspolitik, Menschenrechte in der Lieferkette, 21.1.2022, abrufbar unter https://unternehmen.lidl.de/pdf/show/48675, S. 16; Aldi Süd, Menschenrechte, November 2021, abrufbar unter https://cr.aldisouthgroup.com/de/verantwortung/unsere-schwerpunkte/menschenrechte#ueber-audits-hinausgehende-herangehensweise.
130 Oxfam, The People Behind Prices, 6.2.2019, abrufbar unter https://policy-practice.oxfam.org/resources/the-people-behind-the-prices-a-focused-human-rights-impact-assessment-of-sok-co-620619/; Oxfam, The Workers Behind Sweden's Italian Wine, 2020, abrufbar unter https://policy-practice.oxfam.org/resources/the-workers-behind-swedens-italian-wine-an-illustrative-human-rights-impact-ass-621266/; Puma/FLA, Social Aspects, abrufbar unter https://annual-report.puma.com/2020/en/sustainability/social-aspects.html.
131 Vgl. BT-Drs. 19/28649, 48.

VI. Überprüfung der Wirksamkeit (Abs. 5)

Die Wirksamkeit der Präventionsmaßnahmen ist einmal im Jahr sowie anlassbezogen zu überprüfen. Dabei sind Erkenntnisse aus der Bearbeitung von Hinweisen nach § 8 Abs. 1 zu berücksichtigen. Ergibt sich im Rahmen der Überprüfung Anpassungsbedarf, so sind die Maßnahmen unverzüglich zu aktualisieren. Eine entsprechende Verpflichtung dürfte sich aber bereits aus Abs. 1 ergeben, dass bei bestehendem Anpassungsbedarf keine angemessene Präventionsmaßnahme vorliegt.[132] Ein Verstoß gegen die anlassbezogene Überprüfungspflicht sowie die Pflicht zur Aktualisierung entsprechender Maßnahmen ist eine Ordnungswidrigkeit iSd § 24 Abs. 1 Nr. 4 bzw. Nr. 5 und kann mit einer Geldbuße bis zu 800.000 EUR geahndet werden.

68

Die Präventionsmaßnahmen nach § 6 sind nach ihrem Sinn und Zweck regelmäßig daraufhin zu überprüfen, ob sie geeignet sind, die Verwirklichung der im Rahmen der Risikoanalyse festgestellten Risiken wirksam zu verhindern. Nur auf diese Weise ist ein wirksames Risikomanagement gewährleistet. Hierbei ist zwischen dem generell in der Grundsatzerklärung und Menschenrechtsstrategie eingerichteten Risikomanagement-System basierend auf einer allgemeinen Risikoanalyse und entsprechender Priorisierung einerseits und konkret zu ergreifenden Maßnahmen und Aktionsplänen als Antwort auf individuelle Risiken bei bestimmten Lieferanten andererseits zu unterscheiden. Werden **Wirksamkeitslücken** festgestellt, sind unverzüglich (hierzu → Rn. 6) Anpassungsmaßnahmen zu ergreifen.[133] Eine unverzügliche Anpassung ist weiterhin erforderlich, wenn bisher **noch nicht berücksichtigte Risiken auftreten oder festgestellt** werden. Die Überprüfung der Präventionsmaßnahmen wird daher eng mit der Aktualisierung der Risikoanalyse (→ § 5 Rn. 35) zusammenhängen. Aus diesem Grund ist eine **anlassbezogene Überprüfung** der Wirksamkeit von Risikomaßnahmen für den Fall vorgesehen, dass das Unternehmen mit einer **wesentlich veränderten oder erweiterten Risikolage** im eigenen Geschäftsbereich oder beim unmittelbaren Zulieferer rechnen muss. Dies kann unter anderem bei der Einführung neuer Produkte, neuer Projekte oder eines neuen Geschäftsfeldes der Fall sein (vgl. hierzu ausführlich → § 5 Rn. 38 ff.).

69

VII. Zukünftige Rechtsentwicklung

Auch der von der Europäischen Kommission am 23.2.2022 unterbreitete Vorschlag für eine „Richtlinie des Europäischen Parlaments und des Ra-

70

---

132 So auch Korch NJW 2022, 2065 (2066, 2068).
133 Teilweise wird ausgeführt, eine Überprüfung der Wirksamkeit und eine entsprechende Anpassung sei nicht vorgesehen, wenn die Risikolage sich nicht ändert, dem Unternehmen aber dennoch Anhaltspunkte dafür vorliegen, dass die Präventionsmaßnahme ihre Wirkung verfehlen, vgl. Korch NJW 2022, 2065 (2066 f.). Für einen solchen Fall ist jedoch vielmehr anzunehmen, dass eine Aktualisierung der Maßnahmen nach Abs. 5 S. 3 unabhängig davon zu erfolgen hat, woher die Kenntnis über den Anpassungsbedarf herrührt; im Ergebnis zustimmend Korch NJW 2022, 2065 (2069).

tes für die Sorgfaltspflichten von Unternehmen im Hinblick auf Nachhaltigkeit und zur Änderung der Richtlinie (EU) 2019/1937" sieht in Art. 7 und 8 zur **Vermeidung und Behebung negativer Auswirkungen** verschiedene Maßnahmen und Instrumente wie die Verankerung von menschenrechtlichen und umweltbezogenen Erwartungen gegenüber Zulieferern, die Formulierung vertraglicher Zusicherungen von Geschäftspartnern und Weitergabeklauseln, die Durchführung von Kontrollen, Schulungen sowie eine Zusammenarbeit mit anderen Unternehmen in Brancheninitiativen vor.[134] Während jedoch das LkSG in § 6 Abs. 3 Nr. 2 insgesamt die Implementierung geeigneter Beschaffungsstrategien und Einkaufspraktiken fordert, sieht der Richtlinien-Vorschlag der EU konkreter die gezielte und verhältnismäßige **Unterstützung von kleinen und mittleren Unternehmen** vor, wenn ansonsten die Einhaltung von Verhaltenskodizes oder Korrekturplänen gefährdet würde (Art. 7 lit. d, Art. 8 lit. e). In dieselbe Richtung geht die Vorgabe zu notwendigen Investitionen in Management-, Produktionsverfahren und/oder -infrastrukturen zur Umsetzung von Verhaltenskodizes und Präventionsplänen bei Geschäftspartnern.

71 Der zentrale **Unterschied** zwischen der deutschen und der geplanten EU-Rechtslage ist jedoch – wie auch bei den übrigen Maßnahmen der Sorgfaltspflicht – die **Reichweite der Sorgfaltspflicht**. Der Richtlinien-Vorschlag umfasst die gesamte Lieferkette, beschränkt die Sorgfaltspflicht jedoch auf „etablierte Geschäftsbeziehungen".[135] Das deutsche LkSG beschränkt die zu ergreifenden Maßnahmen in §§ 4–8 zunächst auf den eigenen Geschäftsbereich sowie direkte Zulieferer, dehnt diesen jedoch bei substantiierter Kenntnis auf die gesamte Lieferkette aus (→ § 9 Rn. 9ff.). Das deutsche LkSG kann daher im Einzelfall einen weitergehenden Anwendungsbereich haben.

§ 7 Abhilfemaßnahmen

(1) [1]Stellt das Unternehmen fest, dass die Verletzung einer menschenrechtsbezogenen oder einer umweltbezogenen Pflicht in seinem eigenen Geschäftsbereich oder bei einem unmittelbaren Zulieferer bereits eingetreten ist oder unmittelbar bevorsteht, hat es unverzüglich angemessene Abhilfemaßnahmen zu ergreifen, um diese Verletzung zu verhindern, zu beenden oder das Ausmaß der Verletzung zu minimieren. [2]§ 5 Absatz 1 Satz 2 gilt entsprechend. [3]Im eigenen Geschäftsbereich im Inland muss die Abhilfemaßnahme zu einer Beendigung der Verletzung führen. [4]Im eigenen Geschäftsbereich im Ausland und im eigenen Geschäftsbereich gemäß § 2 Absatz 6 Satz 3 muss die Abhilfemaßnahme in der Regel zur Beendigung der Verletzung führen.

---

134 COM(2022) 71 final.
135 Siehe zur Kritik daran Initiative Lieferkettengesetz, Nachhaltige unternehmerische Sorgfaltspflicht: Stellungnahme der EU-Kommission, 2022, S. 13 f.

(2) ¹Ist die Verletzung einer menschenrechtsbezogenen oder einer umweltbezogenen Pflicht bei einem unmittelbaren Zulieferer so beschaffen, dass das Unternehmen sie nicht in absehbarer Zeit beenden kann, muss es unverzüglich ein Konzept zur Beendigung oder Minimierung erstellen und umsetzen. ²Das Konzept muss einen konkreten Zeitplan enthalten. ³Bei der Erstellung und Umsetzung des Konzepts sind insbesondere folgende Maßnahmen in Betracht zu ziehen:
1. die gemeinsame Erarbeitung und Umsetzung eines Plans zur Beendigung oder Minimierung der Verletzung mit dem Unternehmen, durch das die Verletzung verursacht wird,
2. der Zusammenschluss mit anderen Unternehmen im Rahmen von Brancheninitiativen und Branchenstandards, um die Einflussmöglichkeit auf den Verursacher zu erhöhen,
3. ein temporäres Aussetzen der Geschäftsbeziehung während der Bemühungen zur Risikominimierung.

(3) ¹Der Abbruch einer Geschäftsbeziehung ist nur geboten, wenn
1. die Verletzung einer geschützten Rechtsposition oder einer umweltbezogenen Pflicht als sehr schwerwiegend bewertet wird,
2. die Umsetzung der im Konzept erarbeiteten Maßnahmen nach Ablauf der im Konzept festgelegten Zeit keine Abhilfe bewirkt,
3. dem Unternehmen keine anderen milderen Mittel zur Verfügung stehen und eine Erhöhung des Einflussvermögens nicht aussichtsreich erscheint.

²Die bloße Tatsache, dass ein Staat eines der in der Anlage zu diesem Gesetz aufgelisteten Übereinkommen nicht ratifiziert oder nicht in sein nationales Recht umgesetzt hat, führt nicht zu einer Pflicht zum Abbruch der Geschäftsbeziehung. ³Von Satz 2 unberührt bleiben Einschränkungen des Außenwirtschaftsverkehrs durch oder aufgrund von Bundesrecht, Recht der Europäischen Union oder Völkerrecht.

(4) ¹Die Wirksamkeit der Abhilfemaßnahmen ist einmal im Jahr sowie anlassbezogen zu überprüfen, wenn das Unternehmen mit einer wesentlich veränderten oder wesentlich erweiterten Risikolage im eigenen Geschäftsbereich oder beim unmittelbaren Zulieferer rechnen muss, etwa durch die Einführung neuer Produkte, Projekte oder eines neuen Geschäftsfeldes. ²Erkenntnisse aus der Bearbeitung von Hinweisen nach § 8 Absatz 1 sind zu berücksichtigen. ³Die Maßnahmen sind bei Bedarf unverzüglich zu aktualisieren.

I. Überblick 1	4. Unverzügliches Ergreifen von Abhilfemaßnahmen .. 25
II. Pflicht zum Ergreifen von Abhilfemaßnahmen (Abs. 1) .. 2	III. Konzept zur Beendigung und Minimierung (Abs. 2) 27
1. Gestufte Pflichtenintensität je nach Nähe und Einflussmöglichkeit 3	1. Verletzungen beim Zulieferer 28
2. Feststellung einer Verletzung 7	2. Inhalt des Konzepts zur Beendigung und Minimierung 33
3. Angemessene Abhilfemaßnahmen 12	

a) Gemeinsamer Plan zur Beendigung oder Minimierung mit dem Verursacher (Nr. 1) 37	c) Keine Abhilfe trotz Durchführung des geplanten Konzepts (Nr. 2) 61
b) Zusammenschluss mit anderen Unternehmen (Nr. 2) 40	d) Keine milderen Mittel (Nr. 3) 64
c) Temporäres Aussetzen der Geschäftsbeziehung (Nr. 3) 48	e) Abbruch der Geschäftsbeziehung bei einem bestehenden sehr hohen Risiko? 65
IV. Abbruch der Geschäftsbeziehung (Abs. 3) 50	2. Fehlende Ratifizierungen und Embargos (S. 2, 3) ... 75
1. Voraussetzungen für einen Abbruch (S. 1) 51	3. Möglichkeit der Umsetzung des Abbruchs 77
a) Grundsatz „Befähigung vor Rückzug" ... 53	V. Jährliche und anlassbezogene Überprüfung (Abs. 4) 81
b) Sehr schwerwiegende Verletzung (Nr. 1) 55	VI. Zukünftige Rechtsentwicklung 83

I. Überblick

1 § 7 begründet die Pflicht des Unternehmens, **Abhilfemaßnahmen** zu ergreifen, und legt die dabei zugrunde zu legenden Maßstäbe fest. Die Vorschrift bildet einen weiteren Baustein des nach §§ 3,4 zu etablierenden Risikomanagementsystems. Basierend auf den Erkenntnissen der Risikoanalyse nach § 5 sollen nach § 7 bereits erfolgte und unmittelbar bevorstehende Verletzungen geschützter Rechtspositionen verhindert, beendet oder minimiert werden (→ Rn. 2 ff.).[1] Die Erforderlichkeit hierfür kann sich entweder direkt nach Abschluss der allgemeinen oder anlassbezogenen Risikoanalyse oder aber auch nach der erfolglosen Durchführung von Präventionsmaßnahmen nach § 6 ergeben, wenn Letztere die Verwirklichung eines Risikos nicht verhindern konnten und eine Verletzung eingetreten ist (→ Rn. 7 ff.).[2] Bei der Ausgestaltung der Maßnahmen sind wiederum die Kriterien der Angemessenheit nach § 3 Abs. 2 zu beachten (→ Rn. 12 ff.).[3] Zudem sieht § 7 ein abgestuftes Vorgehen in Abhängigkeit davon vor, ob die bereits erfolgte oder unmittelbar bevorstehende Verletzung im eigenen Geschäftsbereich, im eigenen Geschäftsbereich im Ausland oder beim unmittelbaren Zulieferer auftritt (→ Rn. 3 ff., 14, 28, 50 f.).

II. Pflicht zum Ergreifen von Abhilfemaßnahmen (Abs. 1)

2 Abs. 1 begründet die **allgemeine Pflicht** des Unternehmens, Abhilfemaßnahmen zu ergreifen, wenn eine Verletzung menschenrechtsbezogener oder umweltbezogener Pflichten in seinem eigenen Geschäftsbereich oder bei einem unmittelbaren Zulieferer bereits eingetreten ist oder unmittelbar bevorsteht. Die Gesetzesbegründung stellt klar, dass § 7 Abs. 1 keine Grundlage für einen Anspruch eines Geschädigten gegenüber einem Un-

---

1 BT-Drs. 19/28649, 48.
2 BT-Drs. 19/28649, 48.
3 BT-Drs. 19/28649, 48.

ternehmen begründet (→ Rn. 24).[4] Wer vorsätzlich oder fahrlässig eine Abhilfemaßnahme nicht oder nicht rechtzeitig ergreift oder überprüft oder aktualisiert oder Hinweisen aus Beschwerden nach § 8 nicht nachgeht oder kein Konzept zur Beendigung oder Minimierung erstellt, handelt nach § 24 Abs. 1 Nr. 4–7 jedoch **ordnungswidrig** (→ § 24 Rn. 19).

1. Gestufte Pflichtenintensität je nach Nähe und Einflussmöglichkeit

Hierbei gilt eine gestufte Pflichtenintensität: Erfolgt die Verletzung im eigenen Geschäftsbereich im Inland, müssen die Abhilfemaßnahmen zu einer **Beendigung** führen (→ Rn. 14). Die Sorgfaltspflichten, die im LkSG ansonsten als Bemühenspflichten ausgestaltet sind, fordern hier einen Erfolg der durchzuführenden Maßnahmen.[5] Im eigenen Geschäftsbereich im Ausland oder bei konzernangehörigen Gesellschaften, auf die das Unternehmen als Obergesellschaft im Sinne von § 2 Abs. 6 S. 3 einen bestimmenden Einfluss ausübt (→ § 2 Rn. 169 ff.), müssen die Maßnahmen hingegen nur „in der Regel" zu einer Beendigung der Verletzung führen, Abs. 1 S. 4. 3

Dies wird nach dem Wortlaut dahin gehend zu verstehen sein, dass eine Pflicht zur Beendigung generell (für gewöhnlich, meistens[6]) gilt, aber **begründete Ausnahmen** (anders als im eigenen Geschäftsbereich im Inland) zulässig sind. Im eigenen Geschäftsbereich im Ausland oder bei konzernverbundenen Töchtern können Unternehmen nicht unbedingt rechtlich und tatsächlich wie im Inland Einfluss nehmen.[7] In diesem Sinne hatte der Ausschuss für Arbeit und Soziales eine Beendigung der Verletzung „in der Regel" empfohlen, die später in den Gesetzestext aufgenommen wurde. Diese Abstufung spiegelt die Kriterien des § 3 Abs. 2 wider (→ § 3 Rn. 12 ff.) und stellt eine Konkretisierung des **Angemessenheitsgrundsatzes** dar.[8] 4

Diese Abstufung setzt sich in Abs. 2 und Abs. 3 bzgl. der Pflichten in Bezug auf **unmittelbare Zulieferer** fort (→ Rn. 28, 51 f.). Hier gilt, dass „unverzüglich ein Konzept zur Beendigung oder Minimierung" der Verletzung erstellt und umgesetzt werden muss, wenn die Verletzung so beschaffen ist, dass das Unternehmen sie **nicht in absehbarer Zeit beenden kann** (→ Rn. 27). Offen bleibt damit, was gilt, wenn im eigenen Geschäftsbereich, einschließlich im Ausland oder bei konzernverbundenen Töchtern, eine Verletzung so beschaffen ist, dass sie nicht in absehbarer Zeit beendet werden kann. In der Praxis wird das in Abs. 2 und Abs. 3 5

---

4 BT-Drs. 19/28649, 48.
5 Vgl. auch Grabosch LkSG/Grabosch § 5 Rn. 109; Hembach Praxisleitfaden S. 163; Wagner/Ruttloff NJW 2021, 2145 (2149); kritisch zu dieser Durchbrechung DAV-Stellungnahme Nr. 27/2021 Rn. 39.
6 Die Formulierung „in der Regel" wird unter anderem als Synonym für die Begriffe „meistens", und „gewöhnlich" verwendet, vgl. https://www.duden.de/synonyme/meistens, https://www.duden.de/synonyme/gewöhnlich.
7 BT-Drs. 19/30505, 41.
8 BT-Drs. 19/28649, 48; Grabosch LkSG/Grabosch § 5 Rn. 109; Hembach Praxisleitfaden S. 163.

vorgesehene Vorgehen auch **auf Situationen im eigenen Geschäftsbereich, v. a. auch im Ausland, zu übertragen** sein (→ Rn. 27 f.). Denn auch hier können trotz größeren Einflusses Situationen eintreten, die so beschaffen sind, dass die Verletzung nicht in absehbarer Zeit vollumfänglich beendet werden kann. Dies kann zB der Fall sein, wenn lokales Recht die Verwirklichung der in § 2 aufgeführten Menschenrechtspositionen nicht erlaubt, wie zB bei Verboten der Gewerkschafts- oder Versammlungsfreiheit oder auch der gesetzlich oder kulturell verankerten Diskriminierung von Gruppen, wie zB Frauen. Hier können Minimierungskonzepte (zB Unterstützen der Organisation betrieblicher Mitbestimmung im Rahmen des gesetzlich Möglichen) oder auch Change-Prozesse dazu beitragen, Verletzungen entgegenzuwirken oder deren Auswirkungen zu minimieren, um eine Beendigung langfristig zu erreichen. In diesen Fällen wird eine Beendigungspflicht nach § 7 nicht ohne Weiteres anzunehmen sein bzw. wird eine Abhilfemaßnahme zur vollumfänglichen Beendigung einer bestehenden Verletzungslage über einen nicht absehbaren längeren Zeitraum hinweg notwendig sein. Auch im Zusammenhang mit der zeitlichen Dimension der Sorgfalt („unverzüglich") wird grundsätzlich davon auszugehen sein, dass die Angemessenheitskriterien nach § 3 Abs. 2 maßgeblich für die Beurteilung des Einzelfalls sind (→ § 6 Rn. 6).

6 Insgesamt kann es folglich auch beim wirksamen Beenden von Verletzungen nach § 7 auch im eigenen Geschäftsbereich im Ausland nur darum gehen, (unverzüglich) Maßnahmen zu ergreifen, die geeignet sind, je nach ihrer Beschaffenheit auch über nicht absehbare Zeit Verletzungen möglichst wirksam abzustellen, dh deren typisches Vorkommen zu analysieren, bestehenden Verletzungen mit geeigneten Maßnahmen zu begegnen und das Eintreten weiterer Verletzungen über geeignete Präventionsmaßnahmen zu verhindern. Hierfür ist prinzipiell in jedem Kontext die Erarbeitung geeigneter Konzepte mit relevanten Stakeholdern und Betroffenen eine wichtige Grundvoraussetzung (→ § 6 Rn. 6).

2. Feststellung einer Verletzung

7 Voraussetzung für die Pflicht zum Ergreifen von Abhilfemaßnahmen ist nach Abs. 1 S. 1, dass die Verletzung einer menschenrechtsbezogenen oder einer umweltbezogenen Pflicht bereits eingetreten ist oder unmittelbar bevorsteht. Eine **Verletzung** wird in § 2 Abs. 4 als ein Verstoß gegen ein in § 2 Abs. 2 Nr. 1 bis 12 bzw. Abs. 3 Nr. 1 bis 8 genanntes Verbot definiert (→ § 2 Rn. 150). Eine Verletzung ist damit **eingetreten**, wenn sich ein Risiko im Sinne von § 2 Abs. 2 (→ § 2 Rn. 15 f.) oder Abs. 3 (→ § 2 Rn. 109) verwirklicht hat.

8 Nach dem Wortlaut von Abs. 1 S. 1 reicht es zudem aus, dass eine Verletzung **unmittelbar bevorsteht**. Wann dies der Fall ist, wird im Gesetz nicht definiert. In Abgrenzung zum Begriff des Risikos muss hierfür mehr als nur eine hinreichende Wahrscheinlichkeit für den Verstoß vorliegen. Nach Sinn und Zweck der Vorschrift, die auf ein unverzügliches Handeln bei „Gefahr im Verzug" gerichtet ist, kann davon ausgegangen wer-

den, dass in Anlehnung an den Gefahrenbegriff im Gefahrenabwehrrecht[9] eine Verletzung in allernächster Zeit mit an Sicherheit grenzender Wahrscheinlichkeit bevorstehen muss, wenn nicht unverzüglich eingeschritten wird. Dies ist gegenüber einer lediglich hohen Wahrscheinlichkeit des Eintritts im Sinne eines hohen Risikos abzugrenzen, die unter die Regelungen des § 6 einzuordnen ist (→ Rn. 9, → § 6 Rn. 43).

Ein Beispiel ist hier ein Rücklaufbecken mit giftigem Abwasser: Ist dieses 9 bereits überfüllt und hat keine Überlaufsicherung, wird man davon ausgehen können, dass ein Unfall und damit eine potenzielle Belastung von Menschen in umliegenden Gemeinden unmittelbar bevorsteht. Ist dieses Auffangbecken noch nicht gefüllt, ist es aber unklar oder hängt es von verschiedenen Faktoren ab, ob und ggf. wann es überlaufen könnte, besteht aufgrund der Situation, des mangelnden Risikomanagements und der Unklarheit der Risikolage zwar ein hohes Risiko für einen Unfall, dieser muss sich jedoch nicht unbedingt realisieren oder kann auch erst in einigen Jahren zu einem imminenten Risiko werden. Im letzten Fall sind daher Präventionsmaßnahmen nach § 6 zu ergreifen (dh unverzüglich Maßnahmen zur Risikominimierung zu ergreifen), während im ersteren die weitergehenden Pflichten des § 7 (dh unverzüglich Maßnahmen zu ergreifen, um die unmittelbar bevorstehende Verletzung zu verhindern) gelten.

Die Pflicht nach Abs. 1 S. 1 bezieht sich zunächst nur auf Verletzungen 10 **im eigenen Geschäftsbereich** (→ § 2 Rn. 167 ff.) oder bei einem **unmittelbaren Zulieferer** (→ § 2 Rn. 180). Zudem gilt gem. Abs. 1 S. 2 § 5 Abs. 1 S. 2 entsprechend, so dass bei einer missbräuchlichen Gestaltung der unmittelbaren Zuliefererbeziehung oder einem Umgehungsgeschäft (→ § 5 Rn. 20) der **mittelbare Zulieferer** als unmittelbarer Zulieferer zu behandeln ist. Abhilfemaßnahmen müssen demnach auch ergriffen werden, wenn in dessen Sphäre eine Verletzung von menschenrechtsbezogenen oder umweltbezogenen Pflichten gegeben ist.[10] Auch hier dürften als Maßstab wiederum die Kriterien nach § 3 Abs. 2 gelten. Darüber hinausgehende Pflichten zur Abhilfe bei Verletzungen durch mittelbare Zulieferer ergeben sich aus § 9, der für Art und Umfang der zu ergreifenden Maßnahmen wiederum weitgehend auf § 7 referenziert (→ § 9 Rn. 9, 35 ff.).

Satz 3 (eigener Geschäftsbereich) und Satz 4 (Geschäftsbereich im Ausland) setzen dem Wortlaut nach jeweils nur das Vorliegen einer Verletzung voraus, die zu beenden ist. Die Variante einer **unmittelbar bevorstehenden Verletzung** wird hier nicht mehr explizit genannt. Es ist jedoch davon auszugehen, dass Satz 3 und 4 eine Konkretisierung der allgemeinen Pflicht aus Satz 1 darstellen, dh diese Vorgaben sinngemäß auf das 11

---

9 Vgl. hierzu nur BVerwG Urt. v. 26.2.1974 – I C 31/72, NJW 1974, 807 (809) mwN; Krüger JuS 2013, 985 (987).
10 Grabosch LkSG/Grabosch § 5 Rn. 108.

unmittelbare Bevorstehen einer Verletzung – die in diesem Fall zu verhindern bzw. in der Regel zu verhindern wäre – anzuwenden sind.[11]

3. Angemessene Abhilfemaßnahmen

12   Ist eine Verletzung im eigenen Geschäftsbereich oder bei einem unmittelbaren Zulieferer eingetreten oder steht sie unmittelbar bevor, hat das Unternehmen unverzüglich **angemessene Abhilfemaßnahmen** zu ergreifen, um die Verletzung zu verhindern, zu beenden oder das Ausmaß der Verletzung zu minimieren.

13   Welche Maßnahmen zu ergreifen sind, legt das Gesetz nicht fest und kann es auch nicht festlegen, da es weitgehend von der Art und dem Umfang der identifizierten Risiken und Verletzungen abhängt, welche Maßnahmen im Einzelfall verfügbar, geeignet und angemessen sind, die Verletzung wirksam zu verhindern, zu beenden oder deren Ausmaß zu minimieren.[12] Abs. 2 (→ Rn. 27 ff.) und Abs. 3 (→ Rn. 50 ff.) sind daher lediglich als **Beispiele** für Maßnahmen bei Zulieferern zu verstehen, die das Gesetz als geeignete und anerkannte Möglichkeiten aufführt. Letztlich ist daher in Abhängigkeit vom **Einzelfall** zu entscheiden, ob Abhilfemaßnahmen, die ein Unternehmen ergriffen hat, als angemessen und wirksam beurteilt werden können. Hierbei muss den Unternehmen, die mit den Fällen konfrontiert sind und sich hiermit auseinandergesetzt haben, ein **weiter Beurteilungsspielraum** zukommen, so dass nur offensichtlich nicht geeignete, unwirksame oder unangemessene Maßnahmen einen Verstoß gegen die Abhilfepflichten des § 7 darstellen können.

14   Nach den abgestuften Anforderungen des § 7 Abs. 1 müssen Maßnahmen im eigenen Geschäftsbereich im Inland geeignet sein, die Verletzung zu beenden, im eigenen Geschäftsbereich im Ausland oder bei konzernangehörigen Gesellschaften „in der Regel" zu beenden und bei unmittelbaren Zulieferern zumindest eine Minimierung der Verletzung auf der Basis eines Konzeptes über die Zeit zu erreichen (→ Rn. 3–6).

15   Ein **Beenden der Verletzung** wird jedenfalls immer dann anzunehmen sein, wenn die verletzende Situation, das zur Verletzung führende Handeln oder Unterlassen erfolgreich abgestellt ist[13] und mit Maßnahmen hinterlegt ist, die einen Respekt der menschenrechtlichen und umweltbezogenen Positionen begründen. Derlei Abhilfe kann grundsätzlich „Entschuldigungen, Rückerstattung, Folgenbeseitigung, finanziellen oder nicht-finanziellen Schadensersatz und Strafmaßnahmen (straf- oder verwaltungsrechtlicher Art, wie etwa Geldstrafen) sowie die Schadensverhütung etwa durch einstweilige Verfügungen und Nichtwiederholungsgarantien" umfassen.[14] Welche Maßnahmen erforderlich sind, um eine Verletzung vollumfänglich zu beenden, kann in der Praxis zu komplexen

---

11 Vgl. im Ergebnis Hembach Praxisleitfaden S. 163.
12 Vgl. Hembach Praxisleitfaden S. 164.
13 Grabosch LkSG/Grabosch § 5 Rn. 109.
14 VNLP Nr. 25, Kommentar; OHCHR Corporate Responsibility S. 64.

und kontroversen Fragen führen. Dies gilt insbesondere, wenn es sich nicht um klar abgrenzbare Einzelfälle (zB aufgrund eines Hinweises über den Beschwerdemechanismus nach § 8) handelt, sondern um Fälle systemischer Verletzung aufgrund kultureller Umstände oder komplexer Sachverhalte. Unter Umständen kann beispielsweise gerade das Abstellen einer Verletzung Vulnerabilität begründen (zB Kinderarbeit, → Rn. 30). Ähnliches gilt für den Rückzug aus einer Geschäftsbeziehung, für den die VNLP eine Prüfung der Konsequenzen des Rückzugs als Teil der Entscheidung für oder gegen die Beendigung der Geschäftsbeziehung vorsehen (→ Rn. 53 f.).[15]

Um zu eruieren, welche Maßnahmen für die individuelle Situation geeignet und angemessen sind, eine Verletzung zu beenden, sollte der **Austausch mit Betroffenen und relevanten Stakeholdern** – der auch Teil der Risikoanalyse ist (→ § 5 Rn. 15) – gesucht werden.[16] Das Hinzuziehen geeigneter lokaler Moderatoren und Vermittler sowie erfahrener Organisationen und/oder Berater ist je nach Sachverhalt und Kontext angeraten, da es um lokal spezifische und sensible Situationen gehen kann.[17] In der Praxis ist zu beachten, dass eine wirksame Beendigung der Maßnahme auch davon abhängt, wie anerkannt die gewählte Abhilfemaßnahme bei Betroffenen und Stakeholdern ist. Ist sie dies nicht, kann es immer wieder zu einer Notwendigkeit der Nachbesserung und einem erneuten Aufrollen des Sachverhalts kommen.[18] Auch für Abhilfemaßnahmen gilt, dass für die Angemessenheit die Kriterien des § 3 Abs. 2 als Leitfaden dienen: „Je näher das Unternehmen der drohenden oder bereits eingetretenen Verletzung steht und je mehr es dazu beiträgt", je schwerer Art und Umfang der eingetretenen oder unmittelbar bevorstehenden Verletzung sind, „desto größer müssen seine Anstrengungen sein, die Verletzung zu beenden".[19]

16

Eine geeignete Abhilfemaßnahme kann prinzipiell auch darin bestehen, dass das Unternehmen nach entsprechender Überprüfung davon ausgehen kann, dass eine Verletzung **behördlicherseits** nachverfolgt und durch eine Behörde vollumfänglich „beendet" wird.[20] Ein Nachverfolgen der behördlichen Maßnahmen sowie eine Überprüfung, ob diese tatsächlich zur wirksamen Beendigung geführt haben, wird je nach Einzelfall und Umständen jedoch als notwendig zu erachten sein.[21]

17

---

15 OHCHR Corporate Responsibility S. 50.
16 Vgl. hierzu auch OHCHR Corporate Responsibility S. 62.
17 OECD-Leitfaden: verantwortungsvolles unternehmerisches Handeln S. 50, 53.
18 Vgl. hierzu auch OHCHR Corporate Responsibility S. 44 (Box 5); Gehling/Ott/Lüneborg CCZ 2021, 230 (238).
19 BT-Drs. 19/28649, 48.
20 Charnitzky/Weigel RIW 2022, 12 (15).
21 Beispiele aus der Praxis sind das Vorgehen der Behörden in Reaktion auf aufgedeckte Arbeitsrechtsverletzungen im Bereich des Bananenanbaus in Ecuador und die Inspektion von Ananasplantagen sowie das Verbot des Einsatzes des gesundheitsschädlichen Pestizids Bromacils in Costa Rica ebenfalls als Antwort auf veröffentlichte Menschenrechtsverletzungen, vgl. Oxfam, The plight of pineapple and banana workers in retail supply chains, Juni 2018, abrufbar unter https://policy-pr

18 Grundsätzlich ist zu beachten, dass von keinem Unternehmen **etwas rechtlich oder tatsächlich Unmögliches verlangt werden** darf, wie zB eine Handlung, die gegen die vor Ort geltenden Rechtsvorschriften verstößt (hierzu → Rn. 77 ff.) oder auch Maßnahmen betrifft, für die Einflussmöglichkeiten fehlen.[22]

19 Dies wird aber auch nicht uneingeschränkt gelten können. Sollte ein Unternehmen etwa im Fall der Einhaltung lokaler Gesetze zu **schwerwiegenden** menschenrechtlichen oder umweltbezogenen **Verletzungen** beitragen (zB Meldung eines Mitarbeiters bei absehbaren schwerwiegenden Konsequenzen in staatlichem Gewahrsam), kann es angezeigt sein, angemessene Schutzmaßnahmen vor Ort im Spannungsverhältnis zwischen lokalem Recht und Menschenrechtsschutz zu ergreifen (interne Maßnahmen, Nichtauslieferungen). Stellt eine weniger schwerwiegende lokale gesetzliche Regelung eine Verletzung dar (zB Verbot der Koalitionsfreiheit), kann a maiore ad minus davon ausgegangen werden, dass in diesen Fällen durch angemessene unternehmerische Maßnahmen dazu beizutragen ist, diese Verletzung jedenfalls im Rahmen des gesetzlich Möglichen zu minimieren (interner Austausch mit Arbeitnehmergruppen, Betriebsräte).

20 Nicht abschließend geklärt ist, inwieweit die nach dem LkSG vorgesehenen Abhilfemaßnahmen auch eine **Wiedergutmachung** („**Remedy**") zu umfassen haben. Das nach dem Wortlaut vorgesehene „Beenden" einer Verletzung könnte grundsätzlich auch eine Wiedergutmachung miteinschließen. Nach der Gesetzesbegründung scheint das LkSG jedoch nicht über ein „Beenden" im Sinne des Abstellens der Verletzung hinauszugehen[23] Die Problematik der Wiedergutmachung war dem Gesetzgeber zudem bekannt. Auf das Fehlen einer entsprechenden Regelung wurde im Gesetzgebungsprozess ausdrücklich hingewiesen.[24] Da dennoch auf eine Aufnahme verzichtet wurde, kann eine Pflicht zur Wiedergutmachung nach dem LkSG nicht angenommen werden.[25] Abhilfemaßnahmen zur Beendigung einer Verletzung schließen zudem auch nach dem Auslegungskontext der VNLP (Nr. 22) nicht notwendigerweise Wiedergutmachung im Sinne von Schadensausgleich für eine geschehene Verletzung ein. Beides kann prinzipiell getrennt voneinander oder als unterschiedli-

---

actice.oxfam.org/resources/the-plight-of-pineapple-and-banana-workers-in-retail-supply-chains-continuing-e-620420/, S. 13 mwN.
22 BT-Drs. 19/30505, 38; Noll/Stöbener NZG 2021, 1237 (1241).
23 Grabosch LkSG/Grabosch § 5 Rn. 109;zur Möglichkeit einer freiwilligen Entschädigungszahlung vgl. Klinger/Krajewski/Krebs/Hartmann Sorgfaltspflichten S. 64.
24 Vgl. Stellungnahme des Deutschen Gewerkschaftsbundes zum Entwurf eines Gesetzes über die unternehmerischen Sorgfaltspflichten zur Vermeidung von Menschenrechtsverletzungen in Lieferketten (Sorgfaltspflichtengesetz) vom 12.5.2021 S. 11.
25 AA Vertreter der Zivilgesellschaft, vgl. CorA-Netzwerk/Forum Menschenrechte/ VENRO, Kein Mut zu mehr Verbindlichkeit, Kommentar deutscher Nichtregierungsorganisationen zum Nationalen Aktionsplan für Wirtschaft und Menschenrechte, 6.2.2017, abrufbar unter https://www.cora-netz.de/themen/nap/entstehung-und-inhalte/. Siehe zur Problematik auch Klinger/Krajewski/Krebs/Hartmann Sorgfaltspflichten S. 35 ff.

che Prozessstufen der Due Diligence betrachtet werden. Hierfür sprechen auch die Ausführungen in dem OECD-Leitfaden für verantwortliche Unternehmensführung. Danach ist **„Wiedergutmachung" nicht Teil der Sorgfaltspflicht**, sondern als ein separater Prozess zu verstehen, der von der Sorgfaltspflicht ermöglicht und unterstützt wird.[26]

Zu beachten ist jedoch, dass angemessene Maßnahmen nach VNLP Nr. 19 und 22 eine Pflicht zur „Wiedergutmachung" oder Mitwirkung hieran einschließen, wenn das Unternehmen eine nachteilige Auswirkung verursacht oder dazu beigetragen hat.[27] Besteht die Verbindung zur Verletzung hingegen lediglich aufgrund einer Geschäftsbeziehung (ohne darüber hinausgehenden Verursachungsbeitrag, → § 4 Rn. 40, → § 5 Rn. 17), ist die Pflicht des Unternehmens darauf beschränkt, nach seinem Einflussvermögen auf Lieferanten einzuwirken, damit eine Wiedergutmachung stattfindet.[28] 21

Auch wenn keine direkte Pflicht zur Wiedergutmachung besteht, könnte ein entsprechendes Vorgehen somit im Rahmen der Angemessenheit einer Maßnahme nach § 7 zu beachten sein. Die von den VNLP vorgeschlagene Abgrenzung nach dem tatsächlich bestehenden Verursachungsbeitrag stimmt ebenfalls mit den Angemessenheitskriterien des LkSG überein. Zudem werden die Bemühungen eines Unternehmens zur Wiedergutmachung im Rahmen der **Bemessung des Bußgeldes** berücksichtigt (→ § 24 Rn. 49). 22

Nach VNLP Nr. 22 ist Wiedergutmachung zudem eng mit dem Rahmen von Gerichtsverfahren oder auch Beschwerdemechanismen verknüpft.[29] Der Beschwerdemechanismus nach § 8 ist jedoch nicht auf Wiedergutmachung ausgerichtet,[30] hier stehen die Kenntniserlangung und damit greifende Sorgfaltspflichten nach § 3 im Vordergrund. Die Gesetzesbegründung zu § 8 weist aber darauf hin, dass ein Unternehmen „etwa zur Vermeidung von Reputationsrisiken oder mit dem Ziel der Wiedergutmachung nach § 34 Abs. 4 Nr. 7" ein „Verfahren zur einvernehmlichen Beilegung anbieten kann".[31] 23

Gerade wenn Betroffene und Stakeholder am Prozess der Abhilfemaßnahmen beteiligt sind, wird das Thema der Wiedergutmachung in der Praxis eine bedeutende Rolle spielen.[32] Die Gesetzesbegründung stellt 24

---

26 OECD-Leitfaden: verantwortungsvolles unternehmerisches Handeln S. 92; VNLP Nr. 25, Kommentar; OHCHR Corporate Responsibility S. 64; aA Vertreter der Zivilgesellschaft, vgl. CorA-Netzwerk/Forum Menschenrechte/VENRO, Kein Mut zu mehr Verbindlichkeit, Kommentar deutscher Nichtregierungsorganisationen zum Nationalen Aktionsplan für Wirtschaft und Menschenrechte, 6.2.2017, abrufbar unter https://www.cora-netz.de/themen/nap/entstehung-und-inhalte/.
27 OECD-Leitfaden: verantwortungsvolles unternehmerisches Handeln S. 92.
28 OHCHR Corporate Responsibility S. 18.
29 Siehe hierzu auch Klinger/Krajewski/Krebs/Hartmann Sorgfaltspflichten S. 43.
30 Siehe hierzu Klinger/Krajewski/Krebs/Hartmann Sorgfaltspflichten S. 43.
31 BT-Drs. 19/28649, 49.
32 Vgl. zur Einbeziehung Betroffener das Beispiel des Ombudsmanns von Oxfam Australia, The University of Queensland, Community grievance mechanisms and Australian mining companies offshore: An industry discussion paper, 2008, abruf-

hier klar, dass § 7 Abs. 1 keine Anspruchsgrundlage begründen soll.[33] Diese kann sich jedoch aus anderen gesetzlichen Grundlagen ergeben, wie zB § 823 BGB.

4. Unverzügliches Ergreifen von Abhilfemaßnahmen

25 Abhilfemaßnahmen sind nach Abs. 1 **unverzüglich** zu ergreifen. In Anlehnung an § 121 BGB bedeutet dies, dass das Unternehmen **„ohne schuldhaftes Zögern"** handeln muss. Wann ein schuldhaftes Zögern vorliegt, ist je nach Vorfall und der zur Beendigung erforderlichen Maßnahmen zu bewerten, wobei wiederum auch für die Bewertung in zeitlicher Hinsicht die Kriterien des § 3 Abs. 2 (→ § 3 Rn. 14) zu beachten sind (ausführlicher hierzu → § 6 Rn. 6).[34]

26 Je langwieriger und komplexer sich eine geeignete Abhilfemaßnahme zB im eigenen Geschäftsbereich darstellt (etwa bei umweltbezogenen Verletzungen), umso mehr wird davon auszugehen sein, dass „unverzüglich" Abhilfemaßnahmen zu ergreifen weniger ein zeitnahes Abstellen der Verletzung erfordert, sondern vielmehr ein unverzügliches Tätigwerden, um angemessene Abhilfemaßnahmen zu erarbeiten (zB Erstellen eines **Abhilfekonzepts**), was auch im eigenen Geschäftsbereich angemessene Risikominimierung und vollumfängliche Beendigung über einen längeren Zeitraum vorsehen kann. Ebenso kann aber auch die unverzügliche Beendigung oder Suspendierung der Geschäftsbeziehung in einigen Fällen unter Berücksichtigung der Angemessenheitskriterien geboten sein (→ Rn. 55 ff.).

III. Konzept zur Beendigung und Minimierung (Abs. 2)

27 Die grundsätzliche Pflicht zum Ergreifen von Abhilfemaßnahmen wird in Abs. 2 bzgl. Verletzungen, die bei einem **unmittelbaren Zulieferer** eintreten oder unmittelbar bevorstehen, konkretisiert. Kann ein Unternehmen die jeweilige Verletzung nicht in absehbarer Zeit beenden, ist es demnach verpflichtet, unverzüglich zusammen mit dem unmittelbaren Zulieferer, ein Konzept zur Beendigung oder Minimierung zu erstellen und umzusetzen.[35] Ein Verstoß gegen diese Pflicht ist gem. § 24 Abs. 1 Nr. 7 (→ § 24 Rn. 25 f.) bußgeldbewehrt.

1. Verletzungen beim Zulieferer

28 Abs. 2 ist auf den unmittelbaren Zulieferer und über den Verweis aus Abs. 1 S. 2 bei Umgehungskonstellationen auch auf mittelbare Zulieferer anzuwenden. In dieser Sphäre kann das Unternehmen meist nur indirekten Einfluss nehmen. Nach der Gesetzesbegründung ist der Zulieferer

---

bar unter https://www.business-humanrights.org/en/latest-news/pdf-mining-ombudsman-case-report-rapu-rapu-polymetallic-mine/ mwN; vgl. auch zum Thema Wiedergutmachung und Ombudsmann https://www.oxfam.org.au/what-we-do/economic-inequality/mining/impacts-of-mining/.
33 BT-Drs. 19/28649, 48.
34 Vgl. entsprechend zu § 6 Grabosch LkSG/Grabosch § 5 Rn. 74 ff.
35 BT-Drs. 19/28649, 28; ähnlich (Eskalationsstufen) Wagner/Ruttloff NJW 2021, 2145 (2149).

daher bei Feststellung einer entsprechenden Verletzung zunächst unter Fristsetzung zur Einhaltung des betroffenen Verbots aufzufordern.[36] Im Rahmen der nach § 6 vorgesehenen Präventionsmaßnahmen (→ § 6 Rn. 44 ff.) sollte dieser sich gegenüber dem Unternehmen dazu verpflichtet haben, die menschenrechtsbezogenen und umweltbezogenen Pflichten einzuhalten, so dass ggf. **vertragliche Sanktions- oder andere Einflussmöglichkeiten** geltend gemacht werden können.[37] Sollte die Verletzung so beschaffen sein, dass eine Beendigung der Verletzung dennoch in absehbarer Zeit nicht möglich ist, ist unverzüglich (→ Rn. 25) ein sogenanntes **Minimierungskonzept** zu erstellen. Dies wird nach Schätzungen der Bundesregierung in ca. 30 % der Fälle erforderlich sein.[38]

Die **Erforderlichkeit eines Konzepts** ist nach dem Wortlaut von der Beschaffenheit der Verletzung abhängig. Demnach soll es nicht darauf ankommen, ob das Unternehmen im konkreten Fall ausreichend Vorkehrungen bezüglich des unmittelbaren Zulieferers getroffen hat, um die Verletzung in absehbarer Zeit zu beenden, sondern ob die Problematik so angelegt ist, dass sie in der Regel im Verhältnis zwischen unmittelbarem Zulieferer und Unternehmen in absehbarer Zeit beendet werden könnte.[39] Ein Unternehmen soll sich nicht darauf berufen können, nicht ausreichend personelle Kapazitäten zur Beendigung der Verletzung bereitstellen zu können, und stattdessen auf die Erstellung eines Minimierungskonzepts ausweichen. Seine Sorgfaltspflichten soll das Unternehmen in einem solchen Fall nicht ausreichend erfüllt haben.[40] In der Praxis wird hier im Sinne von § 3 Abs. 2 im Wesentlichen von Bedeutung sein, welches Einflussvermögen das Unternehmen auf den unmittelbaren Zulieferer hat und welchen Maßnahmen dieser nach bestehenden Verträgen und verabredeten Aktionsplänen, zB im Rahmen von Audits, zugestimmt hat. Ein Minimierungskonzept ist auch je nach Beschaffenheit der Verletzung nicht unbedingt weniger aufwändig als das Beenden einer Verletzung, kann aber je nach Situation ein mehr oder weniger geeignetes Instrument sein, ein wirksames Abstellen der Verletzung zu erreichen. 29

Geeignet und wirksam sind etwa Konzepte zur Minimierung und Beendigung über einen längerfristigen, auch unabsehbaren kontinuierlichen Zeitraum beim unmittelbaren Zulieferer wie im eigenen Geschäftsbereich, wenn Verletzungen so beschaffen sind, dass sie über länger währende „**Change-Prozesse**" adressiert werden müssen, um langfristig wirksam zu sein, zB wenn in einem kulturellen Umfeld, das tendenziell Diskriminierung Vorschub leistet, weiche Entscheidungsfaktoren (Beförderung, Gehalt, Einstellung) eine Rolle spielen oder aber eine Arbeits- 30

---

36 BT-Drs. 19/28649, 28.
37 Vgl. Grabosch LkSG/Grabosch § 5 Rn. 110; Frank/Edel/Heine/Heine BB 2021, 2165 (2169).
38 BT-Drs. 19/28649, 29.
39 Vgl. Grabosch LkSG/Grabosch § 5 Rn. 110, auch wenn in BT-Drs. 19/28649, 48 die Formulierung „Kann ein Unternehmen die Verletzung nicht in absehbarer Zeit beenden" verwendet wird.
40 Grabosch LkSG/Grabosch § 5 Rn. 110.

kultur (zB im Umgang mit Sicherheitsmaßnahmen) Risiken impliziert. Hier werden kontinuierlich Schulungen und konsequente Vorbildfunktionen der Hierarchie eine wichtige Rolle spielen. Über die anhaltende Nichtanwendung notwendiger Risikominimierungsmaßnahmen, wie zB notwendiger Sicherheitsmaßnahmen und Managementprozesse, können Verletzungslagen aufrechterhalten bleiben bzw. kann kontinuierlich die Gefahr unmittelbar bevorstehender Verletzungen weiter bestehen. Praxisbeispiele sind hier zB Maßnahmen zur Verhinderung übermäßiger körperlicher und geistiger Ermüdung (ungeeignete Arbeitsorganisation, Erwartungshaltung, Arbeitszeiten, Ruhepausen) oder auch Diskriminierung (Bevölkerungsgruppen, Geschlecht, Herkunft). Ein weiteres Beispiel ist **Kinderarbeit**. Hier reicht es in Situationen, in denen Kinderarbeit systemisch zur Sicherung des existentiellen Familieneinkommens beiträgt, nicht aus, Kinder einfach von der Arbeit auszuschließen. Vielmehr sind weitergehende Maßnahmen und Konzepte zur Förderung des Familieneinkommens nötig, um die Verwundbarkeit der Kinder, sie prekären Verhältnissen auszusetzen, nicht noch zu erhöhen.[41] Ein anderes Beispiel sind **umweltbezogene Verletzungen**, einschließlich Verletzungen der Rechtspositionen umliegender Gemeinden. Hierfür (zB bei Boden- und Grundwasserverseuchung) können ebenfalls längerfristig angelegte Abhilfemaßnahmen und -konzepte, wie zB Bauprojekte, notwendig sein, die eine Mischung aus Abhilfe über Zeit, Risikominimierung und Prävention erfordern.

31 Ein Konzept sollte darüber hinaus a maiore ad minus immer auch dann erstellt und umgesetzt werden, wenn die Beschaffenheit der Verletzung zwar eine zeitlich absehbare Beendigung grundsätzlich ermöglichen würde, dies zu erwirken dem Unternehmen aber dennoch nicht gelingt, etwa weil der Zulieferer verabredete Zeitpläne nicht eingehalten hat. Denn wenn die Verletzung schon nicht zeitnah beendet werden kann, sollten zumindest vorübergehende Maßnahmen zur Minimierung ergriffen und ein Plan zur langfristigen Beendigung aufgestellt werden.

32 Letztlich werden als sinnvolle Leitlinie für die Beurteilung, ob und inwieweit ein Konzept aufgestellt werden kann oder ein Beenden in absehbarer Zeit geschuldet ist, eine **Gesamtbetrachtung** des nach Treu und Glauben tatsächlich Möglichen und Zumutbaren sowie die **Kriterien nach § 3 Abs. 2** ausschlaggebend sein. Hier wird insbesondere eine Rolle spielen, welches Einflussvermögen das Unternehmen bei seinem unmittelbaren Zulieferer hat und wie zügig eine Verletzung nach ihrer Art und Schwere beendet werden kann und muss. Auch kann ggf. eine Rolle spielen, inwieweit Präventionsmaßnahmen im Sinne von § 6 Abs. 2 im Vorfeld einer Verletzung hinreichend ergriffen worden sind.

---

41 Humbert Child Labour S. 348–373.

2. Inhalt des Konzepts zur Beendigung und Minimierung

Das nach Abs. 2 zu erstellende Konzept soll das weitere Vorgehen darlegen, auf dessen Grundlage die eingetretene Verletzung minimiert und/oder langfristig beendet werden kann. Hierfür ist unter anderem ein konkreter **Zeitplan** zwingend erforderlich, vgl. S. 2 (hierzu auch → Rn. 62 f.). Zum Vorgehen bei der Erstellung und der Umsetzung des Konzepts nennt das Gesetz in einer nicht abschließenden Aufzählung (→ Rn. 37 ff.) zudem drei mögliche Maßnahmen, vgl. S. 3: 33

- die gemeinsame Erarbeitung und Umsetzung eines Plans zur Beendigung oder Minimierung der Verletzung mit dem Unternehmen, durch das die Verletzung verursacht wird (→ Rn. 37),
- der Zusammenschluss mit anderen Unternehmen im Rahmen von Brancheninitiativen und Branchenstandards, um die Einflussmöglichkeit auf den Verursacher zu erhöhen (→ Rn. 40),
- ein temporäres Aussetzen der Geschäftsbeziehung während der Bemühungen zur Risikominimierung (→ Rn. 48).

Darüber hinaus können weitere oder abweichende Maßnahmen erforderlich sein. Das Vorgehen ist auch hier nach den **Angemessenheitskriterien** des § 3 Abs. 2 auszurichten. Maßgeblich sollten insbesondere die Art der Verletzung sowie die Einflussmöglichkeiten des Unternehmens auf den Zulieferer sein.[42] 34

Zudem sollten **betroffene Personen** oder – sollte dies nicht möglich sein – legitime Interessenvertreter der Betroffenen bei der Festlegung der Abhilfemaßnahmen mit einbezogen werden.[43] Da gemäß § 4 Abs. 3 bei jeglichen Maßnahmen im Rahmen des Risikomanagements die Interessen der Beschäftigten beim Unternehmen selbst, der Beschäftigten innerhalb der Lieferkette sowie derjenigen, die in sonstiger Weise betroffen sind, zu berücksichtigen sind, ist dies auch bei Abhilfemaßnahmen der Fall. 35

Das Konzept sollte das gesamte weitere Vorgehen darlegen. Dies umfasst mit Blick auf Abs. 3 daher auch eine Festlegung, unter welchen Voraussetzungen ein **Abbruch der Geschäftsbeziehungen** (→ Rn. 51 ff.) zu erwägen ist.[44] Zu den Maßnahmen im Einzelnen: 36

a) Gemeinsamer Plan zur Beendigung oder Minimierung mit dem Verursacher (Nr. 1)

Das Konzept sollte die **gemeinsame Erarbeitung und Umsetzung eines Plans zur Beendigung oder Minimierung** der Verletzung mit dem Unternehmen vorsehen, durch das die Verletzung verursacht wird. Die in Nr. 1 genannte Maßnahme ist nach dem Wortlaut wie die weiteren zwei Beispiele „in Betracht zu ziehen". Die Erarbeitung eines gemeinsamen Plans ist somit nicht verpflichtend, sondern kann theoretisch durch andere 37

---

42 Hembach Praxisleitfaden S. 164 mit Verweis auf VNLP Nr. 19.
43 Vgl. hierzu BT-Drs. 19/28649, 49; auch wenn die Einbeziehung hier im Rahmen von Abs. 3 genannt wird, lässt die Formulierung darauf schließen, dass die Ausführungen für alle Abhilfemaßnahmen gelten.
44 BT-Drs. 19/28649, 48.

Maßnahmen ersetzt werden. In den meisten Fällen wird die Aufstellung eines solchen Plans jedoch zwingend erforderlich oder zumindest sinnvoll sein, da dieser die Grundlage für das weiteren Vorgehen darstellt.

38 In der Praxis bestehen in vielen Fällen bereits Präventions- bzw. Abhilfepläne für unmittelbare Lieferanten, die ein bestimmtes Risikoprofil aufweisen. Diese werden in der Regel im Rahmen von **Nachhaltigkeitsaudits** (Umwelt-, Sozial-, Governance-Audits, auch: Environmental, Social, Governance Audits, ESG Audits) erarbeitet. Diese mit dem Lieferanten entwickelten Pläne sehen vor, im Audit identifizierte Lücken oder Risiken über einen Zeitraum zu adressieren. Das Vorgehen ist zumeist klassifiziert nach der unterschiedlichen Schwere der Risiken und mit entsprechenden Zeitspannen für die jeweilige Abhilfe- oder Präventionsmaßnahme versehen.

39 Anknüpfungspunkt für den zu erarbeitenden Plan können einige der bereits in § 6 vorgesehenen Maßnahmen sein. So sieht § 6 Abs. 4 Nr. 2 vor, dass sich der Lieferant zu Einhaltung der **menschenrechtsbezogenen und umweltbezogenen Erwartungen des Unternehmens** vertraglich verpflichtet. Liegt ein Verstoß in Form einer Verletzung vor, kann das Unternehmen unter Fristsetzung die Einhaltung fordern (vgl. bereits → Rn. 28). Über eine zu vereinbarende Vertragsstrafe kann zudem die baldige Erfüllung der Vorgaben oder Erwartungen verlangt und durchgesetzt werden.[45] Gleichzeitig sollten Anreize zur Einhaltung der Vorgaben geschaffen sowie Unterstützungsmaßnahmen wie beispielsweise **Schulungen** angeboten werden.[46]

b) Zusammenschluss mit anderen Unternehmen (Nr. 2)

40 Als weitere Maßnahme wird in § 7 Abs. 2 der Zusammenschluss mit anderen Unternehmen im Rahmen von **Brancheninitiativen** und **Branchenstandards** vorgeschlagen. Dies ist eine Option, die Einflussmöglichkeit auf den Verursacher zu erhöhen. Auf diese Weise können die Chancen steigen, den Verursacher zur Beendigung der Verletzung zu bewegen.[47]

41 Brancheninitiativen und Branchenstandards dienen dazu, Vorgaben zu standardisieren, eigenes Einflussvermögen zu vergrößern und durch Synergieeffekte Aufwandsreduktion zu erzielen. Da die vorgelagerte Lieferkette häufig aus komplexen und intransparenten Lieferantennetzwerken besteht, ist die Bedeutung kooperativer Ansätze hoch.[48] Brancheninitiativen und -standards können daher ein wichtiges Instrument zur nachhaltigen Gestaltung von Lieferketten darstellen. Verschiedene Untersu-

---

45 BT-Drs. 19/28649, 48 f.; ausführlich zu Vertragsgestaltung Klinger/Krajewski/Krebs/Hartmann Sorgfaltspflichten S. 30 f.
46 Hembach Praxisleitfaden S. 164; ebenso Klinger/Krajewski/Krebs/Hartmann Sorgfaltspflichten S. 31.
47 BT-Drs. 19/28649, 49.
48 BT-Drs. 19/28649, 51.

chungen zeigen jedoch, dass ihre **Ausrichtung und Wirksamkeit stark variiert.**[49]

Aus Sicht der Zivilgesellschaft zeigen die Erfahrungen der letzten 20 Jahre, dass die Mehrzahl solcher „Multi-Stakeholder"- oder Brancheninitiativen bisher nicht ausreichend zur Verbesserung der Menschenrechtslage vor Ort führen.[50] In der Textil- und Lebensmittelbranche hätten solche freiwilligen Initiativen bisher nicht zum gewünschten Erfolg der verbesserten Arbeitsbedingungen für Arbeiter und Arbeiterinnen geführt.[51] Diese Ansicht bestätigte auch das sogenannte **„Monitoring"** im Rahmen des **Nationalen Aktionsplans der Bundesregierung (NAP)**, nachdem im Jahr 2020 lediglich 13–17 Prozent der befragten deutschen Unternehmen die Kernpunkte der unternehmerischen Sorgfaltspflicht auf Grundlage der VNLP freiwillig erfüllt haben.[52] Gleichzeitig wurde im Rahmen dieses Monitorings festgestellt, dass die Unternehmen, die an Brancheninitiativen teilnahmen, überdurchschnittlich oft zu den 13–17 Prozent der „Erfüller" gehörten oder zumindest als ein „Unternehmen auf gutem Weg" eingestuft werden konnten.[53]

42

Eine im Vorfeld des Monitorings vom **Bundesministerium für Arbeit und Soziales** in Auftrag gegebene **Studie**, die das Potenzial von Brancheninitiativen mit Blick auf die Verwirklichung des NAP untersuchte, kam zu dem Schluss, dass auf der ersten Ebene der Lieferkette („Tier 1") oft gute Ergebnisse erzielt werden konnten. Hingegen sei die Wirkung auf nachgelagerten Stufen der Lieferkette zum Zeitpunkt der Studie nur gering gewesen.[54] Aufbauend auf den betrachteten Initiativen zeigt die

43

---

49 Vgl. Müller/Bessas, Potenziale von Brancheninitiativen zur nachhaltigen Gestaltung von Liefer- und Wertschöpfungsketten. Studie im Auftrag des Bundesministeriums für Arbeit und Soziales, 2017, S. 39.
50 Humbert ZGR 2018, 295 (296 ff.); CorA-Netzwerk, Multi-Stakeholderinitiativen. Grenzen und Voraussetzungen aus Sicht der Zivilgesellschaft, 2017, abrufbar unter https://www.business-humanrights.org/de/neuste-meldungen/positionspapier-wirkungsvolle-multi-stakeholder-initiativen-empfehlungen-aus-sicht-der-zivilgesellschaft-1/; Christliche Initiative Romero, Bio und Fair: Wie glaubwürdig sind Labels wirklich?, 2022, abrufbar unter https://www.ci-romero.de/neuauflage-labelguide/; Humbert Child Labour S. 332–373.
51 Humbert ZGR 2018, 295 (296 ff.).
52 Auswärtiges Amt der Bundesregierung, Monitoring des Umsetzungsstandes der im Nationalen Aktionsplan – Wirtschaft und Menschenrechte 2016–2020 beschriebenen menschenrechtlichen Sorgfaltspflicht von Unternehmen, 2020, abrufbar unter https://www.auswaertiges-amt.de/de/aussenpolitik/themen/aussenwirtschaft/wirtschaft-und-menschenrechte/monitoring-nap/2124010, S. 5.
53 Auswärtiges Amt der Bundesregierung, Monitoring des Umsetzungsstandes der im Nationalen Aktionsplan Wirtschaft und Menschenrechte 2016–2020 beschriebenen menschenrechtlichen Sorgfaltspflicht von Unternehmen, 2020, abrufbar unter https://www.auswaertiges-amt.de/de/aussenpolitik/themen/aussenwirtschaft/wirtschaft-und-menschenrechte/monitoring-nap/2124010, S. 11.
54 Müller/Bessas, Potenziale von Brancheninitiativen zur nachhaltigen Gestaltung von Liefer- und Wertschöpfungsketten. Studie im Auftrag des Bundesministeriums für Arbeit und Soziales, 2017, S. 11.

Studie Good Practice-Anforderungen auf und spricht Empfehlungen aus, die die Wirksamkeit von Brancheninitiativen verbessern können.[55]

44 Aus Sicht der Zivilgesellschaft gehört hierzu die Einhaltung bestimmter Kernpunkte:[56]

- Die Ziele und umzusetzenden Standards haben sich mindestens an der Allgemeinen Menschrechtscharta und den ILO-Kernarbeitsnormen sowie grundlegenden Umwelt- und Klimaübereinkommen zu orientieren.[57]
- Governance und Entscheidungsstrukturen: Unternehmen im Heimatstaat und betroffene Tochterunternehmen und Lieferanten/Abnehmer im Ausland, betroffene Gruppen wie Gewerkschaften oder indigene Gemeinschaften sowie andere zivilgesellschaftliche Gruppen sind paritätisch und auf Augenhöhe an der Planung und Durchführung der Initiativen zu beteiligen.
- Kosten und Risiken der Durchführung sind von den Beteiligten gemeinsam zu tragen. Unternehmen haben ihre Einkaufspolitik gegenüber Lieferanten unter Beachtung der Menschen- und Umweltrechte zu gestalten. Unlautere Handelspraktiken gegenüber Lieferanten sollten vermieden und Kosten nicht auf Lieferanten abgewälzt werden.[58]
- Der Schwerpunkt sollte nicht auf gewöhnlichen Audits, sondern auf Schulungen auch von Arbeiterinnen und Arbeitern sowie Betroffenen liegen.
- Die Initiative sollte einen Beschwerdemechanismus nach den VNLP aufweisen.[59]

45 Diese Anforderungen sind nach dem LkSG **nicht verpflichtend**, können jedoch als Maßstab für **anerkannte gute Praxisbeispiele** dienen. Gute Praxisbeispiele, die auf den genannten Kernpunkten aufbauen, sind zum Beispiel die Textilinitiative ACT,[60] die Fairwear Foundation,[61] die Ethical

---

[55] Müller/Bessas, Potenziale von Brancheninitiativen zur nachhaltigen Gestaltung von Liefer- und Wertschöpfungsketten. Studie im Auftrag des Bundesministeriums für Arbeit und Soziales, 2017, S. 19 ff., 34 ff.

[56] Siehe für einen umfassenden Katalog: Initiative Lieferkettengesetz, Rechtsgutachten zur Ausgestaltung eines Lieferkettengesetzes, 2020, abrufbar unter https://lieferkettengesetz.de/hintergrund/, S. 42 f.; CorA-Netzwerk, Forum Menschenrechte VENRO. Anforderungen an wirkungsvolle Multi-Stakeholder-Initiativen zur Stärkung unternehmerischer Sorgfaltspflichten Empfehlungen aus Sicht der Zivilgesellschaft, 2020, abrufbar unter https://venro.org/publikationen/detail/anforderungen-an-wirkungsvolle-multi-stakeholder-initiativen-zur-staerkung-unternehmerischer-sorgfaltspflichten.

[57] Siehe für einen umfassenden Katalog: Initiative Lieferkettengesetz, Nachhaltige unternehmerische Sorgfaltspflicht: Stellungnahme zum Vorschlag der EU-Kommission, 2021, abrufbar unter https://lieferkettengesetz.de/hintergrund/#Ver%C3%B6ffentlichungen, S. 8 ff.

[58] Siehe zu Einkaufspraktiken auch den Leitfaden der International Standardization Organisation ISO 26000, Guidance on social responsibility, Fair operating practices, 6.6, ISO 26 000 2010–11-o1, 1. Ausg.

[59] Forschungsbericht BMJV/Viadrina S. 90 f.

[60] Siehe https://actonlivingwages.com/who-we-are/list-of-members/.

[61] Siehe https://www.fairwear.org/.

Trading Initiative[62] und die Initiative zu Orangensaft Panao[63]. Die aufgestellten Kriterien können zudem grundsätzlich alle Bereiche der Sorgfalt betreffen, wie zB Einkaufspraktiken, Schulungen und risikobasierte Kontrollen, so dass sie ebenfalls als Orientierung für entsprechende Präventionsmaßnahmen nach § 6 Abs. 3 Nr. 2, 3 sowie Abs. 4 Nr. 3 und 4 herangezogen werden können (→ § 6 Rn. 28 ff., 61 ff.).

Insgesamt sind eine Vielzahl an freiwilligen Initiativen, Standards und Zertifizierungen entstanden, die je nach Art der Teilnehmerinnen und Teilnehmer, inhaltlicher Zielrichtung auf Umwelt- oder Menschenrechtsstandards, Art der Kommunikation und Maßnahmen, Branche etc sehr unterschiedlich ausgestaltet sein können.[64] Leitfäden und Rahmenwerke mit staatlicher Unterstützung sind zum Beispiel die ISO 26 000,[65] der Deutsche Nachhaltigkeitskodex[66] oder der UN Global Compact[67]. 46

Zudem können auch **reine Brancheninitiativen,** die nicht die Anforderungen der Zivilgesellschaft erfüllen, zielführend sein. Ihre Eignung und Wirksamkeit ist dabei jeweils in Abhängigkeit von dem verfolgten Ziel zu bewerten. Ein Beispiel hierfür ist die Initiative Together for Sustainability (TfS) der chemischen Industrie.[68] Ihr Ziel ist es, die Einflussmöglichkeiten auf einen bestimmten Verursacher oder potenziellen Verursacher in einer Industrie zu erhöhen. Dies kann durch ein branchenintern vereinbartes gemeinsames Vorgehen bezüglich der an Lieferanten gestellten Anforderungen – unter Beachtung der wettbewerbsrechtlichen Grenzen – sinnvoll gefördert werden und auf diese Weise die Anforderungen des LkSG erfüllen. Geht es hingegen darum, in der tieferen Lieferkette lokale Missstände zu adressieren, systemisch Abhilfe in bestimmten Situationen (mit zB Kinderarbeit) zu schaffen (zB Cobalt aus der demokratischen Republik Kongo, Mica aus Indien), wird die Einbeziehung von Stakeholdern, NGOs und lokalen Gruppen sowie auch systematische Unterstützung im Kapazitätsaufbau, auch über Schulungen hinaus, von zentraler Bedeutung sein, um das notwendige Vertrauen, die Anerkennung und Wirksamkeit der Maßnahmen zu erreichen. 47

---

62 Siehe https://www.ethicaltrade.org/.
63 Siehe https://panao.org/.
64 Für einen Überblick über verschiedene Leitfäden, Brancheninitiativen und kostenlose Unterstützungsangebote seitens der Bundesregierung siehe Helpdesk Wirtschaft & Menschenrechte, abrufbar unter https://wirtschaft-entwicklung.de/downloads/#c4980.
65 Leitfaden der International Standardization Organisation ISO 26000, Guidance on social responsibility, Fair operating practices, 6.6, ISO 26 000 2010–11-o1, 1. Ausg.
66 Siehe https://www.csr-in-deutschland.de/DE/CSR-Allgemein/CSR-Grundlagen/Internationale-Rahmenwerke/internationale-rahmenwerke.html.
67 Siehe https://www.csr-in-deutschland.de/DE/CSR-Allgemein/CSR-Grundlagen/Internationale-Rahmenwerke/internationale-rahmenwerke.html.
68 Siehe https://tfs-initiative.com/.

c) Temporäres Aussetzen der Geschäftsbeziehung (Nr. 3)

48 Als letzte Maßnahmen wird in Abs. 2 Nr. 3 ein vorübergehendes **Aussetzen der Geschäftsbeziehungen** vorgeschlagen. Die Unterbrechung soll während der laufenden Risikominimierungsbemühungen erfolgen, wenn absehbar ist, dass der Zulieferer die im Konzept vereinbarten Anforderungen nicht erfüllt.[69] Hierdurch soll der Zulieferer dazu bewegt werden, den vereinbarten Maßnahmen besser nachzukommen. Der nächste Schritt wäre dann der Abbruch der Geschäftsbeziehung nach Abs. 3 (→ Rn. 50).

49 Ob ein Aussetzen der Geschäftsbeziehungen ohne Weiteres möglich ist, hängt von der **Vertragsausgestaltung** ab.[70] Die Gesetzesbegründung verweist daher alternativ auf das Durchsetzen einer **Vertragsstrafe** oder das Streichen des Unternehmens von möglicherweise bestehenden Vergabelisten.[71] Eine andere Möglichkeit besteht auch in der Reduktion des Abnahmevolumens in den nach Vertrag zulässigen Grenzen. Zudem sollte beim Abschluss neuer Verträge darauf geachtet werden, entsprechende Sanktionsmöglichkeiten zu verankern (→ § 6 Rn. 55). Grundsätzlich spielt für die Wirksamkeit derartiger Maßnahmen eine entscheidende Rolle, welches Einflussvermögen das Unternehmen auf den unmittelbaren Zulieferer hat und welche Abhängigkeit ggf. auch von dem Zulieferer besteht.

IV. Abbruch der Geschäftsbeziehung (Abs. 3)

50 Mit Abs. 3 nennt das LkSG den Abbruch von Geschäftsbeziehungen explizit als mögliche Abhilfemaßnahme, stellt gleichzeitig jedoch klar, dass ein solch weitgehender Schritt nur als **letztes Mittel** unter bestimmten Voraussetzungen geboten sein soll.

1. Voraussetzungen für einen Abbruch (S. 1)

51 Der Abbruch von Geschäftsbeziehungen soll nach der Systematik von Abs. 3 nur als ultima ratio herangezogen werden.[72] Diese Grundaussage wurde bereits zu Beginn des Gesetzgebungsverfahrens[73] und wird auch weiterhin betont.[74] Es sei nicht Ziel des Gesetzes, zum Abbruch von Geschäftsbeziehungen zu führen,[75] vielmehr soll der Grundsatz „Befähi-

---

69 BT-Drs. 19/28649, 49.
70 Hembach Praxisleitfaden S. 164; zur Vertragsgestaltung Klinger/Krajewski/Krebs/Hartmann Sorgfaltspflichten S. 30 f.
71 BT-Drs. 19/28649, 49.
72 BT-Drs. 19/28649, 49; Grabosch LkSG/Grabosch § 5 Rn. 112; Hembach Praxisleitfaden S. 166; Sagan/Schmidt NZA-RR 2022, 281 (288).
73 Vgl. hierzu Grabosch LkSG/Grabosch § 5 Rn. 112.
74 Vgl. Bundesministerium für wirtschaftliche Zusammenarbeit und Entwicklung, Fragen und Antworten zum Lieferkettensorgfaltspflichtengesetz, 2022, abrufbar unter https://www.bmz.de/de/entwicklungspolitik/lieferkettengesetz, Frage 7.
75 Vgl. Bundesministerium für wirtschaftliche Zusammenarbeit und Entwicklung, Fragen und Antworten zum Lieferkettensorgfaltspflichtengesetz, 2022, abrufbar unter https://www.bmz.de/de/entwicklungspolitik/lieferkettengesetz, Frage 7.

gung vor Rückzug" gelten.[76] Dies bedeutet, Unternehmen sollen zunächst gemeinsam mit dem Zulieferer oder der betroffenen Branche versuchen, die bestehenden Probleme zu beheben und auf diese Weise eine Verbesserung der Menschenrechtssituation zu erreichen.[77]

In Abs. 3 wird der Grundsatz „Befähigung vor Rückzug" dadurch festgeschrieben, dass ein Abbruch der Geschäftsbeziehung erst bei einem **kumulativen Vorliegen der** in Nr. 1 bis 3 genannten **Voraussetzungen** geboten sein soll.[78] Dafür muss eine sehr schwerwiegende Verletzung vorliegen, die trotz der Umsetzung der im Konzept nach Abs. 2 vorgesehenen Maßnahmen nicht beendet oder ausreichend minimiert werden konnte. Zudem sollten dem Unternehmen keine anderen milderen Mittel zur Verfügung stehen und eine Erhöhung des Einflussvermögens allein nicht aussichtsreich erscheinen. Dies entspricht im Wesentlichen auch den Anforderungen der VNLP (Nr. 19)[79] sowie den Empfehlungen des OECD-Leitfadens zur verantwortlichen Unternehmensführung,[80] wobei die Betonung hier weniger auf dem Aspekt der „Befähigung" liegt. 52

a) Grundsatz „Befähigung vor Rückzug"

Der Grundsatz „Befähigung vor Rückzug" sieht eine Beendigung der Geschäftsbeziehung lediglich als ultima ratio vor. Hintergrund hiervon ist, dass der Abbruch der Geschäftsbeziehung ebenfalls negative Folgen haben kann und meist haben wird. Zudem verliert das Unternehmen auf diese Weise seine Einflussmöglichkeiten, die Situation zu verbessern. Im Rahmen der VNLP soll daher vor der Beendigung einer Geschäftsbeziehung auch dieser Schritt auf seine **menschenrechts- und umweltbezogenen Risiken** hin bewertet werden.[81] 53

Gleichzeitig muss das Unternehmen auch die **Bedeutung der Geschäftsbeziehung** für die eigene Tätigkeit berücksichtigen.[82] Dies gilt einerseits mit Blick darauf, inwiefern eine Beendigung der Geschäftsbeziehung rechtlich und tatsächlich möglich ist (→ Rn. 50 f.). Andererseits wird für Unternehmen am Ende auch eine wirtschaftliche Betrachtung mitentscheidend dafür sein, inwieweit die Kosten und Risiken eines Engage- 54

---

76 BT-Drs. 19/28649, 49; Grabosch LkSG/Grabosch § 5 Rn. 112; Hembach Praxisleitfaden S. 166; https://www.csr-in-deutschland.de/DE/Wirtschaft-Menschenrechte/Gesetz-ueber-die-unternehmerische-Sorgfaltspflichten-in-Lieferketten/FAQ/faq.html#doc977f9a9d-bfdd-4d31-9e31-efab307ceee6bodyText11 XI. 1.
77 BT-Drs. 19/28649, 49; Grabosch LkSG/Grabosch § 5 Rn. 112; https://www.csr-in-deutschland.de/DE/Wirtschaft-Menschenrechte/Gesetz-ueber-die-unternehmerischen-Sorgfaltspflichten-in-Lieferketten/FAQ/faq.html#doc977f9a9d-bfdd-4d31-9e31-efab307ceee6bodyText11 XI. 1.
78 Grabosch LkSG/Grabosch § 5 Rn. 112; Hembach Praxisleitfaden S. 166; Frank/Edel/Heine/Heine BB 2021, 2165 (2169).
79 OHCHR Corporate Responsibility S. 50.
80 OECD-Leitfaden: verantwortungsvolles unternehmerisches Handeln S. 80.
81 VNLP Nr. 19, Kommentar; vgl. auch OECD-Leitfaden: verantwortungsvolles unternehmerisches Handeln S. 32.
82 OECD-Leitfaden: verantwortungsvolles unternehmerisches Handeln S. 33.

ments sich im Verhältnis zur Bedeutung des Lieferanten für das Unternehmen auszahlen.[83]

b) Sehr schwerwiegende Verletzung (Nr. 1)

55 Der Abbruch einer Geschäftsbeziehung ist nach Abs. 3 nur geboten, wenn die Verletzung einer geschützten Rechtsposition oder einer umweltbezogenen Pflicht als **sehr schwerwiegend** bewertet wird. Eine solche Bewertung kann sowohl hinsichtlich der **Intensität** und **Tiefe einer Beeinträchtigung** als auch mit Blick auf das mit der verletzten Rechtsposition verbundene **Rechtsgut** erfolgen.[84]

56 **Kriterien** für eine besondere Intensität und Tiefe können zB die Anzahl der Betroffenen oder die Reversibilität der Verletzung darstellen.[85] Die Schwere der Verletzung kann insofern vor allem im Sinne des Ausmaßes, der Tragweite und Unumkehrbarkeit ihrer Auswirkungen verstanden werden.[86] Weitere Anhaltspunkte ergeben sich wiederum aus § 3 Abs. 2 (→ § 3 Rn. 12).

57 Hinsichtlich des mit einer verletzten Rechtsposition verbundenen Rechtsguts ergibt sich aus dem LkSG keine Stufung oder Rangordnung,[87] dh es existieren keine klaren Vorgaben für das Vorliegen einer sehr schwerwiegenden Verletzung.[88] Leitlinien ergeben sich hier auch nicht aus den VNLP oder dem OECD-Leitfaden für verantwortliche Unternehmensführung, die vorwiegend auf Ausmaß und Tragweite abstellen. Darüber hinaus könnte man auf **allgemeine Grundsätze des Naturrechts**[89] **sowie der Menschenrechte und des Verfassungsrechts** zurückgreifen.[90] In der Praxis erfolgt eine Einstufung der Schwere oftmals nach der Schwere der Beeinträchtigung der grundlegenden menschenrechtlichen Würde, Freiheit und Integrität (zB Folter, Zwangsarbeit, schwere körperliche und physische Verletzungen, wie zB sexueller Missbrauch).

58 Teilweise wird für die Auslegung des Begriffs der sehr schwerwiegenden Verletzung eine Übertragung der Vorgaben des **OECD-Leitfadens für verantwortungsvolle Lieferketten bei Rohstoffen aus Konfliktzonen** vorgeschlagen.[91] Dort findet sich ebenfalls der Begriff der **schwerwiegenden Menschenrechtsverletzungen**, der durch die Aufzählung von Beispielen

---

83 OHCHR Corporate Responsibility S. 50.
84 Grabosch LkSG/Grabosch § 5 Rn. 112.
85 Hembach Praxisleitfaden S. 166; OECD-Leitfaden: verantwortungsvolles unternehmerisches Handeln S. 32.
86 OHCHR Corporate Responsibility S. 40.
87 Weigel/Charnitzky RIW 2022, 12 (14).
88 Vgl. zur Unbestimmtheit des Tatbestandsmerkmals DAV-Stellungnahme Nr. 27/2021 Rn. 27; Weigel/Charnitzky RIW 2022, 12 (14).
89 Insbesondere humanitäre Prinzipien nach Immanuel Kant, Grundlegung zur Metaphysik der Sitten, 1785, S. 61, 66 ff.
90 Zu universell und zwingend geltenden Menschenrechten vgl. ILC, Draft Articles on the Law of Treaties with Commentaries, Yearbook of the ILC vol. 2 (1966), 247 ff.
91 Hembach Praxisleitfaden S. 166; Klinger/Krajewski/Krebs/Hartmann Sorgfaltspflichten S. 29.

näher eingegrenzt wird.[92] Hier werden mit dem Begriff schlimmste Formen der Kinderarbeit, Folter, Zwangsarbeit, Kriegsverbrechen oder andere schwerwiegende Verletzungen des humanitären Völkerrechts und Verbrechen gegen die Menschlichkeit oder Völkermord in Verbindung gebracht. Dies dürfte sich auch mit natur- und menschenrechtlichen Betrachtungen decken, da die umfassten Tatbestände nach herrschender Lehre vom zwingenden Völkerrecht umfasst sind.[93] Gleichzeitig scheint es ein valider Anhaltspunkt für die Auslegung des § 7 Abs. 3 zu sein, da es auch hier darum geht, im Sinne der Priorisierung zunächst die wirklich schwerwiegenden Verletzungen und Risiken zu erfassen.

Zu beachten ist bei der Übertragung dieser Maßstäbe jedoch, dass nach Anhang II des OECD-Leitfadens für verantwortungsvolle Lieferketten bei Rohstoffen aus Konfliktzonen darüber hinaus die Maßgabe gilt, dass in den Fällen, in denen ein begründetes Risiko besteht, mit schwerwiegenden Menschenrechtsverletzungen in Verbindung zu stehen, **eine sofortige Suspendierung oder Beendigung der Geschäftsbeziehung** vorzunehmen ist. Diese Vorgabe ist nicht mit dem Ultima-ratio-Gedanken des LkSG vereinbar (→ Rn. 51, 53), der auch bei schwerwiegenden Menschenrechtsverletzungen Anwendung findet. Ein Automatismus der Beendigung der Geschäftsbeziehung ist auch bei schweren Menschenrechtsverletzungen nicht immer das beste Mittel im Umgang mit der Situation. Zudem kann auch gerade die Schwere des verletzten Rechtsgutes als Maßstab dafür gelten, dass intensivere Bemühungen angezeigt sind. Entscheidend ist, inwieweit Abhilfe oder Risikominimierung vernünftigerweise möglich ist, welche **menschenrechtlichen Konsequenzen** es hat, wenn eine Geschäftsbeziehung beendet wird oder Brancheninitiativen aufgegeben oder gar nicht erst in Angriff genommen werden. 59

In vielen Fällen der oben genannten schwerwiegenden Menschenrechtsverletzungen wird Abhilfe und Risikominimierung allerdings prinzipiell nur schwer möglich sein. In Kriegs- und Konfliktsituationen besteht zudem auch ein Risiko der Komplizenschaft oder des Beitrags zum Konflikt. In anderen Situationen von Ausbeutung und Kinderarbeit wiederum kann hingegen über Initiativen systemische Veränderung angestoßen oder zumindest über gezielte Investition, Nachfrage und Kontrolle die Situation stark verbessert werden. 60

c) Keine Abhilfe trotz Durchführung des geplanten Konzepts (Nr. 2)

Auch wenn eine sehr schwerwiegende Verletzung gegeben ist, sollte das Unternehmen in der Regel zunächst anhand des nach Abs. 2 ausgearbeiteten Konzepts versuchen, die Verletzung zu beenden oder die Beein- 61

---

92 OECD-Leitfaden: verantwortungsvolle Lieferketten für Minerale Anhang II S. 21 f.
93 Frowein, „Jus Cogens", in Berhardt (Hrsg.), Encyclopaedia of Public International Law, 1997, vol. 3, S. 65 mwN. Zu universell und zwingend geltenden Menschenrechten vgl. ILC, Draft Articles on the Law of Treaties with Commentaries, Yearbook of the ILC vol. 2 (1966), 248 f.; siehe auch Prosecutor v. Anto Furundžija, Judgment of 10 December 1998, Case No. IT-95-17/1, Trial Chamber II, ILR vol. 121 (2002), 260 Rn. 153.

trächtigung zu minimieren. Erst wenn die **Abarbeitung des Konzepts innerhalb des vorgesehenen Zeitplans** keine Wirkung zeigt und alle Versuche der Risikominimierung gescheitert sind, kann eine Beendigung der Geschäftsbeziehung geboten sein.[94]

62 Das Kriterium der „Abarbeitung des Konzepts innerhalb des vorgesehenen Zeitplans" wird dabei vor dem Hintergrund des Prinzips der „Befähigung vor Rückzug" nicht starr auszulegen sein, sondern mehrfache Anpassungen, Überarbeitungen und Neufestlegungen von Maßnahmen und Zeitschienen erlauben. Eine Grenze besteht dort, wo eine Aussicht auf Änderung aufgrund der Situation nicht mehr vernünftigerweise möglich erscheint.[95] Solange es aber Anhaltspunkte dafür gibt, dass sich die Situation verbessert, besteht prinzipiell kein Gebot, die Geschäftsbeziehungen zu beenden.[96] Es sollte jedoch **jedenfalls eine kontinuierliche Verbesserung ersichtlich** sein und die Geschäftsbeziehung positiv zu Risikominimierung und Verbesserung beitragen.[97] Auch hier wird jedoch wiederum der **Grundsatz der Angemessenheit** nach § 3 Abs. 2 sowie eine Gesamtbetrachtung nach Treu und Glauben im Einzelfall maßgeblich sein: Bei schwerwiegenden, unumkehrbaren Verletzungen und mangelnden unverzüglich gebotenen Maßnahmen seitens des Lieferanten kann ein Abbruch der Geschäftsbeziehung geboten sein, wenn der Rückzug aus der Geschäftsbeziehung keine weitergehenden negativen Folgen für die Gesamtsituation hat.[98] Andernfalls würden auch bei schwerwiegenden Verletzungen von Menschenrechts- und Umweltpositionen Geschäftsbeziehungen de facto unbeeinträchtigt fortgeführt werden können. Eine reale Möglichkeit des Abbruchs der Geschäftsbeziehung wird als ein wichtiges Kriterium für die Wirksamkeit der Durchsetzung von Sorgfaltspflichten angesehen.[99]

63 Eine Situation im Sinne von Nr. 2 kann auch von vornherein angenommen werden, wenn die Erarbeitung oder Umsetzung eines Minimierungskonzepts bereits von Beginn an zum Scheitern verurteilt ist und **keine realistischen Aussichten auf Veränderung** bestehen.[100] Dies kann beispielsweise der Fall sein, wenn das Vertrauensverhältnis zum Zulieferer aufgrund eines zielgerichteten Hintergehens dauerhaft und irreversibel zerstört wurde,[101] wenn es aufseiten der Lieferanten keine Bereitschaft gibt, auf das Abstellen der Verletzungen oder die Minimierung des Risikos hinzuarbeiten oder wenn es tatsächlich oder wirtschaftlich unmöglich ist, eine bestehende schwerwiegende Verletzung abzustellen.[102]

---

94 BT-Drs. 19/28649, 49.
95 OECD-Leitfaden: verantwortungsvolles unternehmerisches Handeln S. 80.
96 OECD-Leitfaden: verantwortungsvolles unternehmerisches Handeln S. 80.
97 Vgl. VNLP Nr. 19, Kommentar.
98 OECD-Leitfaden: verantwortungsvolles unternehmerisches Handeln S. 80.
99 OHCHR Corporate Responsibility S. 50, OECD-Leitfaden: verantwortungsvolles unternehmerisches Handeln S. 80.
100 OECD-Leitfaden: verantwortungsvolles unternehmerisches Handeln S. 33; Grabosch LkSG/Grabosch § 5 Rn. 113.
101 Grabosch LkSG/Grabosch § 5 Rn. 113.
102 OECD-Leitfaden: verantwortungsvolles unternehmerisches Handeln S. 80.

d) Keine milderen Mittel (Nr. 3)

Selbst wenn eine sehr schwerwiegende Verletzung vorliegt und die bisherigen Abhilfemaßnahmen keine Wirkung gezeigt haben, ist vor dem Abbruch einer Geschäftsbeziehung zu prüfen, ob nicht andere mildere Mittel zur Verfügung stehen oder eine Erhöhung des Einflussvermögens, etwa über **Brancheninitiativen**, die Situation verbessern könnte. Letzteres dürfte bereits ein Beispiel für ein milderes Mittel darstellen, mit dem die geplanten Maßnahmen oder darüber hinausgehende ggf. effektiver durchgesetzt werden könnten, um doch noch Abhilfe zu schaffen. Als milderes Mittel kann auch das vorübergehende Aussetzen der Geschäftsbeziehung in Betracht kommen oder die Reduktion des Auftragsvolumens und das Ausloten alternativer Lieferquellen. 64

e) Abbruch der Geschäftsbeziehung bei einem bestehenden sehr hohen Risiko?

Die Frage, ob Unternehmen ihre Tätigkeit aufgeben oder Geschäftsbeziehungen abbrechen müssen, wird aktuell insbesondere mit Blick auf die chinesische Provinz Xinjiang und die dortige Situation der Bevölkerungsgruppe der Uiguren und anderer mehrheitlich muslimischer Minderheiten diskutiert. Hierbei stellt sich vor allem auch die Frage, wie mit Fällen eines bestehenden sehr hohen Risikos der sehr schwerwiegenden Verletzung umzugehen ist, die nach § 7 Abs. 3 **mangels konkret nachweisbarer Verletzung** kein Gebot zum Abbruch der Geschäftsbeziehung nach sich zieht. 65

Diese Diskussion lässt sich anhand des Praxisbeispiels der muslimischen Minderheit der **Uiguren** in **Xinjiang** veranschaulichen. Seit 2017 häufen sich Medien- und Expertenberichte, dass Uiguren in China systematisch im Rahmen staatlicher Programme in sogenannten Umerziehungslagern interniert und von dort in Fabriken eingewiesen werden, wo sie in Zwangsarbeit Produkte für den internationalen Markt herstellen.[103] Medienberichte gehen von massenhaften Internierungen und schwersten Menschenrechtsverletzungen aus.[104] Ein Gutachten der Wissenschaftlichen Dienste des Deutschen Bundestages kommt zu dem Ergebnis, dass die vorgebrachten Vorwürfe bei Zugrundelegung der Rechtsauffassung deutscher Gerichte einen Verstoß gegen die Völkermordkonvention, jedenfalls jedoch schwere Menschenrechtsverstöße begründen würden.[105] Ein Bericht des OHCHR über die Menschenrechtssituation in Xinjiang kommt zu dem Ergebnis, dass die Vorwürfe von Folter und Misshand- 66

---

103 Business and Human Rights Resource Centre, Major brands implicated in report on forced labour beyond Xinjiang, 1.3.2020, abrufbar unter https://www.business-humanrights.org/de/latest-news/major-brands-implicated-in-report-on-forced-labour-beyond-xinjiang/.
104 Saul, Baerbock fordert Aufklärung zu Chinas Vorgehen gegen Uiguren, Süddeutsche Zeitung vom 24.5.2022, abrufbar unter https://www.sueddeutsche.de/politik/baerbock-china-uiguren-xinjiang-1.5591043.
105 Wissenschaftliche Dienste des Deutschen Bundestages, Die Uiguren in Xinjiang im Lichte der Völkermordkonvention, Mai 2021, WD 2-3000-027/21, S. 45, 72.

lung sowie sexueller und geschlechtsspezifischer Gewalt glaubhaft seien.[106] Zudem könnte das Ausmaß der Inhaftierung von Uiguren und Angehörigen anderer muslimischer Minderheiten ein Verbrechen gegen die Menschlichkeit darstellen.[107] Unter diesen Voraussetzungen muss ein sehr schwerwiegender Verstoß im Sinne von Nr. 1 angenommen werden. Gleichzeitig lässt sich durch diese allgemeine Feststellung noch keine Zuordnung zu den einzelnen Zulieferern vornehmen.

67 Nach den bekannten Informationen findet die Zwangsarbeit (meist) in **staatlichen Zulieferbetrieben** statt, die in lokale wie globale Lieferketten gelangen. In Xinjiang ansässige Unternehmen sind hier einem besonderen Risiko ausgesetzt, da auch Dienstleistungsbetriebe mit den schweren Menschenrechtsverletzungen gegen die muslimische Minderheit in Verbindung stehen können. Die chinesische Regierung hat bisher alle Anschuldigungen zurückgewiesen und wirtschaftlichen sowie wettbewerbspolitischen Druck auf die ansässigen Unternehmen ausgeübt.[108] Die Einstellung des den Vorwürfen zugrunde liegenden Vorgehens der chinesischen Regierung steht daher nicht in Aussicht.

68 Vor diesem Hintergrund stellt sich die Frage, ob und inwieweit es für Unternehmen, die in der chinesischen Provinz Xinjiang tätig sind, angesichts des hohen Risikos, mit derlei schwerwiegenden Menschenrechtsverletzungen in Verbindung zu stehen, geboten ist, lokale Geschäftsbeziehungen aufzugeben bzw. sich letztlich aus der Region zurückziehen, da es vernünftigerweise nicht möglich ist, dort ohne Verbindung zu schwersten Menschenrechtsverstößen unternehmerisch tätig zu sein. In diese Richtung geht ein am 21.6.2022 in Kraft getretenes US-amerikanisches Handelsembargo gegen Produkte aus der chinesischen Provinz Xinjiang. Es beruht auf der Annahme, dass jedes Produkt, das teilweise in Xinjiang gefertigt wurde, in Zwangsarbeit hergestellt wurde und daher einem Einfuhrverbot unterliegt.[109] Grundlage der Bewertung für einen nach § 7 Abs. 3 gebotenen Abbruch der Geschäftsbeziehung kann jedoch nur **der jeweilige Einzelfall sein** (unterschiedliche Waren, Dienstleistungen, Märkte, Einflussmöglichkeiten, Produktions- und Zulieferer-

---

106 OHCHR, Assessment of human rights concerns in the Xinjiang Uyghur Autonomous Region, People's Republic of China, 31.8.2022, abrufbar unter https://www.ohchr.org/en/press-releases/2022/08/un-human-rights-office-issues-assessment-human-rights-concerns-xinjiang.
107 OHCHR, Assessment of human rights concerns in the Xinjiang Uyghur Autonomous Region, People's Republic of China, 31.8.2022, abrufbar unter https://www.ohchr.org/en/press-releases/2022/08/un-human-rights-office-issues-assessment-human-rights-concerns-xinjiang.
108 Strittmatter, Brechen und gefügig machen, Süddeutsche Zeitung vom 24.5.2022, abrufbar unter https://www.sueddeutsche.de/politik/china-uiguren-xinjiang-police-files-bachelet-1.5591121.
109 Britten, US ban on cotton from forced Uyghur labour comes into force, Guardian vom 21.6.2022, abrufbar unter https://www.theguardian.com/world/2022/jun/21/us-ban-on-cotton-from-forced-uyghur-labour-comes-into-force.

struktur).[110] Eine allgemeine Vermutung der bestehenden Verletzung in allen Lieferketten von in Xinjiang angesiedelten Unternehmen und grundsätzliche Forderung des Abbruchs der Geschäftsbeziehungen mit allen in Xinjiang angesiedelten Unternehmen wird der komplexen Realität nicht gerecht und dürfte auch mit Blick auf den Eingriff in die ebenfalls menschenrechtlich geschützte Wirtschaftsfreiheit der vor Ort angesiedelten Unternehmen nicht verhältnismäßig sein. Dies spiegelt sich auch in der US-Regelung wider, die ein grundsätzliches Embargo verhängt, aber einen Nachweis der Nichtverbindung mit den einschlägigen Menschenrechtsverletzungen zur Aufhebung des Embargos im Einzelfall ermöglicht und unterstützt.

Nach dem LkSG wird man von einem gebotenen Abbruch der Geschäftsbeziehung nach § 7 Abs. 1, 3 regelmäßig dann ausgehen können, wenn nach der Risikoanalyse eine **sehr schwerwiegende Verletzung** feststeht oder deren unmittelbarer Eintritt droht und es im konkreten Einzelfall **keine Möglichkeit gibt, Abhilfe zu schaffen**, dh die Situation beim unmittelbaren oder mittelbaren (substantiierte Kenntnis, § 9) Zulieferer so zu verändern, dass bestehende Verletzungen beendet und wirksame Präventionsmaßnahmen zur Verhinderung weiterer Verletzungen bei unmittelbaren Zulieferern ergriffen werden können.[111] Weitgehende Maßnahmen sind hier nach dem Prinzip „Befähigung vor Rückzug" zunächst in allen Bereichen der Sorgfaltspflichten nach § 3 nach den Kriterien der Angemessenheit des § 3 Abs. 2 auch und gerade mit Blick auf einen möglichen Beitrag zur Verbesserung der Lage durch unternehmerischen Einfluss auf die Situation geboten (Schwere der Verletzung, vulnerable Gruppe, hohes Risiko, Unumkehrbarkeit). Hierzu gehört grundsätzlich auch ein Austausch zu der Problematik mit staatlichen Stellen. Zeichnet sich aber ab, dass es hier keine Aussicht auf Veränderung der Verletzungssituation gibt, sind Konsequenzen nach § 7 Abs. 3 geboten, da prinzipiell nur diese geeignet sind, eine Verbindung zu den schwerwiegenden bestehenden Verletzungen zu beenden und Druck gegenüber den Verursachern der Verletzungslage aufzubauen. 69

Schwieriger ist es, wenn wie im Fall der uigurischen Minderheit eine Verbindung zu den Menschenrechtsverletzungen weder mit Sicherheit nachgewiesen noch ausgeschlossen werden kann.[112] In einer solchen Konstellation sind nach § 6 Abs. 3 Nr. 4 geeignete und wirksame Kontrollmaßnahmen einzurichten, wie zB enge Zusammenarbeit mit Lieferanten, unangekündigte Auditierung von Lieferbetrieben, engmaschige Überprüfung von Dienstleistern oder Zulieferern. Angesichts der Schwere der 70

---

110 So unter Bezugnahme auf § 9 Abs. 3 auch Werner, Von UN-Bericht zur Unternehmenspflicht, libra-rechtsbriefing, 11.10.2022, abrufbar unter https://www.libra-r echtsbriefing.de/L/von-un-bericht-zur-unternehmenspflicht/.
111 Wissenschaftliche Dienste des Deutschen Bundestages, Die Uiguren in Xinjiang im Lichte der Völkermordkonvention, Mai 2021, WD 2–3000–027/21, S. 45, 80.
112 Für die Annahme substantiierter Kenntnis soll hingegen nach Ansicht des BMAS schon eine Eintrittswahrscheinlichkeit von unter 50 % ausreichen und eine Zuordnung zum konkreten Zulieferer nicht erforderlich sein, vgl. FAQ LkSG VI. 13.

möglichen Verletzung (hier: Beihilfe zum Völkermord) wird man davon ausgehen können, dass hohe Anforderungen an die Risikoprävention zu stellen sind, zB dass ein Risiko nahezu ausgeschlossen werden kann oder erhebliche Bemühungen im Bereich der Risikoprävention unternommen werden.

71 Ein weiteres bekanntes Beispiel für eine solche Konstellation ist die hohe Wahrscheinlichkeit der Verbindung zu ausbeuterischen und gefährlichen Arbeitsbedingungen und schwersten Formen der Kinderarbeit beim **Kobaltabbau in der Demokratischen Republik Kongo**.[113] Es ist bekannt, dass ca. 15–20 % des Kobalts aus dem Kupfergürtel aus sogenanntem Kleinstbergbau stammt, der mit diesen Arbeitsbedingungen in Verbindung steht und in die globale Lieferkette gelangt.[114] Die Herkunft kann nur mit sehr großem Aufwand einwandfrei nachgewiesen werden. Einige Unternehmen haben hieraus den Schluss gezogen, nicht mehr aus Lieferketten beziehen zu können, bei denen eine solche Verbindung wahrscheinlich ist.[115] Andere engagieren sich in Industrieinitiativen, wie der Responsible Minerals Initiative (RMI), die einen Auditstandard für Raffinerien aufgestellt hat, der hier das Risiko mitigieren soll.[116]

72 Kann das Risiko auch **bei bestmöglichem Bemühen nicht ausgeschlossen werden**, weil dem Unternehmen vor Ort Einblick und Einflussvermögen fehlt, kann dies grundsätzlich iSv § 3 Abs. 2 als Argument dafür herangezogen werden, dass eine weitergehende Ausübung der Sorgfaltspflicht vernünftigerweise nicht möglich ist.[117] Nachzuweisen ist, dass allen Sorgfaltspflichten genügt wurde, die in einem konkreten Zusammenhang „machbar und angemessen" sind.[118] Die Sorgfaltspflichten nach dem LkSG sind Bemühens- und keine Erfolgspflichten, es sei denn, es liegt eine Verletzung im eigenen Geschäftsbereich oder ein mögliches Gebot des Abbruchs der Geschäftsbeziehung nach § 7 Abs. 3 vor. Da bei nicht nachweislichen Fällen keine Verletzung gegeben ist, sondern lediglich ein hohes Risiko besteht, ist § 7 Abs. 3 nicht unmittelbar einschlägig, dh ein **Abbruch der Geschäftsbeziehung ist nicht unmittelbar geboten**.

73 Dies erscheint in Fällen, in denen wie bei der uigurischen Minderheit mit sehr großer Wahrscheinlichkeit bekanntermaßen ein sehr hohes Risiko

---

[113] Vgl. Bundesanstalt für Geowissenschaften und Rohstoffe, Lieferketten und Abbaubedingungen im artisanalen Kupfer-Kobalt-Sektor der Demokratischen Republik Kongo, 2021, S. 51; https://www.wiwo.de/unternehmen/auto/kobalt-nachfrage-rund-20-prozent-des-kobalt-abbaus-im-kongo-gelten-als-problematisch/25079806-2.html.

[114] Bundesanstalt für Geowissenschaften und Rohstoffe, Lieferketten und Abbaubedingungen im artisanalen Kupfer-Kobalt-Sektor der Demokratischen Republik Kongo, 2021, S. 3.

[115] Siehe https://www.bmwgroup.com/de/news/allgemein/2019/konfliktrohstoff-kobalt.html.

[116] ZB Apple, Bericht zu Konfliktmineralien, 2021, abrufbar unter https://www.apple.com/euro/supplier-responsibility/l/generic/pdf/Apple-Conflict-Minerals-Report.pdf; s. auch https://www.responsiblemineralsinitiative.org/.

[117] Vgl. VNLP Nr. 19, Kommentar.

[118] BT Drs. 19/28649, 41.

für eine schwerwiegende Menschenrechtsverletzung in einschlägigen Lieferketten besteht, kaum mit der Ratio des LkSG vereinbar, da dies im Extremfall grundsätzlich erlaubt, dass ein mit hoher Wahrscheinlichkeit bestehendes Risiko ohne weitere Präventions- und Abhilfemaßnahmen bestehen bleiben kann. Teilweise wird in diesen Fällen daher von einer grundsätzlichen Parallele zu dem Gebot des Geschäftsabbruchs nach § 7 Abs. 3 ausgegangen. Dies beruht darauf, dass der Grat zwischen „sehr hoher Wahrscheinlichkeit des Risikos der schwerwiegenden Verletzung" und einem „unmittelbar bevorstehenden Eintritt der Verletzung" nach § 7 Abs. 1 (in der eigenen unternehmerischen Lieferkette) als letztlich schmal angesehen wird. Eine solche Sichtweise wird unterstützt von dem Auslegungshintergrund des VNLP Nr. 19, das nicht im gleichen Maße wie das LkSG zwischen Abhilfe- und Präventionsmaßnahmen unterscheidet („Verhütungs- und Milderungsmaßnahmen") und die Erwägung des **Abbruchs der Geschäftsbeziehung mangels Einflussvermögens auch bei hohem Risiko einer schwerwiegenden Verletzung** als Konsequenz auch im Rahmen der Risikominimierung empfiehlt.[119]

Angesichts des Wortlauts des § 7 Abs. 3 sowie der politischen Diskussion und Kompromissfindung im Vorfeld der Verabschiedung des LkSG kann dies jedoch eine unzulässige Erweiterung bußgeldbewehrter Pflichten entgegen dem ausdrücklichen Wortlaut des § 7 Abs. 3 darstellen. Betrachtet man den Auslegungshintergrund der VNLP (Prinzip Nr. 19), kann es jedoch geboten sein, eine Beendigung der Geschäftsbeziehung angesichts der Unmöglichkeit wirksamer Präventionsmaßnahmen in Erwägung zu ziehen.[120] Hier können auch die Wertungszusammenhänge nach § 3 Abs. 2 eine Rolle spielen. Die Beurteilung, inwieweit die Aufrechterhaltung einer Geschäftsbeziehung trotz hoher Wahrscheinlichkeit eines bekannten und wahrscheinlichen hohen Risikos der sehr schwerwiegenden Verletzung geboten ist, lässt sich danach im Einzelfall nach diesen Kriterien sowie den nach Treu und Glauben vernünftigerweise zur Verfügung stehenden Handlungsoptionen für den Ausschluss des Risikos oder auch des Beitrags bestehenden Engagements zur Risikoprävention beurteilen. Eine Pflicht zur Beendigung der Geschäftsbeziehung wird sich aber auch hier aufgrund der Formulierung des VNLP Nr. 19 und des dazugehörigen Kommentars sowie des Wortlauts des § 7 Abs. 3 kaum ableiten lassen, wohl aber erhebliche kontinuierliche Bemühenspflichten der Risikomitigierung (Risikoausschluss, Engagement für Prävention). Für Unternehmen wird in diesen Fällen jedoch der Abbruch oder auch die Suspendierung von Geschäftsbeziehungen aufgrund von Reputationsrisiken und hohem Mitigierungsaufwand sinnvollerweise im Raum stehen. 74

---

119 VNLP Nr. 19, Kommentar.
120 Vgl. OECD-Leitfaden: verantwortungsvolles unternehmerisches Handeln S. 83 f.

2. Fehlende Ratifizierungen und Embargos (S. 2, 3)

75 Satz 2 stellt zusätzlich zu den in Satz 1 genannten Voraussetzungen klar, dass allein die **fehlende Ratifizierung oder Umsetzung** der den menschenrechtsbezogenen und umweltrechtsbezogenen Pflichten zugrunde liegenden Abkommen nicht zum Abbruch von Geschäftsbeziehungen verpflichtet. Der klarstellende Satz wurde auf Empfehlung des Ausschusses für Arbeit und Soziales eingeführt, nachdem im Vorfeld vermehrt diskutiert worden war, ob auf der Grundlage des LkSG Lieferantenbeziehungen mit Geschäftspartnern aus bestimmten Ländern beendet werden müssten.[121] Begründet wurde die Klarstellung damit, dass die Ratifikation von Abkommen und deren Umsetzung eine nationale Angelegenheit der Staaten darstellt und nicht durch die Unternehmen beeinflusst werden kann.[122] Eine Pflicht zur Beendigung von Geschäftsbeziehungen könne daher aus diesem Umstand nicht hergeleitet werden, jedoch müsse die fehlende Ratifizierung im Rahmen der Risikoanalyse berücksichtigt werden (→ § 5 Rn. 22).[123]

76 Satz 3 stellt klar, dass **Einschränkungen des Außenwirtschaftsverkehrs** durch oder aufgrund von Bundesrecht, Recht der Europäischen Union oder Völkerrecht von der Regelung in Satz 2 unberührt bleiben. Dort vorhandene Beschränkungen können somit weiterhin von der Nichtratifizierung eines Abkommens abhängig gemacht werden und können auch zu einem Abbruch der Geschäftsbeziehungen zwingen.[124]

3. Möglichkeit der Umsetzung des Abbruchs

77 Sollte ein Unternehmen nach den Kriterien des Abs. 3 zu der Bewertung kommen, dass der Abbruch der Geschäftsbeziehung geboten ist, stellt sich die Frage der **praktischen** und auch **rechtlichen Umsetzung**. Denn das LkSG sieht keine Nichtigkeit der den Geschäftsbeziehungen zugrunde liegenden Verträge oder einen anderen Weg vor, um sich von bestehenden vertraglichen oder anderen rechtlich gebotenen Pflichten zu lösen. Auch hier gilt daher prinzipiell, dass rechtlich und tatsächlich Unmögliches nicht verlangt werden darf.[125]

78 Zivilrechtlich ist das Unternehmen somit darauf angewiesen, dass die jeweiligen Verträge **Kündigungsrechte** vorsehen, unter die sich ein schwerwiegender Menschenrechtsverstoß im Sinne von Abs. 3 Nr. 2 subsumieren lässt. Einen Anknüpfungspunkt könnten Klauseln bieten, die ein Kündigungs- oder Rücktrittsrecht aufgrund von Unzumutbarkeit oder wesentlichen Vertragsverletzungen vorsehen.[126] Letzteres dürfte jedoch nur einschlägig sein, wenn die Einhaltung von menschenrechts- und um-

---

121 Hembach Praxisleitfaden S. 165.
122 BT-Drs. 19/30505, 41; Hembach Praxisleitfaden S. 165.
123 BT-Drs. 19/30505, 41.
124 Vgl. Stöbener de Mora/Noll NZG 2021, 1237 (1244).
125 Vgl. hierzu OECD-Leitfaden: verantwortungsvolles unternehmerisches Handeln S. 81.
126 Vgl. hierzu Grabosch LkSG/Grabosch § 5 Rn. 114.

weltbezogenen Sorgfaltspflichten im Vertrag vorgesehen war. Es ist daher erforderlich, dass im Rahmen der Präventionsmaßnahmen nach § 6 entsprechende Verpflichtungen und möglichst auch Kündigungsrechte[127] in die Vertragsgestaltung mit aufgenommen werden (→ § 6 Rn. 55).

Neben der rechtlichen Problematik, sich aus den vertraglichen Beziehungen zu lösen, wird es in manchen Fällen für ein Unternehmen auch praktisch schwer sein, die Geschäftsbeziehung zu beenden. Diskutiert wird diese Problematik insbesondere in Bezug auf sogenannte „**single source-Fälle**".[128] Dies sind Konstellationen, in denen dem Unternehmen kein adäquater Ersatzlieferant für das jeweilige Gut zur Verfügung steht. Das LkSG geht auf diese Problematik nicht explizit ein. Sowohl im Zusammenhang mit den VNLP als auch mit dem OECD-Leitfaden für multinationale Unternehmen wird hingegen die Bedeutung, die eine Geschäftsbeziehung für das jeweilige Unternehmen mit sich bringt, berücksichtigt. So ist nach dem OECD-Leitfaden für die Erfüllung der Sorgfaltspflicht für verantwortungsvolles unternehmerisches Handeln die Relevanz des Lieferanten oder der Geschäftsbeziehung als ein Kriterium in die Abwägung, ob ein Abbruch der Geschäftsbeziehung erfolgen soll oder nicht, mit einzubeziehen.[129] Es wird zudem ausdrücklich anerkannt, dass es einem Unternehmen unter gewissen Umständen nicht möglich sein kann, eine Geschäftsbeziehung zu beenden.[130] Der VN-Sonderbeauftragte zu den VNLP unterscheidet bei der Entscheidung, welche Abhilfemaßnahmen zu ergreifen sind, ebenfalls zwischen „crucial" und „non-crucial business relationships".[131] Bei Ersteren ist die Auswirkung einer Beendigung in der Entscheidung mit zu berücksichtigen.[132] Ausgehend davon, dass die VNLP als Auslegungshilfe für das LkSG herangezogen werden können, sind diese Abwägungsüberlegungen auf Abs. 3 übertragbar. Im Fall der „single sources" sollte hier jedoch mit Vorsicht argumentiert werden, denn diese stellen in der Praxis grundsätzlich ein hohes operationelles Risiko dar, das nach den Maßstäben der unternehmerischen Risikoprävention nicht angeraten ist und sich über die Einrichtung diverserer Lieferketten abfedern lässt. 79

Sollte auch nach entsprechender Abwägung der Abbruch einer Geschäftsbeziehung weiterhin geboten erscheinen, sollte eine **verantwortungsvolle Abwicklung** der Zusammenarbeit sichergestellt werden.[133] 80

---

127 Vgl. hierzu die Model Contract Clauses to Protect Workers in International Supply Chains der American Bar Association, abrufbar unter https://www.americanbar.org/groups/human_rights/business-human-rights-initiative/contractual-clauses-project/.
128 Vgl. Brouwer CCZ 2022, 137 (144); Gehling/Ott/Lüneborg CCZ 2021, 230 (238); Grabosch LkSG/Grabosch § 5 Rn. 115.
129 OECD-Leitfaden: verantwortungsvolles unternehmerisches Handeln S. 33.
130 OECD-Leitfaden: verantwortungsvolles unternehmerisches Handeln S. 85.
131 OHCHR Corporate Responsibility S. 48 ff.
132 OHCHR Corporate Responsibility S. 50.
133 OECD-Leitfaden: verantwortungsvolles unternehmerisches Handeln S. 84 f.

V. Jährliche und anlassbezogene Überprüfung (Abs. 4)

81 Die **Wirksamkeit** der Abhilfemaßnahmen ist einmal im Jahr sowie anlassbezogen zu **überprüfen**. Dabei sind Erkenntnisse aus der Bearbeitung von Hinweisen nach § 8 Abs. 1 zu berücksichtigen. Sollte die Überprüfung Handlungsbedarf aufzeigen, sind die Abhilfemaßnahmen unverzüglich zu aktualisieren.

82 Es bietet sich an, die regelmäßige Überprüfung im Rahmen des Risikomanagements zusammen mit den in § 5 Abs. 4 (→ § 5 Rn. 34 ff.) und § 6 Abs. 5 (→ § 6 Rn. 68) genannten Überprüfungen durchzuführen. Eine anlassbezogene Überprüfung wird erforderlich, wenn das Unternehmen mit einer wesentlich veränderten oder wesentlich erweiterten Risikolage im eigenen Geschäftsbereich oder beim unmittelbaren Zulieferer rechnen muss. Dies kann insbesondere der Fall sein bei der Einführung neuer Produkte, Projekte oder eines neuen Geschäftsfeldes (vgl. hierzu ausführlicher → § 5 Rn. 41). Auch die anlassbezogene Prüfung wird aufgrund des Gleichlaufs der Vorschriften meist mit einer umfassenden Überprüfung der im Rahmen des Risikomanagements festgelegten Maßnahmen (Analyse, Präventions- und Abhilfemaßnahmen) einhergehen. Dennoch ist es nicht ausgeschlossen, dass eine Veränderung der Risikolage allein die Anpassung der Abhilfemaßnahmen verlangt.

VI. Zukünftige Rechtsentwicklung

83 Art. 8 des Kommissionsvorschlages für eine Sorgfaltspflichten-Richtlinie[134] verpflichtet Unternehmen ebenfalls zur Behebung negativer Auswirkungen ihrer eigenen Tätigkeit sowie derjenigen ihrer Tochterunternehmen oder etablierten Geschäftsbeziehungen. Ebenso wie in § 7 sieht der Richtlinien-Vorschlag ein abgestuftes Vorgehen vor, das zunächst die **Behebung** fordert und bei Undurchführbarkeit die **Minimierung der negativen Auswirkung**. Die einzelnen Maßnahmen einschließlich eines Korrekturplans sind ähnlich, wobei der Kommissionsvorschlag bezüglich der zu ergreifenden Maßnahmen gegenüber den Zulieferern **ausführlicher** ist. Der zentrale Unterschied zum LkSG ist jedoch, dass Unternehmen auch verpflichtet sein können, **Schadensersatz** an betroffene Personen oder eine finanzielle Entschädigung an betroffene Gemeinschaften zu leisten.

§ 8 Beschwerdeverfahren

(1) ¹Das Unternehmen hat dafür zu sorgen, dass ein angemessenes unternehmensinternes Beschwerdeverfahren nach den Absätzen 2 bis 4 eingerichtet ist. ²Das Beschwerdeverfahren ermöglicht Personen, auf menschenrechtliche und umweltbezogene Risiken sowie auf Verletzungen menschenrechtsbezogener oder umweltbezogener Pflichten hinzuweisen, die durch das wirtschaftliche Handeln eines Unternehmens im eigenen

---

134 COM(2022) 71 final.

Geschäftsbereich oder eines unmittelbaren Zulieferers entstanden sind. ³Der Eingang des Hinweises ist den Hinweisgebern zu bestätigen. ⁴Die von dem Unternehmen mit der Durchführung des Verfahrens betrauten Personen haben den Sachverhalt mit den Hinweisgebern zu erörtern. ⁵Sie können ein Verfahren der einvernehmlichen Beilegung anbieten. ⁶Die Unternehmen können sich stattdessen an einem entsprechenden externen Beschwerdeverfahren beteiligen, sofern es die nachfolgenden Kriterien erfüllt.

(2) Das Unternehmen legt eine Verfahrensordnung in Textform fest, die öffentlich zugänglich ist.

(3) ¹Die von dem Unternehmen mit der Durchführung des Verfahrens betrauten Personen müssen Gewähr für unparteiisches Handeln bieten, insbesondere müssen sie unabhängig und an Weisungen nicht gebunden sein. ²Sie sind zur Verschwiegenheit verpflichtet.

(4) ¹Das Unternehmen muss in geeigneter Weise klare und verständliche Informationen zur Erreichbarkeit und Zuständigkeit und zur Durchführung des Beschwerdeverfahrens öffentlich zugänglich machen. ²Das Beschwerdeverfahren muss für potenzielle Beteiligte zugänglich sein, die Vertraulichkeit der Identität wahren und wirksamen Schutz vor Benachteiligung oder Bestrafung aufgrund einer Beschwerde gewährleisten.

(5) ¹Die Wirksamkeit des Beschwerdeverfahrens ist mindestens einmal im Jahr sowie anlassbezogen zu überprüfen, wenn das Unternehmen mit einer wesentlich veränderten oder wesentlich erweiterten Risikolage im eigenen Geschäftsbereich oder beim unmittelbaren Zulieferer rechnen muss, etwa durch die Einführung neuer Produkte, Projekte oder eines neuen Geschäftsfeldes. ²Die Maßnahmen sind bei Bedarf unverzüglich zu wiederholen.

I. Überblick 1	II. Beschwerdeverfahren (Abs. 1) 12
1. Zweck des Beschwerdeverfahrens 2	1. Einrichtung eines Beschwerdeverfahrens (S. 1) 12
2. Völkerrechtlicher Hintergrund 3	2. Ermöglichung der Hinweisabgabe (S. 2) 16
3. Beschwerdemechanismen der internationalen Zusammenarbeit 8	a) Hinweisabgabe 16
4. Unternehmenspraxis 9	b) Ermöglichung auch bei unmittelbaren Zulieferern 19
5. Zukünftige Rechtsentwicklung 10	3. Eingangsbestätigung (S. 3) 22
a) EU-Hinweisgeberschutz-Richtlinie und deutsches Hinweisgeberschutzgesetz 10	4. Erörterung (S. 4) 24
	5. Einvernehmliche Beilegung (S. 5) 25
b) Vorschlag für eine EU-Richtlinie über die Sorgfaltspflichten von Unternehmen im Hinblick auf Nachhaltigkeit 11	6. Externes Beschwerdeverfahren (S. 6) 29
	III. Schlüsselkriterien (Abs. 2–4) .. 34
	1. Verfahrensordnung (Abs. 2) 35
	2. Unparteilichkeit und Verschwiegenheit (Abs. 3) 39

a) Unparteilichkeit im Lichte von VNLP Nr. 31 lit. a: Legitimität 39
b) Unparteilichkeit: Unabhängigkeit und Weisungsfreiheit 40
   aa) Unabhängigkeit ... 40
   bb) Weisungsfreiheit .. 42
c) Verschwiegenheit 43
3. Zugänglichkeit, Nachteilslosigkeit (Abs. 4) 44
   a) Öffentlicher Zugang zu Informationen zum Verfahren (S. 1) 45
      aa) Klare und verständliche Informationen 45
      bb) Informationsinhalt: Erreichbarkeit, Zuständigkeit und Durchführung 46
      cc) Öffentliche Zugänglichkeit der Informationen 47
   b) Zugang und Vertraulichkeit (S. 2) 48
      aa) Zugänglichkeit des Beschwerdeverfahrens 49
      bb) Vertraulichkeit der Identität 51
   c) Wirksamer Schutz vor Benachteiligung oder Bestrafung (Repressalien) (S. 2) ... 53
      aa) Hintergrund: EU-Hinweisgeberschutz-Richtlinie .. 54
      bb) Benachteiligung oder Bestrafung ... 55
      cc) Wirksamer Schutz 56
      dd) Exkurs: Umgang mit Repressalien im Rahmen von Beschwerdeverfahren bei internationalen Organisationen 57
IV. Jährliche und anlassbezogene Überprüfung (Abs. 5) 59
1. Anlassbezogene Überprüfung 60
2. Überprüfung der Wirksamkeit 61
3. Unverzügliche Wiederholung bei Bedarf (S. 2) 62

I. Überblick

1 Die Einrichtung eines Beschwerdeverfahrens ist eine der allgemeinen Sorgfaltspflichten (s. § 3 Abs. 1 S. 1 Nr. 7) und ist wie diese in angemessener Weise umzusetzen (s. § 3 Abs. 2). Das Beschwerdeverfahren unterstützt das unternehmerische Risikomanagement durch die Erkenntnisse aus der Bearbeitung von Hinweisen (§ 5 Abs. 4 S. 2, § 6 Abs. 5 S. 2, § 7 Abs. 4 S. 2) und dient gleichzeitig als unabhängige Kontrolle, ob das unternehmerische Risikomanagement wirksam ist (§ 8 Abs. 1 S. 1). Gemäß § 8 Abs. 1 S. 2 besteht die Verpflichtung zur Einrichtung eines Beschwerdeverfahrens für den eigenen Geschäftsbereich (s. § 2 Abs. 6) sowie auch für Aktivitäten unmittelbarer Zulieferer (s. § 2 Abs. 7). § 9 Abs. 1 erweitert die Verpflichtung auf mittelbare Zulieferer (s. § 2 Abs. 8), entsprechend der Definition der Lieferkette (s. § 2 Abs. 5). Über die Umsetzung der aufgrund von Beschwerden umgesetzten Maßnahmen muss jährlich berichtet werden (s. § 10 Abs. 2 Nr. 2). Die Nichteinhaltung der Verpflichtungen kann mit Bußgeldern bis zu 800.000 EUR geahndet werden (s. § 24 Abs. 2 S. 1 Nr. 1 lit. a iVm Abs. 1 Nr. 8), bei juristischen Personen mit bis zu 2 % des Jahresumsatzes (s. § 24 Abs. 3). Bei der Auslegung ist insbesondere VNLP Nr. 31 mitsamt den darauf basierenden Handreichungen des OHCHR zu berücksichtigen (→ Rn. 3). Neben dem LkSG werden auch die Umsetzung der EU-Hinweisgeberschutz-Richtli-

nie durch das geplante Hinweisgeberschutzgesetz (HinSchG) wie auch die Umsetzung der geplanten EU-Sorgfaltspflichten-Richtlinie Auswirkungen auf Beschwerdeverfahren haben. Das BAFA hat eine Handreichung zur Umsetzung von Beschwerdeverfahren nach dem LkSG angekündigt.

1. Zweck des Beschwerdeverfahrens

Wie andere **Sorgfaltspflichten** nach § 3 soll das Beschwerdeverfahren **Verletzungen verhindern, beenden oder minimieren** (s. § 7 Abs. 1). Die zwei Schlüsselfunktionen gemäß der VNLP[1] sind hierfür die **Ermittlung** nachteiliger menschenrechtlicher Auswirkungen wie auch die **Wiedergutmachung** nachteiliger Auswirkungen. Damit fördert das Beschwerdeverfahren die Ermittlung systemischer Probleme und eine daraus folgende Anpassung von Unternehmenspraktiken. Anders als es die VNLP fordern,[2] schafft das LkSG **keine direkte Pflicht zur Wiedergutmachung**. Diese wäre auf einen zivilrechtlichen Anspruch auf Schadensersatz hinausgelaufen,[3] wie ihn nun der Vorschlag für eine EU-Sorgfaltspflichten-Richtlinie über die Sorgfaltspflichten von Unternehmen im Hinblick auf Nachhaltigkeit[4] vorsieht (s. dort Art. 22). Bemühungen eines Unternehmens zur Wiedergutmachung werden jedoch als eines von acht Kriterien bei der **Bemessung des Bußgeldes** berücksichtigt (s. § 24 Abs. 4 Nr. 7). Ergebnisse des Beschwerdeverfahrens fließen auch in die Risikoanalyse ein (s. § 5 Abs. 4 S. 2 sowie § 6 Abs. 5 S. 2) und sollen so zur Feststellung systemischer Probleme und der Anpassung von Unternehmenspraktiken beitragen.[5]

2

2. Völkerrechtlicher Hintergrund

Wie sich aus der Regierungsbegründung ergibt, orientieren sich die Vorgaben des LkSG am menschenrechtlichen **Due Diligence-Begriff der VNLP**.[6] Die VNLP einschließlich ihrer Kommentierung sind daher bei der Auslegung des § 8 zu berücksichtigen (→ Einleitung Rn. 12). Das Gleiche gilt für die **OECD-Leitsätze für multinationale Unternehmen** sowie die vom VN-Hochkommissariat für Menschenrechte (OHCHR) und der OECD veröffentlichten **branchenübergreifenden wie branchenspezifischen Leitfäden**, auf welche die Regierungsbegründung ebenfalls explizit Bezug nimmt.[7] Die dynamische Diskussion über die praktische Umsetzung der VNLP im Rahmen der Vereinten Nationen und der OECD dürfte auch in den nächsten Jahren zur Konkretisierung einzelner Anforderungen und zur Veröffentlichung weiterer Handreichungen führen.

3

---

1 VNLP Nr. 29, Kommentar.
2 VNLP Nr. 28, 29.
3 Grabosch LkSG/Grabosch § 5 Rn. 137.
4 COM(2022) 71 final vom 23.2.2022.
5 VNLP Nr. 29, Kommentar.
6 BT-Drs. 19/28649, 2, 23, 41, s. a. Ehmann ZVertriebsR 2021, 141 (141); Stemberg CCZ 2022, 92 (92 f.).
7 BT-Drs. 19/28649, 41.

4 Die VNLP formulieren in Nr. 31 acht evidenzbasiert entwickelte[8] **Wirksamkeitskriterien**, die sich auch in § 8 wiederfinden, insbesondere in den als „Schlüsselkriterien"[9] bezeichneten Absätzen 2 bis 4 (→ Rn. 34 ff.) und die folgende Anforderungen[10] an **nichtstaatliche Beschwerdemechanismen stellen**:

- Legitimität: Das Verfahren ermöglicht Vertrauen der Betroffenen, insbesondere dadurch, dass Parteien eines Beschwerdeverfahrens nicht in dessen faire Abwicklung eingreifen können (ua durch Unabhängigkeit, → Rn. 39).
- Zugänglichkeit: Das Verfahren ist allen Stakeholdern bekannt und bietet Unterstützung beim Zugang (→ Rn. 49).
- Berechenbarkeit/Vorhersehbarkeit: Die angebotenen Arten von Verfahren sind bekannt, haben einen klaren zeitlichen Rahmen und bieten konkrete Ergebnisse wie auch Umsetzungsmittel (→ Rn. 35).
- Ausgewogenheit: Das Verfahren bietet Geschädigten Zugang zu Informationen, Fachwissen und Beratung, um an Verfahren auf faire, informierte und respektvolle Weise teilzunehmen (→ Rn. 44).
- Transparenz: Die Parteien werden laufend über den Verfahrensstand informiert; es werden ausreichend Informationen über die Leistung des Verfahrens bereitgestellt, um Vertrauen in seine Wirksamkeit zu schaffen und öffentlichen Interessen Rechnung zu tragen (→ Rn. 37, 46 f.).
- Rechte-Kompatibilität: Die Ergebnisse und Abhilfen stehen im Einklang mit internationalen Menschenrechten (→ Rn. 36).
- Quelle kontinuierlichen Lernens: Die Ergebnisse werden für die Verbesserung des Verfahrens und zur Verhütung künftiger Missstände genutzt (→ Rn. 59).
- Dialog und Engagement (Austausch): Verfahren auf operativer Ebene sollten Stakeholder-Gruppen in ihre Gestaltung einbeziehen und Dialog als Mittel einsetzen (→ Rn. 31, 38 f., 41, 44, 90).
- Die einzelnen Wirksamkeitskriterien sind – wie die Verfahrensanordnungen/Schlüsselkriterien – miteinander verwoben:[11] So wird das Prinzip der Legitimität auch durch die Erfüllung der Kriterien Transparenz und Berechenbarkeit gefördert (→ Rn. 39).

5 Die VNLP werden dialog- und praxisorientiert im Rahmen der VN weiterentwickelt und regelmäßig werden weitere Handreichungen dazu

---

[8] Report of the Special Representative of the Secretary-General on the issue of human rights and transnational corporations and other business enterprises, John Ruggie, Addendum, Piloting principles for effective company/stakeholder grievance mechanisms: A report of lessons learned, UN Doc. A/HRC/17/31/Add.1, 2011, abrufbar unter https://www.ohchr.org/sites/default/files/Documents/Issues/Business/A-HRC-17-31-Add1.pdf.
[9] BT-Drs. 19/28649, 49. Zwischen Schlüsselkriterien und Verfahrensanforderungen differenzierend Stemberg CCZ 2022, 92 (93 f.).
[10] VNLP Nr. 31 inklusive Kommentar.
[11] Treffend Stemberg CCZ 2022, 92 (94 f.).

veröffentlicht.[12] Im Gegensatz zur „klassischen" Unternehmens-Compliance, welche die Perspektive des Unternehmens einnimmt und primär das Ziel verfolgt, Schaden und Haftung von Unternehmen und (persönlich) handelnden Personen abzuwenden, stellen die VNLP die Betroffenen in den Mittelpunkt und nehmen damit einen **Paradigmenwechsel** vor: Gelingen bemisst sich aus der Perspektive derjenigen, zu deren Schutz die VNLP erarbeitet wurden.

Das LkSG verbindet diese Standpunkte, indem es die Elemente der Sorgfaltspflicht nach den VNLP wie Risikoanalyse, Präventionsmaßnahmen zur Vermeidung menschenrechtlicher und umweltbezogener – nicht unternehmerischer – Risiken sowie die Sicht der Betroffenen gesetzlich regelt. So stärkt VNLP Nr. 31 die Position der Betroffenen im Beschwerdeverfahren ua durch Vorgaben hinsichtlich Information, Unterstützung bei Zugang und Augenhöhe im Verfahren. Deutlich wird diese **Verbindung von „klassischer" Compliance und Beschwerdeverfahren nach den VNLP** auch bei der in § 8 verwandten Terminologie, die teils von Hinweisgebenden, teils von Beschwerdeverfahren – dem Begriff der VNLP – spricht. Die EU-Hinweisgeberschutz-Richtlinie,[13] die vor dem Hintergrund der Unternehmens-Compliance entstanden ist, führt nun Rechte von Hinweisgebenden auf Information wie auch den Schutz vor Repressalien ein. 6

Die **OECD-Leitsätzen für multinationale Unternehmen**[14] sind Empfehlungen der Regierungen an die multinationalen Unternehmen, die in oder von den Teilnehmerstaaten aus operieren. Seit 2011 sind die VNLP in sie integriert. Die OECD-Teilnehmerstaaten sind aufgefordert, zu deren Umsetzung **Nationale Kontaktstellen (NKS)**[15] einzurichten. Das Umsetzungsverfahren für die OECD-Leitsätze sieht in seiner „verfahrenstechnischen Anleitung" die „Anwendung der Leitsätze in besonderen Fällen"[16] vor. Bei Beschwerden über Unternehmen können zur Problemlösung außergerichtliche, auf einvernehmliche Lösungen abzielende Verfahren eingesetzt werden. Insgesamt bleiben die Anforderungen an diese Verfahren hinter den Kriterien von VNLP Nr. 31 zurück. So bietet die NKS ein nur auf die Zukunft gerichtetes Streitbeilegungsverfahren, ohne dass eine Ermittlung oder Feststellung zur Einhaltung der OECD-Leitsätze stattfinden oder Maßnahmen zur Abhilfe und Wiedergutmachung für 7

---

12 Siehe https://www.ohchr.org/en/business/ohchr-accountability-and-remedy-project-iii-enhancing-effectiveness-non-state-based-grievance. Für nichtstaatliche Beschwerdeverfahren: OHCHR, Improving accountability and access to remedy for victims of business-related human rights abuse through non-State-based grievance mechanisms, UN Doc. A/HRC/44/32, Annex, 19.5.2020.
13 Richtlinie (EU) 2019/1937 des Europäischen Parlaments und des Rates vom 23.10.2019 zum Schutz von Personen, die Verstöße gegen das Unionsrecht melden (ABl. 2019 L 305, 17).
14 Fassung von 2011 abrufbar unter https://www.oecd-ilibrary.org/docserver/9789264122352-de.pdf.
15 OECD-Leitsätze für multinationale Unternehmen S. 78 (I.).
16 OECD-Leitsätze für multinationale Unternehmen S. 82 (C.).

die Betroffenen getroffen werden müssen.[17] Auch ist eine einheitliche Anwendung der Schlüsselkriterien des § 8 Abs. 2–4 wie beispielsweise Zugänglichkeit nicht sichergestellt, da Verfahren auch an NKS in anderen Ländern abgegeben werden können.[18] Damit ist das Verfahren der NKS weder ein mögliches externes (Streitbeilegungs-)Verfahren nach § 8 Abs. 1 S. 6, noch sollte in der Auslegung des LkSG auf seine Ausgestaltung zurückgegriffen werden.

3. Beschwerdemechanismen der internationalen Zusammenarbeit

8 Praktische Beispiele für eine transparente und gut dokumentierte Praxis der Beschwerdebearbeitung im grenzüberschreitenden Kontext bieten **Beschwerdemechanismen internationaler Entwicklungsfinanzinstitutionen**[19] wie etwa der Weltbankgruppe, regionaler Entwicklungsbanken, der Vereinten Nationen oder auch Mechanismen bilateraler Entwicklungsfinanzierungsgeber. Diese kommen sowohl bei der Unterstützung staatlicher Stellen wie auch der Privatsektorfinanzierung zum Einsatz. Diese Mechanismen haben sich im Independent Accountability Mechanisms Network[20] zusammengeschlossen, welches für die Aufnahme seiner Mitglieder dem VNLP Nr. 31 (→ Rn. 4) entsprechende Aufnahmekriterien[21] aufgestellt hat. Ihre praktischen Erfahrungen in der Beschwerdepraxis werden vom OHCHR bei der Weiterentwicklung und damit Auslegung der VNLP genutzt.[22] Sie bieten auch für Unternehmensverfahren nach dem LkSG **Anknüpfungspunkte für die Ausgestaltung der eigenen Verfahren und Maßstäbe für die Angemessenheit:** So kann hinsichtlich der Verfahrensgestaltung auf Ausformulierungen der Verfahrensordnungen[23] wie auch die Lernerfahrungen mit mediationsbasierten

---

17 Verfahrensleitfaden NKS Nr. 48.
18 Verfahrensleitfaden NKS Nr. 24.
19 Deutsches Mitglied ist die Privatsektorfinanzinstitution DEG, Verfahrensordnung abrufbar unter https://www.deginvest.de/Über-uns/Verantwortung/Beschwerdemanagement/ sowie der Independent Complaint Mechanism der Internationalen Klimaschutzinitiative (IKI) der Bundesregierung, angesiedelt bei der Zukunft – Umwelt – Gesellschaft gGmbH (ZUG gGmbh), Verfahrensordnung abrufbar unter https://www.international-climate-initiative.com/ueber-die-iki/unabhaengiger-beschwerdemechanismus/.
20 Siehe https://lnadbg5.adb.org/ocrp002p.nsf.
21 IAMnetwork, Basic criteria for participation in the IAM network, 2013, abrufbar unter https://lnadbg5.adb.org/ocrp002p.nsf.
22 Siehe https://www.ohchr.org/en/business/ohchr-accountability-and-remedy-project-iii-enhancing-effectiveness-non-state-based-grievance, insbes. den Bericht: OHCHR, Improving accountability and access to remedy for victims of business-related human rights abuse through non-State-based grievance mechanisms, UN Doc. A/HRC/44/32, Annex, 19.5.2020.
23 Zusammenstellung aus Sicht von Beschwerdeführervertretenden und zivilgesellschaftlichen Organisationen mit Einzelverweisen auf Verfahrensordnungen internationaler Beschwerdemechanismen: Good Policy Paper: Independent Accountability Mechanisms, Dezember 2021, abrufbar unter https://accountabilitycounsel.org/wp-content/uploads/2021/12/good-policy-paper-final.pdf.

Problemlösungsverfahren[24] zurückgegriffen werden. Auch hinsichtlich der organisatorischen Konzeption bieten die beiden vorherrschenden Modelle – unabhängige Inhouse-Einheit[25] oder Inhouse-Geschäftsstelle mit externem unabhängigem Expertinnen- und Expertenpanel[26] – Optionen für die Ausgestaltung von unternehmensinternen wie -externen Verfahren. Neben dem nur staatlichen oder internationalen Organisationen vorbehaltenen Independent Accountability Mechanisms Network hat sich mit dem Grievance Redress and Accountability Mechanism (GRAM) partnership eine Community of Practice konstituiert, die auch nichtstaatlichen Beschwerdemechanismen wie etwa von Unternehmen oder auch Nichtregierungsorganisationen und Interessierten offensteht.[27]

4. Unternehmenspraxis

Bislang sind nur **wenige** eingerichtete Beschwerdeverfahren von Unternehmen bekannt, die den Anforderungen der VNLP entsprechen,[28] insbesondere hinsichtlich der Zugänglichkeit für externe Betroffene.[29] Zu den wenigen zumindest öffentlich bekannten Verfahrensordnungen eines unternehmensinternen Verfahrens gehört beispielsweise jene der Adidas-Gruppe.[30]

9

5. Zukünftige Rechtsentwicklung

a) EU-Hinweisgeberschutz-Richtlinie und deutsches Hinweisgeberschutzgesetz

Die Hinweisgeberschutz-Richtlinie (EU) 2019/1937 sieht in ihrem Art. 8 Abs. 3 die Einrichtung **interner** (→ Rn. 12 ff.) wie **externer** (→ Rn. 29) **Meldekanäle**, die Kommunikation mit Beschwerdeführenden über den Fortgang des Verfahrens, den Schutz Beschwerdeführender vor **Repressalien** inklusive einer Beweislastumkehr (→ Rn. 48, 53 ff.) sowie die Ein-

10

---

24 Compliance Adviser Ombudsman (CAO), Reflections from Practice, 1.1.2018, Band 1 abrufbar unter https://www.cao-ombudsman.org/resources/reflections-practice-series-1-getting-started-dispute-resolution.
25 Beispielsweise der CAO der International Finance Corporation (IFC), des Privatsektorarms der Weltbankgruppe, https://www.cao-ombudsman.org/.
26 Beispielsweise die deutsche Privatsektorfinanzinstitution DEG, Independent Expert Panel, https://www.deginvest.de/%C3%9Cber-uns/Verantwortung/Beschwerdemanagement/Independent-Expert-Panel/.
27 Siehe https://irm.greenclimate.fund/grampartnership.
28 Belanger/Laplante, Periodic Project Report: Trends and General Practices of Company Operational-Level Grievance Mechanisms, 2021, abrufbar unter https://www.nesl.edu/docs/default-source/default-document-library/ogm-project-trend-analysis-spring-2021.pdf?sfvrsn=74967ca0_2; Zagelmeyer/Bianchi/Shemberg, Non-State based non-judicial grievance mechanisms (NSBGM): An exploratory analysis, 2018, abrufbar unter https://www.ohchr.org/Documents/Issues/Business/ARP/ManchesterStudy.pdf, S. 20 f.
29 World Benchmarking Alliance, Corporate Human Rights Benchmark. Across sectors: Agricultural products, Apparel, Automotive manufacturing, Extractives & ICT manufacturing, 2020, abrufbar unter https://assets.worldbenchmarkingalliance.org/app/uploads/2020/11/WBA-2020-CHRB-Key-Findings-Report.pdf.
30 Siehe https://www.adidas-group.com/media/filer_public/3a/a8/3aa87bcf-9af9-477b-a2a5-100530e46b19/adidas_group_complaint_process_october_2014.pdf.

Kämpf

führung eines Sanktionsrechtes vor.[31] LkSG und EU-Hinweisgeberschutz-RL unterscheiden sich mit Blick auf den persönlichen wie sachlichen Anwendungsbereich: Art. 4 Abs. 1 EU-Hinweisgeberschutz-RL umfasst Personen, die im beruflichen Kontext Informationen über Verstöße erlangen, während das Beschwerdeverfahren nach dem LkSG grundsätzlich allen offensteht (Abs. 1). Weiter beschränkt Art. 2 EU-Hinweisgeberschutz-RL den sachlichen Anwendungsbereich auf EU-Rechtsakte, während das LkSG ein breites Spektrum international geschützter Menschenrechte wie auch umweltbezogener Risiken einschließt (§ 2). Die Umsetzungsfrist der EU-Hinweisgeberschutz-RL ist am 17.12.2021 abgelaufen, eine Umsetzung in deutsches Recht wird derzeit erneut vorbereitet. Der am 27.7.2022 vorgestellte Regierungsentwurf[32] erweitert den sachlichen Anwendungsbereich auch auf deutsche Rechtsakte. Unabhängig von möglichen inhaltlichen Überschneidungen[33] der Beschwerdegründe nach dem LkSG und der EU-Hinweisgeberschutz-RL bzw. dem zukünftigen Hinweisgeberschutzgesetz (HinSchG) wird sich für Unternehmen praktisch die Frage der Integration der einzelnen Meldekanäle hinsichtlich des Zugangs sowie des Verfahrens- und Fallmanagements stellen.[34]

b) Vorschlag für eine EU-Richtlinie über die Sorgfaltspflichten von Unternehmen im Hinblick auf Nachhaltigkeit

11 Der Vorschlag der Europäischen Kommission für eine Richtlinie des Europäischen Parlaments und des Rates über die Sorgfaltspflichten von Unternehmen im Hinblick auf Nachhaltigkeit und zur Änderung der Richtlinie (EU) 2019/1937 vom 23.2.2022[35] sieht in Art. 9 ebenfalls die Einführung eines Beschwerdeverfahrens vor. Ausgewählte Einzelheiten des RL-Vorschlags werden im Folgenden jeweils bei den einschlägigen Fragen behandelt.

II. Beschwerdeverfahren (Abs. 1)
1. Einrichtung eines Beschwerdeverfahrens (S. 1)

12 Das Unternehmen hat entweder nach Abs. 1 S. 1 ein angemessenes unternehmens**internes Beschwerdeverfahren** einzurichten (→ Rn. 25 ff.) oder kann sich gem. Abs. 1 S. 6 an einem **externen Verfahren** (→ Rn. 29) beteiligen. Mit der Kennzeichnung „**unternehmensintern**" grenzt der Gesetzgeber die Einrichtung des Beschwerdeverfahrens als unternehmenseigene Verpflichtung von staatlichen Verfahren ab. Inwieweit „unternehmensintern" eine Ansiedlung im Unternehmen selbst erfordert, konkretisiert das Gesetz nicht. Da jedoch eine Auslagerung des Beschwerdeverfahrens grundsätzlich möglich ist, muss nach Sinn und Zweck auch ein

---

31 Umfassend: Colneric/Gerdemann Umsetzung der Whistleblower-Richtlinie S. 34.
32 Abrufbar unter https://www.bmj.de/SharedDocs/Gesetzgebungsverfahren/Dokumente/RegE_Hinweisgeberschutz.pdf.
33 Zum sachlichen Anwendungsbereich von LkSG, EU-Hinweisgeberschutz-RL und EU-Sorgfaltsplichten-RL s. Eggers/Pawel CB 2022, 339 f.
34 Ausführlich Lüneborg DB 2022, 375.
35 COM(2022) 71 final.

unternehmensinterner Beschwerdemechanismus an eine dafür spezialisierte Stelle ausgelagert werden können, solange das Unternehmen darauf achtet, dass diese Stelle die Schlüsselkriterien der Absätze 2–4 erfüllt und damit insbesondere auch zugänglich für alle potenziell Hinweisgebenden und insbesondere Betroffenen ist. Vor allem mit Blick auf die EU-Hinweisgeberschutz-RL wird außerdem diskutiert, inwieweit bei Unternehmensgruppen eine konzernweite zentrale Beschwerdestelle ausreicht oder ob Tochterunternehmen ab 250 Mitarbeiterinnen und Mitarbeitern einen eigenen Meldekanal einrichten müssen.[36] Eine Verankerung vor Ort dürfte die Zugänglichkeit in jedem Fall erhöhen. Zumindest für das LkSG hat das zuständige BAFA jedoch klargestellt, dass ein konzernweites Beschwerdeverfahren ausreicht.[37] Wie auch die anderen Sorgfaltspflichten ist die Verpflichtung zur Einrichtung eines Beschwerdeverfahrens in „angemessener Weise" umzusetzen (s. § 3 Abs. 2). Unternehmen schulden zunächst eine Bemühens- und keine Erfolgspflicht.[38] Gleichzeitig gibt der Angemessenheitsgrundsatz auch ein Untermaßverbot vor, wonach die Maßnahmen zur Erfüllung der Sorgfaltspflichten ein Mindestmaß an Wirksamkeit im Verhältnis zur Unternehmenssituation aufweisen müssen (→ § 3 Rn. 8). Lösungen werden sich damit am konkreten Unternehmenskontext orientieren, und nehmen insbesondere potenziell Beteiligte und nicht jedermann in den Blick. Sie verlangen jedoch auch mehr als ein bloßes Minimum.[39] Auch zur Einrichtung eines Beschwerdeverfahrens hat das BAFA eine Handeichung angekündigt. Die EU-Sorgfaltspflichten-RL soll im Vergleich zum LkSG die Rechte von Beschwerdeführenden dahingehend stärken, dass diesen ein durchsetzbarer Anspruch darauf zustehen soll, dass Unternehmen der Beschwerde auch tatsächlich nachgehen (Art. 9 Abs. 4 lit. a des RL-Vorschlags).[40]

§ 8 sieht im Einklang mit den VNLP und dem Vorschlag für eine EU-Sorgfaltspflichten-Richtlinie als **Standardverfahren** eine Untersuchung menschenrechtlicher und umweltbezogener Risiken sowie Verletzungen menschenrechtsbezogener und umweltbezogener Pflichten vor (Abs. 1 S. 2). Die Untersuchung ist damit auf eine Feststellung dahin gehend gerichtet, ob das Unternehmen seine Sorgfaltspflichten eingehalten hat.[41] Auf dieser Grundlage sollen das Sorgfaltspflichtenmanagementsystem verbessert – und nach den VNLP auch Abhilfe geschaffen werden (§ 5 Abs. 4 S. 2).

Die unterlassene oder verspätete Einrichtung eines Beschwerdemechanismus ist bußgeldbewehrt: Verstöße hiergegen kann das **BAFA** (§ 19 Abs. 1, → Rn. 2 ff.) mit einem **Bußgeld** von bis zu 800.000 EUR ahnden

---

36 Lüneborg DB 2022, 375 (377 f.).
37 Siehe FAQ LkSG XII. 1.
38 BT-Drs. 19/28649, 33; BT-Drs. 19/30505, 37.
39 Im Ergebnis auch Lüneborg DB 2022, 375 (380); Stemberg CCZ 2022, 92 (94 f.).
40 So auch Sagan/Schmidt NZA-RR 2022, 281 (290).
41 Nach dem LkSG ist – nur – das einvernehmliche Verfahren fakultativ. Für die VNLP: Nr. 29, Kommentar. S. ferner Art. 9 Abs. 3 des Vorschlags für eine EU-Sorgfaltspflichten-RL.

(§ 24 Abs. 1 Nr. 8, Abs. 2 S. 1 Nr. 1 lit. a), bei juristischen Personen bis zu 2 % des Jahresumsatzes (s. § 24 Abs. 3).

15 Bei Einrichtung ist das **Mitbestimmungsrecht des Betriebsrates** aus § 87 BetrVG zu achten, insbesondere wenn die vom Unternehmen zur Verfügung gestellten Meldekanäle Rückschlüsse auf die hinweisgebenden Arbeitnehmenden zulassen.[42] Unternehmen mit mindestens 50 Mitarbeitenden müssen auch nach der EU-Hinweisgeberschutz-RL (Art. 8 Abs. 3) Meldekanäle anbieten.

2. Ermöglichung der Hinweisabgabe (S. 2)

a) Hinweisabgabe

16 Im Beschwerdeverfahren können Personen sowohl auf Verletzungen menschenrechts- oder umweltbezogener Pflichten (§ 2 Abs. 4) wie auch bereits auf menschenrechtliche (§ 2 Abs. 2) oder umweltbezogene Risiken (§ 2 Abs. 3) hinweisen, die durch wirtschaftliche Tätigkeiten (§ 4 Abs. 4) im eigenen Geschäftsbereich des Unternehmens oder durch wirtschaftliche Tätigkeiten eines unmittelbaren Zulieferers entstanden sind. Der Begriff der „wirtschaftlichen Tätigkeit" ist laut Gesetzesbegründung weit zu verstehen und erfasst nicht nur die Produktionstätigkeit im engeren Sinne, sondern bspw. auch die Erschließung oder den Erwerb von Grundeigentum, um darauf geschäftlich tätig zu sein.[43]

17 Anders als noch im Regierungsentwurf vorgesehen,[44] ist eine **unmittelbare Betroffenheit** oder Verletzung einer geschützten Rechtsposition der Hinweisgebenden nach der endgültigen Fassung **nicht erforderlich**: Der Beschlussempfehlung des federführenden Ausschuss für Arbeit und Soziales zufolge seien beide Personengruppen gleichgestellt, weil eine Unterscheidung zwischen Personen mit unmittelbarer Betroffenheit und solchen mit Kenntnis bzgl. der Hinweisbefugnis keine Rolle spiele.[45] Die Ermöglichung einer Hinweisabgabe für einen breiten Personenkreis ist zu begrüßen und entspricht auch der Zielsetzung des LkSG wie auch einer aufgeklärten unternehmerischen Compliance-Kultur, nach der Hinweise möglichst früh eingereicht werden sollten, um als Unternehmen rechtzeitig reagieren zu können. Auch enthält das LkSG entgegen den VNLP keine Verpflichtung zur Abhilfe im Einzelfall. Bestünde diese wie nach dem Vorschlag für eine EU-Sorgfaltspflichten-Richtlinie vorgesehen, stellten sich Fragen nach Maßstäben für die Betroffenheit derjeniger, die Abhilfe einfordern.

18 Unternehmenseigene Meldekanäle sind damit für Unternehmensangehörige wie auch unternehmensexterne Dritte **gleichermaßen zugänglich** auszugestalten (→ Rn. 49 f.). Der Vorschlag für eine EU-Sorgfaltspflichten-

---

[42] Ausführlich: Edel/Frank/Heine/Heine BB 2021, 2890 (2895); Sagan/Schmidt NZA-RR 2022, 281 (289).
[43] BT-Drs. 19/28649, 26.
[44] BT-Drs. 19/28649, 13.
[45] BT-Drs. 19/30505, 41.

RL sieht in Art. 9 Abs. 1 die Beschwerdeeinreichung von Personen und Organisationen vor, die tatsächlich oder auch nur potenziell von negativen menschenrechtlichen Auswirkungen betroffen sind, ohne dass diese mit dem Unternehmen in einer vertraglichen Beziehung stehen müssen. Der Richtlinienvorschlag will weiter die **Vertretung Beschwerdeführender** durch Gewerkschaften (Art. 9 Abs. 2 lit. b) und die Einreichung von Beschwerden durch zivilgesellschaftliche Organisationen (Art. 9 Abs. 2 lit. c) ermöglichen, die im Bereich der Wertschöpfungskette aktiv sind, unabhängig von einer Betroffenheit. Demgegenüber beschränkt die EU-Hinweisgeberschutz-RL den Kreis der Beschwerdeführenden im Wesentlichen auf Unternehmensangehörige und Vertragspartner (Art. 4 RL (EU) 2019/1937).

b) Ermöglichung auch bei unmittelbaren Zulieferern

Das Unternehmen hat nach § 8 Abs. 1 S. 2 nicht nur Personen aus dem Umfeld des eigenen Unternehmens, sondern auch aus dem Umfeld von unmittelbaren Zulieferern die Hinweisabgabe zu ermöglichen (zu mittelbaren Zulieferern s. § 9 Abs. 1). Beschwerdeverfahren müssen damit so ausgestaltet sein, dass diesem Personenkreis die Hinweisabgabe möglich ist. Die Gesetzesbegründung spricht von drei alternativen – barrierefreien – Möglichkeiten, die ein Unternehmen zur Verfügung zu stellen hat: Webseite, Beschwerdeformulare oder E-Mail-Adressen (zur Zugänglichkeit → Rn. 49 f.). 19

Nach Sinn und Zweck der Vorschrift reicht die bloße Bereitstellung jedoch nicht: Insbesondere hinsichtlich der Zugänglichkeit des Beschwerdeverfahrens (→ Rn. 49 f.), der Sprachen, in denen Informationen darüber verfügbar sind (→ Rn. 50) wie auch der Beteiligung an der Erstellung der Verfahrensordnung (→ Rn. 35) müssen Unternehmen sich auch aktiv um Einbeziehung von Beteiligten aus dem Kreis der Zulieferer bemühen. Dazu sollten Unternehmen ihre Sorgfaltspflichten in den Verträgen mit ihren Zulieferern verankern und so an diese weitergeben. Denkbar ist hierfür ein **Code of Conduct** für Zulieferer.[46] Mögliche Bestandteile eines solchen Codes und/oder kaskadierender vertraglicher Verpflichtungen sind zunächst die menschenrechtlichen Erwartungen in Bezug auf Aspekte einzelner Menschenrechte,[47] daneben auch Transparenz und Zugang zu Informationen bzgl. der Lieferkette,[48] inklusive Informationspflichten auch der Zulieferer,[49] Audits durch externe Dritte, die die lokalen Gemeinschaften adäquat und dialogbasiert einbeziehen,[50] und nicht zuletzt die Etablierung eines Dialoges des Unternehmens mit dem Zulieferer.[51] Daneben sind auch das Vergabewesen, Anti-Korruption/ 20

---

46 Siehe auch Lüneborg DB 2022, 375 (381).
47 Scheltema Human Rights Policies and Contract Law S. 259 (266).
48 Scheltema Human Rights Policies and Contract Law S. 259 (266 f.).
49 Scheltema Human Rights Policies and Contract Law S. 259 (268).
50 Scheltema Human Rights Policies and Contract Law S. 259 (267).
51 Scheltema Human Rights Policies and Contract Law S. 259 (268).

Integrität und die operativen Bereiche insgesamt betroffen.[52] Unternehmen setzen diese Verpflichtungen bisher auf verschiedene Art und Weise um, oft über einen eigenen Code of Conduct, der Vertragsbestandteil wird.[53] Diese Weitergabe entfaltet jedoch nur dann Wirkung, wenn sie auch regelmäßig überprüft wird.[54] Nicht zuletzt sollte auch das Verbot von Repressalien (→ Rn. 53 ff.) gegenüber Hinweisgebenden und ggf. Sanktionen gegenüber Zulieferern, die solche ausüben, verankert werden.

21 Der Umstand, dass Unternehmen für die Erreichbarkeit des Beschwerdemechanismus in der gesamten Lieferkette sorgen müssen, spricht für die Beteiligung an einem **gemeinsamen externen Beschwerdemechanismus** (Branchenlösung) (Abs. 6, → Rn. 29 ff.). Gerade Zulieferer mit vielen Abnehmern werden kaum in der Lage und willens sein, Beteiligten aus ihrem eigenen Unternehmen wie auch aus dem Umfeld unmittelbarer wie mittelbarer Zulieferer eine Vielzahl von Beschwerdemechanismen ihrer Abnehmer barrierefrei zugänglich zu machen.[55]

3. Eingangsbestätigung (S. 3)

22 Der Hinweisgeber soll ausreichend darüber informiert sein, dass das Unternehmen den Hinweis erhalten hat und prüft.[56] Daher ist dem Hinweisgeber zunächst der Eingang zu bestätigen (§ 8 Abs. 1 S. 3). Eine **Frist** für die Eingangsbestätigung regelt Satz 3 nicht. Nach Sinn und Zweck der Vorschrift sollte die Information des Hinweisgebenden jedenfalls zügig erfolgen. Art. 9 Abs. 1 Nr. 1 lit. b EU-Hinweisgeberschutz-RL, der für ihren Anwendungsbereich eine Frist von sieben Tagen vorsieht, bietet hier eine hilfreiche Orientierung.[57]

23 Eine missbräuchliche Inanspruchnahme des Beschwerdekanals soll nicht als Beschwerde gelten, womit auch die Verpflichtung zur Eingangsbestätigung entfallen soll.[58] Weder das LkSG noch die Gesetzesbegründungen machen hierzu nähere Angaben. Die Annahme einer missbräuchlichen Angabe sollte mit Blick auf das Ziel des Gesetzes eng ausgelegt werden. Für die Annahme, ab wann eine **missbräuchliche Hinweisabgabe** vorliegt, definiert die EU-Hinweisgeberschutz-RL für ihren Bereich in Art. 6 Abs. 1, dass Hinweisgeber „hinreichenden Grund zu der Annahme hatten, dass die gemeldeten Informationen über Verstöße zum Zeitpunkt der Meldung der Wahrheit entsprachen und dass diese Informationen in den Anwendungsbereich dieser Richtlinie fielen". Damit, so Erwägungsgrund 32 der Richtlinie, soll auch gewährleistet werden, dass der Schutz auch dann gilt, wenn ein Hinweisgeber in gutem Glauben ungenaue In-

---

52 Scheltema Human Rights Policies and Contract Law S. 259 (259).
53 Scheltema Human Rights Policies and Contract Law S. 259 (260).
54 Scheltema Human Rights Policies and Contract Law S. 259 (263 f.).
55 Grabosch LkSG/Grabosch § 5 Rn. 133 f.
56 BT-Drs. 19/30505, 42.
57 S. a. Good Policy Paper: Independent Accountability Mechanisms Nr. 38 mwN.
58 BT-Drs. 19/30505, 42.

formationen über Verstöße gemeldet oder hinreichenden Grund zu der Annahme hat, dass die gemeldeten Informationen in den Anwendungsbereich der Richtlinie fallen.[59] Der anzulegende Maßstab entspricht damit der Verwendung des deutschen Rechtsbegriffs der Gutgläubigkeit, der lediglich vorsätzliches oder grob fahrlässiges Handeln ausschließt.[60] Zur fehlenden empirischen Belegbarkeit der Missbrauchsgefahr bei anonymen Meldungen → Rn. 52.

4. Erörterung (S. 4)

Nach Satz 4 müssen die vom Unternehmen mit der Durchführung des Verfahrens betrauten Personen den Sachverhalt mit dem Beschwerdeführenden erörtern (so auch Art. 9 Abs. 4 lit. b des Vorschlags für eine EU-Sorgfaltspflichten-Richtlinie). Dies sollte insbesondere durch eine **mündliche**, auch möglicherweise virtuelle, Diskussion ermöglicht werden. Zusätzlich oder falls Ersteres nicht möglich ist, können Hinweisgebende auch durch die Möglichkeit der Abgabe einer **schriftlichen Stellungnahme** zum Verfahrensstand oder zu Untersuchungsberichten beteiligt werden.[61] Art. 9 Abs. 1 lit. f EU-Hinweisgeberschutz-RL fordert für die Bereiche nach dieser Richtlinie, den Hinweisgebenden spätestens nach drei Monaten zum Verfahrensstand zu informieren. Dies erscheint auch für Verfahren nach dem LkSG angemessen. Fristen wie diese sollten in der Verfahrensordnung (Abs. 2, → Rn. 35 ff.) niedergelegt werden.

24

5. Einvernehmliche Beilegung (S. 5)

Nach Satz 5 können Unternehmen **optional** zur Vermeidung von Reputationsrisiken oder mit dem Ziel der Wiedergutmachung nach § 24 Abs. 4 Nr. 7 ein **Verfahren zur einvernehmlichen Beilegung** anbieten,[62] welches ebenfalls den Kriterien des § 8 entsprechen muss. Aus Betroffensicht erscheint ein Verfahren der einvernehmlichen Beilegung allerdings nur sinnvoll, wenn sich negative Auswirkungen verhindern oder zumindest beheben lassen. Damit wird sich der Anwendungsbereich dieses Verfahren wohl auf Hinweise beschränken, die zum einen von persönlich Betroffenen – und nicht nur dritten Hinweisgebenden – an den Beschwerdemechanismus herangetragen wurden und deren Auswirkungen zum anderen noch abstellbar bzw. zumindest minimierbar sind. Auch bei einem Verfahren der einvernehmlichen Beilegung sollte eine Feststellung der Verletzung der Sorgfaltspflichten erfolgen. Dies ist nicht zuletzt eine vertrauensbildende Maßnahme seitens des Unternehmens, die auch dem Ausgleich der Machtunterschiede dient, die in der Regel zwischen Betroffenen und Unternehmen bestehen.

25

---

[59] Erwgr. 32 Abs. 1 RL (EU) 2019/1937.
[60] Colneric/Gerdemann Umsetzung der Whistleblower-Richtlinie S. 61 mwN.
[61] Good Policy Paper: Independent Accountability Mechanisms Nr. 52, 53, 55, 56 mwN.
[62] BT-Drs. 19/28649, 49.

26 Ist ein irreparabler Schaden bereits eingetreten, hilft Betroffenen eher eine Feststellung der Sorgfaltspflichtverletzung bei Verhandlungen um **Abhilfe**. Abhilfe (remedy) soll dabei dazu dienen, dass die Einzelpersonen oder Gruppen, die eine Beeinträchtigung ihrer Menschenrechte erlitten haben, in eine Situation zurückversetzt werden, die derjenigen vor der Beeinträchtigung entspricht oder ihr so nahe wie möglich kommt. Diese kann präventive, repressive und abschreckende Elemente haben. Abhilfe kann daher viele Formen, oft in Kombination, annehmen, einschließlich: Schadensersatz, Rückerstattung, Entschädigung, Rehabilitation, Genugtuung, Garantien der Nichtwiederholung, Entschuldigung, Strafsanktionen oder andere präventive Maßnahmen.

27 Für die **Ausgestaltung des fakultativen, mediationsförmigen Verfahrens** empfiehlt das OHCHR (→ Rn. 3) die Praxishilfen des Beschwerdemechanismus des Privatsektorarmes der Weltbank (Compliance Adviser Ombudsman (CAO) der International Finance Corporation (IFC))[63] (→ Rn. 8), der für die Ausgestaltung eines internationalen Mediationsprozesses zwischen Unternehmen und lokalen Gemeinschaften im Entwicklungsfinanzkontext die Prinzipien Eigenverantwortung und Selbstbestimmung der Parteien, Repräsentation, kulturelle Angemessenheit, Vorhersehbarkeit und Flexibilität, Befähigung der Parteien und Inklusivität vorschlägt.[64] Das Verfahren der deutschen Nationalen Kontaktstelle der OECD kann mangels Entsprechung mit § 8 (→ Rn. 7) nicht genutzt werden.[65]

28 Einem Untersuchungsverfahren zwingend ein Mediationsverfahren vorzuschalten, ist abzulehnen:[66] Beschwerdeführende sollten die **Wahl des Verfahrens** haben.[67] Da eine Mediation immer des Einverständnisses beider Parteien bedarf, ist dies ohnehin folgerichtig. Daraus folgt auch,

---

63 OHCHR, Remedy in development finance, 2022, S. 60, mit Verweis auf https://cao-dr-practice.org/.
64 OHCHR, Remedy in development finance, 2022, S. 60, mit Verweis auf Compliance Adviser Ombudsman (CAO), Reflections from Practice, 1.1.2018, Band 1 abrufbar unter https://www.cao-ombudsman.org/resources/reflections-practice-series-1-getting-started-dispute-resolution, S. 4. Eine weitere Inspirationsquelle können die von Fachleuten initiierten und breit konsultierten The Hague Rules on Business and Human Rights Arbitration sein, die auf den UNCITRAL Arbitration Rules beruhen (abrufbar unter https://www.cilc.nl/project/the-hague-rules-on-business-and-human-rights-arbitration/).
65 So jedoch Beckers ZfPW 2021, 220 (239), allerdings ohne Begründung.
66 Weltbank, External Review of IFC/MIGA E&S Accountability, including CAO's Role and Effectiveness Report and Recommendations, Juni 2020, abrufbar unter https://thedocs.worldbank.org/en/doc/578881597160949764-0330022020/original/ExternalReviewofIFCMIGAESAccountabilitydisclosure.pdf, Nr. 240; Good Policy Paper: Independent Accountability Mechanisms, Nr. 30 mwN Auf Grundlage der internationalen Praxis nicht belegbar ist die Ansicht, dass die Möglichkeit eines gütlichen Angebotes Fehlanreize schaffen soll; so ohne Begründung DAV-Stellungnahme Nr. 27/2021 zum LkSG-Entwurf.
67 Good Policy Paper: Independent Accountability Mechanisms S. 43 sowie Nr. 36, 63 mwN.

dass Beschwerdeführende die Möglichkeit haben, ein Mediationsverfahren abzubrechen und ein Untersuchungsverfahren einzuleiten.[68]

6. Externes Beschwerdeverfahren (S. 6)

Auch gemeinschaftliche Initiativen (VNLP Nr. 30, → § 7 Rn. 40 ff.) können wirksame Beschwerdeverfahren bereitstellen, um Rechenschaftslegung und Wiedergutmachung zu ermöglichen. Unternehmen können sich gemäß § 8 Abs. 1 S. 6 an einem externen Beschwerdemechanismus beteiligen, der **unternehmensübergreifend** von einem Branchenverband[69] eingerichtet worden ist. Eine reine Auslagerung eines eigentlich auf ein Unternehmen bezogenen Beschwerdeverfahrens auf eine unternehmensexterne Stelle wie bspw. eine Anwaltskanzlei dürfte dagegen als unternehmensinternes Beschwerdeverfahren gelten (→ Rn. 12). 29

Da Unternehmen die Erreichbarkeit des Beschwerdemechanismus in der gesamten Lieferkette sicherstellen müssen, kann ein gemeinsamer Beschwerdemechanismus bei gemeinsam genutzten Partnern für Unternehmen **ressourceneffizienter** und **zweckmäßiger** als ein separater Mechanismus sein[70] und für Betroffene zudem übersichtlicher und damit zugänglicher.[71] Bisherige Erfahrungen mit Brancheninitiativen überzeugen nicht in allen Punkten (→ § 7 Rn. 40 ff.). Für die Beteiligung an externen Mechanismen formuliert Satz 6 keine Beschränkung hinsichtlich der Unternehmensgröße. Art. 8 Nr. 6 EU-Hinweisgeberschutz-RL beschränkt hingegen für seinen Anwendungsbereich die Teilnahme an externen Mechanismen für die unter die Richtlinie fallenden Beschwerdegründe auf Unternehmen mit 50–249 Mitarbeitenden. 30

Träger unternehmensexterner Beschwerdeverfahren sind oft Zusammenschlüsse **wie Multi Stakeholder-Initiativen (MSI)** oder solche, die auf **internationalen Rahmenvereinbarungen (Global Framework Agreements – GFAs)** basieren:[72] GFAs sind zwischen globalen Gewerkschaftsorganisationen und transnationalen Unternehmen geschlossene Vereinbarungen, deren Inhalt sich aus ILO-Abkommen ableitet und die Implementierungsverfahren beinhalten. Sie beziehen sich idR auf ein Unternehmen. Sozialpartner wie globale Gewerkschaftsorganisationen sind paritätisch mit dem Unternehmen an der Governance des GFA beteiligt. Bei MSIs sind Unternehmen und andere Akteure wie zivilgesellschaftliche Organisationen und/oder Gewerkschaften in unterschiedlichen Anteilen an Ent- 31

---

68 Good Policy Paper: Independent Accountability Mechanisms Nr. 63 mwN.
69 BT-Drs. 19/28649, 49.
70 S. a. Grabosch LkSG/Grabosch § 5 Rn. 133 f.; Gehling/Ott/Lüneborg CCZ 2021, 230 (239).
71 Zu den Herausforderungen externer Mechanismen für Unternehmen und eher skeptisch Lüneborg DB 2022, 375 (377).
72 Zu GFAs und MSI im Lieferkettenkontext siehe: Forschungsbericht BMJV/Viadrina 2021 S. 88 f.

scheidungsstrukturen beteiligt.[73] Gemeinsam ist vielen dieser Initiativen, dass Beschwerdeverfahren in ein System von rechtlichen wie anderen Maßnahmen, insbesondere zum Capacity-building von Arbeitnehmenden, eingebettet sind.

32 **Beispiele** für unternehmensübergreifende Beschwerdemechanismen sind:

- Das Roundtable on Sustainable Palm Oil (RSPO),[74] eine MSI und Normierungsorganisation mit Sitz in Malaysia mit dem Ziel der nachhaltigen Palmölproduktion. Dessen Sekretariat ist Anlaufstelle für Beschwerden, die an den Beschwerdeausschuss weitergeleitet werden. Materielle Grundlage sind die Principles and Criteria for the Production of Sustainable Palm Oil. Das zentrale Verfahren besteht aus zwei Instanzen, Beschwerde- und Berufungsausschuss, die repräsentativ aus RSPO-Mitgliedern zusammengesetzt sind. Parteien haben außerdem die Möglichkeit, ein Mediationsverfahren mit externen Mediatorinnen und Mediatoren oder bilaterale Verhandlungen in eigener Regie zwischen den Parteien durchzuführen. Auf Ebene der einzelnen Produktionsstätten sollen Problemlösungsverfahren für Beschwerden von Arbeitnehmenden eingerichtet werden.[75]

- Der Bangladesh Accord[76] zur Verbesserung der Sicherheit der Arbeiterinnen und Arbeiter am Arbeitsplatz in Bangladesch in der Textilindustrie ist ein gemeinsam von Unternehmen und Gewerkschaften entwickeltes GFA. Arbeiterinnen und Arbeitern steht ein Health and Safety Complaint Mechanism zur Verfügung, der zunächst auf Ebene der einzelnen Fabriken oder Zulieferern den weiteren Umgang prüft und die Beschwerden ggf. an das Hauptbüro des Accords weiterleitet, das ein Untersuchungsverfahren in Gang setzt.

- Die Fair Wear Foundation[77] ist eine unabhängige Stiftung und MSI mit Sitz in Amsterdam, die mit Bekleidungsmarken, Textilarbeitenden und Unternehmen zusammenarbeitet, um die Arbeitsbedingungen in Textilfabriken in elf Ländern zu verbessern. Fairwear unter-

---

[73] Empfehlungen zur Einbeziehung aus zivilgesellschaftlicher Sicht: Inkota/Germanwatch ua, Rechteinhaber*innen wirksam in Multi-Stakeholder-Initiativen einbeziehen, 2022, abrufbar unter https://www.germanwatch.org/de/85309.

[74] Umfassend, aber teilweise überholt: Macdonald/Balaton-Chrimes, The Complaints System of the Roundtable on Sustainable Palm Oil (RSPO), 2016, abrufbar unter https://corporateaccountabilityresearch.net/njm-report-xv-rspo; zusammenfassend: Forschungsbericht BMJV/Viadrina 2021 S. 137 f.

[75] Siehe https://rspo.org/resources/archive/1079, Kriterium 4.2.

[76] Siehe https://bangladeshaccord.org/: Saage-Maaß/Korn, Vom Accord lernen?, 2021, abrufbar unter http://library.fes.de/pdf-files/iez/17027-20210126.pdf; Sultan Mahmood/Nilima Haque Ruma/Toufiq Ahmed/Yukari Nagai, Exploring Suppliers' Approaches toward Workplace Safety Compliance in the Global Garment Sector: From Bangladesh Perspective, 2021, abrufbar unter https://mdpi-res.com/d_attachment/socsci/socsci-10-00090/article_deploy/socsci-10-00090-v3.pdf, S. 19; zusammenfassend: Forschungsbericht BMJV/Viadrina 2021 S. 124 f.

[77] Siehe https://www.fairwear.org/; zusammenfassend: Forschungsbericht BMJV/Viadrina 2021 S. 126 f.

stützt durch Untersuchungsteams die Bearbeitung der Beschwerden[78] vor Ort.
- Das deutsche Bündnis für nachhaltige Textilien (BnT) unterstützt in einem Kooperationsprojekt mit Fairwear[79] seine Bündnismitglieder bei der Umsetzung effektiver Beschwerdemechanismen. Das BnT verfügt über keinen eigenen effektiven Beschwerdemechanismus iSd LkSG/VNLP, hat aber ein Verfahren zum Umgang mit Beschwerden verabschiedet.[80]
- Der Grüne Knopf[81] – ein staatliches Siegel für nachhaltige Textilien – hat kein eigenes Beschwerdeverfahren, leitet jedoch Beschwerden und Hinweise bzgl. potenzieller Verletzung von Unternehmen an Zertifizierungsstellen weiter.
- Im Rahmen des vom BMAS initiierten Branchendialoges Automobilindustrie[82] wurde eine Handlungsanleitung für Beschwerdeverfahren[83] erarbeitet. Diskutiert wird die Pilotierung eines branchenweiten Beschwerdemechanismus für Zulieferer in Mexiko. Branchendialoge haben das Ziel, Unternehmen in Branchen mit besonderen menschenrechtlichen Herausforderungen Orientierung zu bieten und sie dabei zu unterstützen, die NAP-Anforderungen zur menschenrechtlichen Sorgfaltspflicht angemessen umzusetzen.[84]

Angesichts der unterschiedlichen Position von Unternehmen in Lieferketten, ihrer branchenverschiedenen Komplexität wie auch der unterschiedlichen Bedarfe auf lokaler, regionaler und globaler Ebene könnten branchenübergreifende Systeme auf mehreren **Ebenen** ansetzen. Eine vom BMJV in Auftrag gegebene Studie der Viadrina schlägt ein auf mehreren Ebenen ineinander verschränktes Beschwerdeverfahren (IGS – Integrated Grievance System) vor: Differenziert werden soll nach drei geographischen Ebenen (lokal, regional und überregional), drei Verfahrensebenen (zwischen Unternehmen und Arbeitern/Arbeiterinnen/Drittbetroffenen, zwischen Zulieferern und Unternehmen, zwischen Mitgliedern der Trägerinstitution) und zwei verschiedenen Verfahrensarten (Schiedsverfahren, Schlichtung).[85] Ein Vorschlag des BDI sieht vor, dass die Lieferkettenbeteiligten je nach Standpunkt in der Lieferkette unterschiedliche

33

---

78 Öffentliche Beschwerdedatenbank: https://www.fairwear.org/programmes/complaints/.
79 Siehe https://www.textilbuendnis.com/buendnisinitiativen/detailseite-bi-beschwerdemechanismen/.
80 Siehe https://www.textilbuendnis.com/beschwerden/.
81 Siehe https://www.gruener-knopf.de/.
82 Siehe https://www.csr-in-deutschland.de/DE/Wirtschaft-Menschenrechte/Umsetzungshilfen/Branchendialoge/Automobilindustrie/automobilindustrie.html.
83 BMAS/Branchendialog Automobilindustrie, Handlungsanleitung zum Kernelement Beschwerdemechanismus, 2022, abrufbar unter https://www.csr-in-deutschland.de/SharedDocs/Downloads/DE/NAP/Branchendialoge/handlungsanleitung-beschwerdemechanismus.pdf.
84 Siehe https://www.csr-in-deutschland.de/DE/Wirtschaft-Menschenrechte/Umsetzungshilfen/Branchendialoge/branchendialoge.html.
85 Forschungsbericht BMJV/Viadrina 2021 S. 387. Eine Einführung in den Forschungshintergrund bieten Wenzel/Dorn ZKM 2020, 50 ff., einen Überblick über

Schwerpunkte[86] anbieten: So könnten Branchen am Anfang der Lieferkette bspw. Risiken bzgl. Rohstoffabbau stärker in den Fokus nehmen und Informationen (Erfolge) downstream (analog zur EU-Konfliktmineralien-VO) weitergeben, während Branchen am Ende der Lieferketten sich auf unmittelbare Zulieferer aus risikobehafteten Ländern konzentrieren sollten. Hier müsste allerdings sichergestellt werden, dass die Beschwerdeverfahren oben in der Lieferkette auch für Betroffene weiter unten in der Lieferkette erreichbar sind.

III. Schlüsselkriterien (Abs. 2–4)

34 § 8 Abs. 2–4 definieren die **Schlüsselkriterien**, die gewährleisten, dass das Beschwerdeverfahren wirksam und unparteiisch ausgestaltet ist.[87] Zusammen mit Absatz 5 spiegeln sie die **acht Wirksamkeitskriterien der VNLP** (→ Rn. 4).

1. Verfahrensordnung (Abs. 2)

35 Nach Absatz 2 muss in Textform (vgl. § 126b BGB) eine **angemessene Verfahrensordnung** festgelegt werden, die einen vorhersehbaren zeitlichen Rahmen für jede Verfahrensstufe sowie klare Aussagen zu den verfügbaren Arten von Abläufen festlegt.[88] Eine angemessene Verfahrensordnung benennt klar die zur Verfügung gestellten Verfahrensarten – Untersuchung sowie ggf. Streitbeilegung – und legt die einzelnen Verfahrensstufen wie auch die Ergebnisse und Mittel zur Überwachung der Umsetzung fest.[89] Bewährt hat sich bei internationalen Finanzinstitutionen eine Unterteilung in allgemeine Zulässigkeitskriterien und darauffolgende Umsetzungsschritte der einzelnen Verfahren.[90] Weitere vom OHCHR empfohlene Elemente, die ein Mechanismus zum besseren Verständnis seines Verfahrens veröffentlichen sollte[91] und die Elemente einer Verfahrensordnung sein sollten, sind:

- Mandat, Ziele, Arbeitsweise, Politiken und Verfahren;
- die rechtliche und operative Fähigkeit des Beschwerdeverfahrens, verschiedene Arten von Beeinträchtigungen anzugehen (einschließlich Informationen über relevante Einschränkungen);

---

die Forschung bietet neben der Executive Summary der Studie auch Gläßer/Pfeiffer/Schmitz/Bond ZKM 2021, 228–233.
86 Stellungnahme des Bundesverbands der Deutschen Industrie zum Referentenentwurf des LkSG, abrufbar unter https://www.bmas.de/SharedDocs/Downloads/DE/Gesetze/Stellungnahmen/sorgfaltspflichtengesetz-bdi.pdf.
87 BT-Drs. 19/28649, 49.
88 BT-Drs. 19/28649, 49.
89 VNLP Nr. 31 lit. c (Berechenbarkeit/Vorhersehbarkeit).
90 S. zB die Verfahrensordnungen des CAO, abrufbar unter https://documents1.worldbank.org/curated/en/889191625065397617/pdf/IFC-MIGA-Independent-Accountability-Mechanism-CAO-Policy.pdf, und die des ICM der DEG, abrufbar unter https://www.deginvest.de/DEG-Documents-in-English/About-us/Responsibility/170101_Independent-Complaints-Mechanism_DEG.pdf.
91 OHCHR UN Doc. A/HRC/44/32 Nr. 9.2.

- Kriterien für die Zulässigkeit, das Verfahren einzuleiten und daran teilzunehmen;
- Rechte der Parteien und das, was die Parteien in jeder Phase des Beschwerdeverfahrens erwarten können, einschließlich eines vorläufigen Zeitrahmens, innerhalb dessen wichtige Entscheidungen getroffen und Meilensteine erreicht werden sollen;
- die Art und Weise, wie der Mechanismus in verschiedenen Fällen Abhilfe schaffen kann und inwieweit die Abhilfe durchgesetzt und die Umsetzung überwacht werden kann;
- das Ausmaß, in dem der Mechanismus die Rechteinhaber in Fällen unterstützen kann, in denen die Gefahr von Vergeltungsmaßnahmen besteht, und die Form, in der diese Unterstützung erfolgen kann (→ Rn. 53 ff., Abs. 4 S. 2 aE).

Die einzelnen Verfahrensstufen müssen mit einem **zeitlichen Rahmen** versehen werden,[92] damit Hinweisgebende über den Verlauf des Verfahrens informiert sind. Wird eine Frist nicht eingehalten, ist dies keine Sorgfaltspflichtverletzung im eigentlichen Sinn, setzt jedoch nach Sinn und Zweck der Vorschrift eine Verpflichtung zur unverzüglichen Kommunikation mit den Hinweisgebenden in Gang. Nicht zuletzt müssen Ergebnisse des Verfahrens wie auch die Abhilfen mit international anerkannten Menschenrechten in Einklang stehen.[93] Dies ist dann nicht der Fall, wenn beispielsweise die beschlossenen Abhilfemaßnahmen den kulturellen und historischen Kontext nicht ausreichend beachten und gesellschaftliche Spannungen erhöhen.[94] Ein anderes Beispiel für Nichtkompatibilität wäre ein Ergebnis eines Mediationsverfahrens, bei dem Arbeitnehmende sich schriftlich dazu verpflichten, einen geringeren als den Mindestlohn zu akzeptieren.

36

Die Verfahrensordnung ist in **Textform** (§ 126b BGB) auszuformulieren und **öffentlich zugänglich** zu machen (s. § 8 Abs. 4 S. 1 zu Zugang und Veröffentlichung insgesamt). Öffentlich zugänglich bedeutet mindestens eine Veröffentlichung auf den relevanten Webseiten, die so ausgestaltet ist, dass Hinweisgebende sie intuitiv finden. Daneben sollte das Beschwerdeverfahren auch vor Ort in den Unternehmensuntergliederungen wie auch in der Lieferkette bekannt gemacht werden. Ferner sollte die Verfahrensordnung in die relevanten Sprachen des Unternehmens inklusive der Lieferkette übersetzt[95] werden (§ 9 Abs. 1). Um das Verständnis des Verfahrens zu fördern, können auch audiovisuelle Hilfen erstellt werden wie etwa Videos oder Podcasts, die lokal gesendet werden. Daneben können Sozialpartner und/oder NGOs einbezogen werden.

37

---

92 BT-Drs. 19/28649, 49; VNLP Nr. 31 lit. c (Berechenbarkeit), Kommentar.
93 VNLP Nr. 31 lit. f (Menschenrechte-kompatibel).
94 OHCHR UN Doc. A/HRC/44/32/Add.1 Nr. 8, 66.
95 OHCHR UN Doc. A/HRC/44/32/Add.1 Nr. 50.

38 Bei der Ausgestaltung der Verfahrensordnung sollen die Zielgruppen des Beschwerdemechanismus **konsultiert** werden.[96] Auch diese Konsultationen sollten öffentlich und allgemein zugänglich ausgestaltet werden (§ 8 Abs. 4). Zugänglichkeit bedeutet hier insbesondere physische wie auch sprachliche und finanzielle Zugänglichkeit: Beteiligt werden sollten insbesondere die potenziell von Unternehmensaktivitäten negativ Betroffenen wie auch andere Hinweisgebende im weiteren Sinn. Besonderes Augenmerk muss hier auf die Beteiligung von Personen gelegt werden, die häufig gesellschaftlich ohnehin schwerer Zugang zu Entscheidungsprozessen haben, also beispielsweise Frauen, Jugendliche oder ethnische Minderheiten. Die Konsultationen sollten online wie auch vor Ort in den relevanten Schwerpunktregionen der Lieferkette stattfinden. Die Beteiligung von Sozialpartnern wie auch NGOs neben den potenziell Hinweisgebenden selbst sollte insbesondere in autoritär geprägten Kontexten aktiv gefördert werden.[97] Nicht zuletzt sollte die Beteiligung keine finanzielle Belastung darstellen.

2. Unparteilichkeit und Verschwiegenheit (Abs. 3)

a) Unparteilichkeit im Lichte von VNLP Nr. 31 lit. a: Legitimität

39 Die von dem Unternehmen mit der Durchführung des Beschwerdeverfahrens betrauten Personen müssen gemäß Abs. 3 Gewähr für unparteiisches Handeln bieten und sollen insbesondere vom Unternehmen unabhängig und an Weisungen nicht gebunden sein. Damit korrespondiert Abs. 3 mit dem VNLP Nr. 31 lit. a („**Legitimität**"): Stakeholder, für die ein Mechanismus vorgesehen ist, müssen diesem vertrauen, wenn sie sich zu seiner Inanspruchnahme entschließen sollen. Ein wichtiger Faktor der Vertrauensbildung bei Stakeholdern ist in der Regel die Rechenschaftspflicht dafür, dass die Parteien eines Beschwerdeverfahrens nicht in dessen faire Abwicklung eingreifen können.[98] In der Pilotierungsphase der VNLP hatte sich eine **formale Unabhängigkeit allein als nicht ausschlaggebend** für die Herstellung von Vertrauen in einen Mechanismus und seine Unabhängigkeit erwiesen. Mindestens ebenso relevant ist, wie vorhersehbar das Beschwerdeverfahren für die Hinweisgebenden ist, wie transparent seine Schritte und Ergebnisse kommuniziert werden und wie regelmäßig Stakeholder konsultiert werden.[99] Eine Auslagerung des Be-

---

[96] BT-Drs. 19/28649, 49. So auch das Wirksamkeitskriterium VNLP Nr. 8, Nr. 31; OHCHR UN Doc. A/HRC/44/32 Nr. 9.3.
[97] Zur Beteiligung insgesamt bei Sorgfaltspflichten siehe die Stellungnahme des DGB, abrufbar unter https://www.bmas.de/SharedDocs/Downloads/DE/Gesetze/Stellungnahmen/sorgfaltspflichtengesetz-dgb.pdf.
[98] VNLP Nr. 31 lit. a, Kommentar.
[99] Dies entspricht den Wirksamkeitskriterien nach VNLP Nr. 31 Vorhersehbarkeit des Verfahrens (→ Rn. 35), Transparenz (→ Rn. 37, 46 f.) sowie Dialog und Engagement (→ Rn. 31, 38 f., 41, 44, 90). Siehe dazu Rees, Piloting Principles for Effective Company-Stakeholder Grievance Mechanisms: A Report of Lessons Learned, 2011, abrufbar unter https://media.business-humanrights.org/media/documents/files/media/documents/ruggie/grievance-mechanism-pilots-report-harvard-csri-jun-2011.pdf, S. 15.

schwerdeverfahrens auf eine externe Stelle wie etwa eine externe Ombudsfunktion kann damit die Unabhängigkeit und die Wahrnehmung eines Mechanismus als unabhängig erhöhen. Sie ist jedoch keine zwingende Voraussetzung. Die VNLP formulieren das **Kriterium „Unabhängigkeit"** damit aus der **Perspektive der potenziellen Hinweisgebenden:** Unabhängigkeit hängt von der Wahrnehmung als solcher und Akzeptanz durch die Hinweisgebenden ab. Eine Beschwerde ist somit nicht nur ein Indiz für einen potenziellen Missstand, sondern auch dafür, dass das Beschwerdeverfahren als wirksam angesehen wird. Daniel Patrick Moynihan, ein US-amerikanischer Senator, formulierte schon vor den VNLP treffend (man ersetze „Land" durch „Unternehmen"): „Das Ausmaß der Menschenrechtsverletzungen in einem Land ist immer eine umgekehrte Funktion der Anzahl der Beschwerden über Menschenrechtsverletzungen, die aus diesem Land kommen. Je mehr Beschwerden vorgebracht werden, desto besser sind die Menschenrechte in diesem Land geschützt."[100] Eine hohe Anzahl von Beschwerden soll ein Indikator für einen funktionierenden und unabhängigen Mechanismus und ein menschenrechtsfreundliches Unternehmensumfeld sein? Was zunächst eher kontraintuitiv klingen mag, ist zumindest bei internationalen Finanzinstitutionen belegt: Der Beschwerdemechanismus CAO der IFC ist derjenige mit dem höchsten Beschwerdeaufkommen[101] und auch der Mechanismus, dem regelmäßig hohes Vertrauen entgegengebracht wird. Der Mechanismus ist unabhängig von den operativen Einheiten der IFC inklusive des übrigen Sorgfaltspflichtenmanagements, steuert seine Arbeit selbst und berichtet direkt an den Vorstand.[102]

b) Unparteilichkeit: Unabhängigkeit und Weisungsfreiheit
aa) Unabhängigkeit

Ob und wie Unabhängigkeit auch bei einem internen Beschwerdeverfahren zu gewährleisten ist, bei dem Mitarbeitende regelmäßig den arbeitsrechtlichen Weisungen ihres Arbeitgebers unterliegen, lässt der Gesetzgeber offen.[103] Damit kommen grundsätzlich auch Unternehmensmitarbeitende für die Umsetzung des Beschwerdeverfahrens in Betracht.[104] Ent-

---

100 Im Original: „The amount of violations of human rights in a country is always an inverse function of the amount of complaints about human rights violations heard from there. The greater the number of complaints being aired, the better protected are human rights in that country." Zitiert als eines von „Moynihan's laws" unter anderem in: Gooden, Skyscrapers, Hemlines and the Eddie Murphy Rule. Life's. Hidden Laws, Rules and Theories, 2015, S. 31. Daniel Patrick Moynihan war ein US-amerikanischer Senator, siehe https://www.senate.gov/senators/FeaturedBios/Featured_Bio_MoynihanDP.htm.
101 Daniel/Genovese/van Huljstee/Singh, Glass Half Full? The State of Accountability in Development Finance, 2016, abrufbar unter https://www.ciel.org/wp-content/uploads/2016/01/IAM_DEF_WEB.pdf, S. 28.
102 Neue Verfahrensordnung CAO Nr. 83, abrufbar unter https://documents1.worldbank.org/curated/en/889191625065397617/pdf/IFC-MIGA-Independent-Accountability-Mechanism-CAO-Policy.pdf.
103 Schork/Schreier RAW 2021, 74.
104 Anders Ehmann/Berg GWR 2021, 287.

scheidend ist die Ausgestaltung der organisationalen, finanziellen und personellen Unabhängigkeit des Beschwerdeverfahrens. Eine Partei eines Beschwerdeverfahrens eines Unternehmens ist regelmäßig auch das Unternehmen selbst, insbesondere dessen Sorgfaltspflichtenmanagement, das auf dem Prüfstand steht. Daher sollte das Beschwerdeverfahren wie das übrige Sorgfaltspflichtenmanagement zunächst direkt bei der **Unternehmensleitung** angesiedelt sein, um unabhängig von den anderen Unternehmensteilen zu sein. Weiter sollte das Beschwerdeverfahren auch vom **Sorgfaltspflichtenmanagement** (§§ 4–7) selbst strukturell, finanziell und personell **getrennt** sein. Denn auch wenn das Beschwerdeverfahren Teil der allgemeinen Sorgfaltspflichten ist (§ 3 Abs. 1 Nr. 7) und einen Beitrag zur Überprüfung der Abhilfemaßnahmen leisten soll (§ 7 Abs. 4 S. 2), kommt ihm in diesem Kreis eine Sonderfunktion zu: die Überprüfung der Wirksamkeit des Sorgfaltspflichtenmanagements. Eine Zusammenfassung beider Funktionen unter einem **Menschenrechtsbeauftragten**[105] kommt damit nur dann in Betracht, wenn dieser auf Unternehmensleitungsebene angesiedelt ist. Bei internationalen Finanzinstitutionen existieren beispielsweise im Wesentlichen zwei verschiedene Organisationsmodelle: Einige Beschwerdeverfahren sind eine direkt bei der Leitung der Institution angesiedelte weisungsunabhängige Organisationseinheit[106] mit eigenen fest angestellten Mitarbeitenden und einer Führungskraft, die den Beschwerdemechanismus und seine Untersuchungen leitet. Ein anderes Modell insbesondere für neue Mechanismen, deren Beschwerdeaufkommen noch nicht abschätzbar ist, ist eine Inhouse-Geschäftsstelle mit einem externen unabhängigen Expertenpanel,[107] welches die Untersuchungen durchführt und nach Arbeitstagen bezahlt wird.[108] In beiden Fällen werden die Untersuchungen unabhängig geführt und die Ergebnisse veröffentlicht, wobei den Parteien – Hinweisgebenden wie der Institution – Gelegenheit gegeben wird, zu den Ergebnissen Stellung zu nehmen, ohne Anspruch auf Übernahme bestimmter Ansichten. Der Beschwerdemechanismus ist in beiden Fällen für die Empfehlungen allein verantwortlich und getrennt vom Sorgfaltspflichtenmanagement.

41 Eine weitere vertrauensbildende Maßnahme zur Herstellung von Unabhängigkeit kann die Einbeziehung **externer Stakeholder** bei der Besetzung der Leitung des Mechanismus sein.[109] Die **Leitung des Beschwerdemechanismus** sollte wiederum allein für die Stellenbesetzung des Mechanismus verantwortlich sein und keine anderen Aufgaben als die

---

105 So wohl Ruttloff/Wagner/Reischl/Skoupil CB 2021, 364.
106 Beispielsweise der Compliance Adviser Ombudsman (CAO) der International Finance Corporation (IFC), des Privatsektorarms der Weltbankgruppe, https://www.cao-ombudsman.org/.
107 Beispielsweise die deutsche Privatsektorfinanzinstitution DEG, Independent Expert Panel, https://www.deginvest.de/%C3%9Cber-uns/Verantwortung/Beschwerdemanagement/Independent-Expert-Panel/.
108 So wohl auch Ehmann ZVertriebsR 2021, 141, der die Einbeziehung von internen Mitarbeitern in Bearbeitung und Vorprüfung als zulässig erachtet.
109 Good Policy Paper: Independent Accountability Mechanisms Nr. 7 mwN.

Leitung des Mechanismus haben.[110] Um die personelle Unabhängigkeit zu erhöhen, sollten Mitarbeitende von Beschwerdemechanismen oder jedenfalls deren Leitung und Geschäftsstelle zumindest befristeten **Kündigungsschutz** erhalten.[111] Insbesondere bei Erweiterung bestehender Meldewege sollten Unternehmen prüfen, ob die für die Entgegennahme und Bearbeitung der Meldungen zuständigen Personen fachlich hinreichend qualifiziert und sensibilisiert sind, auch Meldungen zu Menschenrechts- und Umweltrisiken eigenständig zu bearbeiten.[112] Mitarbeitende von Beschwerdemechanismen sollten weiter frei von **Interessenskonflikten** sein.[113] Finanziell sollte dem Beschwerdemechanismus ein **separates Budget** zur Verfügung stehen, welches an Erhöhungen des Beschwerdeaufkommens automatisch angepasst werden kann, ohne dass hierfür ein einzelfallbezogenes Zustimmungsverfahren in Gang gesetzt werden muss.

bb) Weisungsfreiheit

Das Unternehmen darf den Mitarbeitenden des Beschwerdemechanismus **keine Weisungen** geben, wie diese die Verfahren zu führen und zu welchem Ergebnis sie zu kommen haben. Allgemeine Vorgaben, etwa mit Blick auf die Nutzung betrieblicher IT, sind dagegen zulässig,[114] jedenfalls solange die Vorgaben des LkSG wie etwa Vertraulichkeit des Verfahrens nicht beeinträchtigt werden. Die Weisungsfreiheit sollte für den Bereich des LkSG **arbeitsvertraglich** vereinbart werden.[115]

c) Verschwiegenheit

Die Mitarbeitenden des Beschwerdemechanismus sind gem. Abs. 3 S. 2 zur **Verschwiegenheit** verpflichtet. Darüber hinaus muss gemäß Abs. 4 die **Vertraulichkeit der Identität** des Hinweisgebers gewahrt werden (→ Rn. 51), falls dieser dies wünscht. Der Gesetzgeber lässt offen, wie beide Vorschriften voneinander abgegrenzt werden und in welchem Verhältnis diese zum Gebot der Öffentlichkeit (Transparenz) stehen, welches nicht nur die Öffentlichkeit der Verfahrensordnung gemäß Abs. 2 (→ Rn. 37), sondern nach Abs. 4 auch weitere Informationen zur Erreichbarkeit und Zuständigkeit und zur Durchführung des Beschwerdeverfahrens umfasst (→ Rn. 45 ff.). Der Schutz personenbezogener Daten ist jedenfalls nach den einschlägigen datenschutzrechtlichen Vorschriften

---

110 Good Policy Paper: Independent Accountability Mechanisms Nr. 6, 8 mwN; OHCHR UN Doc. A/HRC/44/32 Nr. 7.6.
111 S. bspw. die Regelungen zum Datenschutzbeauftragten, § 4f Abs. 3 S. 5, 6 BDSG.
112 Gehling/Ott/Lüneborg CCZ 2021, 230 (239); OHCHR UN Doc. A/HRC/44/32 Nr. 7.7.
113 OHCHR UN Doc. A/HRC/44/32 Nr. 7.6 (a).
114 Frank/Edel/Heine/Heine BB 2021, 2165 (2167).
115 S. a. Grabosch LkSG/Grabosch § 5 Rn. 128 mit weiteren Beispielen für gesetzlich vereinbarte Freistellungen bzw. Einschränkungen des dem Arbeitgeber zustehenden Direktions- bzw. Weisungsrechtes: Datenschutzbeauftragte: § 4 f. Abs. 3 S. 2 BDSG; Umweltschutzbeauftragte: § 54 und § 58b BImSchG, § 65 WHG und § 60 Abs. 1 und 2 KrWG; die bei einem Inkassodienstleister beschäftigte juristische „qualifizierte Person": § 12 Abs. 4 S. 2 RDG.

zu gewährleisten. Was unternehmensbezogene Informationen betrifft, so ist nach Sinn und Zweck davon auszugehen, dass es jedenfalls während laufender Verfahren ein Recht zur Verschwiegenheit bzgl. aller Informationen zum Verfahren gibt, solange deren Weitergabe nicht zur Führung des Verfahrens notwendig ist oder dieses sogar gefährden könnte. Da das Vertrauen der potenziellen Nutzerinnen und Nutzer in das Beschwerdeverfahren durch öffentliche Informationen gefördert wird (→ Rn. 47), sollten spätestens mit Abschluss eines Verfahrens daher Informationen zum Verfahren, den Ergebnissen und den Umsetzungsempfehlungen veröffentlicht werden, um potenzielle Nutzer über die Arbeitsweise zu informieren und damit das Vertrauen in das Verfahren zu fördern.[116] Die mit der Durchführung des Beschwerdeverfahrens betrauten Personen sollten dabei selbst entscheiden können, welche Informationen sie veröffentlichen.[117]

3. Zugänglichkeit, Nachteilslosigkeit (Abs. 4)

44 Absatz 4 formuliert Voraussetzungen an Transparenz und Zugang zum Verfahren selbst. Dies dient der Herstellung von Vertrauen in das Verfahren und soll die Nutzung der Beschwerdeverfahren durch Beteiligte fördern.[118] Damit korrespondiert Abs. 4 insgesamt mit VNLP Nr. 31 (**Ausgewogenheit**): Potenzielle Beteiligte des Beschwerdeverfahrens und insbesondere Geschädigte müssen „vertretbaren Zugang zu den Quellen für Informationen, Beratung und Fachwissen haben, die sie benötigen, um an einem Beschwerdeverfahren auf faire, informierte und respektvolle Weise teilnehmen zu können".[119] Aus Sicht der VNLP geht es um die Herstellung von – oder Annäherung an – **Augenhöhe** der Beteiligten:[120] Denn „bei Beschwerden oder Streitfällen, an denen Wirtschaftsunternehmen und betroffene Stakeholder beteiligt sind, haben letztere oft erheblich schlechteren Zugang zu Informationen und sachverständigen Ressourcen und vielfach nicht die Mittel, um dafür zu bezahlen. Wird dieses Ungleichgewicht nicht behoben, kann es sowohl die Gewährleistung als auch die Wahrnehmung der Verfahrensgerechtigkeit mindern und es erschweren, zu dauerhaften Lösungen zu gelangen".[121] Hierzu gehört auch die Berücksichtigung der Bedarfe spezifischer Personengruppen, wie beispielsweise Frauen.[122]

---

116 Good Policy Paper: Independent Accountability Mechanisms Nr. 17 f., insbes. Nr. 19; OHCHR UN Doc. A/HRC/44/32 Nr. 11.2, 11.3.
117 Good Policy Paper: Independent Accountability Mechanisms Nr. 25.
118 BT-Drs. 19/28649, 49, 50.
119 VNLP Nr. 31 lit. d (Ausgewogenheit).
120 OHCHR UN Doc. A/HRC/44/32 Nr. 10.1.
121 VNLP Nr. 31 lit. d (Ausgewogenheit), Kommentar.
122 OHCHR UN Doc. A/HRC/44/32 Nr. 10.7b; siehe auch UN Doc. A/HRC/41/43 (Gender dimensions of the Guiding Principles on Business and Human Rights. Report of the Working Group on the issue of human rights and transnational corporations and other business enterprises) Nr. 61, 62. Seine ausführliche überarbeitete Strategie zur Integration von Gender-Aspekten in ein Beschwerdeverfahren hat der Beschwerdemechanismus des Green Climate Funds im März 2022

a) Öffentlicher Zugang zu Informationen zum Verfahren (S. 1)
aa) Klare und verständliche Informationen
Informationen zum Beschwerdeverfahren müssen zunächst klar und verständlich sein. Dies beinhaltet die Aufbereitung der Informationen in einer Form, die an den Kreis der potenziellen Nutzer **angepasst** ist. Informationen können dafür – zusätzlich – auch in audiovisueller oder graphischer Form aufbereitet werden.

bb) Informationsinhalt: Erreichbarkeit, Zuständigkeit und Durchführung
In Abgrenzung zu Absatz 2, der für die Verfahrensordnung bereits eine Veröffentlichung vorsieht, verlangt Abs. 4 eine darüber hinausgehende Veröffentlichung von Informationen zur **Erreichbarkeit, Zuständigkeit** und **Durchführung**. VNLP Nr. 31 formuliert in seinem Transparenzkriterium, dass „die regelmäßige Kommunikation mit den Parteien über den Fortgang einzelner Beschwerden […] ausschlaggebend dafür sein [kann], das Vertrauen in den Prozess zu wahren. Durch Statistiken, Fallstudien oder ausführliche Informationen über die Behandlung bestimmter Fälle gegenüber breiteren Kreisen von Stakeholdern Transparenz zu zeigen, kann wichtig dafür sein, die Legitimität des Beschwerdemechanismus unter Beweis zu stellen und das allgemeine Vertrauen aufrecht zu erhalten." Lediglich bei Bedarf – nach Sinn und Zweck des Gesetzes heißt dies auf Wunsch Betroffener und nicht des Unternehmens – soll Verschwiegenheit über den Dialog und die Identität einzelner Personen gewahrt bleiben.[123] Im Rahmen des gesetzlich Möglichen sowie angemessener Schutzmaßnahmen vor Repressalien schlägt das OHCHR nachfolgend genannte Informationen zur Veröffentlichung vor:[124]

„(a) Art und Fokus der Beschwerden, die an den Mechanismus herangetragen werden;
(b) Anzahl der Anträge auf Einleitung von Beschwerdeverfahren;
(c) Anzahl der Anträge, die vom Verfahren abgelehnt wurden und aus welchen Gründen;
(d) Anzahl der abgeschlossenen Beschwerdeverfahren, auch nach Art der Beschwerde;
(e) Ergebnisse der Beschwerdeverfahren (einschließlich der Ergebnisse der vom Mechanismus durchgeführten Folgemaßnahmen);
(f) Zufriedenheit der Betroffenen mit der Leistung des Mechanismus im Allgemeinen und in bestimmten Fällen;
(g) alle anderen Daten, Informationen oder Analysen, die für das Ziel relevant sind, das Verständnis der Rechteinhaber für die Funktionsweise und Leistung des Mechanismus in der Praxis zu verbessern."

---

veröffentlicht: IRM Gender Strategy Note (revised in March 2022), https://irm.greenclimate.fund/document/irm-gender-strategy-note.
123 VNLP Nr. 31 lit. e (Transparenz), Kommentar.
124 OHCHR UN Doc. A/HRC/44/32 Nr. 11.2 (deutsche Übersetzung durch die Bearbeiterin).

cc) Öffentliche Zugänglichkeit der Informationen

47 Diese Informationen müssen auch **öffentlich zugänglich** sein, um Vertrauen in die Wirksamkeit des Mechanismus zu bilden sowie etwaigen öffentlichen Interessen Rechnung zu tragen.[125] Neben der Veröffentlichung auf einer unternehmenseigenen **Webseite** können diese Informationen auch über verschiedene Kanäle wie etwa **E-Mail-Verteiler** oder **soziale Medien** verbreitet werden.

b) Zugang und Vertraulichkeit (S. 2)

48 Beteiligte – dh Hinweisgeber und insbesondere potenziell Betroffene – eines Beschwerdeverfahrens müssen nicht nur informiert, sondern auch in ihrem tatsächlichen Zugang zum Beschwerdeverfahren unterstützt werden.[126] Hierfür nennt Abs. 4 S. 2 zunächst die Herstellung tatsächlichen **Zugangs** und den Schutz der **Vertraulichkeit** der Beteiligten.

aa) Zugänglichkeit des Beschwerdeverfahrens

49 Beschwerdeverfahren sind allen Stakeholdergruppen, für die sie vorgesehen sind, bekannt und gewähren denjenigen, die im Hinblick auf den Zugang zu ihnen unter Umständen vor besonderen Hindernissen stehen, ausreichende Unterstützung.[127] Mit Blick auf die Zugänglichkeit wurden Fragen nach der Angemessenheit unternehmerischer Bemühungen (→ Rn. 12) umfassend diskutiert.[128] Es empfiehlt sich eine Kombination aus mehreren Meldekanälen wie auch die Erreichbarkeit in den in der Lieferkette relevanten Sprachen.[129] Die Zugangsvoraussetzungen sollten **so niedrig wie möglich** gehalten werden.

50 Mögliche Zugangshindernisse sind oft mangelnde Kenntnis des Mechanismus, Sprache, Lese- und Schreibvermögen, Kosten, Standort und Furcht vor Repressalien.[130] Daher ist der Zugang zum und die Nutzung des Mechanismus zunächst so zu gewährleisten, dass eine möglichst **barrierearme** Beschwerdeeinreichung möglich ist. Beispiele sind die auch in der Regierungsbegründung genannte Bereitstellung einer barrierefreien Website oder von barrierefreien Beschwerdeformularen und E-Mail-Adressen, die idealerweise kumulativ angeboten werden. Denjenigen, die beim Zugang vor besonderen Hindernissen stehen, ist ausreichende Unterstützung zu bieten.[131] Beispiele sind Beteiligte, die in Regionen leben, in denen das Unternehmen tätig ist, die keinen Anschluss an moderne Telekommunikation haben, oder solche, die nicht über Sprach-, Lese- und Schreibkenntnisse verfügen.[132] Für Erstere können Aushänge in Zu-

---

125 VNLP Nr. 31 lit. e (Transparenz).
126 VNLP Nr. 31 lit. b (Zugänglichkeit).
127 VNLP Nr. 31 lit. b; siehe auch BT-Drs. 19/28649, 33.
128 Lüneborg DB 2022, 375 (380); Stemberg CCZ 2022, 92 (94 f.); Eggers/Pawel CB 2022, 339 (342).
129 Im Ergebnis wohl auch Lüneborg DB 2022, 375 (380); Stemberg CCZ 2022, 92 (94 f.).
130 VNLP Nr. 31 lit. b, Kommentar.
131 BT-Drs. 19/28649, 50.
132 Grabosch LkSG/Grabosch § 5 Rn. 125.

liefererbetrieben ein gangbarer Weg sein wie auch die Einbeziehung von Arbeitnehmervertretungen oder Gewerkschaften (soweit vorhanden); für Letztere bieten webbasierte Lösungen oft die Abgabe von Audio- und Videonachrichten an. Das Beschwerdeverfahren sollte weiter neben Englisch auch in den **Landessprachen** der entsprechenden Regionen erreichbar sein. Neben elektronischem Zugang über Webseiten und E-Mail-Adressen sowie über das Telefon sollten Informationen zu Beschwerdeverfahren auch vor Ort analog verfügbar sein. So kann auch in Publikationen, auf Dokumenten wie auch innerhalb der Unternehmensgebäude an Aushängen auf das Beschwerdeverfahren hingewiesen werden.[133] Nicht zuletzt sollte es Betroffenen auch ermöglicht werden, Beschwerden über NGOs oder Vertrauenspersonen einzureichen (→ Rn. 51).[134] Auch sollten von Beschwerdeführenden keine rechtlichen Ausführungen erwartet werden, sondern nur die notwendigen Informationen zum Risiko oder Vorfall, um dem Hinweis weiter nachgehen zu können.

bb) Vertraulichkeit der Identität

Damit Beteiligte keine Nachteile durch die Inanspruchnahme des Beschwerdemechanismus erleiden, sind die dafür notwendige **Vertraulichkeit der Identität** und der Datenschutz zu gewährleisten.[135] Dies umfasst auch Informationen, die Rückschlüsse auf die Identität der Beteiligten zulassen. Es gibt mehrere Möglichkeiten, die Vertraulichkeit der Identität zu wahren. Beteiligte können im Rahmen eines Hinweises entscheiden – und sollten hierzu auch explizit gefragt werden –, ob sie ihre Identität vertraulich halten wollen. In diesem Fall wird die Identität nur gegenüber den mit der Durchführung des Beschwerdeverfahrens betrauten Personen offenbart, die hierüber zur Verschwiegenheit verpflichtet sind (Abs. 2, → Rn. 43).[136] Weiter kann im Rahmen der Zulässigkeitskriterien die Möglichkeit eingeräumt werden, dass ein Hinweis auch über NGOs oder Vertrauenspersonen eingereicht werden kann (→ Rn. 38, 47 ff.). Wenn die Identität der Hinweisgebenden aus den Umständen ersichtlich ist, sollten die Mitarbeiter der Beschwerdestelle mit diesen beraten, wie eine Bearbeitung erfolgen kann, ohne die Vertraulichkeit zu verletzen.

51

Zu unterscheiden von einer vertraulichen ist eine vollkommen anonyme Beschwerdeabgabe, bei der die Identität auch den mit der Durchführung betrauten Personen nicht mitgeteilt wird: Nicht zuletzt bieten digitale Briefkästen mit anonymer Dialogfunktion heute die Möglichkeit, mit Hinweisgebenden anonym zu kommunizieren, ohne dass diese ihre Identität preisgeben müssen. Weder das LkSG noch die EU-Hinweisgeberschutz-RL verpflichten zur Annahme anonymer Meldungen. Für eine Be-

52

---

133 Anders: Gehling/Ott/Lüneborg CCZ 2021, 230 (239).
134 Good Policy Paper: Independent Accountability Mechanisms Nr. 33.
135 BT-Drs. 19/28649, 50.
136 Stemberg CCZ 2022, 92 (96).

arbeitung auch anonymer Meldungen spricht jedoch die Verringerung der Hemmschwelle für Hinweisgebende.[137] Die gegen eine **anonyme Beschwerdeabgabe** oft vorgebrachte erhöhte Missbrauchsgefahr lässt sich nicht empirisch belegen. Erhebungen (kommerzieller Anbieter) über Missbrauch bei anonymen Beschwerden in Deutschland kommen zu dem Ergebnis, dass der Anteil missbräuchlicher Beschwerden in Deutschland zwar im Vergleich hoch ist, aber immer noch bei nur knapp 12 % im Jahr 2019 und bei 10,7 % im Jahr 2021 lag.[138] Bei einer Erhebung im europäischen Kontext lagen bei 66 % der befragten europäischen Unternehmen rechtsmissbräuchliche Meldungen bei unter 2 %, bei 84 % der befragten Unternehmen bei unter 5 %.[139] Die Einführung anonymer Meldemöglichkeiten hat dabei nicht zu einem Anstieg missbräuchlicher Meldungen geführt,[140] eine Mehrbelastung durch anonyme Meldungen ist nicht ersichtlich: Insbesondere für größere Unternehmen gelten ohnehin bereits Regeln wie bspw. § 130 OWiG, die eine Verfolgung auch anonymer Hinweise zur Erfüllung der rechtlichen Verpflichtungen nahelegen, insbesondere wenn diese stichhaltig sind.[141] Wird diesen Hinweisen nicht nachgegangen, kann dies ein Haftungsgrund sein.[142] Auch akzeptieren laut einer Studie kommerzieller Anbieter bereits 70 % der deutschen Unternehmen anonyme Meldungen.[143] Anonyme Meldungen sollten daher genauso wie vertrauliche Meldungen behandelt werden und **keinen Missbrauch des Beschwerdeverfahrens** darstellen.[144] Dagegen stellt es Art. 6 Abs. 2 EU-Hinweisgeberschutz-RL den Mitgliedstaaten frei, zu entscheiden, ob juristische Personen zur Entgegennahme anonymer Beschwerden verpflichtet werden. Der deutsche Regierungsentwurf zum Hinweisgeberschutzgesetz vom 27.7.2022 empfiehlt in §§ 16, 27 die Bearbeitung auch anonymer Meldungen, verpflichtet aber nicht zur Einrichtung von entsprechenden Meldekanälen. Unter Umständen können bei anonymen Meldungen keine Verfahrensschritte unternommen werden, die die Kenntnis der Identität des Beschwerdeführenden oder Hinweisgebenden voraussetzen.[145] Für die Annahme, ab wann eine **missbräuchliche Hinweisabgabe** vorliegt, siehe Abs. 2 (→ Rn. 23).

---

137 So auch Lüneborg DB 2022, 375 (380 f.).
138 Hauser/Hergovits/Blumer, Whistleblowing Report 2019, abrufbar unter https://uploads-campax.s3.eu-central-1.amazonaws.com/whistleblowing_report_2019_de_-_sperrfrist_15_05.pdf, S. 58; zitiert in Colneric/Gerdemann Umsetzung der Whistleblower-Richtlinie S. 136.
139 BKMS Benchmarking Report 2019, Executive Summary, abrufbar unter https://www.business-keeper.com/fileadmin/user_upload/Wissen/Download-Asset/BKMS_R__Benchmarking_Report_Executive_Summary_DE.pdf, S. 7.
140 Colneric/Gerdemann Umsetzung der Whistleblower-Richtlinie S. 136 mwN.
141 Ausführlich in: Erlebach/Veljovic KriPoZ 2021, 167.
142 Erlebach/Veljovic KriPoZ 2021, 167.
143 EQS, Whistleblowing Report 2021, S. 51 f.
144 Ähnlich Lüneborg DB 2022, 375 (380 f.).
145 Stemberg CCZ 2022, 92 (96).

c) Wirksamer Schutz vor Benachteiligung oder Bestrafung (Repressalien) (S. 2)

Gemäß Abs. 4 S. 2 muss das Beschwerdeverfahren ferner wirksamen Schutz vor Benachteiligung oder Bestrafung aufgrund einer Beschwerde gewährleisten.[146]

53

aa) Hintergrund: EU-Hinweisgeberschutz-Richtlinie

Das LkSG und die Gesetzesbegründung machen keine Angaben zu möglichen Repressalien, ebenso wenig dazu, wie der Schutz hiervor zu gewährleisten ist. Hier bietet die **EU-Hinweisgeberschutz-RL** hilfreiche rechtliche und praktische Maßnahmen für den Hinweisgeberschutz, zum einen durch eine nicht abschließende Auflistung möglicher Repressalien in Art. 19, die Beweislastumkehr in Art. 21 Abs. 5, die Sanktionsmöglichkeiten für die Ausübung von Repressalien in Art. 23. Abs. 1 lit. b wie auch die Unterstützung von Betroffenen bei Gerichtsverfahren in Art. 31 Abs. 6.

54

bb) Benachteiligung oder Bestrafung

Nachteile bis hin zu Repressalien können sowohl vom **Unternehmen** selbst ausgehen als auch von **Dritten**. So gehen manche Unternehmen gegen unternehmensinterne oder auch externe Kritiker vor. Sie nutzen beispielsweise global verstärkt sogenannte **SLAPPs** (Strategic Lawsuits Against Public Participation), um unternehmensexterne Kritiker in Gerichtsverfahren zu verwickeln und sie damit als Kritiker mundtot zu machen.[147] Beispiele für unternehmensinterne Strafmaßnahmen gegen Mitarbeitende listet Art. 19 EU-Hinweisgeberschutz-RL auf. Unternehmen sind dabei nur zum Schutz in ihrem eigenen Unternehmensbereich verpflichtet sowie zur vertraglichen Durchsetzung gegenüber Zulieferern (→ Rn. 56). Weiter muss die Benachteiligung im Zusammenhang mit einer Beschwerde stehen.

55

cc) Wirksamer Schutz

Gem. Abs. 4 S. 2 genießen Beteiligte einen **umfassenden Schutz**, der sich sowohl auf die Vertraulichkeit ihrer Identität wie auch den Schutz vor Benachteiligungen oder Bestrafungen erstreckt, was Versetzungen, Abmahnungen und Kündigungen von Unternehmensangehörigen aufgrund der Beschwerde unzulässig macht (§ 134 BGB).[148] Nach der EU-Hinweisgeberschutz-RL steht es unternehmensinternen Hinweisgebern bei Angelegenheiten, die das Unionsrecht betreffen, frei, ob sie interne oder

56

---

146 BT-Drs. 19/28649, 50.
147 Siehe die Webseite von BHRRC: SLAPPs: Key Resources, abrufbar unter https://www.business-humanrights.org/en/big-issues/corporate-legal-accountability/materials-on-slapps/; Simon, A Lawsuit A Day Keeps The Activists Away: New Report Finds 355 Lawsuits Filed By Big Business Against Activists, 27.7.2021, abrufbar unter https://www.forbes.com/sites/morgansimon/2021/07/27/a-lawsuit-a-day-keeps-the-activists-away-new-report-finds-355-lawsuits-filed-by-big-business-against-activists/.
148 Frank/Edel/Heine/Heine BB 2021, 2165 (2168).

externe Meldewege beschreiten (Art. 10 EU-Hinweisgeberschutz-RL). Bloße Kenntnisträger, zB Anwohner, werden vom persönlichen Anwendungsbereich der EU-Hinweisgeberschutz-RL dagegen nicht erfasst – mit der Folge, dass sie nur den Schutz unter dem LkSG genießen.[149] Der Gesetzgeber lässt offen, wie der Schutz im Einzelnen zu gewährleisten ist. Neben den Maßnahmen der EU-Hinweisgeberschutz-RL – Beweislastumkehr, Sanktionierungen, Unterstützung von Betroffenen bei Verfahren –, die im laufenden deutschen Umsetzungsverfahren auch explizit auf Beschwerden nach dem LkSG erweitert werden könnten, werden in der Fachöffentlichkeit für die Umsetzung der geplanten EU-Sorgfaltspflichten-RL unter anderem ebenfalls eine Beweislastumkehr oder eine explizite Einführung einer strafrechtlichen Verantwortlichkeit vorgeschlagen.[150] Für Unternehmen stellt sich auch die Frage, wie mit Repressalien durch Zulieferer umgegangen werden sollte (→ § 9 Abs. 1 Rn. 5). Hier können nur Maßnahmen ergriffen werden, die im eigenen Einflussbereich liegen: Dies wird insbesondere die vertragliche Durchsetzung und schlussendlich auch eine Kündigung des Vertragsverhältnisses sein.[151] Insgesamt, so eine Einschätzung, sei zu erwarten, dass NGOs und Gewerkschaften stärker vom Beschwerdesystem Gebrauch machen werden als einzelne Betroffene, da Letztere stets abwägen müssten, ob ausreichender Hinweisgeberschutz gewährleistet sei.[152] Während die EU-Hinweisgeberschutz-RL dabei ausdrücklich Dritte in den Schutz vor Benachteiligungen einbezieht, die diese im Rahmen der Beteiligung an Beschwerdeverfahren (bspw. als Vertreter, Übersetzende, Zeugen oder auch Angehörige) erfahren, macht das LkSG dazu keine Angaben. Nach Sinn und Zweck sollten diese jedoch in den Schutz einbezogen werden, um dem Normzweck eines effektiven Beschwerdeverfahrens (auch) durch umfassenden Schutz Hinweisgebender Rechnung zu tragen.[153]

dd) Exkurs: Umgang mit Repressalien im Rahmen von Beschwerdeverfahren bei internationalen Organisationen

57 2015 veröffentlichten die **UN-Menschenrechtsvertragsorgane**, an die sich Menschen ebenfalls mit Beschwerden wenden können, die San José Guidelines against Intimidation or Reprisals.[154] Auch einzelne Beschwerdemechanismen haben Arbeitshilfen veröffentlicht, beispielsweise das **World Bank Inspection Panel** mit seinen Guidelines to Reduce Retalia-

---

149 Frank/Edel/Heine/Heine BB 2021, 2165 (2168).
150 Tove Holmstrom, Addressing Risks of Retaliation in the Forthcoming EU Directive on Mandatory Due Diligence, abrufbar unter https://media.business-humanrights.org/media/documents/Submission_retaliation__HOLMSTR%C3%96M.pdf.
151 Siehe auch Lüneborg DB 2022, 375 (379); Stemberg CCZ 2022, 92 (98).
152 Lutz-Bachmann/Vorbeck/Wengenroth BB 2021, 906 (910).
153 Ausführlich Stemberg CCZ 2022, 92 (98 f.).
154 Chairpersons of the Human Rights Treaty Bodies, Guidelines against Intimidation or Reprisals („San José Guidelines"), 2015, abrufbar unter https://www.ohchr.org/en/documents/legal-standards-and-guidelines/guidelines-against-intimidation-or-reprisals-san-jose.

tion Risks and Respond to Retaliation During the Panel Process,[155] die **IFC** mit einer eigenen Good Practice Note for the Private Sector: Addressing the Risks of Retaliation Against Project Stakeholders.[156] Die Interamerikanische Entwicklungsbank **IADB** hat 2020 eine Klausel dazu in ihrer Safeguards Policy verankert.[157] Auch auf völkervertraglicher Ebene hat die Ächtung von Repressalien Eingang gefunden in das **Escazu-Abkommen** – Regional Agreement on Access to Information, Public Participation and Justice in Environmental Matters in Latin America[158] – von 2018, das interamerikanische Pendant zur europäischen Aarhus-Konvention über den Zugang zu Informationen, die Öffentlichkeitsbeteiligung an Entscheidungsverfahren und den Zugang zu Gerichten von 1998.[159]

2019 gab das Netzwerk für unabhängige Beschwerdemechanismen ein **Toolkit** für Beschwerdemechanismen heraus,[160] das ihnen helfen soll, mit Bedrohungen präventiv und risikomildernd umzugehen. Die Empfehlungen des Toolkits betreffen alle Phasen des Beschwerdeverfahrens und sogar den Projektplanungsprozess als solchen. Sie umfassen sowohl Maßnahmen, die ein Beschwerdemechanismus selbst treffen kann, wie etwa die Einholung von Risikoabschätzungen,[161] als auch Maßnahmen, die von der Geberorganisation ergriffen werden müssen, wie bspw. die Sanktionierung von Partnern, die Einschüchterungen dulden oder selbst fördern.[162] Auch für die Entscheidung, ob Sichtbarkeit oder Diskretion die beste Strategie ist, gibt es Parameter.[163] Zentral für viele der Empfehlungen ist die Partizipation der Betroffenen – sei es bei der Risikoabschätzung[164] oder auch bei der Reaktion[165] hierauf.

---

155 Inspection Panel, Guidelines to Reduce Retaliation Risks and Respond to Retaliation During the Panel Process, 2018, abrufbar unter https://www.inspectionpanel.org/sites/ip-ms8.extcc.com/files/documents/IPN%20Retaliation%20Guidelines_2018.pdf.
156 IFC, Good Practice Note for the Private Sector: Addressing the Risks of Retaliation Against Project Stakeholders, undatiert, veröffentlicht am 24.3.2021, abrufbar unter https://www.ifc.org/wps/wcm/connect/topics_ext_content/ifc_external_corporate_site/sustainability-at-ifc/publications/publications_gpn_reprisalrisks.
157 IDB Invest, Environmental and Social Policy, 2020, Nr. 20, abrufbar unter https://www.idbinvest.org/en/sustainability.
158 Economic Commission for Latin America and the Caribbean, Regional Agreement on Access to Information, Public Participation and Justice in Environmental Matters in Latin America, 2018, abrufbar unter https://repositorio.cepal.org/bitstream/handle/11362/43583/1/S1800428_en.pdf, Art. 9.
159 United Nations Economic Commission for Europe, Aarhus-Konvention über den Zugang zu Informationen, die Öffentlichkeitsbeteiligung an Entscheidungsverfahren und den Zugang zu Gerichten, 1998, abrufbar unter https://unece.org/environment-policy/public-participation/aarhus-convention/text.
160 IAMnet, Guide for independent accountability mechanisms on measures to address the risk of reprisals in complaint mechanisms. A Practical Toolkit, 2019, abrufbar unter https://www.cao-ombudsman.org/resources/guide-independent-accountability-mechanisms-measures-address-risk-reprisals-complaint.
161 IAMnet Guide for independent accountability mechanisms S. 11 f., S. 20 f.
162 IAMnet Guide for independent accountability mechanisms S. 30.
163 IAMnet Guide for independent accountability mechanisms S. 29.
164 IAMnet Guide for independent accountability mechanisms S. 12.
165 IAMnet Guide for independent accountability mechanisms S. 35.

IV. Jährliche und anlassbezogene Überprüfung (Abs. 5)

59 Die Wirksamkeit des Beschwerdeverfahrens soll mindestens **einmal jährlich** sowie **anlassbezogen** überprüft werden. Damit integriert Abs. 5 das Wirksamkeitskriterium der VNLP Nr. 31 lit. g, wonach Beschwerdeverfahren eine Quelle kontinuierlichen Lernens sein sollen – und dazu auf sachdienliche Maßnahmen zurückgreifen, um Lehren zur Verbesserung des Mechanismus und zur Verhütung künftiger Missstände und Schäden zu ziehen.[166] Dabei kann insbesondere eine regelmäßige Analyse der Häufigkeit, Muster und Auslöser für Beschwerden die Einrichtung, die den Mechanismus verwaltet, befähigen, diejenigen Politiken, Verfahren oder Praktiken zu ermitteln und zu beeinflussen, die im Hinblick auf die Verhütung künftigen Schadens verändert werden sollten.[167] Diese Erkenntnisse sollen nicht nur in die Verbesserung des Beschwerdemechanismus selbst gemäß § 8 Abs. 5, sondern gem. § 6 Abs. 5 auch in die Verbesserung des Risikomanagements insgesamt einfließen. Die Nichteinhaltung der Überprüfung ist bußgeldbewehrt (§ 24 Abs. 1 Nr. 4, 5).

1. Anlassbezogene Überprüfung

60 Wie bei den anderen Sorgfaltspflichten ist auch die Wirksamkeit des Beschwerdeverfahrens mindestens einmal im Jahr sowie anlassbezogen zu überprüfen (s. § 6 Abs. 5 S. 2). Die Pflicht zur anlassbezogenen Überprüfung gilt dabei nur für wesentliche Änderungen, wenn das Unternehmen mit einer **veränderten oder erweiterten Risikolage** in der Lieferkette rechnen muss.[168] Diese kann Anpassungen insbesondere hinsichtlich der Ausgestaltung der Zugänglichkeit erforderlich machen.[169] Dann sollte eine Analyse allerdings nicht erst als Reaktion, sondern auch präventiv als Vorausschau auf Veränderungen im Geschäftsumfeld notwendig sein.[170] Anlässe sind beispielsweise die Aufnahme einer neuen Tätigkeit oder Beziehung, der Zeitpunkt kurz vor strategischen Entscheidungen oder Veränderungen in der Geschäftstätigkeit etwa durch einen bevorstehenden Markteintritt, Produkteinführung, Veränderung der Geschäftsgrundsätze oder umfassendere geschäftliche Veränderungen.[171]

2. Überprüfung der Wirksamkeit

61 Die Wirksamkeit des Beschwerdeverfahrens selbst bemisst sich nach den in den in den Abs. 2–4 und Abs. 5 verankerten Kriterien, die wiederum die acht **Wirksamkeitskriterien** des VNLP Nr. 31 widerspiegeln (→ Rn. 4). Neben dem OHCHR haben sich auch Think Tanks um die Erstellung hilfreicher Zusammenstellungen von Indikatoren und Evaluierungsfragen verdient gemacht, die diese acht Kriterien anwendungsbezo-

---

166 VNLP Nr. 31 lit. g (Quelle kontinuierlichen Lernens).
167 VNLP Nr. 31 lit. g (Quelle kontinuierlichen Lernens), Kommentar.
168 BT-Drs. 19/28649, 50.
169 Anders Korch NJW 2022, 2065 (2067 f.).
170 BT-Drs. 19/28649, 50.
171 BT-Drs. 19/28649, 50.

gen abdecken.[172] Diese Zusammenstellungen können auf das jeweilige Beschwerdeverfahren angepasst werden. Daneben können auf das Sorgfaltspflichtenmanagement bezogene Fragen zur Umsetzung der Verpflichtung aus § 6 Abs. 5 S. 2 integriert werden.

3. Unverzügliche Wiederholung bei Bedarf (S. 2)

Der Gesetzgeber lässt offen, wann eine **unverzügliche Wiederholung** bei Bedarf (S. 2) neben einer anlassbezogenen Überprüfung notwendig ist. Vorstellbar sind Situationen, in denen nach einer anlassbezogenen Prüfung weiter oder erneut Anlass besteht, die Wirksamkeit des Beschwerdeverfahrens zu überprüfen. Dies kann beispielsweise nach einer vorausschauenden Überprüfung, die anlässlich bevorstehender Veränderungen im Geschäftsfeld stattfand, notwendig sein, wenn diese Veränderungen eingetreten sind.

62

§ 9 Mittelbare Zulieferer; Verordnungsermächtigung

(1) Das Unternehmen muss das Beschwerdeverfahren nach § 8 so einrichten, dass es Personen auch ermöglicht, auf menschenrechtliche oder umweltbezogene Risiken sowie auf Verletzungen menschenrechtsbezogener oder umweltbezogener Pflichten hinzuweisen, die durch das wirtschaftliche Handeln eines mittelbaren Zulieferers entstanden sind.

(2) Das Unternehmen muss nach Maßgabe des Absatzes 3 sein bestehendes Risikomanagement im Sinne von § 4 anpassen.

(3) Liegen einem Unternehmen tatsächliche Anhaltspunkte vor, die eine Verletzung einer menschenrechtsbezogenen oder einer umweltbezogenen Pflicht bei mittelbaren Zulieferern möglich erscheinen lassen (substantiierte Kenntnis), so hat es anlassbezogen unverzüglich

1. eine Risikoanalyse gemäß § 5 Absatz 1 bis 3 durchzuführen,
2. angemessene Präventionsmaßnahmen gegenüber dem Verursacher zu verankern, etwa die Durchführung von Kontrollmaßnahmen, die Unterstützung bei der Vorbeugung und Vermeidung eines Risikos oder die Umsetzung von branchenspezifischen oder branchenübergreifenden Initiativen, denen das Unternehmen beigetreten ist,

---

172 OHCHR, Remedy in development finance, 2022, assessment tool Annex 2 abrufbar unter https://www.ohchr.org/sites/default/files/2022-03/Remedy-in-Development.pdf; der von Ruggie gegründete Think Tank SHIFT mit dem UNGP reporting Framework, Webseite mit Ressourcen abrufbar unter https://www.ungpreporting.org/reporting-framework/management-of-salient-human-rights-issues/remediation/; Accountability Framework, Operational Guidance on Remediation and Access to Remedy, 2019, abrufbar unter https://accountability-framework.org/wp-content/uploads/2020/09/OG_Remediation_Access_Remedy-2020-5.pdf, Annex 1; Daniel/Genovese/van Huljstee/Singh ua, Glass half full, 2016, Annex 2 Template based on UNGP Effectiveness Criteria abrufbar unter https://www.somo.nl/wp-content/uploads/2016/03/Annex-2-Template-based-on-UNGPs-Effectiveness-Criteria.pdf.

3. ein Konzept zur Verhinderung, Beendigung oder Minimierung zu erstellen und umzusetzen und
4. gegebenenfalls entsprechend seine Grundsatzerklärung gemäß § 6 Absatz 2 zu aktualisieren.

(4) Das Bundesministerium für Arbeit und Soziales wird ermächtigt, Näheres zu den Pflichten des Absatzes 3 durch Rechtsverordnung im Einvernehmen mit dem Bundesministerium für Wirtschaft und Energie ohne Zustimmung des Bundesrates zu regeln.

I. Überblick (*Gehne/Humbert/Philippi*) ... 1	c) Art und Umfang tatsächlicher Anhaltspunkte 20
II. Zugang zum Beschwerdeverfahren (Abs. 1) (*Kämpf*) 2	2. Maßnahmen nach Abs. 3 35
1. Einrichtung eines wirksamen Beschwerdemechanismus für mittelbare Zulieferer 3	a) Durchführung einer Risikoanalyse (Nr. 1) .. 36
	b) Angemessene Präventionsmaßnahmen (Nr. 2) 37
2. Ermöglichung der Einreichung von Beschwerden zu mittelbaren Zulieferern 6	c) Erstellung und Umsetzung eines Konzepts zur Verhinderung, Beendigung oder Minimierung (Nr. 3) 42
III. Verpflichtung zur Anpassung des Risikomanagements (Abs. 2) (*Gehne/Humbert/Philippi*) ... 7	d) Aktualisierung der Grundsatzerklärung (Nr. 4) 44
IV. Handlungspflicht bei substantiierter Kenntnis (Abs. 3) (*Gehne/Humbert/Philippi*) ... 9	V. Verordnungsermächtigung (Abs. 4) (*Gehne/Humbert/Philippi*) ... 46
1. Substantiierte Kenntnis ... 11	VI. Zukünftige Rechtsentwicklung (*Gehne/Humbert/Philippi*) ... 48
a) Vorliegen einer möglichen Verletzung 13	
b) Vorliegen tatsächlicher Anhaltspunkte 15	

I. Überblick (*Gehne/Humbert/Philippi*)

1 §§ 5–8 beschränken die Sorgfaltspflichten in ihrem Wortlaut auf unmittelbare Zulieferer. § 9 regelt das Vorgehen gegenüber **mittelbaren Zulieferern**.[1] Die Vorschrift unterscheidet dabei zwischen dem Beschwerdeverfahren (Abs. 1) und den übrigen Sorgfaltsmaßnahmen (Abs. 2 bis 4): Das **Beschwerdeverfahren** nach Abs. 1 ist grundsätzlich so einzurichten, dass es auch zugänglich für Beschwerden zu mittelbaren Zulieferern ist. **Sorgfaltsmaßnahmen** nach Abs. 2 und 3 gegenüber mittelbaren Zulieferern sind dann zu ergreifen, wenn das Unternehmen „**substantiierte Kenntnis**" von einer **möglichen menschenrechts- oder umweltbezogenen Pflichtverletzung** bei einem solchen Zulieferer hat (→ Rn. 9 ff.).

II. Zugang zum Beschwerdeverfahren (Abs. 1) (*Kämpf*)

2 § 9 Abs. 1 verpflichtet Unternehmen, neben der in § 8 geregelten Verpflichtung zur Einrichtung von Beschwerdeverfahren hinsichtlich des

---

[1] BT-Drs. 19/28649, 50.

wirtschaftlichen Handelns im eigenen Geschäftsbereich und unmittelbarer Zulieferer auch Personen die Abgabe solcher Hinweise zu ermöglichen, die sich auf das wirtschaftliche Handeln **mittelbarer Zulieferer** beziehen. Das Ermöglichen ist auch hier aus der Perspektive möglicher Beteiligter und insbesondere Betroffener zu betrachten (→ § 8 Rn. 5). § 9 verankert mit Blick auf mittelbare Zulieferer unterschiedliche Anforderungen an die Sorgfaltsausübung in Bezug auf das Beschwerdeverfahren einerseits (Abs. 1) und die übrigen Sorgfaltspflichten andererseits (Abs. 2 und 3, → Rn. 7 ff.): Letztere greifen nur bei substantiierter Kenntnis, während das Beschwerdeverfahren für das wirtschaftliche Handeln sowohl unmittelbarer als auch mittelbarer Zulieferer gleich ausgestaltet werden muss. Für die Einrichtung im Hinblick auf mittelbare Zulieferer gelten dieselben Verpflichtungen wie in Bezug auf den eigenen Geschäftsbereich und unmittelbare Zulieferer (→ § 8 Rn. 19 f.). Damit müssen Unternehmen jedenfalls für Beschwerdeverfahren ihre gesamte Lieferkette im Blick haben und angemessene rechtliche wie tatsächliche Maßnahmen treffen, damit allen Beteiligten die Beschwerdeeinreichung möglich ist.

1. Einrichtung eines wirksamen Beschwerdemechanismus für mittelbare Zulieferer

Unternehmen können auch die Entgegennahme von Hinweisen in Bezug auf das wirtschaftliche Handeln mittelbarer Zulieferer entweder in das **eigene Beschwerdeverfahren** integrieren oder sich hierfür an einem **externen Verfahren** beteiligen (→ § 8 Rn. 29 ff.). Damit gelten die Anforderungen des § 8, insbesondere die Absätze 2–4, auch für die Ausgestaltung der Beschwerdeverfahren mit Blick auf potenziell Betroffene aus dem Umfeld mittelbarer Zulieferer. Bei Konsultationen zur Ausgestaltung des Beschwerdeverfahrens sollten dann beispielsweise auch die Regionen einbezogen werden, in denen mittelbare Zulieferer wirtschaftlich tätig sind. 3

Unternehmen müssen weiter unmittelbare Zulieferer nicht nur zur eigenen Umsetzung von beschwerdeverfahrensbezogenen Sorgfaltspflichten vertraglich verpflichten, sondern auch dazu, diese Verpflichtungen wiederum an mittelbare Zulieferer weiterzugeben (→ § 8 Rn. 19 f.). Für eine wirksame Umsetzung ist diese **Weitergabe der Verpflichtungen** aus dem LkSG an Zulieferer der zweiten Ebene ein wesentliches Element. 4

Eine solche Weitergabe der Verpflichtungen entfaltet jedoch nur dann Wirkung, wenn Unternehmen sie auch regelmäßig **überprüfen**.[2] Um die Umsetzung dieser Verpflichtungen durch mittelbare Zulieferer auch kontrollieren zu können, sollten Unternehmen von ihren Zulieferern vermehrt die Einräumung von Kontrollbefugnissen, die Vornahme von Risikoanalysen, die Erfüllung von Informations- und Dokumentations- 5

---

2 Scheltema Human Rights Policies and Contract Law S. 259 (263 f.).

pflichten und die Teilnahme an Schulungen fordern.[3] Dazu gehört auch die Androhung von Sanktionen, sollten Zulieferer Repressalien gegenüber Personen ausüben, die Hinweise abgeben. Wie bei unmittelbaren Zulieferern können nur Maßnahmen ergriffen werden, die im eigenen Einflussbereich liegen: Als solche kommen insbesondere die vertragliche Durchsetzung und schlussendlich auch eine Kündigung des Vertragsverhältnisses in Betracht.[4]

2. Ermöglichung der Einreichung von Beschwerden zu mittelbaren Zulieferern

6 Zentrale Herausforderung ist die Sicherstellung des **Zugangs** für Beteiligte. Für Beteiligte aus dem Umfeld des mittelbaren Zulieferers gelten ähnliche Herausforderungen wie für Personen aus dem Umfeld direkter Zulieferer (→ § 8 Rn. 19 f.). Unternehmen müssen daher sicherstellen, dass die einzelnen Elemente zur Herstellung von Zugang auch an die potenziellen Hinweisgeber aus dem Umfeld mittelbarer Zulieferer angepasst werden: Neben einer digitalen und audiovisuellen Erreichbarkeit des Meldekanals in den Sprachen aus dem Umfeld der wirtschaftlichen Tätigkeit mittelbarer Zulieferer sollte das Beschwerdeverfahren auch vor Ort in der Lieferkette bekannt gemacht werden. Dazu sollten die Verfahrensordnung und wesentliche weitere Informationen in die relevanten Sprachen mittelbarer Zulieferer übersetzt[5] werden und Vorlagen für Informationsmaterial bereitgestellt werden, die mittelbare Zulieferer vor Ort weiterverbreiten können. Neben der vertraglichen Verpflichtung von unmittelbaren und mittelbaren Zuliefererbetrieben, vor Ort auf das Beschwerdeverfahren aufmerksam zu machen, kann auch die Zusammenarbeit mit Nichtregierungsorganisationen oder Gewerkschaften die Zugangsschwellen absenken (→ § 8 Rn. 50).

III. Verpflichtung zur Anpassung des Risikomanagements (Abs. 2) (*Gehne/Humbert/Philippi*)

7 Abs. 2 verpflichtet Unternehmen unter Verweis auf Abs. 3, das bestehende Risikomanagement nach § 4 so anzupassen, dass die in Abs. 3 genannten Pflichten erfüllt werden können. Unter welchen Voraussetzungen dies zu geschehen hat und welche Maßnahmen hierfür erforderlich sind, ergibt sich dabei allein aus Abs. 3. Abs. 2 konstituiert mithin lediglich die **allgemeine Verpflichtung zur Anpassung des Risikomanagements für mittelbare Zulieferer**, um die in Abs. 3 genannten Pflichten zu erfüllen.[6]

8 Die Verpflichtung ist im Zusammenhang mit Abs. 1 zu sehen, der das Beschwerdeverfahren für von mittelbaren Zulieferern betroffene Perso-

---

3 Dies auch vermutend: Harings/Jürgens RdTW 2021, 297.
4 Siehe auch Lüneborg DB 2022, 375 (379); Stemberg CCZ 2022, 92 (98).
5 OHCHR, Improving accountability and access to remedy for victims of business-related human rights abuse through non-State-based grievance mechanisms: explanatory notes, 3.6.2020, UN Doc. A/HRC/44/32/Add.1, Nr. 50.
6 BT-Drs. 19/28649, 50.

nen öffnet. In dieser Konsequenz muss bei entsprechenden Hinweisen das Risikomanagement so angepasst werden, dass es auch derartige Beschwerden erfassen und berücksichtigen kann.[7]

IV. Handlungspflicht bei substantiierter Kenntnis (Abs. 3) (*Gehne/Humbert/Philippi*)

Erlangt das Unternehmen aus dem Umfeld mittelbarer Zulieferer (→ Rn. 18) „substantiierte Kenntnis" (→ Rn. 11) von einer möglichen menschenrechts- oder umweltbezogenen Pflichtverletzung, ist das Unternehmen **unverzüglich** zum Ergreifen von **anlassbezogenen Sorgfaltsmaßnahmen** verpflichtet. Zu solchen anlassbezogenen Sorgfaltsmaßnahmen gehören eine auf mittelbare Zulieferer erweiterte Risikoanalyse gemäß § 5 Abs. 1 bis 3 (→ Rn. 36), angemessene Präventionsmaßnahmen beim Verursacher (→ Rn. 37 ff.), die Erstellung und Umsetzung eines Konzeptes zur Verhinderung, Beendigung oder Minimierung (→ Rn. 42 f.) und unter Umständen eine Aktualisierung der Grundsatzerklärung gemäß § 6 Abs. 2 (→ Rn. 44 f.).

Die Maßnahmen nach Nr. 1 bis 4 sind **anlassbezogen**, dh bezogen auf die konkret mögliche Verletzung der menschenrechts- oder umweltbezogenen Pflicht, sowie **unverzüglich** durchzuführen.[8] Unverzüglich ist das Handeln, wenn es im Sinne der Legaldefinition von § 121 BGB „ohne schuldhaftes Zögern" erfolgt, nachdem das Unternehmen von möglichen Verletzung Kenntnis erlangt hat. Eine feste Zeitvorgabe ist wegen der unterschiedlich komplexen Sachverhalte und des möglichen Auslandsbezugs unangebracht (→ § 6 Rn. 6). Auch hier ist davon auszugehen, dass für die Bestimmung der Sorgfalt in zeitlicher Hinsicht der Angemessenheitsgrundsatz nach § 3 Abs. 2 sowie die Maßgabe, dass zu adressierende Risiken in diesem Sinne zu priorisieren sind (→ § 5 Rn. 24 ff.), gilt. Ähnlich wie bei der Sorgfalt eines ordentlichen Geschäftsmannes nach § 43 Abs. 1 GmbHG muss sich der konkrete Zeitraum daher nach den Umständen des Einzelfalls richten.[9]

1. Substantiierte Kenntnis

Der **Begriff der substantiierten Kenntnis ist in § 9 Abs. 3 legaldefiniert.** Diese ist danach gegeben, wenn einem Unternehmen tatsächliche Anhaltspunkte vorliegen, die eine Verletzung einer menschenrechtsbezogenen oder einer umweltbezogenen Pflicht bei mittelbaren Zulieferern möglich erscheinen lassen.

Dem Begriff der „substantiierten Kenntnis" kommt für die Sorgfaltspflichten für mittelbare Zulieferer eine Schlüsselfunktion zu. **Sorgfaltsmaßnahmen** nach Abs. 2 und 3 gegenüber mittelbaren Zulieferern sind nicht wie bei unmittelbaren Zulieferern generell, sondern nur dann zu er-

---

[7] Grabosch LkSG/Grabosch § 5 Rn. 139.
[8] BT.-Drs. 19/28649, 50; Gehling/Ott/Lüneborg CCZ 2021, 230 (236).
[9] Vgl. Grabosch LkSG/Grabosch § 2 Rn. 75; MüKoGmbHG/Hillmann GmbHG § 51a Rn. 48.

greifen, wenn das Unternehmen **„substantiierte Kenntnis"** von einer **möglichen menschenrechts- oder umweltbezogenen Pflichtverletzung** bei einem solchen Zulieferer hat (→ Rn. 17). Da das LkSG laut Regierungsbegründung zum Ziel hat, die internationale Menschenrechtslage zu verbessern und sich ausdrücklich an den VNLP orientiert,[10] muss § 9 und der Begriff der „substantiierten Kenntnis" **weit ausgelegt** werden. Das heißt, er kann sich nicht nur auf Hinweise zu konkreten mittelbaren Zulieferern beziehen (→ Rn. 14, 16 f.).

a) Vorliegen einer möglichen Verletzung

13 Nach der Legaldefinition in § 2 Abs. 4 (→ § 2 Rn. 150) ist eine Verletzung einer menschenrechtsbezogenen Pflicht ein Verstoß gegen ein in Abs. 2 Nr. 1 bis 11 genanntes, aus den im Anhang aufgeführten **Menschenrechtsübereinkommen abgeleitetes Verbot**. Eine Verletzung einer umweltbezogenen Pflicht ist der Verstoß gegen ein in Abs. 3 Nr. 1–8 genanntes, aus den im Anhang genannten **Umweltabkommen abgeleitetes Verbot**.

14 Die **Möglichkeit einer Verletzung** bedeutet, dass solche Verstöße, wie zB Kinderarbeit oder die nicht umweltgerechte Lagerung von Abfällen, **denkbar** sind.[11] Nicht erforderlich ist hingegen, dass ihr Vorliegen **erwiesen oder belegt** ist. Die Gesetzesbegründung lässt ausdrücklich auch lediglich Anhaltspunkte für **menschenrechtliche und umweltbezogene Risiken** genügen. Da nach der Legaldefinition in § 2 Abs. 2 und 3 ein Risiko bereits dann vorliegt, wenn mit hinreichender Wahrscheinlichkeit ein Verstoß **droht**, ist es auch ausreichend, wenn es auf Tatsachen beruhende Hinweise auf Verstöße gibt, diese aber noch nicht eingetreten sind, sondern erst **bevorstehen könnten**.[12] Der Ausschuss für Arbeit und Soziales hat die Einbeziehung von Risiken insofern klargestellt, als dass er die endgültige Fassung des Textes in seinen Erläuterungen zu § 9 Abs. 3 mit der Vereinheitlichung der Begriffe „Verletzung", „Risiko" und „geschützte Rechtspositionen" begründet hat.[13]

b) Vorliegen tatsächlicher Anhaltspunkte

15 Die Pflicht zum Handeln gegenüber mittelbaren Zulieferern wird durch das Vorliegen **tatsächlicher Anhaltspunkte** für eine mögliche Verletzung (→ Rn. 20) ausgelöst. Das heißt, bloße Meinungen oder Gerüchte reichen nicht aus, es muss auf Tatsachen beruhende Anhaltspunkte geben.

---

10 Vgl. BT.-Drs. 19/28649, 2.
11 Duden, Deutsches Universal-Wörterbuch, 9. Aufl. 2019, Stichwort „Möglichkeit"; ausführlich zum Möglichkeitsgrad https://www.csr-in-deutschland.de/DE/Wirtschaft-Menschenrechte/Gesetz-ueber-die-unternehmerischen-Sorgfaltspflichten-in-Lieferketten/FAQ/faq.html unter VI. 13.
12 Der DAV hatte dazu geraten, den Gesetzestext abzuändern: von „möglichen" auf „drohende oder eingetretene" Verletzungen, vgl. DAV-Stellungnahme Nr. 27/2021 Rn. 45.
13 BT-Drs. 19/30505, 41.

Die mögliche Verletzung muss jedoch nicht offenkundig oder gar erwiesen sein.[14]

Nach der Gesetzesbegründung ist es ebenfalls **nicht notwendig, dass Anhaltspunkte zu konkreten, bereits identifizierten Zulieferern vorliegen**.[15] 16
Es sollen vielmehr ausdrücklich Informationen über Risiken in einer bestimmten Region genügen, in der das Unternehmen oder seine Zulieferer tätig sind.[16] Dies wird teilweise als zu weit und als „nicht messbare Sorgfaltsanforderungen" an Unternehmen kritisiert.[17] Stattdessen wird gefordert, nur Informationen zu bestimmten Zulieferern als Anhaltspunkte genügen zu lassen.[18] Da der Wortlaut jedoch ausdrücklich die „Möglichkeit einer Verletzung bei mittelbaren Zulieferern" ausreichen lässt, dh gerade nicht auf einen konkreten Zulieferer abstellt, liegt es nahe, dass die Informationen wie in der Gesetzesbegründung ausgeführt auch nur Anhaltspunkte zu Ländern, Regionen oder Branchen betreffen können, wenn es typischerweise nach **bekannten Markt- und Brancheninformationen zu bestimmten Lieferketten** jedenfalls möglich ist, dass auch ein mittelbarer Zulieferer in der Lieferkette des Unternehmens von dem in der Lieferkette grundsätzlich bestehenden Risiko betroffen sein könnte. Derart abstrakte Kenntnis als Anlass für eine weitergehende Risikoanalyse entspricht auch der Systematik des § 5 Abs. 4 (→ § 5 Rn. 38 ff.).[19]

Für eine solche Auslegung spricht auch der Gesetzgebungsprozess, in 17
dem § 9 als Kompromisslösung für den Streit zwischen den beteiligten Ministerien um die Reichweite der Sorgfalt in Bezug auf unmittelbare und mittelbare Zulieferer eingefügt wurde.[20] Es kann nicht darum gehen, die gesamte Lieferkette aufzuschlüsseln und jede Lieferkettenbeziehung zu analysieren.[21] Der Kommentar zu VNLP Nr. 17, der als Auslegungskontext hier im Hintergrund steht,[22] stellt insofern klar, dass es „unzumutbar schwierig sein kann", bei allen Teilnehmern in der Lieferkette „Sorgfaltspflicht bezüglich menschenrechtlicher Auswirkungen walten zu lassen". In diesem Fall sollen Unternehmen „allgemeine Bereiche ermitteln, in denen das Risiko nachteiliger menschenrechtlicher Auswirkungen am bedeutendsten ist". Ähnliches ergibt sich, wenn über das für § 9 gewählte Konstrukt der „substantiierten Kenntnis" branchenüb-

---

14 Grabosch LkSG/Grabosch § 2 Rn. 99; Hembach Praxisleitfaden S. 120.
15 AA Gehling/Ott/Lüneborg CCZ 2021, 230 (237).
16 BT-Drs. 19/28649, 50.
17 Stöbener de Mora/Noll NZG 2021, 1237 (1242); Lutz-Bachmann/Vorbeck/Wengenroth BB 2021, 906 (909).
18 Gehling/Ott/Lüneborg CCZ 2021, 230 (237).
19 Vgl. in Abgrenzung dazu die Anforderungen an einen Abbruch der Geschäftsbeziehungen, → § 7 Rn. 69 ff.
20 Die im Juni 2020 bekannt gewordenen Eckpunkte für ein Lieferkettengesetz sahen eine grundsätzliche Beschränkung der Sorgfaltspflicht noch nicht vor, vgl. Initiative Lieferkettengesetz, Eckpunkte für ein Lieferkettengesetz, Zivilgesellschaftliche Auswertung, 2020, abrufbar unter https://media.business-humanrights.org/media/documents/files/documents/Initiative-Lieferkettengesetz_Auswertung-Eckpunkte.pdf.
21 Stöbener de Mora/Noll NZG 2021, 1237 (1242); Lutz-Bachmann/Vorbeck/Wengenroth BB 2021, 906 (909); Gehling/Ott/Lüneborg CCZ 2021, 230 (237).
22 VNLP Nr. 17, Kommentar.

lich bekannte Informationen zu einer möglichen menschenrechtlichen oder umweltbezogenen Verletzung in der Lieferkette als **abstrakter Anlass für weitere Sorgfaltspflichten** nach § 9 gesetzt werden. Dies begründet keine weitgehenden allgemeinen Sorgfaltspflichten mit Blick auf die gesamte Lieferkette, was nach § 5 Abs. 1 ausdrücklich auf unmittelbare Zulieferer beschränkt ist. Vielmehr ist die sich nach § 9 auf den mittelbaren Zulieferer erstreckende Sorgfaltspflicht beschränkt auf die Thematik der substantiierten Kenntnis von möglichen Risiken bei mittelbaren Zulieferern. Dies kann sowohl die abstrakte Kenntnis der Möglichkeit eines Risikos in der Lieferkette umfassen als auch die konkrete Kenntnis eines Risikos oder einer Verletzung bei einem bestimmten mittelbaren Zulieferer. In beiden Fällen sind gebotene Sorgfaltspflichten im Sinne von § 3 zu ergreifen.

18 Unternehmen sollten sich dabei nicht der Kenntnisnahme der Risiken in der Lieferkette durch ein bewusstes, auf den unmittelbaren Lieferanten beschränktes Minimum der Risikoanalyse entziehen. Das vermeintliche **„Bestraftwerden durch mehr Wissen"** aufgrund der erweiterten Sorgfaltspflichten wird dabei aufgewogen durch ein angemessenes unternehmerisches Risikomanagement (→ § 4 Rn. 29 ff.), sofern im Sinne der VNLP der Fokus auf ein risikobasiertes, vernünftiges Maß der öffentlich und branchenüblich bekannten Risiken für typische schwere Verletzungen in bestimmten Lieferketten beschränkt bleibt (→ Rn. 17). In der Praxis erfolgt ein solches Risikomanagement mit Blick auf mittelbare Zulieferer bereits vielfach über eine risikobasierte Betrachtung der Lieferketten. Eine weitere Eingrenzung des Umfangs der Sorgfaltspflichten auf das für Unternehmen zumutbare Maß im Sinne des Verhältnismäßigkeitsgrundsatzes ergibt sich darüber hinaus wiederum aus § 3 Abs. 2 Nr. 1–4 (→ Rn. 10) auf der Rechtsfolgenseite.

19 Auch mit Blick auf das in der Regierungsbegründung genannte **Ziel des LkSG, die internationale Menschenrechtslage zu verbessern**, muss § 9 und der Begriff der „substantiierten Kenntnis" weit ausgelegt werden (→ Rn. 12). Denn Menschenrechtsverletzungen sind vielfach strukturell bedingt und betreffen zB sämtliche Zulieferer einer Region oder in einer Branche in ähnlicher Weise und oftmals eher im Bereich der Rohstoffgewinnung oder verarbeitenden Bereiche am unteren mittelbaren Ende der Lieferkette.[23] Nur Anhaltspunkte zu bestimmten Zulieferern zuzulassen, würde die Sorgfaltspflicht entgegen dem normativen Auslegungshintergrund zu sehr einschränken. Eine Kenntnis der bekannten und schweren Risiken in der Lieferkette und eine hiermit verbundene Sorgfaltspflicht ist Voraussetzung dafür, dass diese adressiert werden.

---

23 Oxfam Deutschland, Grenzenlose Ausbeutung. Arbeitsmigrant*innen in den Lieferketten deutscher Supermärkte, 2022, abrufbar unter https://www.oxfam.de/ueber-uns/publikationen/grenzenlose-ausbeutung-arbeitsmigrantinnen-lieferketten-deutscher, S. 12 ff.; Oxfam Deutschland, Schwarzer Tee, Weiße Weste, 2019, abrufbar unter https://www.oxfam.de/ueber-uns/publikationen/schwarzer-tee-weisse-weste.

c) Art und Umfang tatsächlicher Anhaltspunkte

Nach der Gesetzesbegründung ist die Kenntnis substantiiert, wenn **überprüfbare und ernst zu nehmende Informationen** über eine mögliche menschenrechtliche oder umweltbezogene Verletzung (→ Rn. 13 f.) – zB Kinderarbeit oder die nicht umweltgerechte Lagerung von Abfällen – bei mittelbaren Zulieferern vorliegen.[24] Demnach müssen die Informationen aus **glaubwürdigen Quellen** stammen.[25] Gleichzeitig sollte im Einklang mit den VNLP im Fall einer **Beschwerde** von Einzelpersonen Verschwiegenheit über den Dialog zwischen den Parteien und die Identität einzelner Personen gewahrt werden.[26] Dabei darf die **Anonymität einer Beschwerde** nicht Anlass zum Zweifel an der Glaubwürdigkeit eines Beschwerdeführers sein, da Beschwerdeführer regelmäßig Repressalien bei der Offenlegung ihrer Identität befürchten müssen.[27] Anhaltspunkte für eine geringe Glaubwürdigkeit sind zB wiederholte Übertreibungen, mangelnde Sachlichkeit und Tatsachenbezug, Ungenauigkeiten oder pauschalisierende Kritik.[28] Davon zu unterscheiden ist jedoch das Formulieren von öffentlichkeits- und medienwirkmächtigen Überschriften in Form plakativer Bewertungen in Medien- oder NGO-Berichten, solange der Inhalt der Berichte tatsachenbasiert und sachlich geschrieben ist.[29]

20

Nach der hier heranzuziehenden ständigen Rechtsprechung des BGH zur „Substantiierungslast" im Zivilprozess muss der Tatsachenvortrag konkret genug sein, um dem Gericht eine Schlüssigkeitsprüfung zu ermöglichen.[30] Im Zivilprozess wird der verfolgte Anspruch durch die Darlegung von Tatsachen schlüssig gemacht, substantiiert.[31] Die Substantiierungslast meint die Notwendigkeit, alle zur Schlüssigkeitsprüfung erforderlichen Tatsachen hinreichend genau vorzutragen.[32] Andere Meinungen in der Literatur, dass der Kläger seinen schlüssigen Vortrag um schlüssigkeitsfremde Tatsachen ergänzen muss, mit dem Ziel, den Gegner in seiner Einlassungsfähigkeit zu stärken und dem Gericht die Kontrolle der Sinnhaftigkeit einer Beweisaufnahme zu ermöglichen, sind

21

---

24 BT-Drs. 19/28649, 50.
25 Grabosch LkSG/Grabosch § 2 Rn. 113; vgl. BAFA Handreichung Risikoanalyse S. 15.
26 Vgl. VNLP Nr. 31, Kommentar.
27 Grabosch LkSG/Grabosch § 2 Rn. 113.
28 Grabosch LkSG/Grabosch § 2 Rn. 113.
29 Vgl. zB die Überschrift in Oxfam Deutschland, „Supermarktcheck 2022 – Edeka ist Schlusslicht bei Menschenrechten", die das Ergebnis des Supermarktchecks in puncto Menschenrechtspolitik zuspitzt, jedoch keine Übertreibung der Ergebnisse der tatsächlichen Bewertung darstellt, abrufbar unter https://www.oxfam.de/presse/pressemitteilungen/2022-04-05-supermarkt-check-2022-edeka-erneut-schlusslicht-menschenrechten.
30 Vgl. BGH Urt. v. 16.5.1962 – VIII ZR 79/61, WM 1962, 719; BGH Urt. v. 12.7.1984 – VII ZR 123/83, NJW 1984, 2888; BGH Urt. v. 15.12.1994 – VII ZR 140/93, NJW-RR 1995, 722 1b; BGH Urt. v. 1.2.1995 – IV ZR 265/93, NJW-RR 1995, 724 (725 2c); BGH Urt. v. 15.7.1997 – XI ZR 154/96, WM 1997, 1666 (1168 II 2b).
31 Rust, Die Substantiierungslast im Zivilprozess, 2021, S. 35.
32 Vgl. auch Frohn JuS 1996, 243 (247); ähnlich Anhalt, Ausforschungsbeweis, 1966, S. 25.

im Zivilprozess wie auch im vorliegenden Verwaltungsverfahren mangels Stütze im Gesetz abzulehnen.[33] Der Tatsachenvortrag ist schließlich dann schlüssig, wenn er glaubhaft und widerspruchsfrei ist.[34]

22 **Mögliche Informationsquellen** können nach der Gesetzesbegründung Aussagen im Beschwerdeverfahren nach § 8, eigene Erkenntnisse aus dem eigenen Geschäftsbereich sowie Verlautbarungen der zuständigen Behörde, dem BAFA, zB in Form von Handreichungen nach § 20, oder auch andere Informationsquellen sein.[35] Die Gesetzesbegründung nennt dazu „Berichte über die schlechte Menschenrechtslage in der Produktionsregion, die Zugehörigkeit eines mittelbaren Zulieferers zu einer Branche mit besonderen menschenrechtlichen oder umweltbezogenen Risiken sowie frühere Vorfälle beim mittelbaren Zulieferer".[36] Demnach unterliegen mögliche Quellen tatsächlicher Anhaltspunkte keiner formalen Einschränkung und können vielfältiger Natur sein. Insbesondere Medien- und NGO-Berichte werden in der Praxis eine wichtige Rolle spielen.[37]

23 Fraglich ist, **wie aktuell die Berichte zu Menschenrechtsverletzungen sein müssen.** Da in vielen Regionen Menschenrechtsverletzungen strukturelle Ursachen[38] haben und bereits seit Jahren an der Tagesordnung sind, dürften in der Regel auch solche Berichte als tatsächliche Anhaltspunkte ausreichen, die einige Jahre zurückliegen. Unabhängig von der substantiierten Kenntnis nach § 9 Abs. 3 dürften im Sinne der anlassbezogenen weitergehenden Risikoanalyse nach § 5 Abs. 4 solcherart Informationen auch schon eine weitergehende Risikoanalysepflicht auslösen, sofern sie zuvor nicht berücksichtigt wurden.

24 Abs. 3 setzt des Weiteren voraus, dass das Unternehmen Kenntnis von den Anhaltspunkten hat. Das Gesetz trifft grundsätzlich jedoch keine Aussage darüber, wessen **Kenntnis für die Wissenszurechnung** an das Unternehmen maßgeblich ist. Innerhalb der eigenen Unternehmensstruktur dürfte es jedenfalls zu eng sein, ein Wissen der Geschäftsleitung vorauszusetzen, die mit der Thematik nur mittelbar über die jährliche Berichterstattung befasst ist.[39] Vielmehr wird das Unternehmen in analoger An-

---

33 Rust, Die Substantiierungslast im Zivilprozess, 2021, S. 40, 41.
34 Grabosch LkSG/Grabosch § 2 Rn. 113.
35 Vgl. BT-Drs. 19/28649, 50.
36 BT-Drs. 19/28649, 50; ähnlich https://wirtschaft-entwicklung.de/wirtschaft-menschenrechte/fragen-und-antworten/#faq-answer-6.
37 Vgl. zB https://www.faz.net/aktuell/wirtschaft/unternehmen/wie-gross-das-problem-der-kinderarbeit-im-kakaoanbau-ist-17663641.html; https://femnet.de/fuer-frauenrechte/kampagnen/existenzlohnjetzt-faire-loehne-fuer-textilarbeiter-innen/pressemitteilungen-existenzlohn/1647-forschungsergebnisse-belegen-ausbeutung-in-der-modebranche.html.
38 Oxfam Deutschland, Grenzenlose Ausbeutung. Arbeitsmigrant*innen in den Lieferketten deutscher Supermärkte, 2022, abrufbar unter https://www.oxfam.de/ueber-uns/publikationen/grenzenlose-ausbeutung-arbeitsmigrantinnen-lieferketten-deutscher, S. 12 ff.; Oxfam Deutschland, Schwarzer Tee, Weiße Weste, 2019, abrufbar unter https://www.oxfam.de/ueber-uns/publikationen/schwarzer-tee-weisse-weste.
39 Gehling/Ott/Lüneborg CCZ 2021, 230 (237).

wendung des § 166 BGB regelmäßig dann Kenntnis über eine mögliche Verletzung einer menschenrechtrechtlichen oder umweltbezogenen Pflicht erlangen, wenn ein **Vertreter durch Austausch mit externen Personen oder über geeignete Informationsquellen Wissen erlangt hat.**[40] Ein solcher Wissensvertreter ist, wer nach der Arbeitsorganisation des Unternehmens dazu berufen ist, als Repräsentant bestimmte Aufgaben in eigener Verantwortung zu erledigen und die dabei anfallenden Informationen zur Kenntnis zu nehmen und ggf. weiterzuleiten hat.[41]

Diese Auslegung entspricht auch den Organisationspflichten nach § 4. Danach ist das Unternehmen verpflichtet, ein wirksames **Risikomanagement** zu etablieren und in allen maßgeblichen Geschäftsabläufen zu verankern (→ § 4 Rn. 33). Damit einher geht die Zuweisung von Zuständigkeiten und eine lückenlose Delegation von Aufgaben. Letzteres setzt wiederum entsprechende Kontrollmöglichkeiten der delegierenden und ursprünglich zuständigen Funktion voraus. In diesem Rahmen muss ebenfalls die Weitergabe relevanter Informationen geregelt sein.

In der Praxis werden als Wissensvertreter daher regelmäßig Vertreter der CSR-, Compliance oder Nachhaltigkeitsabteilung sowie der nach § 4 Abs. 3 benannte Menschenrechtsbeauftragte (→ § 4 Rn. 47 ff.) in Betracht kommen. Gleiches gilt für die thematisch zuständigen Experten, die teilweise auch in regelmäßigem Austausch mit den sogenannten Stakeholdern (→ § 4 Rn. 54 ff.) stehen. Solche „**Stakeholder-Dialoge**" sind zunehmend gängige Praxis zwischen Unternehmen und Betroffenen, Nichtregierungsorganisationen und anderen Experten[42] und können somit für das Risikomanagement relevante Erkenntnisse liefern. Da Unternehmen in gängiger Praxis vielfach **Auditoren**[43] und **Zertifizierungsorganisationen**[44] zur Überprüfung von Menschenrechtsverletzungen oder Umweltbeeinträchtigungen beauftragen, sollten diese auch als mögliche Wissensvertreter in Betracht kommen, sofern vorgesehen ist, dass diese

---

40 Vgl. Grabosch LkSG/Grabosch § 2 Rn. 103; Gehling/Ott/Lüneborg CCZ 2021, 230 (237) fordern Kenntnisnahme einer Person mit qualifizierter Leitungsverantwortung, also insbesondere der Geschäftsleitung, der Generalbevollmächtigten oder der ersten Leitungsebene nach der Geschäftsleitung; es sei nicht ausreichend, wenn Tatsachen allgemein zur Kenntnis genommen werden könnten; ausführlich zur parallelen Problematik im Rahmen des Geldwäschegesetzes vgl. Gehling/Lüneborg NZG 2020, 1164 (1167ff.).
41 Grabosch LkSG/Grabosch § 2 Rn. 103; BeckOK BGB/Schäfer BGB § 166 Rn. 18; Gehling/Ott/Lüneborg CCZ 2021, 230 (237) bezieht sich auf Personen, die in qualifizierter Weise Leitungsverantwortung tragen.
42 Siehe zB Rewe Group, https://rewe-group-nachhaltigkeitsbericht.de/2020/gri-bericht/unternehmensfuhrung/gri-102-40-102-42-102-44-stakeholderdialog.html; Tchibo, https://www.tchibo.com/blog/fairness-in-unfairen-zeiten-oder-das-ende-der-nachhaltigkeit; Puma, https://annual-report.puma.com/2020/de/nachhaltigkeit/pumas-nachhaltigkeitsziele-10for25.html.
43 Zu Auditoren Hembach Praxisleitfaden S. 134 f.; vgl. zudem https://www.tuv-nord.com/at/de/zertifizierung/qualitaet/bsci-sa-8000/.
44 Siehe https://www.rainforest-alliance.org/de/; https://www.fairtrade-deutschland.de/.

die erlangten Informationen durch ihre Tätigkeit an das Unternehmen weitervermitteln.

27 Auch wenn in **großen oder verbundenen Unternehmen** Informationen häufig an verschiedenen Stellen verteilt sind und erst bei der Zusammenfügung an den richtigen Stellen Sinn und Aussagekraft erhalten, steht dies der Kenntniserlangung nicht entgegen.[45] Wenn bei den zuständigen Stellen im Unternehmen keine externen Kontaktdaten angegeben sind, dürften bei Informationen mit deutlicher Kennzeichnung auch eine allgemeine E-Mail-Adresse des Unternehmens oder Kanäle sozialer Medien zur Kenntniserlangung ausreichen.[46] Hat zB ein **Menschenrechtsbeauftragter** einen Bericht über mögliche Verletzungen in einer bestimmten Region vorliegen und fehlt ihm der Zugriff auf Informationen der Einkaufsabteilungen zu Zulieferern dieser Region, so hat das Unternehmen dennoch substantiierte Kenntnis von möglicher Verletzung.[47]

28 Ebenso wie beim Organisationsverschulden[48] kann der Unternehmensträger auch nicht aus der Verantwortung entlassen werden, **wenn einzelne Personen Informationen nicht weitergeben**.[49] Denn der Unternehmensträger hat es organisatorisch in der Hand, Fehlern in den betrieblichen Abläufen entgegenzuwirken bzw. ist zur Einrichtung eines funktionierenden Risikomanagements, welches die Informationsweitergabe an die relevanten Stellen miteinschließt, verpflichtet. Nach der Rechtsprechung[50] müssen Unternehmen so organisiert sein, dass Informationen, deren Relevanz für andere Personen innerhalb des Unternehmens bei konkret Wissenden erkennbar ist, tatsächlich an jene Personen weitergegeben werden (**Informationsweiterleitungspflicht**).[51] Umgekehrt muss sichergestellt werden, dass ggf. innerhalb eines Unternehmens nach anderswo vorhandenen und für den eigenen Bereich wesentlichen Informationen nachgefragt wird (**Informationsabfragepflicht**).[52] Kommt das Unternehmen dieser Pflicht zur Schaffung eines unternehmensinternen Informationssystems nicht nach, muss es sich mithin so behandeln lassen, als läge Kenntnis vor.[53]

---

45 Grabosch LkSG/Grabosch § 2 Rn. 106.
46 Grabosch LkSG/Grabosch § 2 Rn. 104.
47 Vgl. Grabosch LkSG/Grabosch § 2 Rn. 107.
48 Vgl. hierzu Hauschka/Moosmayer/Lösler Corporate Compliance/Obermayr § 44 Rn. 122 ff mwN.
49 Vgl. Matuschke-Beckmann, Das Organisationsverschulden, 2001, S. 2; MüKo-BGB/Leuschner BGB § 31 Rn. 33 f.
50 Vgl BGH Urt. v. 2.2.1996 – V ZR 239/94, NJW 1996, 1339; BGH Urt. v. 13.10.2000 – V ZR 349/99, NJW 2001, 359 mwN.
51 Hauschka/Moosmayer/Lösler Corporate Compliance/Buck-Heeb § 2 Rn. 27 ff. mwN.
52 BGH Urt. v. 2.2.1996 – V ZR 239/94, NJW 1996, 1339 (1341); Hauschka/Moosmayer/Lösler Corporate Compliance/Buck-Heeb § 2 Rn. 36 ff.; allgemeiner: https://www.csr-in-deutschland.de/DE/Wirtschaft-Menschenrechte/Gesetz-ueber-die-unternehmerischen-Sorgfaltspflichten-in-Lieferketten/FAQ/faq.html unter VI. 12.
53 Hauschka/Moosmayer/Lösler Corporate Compliance/Buck-Heeb § 2 Rn. 25.

Trifft das Unternehmen umgekehrt **kein Organisationsverschulden**, weil 29
umfassend Prozesse organisiert und generell wirksam etabliert sind,
muss es sich nicht notwendigerweise mangelnde Informationsweitergabe
zurechnen lassen. Beispielsweise kann es mit Blick auf die Pflichten des
LkSG ausreichen, Mitarbeiter zu Menschen- und Umweltrechtsthemen
sowie den damit zusammenhängenden Pflichten in Bezug auf die Lieferkette zu schulen. Hier entspricht es der Praxis vieler Unternehmen,
Mitarbeiter im Rahmen dieser Schulungen dazu anzuhalten, mögliche
Verletzungen zu melden. Sind des Weiteren entsprechende Möglichkeiten zur Meldung und Informationsweitergabe geschaffen und besteht
vonseiten des Unternehmens kein Anlass, aktiv Informationen bei dem
betroffenen Mitarbeiter nachzufragen, kann eine Wissenszurechnung bei
ausbleibender Meldung nicht erfolgen.

Der BGH setzt der Wissenszurechnung jedoch **zeitliche Grenzen:** Es wird 30
von Unternehmen kein umfassendes, langfristiges Vorhalten von Informationen erwartet.[54] In der Regel wird gelten, dass dem Unternehmen
die Kenntnis von Informationen umso länger zugerechnet werden kann,
je schwerer die Verletzung ist. Auch Branchengepflogenheiten und die
Dauer der Lieferverbindungen müssen in Betracht gezogen werden. Eine
Orientierung kann auch die Dokumentationspflicht nach § 10 Abs. 1
bieten, wonach relevante Informationen sieben Jahre lang vorzuhalten
sind.

Sorgfaltspflichtige Unternehmen haben auch im Geschäftsbereich der 31
von ihnen bestimmend beeinflussten **konzernangehörigen Gesellschaften**
(→ § 2 Rn. 164 ff.) für die Umsetzung Sorgfaltsmaßnahmen nach § 9 zu
sorgen. Dort ist dann Wissen und Kenntnis zurechenbar. Das gilt insbesondere auch für **Einkaufsgesellschaften**, die zu dem eigenen Geschäftsbereich eines Unternehmens gehören[55] und auch dann, wenn die Einkaufsgesellschaften im Ausland angesiedelt sind, aber den Weisungen des
Mutterkonzerns folgen. Die unternehmensübergreifende Zurechnung
von Wissen greift ferner dann, wenn das sorgfaltspflichtige Unternehmen
den **Geschäftsbetrieb auf mehrere juristische Personen aufgeteilt** hat.
Diese müssen für die Verfolgung des unternehmerischen Ziels notwendig
zusammenwirken und von vornherein darauf ausgerichtet sein, als Einheit aufzutreten, auch wenn das Unternehmen kein Konzern iSd § 15
AktG bildet.[56]

Schließlich kann das Unternehmen der **Kenntniserlangung nicht dadurch** 32
entgehen, dass ein zumutbarer Austausch von Informationen vermieden
wird. Nach § 4 Abs. 1 S. 2 hat das Unternehmen die Pflicht, das Risikomanagement in maßgeblichen Geschäftsabläufen zu verankern (→ § 4

---

54 Grabosch LkSG/Grabosch § 2 Rn. 108; BGH Urt. v. 2.2.1996 – V ZR 239/94,
NJW 1996, 1339 (1341).
55 Grabosch LkSG/Grabosch § 2 Rn. 28, 29, 109.
56 Grabosch LkSG/Grabosch § 2 Rn. 110.

Rn. 35 ff.). Ein wirksames Risikomanagement darf keine Silobildung zulassen und muss für ein funktionierendes Wissensmanagement sorgen.[57]

33 Auch wenn **keine Pflicht zur proaktiven Kenntniserlangung** besteht, ist Unternehmen geraten, sich im vernünftigen Maß und risikobasiert um **Kenntniserlangung zu bemühen** (→ Rn. 17 f.). Nach der Gesetzesbegründung zu § 6 Abs. 3 Nr. 2 ist das Bemühen um Transparenz und Kenntnis der Lieferkette Teil der Verankerung von Präventionsmaßnahmen im eigenen Geschäftsbereich und damit Voraussetzung für die Entwicklung geeigneter Beschaffungsstrategien und Einkaufspraktiken (→ Rn. 37 f.).[58] So erlangte Kenntnisse zu Risikoinformationen können auch relevante Risiken nach § 9 betreffen. Hier geht es am Ende um wirksames unternehmerisches Risikomanagement (→ § 4 Rn. 14 ff.), denn es kann **auch wirtschaftlicher** sein, sich systematisch mit Risiken in der Lieferkette auseinanderzusetzen. Nur so können Überraschungen, nicht geplante Ad-hoc-Maßnahmen sowie Reputationsschäden vermieden werden und ein adäquates Risikomanagement erfolgen.[59] Unwissenheit kann ggf. kurzfristig Kosten für Präventionsmaßnahmen vermeiden, aber langfristig werden Maßnahmen umso aufwändiger und kostenintensiver sein, desto unvorbereiteter und unvermittelter ein Unternehmen handeln muss. Dies kann auch wirtschaftliche Erfolge aufs Spiel setzen. Je weniger ein Unternehmen über seine Lieferkette und Risiken weiß, desto schwerer lassen sich auch die erforderlichen Ressourcen personeller und finanzieller Kapazitäten einschätzen und planen, die für ein adäquates Risikomanagement erforderlich sind.[60] Je besser ein Unternehmen über die Risikolage in seiner Lieferkette unterrichtet ist, desto effizienter ist es über die Wahrscheinlichkeit ggf. notwendiger Ad-hoc-Risikoanalysen informiert und vorbereitet und kann eventuell nach § 7 Abs. 1 und 2 notwendige Abhilfe angemessen leisten. Wird ein Unternehmen weitgehend von Beschwerden überrascht, nimmt es in Kauf, möglicherweise gebotene Maßnahmen nicht angemessen ergreifen zu können und riskiert damit, wegen Verstoßes gegen § 7 Abs. 1 und 2 ein Bußgeld zahlen zu müssen oder mit Klagen konfrontiert zu werden.[61] Hierbei ist jedoch zu betonen, dass ein solches Risikomanagement nur dann effektiv und effizient sein kann, wenn es risikobasiert auf ein vernünftiges Maß beschränkt ist (→ Rn. 17 f.).

34 Erfasst das Unternehmen regelmäßig risikobasiert und strategisch mittelbare Zulieferer zur Erfüllung der Sorgfaltspflichten über sein Risikomanagement, ist es angeraten, dies als Teil der Sorgfaltspflichten nach § 10 Abs. 1 zu **dokumentieren** und dies auch entsprechend in der **Grundsatzerklärung** nach § 6 Abs. 2 zu erfassen.[62]

---

57 Grabosch LkSG/Grabosch § 2 Rn. 111.
58 Vgl. BT-Drs. 19/28649, 47.
59 Grabosch LkSG/Grabosch § 2 Rn. 115.
60 Vgl. hierzu auch Grabosch LkSG/Grabosch § 5 Rn. 110.
61 Vgl. auch Grabosch LkSG/Grabosch § 2 Rn. 117.
62 Vgl. auch Grabosch LkSG/Grabosch § 2 Rn. 118.

2. Maßnahmen nach Abs. 3

Liegt substantiierte Kenntnis vor, so hat das Unternehmen anlassbezogen und unverzüglich die in den Nr. 1–4 vorgegebenen Maßnahmen durchzuführen. Auf diese Weise werden die grundlegenden Sorgfaltspflichten der §§ 5–7 – die Durchführung einer Risikoanalyse nach § 5 (Nr. 1), die Verankerung von Präventionsmaßnahmen nach § 6 (Nr. 2), die Erstellung und Umsetzung eines Konzepts zur Verhinderung, Beendigung oder Minimierung nach § 7 (Nr. 3) sowie ggf. die Anpassung der Grundsatzerklärung nach § 6 Abs. 2 (Nr. 4) – anlassbezogen auf mittelbare Zulieferer ausgedehnt.

a) Durchführung einer Risikoanalyse (Nr. 1)

Liegt substantiierte Kenntnis einer möglichen Verletzung (→ Rn. 11 ff.) vor, muss das Unternehmen eine Risikoanalyse hinsichtlich der möglichen Verletzung und tatsächlichen Anhaltspunkte bei konkreten oder in Betracht kommenden **mittelbaren Zulieferern** nach § 5 Abs. 1 bis 3 durchführen (→ § 5 Rn. 2 ff.). Das heißt, die Risikoanalyse muss angemessen sein und die Risiken sind angemessen zu gewichten und zu priorisieren. Die Ergebnisse sind an die maßgeblichen Entscheidungsträger zu kommunizieren.

b) Angemessene Präventionsmaßnahmen (Nr. 2)

Des Weiteren muss das Unternehmen angemessene **Präventionsmaßnahmen** gegenüber „dem Verursacher" vornehmen. Das Unternehmen hat einen Ermessensspielraum, sollte sich jedoch an den Vorgaben des § 6 (→ § 6 Rn. 4 f.) orientieren.[63] Da die Präventionsmaßnahmen nach § 6 den Sinn haben, Risiken vorzubeugen (→ § 6 Rn. 3), sind unter „Verursacher" alle mittelbaren Zulieferer zu verstehen, die einen **Verursachungsbeitrag** geleistet haben. Hier gilt wie bei allen Sorgfaltspflichtsmaßnahmen wiederum der Angemessenheitsvorbehalt des § 3 Abs. 2, dh der Umfang der Präventionsmaßnahmen richtet sich nach u.a. dem Einflussvermögen des Unternehmens, der Schwere der Verletzung und dem Verursachungsbeitrag des Unternehmens.

Nach der Gesetzesbegründung können **geeignete Präventionsmaßnahmen** zB darin liegen, dass das Unternehmen gegenüber seinen mittelbaren Zulieferern klarstellt, dass seine menschenrechtsbezogenen Erwartungen und die menschenrechtlichen und umweltbezogenen Pflichten nach dem LkSG zu erfüllen sind.[64] Unterstützen können hierbei zB die entsprechenden empfohlenen **Lieferantenkodizes**, die veröffentlicht und in eine geeignete Sprache übersetzt sind.[65] In der Praxis besteht hier die Herausforderung, dass im Allgemeinen keine Vertragsbeziehung mit dem betroffenen mittelbaren Zulieferer besteht, was sich vor allem auf das Einflussvermögen auswirken kann. Eine Vermittlung der Sorgfaltspflichten nach

---

63 BT-Drs. 19/28649, 51.
64 BT-Drs. 19/28649, 51.
65 BT-Drs. 19/28649, 51; vgl. zu § 6 Gehling/Ott/Lüneborg CCZ 2021, 230 (235 f.).

dem LkSG und der entsprechenden Erwartungshaltung des Unternehmens bietet sich daher ggf. über den unmittelbaren Zulieferer an, der – vertraglich verankert – ebenfalls verpflichtet ist, Sorgfaltsmaßnahmen gegenüber dem mittelbaren Zulieferer durchzuführen. Grundsätzlich muss das Unternehmen, wenn möglich, den in Frage kommenden mittelbaren Zulieferer kontaktieren, um mehr über das Risiko und mögliche Ursachen herauszufinden und auf dieser Grundlage Erwartungen zu verdeutlichen.[66] Dies kann ebenfalls über den unmittelbaren Zulieferer bzw. andere Teilnehmer in der Lieferkette erfolgen, die eine Vertragsbeziehung und entsprechende Sorgfaltspflichten gegenüber dem betroffenen mittelbaren Zulieferer haben.

39 Darüber hinaus erwähnt das Gesetz in § 9 die Durchführung von **Kontrollmaßnahmen** (→ § 6 Rn. 63 ff.) bei mittelbaren Zulieferern. Solche Kontrollmaßnahmen sind zB Audits, die – jedoch vielfach begleitet von Hinweisen auf deren begrenzte Wirkung – bereits gängige Unternehmenspraxis sind.[67] Nach der Gesetzesbegründung kommen Kontrollmaßnahmen insbesondere dann in Betracht, wenn der unmittelbare Lieferant etwa durch eine Weitergabeklausel (→ § 6 Rn. 67) im Lieferantenkodex vertraglich verpflichtet wurde, diesen Kodex des Unternehmens gegenüber seinen Lieferanten umzusetzen.[68] Das Unternehmen kann dann den unmittelbaren Lieferanten dazu anzuhalten, entsprechend geeignete Kontrollmaßnahmen durchzuführen. Die Duldung von Kontrollmaßnahmen kann aber auch gegenüber betroffenen mittelbaren Lieferanten direkt angefragt werden, was in der Praxis wegen mangelnder vertraglicher Verbindung jedoch oftmals schwierig sein wird. Brancheninitiativen, wie zB die Responsible Minerals Initiative (RMI), haben teilweise Auditschemata entwickelt, über die systematische Kontrollmaßnahmen an relevanten Risikopunkten in der Lieferkette (sog. „Choke points") für die Industrie eingerichtet werden.[69]

40 Auch die **Unterstützung des mittelbaren Zulieferers** bei der Vorbeugung und Vermeidung eines Risikos kann eine angemessene Maßnahme sein.[70] Dies kann auch dazu dienen, eine Lieferkette mit stabilen Geschäftsbeziehungen aufzubauen. In Betracht kommt zB die gezielte und langfristige Unterstützung bestimmter mittelbarer Zulieferer, die für Unternehmen von strategischer Bedeutung sind, um diese als stabile Partner zu etablieren.[71] In der Praxis gibt es solche Unterstützung bereits in Form von Lieferantenqualifizierungsprogrammen, mit denen Lieferanten befähigt werden, für eine dauerhafte Verbesserung von Arbeitsbedingungen auf

---

66 BT-Drs. 19/28649, 51; vgl. Gehling/Ott/Lüneborg CCZ 2021, 230 (235 f.).
67 Vgl. zB Sozialaudits bei Puma, https://about.puma.com/de-de/sustainability/social/audits; Tchibo, https://www.tchibo-nachhaltigkeit.de/de/verantwortung-uebernehmen/mensch/risikomanagement-und-auditierung; Otto, https://www.bonprix.de/corporate/verantwortung/positive-partners/sozialprogramm/.
68 BT-Drs. 19/28649, 48, 51.
69 Vgl. https://www.responsiblemineralsinitiative.org/minerals-due-diligence/.
70 BT-Drs. 19/28649, 51.
71 BT-Drs. 19/28649, 51.

Fabrikebene zu sorgen.[72] Denkbar ist die Unterstützung bestimmter sozialer Projekte in einer Region, die der Stärkung bestimmter Rechte dienen, zB der Gewerkschaftsfreiheit[73] oder eines angemessenen Lohnes.[74] Zahlreiche Beispiele gibt es in der Lebensmittelbranche, bei denen etwa die Organisation Fairtrade mit Supermarktketten und Kooperativen vor Ort zusammenarbeitet.[75]

Auch der Beitritt zu **branchenspezifischen oder branchenübergreifenden Initiativen** ist ein wichtiges Instrument, um gemeinsam mit anderen Unternehmen risikovorbeugende Maßnahmen zu erarbeiten. Solche Initiativen dienen dazu, Vorgaben zu standardisieren, eigenes Einflussvermögen zu vergrößern und durch Synergieeffekte Aufwandsreduktion zu erzielen (→ § 7 Rn. 40 ff.). Da die vorgelagerte Lieferkette häufig aus komplexen und intransparenten Lieferantennetzwerken besteht, ist die Bedeutung kooperativer Ansätze hoch.[76] 41

c) Erstellung und Umsetzung eines Konzepts zur Verhinderung, Beendigung oder Minimierung (Nr. 3)

In Anlehnung an § 7 Abs. 2 Nr. 1 hat das Unternehmen nach § 9 Abs. 3 Nr. 3 ein Konzept zur Verhinderung, Beendigung oder Minimierung zu erstellen und mit dem mittelbaren Zulieferer umzusetzen. Auch wenn kein direkter **Verweis auf § 7** erfolgt, sind die dort geltenden Voraussetzungen und Maßstäbe (→ § 7 Rn. 27 ff.) auf die Konstellation bei einem mittelbaren Zulieferer im Rahmen von § 9 Abs. 3 zu übertragen. Dies gilt zumindest, soweit keine abweichenden Vorgaben durch eine nach Abs. 4 zu erlassende Rechtsverordnung bestehen.[77] 42

Demnach ist ein Konzept mit Blick auf solche Verletzungen zu erstellen, die das Unternehmen nicht in absehbarer Zeit beenden konnte.[78] Ziel muss auch bei mittelbaren Zulieferern das Schaffen von **Abhilfe** sein. 43

d) Aktualisierung der Grundsatzerklärung (Nr. 4)

Die substantiierte Kenntnis über mögliche Verletzungen bei mittelbaren Zulieferern und die darauf basierende Anpassung der Risikoanalyse so- 44

---

72 Siehe zB das innovative WE-Programm von Tchibo, https://www.umweltdialog.de/de/management/CSR-Strategie/2018/WE-Worldwide-Enhancement-of-Social-Quality.php.
73 Vgl. das Bsp. der britischen Supermarktkette Tesco zur Zusammenarbeit mit lokalen Gewerkschaften, https://www.tescoplc.com/sustainability/documents/policies/our-approach-to-human-rights/.
74 BT-Drs. 19/28649, 51; vgl. das Bsp. zur INA/GIT-Initiative zu existenzsichernden Löhnen, https://www.nachhaltige-agrarlieferketten.org/en/in-practice/german-retailers-working-group/; s. ferner das Bsp. von Lidl und der „Way to Go-Schokolade", https://unternehmen.lidl.de/pressreleases/2020/200310_verkaufsstart-way-to-go-schokolade.
75 Vgl. das Bsp. Rewe, https://www.fairtrade-deutschland.de/service/newsroom/news/details/fairtrade-kaffee-aus-peru-rewe-staerkt-kaffeebaeuerinnen-mit-cafe-mujer-7035.
76 BT-Drs. 19/28649, 51.
77 Vgl. BT-Drs. 19/28649, 51.
78 Ähnlich BT-Drs. 19/28649, 51.

wie weiterer Maßnahmen kann eine Aktualisierung der nach § 6 Abs. 2 abzugebenden **Grundsatzerklärung** (→ § 6 Rn. 11 ff.) erforderlich machen. Die Grundsatzerklärung enthält die Menschenrechtsstrategie des Unternehmens. Sie muss beschreiben, wie das Unternehmen seinen Sorgfaltspflichten nachkommt. Dies schließt den **Umgang mit mittelbaren Zulieferern** nach § 9 ein. Die nach den Nr. 1–3 zu ergreifenden Maßnahmen wirken sich somit auf den Inhalt der Grundsatzerklärung aus.

45 **Anpassungsbedarf** kann zum einen hinsichtlich der allgemeinen Beschreibung des Verfahrens (vgl. § 6 Abs. 2 Nr. 1, → § 6 Rn. 18) und der wesentlichen Maßnahmen der Risikoanalyse, die nach Nr. 1 (→ Rn. 18) anzupassen ist, bestehen. Zum anderen müssen ggf. so festgestellte relevante Risiken (vgl. § 6 Abs. 2 Nr. 2, → § 6 Rn. 19 f.) bei mittelbaren Zulieferern aufgenommen und ggf. die menschenrechtsbezogenen Erwartungen (vgl. § 6 Abs. 2 Nr. 3, → § 6 Rn. 21) angepasst werden.[79]

V. Verordnungsermächtigung (Abs. 4) (*Gehne/Humbert/Philippi*)

46 Abs. 4 ermächtigt das Bundesministerium für Arbeit und Soziales, die Pflichten nach Abs. 3 durch Rechtsverordnung im Einvernehmen mit dem Bundesministerium für Wirtschaft und Energie näher auszugestalten.[80] Eine entsprechende **Verordnung ist bisher noch nicht ergangen** und aktuell wohl auch nicht geplant.[81]

47 Eine weitergehende Konkretisierung der in der Praxis wohl sehr relevanten Regelung – insbesondere zu der Frage, wann substantiierte Kenntnis vorliegt und wie weitgehend die Maßnahmen nach Nr. 1–4 zu sein haben – wäre zwar für die Rechtssicherheit der Anwender wünschenswert. Gleichzeitig steht die Verordnungsermächtigung gerade aufgrund dieses Konkretisierungsbedürfnisses in der Kritik: Da § 9 wenige Vorgaben für die konkrete Festlegung von Maßnahmen enthalte, liege es weitestgehend in der Hand des Verordnungsgebers, entsprechende Vorgaben zu entwickeln.[82]

VI. Zukünftige Rechtsentwicklung (*Gehne/Humbert/Philippi*)

48 Der Kommissionsvorschlag für eine Sorgfaltspflichten-Richtlinie auf europäischer Ebene enthält im Gegensatz zum deutschen LkSG keine separate Vorschrift für mittelbare Zulieferer.[83] Stattdessen umfasst der EU-Vorschlag grundsätzlich die gesamte Lieferkette einschließlich mittelbarer Zulieferer, die Sorgfaltspflicht bezieht sich jedoch einschränkend auf

---

[79] BT-Drs. 19/28649, 51.
[80] BT-Drs. 19/28649, 51.
[81] So zumindest https://www.csr-in-deutschland.de/DE/Wirtschaft-Menschenrechte/Gesetz-ueber-die-unternehmerischen-Sorgfaltspflichten-in-Lieferketten/FAQ/faq.html unter XVI. 3.; vgl. auch Brouwer CCZ 2002, 137 (138).
[82] Der DAV spricht in seiner Stellungnahme von einer „Blankoermächtigung" (DAV-Stellungnahme Nr. 27/2021 Rn. 46).
[83] Vgl. COM(2022) 71 final.

„etablierte Geschäftsbeziehungen" (→ § 6 Rn. 71).[84] Das deutsche LkSG beschränkt die zu ergreifenden Maßnahmen in §§ 4–8 zunächst auf den eigenen Geschäftsbereich sowie direkte Zulieferer, dehnt diesen jedoch bei substantiierter Kenntnis (→ Rn. 9 ff.) auf mittelbare Zulieferer aus. Je nach Einzelfall wird der Anwendungsbereich der jeweiligen Vorschrift unterschiedlich ausfallen.

§ 10 Dokumentations- und Berichtspflicht

(1) ¹Die Erfüllung der Sorgfaltspflichten nach § 3 ist unternehmensintern fortlaufend zu dokumentieren. ²Die Dokumentation ist ab ihrer Erstellung mindestens sieben Jahre lang aufzubewahren.

(2) ¹Das Unternehmen hat jährlich einen Bericht über die Erfüllung seiner Sorgfaltspflichten im vergangenen Geschäftsjahr zu erstellen und spätestens vier Monate nach dem Schluss des Geschäftsjahrs auf der Internetseite des Unternehmens für einen Zeitraum von sieben Jahren kostenfrei öffentlich zugänglich zu machen. ²In dem Bericht ist nachvollziehbar mindestens darzulegen,

1. ob und falls ja, welche menschenrechtlichen und umweltbezogenen Risiken oder Verletzungen einer menschenrechtsbezogenen oder umweltbezogenen Pflicht das Unternehmen identifiziert hat,
2. was das Unternehmen, unter Bezugnahme auf die in den §§ 4 bis 9 beschriebenen Maßnahmen, zur Erfüllung seiner Sorgfaltspflichten unternommen hat; dazu zählen auch die Elemente der Grundsatzerklärung gemäß § 6 Absatz 2, sowie die Maßnahmen, die das Unternehmen aufgrund von Beschwerden nach § 8 oder nach § 9 Absatz 1 getroffen hat,
3. wie das Unternehmen die Auswirkungen und die Wirksamkeit der Maßnahmen bewertet und
4. welche Schlussfolgerungen es aus der Bewertung für zukünftige Maßnahmen zieht.

(3) Hat das Unternehmen kein menschenrechtliches oder umweltbezogenes Risiko und keine Verletzung einer menschenrechtsbezogenen oder einer umweltbezogenen Pflicht festgestellt und dies in seinem Bericht plausibel dargelegt, sind keine weiteren Ausführungen nach Absatz 2 Satz 2 Nummer 2 bis 4 erforderlich.

(4) Der Wahrung von Betriebs- und Geschäftsgeheimnissen ist dabei gebührend Rechnung zu tragen.

I. Überblick	1	a) Zweck	3
II. Dokumentationspflicht (Abs. 1)	2	b) Zeitliche Anwendbarkeit	4
1. Allgemeines	3	2. Gegenstand	5

---

[84] Siehe zur Kritik dazu Initiative Lieferkettengesetz, Nachhaltige unternehmerische Sorgfaltspflicht: Stellungnahme der EU-Kommission, 2022, S. 13 f.

3. Aufbau und Inhalt	6	b) Zeitliche Anwendbarkeit	23
4. Unternehmensinterne Dokumentation	7	2. Verhältnis zu anderen Berichtspflichten	24
5. Form	8	3. Anforderungen an den Bericht	25
6. Adressat	9	a) Gegenstand, Aufbau und Inhalt	25
a) Konzerndokumentation	10	b) Form	26
b) Obergesellschaft	11	c) Adressat	29
c) Interne Zuständigkeit	12	d) Veröffentlichung	31
7. Fortlaufende Dokumentation	13	4. Verkürzter Bericht (Abs. 3)	36
8. Aufbewahrungspflicht	14	5. Wahrung von Betriebs- und Geschäftsgeheimnissen (Abs. 4)	39
a) Gegenstand	14		
b) Frist	15		
c) Vernichtung und Löschung	16	6. Folgen der Nichtbeachtung	43
9. Folgen der Nichtbeachtung	17	a) Ordnungswidrigkeitenrecht	43
a) Ordnungswidrigkeitenrecht	17	b) Ausschluss von der Vergabe öffentlicher Aufträge	44
b) Ausschluss von der Vergabe öffentlicher Aufträge	18	c) Zivilrechtliche Haftung	45
c) Zivilrechtliche Haftung	19	d) Bilanzrecht	46
10. Herausgabe und Einsicht	20	IV. Zukünftige Rechtsentwicklung	47
III. Berichtspflicht (Abs. 2 bis 4)	21		
1. Allgemeines	22		
a) Zweck	22		

I. Überblick

1 § 10 stellt für betroffene Unternehmen zwei verschiedene Anforderungen auf, die gemäß § 3 Abs. 1 S. 2 Nr. 9 Teil der Sorgfaltspflichten sind: Absatz 1 konstituiert **interne Dokumentationspflichten**, Absätze 2 bis 4 **öffentlichkeitsbezogene Berichtspflichten**. Diese Pflichten bestehen für verpflichtete Unternehmen unabhängig vom bestehenden Risiko.[1]

II. Dokumentationspflicht (Abs. 1)

2 Gemäß § 10 Abs. 1 S. 1 hat das Unternehmen die Erfüllung der Sorgfaltspflichten nach § 3 fortlaufend zu dokumentieren.

1. Allgemeines

a) Zweck

3 Die interne Dokumentation soll erstens die Aufsichtsbehörde in die Lage versetzen, die Einhaltung der gemäß §§ 3 ff. geltenden Sorgfaltspflichten zu überprüfen und ggf. durchzusetzen.[2] Zweitens versetzt die Dokumentation über diese **Informationsfunktion** hinaus das Unternehmen und seine Organe in die Lage, die Erfüllung der Sorgfaltspflichten nachzuwei-

---

1 Rothermel § 10 Rn. 1.
2 Vgl. BT-Drs. 19/28649, 51; Gehling/Ott/Lüneborg CCZ 2021, 230 (239).

sen,[3] und zwar im Ordnungswidrigkeitenverfahren gemäß § 24 ebenso wie in etwaigen zivilrechtlichen Streitigkeiten (**Nachweisfunktion**).[4] Drittens ist die Dokumentation ein wichtiges Instrument für **Steuerungs- und Kontrollzwecke** des Unternehmens.

b) Zeitliche Anwendbarkeit

Die Dokumentationspflicht gilt gemäß Art. 5 Abs. 1 ab dem 1.1.2023.[5] Ab diesem Zeitpunkt müssen betroffene Unternehmen sämtliche Sorgfaltspflichten im Sinne des § 3 ordnungsgemäß dokumentieren. Für die Erstellung der Dokumentation sollten Unternehmen einen angemessenen **zeitlichen Vorlauf** einplanen.

2. Gegenstand

Die Dokumentation muss die Erfüllung **sämtlicher** in § 3 Abs. 1 S. 2 genannter **Sorgfaltspflichten** umfassen.[6] Im Einzelnen sind dies die Einrichtung eines Risikomanagements (§ 3 Abs. 1 S. 2 Nr. 1, § 4 Abs. 1), die Festlegung der betriebsinternen Zuständigkeit (§ 3 Abs. 1 S. 2 Nr. 2, § 4 Abs. 3), die Durchführung regelmäßiger Risikoanalysen (§ 3 Abs. 1 S. 2 Nr. 3, § 5), die Abgabe der Grundsatzerklärung (§ 3 Abs. 1 S. 2 Nr. 4, § 6 Abs. 2), die Verankerung von Präventionsmaßnahmen sowohl im eigenen Geschäftsbereich (§ 3 Abs. 1 S. 2 Nr. 5, § 6 Abs. 1 und 3) als auch gegenüber unmittelbaren Zulieferern (§ 3 Abs. 1 S. 2 Nr. 5, § 6 Abs. 4), das Ergreifen von Abhilfemaßnahmen (§ 3 Abs. 1 S. 2 Nr. 6, § 7 Abs. 1–3), die Einrichtung eines Beschwerdeverfahrens (§ 3 Abs. 1 S. 2 Nr. 7, § 8), die Umsetzung von Sorgfaltspflichten in Bezug auf Risiken bei mittelbaren Zulieferern (§ 3 Abs. 1 S. 2 Nr. 8, § 9) sowie die Berichterstattung (§ 3 Abs. 1 S. 2 Nr. 9, § 10 Abs. 2). Auch die Dokumentation selbst ist gemäß § 3 Abs. 1 S. 2 Nr. 9 Teil der Sorgfaltspflichten; insoweit ist der Verweis in § 10 Abs. 1 S. 1 selbstreferenziell. Erfasst die Dokumentation nicht sämtliche Sorgfaltspflichten, ist sie mangelhaft.

3. Aufbau und Inhalt

Das Gesetz macht keine konkreten Vorgaben zu **Aufbau und Inhalt** der Dokumentation. Zu empfehlen ist eine **strukturierte Form** der Dokumentation, die sich am Katalog des § 3 Abs. 1 S. 2 orientiert. Die Ausführungen müssen **inhaltlich richtig** und zugleich **nachvollziehbar** sein, auch wenn § 10 Abs. 1 Letzteres nicht ausdrücklich anordnet (anders § 10 Abs. 2 S. 1 für den Bericht). Da die Dokumentation primär Kontrollmöglichkeiten der Behörde sichert, gilt für die Nachvollziehbarkeit der Maßstab eines **sachkundigen Aufsichtsbeamten**. In der Praxis werden bei der Erfüllung der Sorgfaltspflichten häufig schwierige Abwägungen und Ent-

---

3 BT-Drs. 19/28649, 51.
4 Rack CB-Sonderbeil. Heft 1/2022, 7.
5 Art. 5 Abs. 1 des Gesetzes über die unternehmerischen Sorgfaltspflichten in Lieferketten vom 16.7.2021 (BGBl. I 2959).
6 Grabosch LkSG/Grabosch § 5 Rn. 143.

scheidungen erforderlich sein. Maßgebliche Gründe sollten umfassend und nachvollziehbar (insbesondere mit angemessener Begründung) dokumentiert werden, um auch zu einem späteren Zeitpunkt jederzeit die Vertretbarkeit der Entscheidung belegen zu können.[7]

4. Unternehmensinterne Dokumentation

7 Die Dokumentation erfolgt **unternehmensintern**. Anders als der jährliche Bericht gemäß Abs. 2 ist die Dokumentation nicht öffentlich zugänglich. Daher kann – ggf. muss[8] – sie **Geschäfts- und Betriebsgeheimnisse** oder sonstige sensible Informationen enthalten,[9] soweit dies für die Vollständigkeit und Nachvollziehbarkeit der Dokumentation erforderlich ist. § 10 Abs. 4 gilt für die Dokumentation nicht. Enthält die Dokumentation Betriebs- und Geschäftsgeheimnisse, sind angemessene **Geheimhaltungsmaßnahmen** im Sinne des § 2 Nr. 1 lit. b GeschGehG zu empfehlen. Das schließt eine angemessene **Vertraulichkeitsklassifizierung** ein.

5. Form

8 Eine bestimmte **Form der Dokumentation** sieht das Gesetz nicht vor. Die elektronische Form dürfte der Regelfall sein.[10] Die Dokumentation in Papierform ist ebenfalls zulässig. Sinnvoll ist die Verwendung eines **Dokumentenmanagementsystems** in Form eines IT-gestützten Tools. Dies insbesondere auch angesichts der Bedeutung einer lückenlosen Dokumentation für die **Sanktionsabwehr**.[11] Aus Gründen der Übersichtlichkeit bietet sich die Dokumentation in **einem** konsolidierten Dokument an. Die Erfüllung der Sorgfaltspflichten kann aber auch durch mehrere Einzeldokumente nachgewiesen werden. So ist die Festlegung der betriebsinternen Zuständigkeit im Sinne des § 4 Abs. 3 durch einen schriftlichen Beschluss der Geschäftsleitung hinreichend dokumentiert, ohne dass es einer nochmaligen, gesonderten Dokumentation bedarf. In einer **Gesamtschau der Einzeldokumente** muss die Erfüllung sämtlicher Sorgfaltspflichten aber nachvollziehbar sein. Sämtliche (Einzel-)Dokumente müssen **aktuell** und im Hinblick auf die Vorlagepflicht bei der Behörde gemäß § 17 Abs. 2 Nr. 2 jederzeit **verfügbar** sein.

6. Adressat

9 Zur Erstellung der Dokumentation ist das **Einzelunternehmen** verpflichtet, sofern es gemäß § 1 in den Anwendungsbereich des Gesetzes fällt.

a) Konzerndokumentation

10 Eine **Konzerndokumentation** mehrerer verbundener Unternehmen, die jedes für sich verpflichtet sind, sieht das Gesetz nicht vor. Sie kann auch

---

7 Grabosch LkSG/Grabosch § 5 Rn. 143.
8 Nietsch/Wiedmann CCZ 2021, 101 (108).
9 BT-Drs. 19/28649, 51.
10 Vgl. BT-Drs. 19/28649, 30.
11 Gehling/Ott/Lüneborg CCZ 2021, 230 (239).

nicht aus dem Rechtsgedanken des § 1 Abs. 3 abgeleitet werden. Eine **Konzerndokumentation** ist aber umgekehrt nicht verboten. Sie kann aus Vereinfachungsgründen sinnvoll sein, sofern mit ihr sämtliche Dokumentationspflichten der einzelnen betroffenen Konzernunternehmen erfüllt werden und keine rechtlich geschützten Interessen Dritter entgegenstehen.

b) Obergesellschaft

Davon zu unterscheiden ist die Frage, ob sich wegen der Zurechnungsnorm des § 1 Abs. 3 die Dokumentation der **Obergesellschaft** auch auf die Erfüllung von Sorgfaltspflichten bei den (selbst nicht verpflichteten) Tochtergesellschaften erstrecken muss. Das ist im Ergebnis zu verneinen. Die Verpflichtung betrifft zunächst die Erfüllung der Sorgfaltspflichten durch die Obergesellschaft selbst. Die Einbeziehung weiterer Konzerngesellschaften ist aber erforderlich, soweit die Obergesellschaft einen bestimmenden Einfluss auf konzernangehörige Gesellschaften ausübt und diese daher gemäß § 2 Abs. 6 S. 3 zum eigenen Geschäftsbereich zählen.[12] Auch ohne diese Voraussetzungen kann sie zudem erforderlich werden, soweit dies für das Gesamtverständnis der Erfüllung der Sorgfaltspflichten durch die Obergesellschaft erforderlich ist, zB wenn Maßnahmen zur Erfüllung der Sorgfaltspflichten auf andere (Konzern-)Unternehmen ausgegliedert sind.

11

c) Interne Zuständigkeit

Die **Letztverantwortung** für die ordnungsgemäße Erstellung der Organisation trägt infolge der Legalitätspflicht die Geschäftsleitung. Eine Delegation auf nachgeordnete Stellen ist zulässig.[13] Die üblichen Anforderungen an die **eindeutige Verantwortungszuweisung** sind einzuhalten. Die Erstellung durch eine **zentrale Stelle** im Unternehmen wie zB den **Menschenrechtsbeauftragten**[14] im Sinne des § 4 Abs. 3 S. 1 ist ebenso denkbar wie **dezentrale** Lösungen, bei denen verschiedene Stellen im Unternehmen jeweils einen Teil der Dokumentation erstellen. Die Übertragung auf die Compliance-Abteilung erscheint unter Governance-Gesichtspunkten zumindest in den Fällen sehr zweifelhaft, in denen ihr gesetzlich die Aufgabe als Kontrollfunktion der zweiten Verteidigungslinie zugewiesen ist, wie zB durch § 29 Abs. 1 S. 2 VAG. Ihre Überwachungstätigkeiten in Bezug auf die Einhaltung der Dokumentationspflichten kann sie nicht konfliktfrei ausüben, wenn sie selbst Erstellerin der Dokumentation ist.

12

7. Fortlaufende Dokumentation

§ 10 Abs. 1 verlangt eine **fortlaufende** Dokumentation. Sie muss in zeitlicher Hinsicht **lückenlos** sein und **anlassbezogen aktualisiert** werden. Zum Nachweis empfiehlt sich eine mit Datum versehene **Versionierung**.

13

---

12 Vgl. FAQ LkSG XIII. 5.
13 Ruttloff/Wagner/Reischl/Skoupil CB 2021, 425 (427).
14 Zum Menschenrechtsbeauftragten Häfeli ARP 2021, 299.

Bei Änderung maßgeblicher Umstände ist eine **unverzügliche Aktualisierung** erforderlich. Um dies sicherzustellen, ist ein kontinuierlicher **Überwachungsprozess** erforderlich.

8. Aufbewahrungspflicht

a) Gegenstand

14 Aufzubewahren ist die **finale** Dokumentation, keine bloßen Entwürfe oder Materialien, die der Dokumentation zugrunde liegen. Diese sollten aber aufbewahrt werden, soweit sie für das Verständnis der finalen Dokumentation erforderlich sind.

b) Frist

15 Gemäß § 10 Abs. 1 S. 2 ist die Dokumentation ab Erstellung mindestens **sieben Jahre** aufzubewahren. Die Aufbewahrung kann in elektronischer oder in Papierform erfolgen. Maßgeblich für den **Fristbeginn** ist der **Abschluss der Erstellung** der Dokumentation. Dieser sollte in einem nach außen erkennbaren Akt dokumentiert werden, um Zweifel über den Fristbeginn zu vermeiden. Dieser Akt kann insbesondere die Vorlage der Dokumentation bei der Geschäftsleitung sein. Für die **Fristberechnung** gelten § 31 VwVfG, § 187 Abs. 1, § 188 Abs. 2 und 3 BGB entsprechend.

c) Vernichtung und Löschung

16 Eine Vernichtung bzw. Löschung der Dokumentation nach Ablauf der Mindestaufbewahrungsdauer sieht das Gesetz nicht vor. Eine längere Aufbewahrung ist aber nur zulässig, soweit keine rechtlich geschützten Interessen Dritter entgegenstehen, wie beispielsweise datenschutzrechtliche Belange Beschäftigter oder Betriebsgeheimnisse Dritter. Ein **Vernichtungs- und Löschkonzept** ist zu empfehlen.

9. Folgen der Nichtbeachtung

a) Ordnungswidrigkeitenrecht

17 Wird die Dokumentation nicht oder nicht mindestens sieben Jahre **aufbewahrt**, ist dies eine Ordnungswidrigkeit nach § 24 Abs. 1 Nr. 9 (→ § 24 Rn. 27). Das **völlige Fehlen** einer Dokumentation ist ebenfalls von § 24 Abs. 1 Nr. 9 erfasst. Die Bußgeldhöhe beträgt in beiden Fällen gemäß § 24 Abs. 2 S. 1 Nr. 3 bis zu 100.000 EUR. Eine fehlende Dokumentation kann im Übrigen darauf hinweisen, dass Sorgfaltspflichten nicht eingehalten wurden, so dass in diesem Fall auch höhere Bußgelder denkbar sind.[15] Bloße **inhaltliche Mängel** der Dokumentation können aufgrund des eindeutigen Wortlauts des § 24 Abs. 1 Nr. 9 nicht mit einem Bußgeld geahndet werden. Das BAFA als gemäß § 19 Abs. 1 S. 1 zuständige Behörde kann aber durch **Anordnung** gemäß § 15 S. 2 Nr. 2 bzw. Nr. 3 die **Beseitigung** der Mängel verlangen. Kommt das Unterneh-

---

15 Grabosch LkSG/Grabosch § 5 Rn. 143.

men einer solchen **vollziehbaren Anordnung** nicht nach, ist dies eine Ordnungswidrigkeit gemäß § 24 Abs. 1 Nr. 13. Der Bußgeldrahmen beträgt gemäß § 24 Abs. 2 S. 1 Nr. 2 bis zu 500.000 EUR. In den Fällen des § 30 Abs. 1 OWiG ist gemäß § 24 Abs. 2 S. 2 eine Unternehmensgeldbuße von bis zu fünf Mio. EUR möglich.

b) Ausschluss von der Vergabe öffentlicher Aufträge

Der Ausschluss von der Vergabe öffentlicher Aufträge gemäß § 22 kommt im Fall von Bußgeldern gemäß § 24 Abs. 1 Nr. 9 infolge der nach § 22 Abs. 2 erforderlichen Bußgeldhöhen nicht in Betracht. Denkbar ist er aber bei einem rechtskräftigen Bußgeld wegen eines Verstoßes gegen eine **vollziehbare Anordnung zur Nachbesserung** gemäß § 24 Abs. 2 S. 1 Nr. 2 iVm § 15 S. 2. Nr. 2.

18

c) Zivilrechtliche Haftung

Eine **deliktische Haftung** des Unternehmens wegen des **Fehlens oder Mängel** in der Dokumentation ist gemäß § 3 Abs. 3 S. 1 ausgeschlossen. § 10 Abs. 1 ist kein Schutzgesetz im Sinne des § 823 Abs. 2 BGB.[16] Denkbar ist aber eine **vertragliche Haftung**, sofern zB die Einhaltung der Dokumentationspflichten mit einem Kunden **vertraglich** vereinbart wird. Da verpflichtete Unternehmen ein rechtliches Interesse an der Einhaltung der Sorgfaltspflichten durch ihre unmittelbaren und ggf. mittelbaren Lieferanten haben, ist ein entsprechendes Szenario nicht fernliegend. Auch im Fall der vertraglichen Verpflichtung zur Einhaltung der Dokumentationspflichten sind allerdings **hohe Hürden** für die erfolgreiche Geltendmachung von Schadenersatzansprüchen zu überwinden. Dazu zählen nicht zuletzt der Nachweis des Verschuldens, des rechtlich relevanten Schadens sowie der Kausalität. Vor allem die beiden letztgenannten Nachweise dürften in der Praxis schwer zu führen sein, sofern keine Vertragsstrafe bzw. ein pauschalierter Schadenersatz vereinbart wird.

19

10. Herausgabe und Einsicht

Die Behörde kann gemäß § 17 Abs. 2 Nr. 2 die **Herausgabe** der Dokumentation verlangen[17] bzw. in diese **Einsicht** nehmen.[18] Anders als im Fall des Berichts gemäß § 10 Abs. 2, § 12 ist das Unternehmen aber nicht verpflichtet, die Dokumentation von sich aus turnusgemäß der Behörde vorzulegen.

20

III. Berichtspflicht (Abs. 2 bis 4)

§ 10 Abs. 2 S. 1 verpflichtet betroffene Unternehmen, jährlich einen **Bericht** über die Erfüllung der Sorgfaltspflichten im vergangenen Geschäftsjahr zu erstellen und spätestens vier Monate nach dem Schluss des Ge-

21

---

[16] Paefgen ZIP 2021, 2006 (2010).
[17] Schork/Schreier RAW 2021, 74 (78); Grabosch LkSG/Grabosch § 5 Rn. 143.
[18] Ehmann/Berg GWR 2021, 287 (290).

schäftsjahrs auf der Internetseite des Unternehmens für einen Zeitraum von sieben Jahren kostenfrei öffentlich zugänglich zu machen.

1. Allgemeines

a) Zweck

22 Die externe Berichterstattung ist **Kernelement** umwelt- und menschenrechtlicher Sorgfaltspflichten.[19] Sie stellt **Transparenz** über die Produktionsbedingungen her und schafft die erforderliche Grundlage für die **behördliche Kontrolle**.[20] Mittelbar bezweckt sie die Beeinflussung der Marktentscheidungen von Verbrauchern, unmittelbaren Abnehmern der Produkte und Dienstleistungen, Investoren und Beschäftigten und dadurch die **Verhaltenssteuerung** der Unternehmen selbst.[21] Erwartet wird zudem, dass die Berichtspflichten in den Unternehmen Wissen und Bewusstsein über die Menschenrechtssituation schärfen und auch dies langfristig zu Verbesserungen führt.[22] Darüber hinaus wird mit der Berichterstattung das legitime **Informationsinteresse** der Zivilgesellschaft und weiterer Stakeholder befriedigt.[23] Auch in diesem Sinne hat die Veröffentlichung Kontrollfunktion.[24]

b) Zeitliche Anwendbarkeit

23 Die Berichtspflicht gilt ab dem 1.1.2023[25] und bezieht sich auf das vorangehende Geschäftsjahr. Unternehmen, deren Geschäftsjahr zum 31.12. eines Jahres endet, müssen den Bericht daher erstmals spätestens zum 31.3.2024 (bezogen auf das Geschäftsjahr 2023) einreichen. Unternehmen mit einem abweichenden Geschäftsjahr müssen erstmals spätestens vier Monate nach Ende des Geschäftsjahres im Jahr 2023 den Bericht veröffentlichen. In diesem Fall bezieht sich der erstmalige Bericht nur auf den Zeitraum ab 1.1.2023, da zuvor keine Sorgfaltspflichten galten, über die das Unternehmen berichten könnte.

2. Verhältnis zu anderen Berichtspflichten

24 Die Berichtspflicht nach § 10 Abs. 2 ist weitergehend als das, was § 289c Abs. 2 HGB bestimmten Gesellschaften als Teil der nichtfinanziellen Berichterstattung abverlangt (sog. „CSR-Bericht").[26] Der Bericht nach § 289c Abs. 2 HGB beschränkt sich auf **wesentliche Risiken** mit prognostizierten schwerwiegenden Auswirkungen auf bzw. Bedeutung für das

---

19 Schmidt-Räntsch ZUR 2021, 387 (389).
20 BT-Drs. 19/28649, 52.
21 Thomale/Murko EuZA 2021, 40 (49); Beckers ZfPW 2021, 220 (230).
22 Thalhammer DÖV 2021, 825 (830).
23 Vgl. für die CSR-Berichterstattung die Leitlinien der Europäischen Kommission vom 5.7.2017 für die Berichterstattung über nichtfinanzielle Informationen (ABl. 2017 C 215, 1 (Ziff. 3.5)).
24 Wagner/Ruttloff NJW 2021, 2145 (2147).
25 Art. 5 Abs. 1 des Gesetzes über die unternehmerischen Sorgfaltspflichten in Lieferketten vom 16.7.2021 (BGBl. I 2959).
26 Kamann/Irmscher NZWiSt 2021, 249 (251).

Verständnis der finanziellen Lage des Unternehmens.[27] Das genaue Verhältnis der beiden Berichtspflichten zueinander erläutert das Lieferkettensorgfaltspflichtengesetz nicht,[28] verlangt aber die Erstellung eines **eigenen Berichts**.[29] Die Integration in den CSR-Bericht ist nicht vorgesehen. Inwieweit die Anforderungen beider Berichtspflichten sich im Zuge der Neuregelung der CSR-Berichtspflichten angleichen werden, bleibt abzuwarten.[30] Im Sinne der Erleichterung für Unternehmen bleibt dies zu hoffen,[31] zumal die Berichterstattung für die Unternehmen mit zusätzlicher Bürokratie bzw. personellem Aufwand verbunden ist.[32] Bis zu einer etwaigen Harmonisierung sollten die Berichtsinhalte im Sinne einer konsistenten Darstellung eng aufeinander **abgestimmt** werden.[33] Es ist zulässig und bietet sich an, passende Berichtsteile aus dem Bericht gemäß § 10 Abs. 2 in die CSR-Berichterstattung zu übernehmen.[34]

3. Anforderungen an den Bericht

a) Gegenstand, Aufbau und Inhalt

Gefordert ist ein Bericht über die **Erfüllung der Sorgfaltspflichten**. Aufbau und Inhalte des Berichts gibt das Gesetz nicht vor. Die **Berichtsgestaltung** liegt im Ermessen der Unternehmen[35] und hängt maßgeblich vom Unternehmensgröße und -profil ab.[36] Orientierung bieten verschiedene nationale und internationale **Rahmenwerke** wie zB das Guiding Principles Reporting Framework der Vereinten Nationen.[37] Eine zukünftige Konkretisierung der Berichtspflichten durch **Handreichungen** gemäß § 20 ist im Sinne einer unternehmensübergreifenden Vergleichbarkeit wünschenswert.[38] Der Bericht muss die **Mindestanforderungen** des § 10 Abs. 2 S. 2 erfüllen. Es muss erkennbar sein, welche menschenrechtlichen bzw. umweltbezogenen Risiken bzw. Verletzungen menschenrechtlicher- bzw. umweltbezogener Pflichten die Unternehmen ermittelt haben (§ 10 Abs. 2 S. 2 Nr. 1), was sie zur Einhaltung der Sorgfaltspflichten im eigenen Geschäftsbereich sowie beim unmittelbaren und beim mittelbaren Zulieferer unternommen haben und welche Erwägungen diesen Aktivitäten zugrunde liegen (§ 10 Abs. 2 S. 2 Nr. 2). Explizit muss der Bericht Ausführungen zur Grundsatzerklärung gemäß § 6 Abs. 2 enthalten sowie zu Maßnahmen, die das Unternehmen aufgrund von Beschwerden nach §§ 8 und 9 ergriffen hat. Ferner muss der Bericht Auswirkungen und

25

---

27 Grabosch LkSG/Grabosch § 5 Rn. 146; FAQ LkSG XIII. 5.
28 Kamann/Irmscher NZWiSt 2021, 249 (251).
29 BT-Drs. 19/28649, 52.
30 Grabosch LkSG/Grabosch § 5 Rn. 146.
31 Seibt/Vesper-Gräske CB 2021, 357 (360).
32 Stöbener de Mora/Noll NZG 2021, 1237 (1244); Lutz-Bachmann/Vorbeck/Wengenroth BB 2021, 906 (911).
33 Gehling/Ott/Lüneborg CCZ 2021, 230 (239).
34 Vgl. Lutz-Bachmann/Vorbeck/Wengenroth BB 2021, 906 (911).
35 Schork/Schreier RAW 2021, 74 (78).
36 Lutz-Bachmann/Vorbeck/Wengenroth BB 2021, 906 (911).
37 Grabosch LkSG/Grabosch § 5 Rn. 144.
38 Vgl. Stöbener de Mora/Noll NZG 2021, 1285 (1287).

Wirksamkeit der ergriffenen Maßnahmen bewerten (§ 10 Abs. 2 S. 2 Nr. 3) und erläutern, welche **zukunftsgerichteten Schlussfolgerungen** das Unternehmen aus dieser Bewertung zieht (§ 10 Abs. 2 S. 2 Nr. 4).[39]

b) Form

26 Die Ausführungen im Bericht müssen **vollständig**,[40] **inhaltlich richtig** und gemäß § 10 Abs. 2 S. 2 **nachvollziehbar** sein. Da die Berichterstattung nach § 10 Abs. 2 nicht auf wesentliche Risiken beschränkt ist,[41] muss sie umfassend sein und sollte insbesondere Ausführungen zu allen individuellen Unternehmens- sowie typischen Branchenrisiken enthalten.[42] Auch nachteilige Angaben sind aufzunehmen.[43] Die Angaben müssen der Behörde eine **Plausibilitätskontrolle** ermöglichen.[44] Da der Bericht zugleich der Information der Öffentlichkeit dient, ist Maßstab für die Nachvollziehbarkeit nicht allein der Empfängerhorizont eines Aufsichtsbeamten. Der Bericht ist vielmehr so zu verfassen, dass dem **Informationsinteresse sämtlicher Stakeholder** angemessen Rechnung getragen wird, ohne die Belange einer bestimmten Interessengruppe zu bevorzugen.[45] Der Bericht sollte ausgewogen, verständlich, umfassend und zugleich prägnant, strategisch und zukunftsorientiert ausgerichtet sein.[46] Über die Mindestinhalte hinausgehende Ausführungen sind zulässig, dürfen aber die Klarheit des Berichts nicht beeinträchtigen.[47]

27 Der Bericht ist gemäß § 10 Abs. 2 S. 1 geschäftsjahresbezogen für das **vergangene Geschäftsjahr** zu verfassen.

28 Der Bericht ist in **deutscher Sprache** zu verfassen. Dies ergibt sich mittelbar aus § 12 Abs. 1 S. 1.

c) Adressat

29 Jedes verpflichtete Unternehmen muss einen **eigenen Bericht** veröffentlichen. Die Obergesellschaft ist nicht zur Erstellung eines **Konzernberichts** verpflichtet. Soweit die Obergesellschaft allerdings einen bestimmten Einfluss auf konzernangehörige Gesellschaften ausübt und diese daher gemäß § 2 Abs. 6 S. 3 zum eigenen Geschäftsbereich zählen, muss der Bericht auch auf die Erfüllung der Sorgfaltspflichten durch die betreffenden Tochtergesellschaften eingehen.[48] Die Erstellung eines Konzernberichts ist zudem nicht zu beanstanden, sofern nachvollziehbar bleibt, welche

---

39 Nietsch/Wiedmann CCZ 2021, 101 (108).
40 Vgl. Wagner/Ruttloff NJW 2021, 2145 (2148).
41 Grabosch LkSG/Grabosch § 5 Rn. 146.
42 Grabosch LkSG/Engel/Schönfelder § 6 Rn. 9.
43 Vgl. Wagner/Ruttloff NJW 2021, 2145 (2148).
44 BT-Drs. 19/28649, 52.
45 Vgl. für die CSR-Berichterstattung die Leitlinien der Europäischen Kommission vom 5.7.2017 für die Berichterstattung über nichtfinanzielle Informationen (ABl. 2017 C 215, 1 (Ziff. 3.5)).
46 Leitlinien der Europäischen Kommission vom 5.7.2017 für die Berichterstattung über nichtfinanzielle Informationen (ABl. 2017 C 215, 1 (Ziff. 3.3 und 3.5)).
47 Vgl. Hopt/Merkt HGB § 289c Rn. 1 für die CSR-Berichterstattung.
48 Zu den Voraussetzungen vgl. FAQ LkSG XIII. 5.

Ausführungen sich auf welches Konzernunternehmen beziehen[49] und keine rechtlich geschützten Interessen Dritter entgegenstehen. Es ist sicherzustellen, dass **jedes** verpflichtete Unternehmen den Bericht veröffentlicht und gemäß § 12 bei der Behörde einreicht (→ § 12 Rn. 3).

Als unternehmensinterner **Berichtersteller** kommt ebenso wie im Fall der Dokumentation der Menschenrechtsbeauftragte im Sinne des § 4 Abs. 3 S. 1, aber auch jede andere Stelle im Unternehmen in Betracht, die einen hinreichenden Überblick über die Thematik hat (→ Rn. 12). Die **Verabschiedung** oder zumindest **Kenntnisnahme** des Berichts durch die **Geschäftsleitung** fordert das Gesetz nicht, ist aber angesichts der erheblichen Außenwirkung anzuraten. 30

d) Veröffentlichung

Der Bericht ist spätestens **vier Monate nach Schluss des Geschäftsjahres**, auf das er sich bezieht, zu veröffentlichen. 31

Die **Fristberechnung** erfolgt in entsprechender Anwendung der §§ 31 VwVfG, § 187 Abs. 1, § 188 Abs. 2 und 3 BGB. Der Bericht für ein am 31.12. endendes Geschäftsjahr ist daher spätestens am 30.4. des Folgejahres zu veröffentlichen. Fällt das Fristende auf einen **Sonntag**, endet die Frist gemäß § 31 Abs. 3 S. 1 VwVfG mit dem Ablauf des nächstfolgenden Werktags. 32

Die Veröffentlichung muss auf der Internetseite des Unternehmens erfolgen. Sie muss **kostenfrei** sein. Insbesondere die Einrichtung einer **Bezahlschranke** ist nicht zulässig. Der Bericht muss **öffentlich zugänglich** sein. Der Zugang darf nicht von einer vorherigen (ggf. kostenfreien) **Registrierung** abhängig gemacht werden. Öffentliche Zugänglichkeit bedeutet darüber hinaus, dass der Bericht auf der Internetseite des Unternehmens mit zumutbaren Anstrengungen **auffindbar** sein muss. 33

Es besteht keine Verpflichtung, den **elektronischen Abruf** des Berichts zu ermöglichen. Eine solche Möglichkeit kann aber sinnvoll sein. Ein Anspruch auf Übersendung des Berichts in Papierform besteht nicht. 34

Die **Mindestveröffentlichungsdauer** des Berichts beträgt sieben Jahre. Die Frist beginnt mit der **tatsächlichen** Veröffentlichung des Berichts. Anschließend kann bzw. muss der Bericht von der Internetseite entfernt werden, wenn berechtigte Interessen Dritter dies erfordern. 35

4. Verkürzter Bericht (Abs. 3)

Gemäß Abs. 3 kann das Unternehmen einen **verkürzten Bericht** erstellen, wenn es keine einschlägigen Risiken bzw. Pflichtverletzungen feststellt und dies plausibel im Bericht darstellt. Auch ein gemäß Abs. 3 verkürzter Bericht ist gemäß § 12 Abs. 1 der Behörde zu übermitteln. 36

Die **plausible Darlegung** muss sich sowohl auf die Rechtspositionen gemäß § 2 Abs. 1 als auch auf die umweltbezogenen Pflichten in § 2 Abs. 3 37

---

49 Vgl. Rothenburg/Rogg AG 2022, 257 (264).

erstrecken.[50] Sie muss den Adressaten eine Plausibilitätskontrolle (→ Rn. 26) der durch das Unternehmen vorgenommenen Bewertungen ermöglichen.

38 Hat das Unternehmen plausibel dargelegt, dass es keine einschlägigen Risiken bzw. Pflichtverletzungen festgestellt hat, sind **keine weitergehenden Ausführungen** gemäß Abs. 2 S. 2 Nr. 2–4 erforderlich. Diese Vereinfachung betrifft lediglich die Aufnahme in den Bericht. Die Pflicht zur Erfüllung der Sorgfaltspflichten gemäß § 3 bleibt davon unberührt. Es bleibt dem Unternehmen daher unbenommen und kann sinnvoll sein, auf **freiwilliger Basis** weitergehende Informationen über die zur Erfüllung der Sorgfaltspflichten ergriffenen Maßnahmen in den Bericht aufzunehmen.

5. Wahrung von Betriebs- und Geschäftsgeheimnissen (Abs. 4)

39 Gemäß § 10 Abs. 4 ist der **Wahrung von Betriebs- und Geschäftsgeheimnissen** im Rahmen der Berichterstattung gebührend Rechnung zu tragen. Trotz der systematischen Stellung bezieht sich die Vorschrift ausschließlich auf den Bericht nach den Abs. 2 und 3. Für die unternehmensinterne Dokumentation nach Abs. 1 gilt sie ihrem Sinn und Zweck nach nicht, da insoweit keine Beeinträchtigung von Betriebs- und Geschäftsgeheimissen zu besorgen ist.

40 Da die eigenen Betriebs- und Geschäftsgeheimnisse disponibel sind, ist die Bestimmung vor allem in Bezug auf Betriebs- und Geschäftsgeheimnisse **Dritter** relevant. Betriebs- und Geschäftsgeheimnisse sind insbesondere solche im Sinne des GeschGehG. Ihnen ist **gebührend** Rechnung zu tragen. Dies ist in zwei Stufen zu prüfen. Auf der ersten Stufe ist zu ermitteln, ob eine Information ein rechtlich geschütztes Betriebs- bzw. Geschäftsgeheimnis im Sinne des § 2 Nr. 1 GeschGehG ist. Ist dies der Fall, muss das Unternehmen vor der Aufnahme in den Bericht auf der zweiten Stufe eine sachgerechte Abwägung zwischen dem Informationsinteresse der Berichtsadressaten und dem Interesse des Betroffenen an der Geheimhaltung vornehmen.[51]

41 Auch in Bezug auf eigene Betriebs- und Geschäftsgeheimnisse wird das Unternehmen häufig schwierige **Abwägungsentscheidungen** treffen müssen, zB wenn die Aufnahme in den Bericht Aufschluss über einzelne Zulieferer geben könnte.[52]

42 Die Rücksichtnahme auf **datenschutzrechtliche Belange** von Geschäftspartnern, Beschäftigten und sonstigen Dritten sieht das Gesetz nicht ausdrücklich vor. Richtigerweise darf der Bericht personenbezogene Daten nur enthalten, wenn dem keine datenschutzrechtlichen Anforderungen entgegenstehen oder eine hinreichende Einwilligung vorliegt.

---

50 BT-Drs. 19/28649, 52.
51 Für eine einstufige Prüfung ohne Abwägung hingegen Wagner/Ruttloff NJW 2021, 2145 (2147).
52 Ehmann/Berg GWR 2021, 287 (290); Ehmann ZVertriebsR 2021, 141 (150).

6. Folgen der Nichtbeachtung

a) Ordnungswidrigkeitenrecht

Wird ein Bericht nicht den Anforderungen des § 10 Abs. 2 S. 1 gemäß erstellt, ist dies eine Ordnungswidrigkeit, die gemäß § 24 Abs. 1 Nr. 10, Abs. 2 S. 2 Nr. 3 mit einem Bußgeld bis zu 100.000 EUR geahndet werden kann. Wird er nicht oder nicht rechtzeitig **öffentlich zugänglich** gemacht, ist dies gemäß § 24 Abs. 1 Nr. 11, Abs. 2 S. 2 Nr. 3 eine Ordnungswidrigkeit, deren Bußgeldrahmen ebenfalls bis zu 100.000 EUR beträgt. Nr. 11 stellt lediglich auf die rechtliche Zugänglichmachung ab. Verstöße gegen die Mindestveröffentlichungsdauer (→ Rn. 35) sind nicht bußgeldbewehrt (→ § 24 Rn. 29). Kommt das Unternehmen einer auf § 15 S. 2 Nr. 2 bzw. Nr. 3 beruhenden **vollziehbaren Anordnung** zur Veröffentlichung bzw. inhaltlichen Nachbesserung des Berichts nicht nach, beträgt das Bußgeld gemäß § 24 Abs. 1 Nr. 13, Abs. 2 S. 1 Nr. 2 bis zu 500.000 EUR. Liegen die Voraussetzungen des § 24 Abs. 2 S. 2 vor, kann sogar eine Unternehmensgeldbuße bis zu fünf Mio. EUR verhängt werden. 43

b) Ausschluss von der Vergabe öffentlicher Aufträge

Beruht das Bußgeld auf § 24 Abs. 1 Nr. 13 und werden mindestens die in § 22 Abs. 2 genannten Bußgeldhöhen erreicht, ist der Ausschluss des Unternehmens von der öffentlichen Auftragsvergabe möglich. 44

c) Zivilrechtliche Haftung

Zur zivilrechtlichen Haftung bei fehlerhafter Berichterstattung gelten die Ausführungen zur Haftung bei fehlerhafter Dokumentation entsprechend (→ Rn. 19). 45

d) Bilanzrecht

Anders als der CSR-Bericht gemäß § 289c Abs. 2 HGB ist der nach § 10 Abs. 2 erstellte Bericht kein Teil der bilanziellen Berichterstattung. Ein fehlender bzw. mangelhafter Bericht führt daher nicht zur Einschränkung des Bestätigungsvermerks gemäß § 322 Abs. 2 S. 1 Nr. 2 und 3 HGB. Die Straf- bzw. Bußgeldtatbestände der § 331 Abs. 1 S. 1 Nr. 1, § 334 Abs. 1 S. 1 Nr. 3 HGB sind nicht anwendbar. 46

IV. Zukünftige Rechtsentwicklung

Die Europäische Kommission hat am 23.2.2022 den **Vorschlag für eine Richtlinie für unternehmerische Sorgfaltspflichten im Bereich der Nachhaltigkeit veröffentlicht.**[53] Die im Entwurf vorgesehenen Sorgfaltspflichten zielen wie das Lieferkettensorgfaltspflichtengesetz auf die Vermeidung bzw. Minimierung von Menschenrechts- und Umweltrisiken ab. Die Grundstruktur der im Entwurf enthaltenen Pflichten ähnelt der des 47

---

[53] Vorschlag für eine Richtlinie des Europäischen Parlaments und des Rates über die Sorgfaltspflichten von Unternehmen im Hinblick auf Nachhaltigkeit und zur Änderung der Richtlinie (EU) 2019/1937, 23.2.2022, COM(2022) 71 final.

Lieferkettensorgfaltspflichtengesetzes, geht aber in Teilen deutlich über dieses hinaus. Es ist zu erwarten, dass die Umsetzung in deutsches Recht das Lieferkettensorgfaltspflichtengesetz erheblich ändern wird.

48 Der Richtlinienvorschlag enthält keine ausdrücklichen Dokumentationspflichten. Er stellt in Art. 11 aber bestimmte **Anforderungen an das Berichtswesen** der verpflichteten Unternehmen auf. Diese müssen jährlich bis zum 30.4. auf ihrer Internetseite einen Bericht für das Vorjahr veröffentlichen. Der Richtlinienvorschlag stellt dabei, anders als das Lieferkettensorgfaltspflichtengesetz, auf das **Kalenderjahr** ab, nicht auf das ggf. abweichende unternehmensspezifische Geschäftsjahr. Hier bleibt im Sinne der Flexibilität auf eine Änderung des Richtlinienvorschlags zu hoffen.

49 Der Richtlinienvorschlag stellt **keine näheren Anforderungen an die Berichtsinhalte** auf. Vielmehr sieht er vor, dass die Europäische Kommission diese in delegierten Rechtsakten präzisiert. Es ist davon auszugehen, dass die Umsetzung der Richtlinie Änderungen des § 10 nach sich ziehen wird. Welche dies sein werden, lässt sich zum aktuellen Zeitpunkt noch nicht beurteilen. Die weitere Entwicklung bleibt abzuwarten.

Abschnitt 3 Zivilprozess

§ 11 Besondere Prozessstandschaft

(1) Wer geltend macht, in einer überragend wichtigen geschützten Rechtsposition aus § 2 Absatz 1 verletzt zu sein, kann zur gerichtlichen Geltendmachung seiner Rechte einer inländischen Gewerkschaft oder Nichtregierungsorganisation die Ermächtigung zur Prozessführung erteilen.

(2) Eine Gewerkschaft oder Nichtregierungsorganisation kann nach Absatz 1 nur ermächtigt werden, wenn sie eine auf Dauer angelegte eigene Präsenz unterhält und sich nach ihrer Satzung nicht gewerbsmäßig und nicht nur vorübergehend dafür einsetzt, die Menschenrechte oder entsprechende Rechte im nationalen Recht eines Staates zu realisieren.

I. Einführung, Hintergrund der Regelung 1	4. Weitere Anforderungen des § 11 Abs. 2 12
II. Prozessstandschaft 4	IV. Zivilrechtliche Haftung von inländischen Unternehmen für Menschenrechtsverletzungen nach deutschem Sachrecht 15
1. Rechtsnatur der Regelung 4	
2. Geltendmachung der Verletzung einer überragend wichtigen Rechtsposition aus § 2 Abs. 1 5	
3. Notwendige Ermächtigung 7	V. Internationale Zuständigkeit und anwendbares Recht 17
III. Ermächtigte Prozessstandschafter 8	1. Internationale Zuständigkeit 17
1. Gewerkschaften 9	2. Deliktsstatut 18
2. Nichtregierungsorganisationen 10	3. Anwendung ausländischen Deliktsrechts 21
3. Inlandsansässigkeit 11	4. Rechtsvergleich 23
	VI. Zukünftige Rechtsentwicklung 25

I. Einführung, Hintergrund der Regelung

§ 11 beinhaltet eine **Erleichterung der gerichtlichen Durchsetzung** individueller zivilrechtlicher Haftungsansprüche von Geschädigten (sog. Private Enforcement) gegenüber den vom LkSG verpflichteten Unternehmen in besonders schwerwiegenden Fällen.[1] Die von Verstößen gegen das LkSG betroffenen Personen werden im Regelfall nicht in Deutschland beheimatet sein, sondern entlang der internationalen Lieferketten deutscher Unternehmen im potenziell weit entfernten Ausland leben. Die Durchsetzung ihrer zivilrechtlichen Ansprüche stellt diese Personen deshalb vor große Herausforderungen, zumal sie die deutsche Rechtslage häufig nicht ausreichend kennen und nicht über die erforderlichen Ressourcen verfügen werden, um zeit- und kostenintensive Prozesse vor deutschen Gerichten führen zu können.[2] Sie haben nunmehr die Möglichkeit, eine Gewerkschaft oder eine Nichtregierungsorganisation mit der Durchsetzung ihrer Ansprüche zu ermächtigen.

Im Kontrast zu den umfassenden staatlichen Kontroll- und Durchsetzungsmaßnahmen (§§ 12–24; sog. Public Enforcement) beschränkt sich der Gesetzgeber in Bezug auf die zivilrechtliche Haftung der Unternehmen hinsichtlich der im LkSG angeordneten Sorgfaltspflichten **im horizontalen Privatrechtsverhältnis** zwischen den verpflichteten Unternehmen und den individuell Betroffenen auf die Regelung einer **prozessualen Erleichterung**. In materieller Hinsicht stellt § 3 Abs. 3 S. 1 ausdrücklich klar, dass eine Verletzung der Pflichten aus dem LkSG keine zivilrechtliche Haftung begründen soll (→ § 3 Rn. 31).

Die Regelung des § 11 geht zurück auf den Referentenentwurf des Bundesministeriums für Arbeit und Soziales (BMAS) vom Februar 2021,[3] wurde inhaltsgleich in den Gesetzesentwurf der Bundesregierung übernommen[4] und schließlich auch ohne substanzielle Änderungen[5] verabschiedet.

II. Prozessstandschaft
1. Rechtsnatur der Regelung

In der deutschen Rechtsordnung ist die Vorschrift des § 11 Abs. 1 – soweit ersichtlich – die bisher einzige ihrer Art.[6] Der Gesetzesbegründung nach handelt es sich um einen „besonderen Fall der **gesetzlichen** Prozess-

---

[1] BT-Drs. 19/30505, 39; vgl. auch Grabosch LkSG/Engel § 7 Rn. 2.
[2] Vgl. schon Drs. des BT-Ausschusses für Arbeit und Soziales 19(11)1136, 110 (Stellungnahme von Grabosch); kritisch demgegenüber etwa die Stellungnahmen des BDI und des BDA, Ausschuss-Drs. 19(11)1136, 37 f. (unter 4.) und 72 f. (unter 9.): Möglichkeit der anwaltlichen Vertretung sowie Beratungs- und Prozesskostenhilfe als ausreichende Vorkehrungen zugunsten der Betroffenen.
[3] Abrufbar unter https://www.bmas.de/SharedDocs/Downloads/DE/Gesetze/Referentenwuerfe/ref-sorgfaltspflichtengesetz.pdf.
[4] BT-Drs. 19/28649, 15.
[5] Für einzelne eher redaktionelle Anpassungen durch den BT-Ausschuss für Arbeit und Soziales siehe jedoch BT-Drs. 19/30505, 15, 42.
[6] Wagner ZIP 2021, 1095 (1101).

standschaft".[7] Die Besonderheit liegt vermeintlich darin, dass die gesetzlich statuierte Prozessstandschaft zusätzlich von der **Ermächtigung** des materiellen Rechteinhabers zur Prozessführung abhängt[8] – ein Erfordernis, welches grundsätzlich nur für die Annahme einer gewillkürten Prozessstandschaft vorliegen muss.[9] Es spricht daher mehr dafür, die Norm des § 11 Abs. 1 als einen gesetzlich geregelten Fall der **gewillkürten** Prozessstandschaft einzuordnen.[10] Weitere Voraussetzungen für die Zulässigkeit einer gewillkürten Prozessstandschaft sind grundsätzlich ein eigenes **schutzwürdiges Interesse** des Prozessstandschafters an der gerichtlichen Geltendmachung fremder Rechte und, dass die Interessen der gegnerischen Partei durch die Prozessstandschaft nicht unzumutbar beeinträchtigt werden.[11] Üblicherweise bejaht die Rechtsprechung ein schutzwürdiges Interesse des Klägers an der Prozessführung im eigenen Namen nur dann, wenn die Entscheidung Einfluss auf dessen eigene Rechtslage hat oder dieser ein wirtschaftliches Interesse an der Prozessführung geltend machen kann.[12] Ein solches Eigeninteresse der Gewerkschaften bzw. NGOs dürfte vorliegend jedoch fehlen, zumal ihnen keine rechtlichen Vorteile aus der Prozessführung erwachsen und auch wirtschaftliche Interessen eher im Hintergrund stehen. Entsprechend den zusätzlichen Anforderungen an die zur Prozessführung Ermächtigten in § 11 Abs. 2 schließt ein der Satzung entsprechender gewerbsmäßiger Einsatz die Möglichkeit der Prozessstandschaft sogar aus, so dass die genannten Akteure zwingend aus altruistischen bzw. drittbezogenen Motiven heraus zu agieren haben. Eine gesetzliche Verankerung des schutzwürdigen Interesses inländischer Gewerkschaften und NGOs zur gerichtlichen Durchsetzung der Individualrechte der von Menschenrechtsverletzungen betroffenen Personen in § 11 Abs. 1 war daher zwingend erforderlich.[13]

---

7 BT-Drs. 19/28649, 52 (Hervorhebung nur hier).
8 Vgl. BT-Drs. 19/28649, 52.
9 StRspr. und hM, vgl. BGH Urt. v. 24.10.1985 – VII ZR 337/84, BGHZ 96, 151 (152 f.) = NJW 1986, 850; BGH Urt. v. 19.3.1987 – III ZR 2/86, BGHZ 100, 217 (218) = NJW 1987, 2018; BGH Urt. v. 23.9.1992 – I ZR 251/90, BGHZ 119, 237 (242) = NJW 1993, 918 (919); BGH Urt. v. 5.2.2009 – III ZR 164/08, BGHZ 179, 329 = NJW 2009, 1213 (1215); MüKoZPO/Lindacher/Hau ZPO Vor § 50 Rn. 55; Zöller/Althammer ZPO Vor § 50 Rn. 38 ff.
10 So auch Grabosch LkSG/Engel § 7 Rn. 3; Wagner/Ruttloff/Wagner LkSG/Wagner/Wagner/Holtz § 13 Rn. 2050 f.; Rothermel § 11 Rn. 3; Spindler ZHR 186 (2022), 67 (107); Spindler ZIP 2022, 765 (775); Wagner ZIP 2021, 1095 (1101); Wagner/Ruttloff NJW 2021, 2145 (2150); Wagner/Ruttloff/Wagner/Hahn CB 2021, 89 (93).
11 StRspr., s. BGH Urt. v. 7.3.2017 – VI ZR 125/16, NJW 2017, 2352 Rn. 8 mwN; Voraussetzungen prüft das Gericht von Amts wegen, § 56 Abs. 1 ZPO.
12 BGH Urt. v. 7.3.2017 – VI ZR 125/16, NJW 2017, 2352 Rn. 10; BGH Urt. v. 24.8.2016 – VIII ZR 182/15, NJW 2017, 487 Rn. 17; BGH Urt. v. 23.9.1992 – I ZR 251/90, BGHZ 119, 237 = NJW 1993, 918 (919).
13 Grabosch LkSG/Engel § 7 Rn. 2; Wagner ZIP 2021, 1096 (1101); Wagner/Ruttloff/Wagner/Hahn CB 2021, 89 (93), sehen in § 11 Abs. 1 sogar eine widerlegbare Vermutung des für eine gewillkürte Prozessstandschaft erforderlichen Interesses.

2. Geltendmachung der Verletzung einer überragend wichtigen Rechtsposition aus § 2 Abs. 1

Gemäß § 11 Abs. 1 können nur solche Personen eine inländische Gewerkschaft oder NGO zur Prozessführung ermächtigen, die geltend machen, in einer **überragend wichtigen geschützten Rechtsposition** aus § 2 Abs. 1 verletzt zu sein. Welche Rechtspositionen im Einzelnen darunterfallen, definiert das Gesetz selbst nicht.[14] § 2 Abs. 1 verweist für die Bestimmung der geschützten Rechtspositionen auf die in den Nummern 1 bis 11 der Anlage zum LkSG aufgelisteten internationalen Übereinkommen zum Schutz der **Menschenrechte** (→ § 2 Rn. 1).[15] Offengelassen wird auch, welche der genannten Rechtspositionen als „überragend wichtig" einzustufen sind. Nach der Gesetzesbegründung zu § 11 Abs. 1 soll die Verwendung des Begriffs „überragend" keinen Bewertungsunterschied hinsichtlich einzelner Menschenrechte implizieren, die universell und unteilbar seien. Gleichzeitig stellt die Gesetzesbegründung klar, dass mit der Regelung eine Einschränkung der im Wege der Prozessstandschaft durchsetzungsfähigen Rechtsgüter einhergehen soll und benennt als wehrfähige Rechtspositionen beispielhaft die Rechtsgüter „Leib oder Leben".[16] Im Zusammenspiel mit dem Verweis lediglich auf Übereinkommen zum Schutz von Menschenrechten dürften jedenfalls Rechtspositionen wie solche zum Schutz der Umwelt nicht von der Regelung des § 11 erfasst sein.[17] Abgesehen davon steht ökologischen Schäden häufig keine konkrete individuelle Betroffenheit eines Privatrechtssubjekts gegenüber.[18]

5

Die Bestimmung der überragend wichtigen geschützten Rechtspositionen bleibt demnach der Ausgestaltung durch die Gerichte überlassen.[19] Diese könnten sich bei der Konkretisierung des **unbestimmten Rechtsbegriffs** am Tatbestand des § 823 Abs. 1 BGB orientieren, da zwischen dessen Schutzbereich und den elementaren Menschenrechten weitgehende Kongruenz besteht.[20] Dafür spricht ferner, dass die in § 2 Abs. 1 in Bezug ge-

6

---

14 Krit. zur Unbestimmtheit der Regelung Harings/Jürgens LkSG § 11 Ziff. 9.1.2; Harings/Jürgens RdTW 2021, 297; Rothermel § 11 Rn. 5 f.; Stöbener de Mora/Noll NZG 2021, 1285 (1287); Thüsing ZRP 2021, 97 (98); Wagner/Ruttloff NJW 2021, 2145 Rn. 43 f.; Siehe auch schon die Sachverständigenstellungnahmen im Gesetzgebungsverfahren, Ausschuss-Drs. 19(11)1136, ua 141 (Rn. 55) (dort Kritik vom DAV) und 160 f. (unter 6.) (dort Kritik von der BRAK).
15 Krit. zur Unbestimmtheit der geschützten Rechtspositionen Blach CCZ 2022, 13 (13 f.), der ausführt, „viele der in den multilateralen Übereinkommen statuierten Menschenrechte" seien „inhaltsleer und amphibolisch" gefasst, so „dass sich aus ihnen nicht ansatzweise justiziable Entscheidungsmaßstäbe ableiten" ließen.
16 BT-Drs. 19/28649, 52. Im Gesetzgebungsverfahren wurde eine entsprechende Klarstellung auch im Gesetzeswortlaut gefordert (vgl. BT-Ausschuss für Arbeit und Soziales, Ausschuss-Drs. 19(11)1136, 225), jedoch iErg nicht umgesetzt.
17 Grabosch LkSG/Engel § 7 Rn. 4; Wagner/Ruttloff/Wagner LkSG/Wagner/Wagner/Holtz § 13 Rn. 2052; Rothermel § 11 Rn. 7; Wagner/Ruttloff NJW 2021, 2145 (2150).
18 Wagner RabelsZ 80 (2016), 717 (753 ff.); vgl. Lutz-Bachmann/Vorbeck/Wengenroth BB 2021, 906 (913).
19 So auch Grabosch LkSG/Engel § 7 Rn. 4.
20 MüKoBGB/Wagner BGB § 823 Rn. 548 ff.; Bälz BB 2021, 648 (650).

nommenen völkerrechtlichen Verträge im Ausgangspunkt die unterzeichnenden Mitgliedstaaten binden und im Privatrechtsverhältnis keine unmittelbare Wirkung entfalten. Auch das deutsche Privatrecht geht davon aus, dass der Grund- und Menschenrechtsschutz in erster Linie eine staatliche Aufgabe ist. Dementsprechend eingeschränkt ist auch der deliktsrechtliche Schutz von Grund- und Menschenrechten im Privatrechtsverhältnis, wie die abschließende Aufzählung besonders hochrangiger absolut geschützter Individualrechte und -rechtsgüter im Tatbestand des § 823 Abs. 1 BGB zeigt.[21] Im Interesse des Wertungsgleichklangs sollte diese Grundentscheidung auch auf der vorgelagerten zivilprozessualen Ebene bei der Anwendung von § 11 zum Tragen kommen.[22] Eine Ermächtigung nach § 11 Abs. 1 kommt deshalb namentlich dann in Betracht, wenn die betroffene Person eine Verletzung ihres Lebens oder Körpers, ihrer Gesundheit oder Freiheit geltend macht und diese Verletzung zugleich als Verletzung einer der Rechtspositionen einzuordnen ist, die in den in § 2 Abs. 1 in Bezug genommenen Abkommen genannt werden.[23] Ob und inwieweit dieser – im Prozess häufig streitige – Verletzungserfolg tatsächlich eingetreten ist, prüft das Gericht erforderlichenfalls erst im Rahmen der Begründetheit der Klage. Für die Zulässigkeit der Klage genügt es dagegen, wenn die klagende Gewerkschaft bzw. NGO die Rechtsgutverletzung schlüssig behauptet. Die Richtigkeit dieses Klägervortrags ist im Rahmen der Zulässigkeitsprüfung dann vom Gericht zu unterstellen (sog. doppelrelevante Tatsache).[24]

3. Notwendige Ermächtigung

7 Die nach § 11 Abs. 1 erforderliche Ermächtigung zur Prozessführung ist eine **Prozesshandlung**, keine materiellrechtliche Willenserklärung.[25] Ihre Erteilung ist an keine Formanforderungen gebunden und kann ausdrücklich, aber auch konkludent erfolgen.[26] Die Einordnung der Prozessführungsermächtigung als Prozesshandlung hindert die Rechtsprechung nicht daran, die Erteilung, den Bestand sowie etwaige Willensmängel der

---

21 Vgl. Erman/Wilhelmi BGB § 823 Rn. 1.
22 Im Ausgangspunkt Blach CCZ 2022, 13 (16); iErg ebenso Wagner ZIP 2021, 1095 (1102). Ua der Deutsche Gewerkschaftsbund (DGB) äußerte sich früh kritisch zu dieser eingeschränkten Klagemöglichkeit der Gewerkschaften und NGOs allein zur Durchsetzung individueller Rechtspositionen und forderte weitergehende kollektive Beschwerde- bzw. Klagemöglichkeiten nach dem Vorbild von § 17 Abs. 2 AGG, siehe BT-Ausschuss für Arbeit und Soziales, Ausschuss-Drs. 19(11)1136, 54.
23 Im Falle einer (behaupteten) Eigentums- oder Besitzrechtsverletzung iSd § 823 Abs. 1 BGB dürfte eine Prozessstandschaft nach § 11 dagegen schon deshalb ausscheiden, weil die in § 2 Abs. 1 in Bezug genommenen Abkommen diese Rechte, soweit ersichtlich, nicht gewährleisten; vgl. Rothermel § 11 Rn. 8.
24 S. dazu allg. BGH Beschl. v. 27.10.2009 – VIII ZB 42/08, BGHZ 183, 49 = NJW 2010, 874 Rn. 14; im hiesigen Zusammenhang auch BT-Drs. 19/30505, 42; Wagner/Ruttloff/Wagner LkSG/Wagner/Wagner/Holtz § 13 Rn. 2059 ff.
25 BGH Urt. v. 22.12.1988 – VII ZR 129/88, NJW 1989, 1932 (1933) mwN; Zöller/Althammer ZPO Vor § 50 Rn. 41.
26 BT-Drs. 19/28649, 53. Siehe auch schon BGH Urt. v. 31.7.2008 – I ZR 21/06, GRUR 2008, 1108 Rn. 52; BGH Urt. v. 21.3.1985 – VII ZR 148/83, BGHZ 94, 117 = NJW 1985, 1826 (1827).

Ermächtigung in Ermangelung näherer Regelungen in der ZPO nach den Vorschriften des Bürgerlichen Rechts zu beurteilen.[27] In Fällen mit Auslandsberührung richtet sich die Zulässigkeit der (gewillkürten) Prozessstandschaft als verfahrensrechtliches Instrument nach der lex fori, also nach deutschem Prozessrecht.[28] Da es sich bei der Erteilung und dem Bestand einer grenzüberschreitenden Prozessführungsermächtigung um materiellrechtliche Fragen handelt, ist insoweit jedoch die lex causae maßgeblich, so dass das anwendbare Recht nach den Regeln des Internationalen Privatrechts zu bestimmen ist.[29] Sollte die Geschäftsfähigkeit problematisch sein, ist diese gemäß Art. 7 Abs. 1 EGBGB nach dem jeweiligen Heimatrecht gesondert zu beurteilen.[30] Für andere vertragsrechtliche Aspekte ist nach Art. 3 Rom I-VO eine Rechtswahl möglich.

III. Ermächtigte Prozessstandschafter

Den Kreis der möglichen Prozessstandschafter begrenzt § 11 Abs. 2 auf inländische Gewerkschaften und Nichtregierungsorganisationen. 8

1. Gewerkschaften

Der Gewerkschaftsbegriff wird in § 11 vorausgesetzt, jedoch weder dort noch andernorts – auch nicht in den Gesetzen des kollektiven Arbeitsrechts – legal definiert. Rechtsprechung und Literatur orientieren sich zur Begriffsbildung an den Vorgaben des Art. 9 Abs. 3 GG. Danach ist eine Gewerkschaft eine auf freiwilliger Basis errichtete **privatrechtliche Vereinigung von Arbeitnehmern**, die als satzungsgemäße Aufgabe den Zweck der Wahrnehmung und Förderung jedenfalls auch der wirtschaftlichen Interessen ihrer Mitglieder verfolgt, die gegnerfrei, in ihrer Willensbildung strukturell unabhängig von Einflüssen Dritter und auf überbetrieblicher Grundlage organisiert ist und Tariffähigkeit, das heißt die rechtliche Fähigkeit besitzt, die Arbeitsbedingungen ihrer Mitglieder tarifvertraglich mit normativer Wirkung zu regeln.[31] Dieser Gewerkschaftsbegriff gilt nach hM einheitlich in der ganzen Rechtsordnung.[32] Er ist dementsprechend auch im Rahmen von § 11 zugrunde zu legen. Die Parteifähigkeit von Gewerkschaften, die als nicht rechtsfähige Vereine organisiert sind, folgt für ihre Untergliederungen aus § 50 Abs. 2 9

---

27 BGH Urt. v. 27.2.2015 – V ZR 128/14, NJW 2015, 2425 Rn. 21.
28 BGH Urt. v. 12.12.2013 – III ZR 102/12, BeckRS 2014, 33 Rn. 34; OLG Frankfurt a. M. Urt. v. 12.6.2019 – 19 U 67/18, BeckRS 2019, 15326 Rn. 40; BeckOK ZPO/Hübsch ZPO § 51 Rn. 46; MüKoZPO/Lindacher/Hau ZPO Vor § 50 Rn. 86; Schack IntZivilVerfR § 12 Rn. 677; Koch ZZP 127 (2014) 493 (500).
29 BGH Urt. v. 12.12.2013 – III ZR 102/12, BeckRS 2014, 33 Rn. 34; OLG Frankfurt a. M. Urt. v. 12.6.2019 – 19 U 67/18, BeckRS 2019, 15326 Rn. 40; zur Bestimmung des auf eine Prozessstandschaft anzuwendenden Rechts allgemein vgl. auch Koch ZZP 127 (2014), 494 ff.
30 Ab dem 1.1.2023 ist nach Art. 7 Abs. 2 EGBGB nF der gewöhnliche Aufenthalt maßgeblich.
31 BAG Beschl. v. 19.9.2006 – 1 ABR 53/05, NZA 2007, 518 Rn. 27 mwN.
32 Siehe stellv. BAG Beschl. v. 19.9.2006 – 1 ABR 53/05, NZA 2007, 518 Rn. 30 ff. mwN.

ZPO.[33] Im Übrigen, das heißt für Gewerkschaften in der Rechtsform eines rechtsfähigen Vereins, folgt die Parteifähigkeit aus § 50 Abs. 1 ZPO.[34]

2. Nichtregierungsorganisationen

10 Der Begriff der Nichtregierungsorganisation (Non-Governmental Organisation, NGO) ist im LkSG ebenfalls nicht definiert. Dieser Mangel ist insofern misslich, als sich auch in Rechtsprechung und juristischem Schrifttum diesbezüglich, soweit ersichtlich, noch **kein einheitliches Begriffsverständnis** herausgebildet hat.[35] Aus politikwissenschaftlicher Perspektive bezeichnet der Begriff der Nichtregierungsorganisation üblicherweise „zivilgesellschaftlich angebundene Organisationen", deren „wesentliches Merkmal darin [besteht], dass sie nicht regierungsabhängig, also gegenüber dem Staat autonom sind und nicht profitorientiert arbeiten, also nicht von kommerziellen Interessen geleitet werden".[36] Es handelt sich um Einrichtungen, die auf private Initiative aufbauen, ihren Tätigkeitsschwerpunkt vor allem im karitativen, sozialen, humanitären, ökologischen und entwicklungspolitischen Bereich haben und sich von Bürgerinitiativen und sonstigen sozialen Bewegungen vor allem durch ihre feste Organisationsstruktur unterscheiden.[37] Ihre Finanzierung bezogen NGOs ursprünglich vor allem aus privaten Spenden, heute stehen ihnen als weitere Finanzquelle häufig auch staatliche Mittel zur Verfügung.[38] Bereits diese begriffliche Annäherung verdeutlicht, dass der Begriff der NGO denkbar weit ist, im Einzelnen also neben kirchlichen Einrichtungen (wie Misereor, Brot für die Welt), Parteistiftungen, karitativen Fonds und weltweit organisierten Organisationen (wie Das Rote Kreuz, Greenpeace und Amnesty International) auch sonstige kollektive Interessenvertretungen einschließlich Gewerkschaften und Arbeitgeberverbänden umfasst.[39] Folgt man diesem weiten Begriffsverständnis, dann hat die Nennung von Gewerkschaften in § 11 letztlich nur noch eine klarstellende Funktion. Inwieweit eine Nichtregierungsorganisation im Zivilprozess tatsächlich als Prozessstandschafterin auftreten kann, hängt im Übrigen von ihrer Parteifähigkeit ab. Insoweit gelten wiederum die allgemeinen Voraussetzungen des § 50 ZPO.[40]

3. Inlandsansässigkeit

11 Taugliche Prozessstandschafter sollen nach § 11 Abs. 1 darüber hinaus nur **inländische** Gewerkschaften und Nichtregierungsorganisationen

---

33 HK-ZPO/Bendtsen ZPO § 50 Rn. 29.
34 Vgl. auch BT-Drs. 19/28649, 52.
35 Siehe krit. zum Fehlen einer Legaldefinition im LkSG ua auch schon die Stellungnahmen vom DAV und der BRAK, BT-Ausschuss für Arbeit und Soziales, Ausschuss-Drs. 19(11)1136, 116 (141 Rn. 56), 155 (161 f. unter 6.).
36 Nohlen/Schultze Lexikon der Politikwissenschaft/Nohlen S. 614.
37 Vgl. Nohlen/Schultze Lexikon der Politikwissenschaft/Nohlen S. 614 f.
38 Vgl. Nohlen/Schultze Lexikon der Politikwissenschaft/Nohlen S. 615.
39 HdLexEU/Grupp Nichtregierungsorganisationen.
40 BT-Drs. 19/28649, 53.

sein.[41] Maßgeblich ist nach der Gesetzesbegründung der Inlandssitz der Organisation.[42] Ob der Gesetzgeber dabei auf den Satzungs- oder auf den Verwaltungssitz der Organisationen abstellen wollte, ist zwar nach dem Wortlaut unklar. Das gesetzgeberische Ziel einer Einschränkung des Kreises potenzieller Prozessstandschafter spricht aber für ein Abstellen auf den **Verwaltungssitz**, von dem aus die betreffende Organisation tatsächlich (zumindest überwiegend) gesteuert wird.[43] Eine reine Briefkastenfirma mit bloß inländischem Satzungssitz wäre damit ausgeschlossen.

4. Weitere Anforderungen des § 11 Abs. 2

Als weitere Eingrenzungskriterien benennt § 11 Abs. 2 die Notwendigkeit, dass die Gewerkschaft bzw. NGO eine auf Dauer angelegte eigene Präsenz unterhalten muss und sich nach ihrer Satzung nicht gewerbsmäßig und nicht nur vorübergehend dafür einsetzen darf, die Menschenrechte oder äquivalente nationale Rechte zu realisieren.

12

Das Kriterium der **nicht-gewerbsmäßigen Tätigkeit** soll einer aus Sicht des deutschen Gesetzgebers missbräuchlichen Kommerzialisierung der Prozessführung zugunsten ausländischer Betroffener entgegenwirken.[44] Unzulässig ist dementsprechend eine Ausrichtung des Organisationszwecks auf die Verfahrensführung mit dem Ziel dauernder Gewinnerzielung – eine Einschränkung, die sich jedenfalls mit Blick auf die Nichtregierungsorganisationen bereits aus dem oben dargestellten NGO-Begriff selbst ergibt (→ Rn. 10).[45] Ob deshalb etwaige Prozesse allein aus den Finanzmitteln der Prozessstandschafter bzw. – speziell im Falle der Gewerkschaften – mittelbar aus dem Beitragsaufkommen ihrer Mitglieder finanziert werden müssen,[46] ist damit aber noch nicht gesagt. Denn zu-

13

---

41 Das Kriterium gilt für Gewerkschaften und NGOs gleichermaßen (BT-Drs. 19/28649, 53); vgl. auch Stellungnahme des DAV, Ausschuss-Drs. 19(11)1136, 116 ff. Rn. 56.
42 BT-Drs. 19/28649, 53.
43 Ganz ähnlich stellt die hM etwa auch bei Art. 19 Abs. 3 GG zur Bestimmung „inländischer juristischer Personen" auf den „Ort der tatsächlichen Hauptverwaltung" ab, vgl. stellv. und mwN Dürig/Herzog/Scholz/Remmert GG Art. 19 Abs. 3 Rn. 78.
44 Wagner ZIP 2021, 1095 (1101); Keilmann/Schmidt WM 2021, 717 (723). Ähnliche Bedenken hinsichtlich „missbräuchlicher" Klagen äußerten auch verschiedene Wirtschaftsverbände im Gesetzgebungsverfahren, vgl. BT-Ausschuss für Arbeit und Soziales, Ausschuss-Drs. 19(11)1136, 38 (unter 4.) (BDI); ähnl. Ausschuss-Drs. 19(11)1136, 73 (BDA), dort auch mit der Forderung nach behördlicher Anerkennung von Prozessstandschaftern in Form einer Positivliste.
45 Siehe bereits zum herkömmlichen Gewerbebegriff, der nach stRspr auch die Absicht dauernder Gewinnerzielung voraussetzt, BGH Urt. v. 29.3.2006 – VIII ZR 173/05, NJW 2006, 2250 Rn. 17 mwN. Stellv. für die Gegenauffassung (entgeltliche Tätigkeit am Markt ausreichend) siehe Hopt/Merkt HGB § 1 Rn. 16.
46 Entsprechende Sorgen äußerte früh der Deutsche Gewerkschaftsbund (DGB), vgl. BT-Ausschuss für Arbeit und Soziales, Ausschuss-Drs. 19(11)1136, 54 (dort auch mit der Forderung nach einem Fondsmodell, in dem die Prozesskosten der Prozessstandschafter aus den durch das BAFA von den Unternehmen vereinnahmten Zwangs- und Bußgeldern finanziert werden).

mindest theoretisch[47] ist das Kriterium der Nicht-Gewerbsmäßigkeit auch dann noch zu bejahen, wenn die Organisation für ihre Tätigkeit zwar ein Entgelt vereinnahmt, dieses Entgelt allerdings allein der Kostendeckung dient.[48]

14 Die Kriterien einer **auf Dauer angelegten Präsenz** und des **nicht nur vorübergehenden Einsatzes** für die Realisierung der Menschenrechte oder äquivalenter nationaler Rechte zielen ersichtlich darauf ab, all jene Fallgestaltungen auszuschließen, in denen sich Gewerkschaften oder NGOs auf Ad-hoc-Basis dazu entscheiden, vereinzelte, aus ihrer Sicht besonders relevant erscheinende Menschenrechtsverletzungen im Sinne des § 11 Abs. 1 zivilprozessual aufzuarbeiten, oder gar einzig zu diesem singulären Zweck gegründet werden.[49] Wann im Einzelfall von einer „auf Dauer angelegten eigenen Präsenz" und von einem „nicht nur vorübergehenden Einsatz" für die Realisierung von Menschenrechten auszugehen ist, ist damit jedoch noch nicht geklärt, dürfte sich aber auch einer abstrakten Festlegung entziehen. Die Formulierung „auf Dauer angelegt" legt eine eher subjektive Betrachtung nahe. „Nicht nur vorübergehend" setzt sich eine Organisation für den Menschenrechtsschutz ein, wenn dieser Organisationszweck langfristig in deren Satzung verankert ist. Maßgebender Zeitpunkt für das Vorliegen dieser Voraussetzungen ist, wie immer bei der Prüfung von Zulässigkeitsfragen, der Schluss der letzten mündlichen Verhandlung.[50]

IV. Zivilrechtliche Haftung von inländischen Unternehmen für Menschenrechtsverletzungen nach deutschem Sachrecht

15 In der Literatur wird die Frage aufgeworfen, ob die in § 11 statuierte Prozessstandschaft nicht im Widerspruch zum ausdrücklichen zivilrechtlichen **Haftungsausschluss in § 3 Abs. 3 S. 1**[51] steht bzw. welcher Regelungsgehalt ihr in Anbetracht dessen erhalten bleibt.[52] Die Regelung des § 3 Abs. 3 S. 1 stellt zunächst klar, dass das Deliktsrecht hinsichtlich der Verletzung von Sorgfaltspflichten nach dem LkSG nicht zugunsten der Geschädigten modifiziert worden ist (→ § 3 Rn. 31). Der Umfang der von § 823 Abs. 1 BGB geschützten Rechtsgüter wurde nicht erweitert.[53]

---

47 Praktisch dürfte ein solches Entgelt jedenfalls bei den betroffenen Personen kaum zu erzielen sein, ggf. könnte ein solches über Crowd-Funding-Projekte erlangt werden.
48 Vgl. stRspr des BGH (bspw. Urt. v. 10.5.1979 – VII ZR 97/78, NJW 1979, 1650) und des BVerwG (bspw. Urt. v. 27.2.2013 – 8 C 8/12, NJW 2013, 2214) auf Grundlage des herkömmlichen Gewerbebegriffs, wonach eine Gewinnerzielungsabsicht erforderlich ist. Wer mit der im Vordringen befindlichen Gegenauffassung das Vorliegen eines Gewerbes bereits dann bejaht, wenn allein eine „entgeltliche Tätigkeit am Markt" vorliegt (siehe stellv. und mwN nochmals Hopt/Merkt HGB § 1 Rn. 16), für den dürften auch derartige Kostendeckungsmodelle unzulässig sein.
49 Zum Begriff der Menschenrechte Wagner/Ruttloff/Wagner LkSG/Wagner/Wagner/Holtz § 13 Rn. 2055.
50 Thomas/Putzo/Seiler ZPO Vorb § 253 Rn. 11.
51 Ausführlich zur Regelung in § 3 Abs. 3 S. 1 → § 3 Rn. 31 ff.
52 Edel/Frank/Heine/Heine BB 2021, 2890 (2892).
53 Wagner ZIP 2021, 1095 (1103).

In Fällen der Verletzung absolut geschützter Rechtsgüter, wie etwa bei Körperverletzungen, wäre auch hier eine Sorgfaltspflichtverletzung erforderlich. Ordnete man die zahlreichen Risikomanagementpflichten des LkSG als solche auch als privatrechtlich wirkende Sorgfaltspflichten ein, wäre aber zumindest eine Haftung pflichtwidrig handelnder Unternehmen gemäß § 823 Abs. 1 BGB denkbar.[54] Eine dahin gehende Ausweitung zivilrechtlicher Sorgfaltspflichten mit haftungsbegründender Wirkung war vom Gesetzgeber jedoch **nicht gewollt**; nur so wird man § 3 Abs. 3 S. 1 lesen können: Gegenüber der geltenden Rechtslage sollte gerade **kein zusätzliches zivilrechtliches Haftungsrisiko** für Unternehmen geschaffen werden.[55] Ebenso wenig dürften einzelne Vorschriften des LkSG als Schutzgesetze nach § 823 Abs. 2 BGB zu qualifizieren sein.[56] Gleichzeitig wollte der Gesetzgeber mit der Prozessstandschaft in § 11 die nach der bereits geltenden Rechtslage unverändert fortbestehende zivilrechtliche Haftung in besonders schwerwiegenden Fällen in ihrer Durchsetzung erleichtern.[57]

Mit der Regelung des § 3 Abs. 3 S. 2 hat der Gesetzgeber hingegen die Möglichkeit der Annahme von unternehmerischen Sorgfaltspflichten und mithin einer privatrechtlichen Haftung **unabhängig vom LkSG** durch die Gerichte ausdrücklich erhalten[58] und sich für eine **prozessuale** Erleichterung der Durchsetzung der Ansprüche von Geschädigten entlang der Lieferkette entschieden (→ § 3 Rn. 32 ff.). 16

V. Internationale Zuständigkeit und anwendbares Recht
1. Internationale Zuständigkeit

Die internationale Zuständigkeit **deutscher Zivilgerichte** für eine Klage gegen Unternehmen, die ihren satzungsmäßigen Sitz, ihre Hauptniederlassung oder Hauptverwaltung im Inland haben (s. personeller Anwendungsbereich des LkSG, § 1 Abs. 1 Nr. 1), ergibt sich aus **Art. 4 Abs. 1, Art. 63 Brüssel Ia-VO**. Die Möglichkeit der Erstreckung der Zuständigkeit auf Klagen gegen die ausländischen Tochter- oder Zuliefererunter- 17

---

54 Für die Beeinflussung von Sorgfaltspflichten im Rahmen von § 823 Abs. 1 BGB durch das LkSG: Wagner ZIP 2021, 1095 (1103), ua mit Verweis darauf, dass auch öffentlich-rechtliche Sicherheitsstandards diese konkretisieren können; ausführlich auch Wagner/Ruttloff/Wagner LkSG/Wagner § 12 Rn. 1814 ff.
55 BT-Drs. 19/30505, 38; Rothermel § 3 Rn. 52; Strohn ZHR 185 (2021), 629 (630); anders Paefgen ZIP 2021, 2006 (2011), der die Formulierung als unglücklich erachtet.
56 BT-Drs. 19/30505, 39; iErg zustimmend Keilmann/Schmidt WM 2021, 717 (720); Wagner/Ruttloff/Wagner LkSG/Wagner § 12 Rn. 1923; noch unter Bezugnahme auf den veralteten Gesetzesentwurf für eine Einordnung als Schutzgesetz mit Verweis auf die ansonsten bestehende Sinnlosigkeit des § 11 hingegen Wagner ZIP 2021, 1095 (1102).
57 BT-Drs. 19/30505, 39.
58 „Soweit unabhängig von den neu geschaffenen Sorgfaltspflichten bereits nach der geltenden Rechtslage eine zivilrechtliche Haftung begründet ist, soll diese jedoch unverändert fortbestehen und in besonders schwerwiegenden Fällen in ihrer Durchsetzung erleichtert werden.", BT-Drs. 19/30505, 38; Dohrmann CCZ 2021, 265 (271).

nehmen, welche Art. 8 Nr. 1 Brüssel Ia-VO (sog. besonderer Gerichtsstand der Streitgenossenschaft) statuiert, setzt voraus, dass zwischen den Klagen eine so enge Verbindung besteht, dass eine gemeinsame Verhandlung und Entscheidung aus Kohärenzgründen geboten erscheint, und alle Beklagten im EU-Gebiet ansässig sind; an Letzterem wird es in der Regel scheitern.[59]

2. Deliktsstatut

18 Unabhängig davon, wie die Haftungsfrage letztlich durch die Gerichte beurteilt werden wird, ist auf vorgelagerter kollisionsrechtlicher Ebene festzustellen, dass das deutsche Deliktsrecht in den hier in Rede stehenden Fallkonstellationen nicht bzw. nur in Ausnahmefällen zur Anwendung kommen wird. Schließlich dürfte der Regelfall gerade derjenige sein, dass der Geschädigte die von § 11 Abs. 1 geforderte qualifizierte Rechtsgutverletzung im Ausland erleidet, eben dort, woher das in Deutschland ansässige Unternehmen Produkte und Dienstleistungen bezieht. In solchen Fällen der Auslandsberührung ist die Rom II-Verordnung für außervertragliche Schuldverhältnisse maßgeblich. Nach **Art. 4 Abs. 1 Rom II-VO** ist grundsätzlich das Recht des Staates anzuwenden, in dem der Schaden eintritt (sog. Erfolgsort). Somit ist durch deutsche Gerichte das Recht des Produktionsstaates anzuwenden, nicht das deutsche Sachrecht (§§ 823 ff. BGB).[60] Die Voraussetzungen der Ausweichklausel des Art. 4 Abs. 3 Rom II-VO sind nicht gegeben,[61] da regelmäßig keine offensichtlich engere Verbindung zu Deutschland bestehen dürfte.[62] Die Anwendung deutschen Rechts über das Wahlrecht in Art. 7 Rom II-VO bei Umweltschädigungen oder daraus herrührenden Personen- oder Sachschäden wird voraussichtlich am fehlenden unmittelbaren Verursachungsbeitrag des Unternehmens in Deutschland scheitern.[63] Nach Art. 14 Abs. 1 lit. a Rom II-VO besteht letztlich zwar die Möglichkeit einer nachträglichen Rechtswahl, wobei aber ungewiss ist, ob sich das verklagte Unternehmen auf eine solche einlassen würde.

19 Die Rom II-Verordnung bietet jedoch weitere Instrumente, nach denen die Sorgfaltspflichten des LkSG Wirkung entfalten könnten. Diese sind als **Ausnahmevorschriften** eng auszulegen.[64] Zu beachten ist auch, dass

---

59 So auch Ehmann ZVertriebsR 2021, 141 (150); Thomale/Murko EuZA 2021, 41 (55).
60 Wagner/Ruttloff/Wagner LkSG/Wagner/Wagner/Holtz § 13 Rn. 2103; Jungkind/Raspé/Terbrack DK 2021, 445 (451); Rothermel § 3 Rn. 62; Schmidt-Räntsch ZUR 2021, 387 (393); Schork/Schreier RAW 2021, 74 (79); Treffer ZAP 2022, 335 (342); Wagner ZIP 2021, 1095 (1104 f.); Weller/Kaller/Schulz AcP 2016, 387 (393 f.).
61 Dazu: Spindler ZHR 186 (2022), 67 (109 f.); Wagner RabelsZ 2017, 717 (740 f.).
62 Rudkowski RdA 2020, 232 (236); vgl. auch LG Dortmund Urt. v. 10.1.2019 – 7 O 95/15, BeckRS 2019, 388 Rn. 30; für die Anwendung der Ausweichklausel zugunsten deutschen Sachrechts aus Opferschutzgesichtspunkten hingegen: Thomale/Hübner JZ 2017, 385 (391 f.); Weller/Thomale ZGR 2017, 509 (524 f.).
63 Dazu ausführlich Habersack/Ehrl AcP 2019, 155 (187 ff.); aA Grabosch LkSG/Engel § 7 Rn. 17.
64 Mittwoch RIW 2020, 397 (400).

es in der Rom II-VO, anders als bspw. bei Verbraucherverträgen gem. Art. 6 Abs. 2 Rom I-VO, kein Günstigkeitsprinzip in Hinblick auf das Ergebnis des jeweiligen Sachrechts gibt. Nach Art. 16 Rom II-VO können bestimmte zwingende Regeln der lex fori anwendbar bleiben. Die Qualifizierung der heutigen Regelungen des LkSG als solche Eingriffsnormen ist umstritten,[65] da ein früherer Gesetzesentwurf dies noch ausdrücklich vorgesehen hatte[66] und die Regeln des IPR laut dem Gesetzesentwurf unberührt bleiben sollen.[67] Die Streichung muss aber wohl als beredtes Schweigen des Gesetzgebers verstanden werden. Zudem statuiert der deutsche Gesetzgeber, dass aus der Verletzung der Sorgfaltspflichten gerade keine zivilrechtliche Haftung folgt (§ 3 Abs. 3 S. 1), weshalb selbst die Anwendung über Art. 16 Rom II-VO im Rahmen ausländischen Rechts ebenso wenig haftungsbegründend sein würde.[68] Diskutiert wird auch die Frage, ob die im Inland verletzten Sorgfaltspflichten des LkSG über die Regelung des Art. 17 Rom II-VO als Sicherheits- und Verhaltensregeln zu berücksichtigen sind.[69] Denkbar wäre letztlich im Einzelfall auch ein Nichtanwendungsbefehl des Ortsrechts durch die Vorbehaltsklausel des Art. 26 Rom II-VO,[70] wenn die Anwendung ausländischen Rechts gegen den ordre public verstößt. Jedoch würde es hier primär darum gehen, deutsches Recht anwenden zu wollen und nicht ausländisches Recht abzuwehren.[71] Auch hier gilt, dass ein Verstoß gegen den deutschen bzw. europäischen ordre public wohl nicht vorliegen

---

65 Dagegen: Dohrmann CCZ 2021, 265 (271); Ehmann/Berg GWR 2021, 287 (291); Wagner/Ruttloff/Wagner LkSG/Wagner/Wagner/Holtz § 13 Rn. 2114; Mittwoch RIW 2020, 397 (400); Späth/Werner CCZ 2021, 241 (248); Spindler ZHR 186 (2022), 67 (112); Spindler ZIP 2022, 765 (776); Stöbener de Mora/Noll NZG 2021, 1285 (1286); dafür: anscheinend Ehmann ZVertriebsR 2021, 141 (150 f.); Grabosch LkSG/Engel § 7 Rn. 18 (mit Verweis auf die Auslegungszuständigkeit des EuGH); wohl auch Hübner NZG 2020, 1411 (1416); vgl. ausführlich dazu Rothermel § 3 Rn. 68 ff.
66 § 15 des Gesetzesentwurfs vom 1.2.2019, abrufbar unter https://media.business-humanrights.org/media/documents/files/documents/SorgfaltGesetzentwurf_0.pdf, wonach die Pflichten aus §§ 4 bis 10 die zu beachtenden Sorgfaltspflichten zwingend und ohne Rücksicht auf das anwendbare Recht regeln sollten; ebenso BMAS/BMZ, Eckpunktepapier 03/2020, 10.03.2020, abrufbar unter https://die-korrespondenten.de/nachricht/billig-produzieren-verklagt-werden/, S. 4, für die Ausgestaltung als Eingriffsnormen; Schmidt-Räntsch ZUR 2021, 387 (392), zum Eckpunktepapier.
67 Vgl. BT-Drs. 19/28649, 53: „Die geltenden Regeln des Internationalen Privatrechts bleiben von der Möglichkeit der Prozessstandschaft unberührt."
68 So auch Wagner ZIP 2021, 1095 (1105): „Wenn das deutsche Recht die ‚Hoheit' über das Deliktsrecht der Menschenrechtsverletzungen gar nicht beansprucht, lässt sich eine solche Regelungsmacht auch nicht kollisionsrechtlich verteidigen."; Dohrmann CCZ 2021, 265 (271); Schäfer, ZLR 2022, 22 (28).
69 Dafür: Dohrmann CCZ 2021, 265 (271); Ehmann ZVertriebsR 2021, 141 (150); Ehmann/Berg GWR 2021, 287 (291); Grabosch LkSG/Engel § 7 Rn. 19 f.; Rudkowski CCZ 2020, 352 (354); Schmidt-Ränsch ZUR 2021, 387 (393 f.); dagegen: Hembach Praxisleitfaden S. 209 f; Spindler ZHR 186 (2022), 67 (111); Wagner ZIP 2021, 1095 (1104); Zenner ZEuS 2022, 359 (372); vgl. ausführlich dazu auch Wagner/Ruttloff/Wagner LkSG/Wagner/Wagner/Holtz § 13 Rn. 2115 ff.
70 Hembach Praxisleitfaden S. 209; Weller/Kaller/Schulz AcP 2016, 387 (394 f.).
71 Wagner/Ruttloff/Wagner LkSG/Wagner/Wagner/Holtz § 13 Rn. 2119 f.; Rothermel § 3 Rn. 72; Spindler ZHR 186 (2022), 67 (110); Wagner ZIP 2021, 1095 (1104).

wird, wenn schon die Rechtsordnung der lex fori selbst keine Haftung vorsieht. Eine etwaige Lückenauffüllung durch deutsches oder europäisches Recht ginge daher – zumindest nach aktueller Rechtslage – ohnehin ins Leere.

20 Hinzuweisen ist auf eine durch das Europäische Parlament **vorgeschlagene Änderung der Rom II-Verordnung**, wonach in einem neuen **Art. 6a Rom II-VO**[72] für Geschädigte von Verletzungen menschenrechtlicher Sorgfaltspflichten ein Wahlrecht vorgesehen ist, ua bei einer Entscheidung des Managements im Inland oder wenn die lokale Niederlassung zu einer deutschen Unternehmensgruppe gehört.[73]

3. Anwendung ausländischen Deliktsrechts

21 In der Regel dürfte es somit gemäß Art. 4 Abs. 1 Rom II-VO zur Anwendbarkeit ausländischen Deliktsrechts kommen. Praktisch relevant ist dabei die Regelung des § 293 ZPO, auf dessen Grundlage das Gericht **Rechtsgutachten über ausländisches materielles Recht** einholen kann. Es ist dabei keinesfalls zwingend, dass nach dem Recht des Produktionsstandorts eine Haftung für Menschenrechtsverletzungen des verklagten Unternehmens[74] ausgeschlossen ist (→ Rn. 23 f.).

22 Ist eine Klage gegen ein in Deutschland ansässiges Unternehmen zu entscheiden, scheitert die Haftung nicht bereits an einem etwaigen Haftungsprivileg nach § 3 Abs. 3 S. 1 für solche Unternehmen, die in den Anwendungsbereich des § 1 fallen.[75] Der Hinweis, dass bestehende Haftungsnormen unberührt bleiben (§ 3 Abs. 3 S. 2), gilt selbstverständlich auch für solche des ausländischen Rechts.[76]

4. Rechtsvergleich

23 Nicht nur der deutsche Gesetzgeber hat mit der Verabschiedung des LkSG Normen für die Verantwortung von Unternehmen entlang ihrer Lieferkette geschaffen.[77] Die Loi de vigilance[78] in **Frankreich** ist umfassend und statuiert eine zivilrechtliche Haftung. Französische Großunternehmen müssen einen Risikoüberwachungsplan[79] erstellen, der da-

---

72 Bericht vom 11.2.2021 mit Empfehlungen an die Kommission zur Sorgfaltspflicht und Rechenschaftspflicht von Unternehmen (2020/2129(INL)).
73 Dazu: Bälz BB 2021, 648 (650).
74 Rudkowski CCZ 2020, 352 (353), nimmt bei einer Haftung eines inländischen Unternehmens nach ausländischem Recht einen Verstoß gegen den ordre public mit Folge der Nichtanwendung nach Art. 26 Rom II-VO an, da ein Verstoß gegen den Grundsatz der Haftung für lediglich eigenes Fehlverhalten vorliege, lässt aber eine differenzierte Haftung für Sorgfaltspflichten zu.
75 Dafür jedoch: Drs. des BT-Ausschusses für Arbeit und Soziales 19(11)1136, 96 (Stellungnahme von Krajewski).
76 Grabosch LkSG/Engel § 7 Rn. 11.
77 Vgl. dazu Stöbener de Mora/Noll NZG 2021, 1285 (1288 ff.).
78 Loi n°2017-399 du 27. mars 2017 relative au devoir de vigilance des sociétés mères et des entreprises donneuses d'ordre, abrufbar unter https://www.legifrance.gouv.fr/jorf/id/JORFTEXT000034290626/.
79 „Plan de vigilance", vgl. Art. L. 225–102–4 I Abs. 1 Code de commerce.

rauf abzielen muss, schwerwiegende Menschenrechtsverletzungen und Gefährdungen von Menschen und Umwelt durch das Verhalten ihrer Tochter- und Enkelunternehmen und sogar ihrer Zulieferer und Subunternehmen zu verhüten.[80] Anders als im deutschen Recht ist eine zivilrechtliche Schadensersatzhaftung für die Verletzung menschenrechtlicher Sorgfaltspflichten vorgesehen, wenn der Schaden durch den Risikoüberwachungsplan hätte verhindert werden können.[81] Auch in anderen Staaten existieren Gesetze für die Beachtung der Menschenrechte durch Unternehmen, die jedoch nicht den Ansatz eines „private enforcement" verfolgen. Das **niederländische** Wet Zorgplicht Kinderarbeid[82] sieht Strafen für Unternehmen vor, die in ihrer Lieferkette für Risiken hinsichtlich des Einsatzes von Kinderarbeit keine (ausreichende) Due Diligence-Prüfung vornehmen.[83] In der **Schweiz** gab es durch die „Konzernverantwortungsinitiative" ebenfalls einen Vorschlag für die Haftung von Unternehmen entlang der Lieferkette. Dieser erhielt zwar die Mehrheit in der Bevölkerung, scheiterte letztlich aber am Ständemehr.[84]

Im **Common Law**, das viele Rechtsordnungen von klassischen Produktionsländern prägt, bestehen bislang keine mit dem LkSG konkret vergleichbare Regelungen. Einzig der Modern Slavery Act[85] aus dem Vereinigten Königreich bzw. Australien sieht für Großunternehmen Berichtspflichten über die von ihnen getroffenen Maßnahmen zur Verhinderung von Sklaverei und Menschenhandel in ihren Lieferketten vor. Jedoch bleibt auch eine Erklärung zulässig, dass keinerlei Schritte vorgenommen wurden.[86] Demgegenüber hat die Rechtsprechung zuletzt in unterschiedlichen Fällen nach dem „tort of negligence" eine unternehmerische „duty of care" mit Blick auf menschenrechtsbezogene Risiken angenommen.[87] Im Fall „Okpabi v. Royal Dutch Shell" hat der UK Supreme Court ausgeführt, dass sogar die freiwillige Erklärung zur konzernweiten Wahrung der Menschenrechte („assumption of responsibility") unmittelbar haftungsauslösend für Muttergesellschaften wirken kann, wenn auch

24

---

80 Art. L. 225–102–4 I Abs. 3 Code de commerce.
81 Rechtsgrundverweisung in Art. L. 225–102–5 Code de commerce auf die französische deliktsrechtliche Generalklausel des Art. 1240, 1241 Code civil, vgl. dazu auch Wagner ZIP 2021, 1095 (1097 f.).
82 Wet van 24. oktober 2019 houdende de invoering van een zorgplicht ter voorkoming van de levering van goederen en diensten die met behulp van kinderarbeid tot stand zijn gekomen (Staatsblad (Stb.) 2019, 401).
83 Vgl. dazu Thomale/Murko EuZA 2021, 40 (45).
84 Siehe https://konzernverantwortung.ch/ziel/.
85 UK Modern Slavery Act 2015, abrufbar unter https://www.legislation.gov.uk/ukpga/2015/30/contents, bzw. Australian Modern Slavery Act 2018, abrufbar unter https://www.legislation.gov.au/Details/C2018A00153; vgl. auch Schmidt EuZW 2021, 273 (273).
86 Vgl. Section 51 para 4 (b) UK Modern Slavery Act 2015; vgl. auch Nietsch/Wiedmann CCZ 2021, 101 (102).
87 Vgl. UK Supreme Court Vedanta Resources PLC and another v. Lungowe and others [2019] UKSC 20; Supreme Court Canada Nevsun Resources Ltd. v. Araya 2020, 2020 SCC 5, Docket No. 37919.

die Überwachung dieser Pflichten öffentlich erklärt worden ist.[88] Da im Common Law allerdings gesetzliche Pflichten eine freiwillige Haftungsübernahme ausschließen, kann die deliktsrechtliche Haftung, sobald die Sorgfaltspflichten gesetzlich verankert sind, nicht mehr auf die freiwillige Erklärung gestützt werden.[89]

VI. Zukünftige Rechtsentwicklung

25 Am 23.2.2022 hat die Europäische Kommission ihren **Vorschlag für eine europäische Sorgfaltspflichten-Richtlinie** veröffentlicht.[90] Wie bereits die im März 2021 vom Europäischen Parlament beschlossene Empfehlung zur geplanten Richtlinie[91] angedeutet hatte, geht das europäische Vorhaben weit über das Instrumentarium des deutschen Gesetzgebers hinaus und stellt umfassende Nachschärfungen der Regelungen des LkSG in Aussicht. Es bleibt jedoch abzuwarten, in welcher Form die Richtlinie letztendlich, nach Durchlauf des weiteren Gesetzgebungsverfahrens, insbesondere nach möglichen Änderungen durch den Rat der Europäischen Union, verabschiedet wird.

26 Besonders deutlich zeigt sich der Unterschied zwischen dem Regelungsvorhaben der Union und dem deutschen Lieferkettengesetz bei der **privatrechtlichen Haftung**: Während gem. § 3 Abs. 3 S. 1 Verstöße gegen die Vorschriften des Lieferkettengesetzes keine zivilrechtliche Haftung begründen, sieht Art. 22 der vorgeschlagenen **Sorgfaltspflichten-Richtlinie**[92] umfangreiche Regelungen zur zivilrechtlichen Haftung sorgfaltspflichtwidrig handelnder Unternehmen vor. Unternehmen sind gemäß Art. 22 Abs. 1 des RL-Vorschlags schadensersatzpflichtig, wenn sie gegen eine Verpflichtung aus Art. 7 und 8 des RL-Vorschlags verstoßen haben (lit. a) und infolge dieses Versäumnisses eine nachteilige Auswirkung eingetreten ist, die durch angemessene Maßnahmen nach den Art. 7 und 8 hätte ermittelt, vermieden, abgeschwächt, behoben oder minimiert werden müssen und zu einem Schaden geführt hat (lit. b).

---

88 UK Supreme Court Okpabi and others v. Royal Dutch Shell and another [2021] UKSC 3 Rn. 148 iVm UK Supreme Court Vedanta Resources PLC and another v. Lungowe and others [2019] UKSC 20 Rn. 53.
89 In der Literatur findet sich deshalb teilweise die Befürchtung einer möglichen faktischen Enthaftung sorgfaltswidrig handelnder Unternehmen aufgrund der verpflichtenden Erklärungen im LkSG; dazu ausführlich Schall ZIP 2021, 1241 (1250); s. a. Grabosch LkSG/Engel § 7 Rn. 12.
90 Vorschlag für eine Richtlinie des Europäischen Parlaments und des Rates über die Sorgfaltspflichten von Unternehmen im Hinblick auf Nachhaltigkeit und zur Änderung der Richtlinie (EU) 2019/1937, 23.2.2022, COM(2022) 71 final.
91 Entschließung des Europäischen Parlaments vom 10.3.2021 mit Empfehlungen an die Kommission zur Sorgfaltspflicht und Rechenschaftspflicht von Unternehmen (2020/2129(INL)).
92 Art. 22 („Zivilrechtliche Haftung") Abs. 1: „Die Mitgliedstaaten stellen sicher, dass Unternehmen für Schäden haften, wenn a) sie die Verpflichtungen aus den Artikeln 7 und 8 nicht erfüllt haben und b) als Ergebnis dieses Versäumnisses negative Auswirkungen eingetreten sind, die ermittelt, vermieden, abgeschwächt, behoben oder durch angemessene Maßnahmen nach den Artikeln 7 und 8 minimiert hätten werden müssen und zu Schaden geführt haben."

Für **sorgfaltswidriges Verhalten indirekter Geschäftspartner** einer etablierten Geschäftsbeziehung sieht der RL-Vorschlag in Art. 22 Abs. 2 UAbs. 1 eine Exkulpationsmöglichkeit vor.[93] Der Haftungsfall tritt demgemäß nicht ein, sofern sich das Unternehmen von seinem direkten Geschäftspartner vertraglich hat zusichern lassen, dass dieser den Verhaltenskodex des Unternehmens („Code of Conduct") einhält, gegebenenfalls einen Präventionsplan bzw. einen Plan mit Abhilfemaßnahmen erstellt und von seinen Partnern, deren Tätigkeiten Teil der Wertschöpfungskette sind, ebenfalls entsprechende vertragliche Zusicherungen einholt (vertragliche Kaskadierung). War es jedoch nach den Umständen des Einzelfalls zu erwarten, dass die ergriffenen Maßnahmen nicht geeignet sein würden, die angestrebte Wirkung zu entfalten, kann sich das Unternehmen nicht auf diese berufen und der Haftungsfall tritt dennoch ein. Im Rahmen der Bestimmung des Haftungsumfangs müssen indessen die Bemühungen des Unternehmens, die sich unmittelbar auf den betreffenden Schaden beziehen, seine Investitionen und Unterstützungsmaßnahmen sowie die Zusammenarbeit mit anderen Stellen berücksichtigt werden (Art. 22 Abs. 2 UAbs. 2 des RL-Vorschlags).[94]

27

Um einer Haftung zu entgehen, müssen die Unternehmen dementsprechend konsequent Verantwortung nicht bloß entlang der Lieferkette übernehmen, sondern innerhalb der gesamten **Wertschöpfungskette**, die auch „downstream"-Aktivitäten wie die Nutzung und Entsorgung eines Produkts umfasst.[95] Vertragliche Zusicherungen ihrer direkten Geschäftspartner, die aufgrund der im Einzelfall bestehenden Umstände offensichtlich nicht erfüllt werden, können eine privatrechtliche Inanspruchnahme der Unternehmen dann nicht verhindern. Problematisch in diesem Zusammenhang erscheint jedoch der Begriff der **„etablierten Geschäftsbeziehungen"**. Definiert in Art. 3 lit. f des RL-Vorschlags, handelt es sich dabei um Geschäftsbeziehungen, die angesichts ihrer Intensität oder Dauer beständig sind oder voraussichtlich beständig sein werden

28

---

93 Art. 22 Abs. 2: „Ungeachtet von Absatz 1 stellen die Mitgliedstaaten sicher, dass ein Unternehmen, das Maßnahmen nach Artikel 7 Absatz 2 Buchstabe b und Artikel 7 Absatz 4 oder Artikel 8 Absatz 3 Buchstabe c und Artikel 8 Absatz 5 ergriffen hat, nicht für Schäden durch negative Auswirkungen als Ergebnis der Tätigkeiten eines indirekten Partners haftet, mit dem es eine etablierte Geschäftsbeziehung unterhält, es sei denn, es wäre je nach Einzelfall unangemessen zu erwarten, dass die ergriffene Maßnahme, einschließlich der Prüfung der Einhaltung, geeignet wäre, die negative Auswirkung zu vermeiden, abzuschwächen, zu beheben oder zu minimieren; zur Exkulpationsmöglichkeit und zur Haftung nach dem Richtlinienvorschlag ausführlich Lutz-Bachmann/Vorbeck/Wengenroth BB 2022, 835 (842 f.). Bei der Bewertung des Vorliegens und des Umfangs eines Haftungsfalls nach diesem Absatz ist den Bemühungen des Unternehmens, insoweit diese direkt mit dem fraglichen Schaden in Verbindung stehen, bei der Erfüllung der von einer Aufsichtsbehörde geforderten Abhilfemaßnahmen, getätigten Investitionen und jeder gezielten Unterstützung nach den Artikeln 7 und 8 sowie einer Zusammenarbeit mit anderen Unternehmen zur Bewältigung negativer Auswirkungen in seinen Wertschöpfungsketten gebührend Rechnung zu tragen."
94 Vgl. auch Ruttloff/Rothenburg/Hahn DB 2022, 1116 (1122).
95 Die Definition der „Wertschöpfungskette" findet sich in Art. 3 lit. g des RL-Vorschlags; siehe dazu Wagner/Schuler ESG 2022, 34 (34).

und die keinen unbedeutenden oder untergeordneten Teil der Wertschöpfungskette darstellen. Die Verwendung dieses unbestimmten Rechtsbegriffs führt zu einer Unsicherheit im Rechtsverkehr und für die Unternehmen, zumindest bis eine Ausgestaltung des Begriffs durch die Gerichte stattgefunden hat, zu einem schwer kontrollierbaren Haftungsrisiko.[96]

29 Regelungen zur **Beweislastumkehr oder Beweiserleichterung** sieht der Kommissionsentwurf nicht vor, so dass es bei den Mitgliedstaaten liegt, durch ebensolche Regelungen die praktische Umsetzbarkeit der Ansprüche der Betroffenen zu gewährleisten.

30 Schließlich hat der europäische Gesetzgeber das Problem im Hinblick auf das vor den Gerichten anwendbare Deliktsstatut derart gelöst, dass gemäß Art. 22 Abs. 5 des RL-Vorschlags[97] die Mitgliedstaaten verpflichtet werden, das vom europäischen Gesetzgeber statuierte zivilrechtliche Haftungsregime als **Eingriffsnorm** im Sinne des Internationalen Privatrechts (Art. 16 Rom II-VO) auszugestalten.[98] Die nationalen Eingriffsnormen, die diese Unionsvorgabe umsetzen würden, würden mithin ausnahmsweise als lex fori einen „expansiven Geltungsanspruch"[99] erheben und das gem. Art. 4 Abs. 1 Rom II-VO grundsätzlich anzuwendende Deliktsrecht des Erfolgsorts verdrängen.

Abschnitt 4 Behördliche Kontrolle und Durchsetzung
Unterabschnitt 1 Berichtsprüfung
§ 12 Einreichung des Berichts

(1) Der Bericht nach § 10 Absatz 2 Satz 1 ist in deutscher Sprache und elektronisch über einen von der zuständigen Behörde bereitgestellten Zugang einzureichen.

(2) Der Bericht ist spätestens vier Monate nach dem Schluss des Geschäftsjahres, auf das er sich bezieht, einzureichen.

I. Überblick 1	IV. Folgen der Nichtbeachtung ... 7
II. Form 2	V. Zukünftige Rechtsentwicklung 8
III. Frist 6	

---

[96] Voland, EU plant strengere Regeln für Lieferketten, 10.3.2022, abrufbar unter https://www.lto.de/recht/kanzleien-unternehmen/k/lieferkettengesetz-richtlinie-eu ropaeische-kommission-unternehmen-sorgfaltspflicht-menschenrechte-umweltsch utz/, spricht von einer „uferlos weiten Auslegung" zulasten der Unternehmen.
[97] Art. 22 Abs. 5: „Die Mitgliedstaaten stellen sicher, dass die in den nationalen Rechtsvorschriften zur Umsetzung dieses Artikels vorgesehene Haftung zwingend Anwendung findet und Vorrang hat in Fällen, in denen das auf entsprechende Ansprüche anwendbare Recht nicht das Recht eines Mitgliedstaats ist." Hierzu ausführlich Nietsch/Wiedmann CCZ 2022, 125 (134); Rühl/Knauer JZ 2022, 105 (113).
[98] Vgl. dazu Spindler ZHR 186 (2022), 67 (119); Spindler ZIP 2022, 765 (775 f.).
[99] Grabosch LkSG/Engel § 7 Rn. 18.

I. Überblick

§ 12 verpflichtet das betroffene Unternehmen, den gemäß § 10 Abs. 2 S. 1 erstellten Bericht **form- und fristgerecht** beim **Bundesamt für Wirtschaft und Ausfuhrkontrolle (BAFA)** als der gemäß § 19 Abs. 1 S. 1 zuständigen Behörde einzureichen. Die Einreichung soll das BAFA in die Lage versetzen, die ihm zugewiesenen **Kontrollaufgaben** ordnungsgemäß wahrzunehmen. Dabei folgt es einem risikoorientierten Ansatz.[1]

II. Form

Der Bericht, der der Behörde übermittelt wird, muss mit dem gemäß § 10 Abs. 2 S. 1 auf der **Internetseite des Unternehmens** veröffentlichten Bericht identisch sein.[2]

Jedes verpflichtete Unternehmen muss einen **eigenen Bericht** bei der Behörde einreichen. Das gilt auch im Konzernverbund.

Der Bericht muss **vollständig** und in **deutscher Sprache** verfasst sein.

Die Einreichung hat in **elektronischer Form** zu erfolgen. Für die Übermittlung stellt das BAFA einen elektronischen **Zugang** bereit. Näheres regelt eine noch zu erlassende **Rechtsverordnung** gemäß § 13 Abs. 3 Nr. 1. Die Übersendung des Berichts in Papierform, per Telefax oder per E-Mail genügt nicht.

III. Frist

Gemäß § 12 Abs. 2 ist der Bericht **spätestens vier Monate** nach dem Ende des Geschäftsjahres einzureichen, auf das er sich bezieht. Für die **Fristberechnung** gelten § 31 VwVfG, § 187 Abs. 1, § 188 Abs. 2 und 3 BGB entsprechend. Der Bericht für ein am 31.12. endendes Geschäftsjahr ist daher spätestens am 30.4. des Folgejahres einzureichen. Fällt das Fristende auf einen **Sonntag**, endet die Frist gemäß § 31 Abs. 3 S. 1 VwVfG mit dem Ablauf des nächstfolgenden Werktags. Entscheidend für die Fristwahrung ist der Zeitpunkt des **Zugangs** bei der Behörde. Das **Übermittlungsrisiko** trägt das Unternehmen.

IV. Folgen der Nichtbeachtung

Die **unterlassene** oder **verspätete** Einreichung des Berichts beim BAFA stellt gemäß § 24 Abs. 1 Nr. 12 eine **Ordnungswidrigkeit** dar. Sie kann gemäß § 24 Abs. 2 S. 1 Nr. 3 mit einem **Bußgeld bis zu 100.000 EUR** geahndet werden. Sofern die Verspätung auf eine (insbesondere technische) Ursache außerhalb des Verantwortungsbereichs des Unternehmens zurückzuführen ist, liegt ggf. ein **Entschuldigungsgrund** vor. Aufgrund des im Ordnungswidrigkeitenverfahren geltenden Opportunitätsprinzips (§ 47 OWiG) kann das BAFA – insoweit als Verwaltungsbehörde han-

---

1 BT-Drs. 19/28649, 53.
2 Lutz-Bachmann/Vorbeck/Wengenroth BB 2021, 906 (911); Wagner/Ruttloff NJW 2021, 2145 (2147).

delnd – als milderes Mittel vor Verhängung eines Bußgelds zunächst die **Übersendung des Berichts** verlangen.

V. Zukünftige Rechtsentwicklung

8 Der am 23.2.2022 von der Europäischen Kommission veröffentlichte Vorschlag für eine Richtlinie für unternehmerische Sorgfaltspflichten im Bereich der Nachhaltigkeit[3] sieht **keine Einreichung des Berichts bei der nationalen Behörde** vor. Es ist allerdings zu erwarten, dass die Europäische Kommission gemäß Art. 11 des Richtlinienvorschlags im Wege eines delegierten Rechtsakts geänderte Anforderungen an die Inhalte des auf der Internetseite des verpflichteten Unternehmens veröffentlichten Berichts stellen wird. Da die Berichte gemäß § 10 Abs. 2–4 und § 12 identisch sind, wird sich die Richtlinie mittelbar auch auf die beim BAFA einzureichenden Berichte auswirken. Die weitere Rechtsentwicklung bleibt abzuwarten.

§ 13 Behördliche Berichtsprüfung; Verordnungsermächtigung

(1) Die zuständige Behörde prüft, ob
1. der Bericht nach § 10 Absatz 2 Satz 1 vorliegt und
2. die Anforderungen nach § 10 Absatz 2 und 3 eingehalten wurden.

(2) Werden die Anforderungen nach § 10 Absatz 2 und 3 nicht erfüllt, kann die zuständige Behörde verlangen, dass das Unternehmen den Bericht innerhalb einer angemessenen Frist nachbessert.

(3) Das Bundesministerium für Arbeit und Soziales wird ermächtigt, durch Rechtsverordnung im Einvernehmen mit dem Bundesministerium für Wirtschaft und Energie ohne Zustimmung des Bundesrates folgende Verfahren näher zu regeln:
1. das Verfahren der Einreichung des Berichts nach § 12 sowie
2. das Verfahren der behördlichen Berichtsprüfung nach den Absätzen 1 und 2.

I. Überblick	1
II. Prüfungsgegenstand (Abs. 1)	2
1. Berichtsübermittlung	2
2. Berichtsveröffentlichung	3
III. Nachbesserungsverlangen (Abs. 2)	4
1. Inhaltsmängel	5
2. Veröffentlichungsmängel	6
3. Frist	7
4. Rechtsmittel	8
IV. Verordnungsermächtigung (Abs. 3)	9
V. Folgen der Nichtbeachtung	11
VI. Zukünftige Rechtsentwicklung	13

---

[3] Vorschlag für eine Richtlinie des Europäischen Parlaments und des Rates über die Sorgfaltspflichten von Unternehmen im Hinblick auf Nachhaltigkeit und zur Änderung der Richtlinie (EU) 2019/1937, 23.2.2022, COM(2022) 71 final.

I. Überblick

§ 13 regelt die Berichtsprüfung des gemäß § 10 Abs. 2–4 erstellten und veröffentlichten sowie nach § 12 übermittelten Berichts durch das **Bundesamt für Wirtschaft und Ausfuhrkontrolle (BAFA)**. Dessen Zuständigkeit ergibt sich aus § 19 Abs. 1 S. 1. Die **Prüfpflicht** ist die erste Säule der behördlichen Kontrolle und Durchsetzung. Sie bezweckt eine **möglichst breite**, für die betroffenen Unternehmen gleichzeitig formalisierte und damit **eingriffsarme** Kontrolle.[1]

II. Prüfungsgegenstand (Abs. 1)
1. Berichtsübermittlung

Gemäß § 13 Abs. 1 S. 1 prüft das BAFA, ob ihm der Bericht vorliegt, dh in der gemäß § 12 vorgesehenen elektronischen Form (fristgerecht) übermittelt wurde. Ungeachtet des in § 19 Abs. 2 konstituierten risikoorientierten Ansatzes wird man aufgrund der elektronischen Übermittlung und der damit einhergehenden elektronischen Auswertungsmöglichkeiten erwarten dürfen, dass sich dieser Teil der Prüfung regelmäßig auf die Berichte **sämtlicher** verpflichteter Unternehmen erstreckt.[2]

2. Berichtsveröffentlichung

Das BAFA prüft gemäß § 13 Abs. 1 Nr. 2 ferner die **ordnungsgemäße Berichtsveröffentlichung** gemäß § 10 Abs. 2 S. 1. Dazu gehört die **fristgerechte** sowie **kostenfreie** Veröffentlichung auf der Internetseite des Unternehmens für den in § 10 Abs. 2 S. 1 vorgesehenen Zeitraum. § 13 Abs. 1 Nr. 2 verlangt weiterhin eine **Inhaltsprüfung** des Berichts durch das BAFA. Die Behörde prüft, ob der Bericht die in § 10 Abs. 2 und 3 genannten Anforderungen erfüllt (→ § 10 Rn. 25 ff.). Mangels Verweises auf § 10 Abs. 4 in § 13 Abs. 1 Nr. 2 prüft das BAFA hingegen nicht, ob im Bericht Betriebs- und Geschäftsgeheimnisse gebührend berücksichtigt worden sind. Die gemäß § 13 Abs. 1 Nr. 2 vorzunehmenden Prüfungen erfordern auf Behördenseite einen erheblichen Aufwand. Schon vor diesem Hintergrund ist zu erwarten, dass das BAFA gemäß dem risikoorientierten Ansatz lediglich einen Ausschnitt aller ihr übermittelten Berichte inhaltlich prüfen wird.

III. Nachbesserungsverlangen (Abs. 2)

§ 13 Abs. 2 gibt dem BAFA eine verwaltungsrechtliche **Eingriffsbefugnis**, sofern der Bericht die Anforderungen des § 10 Abs. 2 und 3 nicht erfüllt. Das BAFA kann die **Nachbesserung** des Berichts innerhalb angemessener Frist verlangen. Das Nachbesserungsverlangen der Behörde ist ein **belastender Verwaltungsakt**, der im Wege der verwaltungsrechtlichen Anfechtungsklage angegriffen werden kann (→ Rn. 8).

---

1 BT-Drs. 19/28649, 53.
2 In diesem Sinne wohl auch Stöbener de Mora/Noll NZG 2021, 1285 (1287).

1. Inhaltsmängel

5 Das Nachbesserungsverlangen erstreckt sich auf die **Beseitigung der Mängel**, aufgrund derer der Bericht nicht im Einklang mit § 10 Abs. 2 und 3 steht. Bestehende Beurteilungs- und Handlungsspielräume der verpflichteten Unternehmen bei der Berichtserstellung sind zu beachten (→ § 10 Rn. 25). Eine aus ihrer Sicht **zweckmäßigere Darstellung** eines rechtlich beanstandungsfreien Berichts kann die Behörde nicht fordern.

2. Veröffentlichungsmängel

6 Dem Wortlaut des § 13 Abs. 2 nach kann die Behörde lediglich die **Nachbesserung des Berichts** verlangen. Der Begriff der Nachbesserung ist dem Sinn und Zweck der Norm nach aber **weit** auszulegen. § 13 Abs. 2 gibt dem BAFA richtigerweise auch die Befugnis, Anordnungen zu treffen, die auf die Beseitigung von **Mängeln der Veröffentlichung** gemäß § 10 Abs. 2 S. 1 gerichtet sind. Die Behörde kann zB gemäß § 13 Abs. 2 anordnen, einen fehlenden Bericht auf der Internetseite des Unternehmens zu veröffentlichen. Eine solch weite Auslegung liegt letztlich im Interesse der verpflichteten Unternehmen. Denn die Eingriffsbefugnis des § 15 S. 2 Nr. 3 bezieht sich nur auf Missstände gemäß § 10 Abs. 1 und somit nicht auf die Veröffentlichungspflichten des § 10 Abs. 2 S. 1. Bei enger Auslegung des § 13 Abs. 2 müsste die Behörde daher Verstöße gegen die Veröffentlichungspflichten sofort mit einem Bußgeld gemäß § 24 Abs. 2 Nr. 11 sanktionieren, ohne zunächst (mildere) verwaltungsrechtliche Maßnahmen anordnen zu können. Da § 13 Abs. 2 pauschal auf § 10 Abs. 2 und damit auch auf dessen ersten Satz verweist, ist eine entsprechende Auslegung im Wortlaut der Norm zumindest angelegt. Sie steht im Einklang mit dem gesetzgeberischen Willen einer möglichst eingriffsarmen Verwaltung und ist konsistent mit dem im Ordnungswidrigkeitenverfahren geltenden Opportunitätsprinzip.

3. Frist

7 Die **Frist** zur Nachbesserung muss **angemessen** sein. Sie ist so zu bemessen, dass die Beseitigung der Mängel innerhalb der gesetzten Frist dem Verpflichteten zumutbar ist. Entscheidend sind die Umstände des Einzelfalls. Die Behörde hat insbesondere das Ausmaß, in dem der mangelhafte Bericht von den gesetzlichen Anforderungen abweicht, die Auswirkungen des Mangels auf die Aussagekraft des Berichts, den mit der Mängelbeseitigung für das Unternehmen verbundenen Aufwand sowie etwaige damit verbundene Nachteile, die Ursache für den Mangel sowie das vorausgegangene Verhalten des Unternehmens zu berücksichtigen. Dabei hat sie einen gerichtlich nicht überprüfbaren **Beurteilungsspielraum**. Angesichts des öffentlichen Informationsinteresses an einer ordnungsgemäßen Berichterstattung ist eine **kurze Fristsetzung** nicht zu beanstanden. Eine Frist von mehr als **vier Monaten** erscheint nach dem Rechtsgedanken des § 10 Abs. 2 S. 1, § 12 Abs. 2 kaum zu rechtfertigen.

4. Rechtsmittel

Das Nachbesserungsverlangen ist ein belastender Verwaltungsakt, der 8
ganz oder teilweise – zB im Fall einer zu kurz bemessenen Frist – mit der
verwaltungsrechtlichen Anfechtungsklage angegriffen werden kann. Ein
Widerspruchsverfahren ist gemäß § 68 Abs. 1 Abs. 1 S. 2 Nr. 1 Alt. 1
VwGO nicht erforderlich.

IV. Verordnungsermächtigung (Abs. 3)

§ 13 Abs. 3 ermächtigt das Bundesministerium für Arbeit und Soziales 9
zum Erlass einer Rechtsverordnung, die das Verfahren zur Einreichung
des Berichts bei der Behörde gemäß § 12 bzw. das Verfahren der behördlichen Berichtsprüfung gemäß den Absätzen 1 und 2 näher regelt. Die
Rechtsverordnung bedarf des **Einvernehmens** des Bundesministeriums
für Wirtschaft und Energie. Die Zustimmung des **Bundesrates** zur
Rechtsverordnung ist nicht erforderlich.

Zweiter Regelungsgegenstand der Rechtsverordnung soll ein **standardi-** 10
siertes, benutzerfreundliches und **effizientes Berichtssystem** sein. Dem
Gesetzgeber liegt insbesondere an der Ausgestaltung des Verfahrens und
der Eingabemasken in einer Weise, die bei den Unternehmen nur einen
begrenzten Aufwand verursacht. Das soll insbesondere gelten, wenn das
Unternehmen keine Risiken festgestellt hat und daher die Berichtserleichterungen des § 10 Abs. 3 greifen.[3] Die Veröffentlichung der Rechtsverordnungen bleibt abzuwarten. Wünschenswert ist, dass sich der Aufwand für die betroffenen Unternehmen neben der Registrierung und Eingabe der Unternehmensstammdaten im Wesentlichen im Hochladen der
gemäß § 10 Abs. 2 und 3 erstellten Berichte erschöpft, ohne dass Berichtsinhalte erneut manuell in die Berichtsmaske eingegeben werden
müssen.

V. Folgen der Nichtbeachtung

Kommt das Unternehmen einem **vollziehbaren Nachbesserungsverlangen** 11
innerhalb der gesetzten Frist nicht nach, kann die Behörde gemäß § 24
Abs. 1 Nr. 13, Abs. 2 S. 1 Nr. 2 ein Bußgeld bis zu 500.000 EUR verhängen (→ § 24 Rn. 32). Liegen die Voraussetzungen des § 30 Abs. 1 OWiG
vor, ist gemäß § 24 Abs. 2 S. 2 in Verbindung mit § 30 Abs. 3 S. 2 OWiG
eine Unternehmensgeldbuße von bis zu fünf Mio. EUR möglich. Werden
die in § 22 Abs. 2 aufgeführten Bußgeldhöhen überschritten, kann das
Unternehmen von der Vergabe öffentlicher Aufträge ausgeschlossen werden.

Neben oder anstelle des Nachbesserungsverlangens kann die Behörde im 12
Fall eines mangelhaften Berichts gemäß § 24 Abs. 1 Nr. 10 ein **Bußgeld**
von bis zu 100.000 EUR gegen das Unternehmen verhängen. Das Nachbesserungsverlangen als milderes Mittel hat dabei bei gleicher Geeignetheit regelmäßig Vorrang gegenüber der Verhängung eines Bußgelds. Be-

---

3 BT-Drs. 19/28649, 53.

stehen allerdings Anhaltspunkte dafür, dass das Nachbesserungsverlangen nicht zum Erfolg führen wird, ist die sofortige Verhängung eines Bußgelds möglich. Entsprechendes gilt insbesondere im Wiederholungsfall.

VI. Zukünftige Rechtsentwicklung

13 Der am 23.2.2022 von der Europäischen Kommission veröffentlichte Vorschlag für eine Richtlinie für unternehmerische Sorgfaltspflichten im Bereich der Nachhaltigkeit[4] enthält **keine näheren Anforderungen an die behördliche Berichtsprüfung**. Inwieweit die Umsetzung der Richtlinie Änderungen des § 13 nach sich ziehen wird, bleibt abzuwarten.

Unterabschnitt 2 Risikobasierte Kontrolle

§ 14 Behördliches Tätigwerden; Verordnungsermächtigung

(1) Die zuständige Behörde wird tätig:
1. von Amts wegen nach pflichtgemäßem Ermessen,
    a) um die Einhaltung der Pflichten nach den §§ 3 bis 10 Absatz 1 im Hinblick auf mögliche menschenrechtliche und umweltbezogene Risiken sowie Verletzungen einer menschenrechtsbezogenen oder einer umweltbezogenen Pflicht zu kontrollieren und
    b) Verstöße gegen Pflichten nach Buchstabe a festzustellen, zu beseitigen und zu verhindern;
2. auf Antrag, wenn die antragstellende Person substantiiert geltend macht,
    a) infolge der Nichterfüllung einer in den §§ 3 bis 9 enthaltenen Pflicht in einer geschützten Rechtsposition verletzt zu sein oder
    b) dass eine in Buchstabe a genannte Verletzung unmittelbar bevorsteht.

(2) Das Bundesministerium für Arbeit und Soziales wird ermächtigt, durch Rechtsverordnung im Einvernehmen mit dem Bundesministerium für Wirtschaft und Energie ohne Zustimmung des Bundesrates das Verfahren der risikobasierten Kontrolle nach Absatz 1 und den §§ 15 bis 17 näher zu regeln.

I. Überblick ... 1	a) Antragsgegenstand ... 11
II. Behördliches Tätigwerden (**Abs. 1**) ... 4	b) Antragsberechtigter Personenkreis ... 12
1. Tätigwerden von Amts wegen ... 4	c) Antragsbefugnis ... 16
2. Tätigwerden auf substantiierten Antrag der Betroffenen ... 10	3. Rechtsschutzmöglichkeiten der Betroffenen ... 19
	III. Verordnungsermächtigung (**Abs. 2**) ... 20

---

4 Vorschlag für eine Richtlinie des Europäischen Parlaments und des Rates über die Sorgfaltspflichten von Unternehmen im Hinblick auf Nachhaltigkeit und zur Änderung der Richtlinie (EU) 2019/1937, 23.2.2022, COM(2022) 71 final.

I. Überblick

Die behördliche Kontrolle und Durchsetzung des LkSG hat „zwei Säulen 1 von unterschiedlicher Prüfbreite und -tiefe".[1] Damit bezweckt der Gesetzgeber, einen „Ausgleich zwischen einer möglichst breit angelegten und einer gezielt eingriffsintensiven Kontrolle" zu schaffen.[2] Während die erste Säule die Überprüfung der Berichtspflicht nach §§ 12 und 13 bildet, stellen §§ 14 bis 18 die **zweite Säule** dar: Sie regeln die **Kontrolle der Implementierung** der übrigen Pflichten nach dem LkSG.[3]

Die Pflichten aus § 3 bis § 10 wären zahnlose Tiger geblieben, wenn sie 2 nicht mit **hoheitlichen Kontroll- und Durchsetzungsmechanismen** ausgestattet wären. Ob der Ansatz einer „**risikobasierten Kontrolle**" indes die Garantien eines effektiven Verwaltungsvollzugs[4] zu gewährleisten vermag, wird sich in der Praxis noch zeigen müssen.

§ 14 sieht die Möglichkeit eines Tätigwerdens der zuständigen Behörde 3 (Bundesamt für Wirtschaft und Ausfuhrkontrolle, BAFA, → § 19 Rn. 1 ff.) sowohl „**von Amts wegen**"[5] als auch auf – **substantiierten** – **Antrag** einer in einer geschützten Rechtsposition verletzten oder unmittelbar gefährdeten Person vor. § 14 dient nach der Regierungsbegründung dem Zweck dieses Gesetzes, neben dem Allgemeininteresse auch die Interessen und **Rechte des Einzelnen** zu schützen.[6] Dabei bezieht sich diese Begründung nicht nur auf Abs. 2 (Tätigwerden auf Antrag), sondern auf den gesamten § 14, also auch auf ein Tätigwerden von Amts wegen. Das BAFA wird daher – im Einklang mit den Grundsätzen des allgemeinen Verwaltungsrechts[7] – auch zum Schutz von subjektiven Rechten von Amts wegen tätig.

II. Behördliches Tätigwerden (Abs. 1)
1. Tätigwerden von Amts wegen

Gemäß Abs. 1 Nr. 1 wird das BAFA zum einen nach „pflichtgemäßem 4 Ermessen"[8] von Amts wegen tätig **zur Kontrolle** der Einhaltung der Pflichten nach § 3 bis § 10 Abs. 1 – und zwar nicht nur hinsichtlich **Verletzungen** einer menschenrechts- oder umweltbezogenen Pflicht, sondern auch mit Blick auf mögliche menschenrechtliche und umweltbezogene **Risiken** (Abs. 1 Nr. 1. lit. a).

---

1 Begr. RegE LkSG, BT-Drs. 19/28649, 53.
2 Begr. RegE LkSG, BT-Drs. 19/28649, 53.
3 Begr. RegE LkSG, BT-Drs. 19/28649, 53.
4 Zur Effektivität der Verwaltung vgl. Hill NVwZ 1991, 1048 (1049); vgl. auch Art. 197 AEUV zur Effektivität der Durchführung von Unionsrecht.
5 Die Formulierung „von Amts wegen" wurde im Zuge des Gesetzgebungsverfahrens in der Beschlussempfehlung und dem Bericht des Ausschusses für Arbeit und Soziales ergänzt und „dient der Klarstellung", s. Ausschussbegründung, BT-Drs. 19/30505, 43.
6 Begr. RegE LkSG, BT-Drs. 19/28649, 54.
7 Vgl. Schoch/Schneider/Schneider VwVfG § 24 Rn. 9; NK-VwVfG/Engel/Pfau VwVfG § 24 Rn. 18.
8 Zu Grenzen und zur gerichtlichen Überprüfung von Ermessensentscheidungen siehe § 40 VwVfG, § 114 VwGO.

5 Zum anderen wird das BAFA ebenfalls nach „pflichtgemäßem Ermessen" von Amts wegen zur **Durchsetzung** der vorgenannten Pflichten tätig, konkret zur Feststellung, Beseitigung und zur Verhinderung von Verstößen gegen die Pflichten nach § 3 bis § 10 Abs. 1 auch hinsichtlich **Verletzungen** einer menschenrechts- oder umweltbezogenen Pflicht bzw. möglicher menschenrechtlicher und umweltbezogener **Risiken** (Abs. 1 Nr. 1. lit. b).[9]

6 Die Beachtung der Risiken – neben möglichen Verletzungen – hat „wegen der präventiven Wirkung des Gesetzes" durch die Beschlussempfehlung des Ausschusses für Arbeit und Soziales Eingang in den Gesetzestext gefunden. Nicht nur Verletzungen, sondern auch Risiken sollen demnach das **Entschließungsermessen intendieren**.[10]

7 Das Handeln nach „pflichtgemäßem Ermessen" bedeutet, dass das BAFA nicht in jedem Falle – aber bei Ermessensreduzierung auf Null[11] – von Amts wegen tätig werden „muss". Vielmehr kommt dem BAFA ein weites Ermessen zu. Dies gilt umso mehr, als die behördliche Kontrolle nach § 14 jedenfalls der Überschrift des Unterabschnitts 2 zufolge eine „**risikobasierte**" **Kontrolle** sein soll.[12] Eingang in den Wortlaut des Abs. 1 hat dies indes nicht gefunden. Lediglich in Abs. 2 heißt es, dass das BMAS ermächtigt wird, durch Rechtsverordnung ua das „Verfahren der risikobasierten Kontrolle nach Absatz 1" näher zu regeln. Aus § 19 Abs. 2 ergibt sich jedoch, dass das BAFA bei der Wahrnehmung seiner Aufgaben einen risikobasierten Ansatz verfolgt (→ § 19 Rn. 10).

8 Nach der Regierungsbegründung soll das BAFA beim Tätigwerden von Amts wegen im Rahmen seines Ermessens gemäß Abs. 1 Nr. 1 die geschützten Rechtspositionen nach § 2 Abs. 1 und die umweltbezogenen Pflichten gemäß § 2 Abs. 3 in den Blick nehmen.[13] Dabei kommt dem BAFA nicht nur hinsichtlich des Ob der Kontrolle, sondern auch der **Wahl der zu ergreifenden Mittel** (s. §§ 15–18) ein Ermessen (→ § 15 Rn. 4) zu.[14]

9 Das BAFA kann **vorbeugende Kontrollen** vornehmen, wie auch auf konkrete Anhaltspunkte für mögliche Verstöße reagieren. Dabei geht der Gesetzgeber zutreffend davon aus, dass das BAFA damit aufsichtsrechtliche Zwecke zum Schutz der in § 2 Abs. 1 und 3 in Bezug genommenen Gemeinwohlbelange und Rechtspositionen verfolgt und nicht lediglich zur Vorbereitung von Bußgeldverfahren tätig wird.[15] Denn die Kontrollbe-

---

9 Ausschussbegründung, BT-Drs. 19/30505, 43.
10 Ausschussbegründung, BT-Drs. 19/30505, 43.
11 BeckOK VwVfG/Aschke VwVfG § 40 Rn. 72 ff.; Stelkens/Bonk/Sachs/Sachs VwVfG § 40 Rn. 102a; Redeker/v. Oertzen/Redeker/Kothe/v. Nicolai VwGO § 114 Rn. 15; Schoch/Schneider/Riese VwGO § 114 Rn. 39.
12 Siehe die gesetzliche Überschrift vor § 14: „Unterabschnitt 2 Risikobasierte Kontrolle".
13 Begr. RegE LkSG, BT-Drs. 19/28649, 54.
14 Begr. RegE LkSG, BT-Drs. 19/28649, 54, die sich zwar auf Abs. 1 Nr. 2 bezieht, aber ebenso für Nr. 1 gelten dürfte.
15 Begr. RegE LkSG, BT-Drs. 19/28649, 54.

fugnisse dienen – **präventiv** – der Einhaltung der in Abs. 1 genannten Pflichten und haben daher keinen Sanktionscharakter.

2. Tätigwerden auf substantiierten Antrag der Betroffenen

Neben dem Tätigwerden von Amts wegen sieht Abs. 1 Nr. 2 vor, dass das BAFA **auf Antrag** tätig wird: Handelt es sich um einen substantiierten Antrag, der die **Voraussetzungen des Abs. 1 Nr. 2** erfüllt, **muss** das BAFA tätig werden. Freilich steht die Wahl der zu ergreifenden Mittel weiterhin in seinem Ermessen (→ § 15 Rn. 4). Dies ist dann der Fall, wenn die antragstellende Person **substantiiert** geltend macht, infolge der Nichterfüllung einer in den §§ 3 bis 9 enthaltenen Pflicht in einer geschützten Rechtsposition verletzt zu sein oder dass eine solche Verletzung unmittelbar bevorsteht. Daraus ergeben sich folgende verfahrensrechtliche Voraussetzungen: 10

a) Antragsgegenstand

Gegenstand eines Antrags nach Abs. 1 Nr. 2 kann nur eine Rüge der **Nichterfüllung einer in den §§ 3 bis 9** enthaltenen Pflicht sein. 11

b) Antragsberechtigter Personenkreis

Zu antragsberechtigten „Personen" im Sinne des Abs. 1 Nr. 2 gehören jedenfalls nach einer wörtlichen Auslegung **natürliche und juristische Personen.** Hiervon geht auch die Regierungsbegründung aus.[16] Davon zu unterscheiden ist allerdings die Frage, welche (juristischen) Personen antragsbefugt sind (zur Antragsbefugnis → Rn. 16 ff.). 12

Zum Kreis der möglichen betroffenen antragsberechtigten **natürlichen Personen** gehören in aller Regel **Beschäftigte** des zu überprüfenden Unternehmens oder seiner unmittelbaren oder mittelbaren Zulieferer, sofern sie antragsbefugt sind (dazu → Rn. 16 ff.). Antragsberechtigt sind im Interesse des effektiven Rechtsschutzes und zur Vermeidung von Umgehungen nicht nur formale Beschäftige (zum weiten Arbeitnehmerbegriff → § 1 Rn. 25 ff.), sondern auch solche Personen, die nach den jeweils geltenden Gesetzen **in Schwarzarbeit oder Scheinselbstständige sind oder Arbeitsverboten** unterliegen.[17] Erfasst sein sollen daher auch solche schutzwürdigen Personen, die **auf eigene Rechnung tätig** sind (wie zB Kleinbauern oder als Solostselbstständige oder im Familienverband Tätige).[18] 13

Schließlich sind nach der Regierungsbegründung auch solche Personen antragsberechtigt, die **in sonstiger Weise** von der wirtschaftlichen Tätigkeit des zu überprüfenden Unternehmens oder eines unmittelbaren oder mittelbaren Zulieferers desselben **betroffen** sind. Hierzu sollen insbeson- 14

---

16 Begr. RegE LkSG, BT-Drs. 19/28649, 54.
17 Begr. RegE LkSG, BT-Drs. 19/28649, 54.
18 Begr. RegE LkSG, BT-Drs. 19/28649, 54.

dere Anwohnende zählen, die etwa durch Umweltverschmutzungen in ihren durch das LkSG geschützten Rechtspositionen verletzt werden.[19]

15 Ebenso umfasst sein sollen nach der Regierungsbegründung „juristische Personen, Personenvereinigungen oder Gremien", **sofern sie vom persönlichen Schutzbereich der geschützten Rechtspositionen gemäß § 2 Abs. 1** (→ § 2 Rn. 1 ff.) erfasst sind, insbesondere Gewerkschaften.[20] Einem solchen Verständnis des berechtigten Personenkreises steht jedenfalls der Wortlaut des Abs. 1 Nr. 2 nicht entgegen. Contra legem wäre es allerdings, wenn man den berechtigten Personenkreis entgegen der klaren Formulierung des Abs. 1 Nr. 2 („infolge der Nichterfüllung einer in den §§ 3 bis 9 enthaltenen Pflicht in **einer geschützten Rechtsposition** verletzt zu sein") auf den Anwendungsbereich der in § 2 Abs. 3 definierten umweltbezogenen Risiken oder Pflichten ausdehnen würde. Auch systematische Gründe sprechen dagegen, die Antragsberechtigung über die in Abs. 1 Nr. 2 genannten Fälle des persönlichen Schutzbereichs des § 2 Abs. 1 hinaus zu erweitern.[21] Denn Abs. 1 Nr. 2 lit. a nimmt – anders als Abs. 1 Nr. 1 lit. a – nur auf geschützte Rechtspositionen Bezug, die in § 2 Abs. 1 definiert sind.

c) Antragsbefugnis

16 Der Antragsteller muss geltend machen, durch die Nichterfüllung einer der vorgenannten Pflichten in einer **eigenen** geschützten Rechtsposition (**selbst**) verletzt zu sein oder geltend machen, dass eine solche Rechtsverletzung unmittelbar bevorsteht.[22]

17 Dabei dürfte es – im Einklang mit den allgemeinen Anforderungen an die Darlegungslast zur Antragsbefugnis[23] – ausreichen, wenn der Antragsteller substantiiert darlegt, es sei **zumindest möglich oder nicht von vornherein auszuschließen**, dass seine Rechtsposition infolge einer Sorgfaltspflichtverletzung verletzt ist oder eine solche Verletzung unmittelbar bevorsteht.[24]

18 Die Anforderungen an die Substantiierung dürfen allerdings im Interesse einer effektiven Durchsetzung der Pflichten aus dem LkSG nicht so hoch angesetzt werden, dass es den Betroffenen **faktisch schwer oder unmöglich gemacht** wird, die Sorgfaltspflichtverletzung etwa anhand

---

19 Begr. RegE LkSG, BT-Drs. 19/28649, 54.
20 Begr. RegE LkSG, BT-Drs. 19/28649, 54 (Hervorhebung nur hier).
21 AA Grabosch LkSG/Engel/Schönfelder § 6 Rn. 20, die mit Verweis auf die Rechtsprechung des BVerwG zu § 42 Abs. 2 Hs. 2 VwGO, der ebenfalls nur die Geltendmachung eigener Rechte erlaubt, § 42 Abs. 2 Hs. 2 VwGO im Lichte von Art. 9 Abs. 3 Århus-Konvention und der Spruchpraxis des Århus-Ausschusses erweiternd auslegen, um Umweltverbänden die Geltendmachung der Verletzung der Pflicht zur Erstellung von Luftreinhalteplänen zu erlauben.
22 So auch Grabosch LkSG/Engel/Schönfelder § 6 Rn. 19, die zu Recht auf § 11 verweisen: Die Möglichkeit der Verfahrensstandschaft räumt das LkSG ausdrücklich für *gerichtliche* Verfahren ein (§ 11 befindet sich in „Abschnitt 3 Zivilprozess").
23 Redeker/v. Oertzen/Redeker/Kothe/v. Nicolai VwGO § 42 Rn. 48; NK-VwGO/Sodan VwGO § 42 Rn. 379.
24 So auch die Begr. RegE LkSG, BT-Drs. 19/28649, 54.

unternehmensinterner Vorgänge und Informationen, zu denen sie keinen Zugang haben, darzulegen.[25] Vielmehr soll es laut der Regierungsbegründung „in aller Regel ausreichen, wenn **ein gewisser Zusammenhang** zwischen der wirtschaftlichen Tätigkeit des Unternehmens und der geltend gemachten Rechtsverletzung besteht oder zumindest möglich erscheint".[26] Nicht ausreichen soll es hingegen, „wenn die Betroffenheit in einer menschenrechtlich geschützten Rechtsposition offensichtlich nur zufällig mit einem Bezugspunkt zum Unternehmen oder seiner Lieferkette koinzidiert".[27] Andererseits könne die Darlegung der Sorgfaltspflichtverletzung als solche nicht Voraussetzung für ein Antragsrecht sein, das gerade bezwecke, eine Sorgfaltspflichtverletzung durch das BAFA im Wege der Amtsermittlung untersuchen zu lassen.[28] Dies *entlastet* aber den Antragsteller nicht von seiner Pflicht, darzulegen, dass zumindest die Möglichkeit einer Verletzung oder unmittelbaren Gefährdung seiner Rechtsposition infolge einer Sorgfaltspflichtverletzung besteht.

3. Rechtsschutzmöglichkeiten der Betroffenen

Der antragstellenden Person gem. Abs. 1 Nr. 2 steht gegen Handlungen und Unterlassungen des BAFA der **Verwaltungsrechtsweg** gem. § 40 Abs. 1 VwGO offen. Dabei gelten die üblichen prozessualen Voraussetzungen der VwGO. In der Praxis dürfte insbesondere die Untätigkeitsklage gemäß § 75 VwGO im Zuge des Inkrafttretens des LkSG an Bedeutung gewinnen, sollte das BAFA etwaigen Anträgen nicht rechtzeitig nachkommen. Denkbar sind aber auch Verpflichtungsklagen, die auf den Erlass von behördlichen Anordnungen und Maßnahmen nach §§ 15 ff. abzielen könnten.

19

III. Verordnungsermächtigung (Abs. 2)

§ 14 Abs. 2 ermächtigt das Bundesministerium für Arbeit und Soziales (BMAS), durch Rechtsverordnung im Einvernehmen mit dem Bundesministerium für Wirtschaft und Energie (BMWK) ohne Zustimmung des Bundesrates **das Verfahren der risikobasierten Kontrolle nach Absatz 1** und den §§ 15 bis 17 näher zu regeln. Die Vorschrift sieht lediglich die Möglichkeit, aber **nicht die Pflicht** zum Erlass von Rechtsverordnungen vor. Bislang hat das BMAS von dieser Möglichkeit noch keinen Gebrauch gemacht.

20

§ 15 Anordnungen und Maßnahmen

¹Die zuständige Behörde trifft die geeigneten und erforderlichen Anordnungen und Maßnahmen, um Verstöße gegen die Pflichten nach den §§ 3

---

25 Begr. RegE LkSG, BT-Drs. 19/28649, 54.
26 Begr. RegE LkSG, BT-Drs. 19/28649, 54 (Hervorhebung nur hier).
27 Begr. RegE LkSG, BT-Drs. 19/28649, 54.
28 Begr. RegE LkSG, BT-Drs. 19/28649, 54.

bis 10 Absatz 1 festzustellen, zu beseitigen und zu verhindern. ²Sie kann insbesondere
1. Personen laden,
2. dem Unternehmen aufgeben, innerhalb von drei Monaten ab Bekanntgabe der Anordnung einen Plan zur Behebung der Missstände einschließlich klarer Zeitangaben zu dessen Umsetzung vorzulegen und
3. dem Unternehmen konkrete Handlungen zur Erfüllung seiner Pflichten aufgeben.

I. Überblick

1 Gemäß § 15 S. 1 ist das BAFA **zur Durchsetzung** der Pflichten aus § 3 bis § 10 Abs. 1, konkret zur Feststellung, Beseitigung und Verhinderung von Verstößen hiergegen, befugt, die **geeigneten und erforderlichen Anordnungen und Maßnahmen** zu treffen. Hierzu kann es gem. § 15 S. 2 – „insbesondere" – Personen laden, dem Unternehmen aufgeben, innerhalb von drei Monaten ab Bekanntgabe der Anordnung einen Plan zur Behebung der Missstände einschließlich klarer Zeitangaben zu dessen Umsetzung vorzulegen oder ihm konkrete Handlungen zur Erfüllung seiner Pflichten aufgeben. Soweit die Regierungsbegründung lediglich davon spricht, S. 2 konkretisiere, welche Anordnungen und Maßnahmen die Behörde „zur risikobasierten Kontrolle" vornehmen könne,[1] ist dies irreführend. § 15 S. 1 ermächtigt die Behörde nach dem klaren Wortlaut nicht (nur) *zur Kontrolle*. Daran ändert auch nichts, dass die Überschrift des Unterabschnitts 2 „risikobasierte Kontrolle" lautet.

2 Die Aufzählung in S. 2 ist, wie die Formulierung („insbesondere") zeigt, **nicht abschließend**.[2] Hinzu kommen insbesondere die in §§ 16–18 genannten Maßnahmen, die besondere Mitwirkungspflichten (zB Auskunfts- und Herausgabepflichten für die adressierten Unternehmen und weitere Verpflichtete) vorsehen (zu einzelnen Maßnahmen siehe die Kommentierung der §§ 16–18).

II. Generalklausel (S. 1)

3 Gemäß § 15 S. 1 trifft das BAFA die geeigneten und erforderlichen Anordnungen und Maßnahmen, um Verstöße gegen die Pflichten nach § 3 bis § 10 Abs. 1 festzustellen, zu beseitigen und zu verhindern. Die Vorschrift stellt die **Generalklausel** zur Durchsetzung der vorgenannten Pflichten dar.

4 Nicht ganz eindeutig ist das Verhältnis des § 15 zu § 14. Nach dem Wortlaut des § 15 wird das BAFA – anders als nach § 14 – nicht zur Kontrolle der Einhaltung der Pflichten nach § 3 bis § 10 Abs. 1 ermächtigt, sondern **zur Feststellung, zur Beseitigung und zur Verhinderung** etwaiger Verstöße durch geeignete und erforderliche Anordnungen und

---

[1] Begr. RegE LkSG, BT-Drs. 19/28649, 55.
[2] So auch die Begr. RegE LkSG, BT-Drs. 19/28649, 55.

Maßnahmen. Die systematische Stellung des § 15 nach § 14 dürfte dafür sprechen, dass § 15 zumindest gedanklich voraussetzt, dass sich das BAFA bereits gemäß § 14 mit der Sache befasst hat, dh entweder auf substantiierten Antrag Betroffener zum Tätigwerden verpflichtet ist oder bereits von Amts wegen Anhaltspunkte für etwaige Verstöße hat und damit sein Entschließungsermessen im Sinne eines Tätigwerdens ausgeübt hat. Daran schließt § 15 an, der dem BAFA bei der **Auswahl der Handlungsoptionen** ein weiteres (Auswahl-)Ermessen einräumt, das ebenfalls nach den allgemeinen Grundsätzen gerichtlich auf Ermessensfehler überprüfbar ist.[3]

Soweit § 15 S. 1 von „geeigneten" und „erforderlichen" Anordnungen und Maßnahmen spricht, hat dies lediglich klarstellende Funktion. Denn selbstverständlich ist jede Behörde – jedenfalls im Bereich der Eingriffsverwaltung – an den **Grundsatz der Verhältnismäßigkeit** gebunden.[4] Nichts anderes gilt für das BAFA mit Blick auf die Maßnahmen nach dem LkSG.

III. Regelbeispiele (S. 2)

§ 15 S. 2 konkretisiert **beispielhaft**, welche Anordnungen und Maßnahmen das BAFA treffen kann:[5] Erstens sieht S. 2 Nr. 1 vor, dass das BAFA „Personen" laden kann. Hier stellt sich die Frage, ob damit nur „Personen" innerhalb des betreffenden Unternehmens bzw. ein Verantwortlicher des betreffenden Unternehmens gemeint sein soll oder auch Dritte (ggf. als Zeugen oder Sachverständige) geladen werden können. Der Wortlaut des § 15 S. 2 Nr. 1 ist jedenfalls offen. Er erlaubt, alle denkbaren Personen **unabhängig von ihrer Unternehmenszugehörigkeit** zu laden. Auch die systematische Auslegung spricht für ein solch weites Verständnis: Anders als S. 2 Nr. 1 legen beide Regelbeispiele nach S. 2 Nr. 2 und Nr. 3 ausdrücklich „dem Unternehmen" Verpflichtungen auf. Auch mit Blick auf den Sinn und Zweck einer Ladung im Sinne der Nr. 1 ist davon auszugehen, dass jede Person geladen werden kann, um Verstöße gegen die Pflichten nach § 3 bis § 10 Abs. 1 zu ermitteln. Denn anders als bei Nr. 2 und Nr. 3 geht es bei Nr. 1 noch nicht um das Auferlegen bestimmter Handlungen, sondern um (weitere) Ermittlungen. Dieses Ergebnis wird auch durch die Regierungsbegründung bestätigt, die den Personenkreis im Sinne der Nr. 1 nicht weiter einschränkt.[6] Jedenfalls durch den Rückgriff auf die Generalklausel können somit auch Dritte geladen werden.

Zweitens kann das BAFA gem. S. 2 Nr. 2 dem Unternehmen aufgeben, innerhalb von drei Monaten ab Bekanntgabe der Anordnung einen Plan

---

3 Siehe ua Schoch/Schneider/Riese VwGO § 114 Rn. 17; Redeker/v. Oertzen/Redeker/Kothe/v. Nicolai VwGO § 114 Rn. 12.
4 Siehe ua Dürig/Herzog/Scholz/Grzeszick GG Art. 20 Rn. 109; BeckOK GG/Huster/Rux GG Art. 20 Rn. 170.
5 So auch die Begr. RegE LkSG, BT-Drs. 19/28649, 55.
6 Begr. RegE LkSG, BT-Drs. 19/28649, 55.

zur Behebung der Missstände einschließlich klarer Zeitangaben zu dessen Umsetzung vorzulegen. Diese **zeitlichen Vorgaben** verhindern etwaige Verzögerungen und dienen der effektiven Durchsetzung. Welche Anforderungen an solch einen Plan zu stellen sind, ergibt sich nicht aus der Norm.[7] Vielmehr kommt dem BAFA auch insoweit ein weiter Beurteilungsspielraum zu. Das BAFA ist aber gehalten, seine Anforderungen gegenüber dem betroffenen Unternehmen rechtzeitig zu kommunizieren.

8 Schließlich kann das BAFA gemäß S. 2 Nr. 3 „dem Unternehmen konkrete Handlungen zur Erfüllung seiner Pflichten aufgeben". Mit Blick auf diese **allgemeine Formulierung** stellt sich allerdings die Frage, ob sich S. 2 Nr. 3 überhaupt als ein Regelbeispiel eignet. Nach der Regierungsbegründung kann die zuständige Behörde auf Grundlage dieser Befugnis „gegenüber dem betroffenen Unternehmen konkrete Handlungen zur Erfüllung seiner Pflichten anordnen, wenn dies zur Feststellung, Beseitigung oder Verhinderung von Verstößen gegen die Pflichten nach § 3 bis § 10 Abs. 1 geeignet und erforderlich ist."[8]

§ 16 Betretensrechte

Soweit dies zur Wahrnehmung der Aufgaben nach § 14 erforderlich ist, sind die zuständige Behörde und ihre Beauftragten befugt,
1. Betriebsgrundstücke, Geschäftsräume und Wirtschaftsgebäude der Unternehmen während der üblichen Geschäfts- oder Betriebszeiten zu betreten und zu besichtigen sowie
2. bei Unternehmen während der üblichen Geschäfts- oder Betriebszeiten geschäftliche Unterlagen und Aufzeichnungen, aus denen sich ableiten lässt, ob die Sorgfaltspflichten nach den §§ 3 bis 10 Absatz 1 eingehalten wurden, einzusehen und zu prüfen.

I. Überblick	1	IV. Einsicht und Prüfung der Unterlagen und Aufzeichnungen (Nr. 2)	14
II. Verfassungsrechtliche Aspekte	4	V. Mitwirkungspflichten	18
III. Nachschau (Nr. 1)	7	VI. Durchsetzungsmöglichkeiten	20
1. Betreten und Besichtigen	8	VII. Rechtsschutz	23
2. Unternehmen	9	VIII. Zukünftige Rechtsentwicklung	25
3. Betroffene Liegenschaften	10		
4. Durchführung der Nachschau	12		

---

7 Vgl. dazu Hembach Praxisleitfaden S. 187, der darauf hinweist, dass das Nichterfüllen solcher Anforderungen wohl wegen des Bestimmtheitsgebots nicht geeignet sei, den Ordnungswidrigkeitentatbestand zu erfüllen.
8 Begr. RegE LkSG, BT-Drs. 19/28649, 55. Nach Grabosch LkSG/Engel/Schönfelder § 6 Rn. 32 sollen auf Grundlage dieser Befugnis Unternehmen zB verpflichtet werden können, in Betriebsstätten im Ausland Kontrollen durch unabhängige Dritte durchzuführen oder solche Kontrollen im Auftrag des BAFA zu dulden.

I. Überblick

§ 16 bildet gemeinsam mit §§ 17, 18 den zweiten Schwerpunkt der im Abschnitt 4, Unterabschnitt 2 enthaltenen Instrumente für eine risikobasierte Kontrolle. Diese Vorschriften gewähren dem nach § 19 zuständigen BAFA sowie seinen „Beauftragten", etwa wegen besonderer Sachkunde beigezogenen Sachverständigen,[1] umfassende **Ermittlungsbefugnisse** im Rahmen des Verwaltungsverfahrens. Sie stellen der in § 14 Abs. 1 Nr. 1 vorgesehenen Amtsermittlung die hierfür notwendigen Ermächtigungen zur Seite und verleihen ihr dadurch Durchsetzungsvermögen. Die bereits nach dem allgemeinen Verwaltungsrecht (s. § 24 Abs. 2 VwVfG) geltende Mitwirkungslast des Beteiligten wird durch die Normentrias zu echten, im Wege des Verwaltungszwangs durchsetzbaren Mitwirkungspflichten erheblich erweitert.[2] Dabei ist das für das Verwaltungsverfahren gem. § 19 zuständige BAFA zugleich auch gem. § 24 Abs. 5 die für ein etwaiges Bußgeldverfahren zuständige Behörde. Diese „**Doppelrolle**" ist nicht unproblematisch. Denn es besteht die Gefahr, dass die im präventiven Verfahren nach Maßgabe des VwVfG und LkSG gesammelten Erkenntnisse in das repressive Ordnungswidrigkeitenverfahren einfließen, in dem gem. § 46 Abs. 1 OWiG die zwar weiterreichenden, dafür aber häufig auch besonderen Kautelen unterliegenden Ermittlungsmaßnahmen der Strafprozessordnung Anwendung finden (→ § 17 Rn. 22, 27).[3] 1

Die in §§ 16–18 verankerten Ermittlungsbefugnisse des BAFA, Betriebsstätten zu betreten, Unterlagen zu sichten sowie Auskunft und Herausgabe zu verlangen, gehören zum **Standard des besonderen Verwaltungsrechts**. Vergleichbare Maßnahmen finden sich – allerdings in der Regel auf eine einzige Norm konzentriert – in der ein oder anderen Form in einer Vielzahl von Gesetzen, etwa in § 22 GastG, § 29 GewO, § 17 HandwO, § 11 ProdSG, § 22 ArbSchG, § 9 Abs. 2 GGBefG, § 52 GwG, § 6 Abs. 11, § 107 Abs. 6 WpHG, §§ 3, 4, 5 SchwarzArbG, § 23 AWG oder auch § 99 AO.[4] Während bei diesen Vorschriften ein etwaiger Verstoß gegen die Mitwirkungs- und Duldungspflichten eine Ordnungswidrigkeit begründet,[5] stellt ein Verstoß gegen §§ 16–18 gem. § 24 **keine** 2

---

[1] Vgl. Erbs/Kohlhaas/Ambs/Häberle ArbSchG § 22 Rn. 2. Die Möglichkeit der Behörde, Dritte bei Prüfungen miteinzubeziehen, ist bei Ermittlungsbefugnissen im Wirtschaftsverwaltungsrecht üblich, wobei dies teilweise (zB in § 4 Abs. 3 FinDAG, § 51 Abs. 3 S. 3 GWG, § 99 AO) noch einmal gesondert klargestellt wird. Im Referentenentwurf des LkSG (abrufbar unter https://www.bmas.de/DE/Service/Gesetze-und-Ge setzesvorhaben/gesetz-unternehmerische-sorgfaltspflichten-lieferketten.html) war statt von „Beauftragten" die Rede von „Personen, die von der zuständigen Behörde beauftragt wurden sowie Personen und Einrichtungen, derer sich die Behörde zur Durchführung dieser Aufgaben bedient".
[2] Seibt/Vesper-Gräske CB 2021, 357 (361); vgl. Schoch/Schneider/Schneider VwVfG § 26 Rn. 28.
[3] Seibt/Vesper-Gräske CB 2021, 357 (360 f.).
[4] Weitere Beispiele bei Bärlein/Pananis/Rehmsmeier NJW 2002, 1825 (1826).
[5] § 28 Nr. 11 GastG; § 146 Abs. 2 Nr. 4 GewO; § 118 Abs. 1 Nr. 2 HandwO; § 39 Abs. 1 Nr. 8 lit. a ProdSG; § 56 Abs. 1 S. 1 Nr. 73, 74 GwG; § 120 Abs. 12 Nr. 2 WpHG; § 8 Abs. 2 Nr. 3 SchwarzArbG.

Ordnungswidrigkeit dar. Das BAFA kann entsprechende Anordnungen aber im Wege der Verwaltungsvollstreckung durchsetzen (→ Rn. 20 ff.).

3 Das Bundesministerium für Arbeit und Soziales ist gem. § 14 Abs. 2 **ermächtigt**, Einzelheiten durch **Verordnung** näher zu regeln.

II. Verfassungsrechtliche Aspekte

4 Verfassungsrechtlich bewegt sich die „Nachschau" im Ausgangspunkt auf grundrechtlich hochsensiblem Terrain.[6] Denn das **Grundrecht der Unverletzlichkeit der Wohnung** (Art. 13 GG) umfasst nach der Rechtsprechung des BVerfG nicht nur Wohnräume, sondern auch Arbeits-, Geschäfts- und Betriebsräume.[7] Die „Nachschau" ist zunächst streng von der „Durchsuchung" abzugrenzen, die nach Art. 13 Abs. 2 GG grundsätzlich unter Richtervorbehalt steht und zu der § 16 nicht ermächtigt. Auch sonstige „Eingriffe und Beschränkungen" des Grundrechts unterliegen aber hohen, in Art. 13 Abs. 7 GG festgeschriebenen Anforderungen. Zu derartigen sonstigen „Eingriffen und Beschränkungen" ermächtigt § 16 die Behörde aber ebenfalls nicht, jedenfalls wäre das Zitiergebot des Art. 19 Abs. 1 S. 2 GG dann nicht gewahrt. Bei den in § 16 normierten Befugnissen dürfte es sich allerdings nicht um „Eingriffe und Beschränkungen" iSd Art. 13 Abs. 7 GG handeln. Denn Geschäfts- und Betriebsräume sind aufgrund ihrer speziellen Nutzung nicht in der gleichen Intensität vom Schutzbereich des Art. 13 GG umfasst wie der räumlichen Privatsphäre zuzuordnende Wohnräume, bei denen der Schutzzweck des Art. 13 GG, dem Einzelnen einen vor staatlicher Invasion geschützten privaten Rückzugsraum zu gewährleisten, voll durchgreift. Deshalb ist in der Rechtsprechung des BVerfG und des BVerwG gleichermaßen anerkannt, dass das Betreten eines Geschäftsraums durch staatliche Kontrolleure unter den folgenden vier Voraussetzungen nicht unter „Eingriffe und Beschränkungen" im Sinne des Art. 13 Abs. 7 GG zu subsumieren ist:[8] 1. Eine besondere gesetzliche Vorschrift muss zum Betreten der Räume ermächtigen. 2. Das Betreten der Räume, die Vornahme der Besichtigungen und Prüfungen müssen einem erlaubten Zweck dienen und für dessen Erreichung erforderlich sein. 3. Das Gesetz muss den Zweck des Betretens, den Gegenstand und den Umfang der zugelassenen Besichtigung und Prüfung deutlich erkennen lassen. 4. Das Betreten der Räume und die Vornahme der Besichtigung und Prüfung ist nur in den Zeiten statthaft, zu denen die Räume normalerweise für die jeweilige geschäftliche oder betriebliche Nutzung zur Verfügung stehen.

5 Vor diesem Hintergrund beschränkt § 16 Nr. 1 die Betretensrechte auf die **normalen Geschäftszeiten**. Auch die sonstigen Anforderungen wer-

---

6 Vgl. auch Hembach Praxisleitfaden S. 187 ff.; Wagner/Ruttloff/Wagner LkSG/Ruttloff/Hahn § 9 Rn. 1439 ff.
7 BVerfG Beschl. v. 13.10.1971 – 1 BvR 280/66, NJW 1971, 2299; BeckOK GG/Kluckert GG Art. 13 Rn. 3.
8 BVerfG Beschl. v. 13.10.1971 – 1 BvR 280/66, NJW 1971, 2299; BVerwG Urt. v. 5.11.1987 – 3 C 52.85, NJW 1988, 1278.

den erfüllt: Die Vorschrift dient dem **Zweck der Sachverhaltsermittlung** mit Blick auf die Aufgaben des BAFA nach § 14. Der Umfang und Gegenstand der Besichtigung ist durch die Erstreckung auf sämtliche Betriebsgrundstücke, Geschäftsräume und Wirtschaftsgebäude zwar weit gefasst, **aber erkennbar begrenzt**.[9] Die Art der einsehbaren Unterlagen ist zudem in Nr. 2 weiter beschränkt.

Aus den vorgenannten verfassungsrechtlichen Vorgaben ergibt sich aber, dass die Befugnis streng **wortlautgetreu** auszulegen und einer Analogie nicht zugänglich ist. Das bedeutet insbesondere: Die Grenze zur Durchsuchung darf nicht überschritten werden; die Besichtigung darf nicht außerhalb der Geschäftszeiten stattfinden; gegebenenfalls mit den Geschäftsräumen verbundene Wohnräume oder auch als Wohnräume genutzte Geschäftsräume dürfen nicht betreten werden; und die Kontrollen dürfen nur erfolgen, soweit sie zur Wahrnehmung der Aufgaben nach § 14 erforderlich sind.

6

III. Nachschau (Nr. 1)

§ 16 Nr. 1 sieht die Befugnis der Verwaltungsbehörden zum Betreten von Liegenschaften zur Sachverhaltsermittlung („**Nachschau**") vor, sofern dies zur Wahrnehmung der Aufgaben der zuständigen Behörden erforderlich ist. Eine solche Befugnis findet sich – mit inhaltlichen Differenzen – auch in zahlreichen anderen besonderen Verwaltungsgesetzen.[10]

7

1. Betreten und Besichtigen

Nr. 1 erlaubt nur das **Betreten und Besichtigen**. Eine Durchsuchung hingegen ist im Verwaltungsverfahren (anders als im Bußgeldverfahren über § 46 Abs. 1 OWiG iVm §§ 102 f. StPO) nicht möglich. Eine Durchsuchung ist das ziel- und zweckgerichtete Suchen staatlicher Organe nach Personen oder Sachen oder zur Ermittlung eines Sachverhalts; es soll etwas aufgespürt werden, was der Inhaber einer Wohnung oder eines Geschäftsraumes von sich aus nicht herausgeben oder offenlegen will.[11] Das ist bei Routinekontrollen der Verwaltungsbehörden im Rahmen ihrer Besichtigungsrechte in der Regel nicht der Fall[12] – jedenfalls sofern nicht zielgerichtet nach Verborgenem gesucht wird. Hier verläuft eine in der Praxis penibel zu beachtende, aber nicht immer leicht zu bestimmende Grenze. Diese ist zum einen einfachgesetzlich durch den gerade nicht zur „Durchsuchung" ermächtigenden Wortlaut des § 16 Nr. 1 vorgegeben. Zum anderen ist sie verfassungsrechtlich geboten (→ Rn. 4 ff.).

8

---

9 Eine ähnlich weite Formulierung lag auch der Leitentscheidung des BVerfG (Beschl. v. 13.10.1971 – 1 BvR 280/66, NJW 1971, 2299) zugrunde und ist auch in sonstigen Nachschau-Normierungen (etwa § 22 GastG; § 29 Abs. 2 S. 1 GewO; § 52 Abs. 2 GwG) üblich.
10 Vgl. etwa § 29 Abs. 2 GewO; § 22 Abs. 2 GastG; § 52 GwG; § 6 Abs. 1 WpHG.
11 BVerfG Beschl. v. 5.5.1987 – 1 BvR 1113/85, BVerfGE 75, 318 Rn. 26; BVerwG Urt. v. 5.11.1987 – 3 C 52/85, BVerwGE 78, 251 Rn. 25 jew. mwN.
12 BVerfG Beschl. v. 13.10.1971 – 1 BvR 280/66, BVerfGE 32, 54 Rn. 48; BVerwG Urt. v. 5.11.1987 – 3 C 52/85, BVerwGE 78, 251 Rn. 25.

Zwar wird teilweise kritisiert, dass die Betretensrechte des § 16 Nr. 1 im Verbund mit den Auskunfts-, Herausgabe-, Duldungs- und Mitwirkungspflichten der §§ 17, 18 jedenfalls faktisch die Kontrollbesichtigungen stark in die Nähe einer „Durchsuchung mit durchgeführten Spontanbefragungen und Sicherstellungen von Unterlagen" rücken.[13] Die Schwelle zur Durchsuchung wird jedoch so lange nicht überschritten, wie sich die Kontrolleure darauf beschränken, die Räumlichkeiten – zu denen ihnen grundsätzlich uneingeschränkt Zugang zu gewähren ist – nur zu betreten und zu besichtigen, ohne sie gezielt nach verborgen gehaltenen Gegenständen zu durchsuchen. Insbesondere das gewaltsame Öffnen verschlossener Behältnisse wird vom Besichtigungsrecht nicht erfasst. Bereits aus verfassungsrechtlichen Gründen (→ Rn. 4 ff.) ist deshalb im Rahmen der Besichtigung genau darauf zu achten, dass etwaige flankierend getroffene Anordnungen nach § 17 das Gesamtgeschehen nicht faktisch zu einer Durchsuchung machen. Durchsuchungen können schon deshalb nicht auf § 16 (auch in Verbindung mit § 17) gestützt werden, weil andernfalls der Richtervorbehalt des Art. 13 Abs. 2 GG verletzt wäre.[14]

2. Unternehmen

9 Das Betretensrecht des § 16 erfasst jedenfalls die **Unternehmen**, die gem. § 1 in den Anwendungsbereich des LkSG fallen. Auf unmittelbare oder mittelbare Zulieferer Sinne von § 2 Abs. 7 und 8 erstreckt sich das Betretensrecht nicht.[15] Fraglich ist, ob die Nachschaurechte auch dann bestehen, wenn durch die Nachschau gerade erst festgestellt werden soll, ob es sich überhaupt um ein „Unternehmen" iSd § 1 handelt. Dafür könnte zwar sprechen, dass die Effektivität der behördlichen Kontrolle stark gemindert wäre, wenn das BAFA nicht eigenständig überprüfen könnte, welche Unternehmen überhaupt die Anforderungen des LkSG erfüllen müssen. Im Ergebnis ist ein Nachschaurecht zur Feststellung, ob ein Unternehmen in den Anwendungsbereich des LkSG fällt, aber zu verneinen. Zwar zeigt die Regelung in § 17 Abs. 1 Nr. 1, dass nach dem Willen des Gesetzgebers auch Unternehmen Adressat von behördlichen Maßnahmen nach dem LkSG sein können, bei denen die Eröffnung des Anwendungsbereichs noch nicht feststeht (zu diesem Paradox → § 17 Rn. 5). Anders als § 17 Abs. 2 Nr. 1 enthält der Wortlaut des § 16 aber keinerlei Erweiterung dahin gehend, dass bereits zur Aufklärung der Unternehmenseigenschaft eine Nachschau stattfinden kann. Vielmehr scheint nach dem Wortlaut die (feststehende) Unternehmenseigenschaft Tatbestandsvoraussetzung der Norm zu sein. Dabei sind Formulierungen, die auch zur bloßen Überprüfung einer bestimmten Unternehmenseigenschaft Nachschaurechte oder zumindest Auskunftsrechte gewähren, in anderen

---

13 Lutz-Bachmann/Vorbeck/Wengenroth BB 2021, 906 (912); Kamann/Irmscher NZWiSt 2021, 249 (252).
14 Vgl. Hembach Praxisleitfaden S. 188; Grabosch LkSG/Engel/Schönfelder § 6 Rn. 33.
15 Nicht nachvollziehbar insofern Thalhammer DÖV 2021, 825 (833), die dies unter Bezugnahme auf ein Lobbypapier für unklar hält.

Domänen des besonderen Verwaltungsrechts durchaus üblich.[16] Das LkSG selbst sieht in solchen „Verdachtsfällen" gem. § 17 Abs. 2 Nr. 1 indes allein Auskunfts- und Herausgabepflichten vor (→ § 17 Rn. 5). Es ist nicht ersichtlich, dass es der Gesetzgeber übersehen hätte, in § 16 eine dem § 17 Abs. 2 Nr. 1 entsprechende Regelung aufzunehmen. Damit laufen trotz fehlender Nachschaurechte auch die behördlichen Kontrollrechte hinsichtlich der Anwendbarkeit des LkSG nicht leer; sie sind lediglich zunächst auf Auskunfts- und Herausgabeverlangen beschränkt.

3. Betroffene Liegenschaften

Betretensrechte bestehen umfassend hinsichtlich sämtlicher **Betriebs-** 10
grundstücke des Unternehmens. Unerheblich ist dabei nach dem Telos der Norm und vor dem Hintergrund des Bedürfnisses effektiver Gefahrenabwehr, ob eine dingliche (Eigentum, Nießbrauch), rein schuldrechtliche (etwa Miete oder Pacht) oder womöglich gar keine Berechtigung (da bspw. ein schuldrechtlicher Vertrag nichtig ist) zur Nutzung der Räumlichkeiten und Grundstücke besteht. Maßgeblich ist, dass die Liegenschaft vom Unternehmen **faktisch** genutzt wird.

Das Betretensrecht dürfte schon wegen der völkerrechtlichen Beschrän- 11
kung der staatlichen Hoheitsgewalt auf das jeweilige Staatsgebiet auf **Liegenschaften innerhalb der Bundesrepublik Deutschland** beschränkt sein. Denn hoheitliche Maßnahmen deutscher Behörden auf ausländischem Territorium sind grundsätzlich unzulässig, sofern keine Erlaubnis des betroffenen Staates vorliegt.[17]

4. Durchführung der Nachschau

Die Kontrollen der Behörde dürfen **anlasslos** und **unangekündigt** erfol- 12
gen.[18] Eine dem entgegenstehende Einschränkung enthält der Gesetzeswortlaut nicht. Auch der Zweck der Nachschau spricht gegen eine etwaige Einschränkung: Anlasslose Kontrollen sind zulässig, weil die Betretensrechte der Erfüllung der Aufgaben nach § 14, nämlich auch (verdachtsunabhängigem) Tätigwerden von Amts wegen nach pflichtgemäßem Ermessen, dienen. Angesichts des mit § 14 erweiterten Aufgabenbereichs des BAFA dürfte eine intensive Kontrolle sämtlicher vom LkSG erfassten Unternehmen praktisch nicht realistisch sein.[19] Aufgrund des risikobasierten Ansatzes gem. § 19 Abs. 1 ist es deshalb gesetzlich angelegt, dass Stichproben nicht zufällig, sondern vorrangig bei Unternehmen und Branchen mit besonderem Risikopotenzial stattfinden.[20] Gleichwohl ist grundsätzlich jederzeit eine Kontrolle durch das BAFA möglich. Unange-

---

16 Vgl. § 29 Abs. 4 GewO; § 52 Abs. 6 GwG; § 17 HandwO.
17 Haider Menschenrechtsverletzungen S. 115; Thalhammer DÖV 2021, 825 (833).
18 Lutz-Bachmann/Vorbeck/Wengenroth BB 2021, 906 (912). AA Wagner/Ruttloff/ Wagner LkSG/Ruttloff/Hahn § 9 Rn. 1448.
19 Vgl. Grabosch LkSG/Engel/Schönfelder § 6 Rn. 4; die Regierungsbegründung (BT-Drs. 19/28649, 25) sieht für die Überprüfung von Unternehmen rund 35 zusätzliche Stellen vor.
20 Regierungsbegründung, BT-Drs. 19/28649, 56.

kündigt dürfen Kontrollen schon deshalb sein, weil sie ohne Ausnutzung des Überraschungseffekts ihren Zweck verfehlen würden.[21] Hätte der Gesetzgeber eine Vorabinformation für geboten gehalten, hätte er sie explizit angeordnet (s. zB § 99 Abs. 1 S. 2 AO).

13 Darüber hinaus haben die Behördenmitarbeiter eine **Informationspflicht** gegenüber dem Inhaber des Hausrechts oder dessen Vertreter: Vor dem Betreten der dem Publikum nicht eröffneten Geschäftsräume müssen sie ihn davon unterrichten, dass sie von ihrem Betretensrecht Gebrauch machen. Würde eine dadurch entstehende Verzögerung den Kontrollzweck vereiteln, genügt eine Mitteilung an einen anwesenden Betriebsangehörigen.[22]

IV. Einsicht und Prüfung der Unterlagen und Aufzeichnungen (Nr. 2)

14 § 16 Nr. 2 ermächtigt das BAFA, während der üblichen Geschäftszeiten geschäftliche Unterlagen und Aufzeichnungen mit inhaltlichem Bezug zu den Sorgfaltspflichten nach § 3 bis § 10 Abs. 1 **einzusehen und zu prüfen**. Im Fokus dürfte dabei die nach § 10 Abs. 1 fortlaufend zu erstellende Dokumentation über die Einhaltung der Sorgfaltspflicht stehen. Aber auch sonstige Dokumente, etwa solche, die die Plausibilität der Dokumentation betreffen, können eingesehen werden.[23]

15 Sinn und Zweck der Regelung sprechen für eine weite Auslegung der Begriffe der „Unterlagen und Aufzeichnungen". Davon sind nicht nur auf Papier gedruckte Informationen erfasst, sondern auch **elektronische Dokumente**.[24] Eine engere Auslegung wird vom Wortlaut nicht gefordert.[25]

16 Zwar ist das Objekt der Einsichts- und Prüfungsrechte nach Nr. 2 dem Wortlaut nach weit gefasst („Unterlagen und Aufzeichnungen, aus denen sich ableiten lässt, ob die Sorgfaltspflichten nach den §§ 3 bis 10 Absatz 1 eingehalten wurden"). Die in Bezug auf dieses Objekt **gestatteten Tätigkeiten** sind jedoch **eingeschränkt**: Das BAFA hat zwar die Befugnis, derartige Unterlagen „einzusehen und zu prüfen". Es darf diese Unterlagen aber nicht gezielt suchen, falls sie verborgen gehalten werden. Eine Durchsuchungsermächtigung enthält § 16 gerade nicht. Dies ergibt sich nicht nur aus dem Wortlaut der Norm, der ein „Durchsuchen" gerade nicht gestattet, sondern auch daraus, dass die aus Art. 13 GG folgenden verfassungsrechtlichen Anforderungen an eine Durchsuchungsermächtigung von § 16 nicht eingehalten werden (→ Rn. 4 ff.). Vielmehr beschränken sich die Einsichtsrechte auf die ggf. nach einem Herausgabeverlangen gem. § 17 Abs. 1 vom Unternehmen vorgelegten oder frei zu-

---

21 Vgl. BVerwG Urt. v. 2.3.1971 – I C 37.69, BVerwGE 37, 283 Rn. 16; BVerwG Beschl. v. 28.1.1998 – 1 B 5/98, BeckRS 1998, 30429433 Rn. 7. AA Harings/Jürgens LkSG S. 167.
22 BVerwG Urt. v. 5.11.1987 – 3 C 52/85, BVerwGE 78, 251 Rn. 24; vgl. Metzner GastG § 22 Rn. 15.
23 Ehmann ZVertriebsR 2021, 141 (149); Grabosch LkSG/Engel/Schönfelder § 6 Rn. 31.
24 Vgl. Kollmer/Klindt/Schucht/Kunz ArbSchG § 22 Rn. 41b.
25 Vgl. NK-AktR/Petow WpHG § 6 Rn. 9; MüKoStGB/Kasiske StGB § 265b Rn. 29.

gänglich aufgefundenen Unterlagen. Das genaue Verhältnis zu den **Herausgabepflichten** nach § 17 Abs. 1 ist schwer zu bestimmen. Denn ein Herausgabeverlangen, das auf dem Gelände des Unternehmens geltend gemacht wird, könnte je nach Art seiner potenziellen Durchsetzung zu einer – gesetzlich gerade nicht erlaubten – Durchsuchung nebst Beschlagnahme werden.[26] Diese Schwelle dürfte jedenfalls dann überschritten sein, wenn das BAFA auf dem Gelände des Unternehmens eine verweigerte Herausgabe etwaiger Unterlagen zum Anlass nimmt, die Verwaltungsvollstreckung anzuwenden und durch unmittelbaren Zwang oder Ersatzvornahme etwa geschlossene Behältnisse oder Türen aufbricht oder sich Unterlagen anderweitig durch Gewaltanwendung verschafft.

Ein Recht zur **Mitnahme** der bei der Besichtigung aufgefundenen Unterlagen im Original besteht nach dem Wortlaut der Norm nicht. Sofern eine Überlassung nicht freiwillig erfolgt, ist die zuständige Behörde jedenfalls befugt, auf eigene Kosten Kopien der Unterlagen anzufertigen und mitzunehmen.[27] Ob unter Verweis auf die Herausgabepflicht des Unternehmens nach § 17 Abs. 1 (→ § 17 Rn. 6 ff.) auch eine Kostenübernahme des Unternehmens verlangt werden kann, ist jedenfalls insofern zweifelhaft, als in vergleichbaren Normen des besonderen Verwaltungsrechts teilweise explizit angeordnet wird, dass die Vorlage von Unterlagen unentgeltlich zu erfolgen hat (s. zB § 52 Abs. 1 S. 1 GwG).

V. Mitwirkungspflichten

Das Unternehmen trifft gem. § 18 S. 1 eine **Mitwirkungspflicht**. Diese umfasst insbesondere die Pflicht, Betriebsräume zu zeigen, zu öffnen und begehbar zu machen (etwa indem das Licht angeschaltet wird). Darüber hinaus muss es Räume zur Unterlagendurchsicht und zum Aufenthalt des Personals, das die Maßnahme begleitet, bereitstellen (→ § 18 Rn. 2).[28] Allerdings sind die Mitwirkungspflichten durch den **Verhältnismäßigkeitsgrundsatz** begrenzt. Auch im Übrigen ist der Verhältnismäßigkeitsgrundsatz bei der Durchführung der Maßnahmen zu beachten. Insbesondere ist die Nachschau so durchzuführen, dass etwaige Behinderungen des Geschäftsbetriebs auf ein Minimum beschränkt werden.[29]

Eine verweigerte Mitwirkung des Unternehmens kann – jenseits einer etwaigen Vollstreckung der Maßnahme – im Einklang mit dem allgemeinen Verwaltungsrecht zahlreiche weitere Folgen haben,[30] insbesondere kann sie bei der **Beweiswürdigung** zulasten des Unternehmens berücksichtigt werden. Dies kann – je nach den Umständen des Einzelfalls – von einer Verringerung des Beweismaßes bis hin zur Umkehr der

---

26 Vgl. Lutz-Bachmann/Vorbeck/Wengenroth BB 2021, 906 (912); Kamann/Irmscher NZWiSt 2021, 249 (252).
27 Vgl. Erbs/Kohlhaas/Ambs/Lutz GewO § 29 Rn. 21.
28 Grabosch LkSG/Engel/Schönfelder § 6 Rn. 26.
29 Vgl. Ennuschat/Wank/Winkler/Winkler GewO § 29 Rn. 37.
30 S. nur Schoch/Schneider/Schneider VwVfG § 26 Rn. 34 ff. mit Hinweis zB darauf, dass die Intensität der Amtsermittlungspflicht auch hinsichtlich für den Bürger positiver Tatsachen abnimmt.

materiellen Beweislast reichen, sofern die Beweisführung der Behörde erschwert oder vereitelt wird.[31]

VI. Durchsetzungsmöglichkeiten

20 Die Wahrnehmung einer Befugnis aus § 16 ist ein **Realakt**. Nach dem Wortlaut des § 16 ergibt sich die Befugnis zur Betriebsbesichtigung – ebenso wie die Duldungspflicht des Betroffenen (§ 18) – unmittelbar aus dem Gesetz. Im Einklang mit vergleichbaren verwaltungsrechtlichen Nachschaubefugnissen hat das BAFA die Möglichkeit, bei einer verweigerten Mitwirkung des Betroffenen einen gesetzeskonkretisierenden, zur Duldung verpflichtenden **Verwaltungsakt** zu erlassen.[32] Dieser Verwaltungsakt kann wiederum unter den Voraussetzungen des § 80 Abs. 2 S. 1 Nr. 4, Abs. 3 VwGO für sofort vollziehbar erklärt und unter den üblichen zusätzlichen Voraussetzungen im Wege des **Verwaltungszwanges** nach dem VwVG des Bundes durchgesetzt werden. Das Zwangsgeld kann gem. § 23 bis zu 50.000 EUR betragen und damit doppelt so hoch ausfallen wie sonst nach § 11 Abs. 3 VwVG üblich.

21 Ein Verstoß des Betroffenen gegen seine (gegebenenfalls durch Verwaltungsakt konkretisierte) Duldungspflicht hinsichtlich der Maßnahme ist – anders als in nahezu allen sonstigen vergleichbaren Normen zur Nachschau – keine **Ordnungswidrigkeit**. Allerdings kann die (fehlende) Mitwirkung des Unternehmens gem. § 24 Abs. 4 S. 4 Nr. 7 bei der Bußgeldbemessung berücksichtigt werden, sofern ein solches wegen einer anderweitigen Ordnungswidrigkeit nach dem LkSG verhängt wird.

22 Daneben gelten die **Strafgesetze**, so dass Betroffene je nach Intensität und Umständen der Verweigerung des Betretensrechts Gefahr laufen, sich etwa wegen Widerstandes gegen Vollstreckungsbeamte (§ 113 StGB), Beleidigung (§ 185 StGB) oder Nötigung (§ 240 StGB) strafbar zu machen.[33]

VII. Rechtsschutz

23 Da die Wahrnehmung einer Befugnis aus § 16 einen Realakt darstellt, ist die **Feststellungsklage** gem. § 43 Abs. 1 VwGO statthaft.[34] Sofern die Behörde einen zur Duldung verpflichtenden Verwaltungsakt erlässt (→ Rn. 20), sind die üblichen Rechtsbehelfe statthaft, also **Widerspruch** gem. § 68 Abs. 1 S. 1 VwGO und im Anschluss **Anfechtungsklage** gem. § 42 Abs. 1 VwGO. Das Vorverfahren ist nicht gem. § 68 Abs. 1 S. 2 Nr. 1 VwGO entbehrlich, da das BAFA mangels verfassungsrechtlicher Verankerung keine oberste Bundesbehörde, sondern lediglich Bundes-

---

31 Stelkens/Bonk/Sachs/Kallerhoff/Fellenberg VwVfG § 26 Rn. 52.
32 BeckOK GewO/Meßerschmidt GewO § 29 Rn. 16; Landmann/Rohmer GewO/Marcks GewO § 29 Rn. 14; Kollmer/Klindt/Schucht/Kunz ArbSchG § 22 Rn. 52; Metzner GastG § 22 Rn. 26.
33 Vgl. Kollmer/Klindt/Schucht/Kunz ArbSchG § 22 Rn. 52.
34 Wagner/Ruttloff/Wagner LkSG/Ruttloff/Hahn § 9 Rn. 1487 f.

oberbehörde ist.³⁵ Falls die sofortige Vollziehung angeordnet wurde, ist zusätzlich der Antrag auf deren Aussetzung gem. § 80 Abs. 5 VwGO statthaft. Sofern sich – was der Regelfall sein dürfte – der Verwaltungsakt zum Zeitpunkt des Rechtsschutzes bereits erledigt hat, dürfte die **Fortsetzungsfeststellungsklage** statthaft sein. Auch der durch eine potenzielle Sorgfaltspflichtverletzung eines Unternehmens Betroffene kann Rechtsschutz gegen die (Un-)Tätigkeit des BAFA suchen, sofern sein Antrag nach § 14 Abs. 1 Nr. 1 abgelehnt wurde (→ § 14 Rn. 19). Mit welchen konkreten Maßnahmen das BAFA seine behördlichen Kontrollbefugnisse im Einzelfall ausübt, liegt jedoch in seinem Ermessen. Eine spezifische Maßnahme nach § 16 (oder § 17) kann der Betroffene nur dann im Rechtswege durchsetzen, wenn eine **Ermessensreduzierung auf Null** vorliegt.³⁶

Bei **Vollstreckungshandlungen** ist zu differenzieren: Der Regelfall der 24 Praxis dürfte der sofortige Vollzug gem. § 6 Abs. 2 VwVG sein. Gegen diesen sind gem. § 18 Abs. 2 VwVG die gegen einen Verwaltungsakt statthaften Rechtsbehelfe, also Widerspruch und Anfechtungsklage, statthaft.³⁷ Im gestreckten Verfahren gem. § 6 Abs. 1 VwVG sind die Androhung des Zwangsmittels gem. § 18 Abs. 1 VwVG und ebenso seine Festsetzung mit den für Verwaltungsakte vorgesehenen Rechtsbehelfen anzugreifen.³⁸ Die Anwendung des Zwangsmittels ist bei Ersatzvornahme und unmittelbarem Zwang als Realakt zu qualifizieren, so dass in diesen Fällen die Feststellungsklage gem. § 43 Abs. 1 VwGO statthaft ist.³⁹ Die Anwendung des Zwangsgeldes erfolgt hingegen durch Beitreibung gem. §§ 1 ff. VwVG. Diese besteht aus verschiedenen Einzelmaßnahmen, für die jeweils gesondert zu bestimmen ist, welche Rechtsschutzform statthaft ist.⁴⁰

VIII. Zukünftige Rechtsentwicklung

Der Vorschlag für eine Richtlinie des Europäischen Parlaments und des 25 Rates über die Sorgfaltspflichten von Unternehmen im Hinblick auf Nachhaltigkeit und zur Änderung der Richtlinie (EU) 2019/1937⁴¹ könnte zu **Änderungen** hinsichtlich der **Voraussetzungen der Nachschau** führen: Bei einer Umsetzung des Richtlinienvorschlags in nationales Recht wäre die Nachschau *im Regelfall* nur noch nach vorheriger Ankündigung gegenüber dem Unternehmen möglich. Nach der bisherigen Fassung des LkSG darf die Nachschau unangekündigt erfolgen (→ Rn. 12). Art. 18 Abs. 3 des Richtlinienvorschlags sieht hingegen vor,

---

35 Wagner/Ruttloff/Wagner LkSG/Ruttloff/Hahn § 9 Rn. 1473; NK-VwGO/Geis VwGO § 68 Rn. 138.
36 Redeker/v. Oertzen/Redeker/Kothe/v. Nicolai VwGO § 113 Rn. 60; Schoch/Schneider/Riese VwGO § 114 Rn. 40.
37 BeckOK VwVfG/Deusch/Burr VwVG § 18 Rn. 9 ff.
38 BeckOK VwVfG/Deusch/Burr VwVG § 18 Rn. 12.
39 HK-VerwR/Lemke VwVG § 18 Rn. 21.
40 HK-VerwR/Lemke VwVG § 18 Rn. 23.
41 COM(2022) 71 final.

dass „Untersuchungen [...] im Einklang mit dem nationalen Recht des Mitgliedstaats, in dem die Untersuchung stattfindet, und mit vorheriger Warnung des Unternehmens durchgeführt [werden], es sei denn, die vorherige Unterrichtung beeinträchtigt die Wirksamkeit der Untersuchung". Insofern stellt der **Richtlinienentwurf strengere Anforderungen** an behördliche Besichtigungen (wenngleich unklar ist, wann eine solche vorherige Benachrichtigung *nicht* die Wirksamkeit einer Besichtigung behindern sollte). Allerdings darf die Richtlinie gem. Art. 1 Abs. 2 des Richtlinienvorschlags nicht als Rechtfertigung für eine Absenkung des Schutzniveaus dienen, das im nationalen Recht zum Zeitpunkt der Annahme der Richtlinie für den Schutz der Menschenrechte, der Umwelt oder des Klimas vorgesehen ist. Sofern das von Art. 1 Abs. 2 des Richtlinienvorschlags in Bezug genommene Schutzniveau so zu verstehen ist, dass es nicht nur die materiellrechtlichen Pflichten der Unternehmen, sondern auch die behördlichen Prüfungs- und Kontrollbefugnisse umfasst, könnte der Gesetzestext des § 16 in Kraft bleiben.

§ 17 Auskunfts- und Herausgabepflichten

(1) ¹Unternehmen und nach § 15 Satz 2 Nummer 1 geladene Personen sind verpflichtet, der zuständigen Behörde auf Verlangen die Auskünfte zu erteilen und die Unterlagen herauszugeben, die die Behörde zur Durchführung der ihr durch dieses Gesetz oder aufgrund dieses Gesetzes übertragenen Aufgaben benötigt. ²Die Verpflichtung erstreckt sich auch auf Auskünfte über verbundene Unternehmen (§ 15 des Aktiengesetzes), unmittelbare und mittelbare Zulieferer und die Herausgabe von Unterlagen dieser Unternehmen, soweit das auskunfts- oder herausgabepflichtige Unternehmen oder die auskunfts- oder herausgabepflichtige Person die Informationen zur Verfügung hat oder aufgrund bestehender vertraglicher Beziehungen zur Beschaffung der verlangten Informationen in der Lage ist.

(2) Die zu erteilenden Auskünfte und herauszugebenden Unterlagen nach Absatz 1 umfassen insbesondere

1. die Angaben und Nachweise zur Feststellung, ob ein Unternehmen in den Anwendungsbereich dieses Gesetzes fällt,
2. die Angaben und Nachweise über die Erfüllung der Pflichten nach den §§ 3 bis 10 Absatz 1 und
3. die Namen der zur Überwachung der internen Prozesse des Unternehmens zur Erfüllung der Pflichten nach den §§ 3 bis 10 Absatz 1 zuständigen Personen.

(3) ¹Wer zur Auskunft nach Absatz 1 verpflichtet ist, kann die Auskunft auf solche Fragen verweigern, deren Beantwortung ihn selbst oder einen der in § 52 Absatz 1 der Strafprozessordnung bezeichneten Angehörigen der Gefahr strafgerichtlicher Verfolgung oder eines Verfahrens nach dem Gesetz über Ordnungswidrigkeiten aussetzen würde. ²Die auskunftspflichtige Person ist über ihr Recht zur Verweigerung der Auskunft zu

belehren. ³Sonstige gesetzliche Auskunfts- oder Aussageverweigerungsrechte sowie gesetzliche Verschwiegenheitspflichten bleiben unberührt.

I. Überblick 1
II. Auskunfts- und Herausgabepflichten (Abs. 1) 3
 1. Allgemeiner Regelungsinhalt 4
  a) Adressat 4
  b) Umfang der Verpflichtung (S. 2) 6
  c) Keine Notwendigkeit eines besonderen Verdachts oder Anlasses .. 9
  d) Bezug zu den Aufgaben nach dem LkSG ... 10
  e) Rechtsschutz und Durchsetzung 11
 2. Besonderheiten beim Auskunftsverlangen 13
 3. Besonderheiten beim Überlassen von Unterlagen 14
III. Inhalt der Pflichten (Abs. 2) .. 18
IV. Auskunftsverweigerungsrechte (Abs. 3) 22
 1. Allgemeines 22
 2. Auskunftsverweigerungsrecht (S. 1) 23
  a) (Fehlendes) Verweigerungsrecht mit Blick auf Unterlagen 24
  b) Inhaber des Auskunftsverweigerungsrechts ... 28
 3. Belehrung (S. 2) 30
 4. Sonstige Verweigerungsrechte (S. 3) 32
V. Zukünftige Rechtsentwicklung 34

I. Überblick

Der im Kontext der §§ 16, 18 auszulegende § 17 (→ § 16 Rn. 1) gibt 1 dem BAFA weitreichende **Ermittlungsbefugnisse**. Es kann von Unternehmen Auskünfte und Unterlagen verlangen, um zu überprüfen, ob die Unternehmen ihre Pflichten aus dem LkSG erfüllen. Aufgrund der engen Verknüpfung zwischen Verwaltungs- und Ordnungswidrigkeitenverfahren (→ § 16 Rn. 1) werden die Auskunftspflichten in Abs. 3 zur Wahrung der Selbstbelastungsfreiheit durch ein Auskunftsverweigerungsrecht beschränkt (→ Rn. 22 ff.).

Das Bundesministerium für Arbeit und Soziales ist gem. § 14 Abs. 2 er- 2 mächtigt, Einzelheiten durch **Verordnung** näher zu regeln.

II. Auskunfts- und Herausgabepflichten (Abs. 1)

Unternehmen und nach § 15 S. 2 Nr. 1 geladene Personen sind verpflich- 3 tet, dem BAFA **Auskünfte** zu erteilen und angeforderte **Unterlagen** herauszugeben. Eine solche Pflicht ist keine Besonderheit des LkSG, sondern ebenso wie das Recht zur Nachschau im besonderen Verwaltungsrecht üblich (→ § 16 Rn. 2).

1. Allgemeiner Regelungsinhalt

a) Adressat

Adressat der Auskunfts- und Herausgabepflichten können sowohl das 4 **Unternehmen** iSd § 1 Abs. 1 als auch die nach § 15 S. 2 Nr. 1 **geladenen Personen** sein (→ § 15 Rn. 6). Zulieferer sind nicht von den Auskunfts- und Herausgabepflichten betroffen. Allerdings erstreckt sich die Verpflichtung des Unternehmens gem. § 17 Abs. 1 S. 2 auch auf Informationen und Unterlagen zu verbundenen Unternehmen sowie unmittelbaren und mittelbaren Zulieferern (→ Rn. 14). Eine gesetzlich vorgegebene **Rangfolge** hinsichtlich der Verpflichtungsadressaten gibt es nicht. Vielmehr kann das BAFA unter Berücksichtigung des Verhältnismäßigkeitsgrundsatzes auswählen, ob es das Unternehmen, einzelne geladene Personen oder – was häufig zweckmäßig sein dürfte – beide in die Pflicht nimmt.

5 Ein Unternehmen kann auch dann Adressat einer Maßnahme nach § 17 Abs. 1 sein, wenn nicht feststeht, ob es gem. § 1 in den **Anwendungsbereich des LkSG** fällt, sondern durch die Maßnahme erst ermittelt werden soll, ob dies der Fall ist. Das ergibt sich aus dem Wortlaut des Gesetzes: Nach § 17 Abs. 2 Nr. 1 kann sich das Auskunfts- bzw. Herausgabeverlangen auch gerade darauf beziehen, festzustellen, „ob ein Unternehmen in den Anwendungsbereich dieses Gesetzes fällt." Damit kann ein Auskunfts- und Herausgabeverlangen nach § 17 auch dann zulässig sein, wenn sich aufgrund der hierbei gewonnenen Informationen im Nachhinein herausstellt, dass der Anwendungsbereich des LkSG gerade nicht eröffnet ist. Der personelle Anwendungsbereich des § 17 ist somit weiter als jener des § 16 (→ § 16 Rn. 9). Die Regierungsbegründung schweigt zu dieser Diskrepanz.[1] Die unterschiedliche Behandlung ergibt sich aber eindeutig daraus, dass § 17 Abs. 2 Nr. 1 – anders als § 16 – explizit anordnet, dass die Auskunfts- und Herausgabepflichten auch dann bestehen, wenn die Anwendbarkeit des LkSG gerade erst geklärt werden soll. Dass es sich dabei um ein redaktionelles Versehen handelt, liegt fern. Denn auch andere Verwaltungsgesetze ermöglichen explizit Nachschaurechte zur bloßen Aufklärung einer Unternehmenseigenschaft.[2] Der unterschiedlich weite Anwendungsbereich erscheint in der Sache gerechtfertigt: Der im Tatbestand engere § 16 ordnet mit dem Betretensrecht eine schärfere Rechtsfolge an. Für eine effektive behördliche Kontrolle ist zugleich wichtig, dass das BAFA zumindest über die Auskunfts- und Herausgabepflichten des § 17 prüfen kann, ob ein Unternehmen dem LkSG unterfällt. Voraussetzung für die Zulässigkeit von Auskunfts- und Herausgabeverlangen zur Ermittlung der Anwendbarkeit des Gesetzes auf ein bestimmtes Unternehmen dürfte aber das Vorliegen hinreichender Anknüpfungstatsachen sein, die darauf hindeuten, dass der Anwendungsbereich des Gesetzes nach § 1 eröffnet ist, dh dass das Unternehmen seine Hauptverwaltung, Hauptniederlassung, seinen Verwaltungssitz oder satzungsmäßigen Sitz in Deutschland hat und die maßgebliche Mindestmitarbeiterzahl beschäftigt. Ein solches Erfordernis hinreichender Annahmetatsachen ist in vergleichbaren Vorschriften wie § 52 Abs. 6 GwG oder § 29 Abs. 4 GewO explizit als Tatbestandsmerkmal geregelt. Es fehlt zwar bei § 17 Abs. 1 Nr. 2. Auch die Regierungsbegründung ver-

---

[1] Vgl. Begr. RegE LkSG, BT-Drs. 19/28649, 55.
[2] Vgl. § 29 Abs. 4 GewO; § 52 Abs. 6 GwG; § 17 HandwO.

hält sich dazu nicht.³ Aus dem Grundsatz der Verhältnismäßigkeit folgt aber, dass Maßnahmen zur Ermittlung der Eröffnung des Anwendungsbereichs nur zulässig sind, wenn Tatsachen die Annahme rechtfertigen, dass die in § 1 genannten Anforderungen erfüllt sind, was eine eher geringe Schwelle darstellt.⁴

b) Umfang der Verpflichtung (S. 2)

Die Auskunfts- und Herausgabepflichten reichen weit.⁵ Um eine effektive Kontrolle zu ermöglichen, muss ein Beteiligter gem. § 17 Abs. 1 S. 2 auch „**Informationen**" über und Unterlagen von verbundenen Unternehmen und sogar unmittelbaren und mittelbaren Zulieferern vorlegen, sofern er diese zur Verfügung hat oder sich aufgrund bestehender vertraglicher Beziehungen beschaffen kann. Dabei ist davon auszugehen, dass der vom Gesetz in § 17 Abs. 1 S. 2 aE verwendete, aber nicht legaldefinierte Begriff der „Informationen" sowohl **Auskünfte** als auch **Unterlagen** erfasst. Denn das Gesetz spricht davon, dass sich das „auskunfts- *oder* herausgabepflichtige Unternehmen" (Hervorhebung nur hier) die „Informationen" beschaffen kann. Damit ist das Unternehmen verpflichtet, selbst Unterlagen mittelbarer Zulieferer, dh gem. § 2 Abs. 7, Abs. 8 solcher Unternehmen, mit denen es selbst keine Geschäftsbeziehungen und Verträge hat (→ § 2 Rn. 177 ff.), an die Behörden auszuhändigen.

Den Adressaten des Auskunfts- oder Herausgabeverlangens trifft eine **Beschaffenspflicht**: Er kann sich nicht darauf zurückziehen, eine Information nicht zu haben. Vielmehr ist er verpflichtet, sich diese von verbundenen Unternehmen sowie unmittelbaren wie mittelbaren Zulieferern zu beschaffen, sofern er „aufgrund bestehender vertraglicher Beziehungen [dazu] in der Lage ist." Dies ist jedenfalls dann der Fall, wenn das Unternehmen selbst einen vertraglichen Auskunfts- oder Herausgabeanspruch gegen den Dritten hat, etwa aus einem Beherrschungsvertrag nach § 291 Abs. 1 S. 1 AktG⁶ oder einem (Rahmen-)Vertrag mit dem Zulieferer. Die weite Formulierung „zur Beschaffung [...] in der Lage ist" geht aber über diesen einfachen Fall des direkten vertraglichen Anspruchs hinaus. Zur Beschaffung in der Lage ist das Unternehmen auch dann, wenn es zwar selbst keinen vertraglichen Auskunfts- oder Herausgabeanspruch gegenüber einem mittelbaren Zulieferer hat, wohl aber gegenüber seinem unmittelbaren Zulieferer, dem wiederum ein Anspruch gegen den mittelbaren Zulieferer zusteht. In der Praxis wird es eine Frage der Auslegung des konkreten Vertrages sein, ob der mittelbare Zulieferer zur Auskunft gegenüber dem unmittelbaren Zulieferer tatsächlich auch dann verpflichtet ist, wenn dieser die Information lediglich zur Erfüllung einer ihn nicht selbst, sondern nur seinen Abnehmer (das Unter-

---

3 Vgl. Begr. RegE LkSG, BT-Drs. 19/28649, 55 f.
4 Vgl. bzgl. der Parallelnorm des § 52 Abs. 6 GwG BeckOK GwG/Bayer GwG § 52 Rn. 35.
5 Kamann/Irmscher NZWiSt 2021, 249 (252); Seibt/Vesper-Gräske CB 2021, 357 (361).
6 BeckOGK/Veil/Walla AktG § 291 Rn. 81.

nehmen iSd § 17 Abs. 1) treffenden öffentlich-rechtlichen Auskunftspflicht begehrt. Freilich enthält die Norm auch eine Einschränkung der Beschaffungspflicht: Sie gilt nur, sofern die Informationsbeschaffung „aufgrund bestehender vertraglicher Beziehungen" möglich ist. Das Unternehmen ist damit nach § 17 Abs. 1 S. 2 nicht dazu verpflichtet, in zukünftige Verträge Informationspflichten aufzunehmen, bestehende Verträge nachzuverhandeln oder gar außerhalb vertraglicher Ansprüche durch Ausnutzung seiner Marktmacht auf Dritte einzuwirken, um die von der Behörde begehrten Informationen zu erlangen.

8 Das Unternehmen hat dem BAFA auch **Betriebs- und Geschäftsgeheimnisse** mitzuteilen. So kann das BAFA gem. § 17 Abs. 2 Nr. 2 auch die unternehmensinterne Dokumentation nach § 10 Abs. 1 herausverlangen,[7] die wiederum Geschäfts- und Betriebsgeheimnisse enthalten kann (→ § 10 Rn. 7, 20, 39).[8] Sofern jedoch Dritte Auskunftsansprüche gegen das BAFA im Wege des IFG oder UIG geltend machen,[9] hat dieses § 6 S. 2 IFG bzw. § 9 Abs. 1 UIG zu beachten.

c) Keine Notwendigkeit eines besonderen Verdachts oder Anlasses

9 Wie die Nachschau gem. § 16 kann auch ein Auskunfts- oder Herausgabeverlangen **anlass- und verdachtslos** erfolgen (→ § 16 Rn. 12). Anders ist dies nur, wenn die Auskunft oder Herausgabe gerade dazu dienen soll, herauszufinden, ob überhaupt ein vom LkSG erfasstes Unternehmen vorliegt. In diesen Fällen ist ein Verlangen nur rechtmäßig, wenn Tatsachen die Annahme rechtfertigen, dass ein solches Unternehmen vorliegt (→ Rn. 5).

d) Bezug zu den Aufgaben nach dem LkSG

10 Das BAFA kann nicht beliebige Informationen von dem Unternehmen verlangen, sondern nach dem klaren Wortlaut des Gesetzes nur solche, die es zur **Durchführung** der ihm durch das oder aufgrund des **LkSG** übertragenen **Aufgaben** benötigt.[10] Diese bestehen insbesondere in der Überprüfung, ob die Unternehmen ihren Sorgfaltspflichten nachkommen sowie gegebenenfalls im Anordnen von Maßnahmen gem. § 15. Einen Katalog beispielhafter Informationen enthält § 17 Abs. 2 (→ Rn. 18 ff.).

e) Rechtsschutz und Durchsetzung

11 Das Auskunfts- oder Herausgabeverlangen der Behörde wird regelmäßig als **Verwaltungsakt** ergehen. Es muss dann die nach dem VwVfG üblichen Anforderungen erfüllen, insbesondere inhaltlich hinreichend bestimmt sein, § 37 Abs. 1 VwVfG. Rechtsschutz gewähren in diesem Fall die üblichen Rechtsbehelfe, namentlich **Widerspruch** und **Anfechtungsklage** (→ § 16 Rn. 23 f.). Nur in Ausnahmefällen erscheint es denkbar,

---

7 Grabosch LkSG/Grabosch § 5 Rn. 143.
8 Begr. RegE LkSG, BT-Drs. 19/28649, 51; Nietsch/Wiedmann CCZ 2021, 101 (108).
9 Hierzu Wagner/Ruttloff/Wagner LkSG/Ruttloff/Hahn § 9 Rn. 1512 f.
10 Vgl. Wagner/Ruttloff/Wagner LkSG/Ruttloff/Hahn § 9 Rn. 1448.

dass ein Auskunfts- oder Herausgabeverlangen nicht mit Regelungswirkung, sondern als schlichtes Verwaltungshandeln ergeht, falls besondere Umstände des Einzelfalls nahelegen, dass die Behörde die Rechtsposition des Betroffenen nicht verbindlich regeln will.[11] Zum Rechtsschutz des von einer potenziellen Sorgfaltspflichtverletzung des Unternehmens Betroffenen gegen seines Erachtens nach unzureichende Ermittlungsbemühungen des BAFA → § 16 Rn. 23.

Die Behörde kann ihre Anordnungen im Wege der **Verwaltungsvollstreckung** durchsetzen. Ein Zwangsgeld kann gem. § 23 bis zu 50.000 EUR betragen und damit doppelt so hoch ausfallen wie sonst gem. § 11 Abs. 3 VwVG üblich. Der Adressat des ursprünglichen Verwaltungsaktes ist zugleich auch Adressat des Verwaltungszwanges. Dabei ist im Falle einer verweigerten Herausgabe von Unterlagen zu beachten, dass weder das LkSG (→ § 16 Rn. 6, 8) noch das VwVG (anders als etwa § 758a ZPO) zur Durchsuchung von Geschäfts- oder gar Wohnräumen ermächtigen. Sofern die nicht herausgegebenen Unterlagen in derartigen Räumlichkeiten verborgen werden, bleibt damit von vornherein nur die Möglichkeit der Vollstreckung mittels Zwangsgeldes und Ersatzzwangshaft. Darüber hinaus kann die Verweigerung, einem Auskunfts- oder Herausgabeverlangen nachzukommen, die nach dem allgemeinen Verwaltungsrecht bei Mitwirkungsverweigerung üblichen Folgen haben, insbesondere bei der Beweiswürdigung (→ § 16 Rn. 19) berücksichtigt werden. Wenngleich die Verweigerung der Mitwirkung keine eigene Ordnungswidrigkeit darstellt, kann eine solche Verweigerung gem. § 24 Abs. 4 S. 4 Nr. 7 bei der Bemessung eines aus anderen Gründen verhängten Bußgeldes berücksichtigt werden. 12

2. Besonderheiten beim Auskunftsverlangen

§ 17 lässt dem BAFA die Wahl, in welcher Form es Auskunft verlangt, insbesondere ob es sich mit einer **mündlichen Auskunft** begnügt oder **schriftliche Angaben** fordert. Letzteres dürfte schon aus Beweisgründen allerdings der Regelfall sein. Gerade bei untergeordneten und nur ad hoc relevanten Informationen im Rahmen einer Betriebsbesichtigung nach § 16 ist es aber denkbar, dass es die Behörde bei einer mündlichen Auskunft bewenden lässt.[12] 13

3. Besonderheiten beim Überlassen von Unterlagen

Weder Gesetzestext noch -begründung lassen erkennen, dass die Behörde hinsichtlich der **Form der zu überlassenden Unterlagen** Beschränkungen unterliegt. Sie kann daher – in Anlehnung an § 52 Abs. 1 S. 2 GwG, der dies explizit, aber laut Gesetzesbegründung nur klarstellend regelt[13] – so- 14

---

11 Kollmer/Klindt/Schucht/Kunz ArbSchG § 22 Rn. 10 nennt als Beispiel die Frage nach dem Weg zur Geschäftsführung während der Nachschau.
12 Vgl. Kollmer/Klindt/Schucht/Kunz ArbSchG § 22 Rn. 8.
13 Regierungsentwurf eines Gesetzes zur Umsetzung der Änderungsrichtlinie zur Vierten EU-Geldwäscherichtlinie, BT-Drs. 19/13827, 103.

wohl die Unterlagen (zum Begriff → § 16 Rn. 15) im Original, in Form von Kopien oder in digitaler Form auf elektronischem Wege oder auf einem digitalen Speichermedium verlangen. Sie hat aber unter Beachtung des **Verhältnismäßigkeitsgrundsatzes** sicherzustellen, dass der Geschäftsablauf des Unternehmens nicht über das unbedingt notwendige Maß hinaus behindert wird. Dies bedeutet im Regelfall, dass bei der Herausgabe von Originalunterlagen das Unternehmen Abschriften oder digitale Kopien der Unterlagen fertigen darf, damit ihm diese für seine weitere Tätigkeit zur Verfügung stehen. Die Herausgabepflicht ist nicht auf Unterlagen beschränkt, die das Unternehmen zur Zeit des Auskunftsverlangens im Besitz hat. Vielmehr verpflichtet sie das Unternehmen auch, sich solche Unterlagen zur Herausgabe zu beschaffen, die es von verbundenen Unternehmen sowie Zulieferern beschaffen kann. Aber auch Unterlagen, die sich zum gegebenen Zeitpunkt bei sonstigen Dritten, etwa einem Steuerberater, befinden, hat sich das Unternehmen zu beschaffen und herauszugeben – sofern nicht Abs. 3 entgegensteht (→ Rn. 24 ff.).[14]

15 Die Herausgabe steht **gleichberechtigt** neben dem Auskunftsverlangen, so dass das BAFA – jenseits von Fällen der Ermessensüberschreitung – **frei entscheiden** kann, ob es sich mit einer Auskunft des Unternehmens begnügt oder (zusätzlich) die Herausgabe entsprechender Unterlangen verlangt.[15]

16 Die **Kostentragungspflicht** für die Herausgabe von Unterlagen regelt die Norm nicht, anders als etwa § 52 Abs. 1 S. 1 GwG, der explizit von „unentgeltlich" spricht. Allerdings ist davon auszugehen, dass es mangels ausdrücklicher Regelung der Kostentragungslast bei dem Grundsatz bleibt, dass ein zu einer Handlung öffentlich-rechtlich Verpflichteter die dadurch entstehenden Kosten selbst zu tragen hat. Dabei hat die Behörde im Rahmen der Verhältnismäßigkeit bei der Entscheidung, in welcher Form genau sie die Unterlagen herausverlangt, zu beachten, dass das Unternehmen nicht über Gebühr belastet wird.[16]

17 Die sehr weit reichenden Herausgabepflichten stehen in einem Spannungsverhältnis zum **Grundsatz der Selbstbelastungsfreiheit**, der im Straf- und Ordnungswidrigkeitenrecht besteht (→ Rn. 22). Außerdem darf bei der grundsätzlich möglichen Geltendmachung eines Herausgabeverlangens während einer Betriebskontrolle nach § 16 nicht die Schwelle zu einer (mit Beschlagnahmeelementen angereicherten) **Durchsuchung** überschritten werden, denn hierzu ermächtigt das LkSG nicht (→ § 16 Rn. 6, 8).

---

14 Vgl. Kollmer/Klindt/Schucht/Kunz ArbSchG § 22 Rn. 15.
15 Vgl. Kollmer/Klindt/Schucht/Kunz ArbSchG § 22 Rn. 14.
16 Vgl. Wagner/Ruttloff/Wagner LkSG/Ruttloff/Hahn § 9 Rn. 1452; Regierungsentwurf eines Gesetzes zur Umsetzung der Änderungsrichtlinie zur Vierten EU-Geldwäscherichtlinie, BT-Drs. 19/13827, 103.

III. Inhalt der Pflichten (Abs. 2)

Abs. 2 erwähnt **beispielhaft** einige Bereiche, auf die sich Auskunfts- und Herausgabeverlangen beziehen können. Die Liste ist nicht abschließend („insbesondere"). Dennoch sind die zulässigerweise von Informationsverlangen des BAFA betroffenen Themengebiete nicht beliebig. Im Gegenteil haben sich die Auskunfts- und Herausgabeverlangen auf solche Informationen zu beschränken, die für die Erfüllung der durch das LkSG übertragenen Aufgaben notwendig sind (→ Rn. 10).

Nach **Nr. 1** dürfen Informationen verlangt werden, anhand derer festgestellt werden kann, ob ein Unternehmen überhaupt in den **Anwendungsbereich** des LkSG fällt (→ § 1 Rn. 1 ff.; zum daraus entstehenden Paradox, dass Befugnisse nach dem LkSG bereits gelten, obwohl unklar ist, ob dessen Anwendungsbereich überhaupt eröffnet ist → Rn. 5).

Nach **Nr. 2** dürfen Informationen verlangt werden, die sich auf die **Erfüllung** der nach § 3 bis § 10 Abs. 1 auferlegten **Pflichten** beziehen.

Nach **Nr. 3** dürfen außerdem die **Namen der Personen** gefordert werden, die die internen Prozesse des Unternehmens zur Erfüllung der Pflichten nach dem LkSG überwachen. Dies umfasst nach dem Wortlaut der Norm nicht nur den Menschenrechtsbeauftragten nach § 4 Abs. 3 (→ § 4 Rn. 47 ff.), sondern auch sonstige Personen, die mit der Überwachung der LkSG-Pflichten betraut sind.

IV. Auskunftsverweigerungsrechte (Abs. 3)

1. Allgemeines

Die umfassenden Auskunfts- und Herausgabepflichten des § 17 werden in der Literatur mit der Begründung **kritisiert**, dass Unternehmen an „Ermittlungen gegen sich selbst und ihre Zulieferer" mitwirken müssten.[17] Umfassende Mitwirkungspflichten sind dem präventiv angelegten Verwaltungsverfahren allerdings weder fremd, noch sind sie bedenklich. Vielmehr sind sie im Sinne effektiver Gefahrenabwehr grundsätzlich zweckmäßig. Problematisch wird es jedoch, wenn die im Verwaltungsverfahren unter Mitwirkung des Betroffenen erlangten Erkenntnisse in repressive Verfahren, namentlich das Ordnungswidrigkeiten- oder Strafverfahren, einfließen. Denn hierdurch droht der dort geltende **Grundsatz der Selbstbelastungsfreiheit** unterlaufen zu werden. Dieser Gefahr kann auf zweierlei Art begegnet werden: Einerseits ist es möglich, die im Verwaltungsverfahren gewonnenen Erkenntnisse im Straf- und Ordnungswidrigkeitenverfahren für unanwendbar zu erklären. Diese Lösung wählt zB § 97 Abs. 1 S. 3 InsO für das Insolvenzrecht. Das Wirtschaftsverwaltungsrecht wählt üblicherweise einen anderen Weg: Es werden im Verwaltungsverfahren Auskunftsverweigerungsrechte etabliert, die die Informationserhebung bereits im Verwaltungsverfahren **verhindern**. Dies ist der Zweck des § 17 Abs. 3. Der von ihm gezogene Schutzwall gegenüber

---

[17] Stöbener de Mora/Noll NZG 2021, 1285 (1286); ähnlich Kamann/Irmscher NZWiSt 2021, 249 (252).

behördlichen Auskunftsverlangen ist jedoch an entscheidender Stelle durchlässig (→ Rn. 24 ff.).

2. Auskunftsverweigerungsrecht (S. 1)

23 Das Auskunftsverweigerungsrecht des Abs. 3 ist dem Zeugnisverweigerungsrecht gem. § 55 StPO nachempfunden und verlängert das in repressiven Verfahren geltende Recht zur Selbstbelastungsfreiheit in das Verwaltungsverfahren hinein. § 17 Abs. 3 berechtigt damit – anders als etwa das Aussageverweigerungsrecht des in der Norm in Bezug genommenen § 52 StPO – nur dazu, die Beantwortung **einzelner**, vor dem Hintergrund der Selbstbelastungsfreiheit problematischer Fragen zu verweigern.[18] Die Auskunftsverweigerung ist **ausdrücklich** zu erklären; es dürfen nicht stillschweigend relevante, zum Auskunftsverlangen gehörende Informationen verschwiegen werden.[19] Der Berechtigte kann seine Entscheidung zur Ausübung oder Nichtausübung des Verweigerungsrechts jederzeit ändern.[20]

a) (Fehlendes) Verweigerungsrecht mit Blick auf Unterlagen

24 Nach dem Wortlaut des Satzes 1 kann nur die Auskunft auf Anfragen, nicht aber die Herausgabe von **Unterlagen** nach Abs. 3 verweigert werden.[21] Dies ist vor dem Hintergrund des – jedenfalls für natürliche Personen verfassungsrechtlich verankerten[22] – **Grundsatzes der Selbstbelastungsfreiheit** nicht unproblematisch. Denn nach klassischem strafprozessualem Verständnis schützt dieses Prinzip vor jedweder aktiven Mitwirkungshandlung an der eigenen Überführung,[23] schließt es also aus, dass jemand zur Übergabe von ihn selbst belastenden Dokumenten gezwungen ist. Dies ist einfachgesetzlich in § 95 Abs. 2 S. 2 StPO geregelt. Danach ist eine Herausgabepflicht gegenüber Zeugnis- oder (in analoger Anwendung) Aussageverweigerungsberechtigten nicht mit Zwangsmitteln durchsetzbar.[24] Bei verweigerter Mitwirkung des Betroffenen bleibt nur der Weg über die Beschlagnahme nach § 94 Abs. 2 StPO, die gewöhnlich mit einer Durchsuchung nach §§ 102 f. StPO verbunden werden muss, welche wiederum gem. § 105 StPO einem Richtervorbehalt unterliegt.[25] Eine solche zwangsweise Beweismittelbeschaffung, die vom Beschuldigten keine aktive Mitwirkung, sondern lediglich eine Duldung erfordert, ist mit dem Grundsatz der Selbstbelastungsfreiheit vereinbar.[26]

---

18 Seibt/Vesper-Gräske CB 2021, 357 (360 f.); Lutz-Bachmann/Vorbeck/Wengenroth BB 2021, 906 (912).
19 Vgl. KK-StPO/Bader StPO § 55 Rn. 12.
20 Vgl. MüKoStPO/Maier StPO § 55 Rn. 81.
21 Explizit anders § 22 Abs. 1 S. 3 ArbSchG.
22 Übertragbarkeit auf juristische Personen abgelehnt von BVerfG Beschl. v. 26.2.1997 – 1 BvR 2172/96 Rn. 83 f., BeckRS 1997, 20740; vgl. zur Diskussion KK-OWiG/Rogall OWiG § 30 Rn. 209 mwN.
23 Kasiske JuS 2014, 15 (17 f.) mwN.
24 Seibt/Vesper-Gräske CB 2021, 357 (361).
25 Seibt/Vesper-Gräske CB 2021, 357 (361).
26 MüKoStPO/Schuhr Vor §§ 133 ff. Rn. 91 ff.; Karpenstein/Mayer/Meyer EMRK Art. 6 Rn. 149.

Allerdings ist seit Längerem in der Rechtsprechung zum Wirtschaftsverwaltungsrecht anerkannt, dass gesetzlich normierte Auskunftsverweigerungsrechte nach dem Muster des § 17 Abs. 3 einem behördlichen Unterlagenherausgabeverlangen nicht entgegengehalten werden können.[27] Dahinter steht die Idee, dass derartige Vorlagepflichten zum Schutz von Gemeinwohlbelangen verfassungsrechtlich gerechtfertigt sein können.[28] Daneben tritt das Argument, dass eine Vorlagepflicht eine weniger unmittelbare Selbstbelastung sei als das Erteilen von Auskünften und der Betroffene bei der Vorlage von Unterlagen nur das Risiko einer ungünstigen Tatsachenwürdigung trage.[29] Diese Rechtsprechung wird zwar in der Literatur seit Längerem kritisiert, soweit ersichtlich hat dies bei den Gerichten aber zu keinem Umdenken geführt.[30]

Der Schutz des § 17 Abs. 3 mit Blick auf Unterlageherausgabeverlangen ist damit unvollständig. Daher stellt sich die Frage, inwiefern eine Einspeisung der im Verwaltungsverfahren erlangten Erkenntnisse in ein späteres repressives Verfahren durch anderweitige Mechanismen verhindert werden kann. Die naheliegende Möglichkeit wäre ein **Beweisverwertungsverbot** für derartige Erkenntnisse.[31] Ein Ansatzpunkt hierfür könnte die Gemeinschuldnerentscheidung des BVerfG sein. Darin hat es das BVerfG zwar aufgrund überwiegender öffentlicher Interessen als verfassungsrechtlich zulässig erachtet, dass der Insolvenzschuldner im Insolvenzverfahren umfassend auskunftspflichtig ist und dabei auch Informationen mitteilen muss, die ihn der Gefahr der Bestrafung aussetzen.[32] Jedoch forderte das BVerfG gleichzeitig ein – inzwischen in § 97 Abs. 1. S. 3 InsO gesetzlich normiertes – Verwertungsverbot dieser Informationen in einem etwaigen Straf- oder Ordnungswidrigkeitenverfahren.[33] Freilich beschäftigte sich das BVerfG nur generell mit der Auskunftspflicht ohne explizit Aussagen zur Dokumentenherausgabe zu treffen. Daher dürfte die Aussagekraft der Entscheidung beschränkt sein, sofern mit der Rechtsprechung angenommen wird, dass eine derartige Herausgabepflicht nicht gleichermaßen in das Recht zur Selbstbezichtigungsfreiheit eingreift.

Diese Rechtsprechung steht allerdings womöglich nicht im Einklang mit 26 der **EMRK**: Der EGMR hat anerkannt, dass auch eine mit Zwangsmit-

---

27 BVerfG Beschl. v. 7.9.1984 – 2 BvR 159/84 – Dreierausschuss; BVerfG Beschl. v. 27.4.2010 – 2 BvL 13/07, BeckRS 2010, 50089 Rn. 54 mwN; BVerwG Urt. v. 9.8.1983 – 1 C 7/82, NVwZ 1984, 376; OVG Bautzen Beschl. v. 28.11.2012 – 3 A 937/10, BeckRS 2013, 45479; VGH Mannheim Beschl. v. 13.6.2006 – 6 S 517/06, BeckRS 2006, 23998; VG Berlin Urt. v. 23.7.1987 – 14 A 16.87, NJW 1988, 1105; s. a. Gabriel NVwZ 2020, 19 (20) mwN.
28 BVerfG Beschl. v. 27.4.2010 – 2 BvL 13/07, BeckRS 2010, 50089 Rn. 41 mwN.
29 VG Berlin Urt. v. 23.7.1987 – 14 A 16.87, NJW 1988, 1105; OLG Hamm Beschl. v. 25.9.1991 – 2 Ss OWi 456/91 Rn. 13.
30 Gabriel NVwZ 2020, 19 (20f.); Bärlein/Pananis/Rehsmeier NJW 2002, 1825 (1828); Szesny BB 2010, 1995 (1996); Verrel NStZ 1997, 361 (363) mwN.
31 Gabriel NVwZ 2020, 19 (20f.).
32 BVerfG Beschl. v. 13.1.1981 – 1 BvR 116/77, NJW 1981, 1431.
33 BVerfG Beschl. v. 13.1.1981 – 1 BvR 116/77, NJW 1981, 1431 Rn. 28f.

teln erzwingbare Pflicht zur Vorlage von Unterlagen gegen das im **Fair Trial-Gebot des Art. 6 Abs. 1 S. 1 EMRK** enthaltene Recht zur Selbstbelastungsfreiheit verstößt.[34] Diese Selbstbelastungsfreiheit gilt zwar grundsätzlich nur im Rahmen strafrechtlicher Verfahren iSd der EMRK (wovon auch Ordnungswidrigkeitenverfahren erfasst sind, sobald sie gerichtlich geführt werden),[35] nicht jedoch im Verwaltungsverfahren. Insofern laufen die Entscheidungen parallel zum deutschen Straf- und Ordnungswidrigkeitsverfahrensrecht, die ebenfalls keine Herausgabepflicht für selbstbelastende Dokumente kennen, sondern lediglich eine Duldungspflicht hinsichtlich ihrer zwangsweisen Beschlagnahme (→ Rn. 24). Allerdings gibt es Entscheidungen des EGMR, nach denen außerstrafprozessuale Mitwirkungspflichten das im Strafprozess geltende Schweigerecht nicht unterlaufen dürfen.[36] Darunter finden sich sowohl Entscheidungen, die bereits die zwangsbewehrte Aussagepflicht im nichtstrafrechtlichen Ausgangsverfahren verneinen, sofern eine hinreichende Gefahr der Einführung eines Strafverfahrens besteht,[37] als auch Entscheidungen, die bei bereits erfolgter außerstrafprozessualer Aussage unter Zwangsandrohung deren Verwertung in einem späteren Strafprozess untersagen.[38] Damit scheint hinsichtlich Unterlageherausgabeverlangen das letzte Wort noch nicht gesprochen. Denn das deutsche Recht kennt diesbezüglich weder ein bereits im Verwaltungsverfahren geltendes Verweigerungsrecht bei drohendem repressivem Verfahren noch ein in einem Straf- oder Ordnungswidrigkeitenverfahren geltendes Verwertungsverbot. Die Rechtsprechung des EGMR legt es aber nahe, dass dieser jedenfalls einen der beiden Mechanismen zum Schutz der strafrechtlichen Selbstbelastungsfreiheit für notwendig erachten würde.

27 Unabhängig davon wird zu Recht sowohl generell als auch spezifisch auf das LkSG bezogen gefordert, dass Verwaltungsbehörden, die wie das BAFA beim LkSG zugleich Bußgeldbehörden sind, **keine Rollenvertauschung** vornehmen dürfen. Eine solche Rollenvertauschung liegt vor, wenn das BAFA als Verwaltungsbehörde mit den entsprechenden Auskunftsbefugnissen auftritt, obwohl bereits genügend Hinweise für die

---

34 EGMR (Zweite Sektion) Urt. v. 3.5.2001 – 31827/96, NJW 2002, 499 Rn. 64 ff. – J.B.; MüKoStPO/Gaede EMRK Art. 6 Rn. 321; Karpenstein/Mayer/Meyer EMRK Art. 6 Rn. 146.
35 EGMR Urt. v. 21.2.1984 – o. Az., NJW 1985, 1273 – Fall Öztürk; MüKoStPO/Gaede EMRK Art. 6 Rn. 47 f.
36 EGMR Urt. v. 25.2.1993 – 10828/94, Rn. 44 ff. – Funke; EGMR Urt. v. 3.5.2001 – 31827/96, NJW 2002, 499 Rn. 64 ff. – J.B.; EGMR Urt. v. 21.4.2009 – 19235/03, BeckRS 2009, 143436 Rn. 67 ff. – Marttinen; Karpenstein/Mayer/Meyer EMRK Art. 6 Rn. 146, 332.
37 EGMR Urt. v. 3.5.2001 – 31827/96, NJW 2002, 499 Rn. 64 ff.– J.B; EGMR Urt. v. 4.10.2005 – 6563/03, BeckRS 2005, 157310 Rn. 39 f. – Shannon; EGMR Urt. v. 21.4.2009 – 19235/03, BeckRS 2009, 143436 Rn. 67 ff. – Marttinen; s. auch EGMR Urt. v. 8.4.2004 – 38544/97, BeckRS 2004, 16726 Rn. 41 ff. mwN – Weh; Karpenstein/Mayer/Meyer EMRK Art. 6 Rn. 146 f. mwN.
38 EGMR Urt. v. 17.12.1996 – 19187/91, Rn. 67 ff. – Saunders; MüKoStPO/Gaede EMRK Art. 6 Rn. 332 mwN.

Einleitung eines Bußgeldverfahrens vorliegen.[39] Damit würde die Beschuldigten- bzw. Betroffenenstellung willkürlich vorenthalten – mit der Folge, dass trotz des Vorliegens eines Anfangsverdachts gegenüber einem Beteiligten weiterhin die verwaltungsverfahrensrechtlichen Auskunftsansprüche, insbesondere Unterlagevorlageverlangen geltend gemacht werden, anstatt die strafprozessualen Ermittlungsmaßnahmen zu nutzen (→ Rn. 24). Zu klären ist folglich stets anhand des üblichen – im Einzelfall aber häufig nicht sehr aussagekräftigen – Kriteriums der übermäßigen Zweckrichtung der Maßnahme, ob die Behörde im konkreten Fall als Aufsichts- oder Verfolgungsbehörde tätig wird,[40] um daran anknüpfend die (fehlenden) Vorlagepflichten des Betroffenen zu bestimmen. Dies ist in der Praxis nicht immer einfach. Unter strikter Beachtung des **Verbots der Rollenvertauschung** würde vermutlich zugleich das der EGMR-Rechtsprechung entnommene Vorlageverweigerungsrecht bei mit hinreichender Wahrscheinlichkeit drohender repressiver Verfolgung eingehalten werden. Denn in solchen Fällen würde bereits *per se* nicht mehr nach dem Verwaltungsverfahrensrecht, sondern nach dem OWiG bzw. der StPO vorgegangen.

b) Inhaber des Auskunftsverweigerungsrechts

Ohne Weiteres vom Auskunftsverweigerungsrecht des § 17 Abs. 3 erfasst sind **natürliche Personen**. Diese sind – sofern sie gem. § 15 Nr. 1 geladen sind – auskunftsverpflichtet nach § 17 Abs. 1. Dass sich das Auskunftsverweigerungsrecht des § 17 Abs. 3 auf natürliche Personen bezieht, ergibt sich zum einen daraus, dass nur sie Angehörige iSd in Bezug genommenen § 52 Abs. 1 StPO haben können. Zum anderen können nur sie Beschuldigte eines Straf- bzw. Betroffene eines Ordnungswidrigkeitenverfahrens sein. 28

Unter bestimmten Umständen steht aber darüber hinaus auch **juristischen Personen** und **Personenvereinigungen** ein Auskunftsverweigerungsrecht zu.[41] Die gegenteilige Ansicht[42] überzeugt nicht. Für diese könnte zwar sprechen, dass Unternehmen keine Angehörigen iSd in § 17 Abs. 3 in Bezug genommenen § 52 Abs. 1 StPO haben können. Dies übersieht allerdings, dass § 17 Abs. 3 das Auskunftsverweigerungsrecht umfassend jedem zur Auskunft nach § 17 Abs. 1 Verpflichteten zugesteht, was nach dem klaren Wortlaut des Abs. 1 auch die in jeder beliebigen Rechtsform denkbaren Unternehmen iSd § 1 umfasst.[43] Der Gesetzeswortlaut ist in- 29

---

39 Seibt/Vesper-Gräske CB 2021, 357 (361); Bärlein/Pananis/Rehmsmeier NJW 2002, 1825 (1828 f.); Deringer WuW 1988, 933 (939); zur Paralleldiskussion im WpHG vgl. Schwark/Zimmer/Böse/Jansen WpHG § 121 Rn. 2; Wabnitz/Janovsky/Schmitt WirtschaftsStrafR-HdB Kap. 11 Rn. 224.
40 Wagner/Ruttloff/Wagner LkSG/Ruttloff/Hahn § 9 Rn. 1425 f.; Bärlein/Pananis/Rehmsmeier NJW 2002, 1825 (1829). Vgl. auch Hembach Praxisleitfaden S. 189.
41 Unklar Grabosch LkSG/Engel/Schönfelder § 6 Rn. 27, die davon auszugehen scheinen, dass nur natürliche Personen ein Auskunftsverweigerungsrecht haben.
42 Hembach Praxisleitfaden S. 190.
43 Dies übersieht Hembach Praxisleitfaden S. 185, 190, der das Auskunftsverweigerungsrecht nur auf die „geladene Person" bezieht.

soweit eindeutig. Dies steht im Einklang damit, dass auch juristischen Personen selbst (und nicht nur ihren handelnden Leitungsorganen) im Straf- bzw. Ordnungswidrigkeitenverfahren ein (letztlich durch ihre vertretungsberechtigten Organe ausgeübtes) Aussageverweigerungsrecht zukommt, sofern ihnen eine Verbandsgeldbuße gem. § 30 OWiG (etwa wegen einer Ordnungswidrigkeit gem. § 24) droht.[44] Dabei ist zu beachten, dass dieses Recht zur Selbstbelastungsfreiheit bei juristischen Personen (anders als bei natürlichen Personen) nach der in der Literatur kritisierten Rechtsprechung des BVerfG nicht verfassungsrechtlich verankert ist.[45] Allerdings ist die Selbstbelastungsfreiheit juristischer Personen bei drohender Verbandsgeldbuße einfachgesetzlich geregelt, nämlich durch § 444 Abs. 2 S. 2, § 426 Abs. 2, § 163a Abs. 3 S. 2, Abs. 4 S. 2, § 136 Abs. 1 S. 2 StPO für das Ermittlungsverfahren und durch § 444 Abs. 2 S. 2, § 427 Abs. 1 S. 1, § 243 Abs. 5 S. 1 StPO für das Hauptverfahren; für das Bußgeldverfahren finden diese Vorschriften unter Berücksichtigung des § 88 OWiG gem. § 46 Abs. 1 OWiG entsprechende Anwendung.[46] Die Effektivität dieser im repressiven Verfahren geltenden Aussageverweigerungsrechte wird dadurch gewährleistet, dass § 17 Abs. 3 dem Unternehmen bereits im Verwaltungsverfahren ein entsprechendes Auskunftsverweigerungsrecht zugesteht. Die Herausgabe von Unterlagen kann dabei aber nicht verweigert werden, wenn man die Rechtsprechung zugrunde legt, die zu sonstigen Auskunftsverweigerungsrechten im besonderen Verwaltungsrecht ergangen ist (→ Rn. 24 ff.).

3. Belehrung (S. 2)

30 Die Auskunftsverweigerungsberechtigten sind gem. S. 2 über ihr Verweigerungsrecht zu **belehren**.[47] Im Strafverfahren sind Umfang und genauer Inhalt der Belehrung nach § 55 StPO ebenso wie ihr Zeitpunkt in das Ermessen der Verhörsperson gestellt. Diese kann frei darüber entscheiden, ob sie bereits zu Beginn der Vernehmung belehrt oder erst wenn Anhaltspunkte für eine Selbstbelastungsgefahr bestehen.[48] Insbesondere angesichts der ersichtlich an § 55 StPO angelehnten Formulierung ist nicht davon auszugehen, dass der Gesetzgeber mit § 17 Abs. 3 S. 2 im Verwaltungsverfahren einen strengeren Maßstab anlegen wollte. Vor allem bei

---

44 BVerfG Beschl. v. 26.2.1975 – 2 BvR 820/74, BB 1975, 1315; Deringer WuW 1988, 933 (939); KK-OWiG/Rogall OWiG § 30 Rn. 209; Immenga/Mestmäcker/Biermann GWB Vor § 81 Rn. 256; MüKoWettbR/Vollmer GWB § 81 Rn. 225.

45 BVerfG Beschl. v. 26.2.1997 – 1 BvR 2172/96 Rn. 83 f., BeckRS 1997, 20740; vgl. zur Diskussion KK-OWiG/Rogall OWiG § 30 Rn. 209; Immenga/Mestmäcker/Biermann GWB Vor § 81 Rn. 253 jeweils mwN; zur EMRK Karpenstein/Mayer/Meyer EMRK Art. 6 Rn. 140 mwN.

46 Die aA bei Hembach Praxisleitfaden S. 190 übersieht, dass die laut BVerfG fehlende verfassungsrechtliche Absicherung nichts über das auf einfachrechtlicher Ebene existierende Aussageverweigerungsrecht aussagt.

47 Der Referentenentwurf enthielt die Belehrungspflicht noch nicht, s. Referentenentwurf vom 28.2.2021, abrufbar unter https://www.bmas.de/DE/Service/Gesetze-und-Gesetzesvorhaben/gesetz-unternehmerische-sorgfaltspflichten-lieferketten.html, S. 16.

48 MüKoStPO/Maier StPO § 55 Rn. 95 ff.

umfassenden Anfragen ist es auch eine Frage des Einzelfalls, wann hinreichende Anhaltspunkte für eine etwaige Selbstbelastungsgefahr vorliegen, so dass zwingend zu belehren wäre.

Die **Rechtsfolgen bei unterbliebener Belehrung** sind je nach Verfahren unterschiedlich. Im Verwaltungsverfahren sind Auskünfte auch bei rechtswidrig unterbliebener Belehrung voll verwertbar. Dies gebietet der **Grundsatz effektiver Gefahrenabwehr** und geht auch darauf zurück, dass das Aussageverweigerungsrecht nicht aus verwaltungsrechtlichen Gründen, sondern nur mit Blick auf etwaige spätere repressive Verfahren in das Verwaltungsverfahren erstreckt wird. Der **Grundsatz der Selbstbelastungsfreiheit** wird dabei nicht unterlaufen – er gilt nur in repressiven Verfahren. Daraus folgt, dass in einem späteren Straf- oder Ordnungswidrigkeitenverfahren gegen den Auskunftsgeber ein **Verwertungsverbot** hinsichtlich einer durch fehlende Belehrung im Verwaltungsverfahren erlangten Auskunft besteht.[49] Allerdings wird teilweise vertreten, dass jedenfalls im Ordnungswidrigkeitenverfahren ein derartiges Verwertungsverbot nur dann gelte, wenn der Betroffene sich nicht ohnehin über seine Aussagefreiheit im Klaren gewesen sei.[50]

4. Sonstige Verweigerungsrechte (S. 3)

Sonstige gesetzliche Auskunfts- und Aussageverweigerungsrechte sowie gesetzliche Verschwiegenheitspflichten bleiben gem. § 17 Abs. 3 S. 3 **unberührt**. Die Verschwiegenheitspflichten müssen von Gesetzes wegen bestehen. Eine bloß vertraglich vereinbarte Verschwiegenheit gewährt kein Aussageverweigerungsrecht nach S. 3. Dem Sinnzusammenhang nach sind nicht alle in der Rechtsordnung erdenklichen Verschwiegenheitspflichten erfasst, sondern nur solche, die auch in repressiven Verfahren gelten. Die Norm dürfte also vor allem **Berufsgeheimnisträger** nach §§ 53, 53a StPO betreffen, die sich damit als geladene Personen iSd § 15 Nr. 1 auf ihre gesetzlichen Verschwiegenheitspflichten berufen können. Erfasst ist damit etwa die Verschwiegenheitspflicht des Rechtsanwalts nach § 43a Abs. 2 BRAO oder des Abschlussprüfers nach § 323 Abs. 1 HGB.[51]

Ob auch **Geschäftsgeheimnisträger** nach § 4 Abs. 2 GeschGehG ein Auskunftsverweigerungsrecht haben,[52] ist insofern fraglich, als das Geschäftsgeheimnisgesetz bei öffentlich-rechtlichen Offenlegungspflichten

---

49 Dies wird etwa auch für § 55 StPO angenommen; zu Besonderheiten s. MüKoStPO/Maier StPO § 55 Rn. 112 f. Unzutreffend insoweit die aA bei Hembach Praxisleitfaden S. 186. Entgegen der dort vertretenen Auffassung dient die Belehrung sehr wohl dem Schutz der geladenen Person (sowie ihrer Angehörigen). Eine unterbliebene Belehrung der geladenen Person begründet aber in einem gegen den Unternehmensinhaber gerichteten repressiven Verfahren kein Beweisverwertungsverbot zu dessen Gunsten.
50 Kollmer/Klindt/Schucht/Kunz ArbSchG § 22 Rn. 26.
51 NK-AktR/Petzow WpHG § 6 Rn. 9.
52 Ohne Argumentation bejahen dies Stöbener de Mora/Noll NZG 2021, 1285 (1287).

gem. § 1 Abs. 2 GeschGehG bereits keine Anwendung findet. Ein Geschäftsgeheimnis darf auch gem. § 3 Abs. 2 GeschGehG offengelegt werden, wenn dies durch oder aufgrund eines Gesetzes gestattet ist.[53] Hinzu tritt, dass Geschäftsgeheimnisträgern auch im Strafprozess **kein Aussageverweigerungsrecht** zusteht, dessen Unterlaufen durch eine Auskunftspflicht im Verwaltungsverfahren zu befürchten wäre. Auskunftsverlangen des BAFA zu Betriebs- und Geschäftsgeheimnissen können jedoch im Einzelfall unverhältnismäßig sein.

V. Zukünftige Rechtsentwicklung

34 Änderungen des § 17 dürften durch den Vorschlag für eine Richtlinie des Europäischen Parlaments und des Rates über die Sorgfaltspflichten von Unternehmen im Hinblick auf Nachhaltigkeit und zur Änderung der Richtlinie (EU) 2019/1937[54] nicht veranlasst sein. Art. 18 Abs. 1 des Richtlinienvorschlags spricht nur eher unspezifisch davon, die Mitgliedstaaten hätten sicherzustellen, „dass die Aufsichtsbehörden über angemessene Befugnisse und Ressourcen verfügen, um die ihnen durch diese Richtlinie übertragenen Aufgaben auszuführen, einschließlich der Befugnis, Informationen anzufordern und Untersuchungen […] durchzuführen". Die in § 17 normierten Befugnisse dürften hiermit in Einklang stehen.

§ 18 Duldungs- und Mitwirkungspflichten

[1]Die Unternehmen haben die Maßnahmen der zuständigen Behörde und ihrer Beauftragten zu dulden und bei der Durchführung der Maßnahmen mitzuwirken. [2]Satz 1 gilt auch für die Inhaber der Unternehmen und ihre Vertretung, bei juristischen Personen für die nach Gesetz oder Satzung zur Vertretung berufenen Personen.

I. Duldungs- und Mitwirkungspflichten der Unternehmen (S. 1) 1	2. Ordnungswidrigkeitenrechtliche Dimension 5
II. Erstreckung auf Unternehmensinhaber und Vertretungspersonen (S. 2) 3	3. Bedeutung für die Praxis 8
1. Verwaltungsrechtliche Dimension 4	III. Zukünftige Rechtsentwicklung 9

I. Duldungs- und Mitwirkungspflichten der Unternehmen (S. 1)

1 § 18 S. 1 sieht Duldungs- und Mitwirkungspflichten für Unternehmen hinsichtlich der Maßnahmen des BAFA als zuständiger Behörde und seiner Beauftragten (→ § 16 Rn. 1) vor. Soweit die Regelung Unternehmen **Duldungspflichten** auferlegt, ist sie überflüssig. Denn bereits aus den Ver-

---

53 Köhler/Bornkamm/Feddersen/Alexander GeschGehG § 3 Rn. 60.
54 COM(2022) 71 final.

waltungsbefugnissen einer Behörde folgt die Duldungspflicht der Rechtsunterworfenen jedenfalls mit Blick auf rechtmäßige Maßnahmen.

Eigenen Gehalt hat hingegen die in § 18 S. 1 verankerte **Mitwirkungspflicht**, die insbesondere im Zusammenhang mit der nach § 16 möglichen Betriebsbesichtigung relevant werden kann. Zwar ist mit Blick auf andere Nachschaunormen, die eine Mitwirkungspflicht nicht explizit regeln, anerkannt, dass der Verpflichtete im Rahmen seiner Duldungspflicht zumindest ein Minimum an Unterstützung zu gewähren hat (zB bestehende Hindernisse zu beseitigen, Türen zu öffnen oder betretene Räume zu beleuchten).[1] Darüber hinausgehende Pflichten, etwa für die Nachschau eigenes kundiges Personal zur Begleitung der zuständigen Amtsträger von der Arbeit freizustellen oder der Behörde zur Durchsicht der Unterlagen geeignete Arbeitsplätze zur Verfügung zu stellen, bestehen aber lediglich aufgrund der explizit normierten Mitwirkungspflicht.[2] Die Mitwirkungspflichten im Verwaltungsverfahren können im Spannungsverhältnis zur in Ordnungswidrigkeiten- und Strafverfahren geltenden Selbstbelastungsfreiheit stehen, die insbesondere bei Auskunfts- und Herausgabeverlangen zu beachten ist (→ § 17 Rn. 22 ff.).[3] 2

II. Erstreckung auf Unternehmensinhaber und Vertretungspersonen (S. 2)

§ 18 S. 2 ordnet an, dass die Duldungs- und Mitwirkungspflichten nach S. 1 auch für die **Inhaber** der Unternehmen und ihre **Vertretung** und bei **juristischen Personen** für die nach Gesetz oder Satzung **zur Vertretung berufenen Personen** gelten. Die Regel erstreckt damit den Anwendungsbereich von S. 1 auf einen weiteren, über das verpflichtete Unternehmen im Sinne von § 1 hinausgehenden Personenkreis. Die Zielrichtung der Regelung bleibt dabei unklar. Sie dürfte sowohl eine verwaltungsrechtliche (→ Rn. 4) als auch eine ordnungswidrigkeitenrechtliche Dimension (→ Rn. 5 ff.) haben. 3

1. Verwaltungsrechtliche Dimension

Der Wortlaut des S. 2 spricht dafür, dass die Regelung eine Erweiterung der **Verwaltungsakt- und Vollstreckungsbefugnis** der Behörde auf die einzelnen **vertretungsbefugten natürlichen Personen**[4] bezweckt, soweit es um Duldungs- und Mitwirkungsakte geht. Dies würde in letzter Konsequenz auch bedeuten, dass Verwaltungszwang, insbesondere die Verhängung eines Zwangsgeldes (von gem. § 23 bis zu 50.000 EUR), unmittelbar gegenüber den Organmitgliedern in Betracht kommt. Der Regierungsbegründung lassen sich zwar keine expliziten Aussagen zu einer 4

---

[1] Honig/Knörr/Thiel/Knörr HwO § 17 Rn. 18; Ennuschat/Wank/Winkler/Winkler GewO § 29 Rn. 35; BeckOK GewO/Meßerschmidt GewO § 29 Rn. 20 f.
[2] Grabosch LkSG/Engel/Schönfelder § 6 Rn. 26; vgl. Landmann/Rohmer GewO/Wiebauer ArbSchG § 22 Rn. 99.
[3] Kamann/Irmscher NZWiSt 2021, 249 (252).
[4] So auch Grabosch LkSG/Engel/Schönfelder § 6 Rn. 26, 28.

solchen selbstständigen verwaltungsrechtlichen Dimension des S. 2 entnehmen. Dort heißt es lediglich: „Satz 2 wird auch gesellschaftsrechtlich vermittelt. Der Satz dient jedoch der Bußgeldbewehrung der Nichtbefolgung behördlicher Anordnungen durch natürliche Personen, die für ein Unternehmen handeln."[5] Diese Formulierung könnte dafür sprechen, dass S. 2 verwaltungsrechtlich lediglich eine deklaratorische Bedeutung haben soll. Denn in der Tat können juristische Personen nicht selbst, sondern nur durch ihre Organe handeln. Deshalb müssen etwaige Duldungs- und Mitwirkungspflichten einer juristischen Person (§ 18 S. 1) durch deren Organe umgesetzt werden (§ 18 S. 2). Selbstständige Bedeutung käme der Regelung dann nur mit Blick auf das Ordnungswidrigkeitenrecht zu. Die Gesetzessystematik dürfte allerdings für eine selbstständige verwaltungsrechtliche Bedeutung sprechen: Zum einen hat der Gesetzgeber offensichtlich ungeachtet der ohnehin bestehenden gesellschaftsrechtlichen Vermittlung neben S. 1 eine Regelung hinsichtlich der in S. 2 genannten Personen für notwendig gehalten. Zum anderen ist unter Berücksichtigung des weiten Anwendungsbereichs des Gesetzes (→ § 1 Rn. 1 ff.) nicht auszuschließen, dass eine Bekanntgabe bzw. Vollstreckung einer behördlichen Maßnahme ausschließlich gegenüber einem Unternehmen im (EU-)Ausland nicht ohne Weiteres möglich ist oder gleich wirksam erfolgen kann. Insofern sprechen auch Sinn und Zweck der Norm für eine selbstständige Bedeutung, um die effektive Vollstreckung der behördlichen Maßnahmen sicherzustellen. Letztlich wird diese Frage erst durch die Rechtsprechung verlässliche Klärung erfahren.

2. Ordnungswidrigkeitenrechtliche Dimension

5   Darüber hinaus hat S. 2 eine ordnungswidrigkeitenrechtliche Dimension. Nach der Regierungsbegründung soll er der „Bußgeldbewehrung der Nichtbefolgung behördlicher Anordnungen durch natürliche Personen, die für ein Unternehmen handeln", dienen.[6] Freilich können Ordnungswidrigkeiten nach deutschem Recht sowieso nur von **natürlichen Personen** begangen werden. Folglich können auch die Bußgeldtatbestände des LkSG nur von natürlichen Personen erfüllt werden. Daran ändert sich auch nichts dadurch, dass bei von natürlichen Personen begangenen Ordnungswidrigkeiten (im Unternehmenskontext häufig §§ 130, 9 OWiG) je nach der Person des Täters auch eine Sanktionierung einer juristischen Person gem. § 30 OWiG möglich ist.[7] Hinzu kommt: Die – bußgeldbewehrte – Verpflichtung eines Unternehmens aus einer Duldungs- oder Mitwirkungsverfügung betrifft nach dem Ordnungswidrigkeitenrecht ohnehin auch dessen **Organe**. Denn bei der Verpflichtetenstellung dürfte es sich um ein besonderes persönliches Merkmal iSd § 9

---

5 Gesetzesentwurf der Bundesregierung, BT-Drs. 19/28649, 55.
6 Begr. RegE LkSG, BT-Drs. 19/28649, 56; so auch bereits der Referentenentwurf vom 28.2.2021, abrufbar unter https://www.bmas.de/DE/Service/Gesetze-und-Gesetzesvorhaben/gesetz-unternehmerische-sorgfaltspflichten-lieferketten.html, S. 39.
7 Többens NStZ 1999, 1; Mitsch Ordnungswidrigkeiten § 16 Rn. 1 ff.

OWiG handeln[8] – mit der Folge, dass die Organe im Falle der Nichtbefolgung eines an das Unternehmen adressierten Verwaltungsaktes die betreffenden Bußgeldtatbestände erfüllen würden.[9] Alternativ kann sich eine ordnungswidrigkeitenrechtliche Verantwortung der Organe auch direkt aus einer Zurechnung der Unternehmensinhaberschaft als besonderes persönliches Merkmal ergeben (→ § 24 Rn. 10).

Vor diesem Hintergrund lässt sich die ordnungswidrigkeitenrechtliche Bedeutung und Dogmatik des § 18 S. 2 **nicht klar einordnen**. Denkbar wäre zum einen, dass der Gesetzgeber in § 18 S. 2 deklaratorisch die sich aus dem an das Unternehmen adressierten Duldungs- oder Mitwirkungsakt ergebende Verpflichtung als ein besonderes persönliches Merkmal iSd § 9 OWiG klarstellen wollte Damit wären auch **Organmitglieder** aus unternehmensbezogenen Mitwirkungsverfügungen bußgeldbewehrt verpflichtet (§ 24 Abs. 1 Nr. 13). Unklar bliebe bei dieser Deutung allerdings, warum § 18 S. 2 zu den in § 9 Abs. 2 OWiG erwähnten Beauftragten schweigt und nur die (in § 9 Abs. 1 OWiG angesprochenen) gesetzlich oder per Satzung bestimmten Vertreter in Bezug nimmt. Zum anderen wäre eine Lesart denkbar, die § 18 S. 2 als eine (ordnungswidrigkeitenrechtliche) **Sonderregelung** für den Fall einordnet, dass eine Verfügung gem. § 18 S. 2 *nur* an einen **Organwalter**, nicht aber (gleichzeitig) auch an das **Unternehmen** adressiert wird. In diesen Fällen ergäbe sich eine etwaige ordnungswidrigkeitenrechtliche Verantwortung des Organwalters ausschließlich (und unmittelbar) aufgrund der direkt an diesen gerichteten Verfügung. Die Zurechnung eines besonderen persönlichen Merkmals des Unternehmensträgers wäre mangels einer diesen verpflichtenden Verfügung nicht möglich. Gegen eine solche Lesart spricht allerdings die Regierungsbegründung.[10] Die dortigen Formulierungen („gesellschaftsrechtlich vermittelt" und „für ein Unternehmen handeln") können sich nur auf Verwaltungsakte beziehen, die nicht an ein Organ, sondern das Unternehmen selbst gerichtet sind.

Welches Verständnis letztlich dem S. 2 (auch ordnungswidrigkeitenrechtlich) zugrunde zu legen ist, wird sich erst durch die Rechtsprechung der Fachgerichte herausbilden. Ungeachtet aller Unklarheiten dürfte S. 2 den **Bestimmtheitsanforderungen** an Ordnungswidrigkeitentatbestände gem. Art. 103 Abs. 2 GG,[11] § 3 OWiG genügen, jedenfalls wenn man den S. 2 an den äußerst großzügigen Maßstäben misst, die die Rechtsprechung selbst bei Straftatbeständen anlegt.[12]

---

8 Vgl. Ruttloff/Wagner/Reischl/Skoupil CB 2021, 425 (428).
9 Vgl. Többens NStZ 1999, 1 (2); KK-OWiG/Rogall OWiG § 9 Rn. 29.
10 Begr. RegE LkSG, BT-Drs. 19/28649, 56.
11 Zur Anwendbarkeit des Art. 103 Abs. 2 GG auch auf das Ordnungswidrigkeitenrecht s. nur BVerfG Beschl. v. 15.9.2011 – 1 BvR 519/10, NVwZ 2012, 504 (505); Dürig/Herzog/Scholz/Remmert GG Art. 103 Abs. 2 Rn. 56 mwN.
12 Vgl. Dürig/Herzog/Scholz/Remmert GG Art. 103 Abs. 2 Rn. 99 f. mwN.

3. Bedeutung für die Praxis

8 Der **Anwendungsbereich** der Norm dürfte jedenfalls mit Blick auf das Ordnungswidrigkeitenrecht äußerst **schmal** sein. Die Nichtbefolgung behördlicher Anordnungen im Rahmen des LkSG ist mit Ausnahme von § 24 Abs. 1 Nr. 13 (→ § 24 Rn. 31 f.) nicht bußgeldbewehrt. Eine ordnungswidrigkeitenrechtliche Verantwortung der Organe wird sich in der Regel bereits über die Zurechnung der Unternehmensinhaberschaft als besonderes persönliches Merkmal ergeben (→ Rn. 5 und → § 24 Rn. 10). Ein eindeutiges, rechtsgebietsübergreifend durchdachtes Regelungskonzept lässt § 18 S. 2 vermissen. Am stimmigsten erscheint das Verständnis, nach dem § 18 S. 2 eine Duldungs- und Mitwirkungsaktbefugnis gegenüber dem dort genannten Personenkreis enthält. Sofern sich eine Maßnahme nach § 18 S. 2 nicht gegen diesen Personenkreis, sondern gegen das Unternehmen richtet, sind die sich daraus ergebenden Verpflichtungen im Einklang mit allgemeiner Dogmatik besondere persönliche Merkmale iSd § 9 OWiG. Dies gilt sowohl für den in § 9 Abs. 1 OWiG als auch den in § 9 Abs. 2 OWiG genannten Personenkreis. Dass Letzterer in § 18 S. 2 nicht erwähnt wird, bedeutet allein, dass diesem gegenüber keine unmittelbare selbstständige Verwaltungsaktbefugnis geschaffen werden sollte. Eine gesetzgeberische Nachbesserung könnte indes an dieser Stelle für die in der Praxis notwendige Klarheit sorgen.

III. Zukünftige Rechtsentwicklung

9 Änderungen des § 18 dürften durch den Vorschlag für eine Richtlinie des Europäischen Parlaments und des Rates über die Sorgfaltspflichten von Unternehmen im Hinblick auf Nachhaltigkeit und zur Änderung der Richtlinie (EU) 2019/1937 nicht veranlasst sein. Vielmehr sieht der Vorschlag vor, dass es den Mitgliedstaaten überlassen bleibt, ein angemessenes Durchsetzungsverfahren im Einklang mit ihrem nationalen Recht zu gewährleisten.[13]

Unterabschnitt 3 Zuständige Behörde, Handreichungen, Rechenschaftsbericht

§ 19 Zuständige Behörde

(1) ¹Für die behördliche Kontrolle und Durchsetzung nach diesem Abschnitt ist das Bundesamt für Wirtschaft und Ausfuhrkontrolle zuständig. ²Für die Aufgaben nach diesem Gesetz obliegt die Rechts- und Fachaufsicht über das Bundesamt dem Bundesministerium für Wirtschaft und Energie. ³Das Bundesministerium für Wirtschaft und Energie übt die Rechts- und Fachaufsicht im Einvernehmen mit dem Bundesministerium für Arbeit und Soziales aus.

---

13 COM(2022) 71 final, 17 (EN) bzw. 21 (DE).

(2) Bei der Wahrnehmung ihrer Aufgaben verfolgt die zuständige Behörde einen risikobasierten Ansatz.

I. Überblick 1	3. Ausübung der Rechts- und Fachaufsicht (Abs. 1 S. 3) 6
II. Zuständige Behörde (Abs. 1) 2	
1. Zuständige Ausgangsbehörde (Abs. 1 S. 1) 2	
a) Stellung des BAFA 3	a) Im Einvernehmen: Bedeutung und Gehalt 7
b) Aufgaben des BAFA ... 4	b) Reichweite und Entscheidungskriterien 9
2. Rechts- und Fachaufsichtsbehörde (Abs. 1 S. 2) 5	III. Risikobasierte Aufgabenwahrnehmung (Abs. 2) 10

I. Überblick

§ 19 regelt zum einen die **fachliche Zuständigkeit** für die nach Abschnitt 4 vorgesehenen behördlichen Befugnisse (Abs. 1). Zum anderen legt die Vorschrift den von der zuständigen Behörde bei ihren Aufgaben zu wählenden **risikobasierten Ansatz** (Abs. 2) fest. 1

II. Zuständige Behörde (Abs. 1)

1. Zuständige Ausgangsbehörde (Abs. 1 S. 1)

Für die behördliche Kontrolle und Durchsetzung nach Abschnitt 4 ist gemäß § 19 Abs. 1 S. 1 das Bundesamt für Wirtschaft und Ausfuhrkontrolle (**BAFA**) zuständig. 2

a) Stellung des BAFA

Das BAFA ist eine **Bundesoberbehörde** im Geschäftsbereich des Bundesministeriums für Wirtschaft und Klimaschutz (BMWK). 3

b) Aufgaben des BAFA

In den Bereichen **Außenwirtschaft**, Wirtschaftsförderung, Energie und Wirtschaftsprüferaufsicht nimmt das BAFA wichtige administrative Aufgaben des Bundes wahr.[1] Seine Kernaufgabe ist die **Ausfuhrkontrolle**. Eingebunden in die Exportkontrollpolitik der Bundesregierung wirkt das BAFA als Genehmigungsbehörde in enger Kooperation mit anderen Bundesbehörden an einem komplexen Exportkontrollsystem mit.[2] Die Ausfuhrkontrollen orientieren sich im Rahmen internationaler und gesetzlicher Verpflichtungen am Sicherheitsbedürfnis und außenpolitischen Interesse der Bundesrepublik Deutschland. Zu den außenwirtschaftlichen Aufgaben des BAFA gehört auch die Durchführung der im Rahmen der gemeinsamen Handelspolitik der Europäischen Union getroffenen **Einfuhrregelungen**.[3] Vor diesem Hintergrund nimmt es nicht wunder, dass dem BAFA – entgegen der im Gesetzgebungsverfahren geäußerten Kri- 4

---

[1] Zur Organisation und zu den Aufgaben des BAFA s. https://www.bafa.de/DE/Bundesamt/Organisation/Aufgaben/aufgaben_node.html.
[2] Vgl. dazu BAFA, Praxis der Exportkontrolle, 4. Aufl. 2021; Bieneck AußenwirtschaftsR-HdB S. 735 ff.; Hocke/Sachs/Pelz AußenwirtschaftsR § 13 Rn. 3 ff.
[3] Zur Einfuhrkontrolle vgl. §§ 29 ff. AWV.

tik[4] – die Zuständigkeit nach Abs. 1 übertragen wurde. Tatsächlich verfügt es über die für die Zwecke des LkSG notwendigen Erfahrungen mit komplexen **Sachverhalten mit Auslandsbezug.**

2. Rechts- und Fachaufsichtsbehörde (Abs. 1 S. 2)

5 Für die Aufgaben nach dem LkSG („nach diesem Gesetz", dh nicht nur mit Blick auf die Maßnahmen nach dem Abschnitt 4) obliegt dem **BMWK** gemäß Abs. 1 S. 2 die Rechts- und Fachaufsicht über das BAFA.

3. Ausübung der Rechts- und Fachaufsicht (Abs. 1 S. 3)

6 Gemäß § 19 Abs. 1 S. 3 übt das BMWK die Rechts- und Fachaufsicht „**im Einvernehmen mit**" dem Bundesministerium für Arbeit und Soziales (**BMAS**) aus. Insbesondere in Zeiten von Koalitionsregierungen, in denen die Hausleitung des BMWK und des BMAS unterschiedlichen politischen Parteien angehört, stellt sich bei Meinungsunterschieden in den Häusern die Frage nach der Federführung.

a) Im Einvernehmen: Bedeutung und Gehalt

7 Nach dem Wortlaut des Abs. 1 S. 3 liegt die Rechts- und Fachaufsicht beim **BMWK**[5], das diese „im Einvernehmen" mit dem BMAS ausübt. Nach allgemeinem Sprachgebrauch bedeutet Einvernehmen „**Einigkeit**, Übereinstimmung, die auf gegenseitigem Verstehen, auf Verständigungsbereitschaft beruht".[6] Im rechtlichen Kontext wird „Einvernehmen" als das vor dem Erlass eines Gesetzes oder Verwaltungsaktes erforderliche **Einverständnis** eines anderen Gesetzgebungsorgans bzw. einer anderen Behörde (Stelle) definiert.[7] Demnach ist eine möglichst **einverständliche rechts- und fachaufsichtliche Entscheidung** des BMWK und des BMAS im konkreten Fall erforderlich. Nicht ausreichend ist jedenfalls eine bloße Anhörung des BMAS im Sinne der Herstellung des Benehmens.[8] In der Rechtsprechung des Bundesverwaltungsgerichts ist das „Einvernehmen" als die völlige Willensübereinstimmung zwischen zwei oder mehre-

---

4 Die Fraktion DIE LINKE hielt für eine behördliche Durchsetzung das Justizministerium für „besser geeignet", siehe BT-Drs. 19/30505, 34.
5 Anders zB bei § 22 Abs. 3 AtG mit Blick auf die Zuständigkeit des BAFA für Genehmigungen nach § 22 Abs. 1, § 3 AtG; dort heißt es: „Soweit das Bundesamt für Wirtschaft und Ausfuhrkontrolle (BAFA) aufgrund des Absatzes 1 entscheidet, ist es unbeschadet seiner Unterstellung unter das Bundesministerium für Wirtschaft und Energie und dessen auf anderen Rechtsvorschriften beruhender Weisungsbefugnisse an die fachlichen Weisungen des für die kerntechnische Sicherheit und den Strahlenschutz zuständigen Bundesministeriums gebunden."
6 Siehe https://www.duden.de/rechtschreibung/Einvernehmen (Hervorhebung nur hier).
7 Weber Rechtswörterbuch/Weber Einvernehmen.
8 Im Gegensatz zum Einvernehmen verlangt eine Entscheidung im „Benehmen" „keine Willensübereinstimmung. Gefordert wird nicht mehr als die (gutachtliche) Anhörung der anderen Behörde, die dadurch Gelegenheit erhält, ihre Vorstellungen in das Verfahren einzubringen" (BVerwG Beschl. v. 29.12.1994 – 7 VR 12/94, BeckRS 2015, 46000).

ren Beteiligten definiert.[9] Das „Einvernehmen" bedeute, dass der das Einvernehmen Erklärende die Entscheidung **inhaltlich mittrage**.[10] Dementsprechend wird das „Einvernehmen" – neben Zustimmung – als die stärkste Form der Beteiligung bezeichnet.[11] Es begründet damit ein formales Beteiligungsrecht, beinhaltet jedoch keine Befugnis zur aktiven Gestaltung.[12] Obwohl ein „Einvernehmen" formal keine **„Zustimmung"** ist, ist es in der Sache **gleichbedeutend**.[13] Auch das Bundesverwaltungsgericht setzt „Einvernehmen" und „Zustimmung" inhaltlich und mit Blick auf ihre Rechtsfolgen gleich, wenngleich es sie als eigenständige Begriffe aufführt.[14] Ebenso behandelt § 58 Abs. 2 VwVfG Zustimmung- und Einvernehmensregelungen rechtlich gleich. Freilich lässt sich für die Verwendung der Mitwirkungsformen der Zustimmung und des Einvernehmens in der Rechtsordnung kaum eine Systematik feststellen.[15]

Die in Abs. 1 S. 3 verankerte Aufteilung der Zuständigkeit für die Rechts- und Fachaufsicht zwischen dem BMWK und dem BMAS dürfte letztlich dem **Austarieren** wirtschaftlicher Interessen der Unternehmen einerseits und der Interessen des vom LkSG als schutzbedürftig angesehenen Personenkreises andererseits dienen. 8

b) Reichweite und Entscheidungskriterien

Wie weit das Einvernehmenserfordernis reicht und welche **Entscheidungskriterien** konkret gelten, wird in der Vorschrift nicht weiter konkretisiert. Auch dem Gesetzentwurf lässt sich dazu nichts entnehmen. Dieser begnügt sich mit der bloßen Wiederholung des Gesetzestexts.[16] Dabei hätte der Gesetzgeber in Anbetracht der mit Blick auf die Reichweite und die Kriterien eines „Einvernehmens" bestehenden **Rechtsunsicherheiten**, die sich in der Vergangenheit bereits in anderen Zusammenhängen gezeigt haben,[17] Anlass dazu gehabt, für mehr Klarheit zu sor- 9

---

9 BVerwG Urt. v. 4.11.1960 – VI C 163.58, BVerwGE 11, 195 (200) zu § 15 Abs. 1 S. 1 ArbGG aF; s. auch BVerwG Urt. v. 30.11.1978 – II C 6.75, BVerwGE 57, 98 (101) zu § 128 Abs. 2 S. 2 BRRG.
10 BVerwG Urt. v. 29.4.2004 – 3 C 25/03, NVwZ-RR 2004, 855 (856 f.).
11 BVerwG Urt. v. 29.4.2004 – 3 C 25/03, NVwZ-RR 2004, 855 (857); vgl. Landmann/Rohmer UmweltR/Pape WHG § 7 Rn. 16.
12 Dürig/Herzog/Scholz/Gröpl GG Art. 89 Rn. 142; s. auch Kopp/Ramsauer VwVfG § 58 Rn. 16.
13 Vgl. Bergmann/Dienelt/Samel AufenthG § 72 Rn. 5; vgl. auch Kopp/Ramsauer VwVfG § 58 Rn. 16.
14 BVerwG Urt. v. 7.2.1986 – 4 C 43/83, NVwZ 1986, 556 (556): „Einvernehmen bedeutet – nicht anders als Zustimmung – nach Wortlaut, Sinn und Zweck sowie Entstehungsgeschichte der Regelung, daß die Genehmigungsbehörde nicht gegen den Willen der zur Mitwirkung berufenen Behörde die Genehmigung erteilen darf."; vgl. auch BVerwG Urt. v. 19.11.1965 – 4 C 184/65, NJW 1966, 513 (514).
15 Vgl. NK-VwVfG/Mann VwVfG § 58 Rn. 39; zum Teil werden die Begriffe nach Gleichordnung („Einvernehmen") und Hierarchie („Zustimmung") differenziert, vgl. Mann DVBl 2009, 340 f.; ausführlich zum Ganzen Siegel, Die Verfahrensbeteiligung von Behörden und anderen Trägern öffentlicher Belange, 2001, S. 71 ff., S. 93 f.
16 S. Begr. RegE LkSG, BT-Drs. 19/28649, 56.
17 Vgl. Klage des Landes Berlin gegen das Bundesinnenministerium mit Blick auf § 23 Abs. 1 AufenthG, das ebenso den Begriff „Einvernehmen" kennt, s. https://www.ta

gen. Mangels gesetzlich vorgegebener Kriterien lässt sich nicht mit Sicherheit bestimmen, zu welchem Zweck und unter welchen Voraussetzungen das BMAS eine einvernehmliche Entscheidung treffen oder verweigern darf. Es bleibt daher abzuwarten, wie die beiden Ministerien die Regelung anwenden werden. In der Praxis führen solche (geteilten) Zuständigkeitsregelungen – zumal in Zeiten von Koalitionsregierungen – nicht selten zu Blockaden, die das verwaltungsrechtliche Handeln zulasten der Betroffen – sowohl der betroffenen Unternehmen als auch der Personen, die durch die Sorgfaltspflichten gerade geschützt werden sollen – verzögern. Auch wenn es an gesetzlich verankerten Kriterien zur einvernehmlichen Entscheidung in § 19 fehlt, gebietet **das Rechtsstaatsprinzip**, dass das Einvernehmen nur aus **rechtlichen** – und rechtlich überprüfbaren[18] – und nicht aus politischen Gründen verweigert werden darf.

III. Risikobasierte Aufgabenwahrnehmung (Abs. 2)

10 Bei der Wahrnehmung ihrer Aufgaben verfolgt die zuständige Behörde gemäß Abs. 2 einen risikobasierten Ansatz.[19] Dies ermöglicht es dem BAFA, seine Ressourcen und Kapazitäten gezielt zur Kontrolle der gewichtigen Risiken einzusetzen.[20] Der Wortlaut der Norm lässt eine **Modifizierung des Amtsermittlungsgrundsatzes gem. § 23 VwVfG** vermuten. Die Regierungsbegründung bestätigt diese Annahme. Hiernach stellt Abs. 2 „klar, dass die Behörde nicht lediglich zufällige Stichproben vornimmt, sondern sich zunächst auf Fälle mit den schwersten Risiken konzentriert. Dies wird vor allem relevant, wenn die Behörde von Amts wegen tätig wird."[21] Die Regierungsbegründung räumt indes selbst ein: „Wie dies erreicht wird, hängt von dem **behördeninternen Prüfkonzept** ab. Beispielsweise ist denkbar, dass die Behörde einen Teil ihrer Ressourcen darauf verwendet, den substantiierten Hinweisen Dritter nachzugehen. Die übrigen Verfahren könnten dazu dienen, turnusmäßig eine bestimmte Branche mit besonderen Risiken in den Blick zu nehmen."[22] Insgesamt soll mit diesem Ansatz die effektive Durchsetzung des LkSG ge-

---

gesspiegel.de/berlin/wegen-abgelehnter-fluechtlingsaufnahme-berliner-senat-klagt-jetzt-gegen-seehofer/26632864.html; s. dazu das Gutachten von Karpenstein/Sangi, Aufnahme von Flüchtenden aus den Lagern auf den griechischen Inseln durch die deutschen Bundesländer – Rechtliche Voraussetzungen und Grenzen. Gutachten im Auftrag eines Abgeordneten des Europäischen Parlaments v. 5.3.2020, abrufbar unter https://fragdenstaat.de/dokumente/4220/.

18 Ob es sich beim „Einvernehmen" des Bundesinnenministeriums gem. § 23 Abs. 1 AufenthG um einen Verwaltungsakt oder einen Realakt handelt, hat das BVerwG offengelassen, s. BVerwG Urt. v. 15.3.2022 – 1 A 1.21, NVwZ 2022, 1366 (1367 Rn. 18 ff.).
19 Zum risikobasierten Ansatz vgl. § 3a GwG und Art. 24 Abs. 1 S. 1 DS-GVO; vgl. dazu BeckOK GwG/Müller GwG § 3a Rn. 13–17; Taeger/Gabel/Lang DS-GVO Art. 24 Rn. 31; zu den Wurzeln des risikobasierten Ansatzes im GwG siehe auch Zentes/Glaab/Kaetzler GwG § 3a Rn. 5 ff.
20 Grabosch LkSG/Engel/Schönfelder § 6 Rn. 13.
21 Begr. RegE LkSG, BT-Drs. 19/28649, 56.
22 Begr. RegE LkSG, BT-Drs. 19/28649, 56 (Hervorhebung nur hier).

währleistet werden.²³ Die Verfolgung eines risikobasierten Ansatzes entbindet die Verwaltung allerdings nicht von der Achtung der allgemeinen verwaltungsrechtlichen Grundprinzipien wie insbesondere der Gesetzmäßigkeit der Verwaltung. So würde das BAFA seinen Beurteilungs- und Ermessensspielraum überschreiten, wenn es unabhängig von einem bestehenden Risiko ermittelt oder eine Ermittlung trotz bestehenden Risikos vollständig unterlässt.²⁴ Eine Konkretisierung dieser Spielräume zur Klarstellung wäre wünschenswert und dürfte im Rahmen einer Rechtsverordnung erfolgen, die das Bundesministerium für Arbeit und Soziales gem. § 14 Abs. 2 zur näheren Regelung des risikobasierten Ansatzes erlassen kann.

Die zur Zeit des Erlasses des Gesetzes regierenden Koalitionsfraktionen von CDU/CSU und SPD sahen sich veranlasst, in den Ausschussberatungen anzuregen, dass das BAFA „bei der Erfüllung seiner gesetzlichen Aufgaben von einem **Beirat** begleitet und beraten wird. Dies gilt etwa im Hinblick auf entsprechende Handreichungen und die angemessene personelle Ausstattung des BAFA".²⁵ Dazu wurde ferner vorgeschlagen, „bereits bestehende Gremienstrukturen zu nutzen und den Beirat aus der Mitte der Arbeitsgruppe Wirtschaft und Menschenrechte des Nationalen CSR-Forums der Bundesregierung zu berufen, die zusammen mit dem Interministeriellen Ausschuss (IMA) Wirtschaft und Menschenrechte bereits die Umsetzung des Nationalen Aktionsplans Wirtschaft und Menschenrechte begleitet. Der Beirat sollte bereits im Jahr 2021 beim BAFA eingerichtet werden und insbesondere Vertreterinnen und Vertreter aus Arbeitgeberverbänden, Gewerkschaften, Wissenschaft und anderen Mitgliedern der Zivilgesellschaft umfassen."²⁶ Er hat schließlich am 17.5.2022 seine Arbeit aufgenommen.²⁷ 11

§ 20 Handreichungen

¹Die zuständige Behörde veröffentlicht branchenübergreifende oder branchenspezifische Informationen, Hilfestellungen und Empfehlungen zur Einhaltung dieses Gesetzes und stimmt sich dabei mit den fachlich betroffenen Behörden ab. ²Die Informationen, Hilfestellungen oder Empfehlungen bedürfen vor Veröffentlichung der Zustimmung des Auswärtigen Amtes, insofern außenpolitische Belange davon berührt sind.

§ 20 überträgt dem Bundesamt für Wirtschaft und Ausfuhrkontrolle (BAFA) als zuständiger Behörde (→ § 19 Rn. 2) die Aufgabe, **branchen-** 1

---

23 Grabosch LkSG/Engel/Schönfelder § 6 Rn. 13; Wagner/Ruttloff/Wagner LkSG/Ruttloff/Hahn § 9 Rn. 1407.
24 So auch Grabosch LkSG/Engel/Schönfelder § 6 Rn. 14.
25 BT-Drs. 19/30505, 32 (Hervorhebung nur hier).
26 BT-Drs. 19/30505, 32 f.
27 Siehe https://www.bafa.de/SharedDocs/Pressemitteilungen/DE/Lieferketten/2022_02_lksg_beirat.html.

übergreifende oder **branchenspezifische Informationen, Hilfestellungen und Empfehlungen** zur **Einhaltung** des LkSG zu veröffentlichen. Zweck der Regelung ist es, die in den Anwendungsbereich des Gesetzes fallenden Unternehmen bei der **Umsetzung ihrer Sorgfaltspflichten** zu unterstützen.[1] Sie dürfte inspiriert sein durch VNLP Nr. 3 lit. c, wonach Staaten Unternehmen wirksame Handlungsanleitungen zur Achtung der Menschenrechte in ihrer gesamten Geschäftstätigkeit bereitstellen sollen.[2] Als Beispiele für branchenübergreifende oder branchenspezifische Informationen nennt die Regierungsbegründung solche „zu existierenden Branchenstandards und Initiativen".[3] Bei „Informationen" dürfte es sich der Sache nach – ähnlich wie bei Auskünften – um Wissenserklärungen der Behörde handeln, mit denen sie das vorhandene behördliche Wissen mitteilt.[4] Hilfestellungen und Empfehlungen wohnt demgegenüber ein finales Element inne, weil sie dem Wortsinn nach darauf ausgerichtet sind, den Unternehmen bestimmte Verhaltensweisen nahezulegen. Keinem der Begriffe wird man indes den Charakter rechtsverbindlicher Handlungsanweisungen zumessen können.[5] Davon bleibt unberührt, dass die veröffentlichten Informationen, Hilfestellungen und Empfehlungen grundsätzlich geeignet sind, **schutzwürdiges Vertrauen** der Unternehmen zu begründen.[6] Das BAFA dürfte jedenfalls daran gehindert sein, im Rahmen des Vollzugs des LkSG eine Verletzung von Sorgfaltspflichten anzunehmen, wenn das Verhalten des Unternehmens im Einklang mit den zuvor vom BAFA veröffentlichten Informationen, Hilfestellungen und Empfehlungen steht oder stand (Verbot des venire contra factum proprium).[7]

2 Zu **Form, Zeitpunkt** und **Veröffentlichungsort** enthält das Gesetz keine Vorgaben.[8] Zweckmäßig erscheint im Interesse der einfachen Zugänglichkeit die Veröffentlichung (jedenfalls auch) im Internet. Unter dem Gesichtspunkt der Rechtssicherheit erscheint geboten, dass alle vom BAFA veröffentlichten Informationen, Hilfestellungen und Empfehlungen in allgemein zugänglicher Weise **archiviert** werden, wobei nachvollziehbar bleiben muss, wann jeweils die Veröffentlichung erfolgte und für welchen Zeitraum die Informationen, Hilfestellungen und Empfehlungen galten. Mangels verbindlicher Vorgaben zur Form kommt grundsätzlich auch in Betracht, die vom BAFA auf seiner Internetseite veröffentlichten

---

1 BT-Drs. 19/28649, 56.
2 Im Kommentar zu VNLP Nr. 3 heißt es dazu: „Guidance to business enterprises on respecting human rights should indicate expected outcomes and help share best practices. It should advise on appropriate methods, including human rights due diligence, and how to consider effectively issues of gender, vulnerability and/or marginalization, recognizing the specific challenges that may be faced by indigenous peoples, women, national or ethnic minorities, religious and linguistic minorities, children, persons with disabilities, and migrant workers and their families."
3 BT-Drs. 19/28649, 56.
4 Zum Begriff siehe Schoch/Schneider/Schröder VwVfG § 38 Rn. 24.
5 So auch Grabosch LkSG/Engel/Schönfelder § 6 Rn. 56; vgl. ferner Thalhammer DÖV 2021, 825 (832).
6 Grabosch LkSG/Engel/Schönfelder § 6 Rn. 56.
7 Fleischer CCZ 2022, 205 (207).
8 Kritisch hierzu Schmidt CCZ 2022, 214 (216).

„Fragen und Antworten zum Lieferkettengesetz"[9] als Handreichungen im Sinne von § 20 aufzufassen.[10] Dies gilt jedoch nur in dem Umfang, wie die Informationen darauf ausgerichtet sind, der Einhaltung des LkSG zu dienen, dh die Unternehmen bei der Einhaltung der Sorgfaltspflichten zu unterstützen.

Als Beispiel einer fachlich zuständigen Behörde, mit der eine **Abstimmung** erfolgen soll, nennt die Regierungsbegründung mit Blick auf umweltbezogene Pflichten das Umweltbundesamt.[11] Als weitere fachlich betroffene Behörden dürften insbesondere solche in Betracht kommen, die für die Umsetzung der in der Anlage zum LkSG aufgelisteten Übereinkommen fachlich zuständig sind oder die über spezifische Kenntnisse über die Menschenrechts- und/oder Umweltsituation in anderen Staaten verfügen. Der Bedeutungsgehalt der Abstimmung ist nicht eindeutig. Der Begriff „Abstimmung" kann nach seinem Sinngehalt sowohl als Zustimmung[12] als auch als schwache Beteiligungsform im Sinne eines Benehmens oder einer Anhörung[13] verstanden werden (→ § 19 Rn. 7). Der systematische Zusammenhang mit S. 2, nach dem eine Zustimmung des Auswärtigen Amts erforderlich ist, wenn außenpolitische Belange berührt sind, spricht allerdings im Umkehrschluss dafür, dass nach S. 1 keine Zustimmung der fachlich betroffenen Behörden erforderlich ist. Abgesehen davon dürfte ein Zustimmungserfordernis auch deshalb zu verneinen sein, weil S. 1 die fachlich betroffenen Behörden nicht bezeichnet, sondern als unbestimmten Rechtsbegriff ausgestaltet. 3

Eine Berührung **außenpolitischer Belange** dürfte vor allem in Betracht kommen, wenn die vom BAFA veröffentlichten Informationen die tatsächliche oder rechtliche Situation in anderen Staaten betreffen und so verstanden werden können, dass die Bundesregierung die dortige Menschenrechts- und/oder Umweltlage als defizitär erachtet. Aus dem Erfordernis der **Zustimmung** folgt, dass die Veröffentlichung nicht gegen den Willen des Auswärtigen Amtes erfolgen darf.[14] 4

§ 21 Rechenschaftsbericht

(1) ¹Die nach § 19 Absatz 1 Satz 1 zuständige Behörde berichtet einmal jährlich über ihre im vorausgegangenen Kalenderjahr erfolgten Kontroll- und Durchsetzungstätigkeiten nach Abschnitt 4. ²Der Bericht ist erstmals

---

9 Siehe https://www.bafa.de/DE/Lieferketten/Ueberblick/ueberblick_node.html.
10 Vgl. Brouwer CCZ 2022, 137 (138); Schmidt CCZ 2022, 214 (216); zweifelnd Fleischer CCZ 2022, 205 (207).
11 BT-Drs. 19/28649, 56.
12 Vgl. VG Arnsberg Urt. v. 2.1.2018 – 8 K 6071/16, BeckRS 2018, 13255 Rn. 26; Martin/Krautzberger Denkmalschutz-HdB/Wenzel Teil J Rn. 266.
13 Vgl. Dürig/Herzog/Scholz/Gröpl GG Art. 89 Rn. 141.
14 Vgl. zum Begriff der Zustimmung und des Einvernehmens BVerwG Urt. v. 7.2.1986 – 4 C 43/83, NVwZ 1986, 556 (→ § 19 Rn. 7).

für das Jahr 2022 zu erstellen und auf der Webseite der zuständigen Behörde zu veröffentlichen.

(2) Die Berichte sollen auf festgestellte Verstöße und angeordnete Abhilfemaßnahmen hinweisen und diese erläutern sowie eine Auswertung der eingereichten Unternehmensberichte nach § 12 enthalten, ohne die jeweils betroffenen Unternehmen zu benennen.

1 Nach § 21 Abs. 1 ist das **Bundesamt für Wirtschaft und Ausfuhrkontrolle (BAFA)** (vgl. § 19 Abs. 1 S. 1) verpflichtet, einmal im Jahr über seine im vorausgegangenen Kalenderjahr ausgeführten Kontroll- und Durchsetzungstätigkeiten zu berichten. Der Bericht ist erstmals für das Jahr 2022 zu erstellen und auf der Internetseite des Amtes zu veröffentlichen.

2 Gemäß Abs. 2 wird in dem Bericht auf festgestellte **Verstöße** hingewiesen und werden diese erläutert. Zugleich hat das Bundesamt darauf hinzuweisen und zu erläutern, welche Maßnahmen es ergriffen hat, um den Verstößen abzuhelfen. Nach S. 2 ebenfalls enthalten sein muss eine Auswertung der **Unternehmensberichte** nach § 12, wobei die berichtenden Unternehmen nicht namentlich genannt werden dürfen.

Abschnitt 5 Öffentliche Beschaffung

§ 22 Ausschluss von der Vergabe öffentlicher Aufträge

(1) ¹Von der Teilnahme an einem Verfahren über die Vergabe eines Liefer-, Bau- oder Dienstleistungsauftrags der in den §§ 99 und 100 des Gesetzes gegen Wettbewerbsbeschränkungen genannten Auftraggeber sollen Unternehmen bis zur nachgewiesenen Selbstreinigung nach § 125 des Gesetzes gegen Wettbewerbsbeschränkungen ausgeschlossen werden, die wegen eines rechtskräftig festgestellten Verstoßes nach § 24 Absatz 1 mit einer Geldbuße nach Maßgabe von Absatz 2 belegt worden sind. ²Der Ausschluss nach Satz 1 darf nur innerhalb eines angemessenen Zeitraums von bis zu drei Jahren erfolgen.

(2) ¹Ein Ausschluss nach Absatz 1 setzt einen rechtskräftig festgestellten Verstoß mit einer Geldbuße von wenigstens einhundertfünfundsiebzigtausend Euro voraus. ²Abweichend von Satz 1 wird

1. in den Fällen des § 24 Absatz 2 Satz 2 in Verbindung mit § 24 Absatz 2 Satz 1 Nummer 2 ein rechtskräftig festgestellter Verstoß mit einer Geldbuße von wenigstens eine Million fünfhunderttausend Euro,
2. in den Fällen des § 24 Absatz 2 Satz 2 in Verbindung mit § 24 Absatz 2 Satz 1 Nummer 1 ein rechtskräftig festgestellter Verstoß mit einer Geldbuße von wenigstens zwei Millionen Euro und
3. in den Fällen des § 24 Absatz 3 ein rechtskräftig festgestellter Verstoß mit einer Geldbuße von wenigstens 0,35 Prozent des durchschnittlichen Jahresumsatzes vorausgesetzt.

(3) Vor der Entscheidung über den Ausschluss ist der Bewerber zu hören.

I. Überblick	1	4. Selbstreinigung gemäß § 125 GWB	29
II. Regelungsinhalt	6	5. Weitere relevante Vorschriften des GWB	42
1. Regelungsadressaten (Abs. 1)	6	6. Wettbewerbsregistergesetz	43
2. Vergaben von Liefer-, Bau- und Dienstleistungsaufträgen (Abs. 1)	8	7. Einfügen in die Systematik der §§ 123 ff. GWB	46
3. Ausschluss von der Vergabe öffentlicher Aufträge (Abs. 1)	11	IV. Rechtsfolge: Ausschluss von der Vergabe öffentlicher Aufträge	50
4. Bußgeldschwellen (Abs. 2)	15	V. Rechtsschutz	55
5. Anhörung der Bewerber (Abs. 3)	19	VI. Berücksichtigung sozialer Aspekte im Vergabeverfahren und Auswirkungen des § 22	61
III. Systematische Einordnung	20	1. Berücksichtigung sozialer Aspekte im Vergabeverfahren nach bisheriger Rechtslage	61
1. Eignung im Sinne von § 122 GWB	21	2. Auswirkungen des § 22	69
2. Zwingende Ausschlussgründe im Sinne von § 123 GWB	23	VII. Bewertung/Ausblick	70
3. Fakultative Ausschlussgründe im Sinne von § 124 GWB	25	VIII. Zukünftige Rechtsentwicklung	72

I. Überblick

§ 22 bildet den 5. Abschnitt des LkSG mit der Überschrift „Öffentliche Beschaffung". 1

Die Norm regelt den Ausschluss von Unternehmen (→ Rn. 50), gegen die 2 ein besonders hohes Bußgeld nach Maßgabe des § 24 Abs. 2 wegen eines rechtskräftigen Verstoßes gegen § 24 Abs. 1 verhängt wurde (→ Rn. 15), von der Teilnahme an Verfahren über die Vergabe von Liefer-, Bau- und Dienstleistungsaufträgen (→ Rn. 8) der in den §§ 99 und 100 des Gesetzes gegen Wettbewerbsbeschränkungen (GWB) genannten öffentlichen bzw. Sektorenauftraggeber (→ Rn. 8). Derartige Unternehmen sollen bis zur nachgewiesenen Selbstreinigung im Sinne von § 125 GWB (→ Rn. 29) von der Vergabe öffentlicher Aufträge ausgeschlossen werden. Gegen sie soll mithin eine sog. **Vergabesperre** verhängt werden, die die betroffenen Unternehmen aufgrund eines vorangegangenen Fehlverhaltens für einen bestimmten Zeitraum von zukünftigen Auftragsvergaben ausschließt.

Von seiner (rein) rechtsdogmatischen Konzeption her stellt der 3 Ausschluss aus dem Vergabeverfahren – auch wenn er von Unternehmerseite so empfunden werden dürfte – zwar keine zusätzliche Sanktion (im engeren Sinne) neben dem verhängten Bußgeld dar, sondern soll – **präventiv** – bei der vergaberechtlichen Eignungsprüfung von Bietern und Bewerbern sicherstellen, dass nur solche Unternehmen den Zuschlag erhalten, die Recht und Gesetz in der Vergangenheit eingehalten haben und bei denen gesetzestreues Verhalten auch in Zukunft zu erwarten ist.[1]

---
1 Vgl. in diesem Zusammenhang auch BT-Drs. 18/6281, 101 (zu § 123 GWB).

Faktisch dürfte die Norm aber gleichwohl, und zwar insbesondere für solche Unternehmen, die regelmäßig an öffentlichen Ausschreibungen teilnehmen, in Ansehung eines mit einem entsprechenden Verfahrensausschluss einhergehenden Umsatzverlustrisikos eine erhebliche Anreizwirkung entfalten, die mit „klassischen" Sanktionen nur schwer zu erzielen wäre.[2] Insofern reiht sich § 22 zumindest in das „Sanktionsgefüge" des LkSG bzw. des Vergaberechts im weiteren Sinne ein.

4 Die Vorschrift steht insoweit in engem Zusammenhang mit den vergaberechtlichen Ausschlusstatbeständen der §§ 123, 124 GWB (→ Rn. 21) und orientiert sich an den vergleichbaren Vorschriften des § 19 Mindestlohngesetz (MiLoG) und des § 21 Schwarzarbeitsbekämpfungsgesetz (SchwarzArbG)[3] sowie ferner auch des § 21 Arbeitnehmer-Entsendegesetz (AEntG) und des § 98c Aufenthaltsgesetz (AufenthG), welche ebenfalls den Ausschluss eines Unternehmens von der Teilnahme an einem Vergabeverfahren bei bestimmten Verfehlungen des Unternehmens vorsehen.

5 Darüber hinaus hat § 22 auch direkte Auswirkungen auf das Vergaberecht und die Vergabeentscheidung des öffentlichen Auftraggebers. Infolgedessen hat die Einführung des § 22 zugleich Änderungen des GWB und des Wettbewerbsregistergesetzes (WRegG) zur Folge, welche ebenfalls mit Inkrafttreten des LkSG zum 1.1.2023 erfolgen.

II. Regelungsinhalt
1. Regelungsadressaten (Abs. 1)

6 § 22 Abs. 1 adressiert in subjektiver Hinsicht sowohl die „klassischen" **öffentlichen Auftraggeber im Sinne des § 99 GWB**[4] als auch die – in den Bereichen der Energie- und Trinkwasserversorgung sowie des Verkehrs tätigen[5] – **Sektorenauftraggeber im Sinne des § 100 GWB**,[6] nachfolgend gemeinsam auch als „Auftraggeber" bezeichnet. **Nicht erfasst** werden von § 22 Abs. 1 dagegen die **Konzessionsgeber im Sinne des § 101 GWB**, welche § 98 GWB als dritten Typus der Auftraggeber im Sinne des GWB[7] nennt.

7 Hinsichtlich der Auslegung des Begriffs „Unternehmen" wird auf die obige Kommentierung unter → § 1 Rn. 6 ff. verwiesen.

---

2 Vgl. Grabosch LkSG/Engel/Schönfelder § 6 Rn. 48; sowie ferner auch BT-Drs. 18/6281, 101.
3 BT-Drs. 19/28649, 57.
4 Vgl. zum Begriff des öffentlichen Auftraggebers iSd § 99 GWB: MüKoWettbR/Ganske GWB § 99 Rn. 11 ff.; Reidt/Stickler/Glahs/Masing GWB § 99 Rn. 11 ff.; Röwekamp/Kus/Portz/Prieß/Röwekamp GWB § 99 Rn. 5 ff.; Ziekow/Völlink/Stolz GWB § 99 Rn. 27 ff.; HK-VergabeR/Pünder GWB § 99 Rn. 3 ff.
5 Vgl. § 102 GWB.
6 Vgl. zum Begriff des Sektorenauftraggebers iSd § 100 GWB: MüKoWettbR/Gabriel GWB § 100 Rn. 17 ff.; Reidt/Stickler/Glahs/Bosselmann GWB § 100 Rn. 9 ff.; Röwekamp/Kus/Portz/Prieß/Opitz GWB § 100 Rn. 13 ff.; Ziekow/Völlink/Stolz GWB § 100 Rn. 3 ff.; HK-VergabeR/Pünder GWB § 100 Rn. 5 ff.
7 Vgl. zum Begriff des Auftraggebers iSd § 98 GWB: MüKoWettbR/Ganske GWB § 98 Rn. 1 f. und 6 ff.; Reidt/Stickler/Glahs/Masing GWB § 98 Rn. 1 ff.

2. Vergaben von Liefer-, Bau- und Dienstleistungsaufträgen (Abs. 1)

In objektiver Hinsicht erstreckt sich der Anwendungsbereich des § 22 8
Abs. 1 auf die **„Vergabe eines Liefer-, Bau- oder Dienstleistungsauftrags"**
der in den §§ 99 und 100 GWB genannten Auftraggeber. Hierzu stellt
die Gesetzesbegründung klar, dass die Verwendung des Begriffs „Vergabe" statt „Wettbewerb" keine Verengung des Anwendungsbereichs der
Norm bewirken soll.[8] Erfasst werden somit sämtliche Vergabeverfahren
betreffend Liefer-, Bau- oder Dienstleistungsaufträge (der in den §§ 99
und 100 GWB genannten Auftraggeber).

Der Umstand, dass zur Begriffskonkretisierung hierbei – anders als bei 9
den adressierten Auftraggebern – nicht auf die Bestimmungen des vierten
Teils des GWB (sog. Kartellvergaberecht, §§ 97 ff. GWB), namentlich
§ 103 GWB, Bezug genommen wird, legt nahe, dass der sachliche Anwendungsbereich nicht auf Vergabeverfahren oberhalb der sog. EU-Schwellenwerte (§ 106 GWB) beschränkt sein soll, so dass Verstöße gegen § 24 Abs. 1, die mit einer Geldbuße nach Maßgabe des § 22 Abs. 2
belegt worden sind (→ Rn. 9), daher grundsätzlich auch zu einem
Ausschluss von Vergabeverfahren unterhalb der EU-Schwellenwerte führen können.[9]

Die Beschränkung auf die Vergabe von Liefer-, Bau- und Dienstleistungs- 10
aufträgen **schließt** indes die Vergabe von **Bau- und Dienstleistungskonzessionen (§ 105 GWB) aus**. Dies steht – formal betrachtet – im Einklang
damit, dass die Konzessionsgeber im Sinne des § 101 GWB auch schon
nicht vom subjektiven Anwendungsbereich erfasst werden (→ Rn. 6). In
materieller bzw. rechtspolitischer Hinsicht drängt sich indes die Frage
auf, wodurch sich diese Ungleichbehandlung bzw. Privilegierung im Rahmen der Konzessionsvergaben rechtfertigt. Die Gesetzesmaterialien verhalten sich dazu nicht.

3. Ausschluss von der Vergabe öffentlicher Aufträge (Abs. 1)

Gemäß § 22 Abs. 1 S. 1 „sollen" die öffentlichen Auftraggeber im Sinne 11
des § 99 GWB und die Sektorenauftraggeber im Sinne des § 100 GWB
Unternehmen, die wegen eines rechtskräftigen Verstoßes nach § 24
Abs. 1 mit einer Geldbuße nach Maßgabe des § 22 Abs. 2 belegt worden
sind, von der Teilnahme an einem Vergabeverfahren ausschließen.

Bei **§ 22 Abs. 1 S. 1** handelt es sich – ebenso wie bei den vergleichbaren 12
Vorschriften des § 21 AEntG, § 19 MiLoG und § 21 SchwarzArbG – um
eine **„Soll"-Vorschrift**. § 22 Abs. 1 S. 1 bindet den Auftraggeber damit
bei der Ausübung seines Ermessens dahin gehend, dass er in der Regel
für einen Ausschluss entscheiden soll, dabei allerdings alle Umstände des
Einzelfalls in Betracht zu ziehen hat. Danach ist ein Unternehmen bei
Vorliegen eines Ausschlussgrundes im Regelfall von dem Vergabeverfah-

---

[8] BT-Drs. 19/28649, 57.
[9] Vgl. Grabosch LkSG/Engel/Schönfelder § 6 Rn. 49; Freund/Krüger NVwZ 2022, 665 (668).

ren auszuschließen, sofern kein atypischer Fall vorliegt (sog. **intendiertes Ermessen**).[10] Dem Auftraggeber steht dabei nach der Rechtsprechung des BVerwG bei Vorliegen eines Regelfalls kein Ermessen zu.[11] Mit anderen Worten steht die Ermessensermächtigung unter der Bedingung, dass kein atypischer Fall vorliegt.[12] Der Auftraggeber muss daher besondere Gründe anführen und diese dokumentieren, wenn er von einem Ausschluss des Unternehmens trotz Vorliegens eines Ausschlussgrundes absehen will.

13 Der Ausschluss des Unternehmens darf gemäß **§ 22 Abs. 1 S. 2** nur innerhalb eines angemessenen Zeitraums von bis zu drei Jahren erfolgen. Diese Begrenzung der Vergabesperre auf einen angemessenen Zeitraum ist Ausfluss des Verhältnismäßigkeitsgrundsatzes.[13] Über den Zeitpunkt des Fristbeginns der Ausschlussfrist trifft § 22 Abs. 1 S. 2 keine Aussage. Sachgerecht erscheint es jedoch, auf die Unanfechtbarkeit des maßgeblichen Bußgeldbescheids abzustellen, da ein rechtskräftig festgestellter Verstoß zwingende Voraussetzung einer Ausschlussentscheidung ist.[14] Dies zeigt auch ein Vergleich mit § 7 Abs. 1 S. 3 WRegG, wonach Eintragungen in das Wettbewerbsregister spätestens nach Ablauf von drei Jahren ab dem Tag gelöscht werden, an dem die Entscheidung unanfechtbar geworden ist.[15] Weiterhin ist im Rahmen des § 22 Abs. 1 S. 2 zu beachten, dass der ursprüngliche Gesetzesentwurf vorsah, dass der Ausschluss „nur für einen angemessenen Zeitraum von bis zu drei Jahren erfolgen" darf.[16] Nunmehr darf der Ausschluss – auf Vorschlag des Ausschusses für Arbeit und Soziales – nur „innerhalb" eines angemessenen Zeitraums erfolgen.[17] Diese Änderung soll der Klarstellung dienen, dass ein Ausschluss nur formal als Ausschluss aus einem einzelnen Vergabeverfahren verfügt werden kann und nicht pauschal für einen Zeitraum.[18] Innerhalb des jeweils angemessenen Zeitraums kann ein Ausschluss aber – vorbehaltlich einer Selbstreinigung nach § 125 GWB – beliebig oft erfolgen.[19] Im Hinblick auf die Länge der Vergabesperre kommt dem öffentlichen Auftraggeber Ermessen zu. Er kann einen „angemessenen" Zeitraum im Sinne des § 22 Abs. 1 S. 2 wählen. Zudem besteht aufgrund des

---

10 Vgl. im Einzelnen Stelkens/Bonk/Sachs/Sachs VwVfG § 40 Rn. 26 ff.; NK-VwGO/Wolff VwGO § 114 Rn. 138 ff.; Schoch/Schneider/Riese VwGO § 114 Rn. 24 ff.; sowie ferner auch Grabosch LkSG/Engel/Schönfelder § 6 Rn. 51.
11 BVerwG Urt. v. 29.7.1993 – 1 C 25/93, NVwZ 1994, 381 (383); BVerwG Urt. v. 17.9.1987 – 5 C 26/84, NVwZ 1988, 829 (830); BVerwG Urt. v. 22.11.2005 – 1 C 18/04, NVwZ 2006, 711 (712).
12 NK-VwGO/Wolff VwGO § 114 Rn. 138 mit Verweis auf BVerwG Urt. v. 2.7.1992 – 5 C 39/90, BVerwGE 90, 275.
13 Vgl. KG Berlin Urt. v. 8.12.2011 – 2 U 11/11, NZBau 2012, 389 (392).
14 Vgl. Freund/Krüger NVwZ 2022, 665 (669); Wagner/Ruttloff/Wagner LkSG/Neun/König § 11 Rn. 1721.
15 Vgl. Freund/Krüger NVwZ 2022, 665 (669).
16 BT-Drs. 19/28649, 18.
17 Ausschuss-Drs. 19/30505, 16, 44; vgl. auch Siegel VergabeR 2022, 14 (22); Freund/Krüger NVwZ 2022, 665 (669).
18 Ausschuss-Drs. 19/30505, 44.
19 Ausschuss-Drs. 19/30505, 44.

Wortlauts des § 22 Abs. 1 S. 2 die Möglichkeit, auch eine kürzere Frist als drei Jahre festzulegen („bis zu").[20] Zu berücksichtigen dürften bei der Ausübung des Ermessens etwa die Schwere des Verstoßes, die Folgen des Zeitraums der Vergabesperre für das Unternehmen sowie die Folgen des Ausschlusses für den Wettbewerb sein.[21]

Ein **Selbstreinigungsverfahren** des Unternehmens nach § 125 GWB kann die verhängte Vergabesperre – auch bereits vor Ablauf der verhängten Sperrfrist – beseitigen, und muss dies – im Sinne einer äußeren Grenze der Verhältnismäßigkeit – auch tun (zu diesbezüglichen Einzelheiten im Folgenden → Rn. 29).[22]

4. Bußgeldschwellen (Abs. 2)

Nach § 22 **Abs. 2 S. 1** setzt der Ausschluss nach Absatz 1 einen **rechts-** 15 **kräftig festgestellten Verstoß** mit einer Geldstrafe von mindestens 175.000 EUR voraus.

Für den Ausschluss eines Unternehmens wegen bestimmter – rechtskräftig festgestellter – Verstöße sieht § 22 **Abs. 2 S. 2** zudem erhöhte Bußgeldschwellen vor. Die Eingangsschwelle wird insoweit für bestimmte Verstöße auf 1,5 Mio. EUR (Fälle des § 24 Abs. 2 S. 2 iVm § 24 Abs. 2 S. 1 Nr. 2), 2 Mio. EUR (Fälle des § 24 Abs. 2 S. 2 iVm § 24 Abs. 2 S. 1 Nr. 1) oder 0,35 % des durchschnittlichen Jahresumsatzes (Fälle des § 24 Abs. 3) erhöht.[23] Insofern wird auf die Kommentierung zu → § 24 Rn. 44 ff. verwiesen.

Durch die Bußgeldschwellen des § 22 Abs. 2 wird sichergestellt, dass nur 17 schwerwiegende Verstöße zu einem Ausschluss führen.[24] Sie sind somit ebenfalls Ausfluss des Grundsatzes der Verhältnismäßigkeit.[25]

Die Bemessung des Bußgeldes richtet sich nach § 24 Abs. 4, wonach die 18 für die Schwere maßgeblichen Umstände in die Bemessung einfließen.[26] In praktischer Hinsicht ist für die Auftraggeber hierbei das Wettbewerbsregister von Bedeutung, in das derartige Bußgeldentscheidungen eingetragen werden (§ 2 Abs. 1 Nr. 4 WRegG) und welches gemäß § 6 Abs. 1 WRegG von den Vergabestellen vor der Vergabe von Aufträgen verpflichtend zu überprüfen ist (→ Rn. 44).[27]

5. Anhörung der Bewerber (Abs. 3)

Gemäß § 22 **Abs. 3** ist das Unternehmen (Bieter/Bewerber) vor der Ent- 19 scheidung über den Ausschluss **anzuhören**. Im Rahmen der Anhörung

---

20 Vgl. Siegel VergabeR 2022, 14 (22).
21 Freund/Krüger NVwZ 2022, 665 (670); HK-MiLoG/Düwell/Schubert/Dobmann MiLoG § 19 Rn. 36.
22 Ähnlich auch Grabosch LkSG/Engel/Schönfelder § 6 Rn. 51.
23 Siehe hierzu auch Beham GewArch 2022, 402 (403).
24 BT-Drs. 19/28649, 57.
25 Wagner/Ruttloff/Wagner LkSG/Neun/König § 11 Rn. 1689.
26 BT-Drs. 19/28649, 57.
27 Vgl. auch Grabosch LkSG/Engel/Schönfelder § 6 Rn. 50.

kann der Bieter/Bewerber ggf. ergriffene Selbstreinigungsmaßnahmen im Sinne des § 125 GWB (→ Rn. 30) erläutern, so dass der Auftraggeber nach § 22 Abs. 1 S. 1 von einem Ausschluss abzusehen hat. Er kann aber auch Auswirkungen einer Vergabesperre für sein Unternehmen erläutern, die im Rahmen der Ermessensausübung des Auftraggebers Berücksichtigung finden können.[28] Aus allgemeinen vergaberechtlichen Grundsätzen folgt zudem die Pflicht des öffentlichen Auftraggebers, das Verfahren und den Inhalt der Entscheidung über die Vergabesperre umfassend zu dokumentieren.[29]

III. Systematische Einordnung

20 § 22 fügt sich in das **System der §§ 122 bzw. 123 bis 125 GWB** ein, welche die Eignung eines Unternehmens im Vergabeverfahren (§ 122 GWB), zwingende und fakultative Ausschlussgründe von der Teilnahme an einem Vergabeverfahren (§ 123 bzw. § 124 GWB) sowie die Möglichkeit zur Selbstreinigung des Unternehmens (§ 125 GWB) regeln. Anders als § 123 GWB bzw. § 124 GWB sieht § 22 – wie gesagt (→ Rn. 12) – allerdings keine zwingende oder rein fakultative Entscheidung des Auftraggebers, sondern eine „Soll"-Entscheidung (intendiertes Ermessen) vor.

1. Eignung im Sinne von § 122 GWB

21 **§ 122 GWB** legt abschließend die Grundanforderungen an die Eignung der Unternehmen fest, die sich in einem Vergabeverfahren um öffentliche Aufträge bewerben möchten.[30] Nach § 122 Abs. 1 GWB werden öffentliche Aufträge an fachkundige und leistungsfähige, mithin an geeignete Unternehmen vergeben, die nicht nach den §§ 123 oder 124 GWB ausgeschlossen worden sind.

22 Regelungsgrund der §§ 123, 124 GWB sind zwingende bzw. fakultative Ausschlussgründe, die aus dem früheren Verhalten des Unternehmens bzw. einer diesem Unternehmen zurechenbaren Person resultieren.[31] Durch die Ausschlussgründe soll sichergestellt werden, dass nur solche Unternehmen den Zuschlag erhalten, die Recht und Gesetz in der Vergangenheit eingehalten haben und bei denen **gesetzestreues Verhalten** auch in Zukunft zu erwarten ist.[32] Von den Ausschlussgründen nach §§ 123 und 124 GWB ist der Ausschluss eines Angebots aus formalen Mängeln zu unterscheiden.[33]

---

28 Vgl. zum § 19 Abs. 5 MiLoG: HK-MiLoG/Düwell/Schubert/Dobmann MiLoG § 19 Rn. 48.
29 Freund/Krüger NVwZ 2022, 665 (670); HK-MiLoG/Düwell/Schubert/Dobmann MiLoG § 19 Rn. 49.
30 BT-Drs. 18/6281, 100.
31 Ziekow/Völlink/Stolz GWB § 123 Rn. 1; Reidt/Stickler/Glahs/Ley GWB § 123 Rn. 2; Müller-Wrede GWB/Gnittke/Hatig GWB § 123 Rn. 1.
32 BT-Drs. 18/6281, 101.
33 BT-Drs. 18/6281, 102, zB § 57 VgV, sog. unzulässige Angebote.

2. Zwingende Ausschlussgründe im Sinne von § 123 GWB

§ 123 GWB normiert, dass ein Unternehmen **zwingend** von der öffentlichen Vergabe auszuschließen ist, wenn eine Person, deren Verhalten dem Unternehmen nach § 123 Abs. 3 GWB zuzurechnen ist, wegen einer Straftat im Sinne des § 123 Abs. 1 GWB rechtskräftig verurteilt wurde oder gegen das Unternehmen eine Geldbuße rechtskräftig festgesetzt wurde.

Im Gegensatz zu § 124 GWB steht dem öffentlichen Auftraggeber bei Vorliegen eines Ausschlussgrundes nach § 123 GWB kein Ermessen bei der Entscheidung zu, ob das Unternehmen ausgeschlossen wird.[34]

3. Fakultative Ausschlussgründe im Sinne von § 124 GWB

Die zwingenden Ausschlussgründe des § 123 GWB werden durch die fakultativen Ausschlussgründe des **§ 124 GWB** ergänzt. § 124 GWB regelt, wann der öffentliche Auftraggeber ein Unternehmen von der Teilnahme an einem Vergabeverfahren nach pflichtgemäßer Ermessensausübung ausschließen **kann**. Dem öffentlichen Auftraggeber steht insofern ein **Ermessen** zu, ob er das Unternehmen ausschließen möchte. Das Ermessen betrifft die Frage, ob aufgrund des Fehlverhaltens des Unternehmens, das einen fakultativen Ausschlussgrund nach § 124 GWB begründet, die Zuverlässigkeit des Unternehmens zu verneinen ist. Diese Entscheidung ist eine Prognoseentscheidung dahin gehend, ob von dem Unternehmen trotz Vorliegens eines fakultativen Ausschlussgrunds im Hinblick auf die Zukunft zu erwarten ist, dass das Unternehmen den öffentlichen Auftrag gesetzestreu, ordnungsgemäß und sorgfältig ausführt. Das Ermessen kann im Einzelfall auf Null reduziert sein, so dass nur ein Ausschluss des Unternehmens eine ermessensfehlerfreie Entscheidung darstellt.[35]

Zum Beispiel sieht § 124 Abs. 1 Nr. 1 GWB die Möglichkeit des Ausschlusses eines Unternehmens vor, das bei der Ausführung öffentlicher Aufträge nachweislich gegen geltende **umwelt-, sozial- oder arbeitsrechtliche Verpflichtungen** verstoßen hat.

Bei der Entscheidung über den Ausschluss hat der öffentliche Auftraggeber insbesondere den Grundsatz der Verhältnismäßigkeit zu beachten. Entsprechend Erwägungsgrund Nr. 101 RL 2014/24/EU[36] sollten daher kleinere Unregelmäßigkeiten nur in Ausnahmefällen zu einem Ausschluss des Unternehmens führen. Wiederholte Fälle kleinerer Unregelmäßigkeiten und Verstöße können hingegen einen Ausschluss rechtfertigen.[37] Eine rechtskräftige Verurteilung ist nicht erforderlich.

---

34 BT-Drs. 18/6281, 102; Reidt/Stickler/Glahs/Ley GWB § 123 Rn. 1.
35 BT-Drs. 18/6281, 104; HK-VergabeR/Kaufmann GWB § 123 Rn. 101.
36 RL 2014/24/EU des Europäischen Parlaments und des Rates vom 26.2.2014 über die Vergabe öffentlicher Aufträge und zur Aufhebung der RL 2004/18/EG (ABl. 2014 L 94, 65).
37 Vgl. Erwägungsgrund Nr. 101 RL 2014/24/EU.

28 § 124 Abs. 2 GWB nennt **spezialgesetzliche Ausschlussgründe**, die zu einem Ausschluss von Unternehmen von der Teilnahme an einem Vergabeverfahren führen können. Darunter fallen bislang § 21 AEntG, § 98c AufenthG, § 19 MiLoG und § 21 SchwarzArbG; zukünftig auch § 22 (→ Rn. 4). § 124 Abs. 2 GWB stellt insofern klar, dass diese spezialgesetzlichen Ausschlussgründe von den allgemeinen vergaberechtlichen Regelungen des § 124 GWB unberührt bleiben.[38]

4. Selbstreinigung gemäß § 125 GWB

29 Ein Unternehmen ist trotz Vorliegens eines zwingenden oder fakultativen Ausschlussgrunds im Sinne von §§ 123, 124 GWB nicht von einem Vergabeverfahren auszuschließen, wenn es ausreichende Selbstreinigungsmaßnahmen nach § 125 GWB durchgeführt hat.[39] Gleiches gilt auch im Rahmen des **§ 22 Abs. 1**, welcher bestimmt, dass die betroffenen Unternehmen nur „bis zur nachgewiesenen Selbstreinigung" gemäß § 125 GWB von der Teilnahme am Vergabeverfahren ausgeschlossen werden sollen.

30 Unter Selbstreinigung im Sinne des § 125 GWB sind Maßnahmen zu verstehen, die ein Unternehmen ergreift, um seine **Integrität wiederherzustellen** und eine **Begehung von Straftaten** oder **schweres Fehlverhalten** in der Zukunft **zu verhindern**.[40]

31 Hat ein Unternehmen Maßnahmen ergriffen, die dazu führen, dass sich ein in der Vergangenheit liegendes **Fehlverhalten höchstwahrscheinlich nicht wiederholen wird**, darf aus dem Fehlverhalten nicht mehr die fehlende Zuverlässigkeit des Unternehmens für die Zukunft abgeleitet werden. Denn es gibt in diesem Fall keinen Grund mehr, das Unternehmen von der Teilnahme an einem Vergabeverfahren auszuschließen. Ein Ausschluss wäre insoweit nicht mehr verhältnismäßig.[41]

32 Mit der Vergaberechtsreform des Jahres 2016 wurde das Institut der Selbstreinigung erstmals gesetzlich festgehalten. In Rechtsprechung und Literatur war das Institut als Ausfluss des Verhältnismäßigkeitsgrundsatzes jedoch auch zuvor bereits allgemein anerkannt.[42]

33 **Voraussetzungen** für eine **erfolgreiche Selbstreinigung** sind

- Maßnahmen zur **Schadensregulierung** (§ 125 Abs. 1 Nr. 1 GWB),
- die aktive **Zusammenarbeit mit den Ermittlungsbehörden** bei der Aufklärung des Sacherhalts (§ 125 Abs. 1 Nr. 2 GWB) sowie
- **konkrete Maßnahmen zur Vermeidung weiteren Fehlverhaltens** (§ 125 Abs. 1 Nr. 3 GWB).

---

38 BT-Drs. 18/6281, 107; Reidt/Stickler/Glahs/Ley GWB § 124 Rn. 203; Freund/Krüger NVwZ 2022, 665 (668).
39 BT-Drs. 18/6281, 107.
40 BT-Drs. 18/6281, 107.
41 BT-Drs. 18/6281, 107.
42 BT-Drs. 18/6281, 107, unter Verweis auf OLG Düsseldorf Beschl. v. 9.4.2003 – Verg 43/02, NZBau 2003, 578; OLG Frankfurt a. M. Beschl. v. 20.7.2004 – 11 Verg 6/04, ZfBR 2004, 822.

Für eine Schadenswiedergutmachung im Sinne des § 125 Abs. 1 Nr. 1 34
GWB muss das Unternehmen für jeden durch eine Straftat oder ein Fehlverhalten verursachten Schaden einen Ausgleich gezahlt haben oder sich zur Zahlung eines Ausgleichs verpflichtet haben. Aus dem Wortlaut des § 125 GWB („gezahlt") folgt, dass es sich dabei – jedenfalls regelmäßig – um einen monetären Schadensausgleich, mithin eine Geldzahlung bzw. die Verpflichtung dazu, handelt.[43]

Darüber hinaus setzt § 125 Abs. 1 Nr. 2 GWB im Zusammenhang mit 35
der Mitwirkung bei der Sachverhaltsaufklärung sowohl voraus, dass das Unternehmen interne Maßnahmen zur Sachverhaltsaufklärung anstellt, als auch, dass eine Mitteilung der Ergebnisse an die Ermittlungsbehörden erfolgt.[44]

Das Unternehmen muss sich dabei aktiv, dh eigeninitiativ, ernsthaft und 36
erkennbar um eine Sachverhaltsaufklärung bemühen.[45]

Schließlich muss das Unternehmen nach § 125 Abs. 1 Nr. 3 GWB kon- 37
krete und geeignete Vorsorgemaßnahmen, etwa technischer, organisatorischer und personeller Art, ergreifen, die geeignet sind, weitere Straftaten oder weiteres Fehlverhalten zu vermeiden. In personeller Hinsicht können die Maßnahmen von der Versetzung bis zur Entlassung der handelnden Person reichen.[46] Zu technischen und organisatorischen Maßnahmen gehört ferner insbesondere die Einführung eines Compliance Management Systems.[47] Derartige Maßnahmen zur Vermeidung zukünftiger Verstöße gegen das LkSG können insbesondere die **Implementierung eines umfassenden Lieferkettenmanagementsystems**, die **Beendigung von Geschäftsbeziehungen mit bestimmten Zulieferern** oder ein **Wechsel von Führungspersonal** sein.[48]

Die Voraussetzungen des § 125 Abs. 1 Nr. 1 bis Nr. 3 GWB muss das je- 38
weilige Unternehmen kumulativ erfüllen, soweit sie vom Sachverhalt her einschlägig sind.[49]

Das jeweilige Unternehmen hat ein **Prüfungsrecht** in Bezug auf die 39
durchgeführten Selbstreinigungsmaßnahmen. Es obliegt jedoch dem Unternehmen nachzuweisen, welche Selbstreinigungsmaßnahmen es vorgenommen hat und dass diese zur Wiederherstellung seiner Integrität ausreichend sind. Dabei trägt das Unternehmen auch die Darlegungs- und Beweislast für eine erfolgreiche Selbstreinigung, da dieses mit dem ihm

---

43 Reidt/Stickler/Glahs/Ley GWB § 125 Rn. 35; Müller-Wrede GWB/Radu GWB § 125 Rn. 29.
44 Ziekow/Völlink/Stolz GWB § 125 Rn. 7; HK-VergabeR/Kaufmann GWB § 125 Rn. 20 ff.
45 BT-Drs. 18/6281, 109; HK-VergabeR/Kaufmann GWB § 125 Rn. 19.
46 Ziekow/Völlink/Stolz GWB § 125 Rn. 12; Gabriel/Ziekow VergabeR 2017, 119 (126).
47 BT-Drs. 18/6281, 110; Gabriel/Ziekow VergabeR 2017, 119 (126).
48 Vgl. Grabosch LkSG/Engel/Schönfelder § 6 Rn. 51.
49 Gabriel/Ziekow VergabeR 2017, 119 (121); Reidt/Stickler/Glahs/Ley GWB § 125 Rn. 14 jeweils unter Verweis auf VK Bund Beschl. v. 12.6.2015 – VK 2–31/15, BB 2015, 2321 (2323).

zurechenbaren Fehlverhalten die Ursache für die Notwendigkeit einer Selbstreinigung gesetzt hat.[50]

40 Liegen die Voraussetzungen des § 125 GWB nachweislich vor, steht dem Unternehmen ein **Anspruch** zu, dass es trotz Vorliegens eines Ausschlussgrunds nicht von dem Verfahren ausgeschlossen wird.[51] Dem Auftraggeber kommt im Hinblick auf das Vorliegen der Voraussetzung des § 125 GWB ein – jedenfalls eingeschränkter – Beurteilungsspielraum zu, auf Rechtsfolgenseite hat er indes **kein Ermessen**.[52]

41 Schließlich berechtigt die Durchführung einer Selbstreinigung das betroffene Unternehmen auch dazu, gemäß § 8 Abs. 1 S. 1 WRegG beim Bundeskartellamt die **Löschung** der Bußgeldentscheidung aus dem Wettbewerbsregister zu beantragen (→ Rn. 45).

5. Weitere relevante Vorschriften des GWB

42 Ferner sind im Zusammenhang mit § 22 die **§ 126 und § 128 Abs. 1 GWB** relevant (→ Rn. 47, 63). Der zulässige Zeitraum für einen Ausschluss beträgt bei Vorliegen eines Ausschlussgrundes nach § 123 GWB höchstens fünf Jahre ab dem Tag der rechtskräftigen Verurteilung (§ 126 Nr. 1 GWB); bei Vorliegen eines Ausschlussgrundes nach § 124 GWB höchstens drei Jahre ab dem betreffenden Ereignis (§ 126 Nr. 2 GWB). Gemäß § 128 Abs. 1 GWB müssen Unternehmen (auch) bei der anschließenden Ausführung des öffentlichen Auftrags alle für sie geltenden rechtlichen Verpflichtungen einhalten.

6. Wettbewerbsregistergesetz

43 In diesem Zusammenhang ist schließlich auch das Wettbewerbsregistergesetz (WRegG) von Relevanz. Gemäß § 1 Abs. 2 WRegG werden öffentlichen Auftraggebern **Informationen über Ausschlussgründe im Sinne der §§ 123 und 124 GWB** zur Verfügung gestellt. Eingetragen werden Unternehmen, zu denen Erkenntnisse über ihnen zuzurechnende Straftaten oder andere schwerwiegende Rechtsverstöße, die Gründe für einen Ausschluss von der Teilnahme am Vergabeverfahren darstellen, vorliegen.[53]

44 Gemäß § 6 Abs. 1 WRegG sind **öffentliche Auftraggeber** im Sinne des § 99 GWB verpflichtet, vor der Erteilung des Zuschlags in einem Verfahren über die Vergabe öffentlicher Aufträge mit einem geschätzten **Auftragswert ab 30.000 EUR** ohne Umsatzsteuer bei der Registerbehörde – also dem Bundeskartellamt – abzufragen, ob im Wettbewerbsregister

---

50 BT-Drs. 18/6281, 108.
51 BT-Drs. 18/6281, 107; Reidt/Stickler/Glahs/Ley GWB § 125 Rn. 85; Ziekow/Völlink/Stolz GWB § 125 Rn. 4; Röwekamp/Kus/Portz/Prieß/Stein GWB § 125 Rn. 3 und 54; Wagner/Ruttloff/Wagner LkSG/Neun/König § 11 Rn. 1692.
52 Röwekamp/Kus/Portz/Prieß/Stein GWB § 125 Rn. 54 und 56; HK-VergabeR/Kaufmann GWB § 125 Rn. 53; für Einschränkungen des Beurteilungsspielraums: Müller-Wrede GWB/Radu GWB § 125 Rn. 61.
53 BT-Drs. 18/12051, 2.

Eintragungen zu demjenigen Bieter, an den der öffentliche Auftraggeber den Auftrag zu vergeben beabsichtigt, gespeichert sind. **Sektorenauftraggeber** im Sinne des § 100 Abs. 1 Nr. 1 GWB sind ab Erreichen der **Schwellenwerte des § 106 GWB** verpflichtet, bei der Registerbehörde vor Zuschlagserteilung abzufragen, ob im Wettbewerbsregister Eintragungen zu demjenigen Bieter, an den sie den Auftrag zu vergeben beabsichtigen, gespeichert sind. Eine Verpflichtung zur Abfrage besteht nicht bei Sachverhalten, für die das Vergaberecht Ausnahmen von der Anwendbarkeit des Vergaberechts vorsieht. Auf eine erneute Abfrage bei der Registerbehörde kann der Auftraggeber verzichten, wenn er innerhalb der letzten zwei Monate zu dem entsprechenden Unternehmen bereits eine Auskunft aus dem Wettbewerbsregister erhalten hat.

§ 7 Abs. 1 S. 3 WRegG sieht eine **automatische Löschung** aus dem Wettbewerbsregister nach drei Jahren vor. Vor Ablauf dieser Löschungsfrist kann ein Unternehmen gemäß § 8 Abs. 1 WRegG die vorzeitige Löschung aus dem Register beantragen, wenn es **Selbstreinigungsmaßnahmen** im Sinne des § 125 GWB (→ Rn. 33) durchgeführt hat.[54] Das Bundeskartellamt hat „Leitlinien zur vorzeitigen Löschung einer Eintragung aus dem Wettbewerbsregister wegen Selbstreinigung"[55] sowie praktische Hinweise für einen Antrag[56] veröffentlicht.

7. Einfügen in die Systematik der §§ 123 ff. GWB

§ 22 fügt sich nun insofern in die vorstehend dargestellte Systematik der §§ 122 bzw. 123 ff. GWB ein, als die Missachtung bestimmter Sorgfaltspflichten und ein damit verbundenes Bußgeld nach § 24 einen neuen Ausschlussgrund begründen. Aus diesem Grund wird im Zuge des Inkrafttretens des LkSG auch **§ 124 Abs. 2 GWB geändert** und um den spezialgesetzlichen Ausschlussgrund des § 22 ergänzt.[57] Die Systematik des § 124 Abs. 2 GWB zeigt, dass der Ausschluss des Unternehmens gemäß § 22 nicht von den weiteren Voraussetzungen des § 124 Abs. 1 GWB abhängt, sondern einen **eigenständigen Ausschlussgrund** aufstellt.

§ 22 Abs. 1 S. 2 deckt sich mit § 126 Nr. 2 GWB, wonach ein Unternehmen bei Vorliegen eines Ausschlussgrundes **höchstens drei Jahre** ab dem betreffenden Ereignis von der Teilnahme an Vergabeverfahren ausgeschlossen werden kann.

Neben § 124 GWB wird auch § 2 Abs. 1 WRegG ergänzt. Nach der neu eingeführten Regelung des § 2 Abs. 1 Nr. 4 WRegG sind auch rechtskräf-

---

54 Siehe hierzu auch Beham GewArch 2022, 402 (406).
55 Leitlinien zur vorzeitigen Löschung einer Eintragung aus dem Wettbewerbsregister wegen Selbstreinigung, Stand: November 2021, abrufbar unter https://www.bundeskartellamt.de/SharedDocs/Publikation/DE/WettbewReg/Leitlinien_vorzeitige_Loeschung.html?nn=3591286.
56 Vorzeitige Löschung aus dem Wettbewerbsregister wegen Selbstreinigung – Praktische Hinweise für einen Antrag –, Stand: November 2021, abrufbar unter https://www.bundeskartellamt.de/SharedDocs/Publikation/DE/WettbewReg/Praktische_Hinweise_Vorzeitige_Loeschung.html?nn=3591286.
57 BGBl. 2021 I 2959; BT-Drs. 19/28649, 22.

tige Bußgeldentscheidungen nach § 24 Abs. 1 in das neue Register einzutragen, sofern die jeweils geltende Schwelle überschritten ist.

49 Schließlich wird zum 1.1.2023 auch § 3 WRegG ergänzt, welcher den Inhalt der Eintragung in das Wettbewerbsregister normiert. In die Norm wird ein neuer Absatz 4 eingefügt, der regelt, dass die Registerbehörde – also das Bundeskartellamt – zur Überprüfung und Vervollständigung der in § 3 Abs. 1 Nr. 4 WRegG genannten Daten das Bundeszentralamt für Steuern um Übermittlung der gültigen Umsatzsteueridentifikationsnummer eines Unternehmens, das in das Wettbewerbsregister eingetragen ist oder eingetragen werden soll, ersuchen kann. In dem Ersuchen hat die Registerbehörde Name oder Firma sowie Rechtsform und Anschrift des betroffenen Unternehmens anzugeben.

IV. Rechtsfolge: Ausschluss von der Vergabe öffentlicher Aufträge

50 Der Ausschluss von der Vergabe öffentlicher Aufträge gemäß § 22 Abs. 1 richtet sich grundsätzlich gegen das Unternehmen, das Adressat der Bußgeldentscheidung im Sinne von § 22 Abs. 2 ist. Wird der Verstoß des Unternehmens erst nach Erteilung des Zuschlags festgestellt und der Bußgeldbescheid somit erst danach erlassen bzw. rechtskräftig, könnte zudem eine Kündigung des öffentlichen Auftrags in Erwägung gezogen werden.[58]

51 Durch diese unternehmensbezogene Anknüpfung dürften sich regelmäßig auch Fragen der Zurechnung individuellen Fehlverhaltens – wie sie insbesondere im Rahmen von § 123 GWB bzw. dessen Absatz 3 problematisiert werden[59] – vorliegend nicht bzw. jedenfalls nicht unmittelbar stellen. Mittelbar kann sich die Frage der Zurechenbarkeit jedoch immer dann stellen, wenn ein dem § 22 unterfallendes Unternehmen sich als **Mitglied einer Bewerber- oder Bietergemeinschaft** am Vergabeverfahren beteiligen will oder bei einem anderen Bieter als **Nachunternehmer** vorgesehen ist. Für derartige Fallgestaltungen enthält § 22 keine explizite Regelung, so dass man insoweit wohl auf die allgemeinen Regelungen des Vergaberechts zu den Ausschlusstatbeständen der §§ 123, 124 GWB wird zurückgreifen müssen.[60]

52 Nach § 43 Abs. 1 S. 1 VgV, § 50 Abs. 2 S. 1 SektVO, § 21 Abs. 5 S. 1 VS-VgV, § 6 EU Abs. 3 Nr. 2 S. 1 VOB/A und § 6 VS Abs. 3 Nr. 2 S. 1 VOB/A sind **Bewerber- und Bietergemeinschaften** wie Einzelbewerber und -bieter zu behandeln bzw. diesen gleichzusetzen. **Bewerber- und Bietergemeinschaften** müssen daher ebenso wie Einzelbieter geeignet, dh fachkundig und leistungsfähig, sein (vgl. § 122 Abs. 1 GWB). Dabei stellt sich regelmäßig die Frage, ob Eignungskriterien bzw. welche der Eignungskriterien bei der Bietergemeinschaft als solcher oder auch bei den

---

58 Vgl. Freund/Krüger NVwZ 2022, 665 (669).
59 Vgl. dazu bspw. Ziekow/Völlink/Stolz GWB § 123 Rn. 9 f.; Reidt/Stickler/Glahs/Ley GWB § 123 Rn. 32 ff.
60 So im Ausgangspunkt auch Grabosch LkSG/Engel/Schönfelder § 6 Rn. 52.

jeweiligen Einzelmitgliedern vorliegen müssen. Hierzu sollten die Vergabeunterlagen stets eine konkrete Aussage treffen. Fehlt eine solche, ist es im Regelfall ausreichend, wenn Nachweise zur Fachkunde und zur Leistungsfähigkeit nur für ein Mitglied der Bietergemeinschaft vorgelegt werden.[61] Unabhängig hiervon ist dagegen die **Zuverlässigkeit,** also das **Fehlen von Ausschlussgründen nach §§ 123 und 124 GWB,** auch ohne besondere Forderung **von jedem Mitglied nachzuweisen.**[62] Die Unzuverlässigkeit nur eines Mitgliedes der Bietergemeinschaft infiziert mithin die gesamte Bietergemeinschaft als unzuverlässig.[63]

Für einen **Nachunternehmer** bedarf es hingegen grundsätzlich keines Eignungsnachweises, so dass ein dem § 22 unterfallendes Unternehmen als solcher eingesetzt werden könnte, wenn und soweit der Auftraggeber keine dem entgegenstehenden Anforderungen im Vergabeverfahren aufgestellt hat (vgl. § 36 Abs. 1[64] und 5[65] VgV). Etwas anderes gilt jedoch dann, wenn sich der jeweilige Bieter – im Wege der sog. **Eignungsleihe** – auch zum Eignungsnachweis auf den Nachunternehmer beruft. Denn in diesem Fall hat der Auftraggeber – jedenfalls nach § 47 Abs. 2 S. 1 VgV, § 47 Abs. 2 S. 1 SektVO und § 6d EU Abs. 1 S. 4 VOB/A – ua auch zu überprüfen, ob Ausschlussgründe in Bezug auf das Unternehmen, auf dessen Kapazitäten sich der Bieter/Bewerber beruft, vorliegen. 53

In zeitlicher Hinsicht kann der Ausschluss nach den allgemeinen Grundsätzen der §§ 123, 124 GWB grundsätzlich in jedem Stand des Vergabeverfahrens bis zur Erteilung des Zuschlags erfolgen.[66] 54

---

61 Vgl. Ziekow/Völlink/Goede/Hänsel VgV § 43 Rn. 8.
62 Vgl. KG Berlin Beschl. v. 21.12.2009 – 2 Verg 11/09, IBR 2010, 1167; OLG Naumburg Beschl. v. 30.4.2007 – 1 Verg 1/07, NZBau 2008, 73; OLG Düsseldorf Beschl. v. 31.7.2007 – VII-Verg 25/07, IBR 2007, 580; OLG Brandenburg Beschl. v. 14.12.2007 – Verg W 21/07, NZBau 2008, 277; Ziekow/Völlink/Goede/Hänsel VgV § 43 Rn. 8.
63 Ebenso Ziekow/Völlink/Goede/Hänsel VgV § 43 Rn. 8.
64 Gemäß § 36 Abs. 1 VgV „[kann] der öffentliche Auftraggeber [...] Unternehmen in der Auftragsbekanntmachung oder den Vergabeunterlagen auffordern, bei Angebotsabgabe die Teile des Auftrags, die sie im Wege der Unterauftragsvergabe an Dritte zu vergeben beabsichtigen, sowie, falls zumutbar, die vorgesehenen Unterauftragnehmer zu benennen. Vor Zuschlagserteilung kann der öffentliche Auftraggeber von den Bietern, deren Angebote in die engere Wahl kommen, verlangen, die Unterauftragnehmer zu benennen und nachzuweisen, dass ihnen die erforderlichen Mittel dieser Unterauftragnehmer zur Verfügung stehen. Wenn ein Bewerber oder Bieter die Vergabe eines Teils des Auftrags an einen Dritten im Wege der Unterauftragsvergabe beabsichtigt und sich zugleich im Hinblick auf seine Leistungsfähigkeit gemäß den §§ 45 und 46 [VgV] auf die Kapazitäten dieses Dritten beruft, ist auch § 47 [VgV] anzuwenden."
65 Gemäß § 36 Abs. 5 VgV „[überprüft] der öffentliche Auftraggeber [...] vor der Erteilung des Zuschlags, ob Gründe für den Ausschluss des Unterauftragnehmers vorliegen. Bei Vorliegen zwingender Ausschlussgründe verlangt der öffentliche Auftraggeber die Ersetzung des Unterauftragnehmers. Bei Vorliegen fakultativer Ausschlussgründe kann der öffentliche Auftraggeber verlangen, dass dieser ersetzt wird. Der öffentliche Auftraggeber kann dem Bewerber oder Bieter dafür eine Frist setzen."
66 OLG Düsseldorf Beschl. v. 15.6.2005 – VII-Verg 5/05, VergabeR 2005, 670; juris-PK-VergabeR/Summa GWB § 123 Rn. 2 ff.; zustimmend Grabosch LkSG/Engel/Schönfelder § 6 Rn. 53. AA – und wenig überzeugend – dagegen OLG Düsseldorf

V. Rechtsschutz

55 Wird ein Unternehmen auf Grundlage des § 22 Abs. 1 S. 1 von einem konkreten Vergabeverfahren oberhalb der Schwellenwerte (§ 106 GWB) ausgeschlossen, hat es insbesondere die Möglichkeit, den Ausschluss in einem **Nachprüfungsverfahren gemäß §§ 155 ff. GWB** vor den Vergabenachprüfungsinstanzen überprüfen zu lassen.[67]

56 Umgekehrt können sich im Falle eines pflichtwidrigen Unterbleibens eines Ausschlusses aber auch konkurrierende Unternehmen gegen die Zuschlagserteilung an ein nach § 22 Abs. 1 S. 1 auszuschließendes Unternehmen zur Wehr setzen.[68] Denn jede Entscheidung eines Auftraggebers über den Ausschluss oder Nichtausschluss eines am Vergabeverfahren beteiligten Unternehmens betrifft zwangsläufig und unmittelbar auch die Interessen der übrigen Bieter bzw. Bewerber.[69]

57 Die in einem Nachprüfungsverfahren getroffene Entscheidung wirkt jedoch nur für das jeweilige Vergabeverfahren und nicht für folgende Vergabeverfahren, die von demselben öffentlichen Auftraggeber ausgeführt werden.[70] Nicht zuletzt vor diesem Hintergrund erfordert der aus dem Rechtsstaatsprinzip resultierende **Anspruch auf Gewährung effektiven Rechtsschutzes gemäß Art. 19 Abs. 4 GG**, dass Unternehmen sich auch außerhalb eines konkreten Vergabeverfahrens im Sinne der §§ 97 ff. GWB sowie unterhalb der Schwellenwerte gegen eine Vergabesperre wehren können müssen. Daher kann ein Unternehmen nach neuerer Rechtsprechung des BGH auch unabhängig von einem konkreten Vergabeverfahren einen **Unterlassungsanspruch aus § 1004 Abs. 1 S. 2 BGB analog iVm § 823 Abs. 1 BGB** und dem Recht am eingerichteten und ausgeübten Gewerbebetrieb wegen einer verhängten Vergabesperre geltend machen.[71]

Beschl. v. 29.3.2021 – Verg 9/21, NZBau 2021, 632, wonach bei unzutreffend angenommener Eignung ein Vertrauensschutz zugunsten des betroffenen Bieters bestehen soll. Kritisch dazu Mantler IBRRS 2021, 2415; Soudry, Vergabeblog.de vom 6.9.2021, Nr. 47800, abrufbar unter https://www.vergabeblog.de/2021-09-06/bei-f alsch-angenommener-eignung-geniesst-ein-bieter-vertrauensschutz-olg-duesseldorf-29-03-2021-vii-verg-9-21/.

67 Siehe in diesem Zusammenhang auch KG Berlin Beschl. v. 21.11.2002 – KartVerg 7/02, NZBau 2004, 345 f. Mit diesbezüglichen Zweifeln wohl Siegel VergabeR 2022, 14 (22).

68 So auch Grabosch LkSG/Engel/Schönfelder § 6 Rn. 53. AA dagegen OLG Düsseldorf Beschl. v. 29.3.2021 – Verg 9/21, NZBau 2021, 632, wonach bei unzutreffend angenommener Eignung ein Vertrauensschutz zugunsten des betroffenen Bieters bestehen soll.

69 Vgl. Reidt/Stickler/Glahs/Ley GWB § 123 Rn. 111 mwN. AA dagegen wohl Siegel VergabeR 2022, 14 (22).

70 BGH Urt. v. 3.6.2020 – XIII ZR 22/19, NZBau 2020, 609.

71 BGH Urt. v. 3.6.2020 – XIII ZR 22/19, NZBau 2020, 609. Siehe dazu auch die Entscheidungsbesprechung von Braun NZBau 2021, 172 ff. Siehe ferner auch KG Berlin Urt. v. 8.12.2011 – 2 U 11/11, NZBau 2012, 389 ff.; KG Berlin Urt. v. 17.1.2011 – 2 U 4/06, NZBau 2012, 56 ff.

Zuständig sind in diesem Fall die **ordentlichen Gerichte**.⁷² Der Rechtsweg zu den Verwaltungsgerichten ist dagegen grundsätzlich nicht eröffnet, da es sich bei der Vergabesperre um eine privatrechtliche Erklärung handelt.⁷³ 58

Die Frage, ob ein Unternehmen gegen eine Vergabesperre auch im Wege des **einstweiligen Rechtsschutzes** vorgehen kann, wird in Rechtsprechung und Literatur nicht einheitlich beantwortet.⁷⁴ Die bisherige Rechtsprechung hierzu war sehr restriktiv. So hat insbesondere das OLG Köln festgestellt, dass es an dem gemäß §§ 935, 918 ZPO notwendigen Verfügungsgrund fehle, wenn überhaupt noch kein weiteres Auftragsvergabeverfahren läuft oder konkret in Zukunft zu erwarten ist; in allen sonstigen Fällen mangele es – selbst bei Bestehen einer rechtswidrigen Vergabesperre – an konkret drohenden Nachteilen und damit an der notwendigen Eilbedürftigkeit.⁷⁵ Auch das LG Nürnberg-Fürth hat das Bestehen eines Verfügungsgrundes verneint, weil der Antragsteller im konkreten Fall mit seinem einstweiligen Rechtsschutzantrag mehr als einen Monat zugewartet habe und damit das Bestehen einer besonderen Dringlichkeit selbst widerlegt habe.⁷⁶ Ob diese restriktive Auffassung allerdings mit Blick auf die neue Rechtsprechung des BGH⁷⁷ (→ Rn. 58) Bestand haben wird, bleibt abzuwarten und lässt sich derzeit jedenfalls bezweifeln.⁷⁸ 59

Schließlich kann ein Unternehmen, das in das Wettbewerbsregister aufgenommen wurde, gemäß § 11 Abs. 1 S. 1 WRegG auch eine **Beschwerde gegen die Eintragung in das Wettbewerbsregister** vor dem Oberlandesgericht Düsseldorf einlegen. 60

VI. Berücksichtigung sozialer Aspekte im Vergabeverfahren und Auswirkungen des § 22

1. Berücksichtigung sozialer Aspekte im Vergabeverfahren nach bisheriger Rechtslage

Auch nach bisheriger Rechtslage konnten – und können – öffentliche Auftraggeber im Vergabeverfahren qualitative, innovative, soziale und umweltbezogene Aspekte berücksichtigen. Insbesondere im Zuge der Vergaberechtsreform 2016 wurde durch Einführung des § 97 Abs. 3 GWB die Berücksichtigung sozialer Kriterien im Vergabeverfahren gestärkt und zu einem Vergaberechtsgrundsatz erklärt (sog. **social procurement**). Ausweislich des Erwägungsgrundes Nr. 2 der RL 2014/24/EU ver- 61

---

72 BGH Urt. v. 3.6.2020 – XIII ZR 22/19, NZBau 2020, 609.
73 Vgl. Sterner NZBau 2001, 423; sowie auch Byok/Jaeger/Ohrtmann GWB § 126 Rn. 17.
74 Vgl. zum Ganzen Beck VergabeR/Opitz GWB § 126 Rn. 20; Byok/Jaeger/Ohrtmann GWB § 126 Rn. 17; Wolters/Voss VergabeR 2020, 884 (892).
75 OLG Köln Beschl. v. 17.4.2013 – I-11 W 20/13, NZBau 2013, 600.
76 LG Nürnberg-Fürth Urt. v. 29.4.2016 – 4 HK O 1154/16, NZBau 2016, 717 (719). Siehe dazu auch die Entscheidungsbesprechung von Mutschler-Siebert NZBau 2016, 678 ff.
77 BGH Urt. v. 3.6.2020 – XIII ZR 22/19, NZBau 2020, 609.
78 Kritisch insofern auch Wolters/Voss VergabeR 2020, 884 (892).

folgt das europäische Vergaberecht ausdrücklich das Ziel, „die öffentliche Auftragsvergabe in stärkerem Maße zur Unterstützung gemeinsamer gesellschaftlicher Ziele zu nutzen".[79] Gemäß § 97 Abs. 3 GWB werden bei der Vergabe Aspekte der Qualität und der Innovation sowie soziale und umweltbezogene Aspekte nach Maßgabe des vierten Teils des GWB berücksichtigt.

62 Beispiele hierfür können etwa die Beachtung der sog. Kernarbeitsnormen der Internationalen Arbeitsorganisation (ILO), wie der Verhinderung von Kinderarbeit und der Beseitigung von Zwangsarbeit, sein. Eine zunehmend bedeutsame Rolle spielen auch umweltspezifische Anforderungen (sog. **green procurement**), Gütesiegel (vgl. § 34 VgV) und Effizienzanforderungen an Unternehmen.

63 Dabei kann die Einbeziehung sozialer Kriterien grundsätzlich in allen Phasen bzw. auf allen Ebenen der Vergabe erfolgen, etwa im Rahmen der **Leistungsbeschreibung** (vgl. § 31 Abs. 3 VgV), der **Eignungskriterien**, der **Zuschlagskriterien** (vgl. § 127 Abs. 1 S. 3 GWB, § 58 Abs. 2 S. 2 VgV) oder der besonderen Bedingungen für die Ausführung eines Auftrags (**Ausführungsbedingungen**, § 128 Abs. 2 S. 3 GWB). Voraussetzung für eine Einbeziehung der sozialen Aspekte ist jedoch stets ein **sachlicher Bezug zu dem jeweiligen Auftragsgegenstand**.

64 Für den öffentlichen Auftraggeber ist die Einbeziehung sozialer und umweltbezogener Kriterien bei der Vergabe allerdings grundsätzlich **nicht zwingend**. Der Wortlaut des § 97 Abs. 3 GWB („werden [...] berücksichtigt") legt zwar eine Pflicht zur Berücksichtigung nahe, jedoch stellt § 97 Abs. 3 GWB keine Ermächtigungsgrundlage dar. § 97 Abs. 3 GWB verweist vielmehr für das Zulässige oder Gebotene auf die folgenden gesetzlichen Bestimmungen, so dass § 97 Abs. 3 GWB lediglich ein hinweisender bzw. programmatischer Charakter zukommt.[80] Der öffentliche Auftraggeber **kann** daher grundsätzlich für jede Phase der Vergabe entscheiden, welche sozialen Kriterien er berücksichtigen möchte und wie er die Einbeziehung ausgestaltet.[81] Abweichend hiervon gelten allerdings dezidierte umweltbezogene Vorgaben für die Beschaffung von energieverbrauchsrelevanten Liefer- und Dienstleistungen (vgl. § 67 VgV) sowie von Kraftfahrzeugen (vgl. Gesetz über die Beschaffung sauberer Straßenfahrzeuge – SaubFahrzeugBeschG[82]).

65 Zudem folgt aus dem Wortlaut des § 97 Abs. 3 GWB („werden [...] nach Maßgabe dieses Teils berücksichtigt") auch, dass der Einbeziehung

---

79 Vgl. Erwägungsgrund Nr. 2 RL 2014/24/EU.
80 Ziekow/Völlink/Ziekow GWB § 97 Rn. 61; Reidt/Stickler/Glahs/Masing GWB § 97 Rn. 72 ff.; Röwekamp/Kus/Portz/Prieß/Wiedemann GWB § 97 Rn. 114 ff.
81 Vgl. BT-Drs. 18/6281, 68; Ziekow/Völlink/Ziekow GWB § 97 Rn. 61; Röwekamp/Kus/Portz/Prieß/Wiedemann GWB § 97 Rn. 117.
82 Vgl. Art. 4 S. 1 des Gesetzes zur Umsetzung der Richtlinie (EU) 2019/1161/EU vom 20.6.2019 zur Änderung der Richtlinie 2009/33/EG über die Förderung sauberer und energieeffizienter Straßenfahrzeuge sowie zur Änderung vergaberechtlicher Vorschriften vom 9.6.2021 (BGBl. I 1691). Siehe dazu auch Schröder NZBau 2021, 499 ff.; Knauff ZUR 2021, 218 (221 f.).

durch das Kartellvergaberecht auch Grenzen gesetzt sein können. So haben beispielsweise sowohl die VK Bund[83] als auch zweitinstanzlich das OLG Düsseldorf[84] entschieden, dass ein **Zuschlagskriterium,** mit dem bewertet wird, inwieweit eine **geschlossene Lieferkette** des Bieters in der EU, in den GPA-Unterzeichnerstaaten des Übereinkommens über das öffentliche Beschaffungswesen (Government Procurement Agreement – GPA) bzw. in der Freihandelszone der EU besteht, (jedenfalls) gegen den allgemeinen **Gleichbehandlungsgrundsatz** des § 97 Abs. 2 GWB sowie § 127 Abs. 4 GWB verstößt.[85] Die VK Bund[86] stellte hierzu im Einzelnen fest, dass das Kriterium „Lieferkette" nicht geeignet sei, im Sinne des **§ 127 Abs. 4 S. 1 GWB** eine willkürfreie Zuschlagserteilung unter Wahrung des Gleichbehandlungssatzes zu ermöglichen. Begründet wird dies damit, dass durch das Zuschlagskriterium Gleiches ungleich behandelt und Ungleiches gleich behandelt werde. Denn ob ein Angebot den Wertungsbonus erhält, hängt davon ab, ob sich der Produktionsstandort in einem Staat befindet, der eines der genannten internationalen Abkommen unterzeichnet hat. Die öffentlichen Auftraggeber hatten das Zuschlagskriterium unter Verweis auf die Versorgungssicherheit sowie höhere Umwelt- und Sozialstandards in den Unterzeichnerstaaten gerechtfertigt. Die Vergabekammer lehnte dies jedoch ab, da die Unterzeichnung dieser Abkommen keinen Einfluss auf diese Merkmale habe. Insbesondere das GPA, aber auch die Freihandelsabkommen, zielten nicht auf die Einhaltung bestimmter Sozial- und Umweltstandards, sondern regelten in erster Linie die gegenseitige Gewährung ungehinderten Zugangs zu den jeweiligen Vergabe-Märkten bzw. die Liberalisierung des Handels. Damit sei weder gesagt, dass alle Staaten, die eines dieser Abkommen unterzeichnet haben, einen vergleichbaren Versorgungs-, Umwelt- und Sozialstandard aufweisen, noch, dass Drittstaaten einen niedrigeren Standard bieten. Diese Ungleichbehandlung kann nach Ansicht der Vergabekammer nicht gerechtfertigt werden. **Art. 25 RL 2014/24/EU**[87] sehe zwar ein Diskriminierungsverbot für GPA-Unterzeichnerstaaten vor, erlaube aber gerade keine Diskriminierung von Drittstaaten. Eine solche Ungleichbehandlung sei ausschließlich im Bereich der Sektorenvergabe

---

83 VK Bund Beschl. v. 1.12.2020 – VK 1–90/20, IBRRS 2021, 0031 mAnm Friton/Braun jurisPR-VergR 3/2021, Anm. 2.
84 OLG Düsseldorf Beschl. v. 1.12.2021 – VII-Verg 54/20, IBRRS 2022, 0550; sowie dazu auch Rosenkötter, Vergabeblog.de vom 21.3.2022, Nr. 49162, abrufbar unter https://www.vergabeblog.de/2022-03-21/lieferkette-versorgungssicherheit-und-drittstaaten-das-olg-duesseldorf-hat-entschieden-olg-duesseldorf-beschluss-v-01-12-20 21-vii-verg-54-20/.
85 Vgl. OLG Düsseldorf Beschl. v. 1.12.2021 – VII-Verg 54/20, IBRRS 2022, 0550; VK Bund Beschl. v. 1.12.2020 – VK 1–90/20, IBRRS 2021, 0031.
86 VK Bund Beschl. v. 1.12.2020 – VK 1–90/20, IBRRS 2021, 0031 mAnm Friton/Braun jurisPR-VergR 3/2021, Anm. 2.
87 Richtlinie 2014/24/EU des Europäischen Parlaments und des Rates vom 26. Februar 2014 über die Vergabe öffentlicher Aufträge und zur Aufhebung der Richtlinie 2004/18/EG (ABl. 2014 L 94, 65).

gemäß Art. 85 RL 2014/25/EU[88] bzw. § 55 SektVO ausdrücklich erlaubt. Neben dem Verstoß gegen § 127 Abs. 4 S. 1 GWB kam die Vergabekammer ferner auch zu dem Schluss, dass das Zuschlagskriterium keine ausreichende Verbindung mit dem Auftragsgegenstand aufweise (**§ 127 Abs. 3 GWB**). Denn dafür hätte das Zuschlagskriterium mit dem „spezifischen Prozess der Herstellung" in Zusammenhang stehen müssen, was die Vergabekammer aus Erwägungsgrund Nr. 97 sowie Art. 67 Abs. 3 lit. a RL 2014/24/EU ableitet, wo vom „konkreten" bzw. „spezifischen" Prozess der Herstellung die Rede ist.[89] Der Produktionsstandort stehe aber nicht im Zusammenhang mit dem Prozess der Herstellung der im betroffenen Vergabeverfahren ausgeschriebenen Ware (rabattierte Arzneimittel), sondern sei vielmehr eine Eigenschaft, die alle Waren kennzeichne, die ein Unternehmen an diesem Standort herstellt. Darüber hinaus handele es sich bei dem Kriterium um eine unternehmensbezogene Anforderung, denn der Produktionsort hafte nicht der Leistung selbst an, sondern beziehe sich auf die unternehmerische Entscheidung, wo welche Ressourcen bereitgestellt werden. Unternehmensbezogene Kriterien seien aber als Eignungskriterien strikt von Zuschlagskriterien zu trennen. Schließlich stellt die Vergabekammer vor diesem Hintergrund auch einen Verstoß gegen den Gleichbehandlungsgrundsatz des **§ 97 Abs. 2 GWB** fest. Ob darüber hinaus auch ein Verstoß gegen den Grundsatz der Verhältnismäßig gemäß § 97 Abs. 1 S. 2 GWB und/oder gegen das Transparenzgebot gemäß § 97 Abs. 1 S. 1 GWB vorliegt, lässt die Entscheidung der VK Bund dagegen offen.[90]

66 Das **OLG Düsseldorf**[91] hat die Entscheidung der VK Bund weitgehend bestätigt und – mit einer in weiten Teilen deckungsgleichen Argumentation – ebenfalls festgestellt, dass das Lieferkettenkriterium gegen den in § 97 Abs. 2 GWB normierten **Grundsatz der Gleichbehandlung** verstößt. Denn dieser Grundsatz, der die Entwicklung eines gesunden und effektiven Wettbewerbs zwischen den sich um einen öffentlichen Auftrag bewerbenden Unternehmen fördern soll, gebietet, dass alle Bieter bei der Abfassung ihrer Angebote die gleichen Chancen haben, was voraussetzt, dass die Angebote aller Wettbewerber den gleichen Bedingungen unterworfen sein müssen.[92] Vor diesem Hintergrund begegnet eine Differenzierung nach Herkunftsstaaten, bei der Bieter, die in bestimmten Herkunftsstaaten produzieren, einen Wirtschaftlichkeitsbonus erhalten, der anderen Bietern allein wegen ihrer Fertigung in einem nicht privilegierten Staat vorenthalten wird, grundlegenden Bedenken, weil diese Bieter nicht

---

88 RL 2014/25/EU des Europäischen Parlaments und des Rates vom 26.2.2014 über die Vergabe von Aufträgen durch Auftraggeber im Bereich der Wasser-, Energie- und Verkehrsversorgung sowie der Postdienste und zur Aufhebung der RL 2004/17/EG (ABl. 2014 L 94, 243).
89 Vgl. Erwägungsgrund Nr. 97 und Art. 67 Abs. 3 lit. a RL 2014/24/EU.
90 VK Bund Beschl. v. 1.12.2020 – VK 1–90/20, IBRRS 2021, 0031; sowie insbes. auch Friton/Braun jurisPR-VergR 3/2021, Anm. 2.
91 OLG Düsseldorf Beschl. v. 1.12.2021 – VII-Verg 54/20, IBRRS 2022, 0550.
92 Vgl. hierzu auch EuGH Urt. v. 24.5.2016 – C-396/14, NZBau 2016, 506 Rn. 38 – MT Hojgaard.

den gleichen Bedingungen unterworfen sind. Eine Ungleichbehandlung allein wegen des Herkunftsstaates gestatten – von nicht einschlägigen Ausnahmen abgesehen – weder das Gesetz gegen Wettbewerbsbeschränkungen noch die für dessen Auslegung relevanten europäischen Richtlinien. Insbesondere beinhaltet auch **Art. 25 RL 2014/24/EU** lediglich ein Diskriminierungsverbot in Bezug auf Bieter aus den GPA-Unterzeichnerstaaten und aus der Freihandelszone der Europäischen Union, ein Recht zur Ungleichbehandlung von Bietern aus Drittstaaten gewährt er nicht. Vor dem Hintergrund des in § 97 Abs. 2 GWB normierten Grundsatzes, der Ausdruck des europarechtlichen allgemeinen Gleichheitssatzes ist,[93] dass jede Ungleichbehandlung eines Teilnehmers am Vergabeverfahren verboten ist, soweit diese nicht ausdrücklich gesetzlich gestattet ist, also der Normierung eines generellen Verbots mit einem allein dem Gesetzgeber vorbehaltenen Erlaubnisvorbehalt, spricht hierfür schon die allein auf den Schutz der Bieter aus den privilegierten Staaten gerichtete Formulierung der Norm. Zudem folgt dies auch eindeutig aus dem Vergleich mit Art. 85 Abs. 2 UAbs. 1 der Sektoren-RL 2014/25/EU. Darüber hinaus genügt auch nach den Feststellungen des OLG Düsseldorf eine Unterscheidung nach GPA-Unterzeichnerstaaten und Staaten der Freihandelszone der Europäischen Union einerseits und bedeutenden Erzeugerdrittstaaten wie China und Indien anderseits nicht dem **Gebot objektiver Zuschlagskriterien.** Denn nach **§ 127 Abs. 4 S. 1 GWB** müssen die Zuschlagskriterien so festgelegt und bestimmt sein, dass die Möglichkeit eines wirksamen Wettbewerbs gewährleistet wird, der Zuschlag nicht willkürlich erteilt werden kann und eine wirksame Überprüfung möglich ist, ob und inwieweit die Angebote die Zuschlagskriterien erfüllen. Dies setzt eine Vergabe aufgrund objektiver Zuschlagskriterien voraus, was gewährleistet, dass der Vergleich und die Bewertung der Angebote in objektiver Weise erfolgt und somit unter Bedingungen eines wirksamen Wettbewerbs;[94] ein objektiver Vergleich des relativen Werts der Angebote muss sichergestellt sein.[95] Eine Differenzierung nach Produktionsstaaten stellt für sich genommen aber kein zulässiges Zuschlagskriterium dar. Eine Bevorzugung von Bietern, die ausschließlich in den Staaten der Europäischen Union, den GPA-Unterzeichnerstaaten und/oder in den Staaten der Freihandelszone der Europäischen Union produzieren, taugt ebenfalls nicht zur Gewährleistung objektiver Umwelt- und Sozialstandards, da diese Staatengruppe hierfür viel zu heterogen ist. Vor diesem Hintergrund lässt das OLG Düsseldorf die Frage, ob die Gewährung eines Wirtschaftlichkeitsbonus für den Nachweis einer geschlossenen Lieferkette in der Europäischen Union, in den GPA-Unterzeichnerstaaten und in der Freihandelszone der Europäischen Union ferner – wie von der VK Bund angenommen (→ Rn. 65) – auch gegen das Erfordernis der

---

93 Vgl. OLG Düsseldorf Beschl. v. 1.12.2021 – VII-Verg 54/20, IBRRS 2022, 0550, unter Verweis auf Ziekow/Völlink/Ziekow GWB § 97 Rn. 11.
94 Vgl. hierzu auch EuGH Urt. v. 10.5.2012 – C-368/10, NZBau 2012, 445 Rn. 87 – Max Havelaar.
95 Vgl. insoweit auch Erwägungsgrund Nr. 90 RL 2014/24/EU.

Auftragsbezogenheit des Zuschlagskriteriums im Sinne von **§ 127 Abs. 3 GWB** verstößt, dahinstehen.[96]

67 Zulässig dürfte dagegen auf Ebene der Zuschlagskriterien aber die Berücksichtigung von lieferkettenbezogenen Aspekten unter dem Gesichtspunkt der **Versorgungssicherheit** im Rahmen von § 58 Abs. 2 S. 2 Nr. 1 VgV sein. Für den Anwendungsbereich der VSVgV führt § 34 Abs. 2 S. 3 Nr. 9 VSVgV die Versorgungssicherheit sogar explizit als mögliches Zuschlagskriterium auf.

68 Auf Ebene der **Eignungskriterien** kann der öffentliche Auftraggeber nach § 46 Abs. 3 Nr. 4 VgV als Beleg für die erforderliche technische und berufliche Leistungsfähigkeit des Bewerbers oder Bieters (je nach Art, Verwendungszweck und Menge oder Umfang der zu erbringenden Liefer- oder Dienstleistungen) die „Angabe des Lieferkettenmanagement- und Lieferkettenüberwachungssystems, das dem Unternehmen zur Vertragserfüllung zur Verfügung steht", verlangen. Gemäß § 27 Abs. 1 S. 2 Nr. 1 lit. i und Nr. 2 lit. i VSVgV können die Auftraggeber hinsichtlich der Zulieferer auch die Angabe des geografischen Standortes verlangen, falls diese Zulieferer außerhalb der Europäischen Union ansässig sind. Unzulässig dürfte es in diesem Zusammenhang indes sein, bestimmte Länder von vornherein und per se als Produktionsstandort auszuschließen. Vielmehr sind – mit Rücksicht auf den Grundsatz der Verhältnismäßigkeit (§ 97 Abs. 1 S. 2 GWB) – stets die Erforderlichkeit und Angemessenheit einschränkender Vorgaben zugunsten der Versorgungssicherheit im konkreten Fall zu wahren.

2. Auswirkungen des § 22

69 Die Regelung des § 22 schränkt die grundsätzliche Ermessensfreiheit des Auftraggebers (→ Rn. 12) teilweise ein. Der Auftraggeber **soll** Unternehmen, die ihre Sorgfaltspflichten missachten, von der Teilnahme an einem Vergabeverfahren ausschließen, sofern kein atypischer Fall vorliegt und sie mit einem Bußgeld in Höhe von mindestens 175.000 EUR bzw. Bußgeldern nach Maßgabe des § 22 Abs. 2 S. 2 iVm § 24 belegt worden sind. Ferner können Auftraggeber die Sorgfaltspflichten der Unternehmen nach § 3 nunmehr in Leistungsbeschreibung, Zuschlagskriterien und die Ausführungsbedingungen aufnehmen, **ohne** dass die Pflichten einen **direkten Bezug zum Auftragsgegenstand** aufweisen müssen.

VII. Bewertung/Ausblick

70 Die Reaktionen auf § 22 fielen unterschiedlich aus. So kritisierten einige Verbände und Unternehmen, dass die – teils ohnehin komplexen – Anforderungen an die Teilnahme an einem Vergabeverfahren nunmehr noch weiter angestiegen seien. Der Deutsche Anwaltverein (DAV) kritisierte in einer Stellungnahme angesichts der Komplexität der Sorgfaltspflichten und der Breite des Bußgeldkatalogs die **Verhältnismäßigkeit der**

---

96 OLG Düsseldorf Beschl. v. 1.12.2021 – VII-Verg 54/20, IBRRS 2022, 0550.

Sanktion des Vergabeausschlusses für bis zu drei Jahre.[97] Ferner führten Verbänden wie der Bundesverband der Deutschen Industrie eV (BDI) sowie die Bundesvereinigung der Deutschen Arbeitgeberverbände (BDA) aus, ein Ausschluss von öffentlichen Auftragsvergaben könne für Branchen, die allein durch Vergabeverfahren der öffentlichen Hand geprägt seien, einer **existenziellen Bedrohung der unternehmerischen Tätigkeiten** gleichkommen.[98]

Andererseits kritisierte etwa der Verein Christliche Initiative Romero eV, dass der Anwendungsbereich des § 22 mit Blick auf die hohen Schwellen für Bußgelder und die Einschränkung des Anwendungsbereichs auf Unternehmen mit mehr als 3.000 Mitarbeitenden gering bleibe. Zudem wurde kritisiert, dass § 22 lediglich einen fakultativen Ausschluss betreffe.[99] Zuvor setzte sich etwa auch die „Initiative Lieferkettengesetz" dafür ein, dass ein Bußgeld nach § 24 einen zwingenden Ausschlussgrund im Sinne des § 123 GWB zur Folge haben sollte. 71

VIII. Zukünftige Rechtsentwicklung

Die Europäische Kommission strebt an, in allen globalen Wertschöpfungsketten Unternehmensregeln für die Achtung der Menschenrechte und der Umwelt zu verankern. Zu diesem Zweck hat sie ihren **Vorschlag für eine Richtlinie über die Sorgfaltspflichten von Unternehmen im Hinblick auf Nachhaltigkeit** veröffentlicht.[100] Mit der vorgeschlagenen Richtlinie sollen Unternehmen künftig verpflichtet werden, negative Auswirkungen ihrer Tätigkeit auf die Menschenrechte, wie Kinderarbeit und Ausbeutung von Arbeitnehmern, sowie auf die Umwelt – beispielsweise Umweltverschmutzung und Verlust an biologischer Vielfalt – zu ermitteln und erforderlichenfalls zu verhindern, abzustellen oder zu vermindern. Für Unternehmen werden diese neuen Vorschriften Rechtssicherheit und gleiche Wettbewerbsbedingungen schaffen, für Verbraucher und Anleger werden sie mehr Transparenz bringen.[101] **Unmittelbare Auswirkungen für die Regelung des § 22** dürften sich daraus – soweit gegenwärtig ersichtlich – jedoch **nicht ergeben**. Wenn und soweit der Richtlinienvorschlag von dem Europäischen Parlament und dem Rat angenommen wurde, haben die Mitgliedstaaten zwei Jahre Zeit, um die Richtlinie in innerstaatliches Recht umzusetzen. Dies bleibt – auch mit Blick auf § 22 – abzuwarten. 72

---

97 Ausschuss-Drs. 19(11)1136, 147.
98 Ausschuss-Drs. 19(11)1136, 35 und 70.
99 Ausschuss-Drs. 19(11)1136, 186.
100 Vgl. Vorschlag für eine Richtlinie des Europäischen Parlaments und des Rates über die Sorgfaltspflichten von Unternehmen im Hinblick auf Nachhaltigkeit und zur Änderung der Richtlinie (EU) 2019/1937, 23.2.2022, COM(2022) 71 final.
101 Vgl. hierzu sowie zu weiteren Einzelheiten des Richtlinienvorschlags Vergabeblog.de vom 4.3.2022, Nr. 49034, abrufbar unter https://www.vergabeblog.de/2022-03-04/globale-lieferketten-eu-will-sorgfaltspflicht-von-unternehmen-einfuehren/.

Abschnitt 6 Zwangsgeld und Bußgeld

§ 23 Zwangsgeld

Die Höhe des Zwangsgeldes im Verwaltungszwangsverfahren der nach § 19 Absatz 1 Satz 1 zuständigen Behörde beträgt abweichend von § 11 Absatz 3 des Verwaltungsvollstreckungsgesetzes bis zu 50 000 Euro.

1 § 23 verdoppelt die Höhe des in einem **Verwaltungszwangsverfahren** ansetzbaren Zwangsgeldes. Gemäß § 11 Abs. 3 VwVG beträgt die Höhe des Zwangsgeldes grundsätzlich bis zu 25.000 EUR. Dieser Betrag wird für Verwaltungszwangsverfahren der nach § 19 Abs. 1 S. 1 zuständigen Behörde (dh dem Bundesamt für Wirtschaft und Ausfuhrkontrolle, BAFA) auf bis zu 50.000 EUR erhöht. Das gilt für alle Zwangsverfahren, die vom BAFA aufgrund seiner Kompetenzen nach Abschnitt 4 des LkSG durchgeführt werden. Die sonstigen Bestimmungen über die Durchführung der Verwaltungsvollstreckung nach dem VwVG bleiben unberührt.[1]

§ 24 Bußgeldvorschriften

(1) Ordnungswidrig handelt, wer vorsätzlich oder fahrlässig
1. entgegen § 4 Absatz 3 Satz 1 nicht dafür sorgt, dass eine dort genannte Festlegung getroffen ist,
2. entgegen § 5 Absatz 1 Satz 1 oder § 9 Absatz 3 Nummer 1 eine Risikoanalyse nicht, nicht richtig, nicht vollständig oder nicht rechtzeitig durchführt,
3. entgegen § 6 Absatz 1 eine Präventionsmaßnahme nicht oder nicht rechtzeitig ergreift,
4. entgegen § 6 Absatz 5 Satz 1, § 7 Absatz 4 Satz 1 oder § 8 Absatz 5 Satz 1 eine Überprüfung nicht oder nicht rechtzeitig vornimmt,
5. entgegen § 6 Absatz 5 Satz 3, § 7 Absatz 4 Satz 3 oder § 8 Absatz 5 Satz 2 eine Maßnahme nicht oder nicht rechtzeitig aktualisiert,
6. entgegen § 7 Absatz 1 Satz 1 eine Abhilfemaßnahme nicht oder nicht rechtzeitig ergreift,
7. entgegen
    a) § 7 Absatz 2 Satz 1 oder
    b) § 9 Absatz 3 Nummer 3
    ein Konzept nicht oder nicht rechtzeitig erstellt oder nicht oder nicht rechtzeitig umsetzt,
8. entgegen § 8 Absatz 1 Satz 1, auch in Verbindung mit § 9 Absatz 1, nicht dafür sorgt, dass ein Beschwerdeverfahren eingerichtet ist,
9. entgegen § 10 Absatz 1 Satz 2 eine Dokumentation nicht oder nicht mindestens sieben Jahre aufbewahrt,

---

1 BT-Drs. 19/28649, 57.

10. entgegen § 10 Absatz 2 Satz 1 einen Bericht nicht richtig erstellt,
11. entgegen § 10 Absatz 2 Satz 1 einen dort genannten Bericht nicht oder nicht rechtzeitig öffentlich zugänglich macht,
12. entgegen § 12 einen Bericht nicht oder nicht rechtzeitig einreicht oder
13. einer vollziehbaren Anordnung nach § 13 Absatz 2 oder § 15 Satz 2 Nummer 2 zuwiderhandelt.

(2) ¹Die Ordnungswidrigkeit kann geahndet werden
1. in den Fällen des Absatzes 1
   a) Nummer 3, 7 Buchstabe b und Nummer 8
   b) Nummer 6 und 7 Buchstabe a
   mit einer Geldbuße bis zu achthunderttausend Euro,
2. in den Fällen des Absatzes 1 Nummer 1, 2, 4, 5 und 13 mit einer Geldbuße bis zu fünfhunderttausend Euro und
3. in den übrigen Fällen des Absatzes 1 mit einer Geldbuße bis zu hunderttausend Euro.

²In den Fällen des Satzes 1 Nummer 1 und 2 ist § 30 Absatz 2 Satz 3 des Gesetzes über Ordnungswidrigkeiten anzuwenden.

(3) ¹Bei einer juristischen Person oder Personenvereinigung mit einem durchschnittlichen Jahresumsatz von mehr als 400 Millionen Euro kann abweichend von Absatz 2 Satz 2 in Verbindung mit Satz 1 Nummer 1 Buchstabe b eine Ordnungswidrigkeit nach Absatz 1 Nummer 6 oder 7 Buchstabe a mit einer Geldbuße bis zu 2 Prozent des durchschnittlichen Jahresumsatzes geahndet werden. ²Bei der Ermittlung des durchschnittlichen Jahresumsatzes der juristischen Person oder Personenvereinigung ist der weltweite Umsatz aller natürlichen und juristischen Personen sowie aller Personenvereinigungen der letzten drei Geschäftsjahre, die der Behördenentscheidung vorausgehen, zugrunde zu legen, soweit diese Personen und Personenvereinigungen als wirtschaftliche Einheit operieren. ³Der durchschnittliche Jahresumsatz kann geschätzt werden.

(4) ¹Grundlage für die Bemessung der Geldbuße bei juristischen Personen und Personenvereinigungen ist die Bedeutung der Ordnungswidrigkeit. ²Bei der Bemessung sind die wirtschaftlichen Verhältnisse der juristischen Person oder Personenvereinigung zu berücksichtigen. ³Bei der Bemessung sind die Umstände, insoweit sie für und gegen die juristische Person oder Personenvereinigung sprechen, gegeneinander abzuwägen. ⁴Dabei kommen insbesondere in Betracht:
1. der Vorwurf, der den Täter der Ordnungswidrigkeit trifft,
2. die Beweggründe und Ziele des Täters der Ordnungswidrigkeit,
3. Gewicht, Ausmaß und Dauer der Ordnungswidrigkeit,
4. Art der Ausführung der Ordnungswidrigkeit, insbesondere die Anzahl der Täter und deren Position in der juristischen Person oder Personenvereinigung,
5. die Auswirkungen der Ordnungswidrigkeit,
6. vorausgegangene Ordnungswidrigkeiten, für die die juristische Person oder Personenvereinigung nach § 30 des Gesetzes über Ordnungswid-

rigkeiten, auch in Verbindung mit § 130 des Gesetzes über Ordnungswidrigkeiten, verantwortlich ist, sowie vor der Ordnungswidrigkeit getroffene Vorkehrungen zur Vermeidung und Aufdeckung von Ordnungswidrigkeiten,
7. das Bemühen der juristischen Person oder Personenvereinigung, die Ordnungswidrigkeit aufzudecken und den Schaden wiedergutzumachen, sowie nach der Ordnungswidrigkeit getroffene Vorkehrungen zur Vermeidung und Aufdeckung von Ordnungswidrigkeiten,
8. die Folgen der Ordnungswidrigkeit, die die juristische Person oder Personenvereinigung getroffen haben.

(5) ¹Verwaltungsbehörde im Sinne des § 36 Absatz 1 Nummer 1 des Gesetzes über Ordnungswidrigkeiten ist das Bundesamt für Wirtschaft und Ausfuhrkontrolle. ²Für die Rechts- und Fachaufsicht über das Bundesamt gilt § 19 Absatz 1 Satz 2 und 3.

I. Überblick 1	f) Dokumentations- und Berichtspflicht (Nr. 9 bis 12) 27
II. Allgemeines 2	g) Vollziehbare Anordnung (Nr. 13) 31
1. Normzweck und Deliktsnatur 2	
2. Entstehungsgeschichte 3	
3. Inkrafttreten und zukünftige Rechtsentwicklung der Bußgeldvorschrift 4	4. Bestimmtheitsgebot (Art. 103 Abs. 2 GG) 33
	V. Innere Tatseite 35
4. Räumlicher Geltungsbereich 6	1. Vorsatz 36
	2. Fahrlässigkeit 37
III. Ordnungswidrigkeitenrecht/Verfahren 7	3. Irrtümer 40
	VI. Rechtswidrigkeit 42
IV. Verbotstatbestände (Abs. 1) .. 9	VII. Rechtsfolgen 43
1. Täter 9	1. Geldbuße (Abs. 2 bis 4) .. 43
a) Unternehmen 9	a) Adressaten der Geldbuße 43
b) Beteiligung 11	
2. Tathandlung 12	b) Bußgeldrahmen 44
3. Im Einzelnen 13	c) Bemessung im konkreten Fall 49
a) Risikomanagement und -analyse (Nr. 1, 2) 14	
b) Präventionsmaßnahmen (Nr. 3 bis 5) 16	2. Ausschluss von der Vergabe öffentlicher Aufträge (§ 22) 50
c) Abhilfemaßnahmen (Nr. 4 bis 6) 19	3. Eintragung ins Wettbewerbsregister 51
d) Beschwerdeverfahren (Nr. 4, 5, 8) 22	VIII. Verjährung und Konkurrenzen 52
e) Konzepterstellung und -umsetzung (Nr. 7) 25	

I. Überblick

1 § 24 ist die einzige **Sanktionsvorschrift des LkSG** (→ Rn. 3) und ordnet als Blanketttatbestand vorsätzliche oder fahrlässige Verstöße gegen einzelne Vorschriften dieses Gesetzes als Ordnungswidrigkeit ein. Der umfangreiche Katalog des Abs. 1 führt dazu, dass Zuwiderhandlungen gegen die Pflichten des LkSG regelmäßig bußgeldbewehrt sind. Die Tatbestände des § 24 werden in der Regel durch Unterlassen begangen

(→ Rn. 12). Adressat der Pflichten des LkSG und somit des § 24 ist nach dem Wortlaut der einzelnen Vorschriften das Unternehmen (→ Rn. 9 f.). Die verschiedenen Bußgeldrahmen sind in Abs. 2 geregelt (→ Rn. 44 ff.). Unter Umständen erhöht sich der Bußgeldrahmen bei juristischen Personen und Personenvereinigungen gem. Abs. 2 S. 2, Abs. 3 (→ Rn. 46, 48). Verstöße gegen § 24 verjähren gem. § 31 Abs. 2 Nr. 1 OWiG nach drei Jahren (→ Rn. 52). Eine Strafvorschrift sieht das LkSG nicht vor.

II. Allgemeines
1. Normzweck und Deliktsnatur

Die Vorschrift bezweckt die ordnungswidrigkeitenrechtliche Ahndung von Zuwiderhandlungen gegen das LkSG und trägt damit zu einer **effektiven Umsetzung des Gesetzeszwecks** bei, die internationale Menschenrechtslage entlang von Lieferketten zu verbessern.[1] Geschützt sind diejenigen Rechtspositionen, die in den in § 2 Abs. 1 genannten Übereinkommen enthalten sind.[2] Das LkSG bezweckt, sowohl vor menschenrechtlichen Risiken (§ 2 Abs. 2) als auch vor umweltbezogenen Risiken (§ 2 Abs. 3) zu schützen. Dabei sind zur Gewährleistung einer effektiven behördlichen Aufsicht nicht nur materielle Verstöße bußgeldbewehrt, sondern auch Verstöße gegen Dokumentations- und Berichtspflichten (Abs. 1 Nr. 9 bis 12, → Rn. 27 ff.) sowie die Nichtbefolgung behördlicher Anordnungen (Abs. 1 Nr. 13, → Rn. 31). Bei § 24 handelt es sich um ein **abstraktes Gefährdungsdelikt**; auf den Eintritt eines (Verletzungs-)Erfolges kommt es folglich nicht an.[3]

2

2. Entstehungsgeschichte

Nach einem Entwurf des Bundesministeriums für wirtschaftliche Zusammenarbeit und Entwicklung (BMZ) für ein Mantelgesetz zur nachhaltigen Gestaltung globaler Wertschöpfungsketten und zur Änderung wirtschaftsrechtlicher Vorschriften vom 1.2.2019[4] sollten Pflichtverstöße nicht nur mit Bußgeldern geahndet werden, sondern zum Teil auch eine Strafbarkeit begründen (vgl. § 14 des Entwurfes).[5] Der Gesetzgeber entschied sich allerdings gegen eine Strafbarkeit bei Verstößen gegen Pflichten des LkSG. Somit ist § 24 die **einzige sanktionsrechtliche Vorschrift** (im engeren Sinne) im LkSG (vgl. daneben insbesondere den Ausschluss von der Vergabe öffentlicher Aufträge gem. § 22, → Rn. 50). Eine straf-

3

---

1 BT-Drs. 19/28649, 2.
2 BT-Drs. 19/28649, 34.
3 Wagner/Ruttloff/Wagner LkSG/Skoupil § 10 Rn. 1528.
4 Hierbei handelte es sich nicht um einen Referentenentwurf, sondern um interne Überlegungen des BMZ zu einer möglichen verbindlichen Regelung von Unternehmensverantwortung in der Lieferkette, welche im Februar 2019 an die Öffentlichkeit gelangt sind, vgl. BT-Drs. 19/10985, 1; 19/14514, 1.
5 Vgl. Krebs/Klinger/Gailhofer/Scherf, Von der menschenrechtlichen zur umweltbezogenen Sorgfaltspflicht, Gutachten im Auftrag des Umweltbundesamtes, Texte 49/2020, März 2020, abrufbar unter https://www.umweltbundesamt.de/publikation en/umweltbezogene-sorgfaltspflichten, S. 56.

rechtliche Verantwortlichkeit kann sich aus einer Beihilfehandlung in Bezug auf Menschenrechtsverbrechen nach dem VStGB ergeben.[6]

3. Inkrafttreten und zukünftige Rechtsentwicklung der Bußgeldvorschrift

4 § 24 tritt am **1.1.2023** gem. Art. 5 Abs. 1 des Gesetzes über die unternehmerischen Sorgfaltspflichten in Lieferketten vom 16.7.2021 (BGBl. I 2959, 2969) in Kraft. § 24 entspricht Art. 20 Abs. 1 S. 1 des Vorschlags der Europäischen Kommission für eine **Richtlinie über die Sorgfaltspflichten von Unternehmen im Hinblick auf Nachhaltigkeit** vom 23.2.2022.[7] Dieser sieht vor, dass die **Mitgliedstaaten Sanktionen für Verstöße** festlegen. In Art. 20 Abs. 2 des Richtlinienvorschlags sind Kriterien festgelegt, die bei der Entscheidung zu berücksichtigen sind, ob Sanktionen zu verhängen sind und in welcher Höhe. Dem entspricht § 24 Abs. 4 S. 3, 4. Gem. Abs. 4 S. 3 sind bei der Bemessung der Geldbuße bei juristischen Personen und Personenvereinigungen die Umstände, die für und gegen die juristische Person oder Personenvereinigung sprechen, gegeneinander abzuwägen. Abs. 4 S. 4 enthält einen nicht abschließenden Katalog von möglichen zu berücksichtigenden Umständen (→ Rn. 49). Nach Art. 20 Abs. 3 des Richtlinienvorschlags haben sich die Geldsanktionen nach dem Umsatz des Unternehmens zu richten. Gem. § 24 Abs. 3 orientiert sich der Bußgeldrahmen am Umsatz einer juristischen Person oder Personenvereinigung (→ Rn. 48). Sollte also die Richtlinie entsprechend dem Vorschlag erlassen werden, sind keine grundlegenden Anpassungen des § 24 zu erwarten. Die in Art. 20 Abs. 2 des Richtlinienvorschlags genannten Kriterien könnten in den nicht abschließenden Katalog des § 24 Abs. 4 S. 4 aufgenommen werden und es könnte präzisiert werden, dass die Kriterien nicht nur für die Entscheidung über die Höhe der Geldbuße maßgeblich sind, sondern auch für die vorgelagerte Entscheidung, ob Sanktionen zu verhängen sind.

5 Neben Art. 20 des Richtlinienvorschlags könnten sich auch weitere Vorschriften des Vorschlags auf die Anwendung des § 24 auswirken und weitergehende Bußgeldrisiken begründen. Zum einen ist der Geltungsbereich von Art. 2 des Richtlinienvorschlags weiter als der des § 1. Danach liegt die Schwelle für Unternehmen bei im Durchschnitt mehr als 500 Beschäftigten und einem weltweiten Nettoumsatz von mehr als 150 Mio. EUR (Art. 2 Abs. 1 lit. a des Richtlinienvorschlags) bzw. in bestimmten Wirtschaftszweigen bei 250 Beschäftigten und 40 Mio. EUR Nettoumsatz (Art. 2 Abs. 1 lit. b des Richtlinienvorschlags). Folglich unterfielen

---

6 Vgl. Wissenschaftliche Dienste des Deutschen Bundestages, Die Uiguren in Xinjiang im Lichte der Völkermordkonvention – Zum Tatbestand des Völkermordes, zu den rechtlichen Implikationen für deutsche Unternehmen und den Reaktionsmöglichkeiten der Staatengemeinschaft, WD 2 – 3000 – 027/21, 12.5.2021, S. 81, zu den Verletzungen gegenüber den Uiguren in China.
7 Vorschlag für eine Richtlinie des Europäischen Parlaments und des Rates über die Sorgfaltspflichten von Unternehmen im Hinblick auf Nachhaltigkeit und zur Änderung der Richtlinie (EU) 2019/1937, 23.2.2022, COM(2022) 71 final.

deutlich mehr Unternehmen dem Geltungsbereich des LkSG, für die dementsprechend das Risiko einer Geldbuße nach § 24 bestünde. Zum anderen werden die Sorgfaltspflichten der Unternehmen nicht nur auf ihren eigenen Geschäftsbereich sowie auf den des unmittelbaren Zulieferers beschränkt, sondern gem. Art. 1 Abs. 1 lit. a des Richtlinienvorschlags gelten die Verpflichtungen für alle Tätigkeiten von Unternehmen entlang der Wertschöpfungskette, mit denen das Unternehmen eine etablierte Geschäftsbeziehung hat. Des Weiteren sieht der Richtlinienvorschlag in seinem Art. 15 Abs. 1 S. 1 im Gegensatz zum deutschen LkSG die Verpflichtung für die Unternehmen vor, einen Plan zur Bekämpfung des Klimawandels im Einklang mit dem 1,5 °C-Ziel des Pariser Übereinkommens zu verabschieden. Dem deutschen Gesetzgeber stünde es frei, den Verstoß gegen die Nichteinhaltung dieser Verpflichtung in den Katalog des § 24 aufzunehmen. Sollte eine Richtlinie entsprechend dem Vorschlag der Kommission verabschiedet werden, so haben die Mitgliedstaaten diese **binnen zwei Jahren** in nationales Recht **umzusetzen** gem. Art. 30 Abs. 1 lit. a des Richtlinienvorschlags; ausnahmsweise binnen vier Jahren für die Fälle des Art. 30 Abs. 1 lit. b des Richtlinienvorschlags.

4. Räumlicher Geltungsbereich

Da das LkSG keine spezielle Vorschrift enthält, richtet sich der räumliche Geltungsbereich der Bußgeldvorschrift nach den allgemeinen Vorschriften des Ordnungswidrigkeitenrechts. Gem. § 5 OWiG können nur solche Ordnungswidrigkeiten geahndet werden, die im räumlichen Geltungsbereich des OWiG begangen werden, mithin im **Inland**. § 24 ist folglich nur anwendbar, wenn der Ort der Handlung (§ 7 OWiG) im Inland liegt.[8] In der Regel werden die Tatbestände des § 24 durch ein Unterlassen erfüllt (→ Rn. 12), so dass gem. § 7 Abs. 1 Var. 2 OWiG der Ort, an dem der Täter hätte tätig werden müssen, maßgeblich ist. Dies kann sowohl im In- als auch im Ausland sein. Trotz des im LkSG angelegten Auslandsbezugs kommt ein Unterlassen im Inland dadurch in Betracht, dass Täter des § 24 die Entscheidungsträger des Unternehmens sind (→ Rn. 10), welche vom Unternehmenssitz in Deutschland das Handeln und Unterlassen der Mitarbeiter steuern.[9] In diesen Fällen ist das LkSG anwendbar.

III. Ordnungswidrigkeitenrecht/Verfahren

Gem. § 2 OWiG sind die Vorschriften des **OWiG** auf den Bußgeldtatbestand des § 24 **anzuwenden**. Die Verfolgung von Ordnungswidrigkeiten liegt im pflichtgemäßen Ermessen der Verfolgungsbehörde (Opportunitätsprinzip, vgl. § 47 Abs. 1 OWiG und § 24 Abs. 2: „kann geahndet werden"). Hierbei sind die allgemeinen Vorschriften des Ordnungswidrigkeitenrechts (§§ 1 ff. OWiG) zu berücksichtigen; insbesondere muss

---

[8] Mitsch NZWiSt 2021, 409 (410).
[9] Mitsch NZWiSt 2021, 409 (410).

der Betroffene vorsätzlich oder fahrlässig gehandelt haben (§ 10 OWiG, → Rn. 35) und kann sich auf Irrtümer berufen (§ 11 OWiG, → Rn. 40).

8 Die **Verfahrensvorschriften** des OWiG sind anzuwenden. Für die Verfolgung und Ahndung von Verstößen ist nach Abs. 5 S. 1 iVm § 36 Abs. 1 Nr. 1 OWiG das Bundesamt für Wirtschaft und Ausfuhrkontrolle sachlich zuständige Verwaltungsbehörde. Die Rechts- und Fachaufsicht obliegt gem. Abs. 5 S. 2 iVm § 19 Abs. 1 S. 2, 3 dem Bundesministerium für Wirtschaft und Energie. Ergeht ein Bußgeldbescheid auf Grundlage des § 24, ist gegen diesen gem. § 67 Abs. 1 S. 1 OWiG der Einspruch statthaft. Sofern die Behörde dem Einspruch nicht abhilft, hat sie gem. § 69 Abs. 3 S. 1 Hs. 1 OWiG den Einspruch über die Staatsanwaltschaft an das Amtsgericht weiterzuleiten. Das Hauptverfahren richtet sich nach den §§ 71 ff. OWiG. Gem. § 71 Abs. 1 OWiG iVm § 411 Abs. 4 StPO analog ist das Amtsgericht nicht an die Bußgeldfestsetzung gebunden und kann insbesondere eine abweichende Höhe des Bußgeldes festsetzen. Einzig bei einer Entscheidung durch Beschluss gilt gem. § 72 Abs. 3 S. 2 OWiG ein Verschlechterungsverbot. Gegen die Entscheidung des Amtsgerichts ist die Rechtsbeschwerde zum Oberlandesgericht statthaft (§§ 79 ff. OWiG). Gem. § 79 Abs. 3 StPO gelten dabei die strafrechtlichen Revisionsvorschriften entsprechend.

IV. Verbotstatbestände (Abs. 1)

1. Täter

a) Unternehmen

9 Nach Abs. 1 handelt ordnungswidrig, „wer" einen der in den 13 Ziffern der Vorschrift genannten Tatbestände erfüllt. In den durch § 24 in Bezug genommen Normen des LkSG sind „**Unternehmen**" Adressat der Verpflichtungen. Im LkSG selbst ist der Begriff des Unternehmens nicht definiert. Laut der Gesetzesbegründung dient der Begriff des „Unternehmens" als Obergriff und ist rechtsformneutral. Adressat des Gesetzes ist die jeweilige natürliche oder juristische Person oder sonstige rechtsfähige Personengesellschaft als Rechtsträgerin des Unternehmens. Juristische Personen des öffentlichen Rechts, die Verwaltungsaufgaben einer Gebietskörperschaft wahrnehmen, fallen nicht unter § 1, soweit sie nicht am Markt unternehmerisch tätig sind.[10]

10 Den Unternehmen werden zwar durch das LkSG die Pflichten der §§ 3 ff. auferlegt, sie selbst können aber – nach allgemeinen Grundsätzen – nicht Täter von Ordnungswidrigkeiten sein.[11] Dazu, wer Täter des § 24 sein kann, äußert sich die Gesetzesbegründung nicht. Richtigerweise kann nur der **Inhaber des Unternehmens** Täter des § 24 sein.[12] Die Stellung als Unternehmensinhaber ist ein nach § 9 Abs. 1, Abs. 2 S. 1 OWiG zurechenbares besonderes persönliches Merkmal, so dass Verstöße gegen das

---

10 BT-Drs. 19/28649, 33.
11 Mitsch NZWiSt 2021, 409 (410); Harings/Jürgens LkSG S. 171.
12 Mitsch NZWiSt 2021, 409 (410); Rothermel § 24 Rn. 2.

LkSG gegenüber einer von § 9 Abs. 1, 2 OWiG erfassten Leitungsperson mit einem Bußgeld geahndet werden können. Täter kann beispielsweise der Geschäftsführer einer gegen Pflichten des LkSG verstoßenden GmbH sein.[13] Daneben können beispielsweise auch Menschenrechtsbeauftragte Täter einer Ordnungswidrigkeit sein, soweit sie ausdrücklich beauftragt wurden, in eigener Verantwortung dem Unternehmensinhaber obliegende Aufgaben nach dem LkSG wahrzunehmen (vgl. § 9 Abs. 2 S. 1 Nr. 2 OWiG).[14] Eine Geldbuße gegen eine juristische Person oder Personenvereinigung kann nur unter den Voraussetzungen des § 30 OWiG verhängt werden (→ Rn. 43).

b) Beteiligung

Gem. § 14 Abs. 1 S. 2 OWiG handelt jeder, der sich an einer Ordnungswidrigkeit **beteiligt**, ordnungswidrig, auch wenn besondere persönliche Merkmale (hier: Inhaber des Unternehmens) nur bei einem Beteiligten vorliegen. Somit kann gem. § 24 auch derjenige ordnungswidrig handeln, der nicht Unternehmensinhaber ist und dem auch nicht diese Position gem. § 9 Abs. 1, 2 OWiG zugerechnet wird, sofern dieses besondere persönliche Merkmal bei einem anderen Beteiligten vorliegt.[15] Nach dem Einheitstäterbegriff des Ordnungswidrigkeitenrechts erfolgt im Grundsatz keine Differenzierung zwischen Tätern und Teilnehmern.[16]

2. Tathandlung

Die Tathandlung der Verbotstatbestände ist in der Regel die unterlassene oder nicht rechtzeitige Erfüllung der im LkSG geregelten Pflichten. Einzig der Verstoß gem. Abs. 1 Nr. 9 Var. 2, die Pflicht zur Aufbewahrung der Dokumentation iSd § 10 für mindestens sieben Jahre (→ Rn. 27), kann nur durch ein aktives Tun begangen werden, indem die Dokumentation vor Ablauf der sieben Jahre beiseitegeschafft wird.[17] Bei den anderen Tatbeständen handelt es sich um **echte Unterlassungsdelikte**. Einer Anwendung von § 8 OWiG, der in Bezug auf Erfolgsdelikte die Täterschaft durch Unterlassen regelt,[18] bedarf es hier nicht.[19] Der Versuch einer Ordnungswidrigkeit nach § 24 ist nicht ahndbar. Dies hätte nach § 13 Abs. 2 OWiG eine entsprechende Anordnung vorausgesetzt. Diese sieht § 24 nicht vor.

3. Im Einzelnen

Abs. 1 enthält 13 Ziffern mit Verbotstatbeständen. Die Aufzählung ist mit Blick auf das auch im Ordnungswidrigkeitenrecht geltende Bestimmtheitsgebot (§ 3 OWiG, Art. 103 Abs. 2 GG) **abschließend**

---

13 Mitsch NZWiSt 2021, 409 (410).
14 Grabosch LkSG/Engel/Schönfelder § 6 Rn. 38.
15 Mitsch NZWiSt 2021, 409 (411).
16 KK-OWiG/Rengier OWiG § 14 Rn. 4.
17 Mitsch NZWiSt 2021, 409 (411).
18 KK-OWiG/Rengier OWiG § 8 Rn. 9.
19 Mitsch NZWiSt 2021, 409 (411).

(→ Rn. 33). Da es sich bei § 24 um ein abstraktes Gefährdungsdelikt handelt (→ Rn. 1), genügt zur Tatbestandserfüllung bereits die (Nicht-)Vornahme der tatbestandsmäßigen Handlung, ohne dass ein (Verletzungs-)Erfolg eintreten muss.

a) Risikomanagement und -analyse (Nr. 1, 2)

14 Nach Nr. 1 handelt ordnungswidrig, wer entgegen § 4 Abs. 3 S. 1 nicht festlegt, wer innerhalb des Unternehmens dafür zuständig ist, das **Risikomanagement** zu überwachen. Dies kann etwa ein Menschenrechtsbeauftragter sein (→ § 4 Rn. 47). In allen maßgeblichen unternehmensinternen Geschäftsabläufen, die voraussichtlich die Risikominimierung beeinflussen können, sind Zuständigkeiten zu verankern, um die Erfüllung der Sorgfaltspflichten zu überwachen, etwa im Vorstand, in der Compliance-Abteilung oder im Einkauf.[20]

15 Nach Nr. 2 ist die unterlassene, die nicht richtige, nicht vollständige oder nicht rechtzeitige Durchführung einer **Risikoanalyse** entgegen § 5 Abs. 1 S. 1 oder § 9 Abs. 3 Nr. 1 bußgeldbewehrt. § 5 Abs. 1 regelt die generelle Pflicht zur Durchführung der Risikoanalyse, während § 9 Abs. 3 Nr. 1 die Durchführung einer Risikoanalyse für den Fall vorschreibt, dass tatsächliche Anhaltspunkte für eine Verletzung einer menschenrechtsbezogenen oder einer umweltbezogenen Pflicht bei mittelbaren Zulieferern vorliegen. Dabei verhalten sich weder der Gesetzestext noch die Gesetzesbegründung zu der Frage, wann eine Risikoanalyse nicht richtig, nicht vollständig oder nicht rechtzeitig durchgeführt ist. Die Sanktionsbewehrung solcher für den Normanwender nicht weiter konkretisierten Pflichten ist im Hinblick auf den **Bestimmtheitsgrundsatz** jedenfalls kritisch zu sehen (→ Rn. 33 f.).[21] Daher haben Verfolgungsbehörde und Gerichte von ihrem **Verfolgungsermessen** (§ 47 OWiG) bis zu einer hinreichenden Konkretisierung durch die Rechtsprechung oder einer Nachjustierung durch den Gesetzgeber weitgehend Gebrauch zu machen und nur evidente Verstöße zu ahnden.[22] Teilweise wird gefordert, dass Verstöße nach Nr. 2 wegen einer nicht richtigen, nicht vollständigen oder nicht rechtzeitigen Risikoanalyse gänzlich nicht geahndet werden sollten, solange es keine klaren Maßstäbe gibt.[23]

b) Präventionsmaßnahmen (Nr. 3 bis 5)

16 Der Tatbestand der Nr. 3 ist erfüllt, wenn entgegen § 6 Abs. 1 eine **Präventionsmaßnahme** nicht oder nicht rechtzeitig ergriffen wird. Gem. § 6 Abs. 1 hat ein Unternehmen, sobald es im Rahmen einer Risikoanalyse nach § 5 ein Risiko feststellt, unverzüglich, dh ohne schuldhaftes Zögern (§ 121 Abs. 1 S. 1 BGB, → § 6 Rn. 6), angemessene Präventionsmaßnahmen sowohl im eigenen Geschäftsbereich (Abs. 3, → § 6 Rn. 23 ff.) als

---

20 BT-Drs. 19/28649, 43.
21 Wagner/Ruttloff/Wagner LkSG/Skoupil § 10 Rn. 1539 mwN.
22 Vgl. Wagner/Ruttloff/Wagner LkSG/Skoupil § 10 Rn. 1540.
23 DAV-Ausschüsse NZG 2021, 554 (555).

auch gegenüber unmittelbaren Zulieferern (Abs. 4, → § 6 Rn. 44 ff.) nach § 6 Abs. 2–4 zu ergreifen. Zu den Präventionsmaßnahmen gehören die Verabschiedung einer Grundsatzerklärung (Abs. 2) sowie Maßnahmen, die auf der Grundsatzerklärung beziehungsweise der darin enthaltenen Menschenrechtsstrategie aufbauen (Abs. 3, 4).[24]

Die Wirksamkeit der Präventionsmaßnahmen ist gem. § 6 Abs. 5 S. 1 einmal im Jahr sowie anlassbezogen zu überprüfen, wenn das Unternehmen mit einer wesentlich veränderten oder wesentlich erweiterten Risikolage im eigenen Geschäftsbereich oder beim unmittelbaren Zulieferer rechnen muss, etwa durch die Einführung neuer Produkte, Projekte oder eines neuen Geschäftsfeldes (→ § 6 Rn. 68 ff.). Werden Wirksamkeitslücken festgestellt, sind unverzüglich Anpassungsmaßnahmen zu ergreifen (→ § 6 Rn. 69). Wird die **Überprüfung der Wirksamkeit** der Präventionsmaßnahmen nicht oder nicht rechtzeitig vorgenommen, liegt ein Verstoß nach Nr. 4 vor. Erkenntnisse aus der Bearbeitung von Hinweisen nach § 8 Abs. 1 sind bei der regelmäßigen Überprüfung der Präventionsmaßnahmen zu berücksichtigen.[25] 17

Nach Nr. 5 ist die unterlassene oder nicht rechtzeitige **Aktualisierung** einer Präventionsmaßnahme entgegen § 6 Abs. 5 S. 3 bußgeldbewehrt. Soweit der Bedarf einer Aktualisierung besteht, hat diese unverzüglich (§ 121 Abs. 1 S. 1 BGB) zu erfolgen. 18

c) Abhilfemaßnahmen (Nr. 4 bis 6)

Gem. Nr. 6 handelt ordnungswidrig, wer entgegen § 7 Abs. 1 S. 1 eine **Abhilfemaßnahme** nicht oder nicht rechtzeitig ergreift. Eine Abhilfemaßnahme ist unverzüglich (→ § 7 Rn. 25) zu ergreifen, sobald das Unternehmen den Eintritt oder das unmittelbare Bevorstehen einer Verletzung einer menschenrechtsbezogenen oder einer umweltbezogenen Pflicht in seinem eigenen Geschäftsbereich oder bei einem unmittelbaren Zulieferer feststellt. Während im eigenen Geschäftsbereich im Inland die Abhilfemaßnahme gem. § 7 Abs. 1 S. 3 stets zu einer Beendigung der Verletzung führen muss, hat sie im eigenen Geschäftsbereich im Ausland gem. § 7 Abs. 1 S. 4 nur in der Regel zur Beendigung zu führen (→ § 7 Rn. 14 ff.). Obwohl nach der Gesetzesbegründung das LkSG grundsätzlich nur Bemühens- und gerade keine Erfolgspflichten aufstellt,[26] handelt es sich bei § 7 Abs. 1 S. 3 nach seinem Wortlaut um eine Erfolgspflicht. Erkenntnisse aus der Bearbeitung von Hinweisen nach § 8 Abs. 1 sind gem. § 7 Abs. 4 S. 2 zu berücksichtigen. 19

Der Tatbestand der Nr. 4 ist erfüllt, wenn eine **Überprüfung der Wirksamkeit** der Abhilfemaßnahmen (§ 7 Abs. 4 S. 1) nicht oder nicht rechtzeitig vorgenommen wird. Die Wirksamkeit der jeweiligen Maßnahme bzw. des jeweiligen Verfahrens ist einmal im Jahr sowie anlassbezogen zu 20

---

24 BT-Drs. 19/28649, 45.
25 BT-Drs. 19/28649, 48.
26 BT-Drs. 19/28649, 2.

überprüfen, wenn das Unternehmen mit einer wesentlich veränderten oder wesentlich erweiterten Risikolage im eigenen Geschäftsbereich ober beim unmittelbaren Zulieferer rechnen muss, etwa durch die Einführung neuer Produkte, Projekte oder eines neuen Geschäftsfeldes.

21 Nach Nr. 5 ist die unterlassene oder nicht rechtzeitige **Aktualisierung** einer Abhilfemaßnehme (§ 7 Abs. 4 S. 3) bußgeldbewehrt. Soweit der Bedarf einer Aktualisierung besteht, hat diese unverzüglich (§ 121 Abs. 1 S. 1 BGB) zu erfolgen.

d) Beschwerdeverfahren (Nr. 4, 5, 8)

22 Gem. Nr. 8 wird die unterlassene Einrichtung eines **Beschwerdeverfahrens** entgegen § 8 Abs. 1 S. 1, auch iVm § 9 Abs. 1, mit einem Bußgeld geahndet. Unternehmen können entweder ein unternehmensinternes Beschwerdeverfahren einrichten oder sich an einem entsprechenden externen Beschwerdeverfahren beteiligen.[27] Das Beschwerdeverfahren muss es Personen auch ermöglichen, auf Verletzungen, die durch das wirtschaftliche Handeln eines mittelbaren Zulieferers entstanden sind, hinzuweisen (§ 9 Abs. 1; vgl. für die Legaldefinition des mittelbaren Zulieferers § 2 Abs. 8).

23 Gem. Nr. 4 handelt ordnungswidrig, wer eine **Überprüfung der Wirksamkeit** des Beschwerdeverfahrens (§ 8 Abs. 5 S. 1) nicht oder nicht rechtzeitig vornimmt. Die Wirksamkeit der jeweiligen Maßnahme bzw. des jeweiligen Verfahrens ist einmal im Jahr sowie anlassbezogen zu überprüfen, wenn das Unternehmen mit einer wesentlich veränderten oder wesentlich erweiterten Risikolage im eigenen Geschäftsbereich ober beim unmittelbaren Zulieferer rechnen muss, etwa durch die Einführung neuer Produkte, Projekte oder eines neuen Geschäftsfeldes (→ § 8 Rn. 60 ff.).

24 Nach Nr. 5 ist die unterlassene oder nicht rechtzeitige **Aktualisierung** entgegen § 8 Abs. 5 S. 2 bußgeldbewehrt. Die Maßnahmen sind bei Bedarf unverzüglich (§ 121 Abs. 1 S. 1 BGB) zu wiederholen.

e) Konzepterstellung und -umsetzung (Nr. 7)

25 Wenn die Verletzung einer menschenrechtsbezogenen oder einer umweltbezogenen Pflicht bei einem unmittelbaren Zulieferer nicht in absehbarer Zeit beendet werden kann, muss das Unternehmen unverzüglich (§ 121 Abs. 1 S. 1 BGB) ein **Konzept zur Beendigung oder Minimierung der Verletzung** erstellen und umsetzen, § 7 Abs. 2 S. 1 (→ § 7 Rn. 27 ff.). Die unterlassene oder nicht rechtzeitige Erstellung oder Umsetzung dieses Konzepts wird nach Nr. 7 lit. a mit einem Bußgeld geahndet.

26 Nach Nr. 7 lit. b ist die unterlassene oder nicht rechtzeitige Erstellung und Umsetzung eines Konzepts zur Verhinderung, Beendigung oder Minimierung einer Verletzung eines Schutzgutes auch dann bußgeldbewehrt, wenn einem Unternehmen tatsächliche Anhaltspunkte vorliegen,

---

[27] BT-Drs. 19/28649, 49.

die eine Verletzung bei mittelbaren Zulieferern möglich erscheinen lassen (**substantiierte Kenntnis**). In diesem Fall ist ein Konzept anlassbezogen und unverzüglich (§ 121 Abs. 1 S. 1 BGB) zu erstellen und umzusetzen (§ 9 Abs. 3 Nr. 3, → § 9 Rn. 42 f.).

f) Dokumentations- und Berichtspflicht (Nr. 9 bis 12)

§ 10 Abs. 1 S. 1 verlangt, die Erfüllung der Sorgfaltspflichten nach § 3 unternehmensintern fortlaufend zu dokumentieren. Es handelt sich um eine **interne Dokumentationspflicht**, während in § 10 Abs. 2 eine externe Berichtspflicht geregelt ist (→ Rn. 28).[28] Gegen Nr. 9 verstößt, wer entgegen § 10 Abs. 1 S. 2 die Dokumentation der Erfüllung der Sorgfaltspflichten nach § 3 nicht oder nicht mindestens sieben Jahre aufbewahrt. Die Erfüllung der zweiten Variante einer zu kurzen Aufbewahrung setzt im Vergleich zu der ersten Variante sowie den anderen Nummern des Abs. 1 ein aktives Tun und gerade kein Unterlassen voraus (→ Rn. 12). Der möglichst lückenlosen Dokumentation kommt eine hohe Bedeutung zu, da sie Voraussetzung für die Sanktionsabwehr ist.[29]

27

Gem. § 10 Abs. 2 S. 1 hat ein Unternehmen einen jährlichen Bericht über die Erfüllung seiner Sorgfaltspflichten im vergangenen Geschäftsjahr zu erstellen. Im Gegensatz zu der Dokumentationspflicht nach § 10 Abs. 1 (→ Rn. 27) handelt es sich um eine **externe Berichtspflicht**. Den Mindestinhalt des Berichts regelt § 10 Abs. 2 S. 3. Die Berichtspflicht dient der Transparenz und bietet die Grundlage für die behördliche Kontrolle.[30] Die Informationen müssen inhaltlich richtig und so ausführlich sein, dass Dritte und die Behörde sie nachvollziehen und einer Plausibilitätskontrolle unterziehen können. Für das Berichtsformat wird ein elektronischer Zugang von der Behörde bereitgestellt (§ 12 Abs. 1).[31] Wer entgegen § 10 Abs. 2 S. 1 einen Bericht nicht richtig erstellt, handelt ordnungswidrig nach Nr. 10.

28

Nach Maßgabe von § 10 Abs. 2 S. 1 muss der Bericht spätestens vier Monate nach dem Schluss des Geschäftsjahrs auf der Internetseite des Unternehmens für einen Zeitraum von sieben Jahren kostenfrei **öffentlich zugänglich** gemacht werden. Wird der Bericht nicht oder nicht rechtzeitig öffentlich zugänglich gemacht, ist der Tatbestand der Nr. 11 erfüllt. Anders als bei Nr. 9 (→ Rn. 27) wird nach Nr. 11 nicht derjenige sanktioniert, der den Bericht nicht für einen Zeitraum von sieben Jahren öffentlich zugänglich macht. Nr. 11 stellt lediglich auf die unterlassene oder nicht rechtzeitige Zugänglichmachung des Berichtes ab.

29

Gem. Nr. 12 ist die unterlassene oder nicht rechtzeitige Einreichung des jährlichen Berichts (§ 10 Abs. 2 S. 1) entgegen § 12 bußgeldbewehrt. § 12

30

---

28 BT-Drs. 19/28649, 51 f.
29 Gehling/Ott/Lüneborg CCZ 2021, 230 (239); s. auch Grabosch LkSG/Engel/Schönfelder § 6 Rn. 40.
30 BT-Drs. 19/28649, 52.
31 BT-Drs. 19/28649, 52.

sieht ein **elektronisches Berichtsverfahren** vor.[32] Der Bericht ist gem. § 12 Abs. 1 in deutscher Sprache und elektronisch über einen von der zuständigen Behörde bereitgestellten Zugang sowie gem. § 12 Abs. 2 spätestens vier Monate nach dem Schluss des Geschäftsjahres, auf das er sich bezieht, einzureichen.

g) Vollziehbare Anordnung (Nr. 13)

31 Wenn die Anforderungen an den Bericht gem. § 10 Abs. 2, 3 nicht eingehalten wurden, kann die zuständige Behörde (§ 19 Abs. 1 S. 1) gem. § 13 Abs. 2 verlangen, dass das Unternehmen den **Bericht innerhalb einer angemessenen Frist nachbessert**. Wird einer **vollziehbaren Anordnung** nach § 13 Abs. 2 zuwidergehandelt, liegt ein Verstoß gem. Nr. 13 vor.

32 Gem. § 15 S. 1 trifft die zuständige Behörde die geeigneten und erforderlichen Anordnungen und Maßnahmen, um Verstöße gegen die Pflichten nach den § 3 bis § 10 Abs. 1 festzustellen, zu beseitigen und zu verhindern. Gem. § 15 S. 2 Nr. 2 kann die zuständige Behörde dem Unternehmen aufgeben, innerhalb von drei Monaten ab Bekanntgabe einer Anordnung iSd § 15 S. 1 einen **Plan zur Behebung der Missstände** einschließlich klarer Zeitangaben zu dessen Umsetzung vorzulegen. Eine Zuwiderhandlung gegen eine **vollziehbare Anordnung** nach § 15 S. 2 Nr. 2 stellt einen Verstoß gem. Nr. 13 dar.

4. Bestimmtheitsgebot (Art. 103 Abs. 2 GG)

33 Es gilt das **Bestimmtheitsgebot (§ 3 OWiG, Art. 103 Abs. 2 GG)**. Die Anforderungen an die verfassungsrechtliche Bestimmtheit einer Norm hängen von ihrer Eingriffsintensität und ihrem Regelungsgegenstand ab.[33] Die Norm muss umso präziser sein, je schwerer die angedrohte Sanktion ist.[34] Aufgrund der hohen Bußgelder der Abs. 2, 3 (→ Rn. 44 ff.) müssen die Normadressaten daher klar erkennen können, welche konkreten Pflichten sie treffen und wann sie ordnungswidrig handeln. Im Rahmen der Sorgfaltspflichten sowie des Bußgeldtatbestandes werden einige unbestimmte Rechtsbegriffe verwendet, so zum Beispiel die nicht richtige Durchführung einer Risikoanalyse (Abs. 1 Nr. 2) sowie die nicht angemessene oder nicht rechtzeitige Präventionsmaßnahme (Abs. 1 Nr. 3) bzw. Abhilfemaßnahme (Abs. 1 Nr. 6).[35] Mehrfach wird die nicht rechtzeitige Erfüllung einer gesetzlichen Pflicht in § 24 tatbestandlich erfasst, ohne dass die in Bezug genommenen Normen dem Anwender verlässliche Anhaltspunkte geben, innerhalb welcher Frist die Vornahme der Sorgfaltsplicht noch rechtzeitig ist. Dass die meisten Sorgfaltspflichten nach der blankettausfüllenden Vorschrift unverzüglich, dh ohne schuld-

---

32 BT-Drs. 19/28649, 53.
33 BVerfG Beschl. v. 8.8.1978 – 2 BvL 8/77, BVerfGE 49, 89 (133) = NJW 1979, 359 (361).
34 BVerfG Beschl. v. 25.7.1962 – 2 BvL 4/62, BVerfGE 14, 245 (251) = NJW 1962, 1563 (1564).
35 Krit. zur Bestimmtheit dieser Begriffe Kamann/Irmscher NZWiSt 2021, 249 (254); Lutz-Bachmann/Vorbeck/Wengenroth BB 2021, 906 (912).

haftes Zögern (§ 121 Abs. 1 S. 1 BGB), vorzunehmen sind, verschafft dabei dem Normadressaten keine hinreichende Klarheit. Denn der eine unbestimmte Rechtsbegriff („rechtzeitig") wird schlicht durch den anderen unbestimmten Rechtsbegriff („unverzüglich") ausgefüllt, was dem Normanwender im Ergebnis nicht weiterhilft. Beide Begriffe sind von den Umständen des Einzelfalles abhängig (vgl. auch → § 6 Rn. 6).[36]

Es ist nicht auszuschließen, dass die zuständige Bußgeldbehörde und die Gerichte die unbestimmten Rechtsbegriffe anders auslegen als die Verantwortlichen der betroffenen Unternehmen. Dies führt in einem Bereich mit erheblicher Bußgeldrelevanz zu bedenklicher Rechtsunsicherheit.[37] Aus diesem Grund wird zu Recht die **Anerkennung von Branchen- oder Zertifizierungsstandards** verlangt, damit die Unternehmen dem Normtext etwa entnehmen können, welche Bemühungen ausreichend sind.[38] Die Handreichungen der zuständigen Behörde gem. § 20 führen mangels Rechtsverbindlichkeit nicht zu der notwendigen Rechtssicherheit der Unternehmen.[39] Jedenfalls spricht die Rechtsunsicherheit dafür, dass die Bußgeldbehörde von ihrem durch § 47 Abs. 1 OWiG eingeräumten Nichteinleitungs- bzw. Einstellungsermessen großzügig Gebrauch macht. Bis zu einer hinreichenden Konkretisierung durch die Rechtsprechung sind nur eindeutige und schwerwiegende Verstöße zu ahnden.[40] 34

V. Innere Tatseite

Hinsichtlich aller Verstöße gem. Abs. 1 sind sowohl vorsätzliche als auch fahrlässige Begehungen tatbestandsmäßig (vgl. § 10 OWiG). 35

1. Vorsatz

Vorsatz ist der Wille zur Verwirklichung eines Tatbestands in Kenntnis all seiner objektiven Tatumstände.[41] Es ist zwischen drei verschiedenen Vorsatzformen zu unterscheiden:[42] Bei der **Absicht** bzw. dem dolus directus ersten Grades kommt es dem Täter gerade darauf an, den zum Tatbestand gehörenden Erfolg herbeizuführen. Er muss sich jedoch nicht des Eintritts des angestrebten Erfolgs sicher sein. **Wissentlichkeit** bzw. dolus directus zweiten Grades liegt vor, wenn der Täter weiß oder es als sicher 36

---

36 Scherp/Friedrich CB 2022, 51 (52).
37 Vgl. auch Thalhammer DÖV 2021, 825 (832); Kamann/Irmscher NZWiSt 2021, 249 (253).
38 Thalhammer DÖV 2021, 825 (832); vgl. auch Kamann/Irmscher NZWiSt 2021, 249 (253); Stellungnahme des Bundesverbandes der Deutschen Industrie e.V. zum Referentenentwurf, 1.3.2021, abrufbar unter https://www.bmas.de/DE/Service/Gesetze-und-Gesetzesvorhaben/gesetz-unternehmerische-sorgfaltspflichten-lieferketten.html, S. 13; Stellungnahme des Verbandes der Automobilindustrie zum Referentenentwurf, 1.3.2021, abrufbar unter https://www.bmas.de/DE/Service/Gesetze-und-Gesetzesvorhaben/gesetz-unternehmerische-sorgfaltspflichten-lieferketten.html, S. 2 f.
39 Thalhammer DÖV 2021, 825 (832).
40 Vgl. auch Wagner/Ruttloff/Wagner LkSG/Skoupil § 10 Rn. 1540, 1542; DAV-Ausschüsse NZG 2021, 554 (555).
41 BGH Urt. v. 5.5.1964 – 1 StR 26/64, BGHSt 19, 295 (298) = NJW 1964, 1330 (1331).
42 Vgl. nur KK-OWiG/Rengier OWiG § 10 Rn. 5 ff.; Fischer StGB § 15 Rn. 7 ff.

voraussieht, dass sein Handeln den gesetzlichen Tatbestand verwirklicht. Gleichgültig ist, ob er die Verwirklichung gezielt anstrebt oder nicht oder ob er sie lieber vermieden hätte. **Bedingter Vorsatz** bzw. dolus eventualis liegt hingegen vor, wenn der Täter die Tatbestandsverwirklichung für möglich hält (Wissens- bzw. kognitives Element) und die Tatbestandsverwirklichung billigend in Kauf nimmt (im Sinne eines Sich-damit-Abfindens) bzw. es ihm gleichgültig ist, ob der als möglich erkannte Taterfolg eintritt (Willens- oder voluntatives Element).[43] Für eine vorsätzliche Tatbestandserfüllung des § 24 genügt bereits bedingter Vorsatz; die konkrete Vorsatzform kann jedoch im Rahmen der Zumessung nach § 17 Abs. 3 OWiG berücksichtigt werden.[44]

2. Fahrlässigkeit

37 Im Rahmen des § 24 genügt bereits leichte Fahrlässigkeit. Fahrlässig handelt, wer die im Verkehr erforderliche **Sorgfalt** außer Acht lässt, obwohl die Tatbestandsverwirklichung objektiv vorausehbar ist.[45] Aufgrund der bereits dargestellten Bestimmtheitsprobleme (→ Rn. 33 f.) sollten die zuständigen Behörden auch insoweit von ihrem Nichteinleitungs- bzw. Einstellungsermessen großzügig Gebrauch machen.[46] Die **konkrete Erscheinungsform** des fahrlässigen Verhaltens, nicht das fahrlässige Verhalten per se, ist ein im Rahmen der Zumessung nach § 17 Abs. 3 OWiG zu berücksichtigender Faktor.[47]

38 Art und Umfang der im Verkehr erforderlichen Sorgfalt sind **objektiv** für einen besonnenen und gewissenhaften Menschen in der sozialen Situation, in der sich der Täter konkret befindet, zu bestimmen. Besondere Kenntnisse und Fähigkeiten des Täters erhöhen jedoch die objektiven Sorgfaltsanforderungen.[48] Eine tatbestandliche Pflichtverletzung kann zudem in der Übernahme einer die Fähigkeiten des Handelnden übersteigenden Tätigkeit wie auch in ihrer Fortführung liegen (sog. Übernahmeverschulden).[49]

39 Außerdem ist zwischen **bewusster und unbewusster Fahrlässigkeit** zu differenzieren, da die Unterscheidung für die Bußgeldbemessung von Bedeutung ist:[50] Während erstere vorliegt, wenn der Täter die Gefahr

---

43 BGH Urt. v. 5.7.1960 – 5 StR 131/60, NJW 1960, 1821 (1822); BGH Urt. v. 25.11.1987 – 3 StR 449/87, NStZ 1988, 175; BGH Urt. v. 4.11.1988 – 1 StR 262/88, BGHSt 36, 1 (9) = NJW 1989, 781 (783).
44 BeckOK OWiG/Sackreuther OWiG § 17 Rn. 59.
45 Vgl. KK-OWiG/Rengier OWiG § 10 Rn. 15, 30.
46 Wagner/Ruttloff/Wagner LkSG/Skoupil § 10 Rn. 1563; s. auch die Stellungnahme der DAV-Ausschüsse, denen zufolge es sachgerechter wäre, jedenfalls bis zu einer hinreichenden Konkretisierung der einschlägigen Sorgfaltspflichten durch die Rechtsprechung eine bußgeldbewehrte Ordnungswidrigkeit nur bei vorsätzlichen oder leichtfertigen bzw. grob fahrlässigen Verstößen anzunehmen, vgl. DAV-Ausschüsse NZG 2021, 554 (555).
47 KK-OWiG/Mitsch OWiG § 17 Rn. 60.
48 BeckOK OWiG/Valerius OWiG § 10 Rn. 28.
49 BGH Urt. v. 20.12.1984 – 4 StR 668/84, JR 1986, 248 (250).
50 BeckOK OWiG/Valerius OWiG § 10 Rn. 25.

des Erfolgseintritts tatsächlich erkannt hat, aber pflichtwidrig darauf vertraut hat, sie werde nicht eintreten, ist unbewusste Fahrlässigkeit gegeben, wenn der Täter die Möglichkeit der Tatbestandsverwirklichung nicht erkannt hat, obwohl er dazu fähig und imstande ist, sie also hätte erkennen müssen.[51]

3. Irrtümer

Kennt der Täter bei Begehung der Tat tatsächliche Umstände des objektiven Tatbestands nicht, handelt er ohne Vorsatz (**Tatbestandsirrtum**, § 11 Abs. 1 S. 1 OWiG). Bei normativen Tatbestandsmerkmalen muss dem Täter die **Parallelwertung in der Laiensphäre** gelingen. Er muss also den sozialen Sinngehalt des Merkmals erfassen.[52] Eine falsche rechtliche Vorstellung in Form der fehlenden Subsumtion unter das strafrechtliche Verbot (Subsumtionsirrtum) lässt den Vorsatz unberührt.[53] Gem. § 11 Abs. 1 S. 2 OWiG bleibt die Ahndung wegen fahrlässigen Handels unberührt. Aufgrund der Irrtumsträchtigkeit der objektiven Tatbestände des § 24 (vgl. unter anderem „angemessene Präventionsmaßnahme", § 6 Abs. 1; „nicht rechtzeitig", § 24 Abs. 1 Nr. 3) kommt der Ahndung wegen fahrlässigen Handelns nach § 11 Abs. 1 S. 2 OWiG große praktische Bedeutung zu.[54] 40

§ 11 Abs. 2 OWiG regelt den **Verbotsirrtum** entsprechend § 17 StGB. Er setzt die fehlende Einsicht des Täters voraus, etwas Unerlaubtes zu tun. War der Irrtum unvermeidbar, entfällt zwar nicht der Vorsatz, jedoch die Vorwerfbarkeit.[55] Kommen dem Täter Zweifel an der Rechtmäßigkeit seines Handelns, entsteht eine Prüfungs- und Erkundigungspflicht, die darauf gerichtet ist, erforderlichenfalls eine verlässliche Person um eine rechtliche Einschätzung zu bitten.[56] Ein unvermeidbarer Verbotsirrtum ist insbesondere dann anzunehmen, wenn der Täter vor dem in Rede stehenden Verhalten anwaltlichen Rechtsrat oder eine Auskunft bei der zuständigen Verwaltungsbehörde eingeholt hat.[57] Gerade in der ersten Zeit nach Inkrafttreten des LkSG wird es nicht zuletzt aufgrund der vielfachen Verwendung unbestimmter Rechtsbegriffe für den Normanwender zu Rechtsunsicherheiten kommen. Zur Vermeidung von Sanktionsrisiken kann dann Rechtsrat bzw. eine Behördenauskunft eingeholt werden. 41

---

51 BeckOK StGB/Kudlich StGB § 15 Rn. 33.
52 BeckOK OWiG/Valerius OWiG § 11 Rn. 21.
53 KK-OWiG/Rengier OWiG § 11 Rn. 3; vgl. auch BeckOK StGB/Kudlich StGB § 16 Rn. 13.
54 Mitsch NZWiSt 2021, 409 (411 f.).
55 BeckOK OWiG/Valerius OWiG § 11 Rn. 35 f.
56 Vgl. BGH Urt. v. 13.9.1994 – 1 StR 357/94, NJW 1995, 204 (205); OLG Düsseldorf Beschl. v. 5.6.1981 – 5 Ss (OWi) 286/81 – 247/81 I, NStZ 1981, 444.
57 Vgl. BayObLG Urt. v. 8.9.1988 – RReg. 5 St 96/88, NJW 1989, 1744; s. auch BeckOK OWiG/Valerius OWiG § 11 Rn. 45.

VI. Rechtswidrigkeit

42 Es gelten die **allgemeinen ordnungswidrigkeitenrechtlichen Vorschriften**. So kann etwa eine Pflichtenkollision die Rechtswidrigkeit des Unterlassens ausschließen.[58]

VII. Rechtsfolgen
1. Geldbuße (Abs. 2 bis 4)
a) Adressaten der Geldbuße

43 Adressat der Bußgeldandrohung ist der Inhaber des Unternehmens.[59] In erster Linie sind Leitungspersonen Adressaten eines Bußgeldes gem. § 24 iVm § 9 Abs. 1, 2 OWiG, soweit sie sich die Pflichtstellung des Unternehmensinhabers als besonderes persönliches Merkmal zurechnen lassen müssen (→ Rn. 9 f.).[60] Handelt es sich bei dem Unternehmensträger um eine juristische Person oder Personenvereinigung, kann gegen diese ein Bußgeld nur unter den Voraussetzungen des § 30 OWiG verhängt werden.[61] Dies setzt zunächst voraus, dass eine in § 30 Abs. 1 Nr. 1–5 OWiG genannte Person die betreffende Ordnungswidrigkeit begangen hat, durch die Pflichten verletzt worden sind, welche die juristische Person oder Personenvereinigung treffen. Dies können sowohl Mitglieder des vertretungsberechtigten Organs sein als auch sonstige Personen, die für die Leitung des Unternehmens verantwortlich handeln (vgl. § 30 Abs. 1 Nr. 5 OWiG, so zum Beispiel der Menschenrechtsbeauftragte, wenn dieser einen hohen Grad an Eigenverantwortung innehat).[62]

b) Bußgeldrahmen

44 Der **Bußgeldrahmen** ergibt sich aus Abs. 2. Dieser ist von dem konkret verletzten Tatbestand sowie von dem Adressaten des Bußgeldes (→ Rn. 43) abhängig. Bei **fahrlässiger Begehung** halbiert sich der Bußgeldrahmen gem. § 17 Abs. 2 OWiG.

45 Gem. Abs. 2 S. 1 Nr. 1 können Verstöße gegen Abs. 1 Nr. 3, 6, 7 und 8 bei **natürlichen Personen** mit einer Geldbuße bis zu 800.000 EUR geahndet werden. Dies stellt – für natürliche Personen – den höchsten Bußgeldrahmen dar. Der Gesetzgeber hat also die genannten Verstöße gegenüber den anderen Verstößen des § 24 als besonders schwerwiegend eingestuft. Gem. Abs. 2 S. 1 Nr. 2 können Verstöße gegen Nr. 1, 2, 4, 5, 13 bei natürlichen Personen mit einer Geldbuße bis zu 500.000 EUR geahndet werden.

---

58 Mitsch NZWiSt 2021, 409 (411); zur rechtfertigenden Pflichtenkollision im Allgemeinen s. KK-OWiG/Rengier OWiG Vor §§ 15, 16 Rn. 3 ff.
59 Grabosch LkSG/Engel/Schönfelder § 6 Rn. 37.
60 Grabosch LkSG/Engel/Schönfelder § 6 Rn. 37; Wagner/Ruttloff/Wagner LkSG/Skoupil § 10 Rn. 1569.
61 Wagner/Ruttloff/Wagner LkSG/Skoupil § 10 Rn. 1570.
62 Grabosch LkSG/Engel/Schönfelder § 6 Rn. 37; Wagner/Ruttloff/Wagner LkSG/Skoupil § 10 Rn. 1571.

Richtet sich in den Fällen des Abs. 2 S. 1 Nr. 1 und 2 die Geldbuße gegen eine **juristische Person oder Personenvereinigung**, verzehnfacht sich der Bußgeldrahmen gem. Abs. 2 S. 2 iVm § 30 Abs. 2 S. 3 OWiG, so dass er acht bzw. fünf Mio. EUR beträgt.[63] Nach der Gesetzesbegründung ist der Verweis auf § 30 Abs. 2 S. 3 OWiG im Hinblick auf die hohen Schutzgüter der international anerkannten Menschenrechte sowohl spezial- als auch generalpräventiv angezeigt. Vielfach seien große Unternehmen Adressaten der Verpflichtungen, welche wirksam vor einer Erfüllung der Tatbestände abgeschreckt werden müssten.[64] Bei den betroffenen Ordnungswidrigkeitstatbeständen handelte es sich auch um solche, die nach Auffassung des Gesetzgebers typischerweise vom Personenkreis des § 30 Abs. 1 Nr. 1–5 OWiG erfüllt würden.[65]

46

In den übrigen Fällen des Abs. 1, dh bei Verstößen gegen **formale Pflichten** (Nr. 9 bis 12), kann eine Geldbuße bis zu 100.000 EUR auferlegt werden (Abs. 2 S. 1 Nr. 3). Mangels Verweises auf § 30 Abs. 2 S. 3 OWiG gilt dieser Bußgeldrahmen bei Verstößen sowohl von natürlichen Personen als auch von juristischen Personen und Personenvereinigungen.[66]

47

Für Verstöße gegen die Pflicht zur Ergreifung von Abhilfemaßnahmen (Abs. 1 Nr. 6) sowie der Erstellung eines Konzepts zur Verhinderung, Beendigung und Minimierung einer Verletzung eines Schutzguts im eigenen Geschäftsbereich und beim unmittelbaren Zulieferer (Abs. 1 Nr. 7 lit. a) durch eine juristische Person oder Personenvereinigung mit einem **durchschnittlichen Jahresumsatz von mehr als 400 Mio. EUR** sieht **Abs. 3** einen nochmals erhöhten Bußgeldrahmen vor. Gem. Abs. 3 S. 1 kann eine Geldbuße von bis zu **zwei Prozent des durchschnittlichen Jahresumsatzes** verhängt werden, dh die Bußgeldobergrenze kann weitaus höher als bei acht Mio. EUR liegen. Die Ermittlung des durchschnittlichen Jahresumsatzes bestimmt sich nach Abs. 3 S. 2. Hiernach ist der **weltweite Umsatz** aller natürlichen und juristischen Personen sowie aller Personenvereinigungen der letzten drei Geschäftsjahre, die der Behördenentscheidung vorausgehen, zugrunde zu legen, soweit diese als **wirtschaftliche Einheit** operieren. In der Gesetzesbegründung wird der Begriff der wirtschaftlichen Einheit nicht definiert. Überträgt man die Definition des EuGH zum Begriff der wirtschaftlichen Einheit im Rahmen des Kartellrechts auf das LkSG, so liegt eine wirtschaftliche Einheit vor, selbst wenn diese rechtlich aus mehreren, natürlichen oder juristischen, Personen gebildet wird. Es komme nicht auf die sich aus der Verschiedenheit der Rechtspersönlichkeit ergebende formale Trennung zwischen zwei Gesellschaften an, sondern vielmehr darauf, ob sich die beiden Gesellschaften auf dem Markt einheitlich verhalten.[67] Auf der Grundlage des § 24 dro-

48

---

63 BT-Drs. 19/28649, 57 f.
64 BT-Drs. 19/28649, 58.
65 BT-Drs. 19/28649, 58.
66 BT-Drs. 19/28649, 58.
67 EuGH Urt. v. 12.7.1984 – C-170/83, BeckRS 1984, 110226 Rn. 11 – Hydrotherm; EuGH Urt. v. 14.7.1972 – 48/69, BeckRS 2004, 73172; Wagner/Ruttloff/Wagner LkSG/Skoupil § 10 Rn. 1576.

hen Unternehmen im Ergebnis schärfere Sanktionen als nach §§ 30, 130 OWiG.[68]

c) Bemessung im konkreten Fall

49 Inwieweit die Bußgeldrahmen ausgeschöpft werden, bestimmt sich gem. § 17 Abs. 3 OWiG nach der Bedeutung der Ordnungswidrigkeit sowie dem Vorwurf, der den Täter trifft. Auch die wirtschaftlichen Verhältnisse des Täters kommen in Betracht.[69] Bei Geldbußen gegen **juristische Personen und Personenvereinigungen** macht Abs. 4 spezielle Vorgaben für die Bemessung der Geldbuße. Gem. Abs. 4 S. 3 hat eine Abwägung der Umstände, die für und gegen die juristische Person oder Personenvereinigung sprechen, zu erfolgen. In Abs. 4 S. 4 werden Kriterien genannt, die im Rahmen der Abwägung berücksichtigt werden können. Dazu gehören auch Compliance-relevante Aspekte, die bei der Sanktionsbemessung berücksichtigt werden können, wie vor oder nach der Ordnungswidrigkeit getroffene Vorkehrungen zur Vermeidung und Aufdeckung von Ordnungswidrigkeiten (Nr. 6 Hs. 2, Nr. 7 Hs. 2). Auch Bemühungen, die Ordnungswidrigkeit aufzudecken und den Schaden wiedergutzumachen (Nr. 7 Hs. 1), mithin interne Untersuchungen, können sanktionsmildernd berücksichtigt werden.[70] Diese Auflistung ist jedoch nicht abschließend („insbesondere"). Die Behörde hat ihr Ermessen zur Einleitung eines Bußgeldverfahrens, dazu zählt auch die Bemessung der Bußgeldhöhe, verhältnismäßig auszuüben.[71]

2. Ausschluss von der Vergabe öffentlicher Aufträge (§ 22)

50 Ist ein Verstoß gegen § 24 rechtskräftig festgestellt worden, so sollen gem. § 22 Abs. 1 S. 1 Unternehmen von der Teilnahme an einem **Verfahren über die Vergabe** eines Liefer-, Bau- oder Dienstleistungsauftrages der in den §§ 99, 100 GWB genannten Auftraggeber bis zur nachgewiesenen Selbstreinigung nach § 125 GWB **ausgeschlossen** werden. Der Ausschluss kann gem. § 22 Abs. 1 S. 2 bis zu drei Jahre erfolgen. Voraussetzung ist, dass eine Geldbuße von wenigstens 175.000 EUR gem. § 24 verhängt wurde. Abweichend davon sind in § 22 Abs. 2 S. 2 Schwellenwerte von 1,5 Mio. EUR (Nr. 1), 2 Mio. EUR (Nr. 2) sowie 0,35 % des durchschnittlichen Jahresumsatzes (Nr. 3) geregelt.

3. Eintragung ins Wettbewerbsregister

51 Gem. Art. 3 des Gesetzes über die unternehmerischen Sorgfaltspflichten in Lieferketten vom 16.7.2021 (BGBl. I 2959, 2969) wird § 2 Abs. 1 des Wettbewerbsregistergesetzes ergänzt, so dass eine rechtskräftige Bußgeld-

---

68 Gehling/Ott/Lüneborg CCZ 2021, 230 (240); Grabosch LkSG/Engel/Schönfelder § 6 Rn. 39; Kubiciel jurisPR-StrafR 7/2021 Anm. 1.
69 Vgl. BT-Drs. 19/28649, 57.
70 Vgl. Wagner/Ruttloff/Wagner LkSG/Skoupil § 10 Rn. 1531, 1594.
71 BT-Drs. 19/28649, 57.

entscheidung nach § 24 zum **Eintrag ins Wettbewerbsregister** führt, wenn ein Bußgeld von wenigstens 175.000 EUR festgesetzt worden ist.

VIII. Verjährung und Konkurrenzen

Gem. Abs. 2 werden alle Verstöße nach Abs. 1 mit einer Geldbuße im Höchstmaß von mehr als 15.000 EUR bedroht, so dass sie gem. § 31 Abs. 2 Nr. 1 OWiG nach **drei Jahren verjähren**, wenn vorsätzlich gehandelt wurde. Aufgrund der hohen Bußgeldrahmen des Abs. 1 tritt auch bei Fahrlässigkeit ungeachtet des nach § 17 Abs. 2 OWiG halbierten Bußgeldrahmens die Verjährung gem. § 31 Abs. 2 Nr. 1 OWiG nach drei Jahren ein. 52

Verletzt dieselbe Handlung mehrere Ordnungswidrigkeiten (§ 19 Abs. 1 Alt. 1 OWiG) oder dieselbe Ordnungswidrigkeit mehrmals (§ 19 Abs. 1 Alt. 2 OWiG), wird nur eine einzige Geldbuße festgesetzt (**Tateinheit**).[72] Wenn allerdings mehrere Handlungen mehrere Ordnungswidrigkeiten erfüllen (**Tatmehrheit**), wird keine Gesamtgeldbuße gebildet, sondern für jeden Verstoß eine eigene Geldbuße festgesetzt (Kumulationsprinzip).[73] 53

Stellt die **ordnungswidrige Handlung zugleich eine Straftat** dar, wird gem. § 21 Abs. 1 S. 1 OWiG nur das Strafgesetz angewendet und die Behörde gibt die Sache gem. § 41 Abs. 1 OWiG an die Staatsanwaltschaft ab. Die Handlung kann nach § 21 Abs. 2 OWiG allerdings dann als Ordnungswidrigkeit geahndet werden, wenn eine Strafbarkeit nicht verhängt wird. Durch dieselbe Handlung kann beispielsweise nicht nur eine Ordnungswidrigkeit nach § 24 erfüllt sein, sondern es kann sich zugleich eine strafrechtliche Verantwortlichkeit wegen Beihilfe zu Menschenrechtsverbrechen nach dem VStGB ergeben (→ Rn. 3). Im Falle des § 21 Abs. 1 S. 1 OWiG wird ein bereits ergangener Bußgeldbescheid im Strafverfahren aufgehoben, soweit der Betroffene wegen derselben Handlung verurteilt wird (§ 86 Abs. 1 S. 1 OWiG) oder die Feststellungen des Gerichts dem Bußgeldbescheid entgegenstehen (§ 86 Abs. 1 S. 2 OWiG).[74] Eine Einstellung nach §§ 153, 153a StPO wirkt sich grundsätzlich nicht auf das Bußgeldverfahren aus und führt daher nicht zur Aufhebung eines ergangenen Bußgeldbescheides.[75] Demgegenüber führt die vorherige Einstellung eines strafrechtlichen Verfahrens gem. § 153a StPO zum beschränkten Strafklageverbrauch, was auch der Ahndung des von der Tat im prozessualen Sinne erfassten Sachverhaltes als Ordnungswidrigkeit entgegensteht.[76] Mithin scheidet ein Bußgeld gem. § 24 aus, wenn bezüglich des betreffenden Sachverhalts bereits eine Einstellung nach § 153a StPO vorliegt. 54

---

72 KK-OWiG/Mitsch OWiG § 19 Rn. 76.
73 KK-OWiG/Mitsch OWiG § 20 Rn. 1, 3.
74 KK-OWiG/Lutz OWiG § 86 Rn. 1.
75 BeckOK OWiG/Ganter OWiG § 86 Rn. 10.
76 BeckOK StPO/Beukelmann StPO § 153a Rn. 56.

Anlage
(zu § 2 Absatz 1, § 7 Absatz 3 Satz 2)

Übereinkommen

1. Übereinkommen Nr. 29 der Internationalen Arbeitsorganisation vom 28. Juni 1930 über Zwangs- oder Pflichtarbeit (BGBl. 1956 II S. 640, 641) (ILO-Übereinkommen Nr. 29)
2. Protokoll vom 11. Juni 2014 zum Übereinkommen Nr. 29 der Internationalen Arbeitsorganisation vom 28. Juni 1930 über Zwangs- oder Pflichtarbeit (BGBl. 2019 II S. 437, 438)
3. Übereinkommen Nr. 87 der Internationalen Arbeitsorganisation vom 9. Juli 1948 über die Vereinigungsfreiheit und den Schutz des Vereinigungsrechtes (BGBl. 1956 II S. 2072, 2071) geändert durch das Übereinkommen vom 26. Juni 1961 (BGBl. 1963 II S. 1135, 1136) (ILO-Übereinkommen Nr. 87)
4. Übereinkommen Nr. 98 der Internationalen Arbeitsorganisation vom 1. Juli 1949 über die Anwendung der Grundsätze des Vereinigungsrechtes und des Rechtes zu Kollektivverhandlungen (BGBl. 1955 II S. 1122, 1123) geändert durch das Übereinkommen vom 26. Juni 1961 (BGBl. 1963 II S. 1135, 1136) (ILO-Übereinkommen Nr. 98)
5. Übereinkommen Nr. 100 der Internationalen Arbeitsorganisation vom 29. Juni 1951 über die Gleichheit des Entgelts männlicher und weiblicher Arbeitskräfte für gleichwertige Arbeit (BGBl. 1956 II S. 23, 24) (ILO-Übereinkommen Nr. 100)
6. Übereinkommen Nr. 105 der Internationalen Arbeitsorganisation vom 25. Juni 1957 über die Abschaffung der Zwangsarbeit (BGBl. 1959 II S. 441, 442) (ILO-Übereinkommen Nr. 105)
7. Übereinkommen Nr. 111 der Internationalen Arbeitsorganisation vom 25. Juni 1958 über die Diskriminierung in Beschäftigung und Beruf (BGBl. 1961 II S. 97, 98) (ILO-Übereinkommen Nr. 111)
8. Übereinkommen Nr. 138 der Internationalen Arbeitsorganisation vom 26. Juni 1973 über das Mindestalter für die Zulassung zur Beschäftigung (BGBl. 1976 II S. 201, 202) (ILO-Übereinkommen Nr. 138)
9. Übereinkommen Nr. 182 der Internationalen Arbeitsorganisation vom 17. Juni 1999 über das Verbot und unverzügliche Maßnahmen zur Beseitigung der schlimmsten Formen der Kinderarbeit (BGBl. 2001 II S. 1290, 1291) (ILO-Übereinkommen Nr. 182)
10. Internationaler Pakt vom 19. Dezember 1966 über bürgerliche und politische Rechte, (BGBl. 1973 II S. 1533, 1534)
11. Internationaler Pakt vom 19. Dezember 1966 über wirtschaftliche, soziale und kulturelle Rechte (BGBl. 1973 II S. 1569, 1570)

12. Übereinkommen von Minamata vom 10. Oktober 2013 über Quecksilber (BGBl. 2017 II S. 610, 611) (Minamata-Übereinkommen)
13. Stockholmer Übereinkommen vom 23. Mai 2001 über persistente organische Schadstoffe (BGBl. 2002 II S. 803, 804) (POPs-Übereinkommen), zuletzt geändert durch den Beschluss vom 6. Mai 2005 (BGBl. 2009 II S. 1060, 1061)
14. Basler Übereinkommen über die Kontrolle der grenzüberschreitenden Verbringung gefährlicher Abfälle und ihrer Entsorgung vom 22. März 1989 (BGBl. 1994 II S. 2703, 2704) (Basler Übereinkommen), zuletzt geändert durch die Dritte Verordnung zur Änderung von Anlagen zum Basler Übereinkommen vom 22. März 1989 vom 6. Mai 2014 (BGBl. II S. 306/307)

Stichwortverzeichnis

Fette Zahlen bezeichnen die Paragrafen, magere die Randnummern.

Abfall-Richtlinie **2** 143
- Abfall-Verzeichnis **2** 144
Abfall-Verordnung **2** 142
Abhilfekonzept **7** 26
Abhilfemaßnahme **4** 1, **7** 1 ff.
- Abhilfekonzept **7** 26
- Anforderungen der Zivilgesellschaft **7** 44
- Angemessenheit **7** 4, 12 ff., 34, 62
- Außenwirtschaftsverkehr, Einschränkungen **7** 76
- Beendigung der Verletzung **7** 5 f., 15
- Beendigungskonzept **7** 27 ff.
- Befähigung vor Rückzug **7** 53 f.
- behördliches Handeln **7** 17
- Beschwerdeverfahren **7** 23
- Brancheninitiative **7** 40 ff., 64
- Branchenstandard **7** 40 ff.
- Bußgeld **7** 27
- Bußgeldvorschrift **24** 19 ff.
- Change-Prozess **7** 30
- eigener Geschäftsbereich **7** 5 f., 10 f.
- Einflussmöglichkeit **7** 28
- Embargo **7** 75
- Erforderlichkeit **7** 29
- Feststellung einer Verletzung **7** 7 ff.
- Geeignetheit **7** 30
- Geschäftsbeziehung, Abbruch **7** 50 ff., 73
- Geschäftsbeziehung, Aussetzen **7** 48
- Kobaltabbau **7** 71
- Kündigung **7** 77 f.
- milderes Mittel **7** 64
- Minimierungskonzept **7** 27 ff., 33 ff.
- Nachhaltigkeitsaudit **7** 38
- Ordnungswidrigkeit **7** 2
- Pflichtenintensität **7** 3 ff.
- Praxisbeispiele **7** 45
- Ratifizierung, fehlende **7** 75
- Risiko, sehr hohes **7** 65 ff.
- Rohstoffe aus Konfliktzonen **7** 58 f.
- Sanktionsmöglichkeit **7** 28
- Single Source-Fälle **7** 79
- Sorgfaltspflichten-Richtlinie **7** 83
- Stakeholder-Dialog **7** 16, 35
- Uiguren **7** 66 ff.
- Unmöglichkeit **7** 18 f.
- unverzügliche **7** 25 f.
- Verletzung, sehr schwerwiegende **7** 55 ff.
- Verletzung, unmittelbar bevorstehende **7** 8 ff.
- Vertragsstrafe **7** 49
- Wiedergutmachung **7** 20 ff.
- Wirksamkeitsüberprüfung **7** 81 f.
- Xinjiang **7** 66 ff.
- Zulieferer, mittelbarer **7** 10, 28
- Zulieferer, unmittelbarer **7** 5 f., 10, 27 ff.
Abschlussprüfer
- Berufsgeheimnisträger **17** 32
Adressaten des LkSG **Einl.** 2
Adverse Human Rights Impact **Einl.** 8, **2** 20
AGB-Kontrolle **6** 53
Allgemeine Erklärung der Menschenrechte **2** 1, 14
Altersteilzeit **1** 26
Altersuntergrenze, absolute **2** 24
- Ausnahmen **2** 25

447

Stichwortverzeichnis

Amtsermittlungsgrundsatz 19 10

Angemessenheit
- Abhilfemaßnahme 7 4, 12 ff., 34, 62
- Risikoanalyse 5 22 ff.
- Risikomanagement 4 29 f.

Angemessenheitsvorbehalt 3 12 ff.
- Einflussvermögen des Unternehmens 3 17 ff.
- Einschätzungs- und Ermessensspielraum 3 13
- Ex-ante-Perspektive 3 13
- Geschäftstätigkeit, Art und Umfang 3 14 ff.
- Maßstab 3 12
- Sorgfaltspflichtverletzung, Schwere 3 20 ff.
- Sorgfaltspflichtverletzung, Umkehrbarkeit 3 20 ff., 23
- Sorgfaltspflichtverletzung, Wahrscheinlichkeit 3 20 ff., 24
- Untermaßverbot 3 8
- Verhältnismäßigkeit 3 8
- Verursachungsbeitrag 3 25

Angestellter, leitender 1 25

Anker-Methode 2 83

Anonymität, Beschwerdeverfahren 8 52

Anordnungen und Maßnahmen 15 1 ff.

Anstalt des öffentlichen Rechts 1 7

Antifolterkonvention 2 14

Antragsbefugnis 14 16 ff.
- Darlegungslast 14 17 f.
- eigene Betroffenheit 14 16
- Substantiierung 14 17 f.

Antragsberechtigung 14 12 ff.
- Betroffenheit 14 14
- geschützte Rechtsposition 14 15
- juristische Person 14 15
- natürliche Person 14 13
- persönlicher Schutzbereich 14 15

Arbeitnehmer 1 25 ff.
- Entsendung 1 31
- Kurzarbeit 1 25
- Probezeit 1 25
- Weisungsgebundenheit 1 25
- Zählung pro Kopf 1 29

Arbeitnehmerbegriff
- Betriebsverfassungsrecht 1 27
- BGB 1 25

Arbeitnehmerzahl 1 16 ff.
- Prognose 1 18
- rückblickende Betrachtung 1 18
- Schwankungen 1 18
- vorübergehende Änderungen 1 18
- zeitweilige Beschäftigung 1 20
- Zweigniederlassung 1 30

Arbeitsdisziplin 2 44

Arbeitsentgelt 2 82

Arbeitsmittel 2 61

Arbeitsschutz 2 56 ff.
- Ausbildung und Unterweisung 2 64
- Einwirkungen durch Stoffe 2 62
- Gefahr, abstrakte 2 58
- Missachtung 3 28
- Recht des Beschäftigungsortes 2 57
- Regelbeispiele 2 60 ff.
- Schutz vor Ermüdung 2 63
- Sicherheitsstandards 2 61
- Sorgfaltspflichten-Richtlinie 2 64

Arbeitsstätte 2 61

Arbeitsunfall 2 59

Audit-System 6 63 ff.

Auffangklausel 2 103 ff.
- Sorgfaltspflichten-Richtlinie 2 107

Aufgabenwahrnehmung, risikobasierte 19 10
Auftraggeber, öffentlicher 22 6, 43 f.
Auftragsvergabe
– Bauauftrag 22 8
– Dienstleistungsauftrag 22 8
– Lieferauftrag 22 8
Ausbeutung
– sexuelle 2 50, 54
– wirtschaftliche 2 50, 54
Auskunfts-/Herausgabepflicht 17 3 ff.
– Adressat 17 4
– Anwendungsbereich 17 5, 19
– Auskunft 17 6
– Auskunftsverweigerungsrecht 17 22 ff.
– Auskunftsverweigerungsrecht, juristische Person 17 29
– Auskunftsverweigerungsrecht, natürliche Person 17 28
– Beschaffenspflicht 17 7
– Beweisverwertungsverbot 17 25
– Durchsetzung 17 12
– Fair Trial-Gebot 17 26
– Inhalt 17 18 ff.
– Rechtsschutz 17 11 f.
– Rollenvertauschung 17 27
– Selbstbelastungsfreiheit 17 24
– Sorgfaltspflichten-Richtlinie 17 34
– Unterlagen 17 6
– Verwaltungszwang 17 12
Auskunfts-/Herausgabeverlangen
– Anlass 17 9
– Verdacht 17 9
Auskunftspflichten 17 3 ff.
Auskunftsverlangen 17 13
– Auskunft, mündliche 17 13
– Auskunft, schriftliche 17 13
Auskunftsverweigerungsrecht
– Belehrung 17 30

– Belehrung, unterbliebene 17 31
– juristische Person 17 29
– natürliche Person 17 28
Auslandstätigkeit 1 31
Auslegung
– autoritative Einl. 15
– leitprinzipienkonforme Einl. 12
– Methoden Einl. 12
– völkerrechtsfreundliche 4 3
Ausschluss von der Vergabe öffentlicher Aufträge 22 1 ff.
– Anhörung 22 19
– Ausschlussgrund, fakultativer 22 25 f.
– Ausschlussgrund, spezialgesetzlicher 22 28
– Ausschlussgrund, zwingender 22 23 f.
– Ausschlusstatbestand, spezialgesetzlicher 22 4
– bei Verstoß gegen Nachbesserungsanordnung 10 18
– Bericht 10 44
– Bewerber- und Bietergemeinschaft 22 51 f.
– Bußgeld 24 50
– Bußgeldschwelle 22 15 ff.
– Bußgeldschwelle, Bemessung 22 18
– Eignung 22 21 f.
– Ermessen 22 12, 69
– Gründe 22 22
– Nachprüfungsverfahren 22 55 ff.
– Rechtsfolge 22 50
– Rechtsschutz 22 55 ff.
– Rechtsschutz, effektiver 22 57
– Rechtsschutz, einstweiliger 22 59
– Schadenswiedergutmachung 22 34 ff.
– Selbstreinigung 22 29 ff.

- Selbstreinigungsverfahren
 22 14
- systematische Einordnung
 22 20 ff.
- Unterlassungsanspruch **22** 57
- Verhältnis LkSG/GWB
 22 46 ff.
- Verhältnismäßigkeit **22** 70
- Zeitpunkt **22** 54
- Zeitraum **22** 13
- Zurechnung von Fehlverhalten
 22 51

Ausschuss für wirtschaftliche, soziale und kulturelle Rechte **Einl.** 15

Außendienst **1** 27

Außenpolitische Belange **20** 4

Außenwirtschaft **19** 4

Außenwirtschaftsverkehr, Einschränkungen **7** 76

Auswahlermessen **14** 8, 10

Auswärtiges Amt **20** 3
- Zustimmung **20** 4

Auszubildender **1** 27

BAFA *siehe* Bundesamt für Wirtschaft und Ausfuhrkontrolle (BAFA)

Basler Übereinkommen
- Abfall **2** 112
- andere Abfälle **2** 141, 145
- Ausfuhr **2** 146 f.
- Einfuhr **2** 146 f., 149
- gefährliche Abfälle **2** 140 ff., 145 ff.

Baukonzession **22** 10

Baumangel **2** 61

Beamter **1** 27

Befähigung vor Rückzug **7** 53 f.

Belehrung
- unterbliebene **17** 31

Bemühenspflicht **Einl.** 2

Benachteiligung
- Beschwerdeverfahren **8** 53 ff.

Bericht über die Erfüllung der Sorgfaltspflichten **5** 37, **10** 21 ff.
- Adressat **10** 29
- Aufbau und Inhalt **10** 25
- Ausschluss von der Vergabe öffentlicher Aufträge **10** 44
- Betriebs- und Geschäftsgeheimnisse **10** 39 ff.
- Bilanzrecht **10** 46
- Bußgeld **10** 43, **24** 28 ff.
- Datenschutz **10** 42
- Einreichung **12** 1 ff.
- Einreichung, erstmalige **10** 23
- Einreichung, unterlassene **12** 7
- Einreichung, verspätete **12** 7
- Einreichungsfrist **12** 6
- elektronische Form **12** 5
- elektronischer Abruf **10** 34
- elektronischer Zugang **12** 5
- Ersteller **10** 30
- Form **10** 26
- Frist für Nachbesserung **13** 7
- Frist für Veröffentlichung **10** 31 f.
- Geschäftsjahr **10** 27
- Gestaltungsermessen **10** 25
- Haftung, zivilrechtliche **10** 45
- im Konzernverbund **12** 3
- Internet **10** 33
- Kenntnisnahme durch Geschäftsleitung **10** 30
- Mängel **13** 5, 12
- Mindestanforderungen **10** 25
- Mindestveröffentlichungsdauer **10** 35
- Nachbesserungsverlangen **13** 4 ff.
- Nachbesserungsverlangen, Missachtung **13** 11
- Nachbesserungsverlangen, Rechtsmittel **13** 8
- Nachvollziehbarkeit **10** 26
- Obergesellschaft **10** 29

- öffentlichkeitsbezogene 10 1 ff.
- Plausibilitätskontrolle 10 26, 37
- Prüfung durch BAFA 13 1 ff.
- Rechtsverordnung 13 9
- Sorgfaltspflichten-Richtlinie 10 47 ff., 12 8
- Sprache 10 28, 12 4
- Vereinfachung 10 38
- Verhältnis zu anderen Berichtspflichten 10 24
- verkürzte Form 10 36
- Veröffentlichung 13 3
- Veröffentlichung im Internet 10 21 ff.
- Veröffentlichung, kostenfreie 10 33
- Veröffentlichung, Mängel 13 6
- Vollständigkeit 10 26, 12 4
- Zeitraum 10 23
- Zugänglichkeit 10 33
- Zweck 10 22

Berichtspflicht, Präventionsmaßnahme 6 14 f.

Berufsausbildung 1 27

Berufsgeheimnisträger 17 32

Beschaffungsstrategie 5 11, 6 66

Beschäftigung
- Beweggründe karitativer oder religiöser Art 1 27
- Erziehung 1 27
- gewöhnlicher Ort 1 30
- Heilung 1 27
- Inland 1 30
- sittliche Besserung 1 27
- Wiedereingewöhnung 1 27

Beschäftigungsort, Recht des 2 24

Beschwerdeverfahren 4 1, 5 13, 46, 7 23, 8 1 ff.
- Anforderungen 8 4
- Anonymität 8 52
- benachteiligte Gruppen 8 44
- Betriebsrat 8 15
- Betroffenheit 8 17 ff.
- Brancheninitiative 8 29 ff.
- Branchenlösung 8 21
- branchenübergreifendes 8 33
- Bußgeld 8 14, 24 22 ff.
- Code of Conduct 8 20
- Eingangsbestätigung 8 22
- Einrichtung 8 12 ff.
- Entwicklungsbanken 8 8
- Erörterung 8 24
- externes 8 21, 29 ff.
- Hinweisabgabe 8 16 ff.
- Informationen 8 45 ff.
- internationale Organisation 8 57 f.
- internationale Rahmenvereinbarung 8 31 f.
- konzernweites 8 12
- Missbrauch 8 23
- Multi Stakeholder-Initiative 8 31 f.
- Praxisbeispiel 8 9
- Repressalien 8 53 ff.
- Risikoanalyse 5 35
- Schlüsselkriterien 8 34 ff.
- Sorgfaltspflichten-Richtlinie 8 11
- Stellungnahme 8 24
- Transparenz 8 45 ff.
- Überprüfung 8 59 ff.
- unternehmensinternes 8 12
- Untersuchung 8 13
- veränderte Risikolage 8 60
- Verfahrensordnung 8 35
- Vertragsverpflichtungen, kaskadierende 9 4 f.
- Vertragsverpflichtungen, Weitergabe 9 4 f.
- Vertraulichkeit 8 51 f.
- Vertretung 8 18
- völkerrechtlicher Hintergrund 8 3 ff.
- Zugänglichkeit 8 18, 44 ff., 49 f., 9 6
- Zulieferer, mittelbarer 9 2 ff.

451

- Zulieferer, unmittelbarer 8 19 ff.
- Zweck 8 2

Bestimmtheitsgebot 2 119, 3 3, 18 7
- Bußgeldvorschriften 24 33 f.
- unbestimmte Rechtsbegriffe 3 9

Betretensrecht 16 1 ff., 7 ff.
- Adressaten 16 9
- Besichtigen 16 8
- Betreten 16 8
- Betriebsgrundstück 16 10
- Durchsetzung 16 20
- Geschäftszeiten 16 5
- Rechtsschutz 16 23 f.
- Reichweite, räumliche 16 11
- Verwaltungszwang 16 20
- Weigerung 16 22

Betriebsgeheimnis 17 8
- Bericht 10 39 ff.
- Dokumentation 10 7

Beweiserleichterung, Sorgfaltspflichten-Richtlinie 11 29

Beweiswürdigung 16 19

Bewerber- und Bietergemeinschaft 22 51 f.
- Zuverlässigkeit 22 52

Bilanzrecht, Bericht 10 46

Blockchain 6 59
- Präventionsmaßnahme 6 39

Bodenveränderung, schädliche 2 87

Brancheninitiative 7 64, 9 41

Brandgefahr 2 61

Bundesamt für Wirtschaft und Ausfuhrkontrolle (BAFA) 14 3, 21 1
- Aufgaben 19 4
- Beirat 19 11
- Berichtsprüfung 13 1 ff.
- Doppelrolle 16 1
- Handreichungen 20 1 ff.
- Kontrollaufgabe 12 1

- Prüfung der Berichtsveröffentlichung 13 3
- Rechts- und Fachaufsicht 19 5 ff.
- risikoorientierter Ansatz 12 1
- Zuständigkeit 19 2 ff.

Bundesministerium für Wirtschaft und Klimaschutz (BMWK) 19 5

Bürgerpflichten 2 45 f.

Bußgeld 24 1 ff., 43 ff.
- Abhilfemaßnahme 24 19 ff.
- Adressat 24 43
- Ausschluss von der Vergabe öffentlicher Aufträge 24 50
- Bemessung 24 49
- Bericht 10 43, 13 11
- Berichtspflicht 24 28 ff.
- Beschwerdeverfahren 8 14, 24 22 ff.
- Bestimmtheitsgebot 24 33 f.
- Beteiligung 24 11
- Bußgeldrahmen 24 44 ff.
- Deliktsnatur 24 2
- Dokumentationspflicht 24 27
- Entstehungsgeschichte 24 3
- Fahrlässigkeit 24 37 ff.
- Irrtum 24 40 f.
- Konkurrenzen 24 53 f.
- Konzepterstellung 24 25 f.
- Normzweck 24 2
- Ordnungswidrigkeitenrecht 24 7
- Präventionsmaßnahme 6 10, 24 16 ff.
- Rahmen 24 44 ff.
- räumlicher Geltungsbereich 24 6
- Rechtswidrigkeit 24 42
- Risikoanalyse 24 15
- Risikomanagement 24 14
- Schwelle 22 15
- Sorgfaltspflichten-Richtlinie 24 4
- Täter 24 9 f.
- Tathandlung 24 12

– Verfahren   24 8
– Verjährung   24 52
– vollziehbare Anordnung
  24 31 f.
– Vorsatz   24 36
– Wettbewerbsregister   24 51

Change-Prozess   7 30

Compliance Management-System   4 13, 49, 5 5 ff.

Corporate Social Responsibility-Bericht   10 24

Declaration on Fundamental Principles and Rights at Work   Einl. 8, 2 1

Dienstleistungskonzession   22 10

Dokumentation
– Abhilfeverfahren   10 5
– Abwägungsentscheidung
  10 6
– Aktualität   10 8, 13
– Aufbau und Inhalt   10 6
– Aufbewahrungsdauer   10 15
– Aufbewahrungspflicht
  10 14 ff.
– bei Ausgliederung   10 11
– Berichterstattung   10 5
– Beschwerdeverfahren   10 5
– Bußgeld   10 17, 24 27
– Einsichtnahme   10 20
– Einzelunternehmen   10 9
– Form   10 8
– fortlaufende   10 13
– Gegenstand   10 5
– Geheimhaltungsmaßnahme
  10 7
– Geschäfts- und Betriebsgeheimnisse   10 7
– Grundsatzerklärung über die Menschenrechtsstrategie   10 5
– Herausgabe   10 20
– inhaltliche Richtigkeit   10 6
– Konzern   10 10
– Letztverantwortung   10 12

– Mängelbeseitigungsverlangen
  10 17
– Nachvollziehbarkeit   10 6
– Obergesellschaft   10 11
– Präventionsmaßnahme   10 5
– Risikoanalyse   10 5
– Risikomanagement   10 5
– Sorgfaltspflichten   10 2 f., 5
– Überwachungsprozess   10 13
– Verfügbarkeit   10 8
– Vernichtung und Löschung
  10 16
– Vertraulichkeitsklassifizierung
  10 7
– zentral oder dezentral   10 12
– zivilrechtliche Haftung   10 19
– Zuständigkeit   10 5, 12

Dokumentation, interne
  10 1 ff., 7
– Erfüllung der Sorgfaltspflichten   10 3
– Nachweisfunktion   10 3
– Zweck   10 3

Dokumentation, lückenlose
– Bedeutung für Sanktionsabwehr   10 8
– Versionierung   10 13

Due Diligence   Einl. 8 f.
– Risikoanalyse   5 13

Duldungs- und Mitwirkungspflicht   18 1 ff.
– Adressat   18 3
– besonderes persönliches Merkmal   18 5
– Dimension, ordnungswidrigkeitenrechtliche   18 5 f.
– Dimension, verwaltungsrechtliche   18 4
– Sorgfaltspflichten-Richtlinie
  18 9
– Verwaltungsakt- und Vollstreckungsbefugnis   18 4

Duldungspflicht   18 1 ff.

Durchsetzung, behördliche
15 1 ff.
- Auswahlermessen 15 4
- Effektivität 15 7
- Generalklausel 15 3 ff.
- Regelbeispiele 15 6 ff.
- Verhältnismäßigkeit 15 5

Eigener Geschäftsbereich
2 165 ff., 5 36
- Abhilfemaßnahme 7 5 f.
Einkaufsbedingungen 6 53
Einkaufspraktiken 5 11
Einsichts- und Prüfungsrecht
16 14 ff.
- Dokument, elektronisches
16 15
- Dokument, Mitnahme 16 17
Einvernehmen 19 7 ff.
- Bedeutungsgehalt 19 7
- Entscheidungskriterien 19 9
- Reichweite 19 9
Elternzeit 1 26
Endkunde 2 157 ff.
Enkelgesellschaft 1 40
Entgelt 2 80
Entsendung 1 30, 31, 34
Entwicklungsfinanzierung 8 8
Entzug, widerrechtlicher
2 90 ff.
Erklärung der Vereinten Nationen über die Rechte der indigenen Völker 2 14
Erklärung über die Rechte von Personen, die nationalen oder ethnischen, religiösen oder sprachlichen Minderheiten angehören 2 14
Ermessen
- Auswahlermessen 14 8, 10
- Entschließungsermessen 14 6
- Ermessensreduzierung auf Null
14 7
- intendiertes 14 6

- pflichtgemäßes 14 4, 7
Ermittlungsbefugnisse 16 1 ff., 17 1 ff.
- Auskunft 16 2 f.
- Betretensrecht 16 5
- Geschäftszeiten 16 5
- Herausgabe von Dokumenten
16 2 f.
- Sachverhaltsermittlung 16 5
Ernährung, Recht auf ausreichende 2 86
Essenszuschuss 2 82

Fair Operating Practices 6 29
Finanzdienstleister 2 158, 179
Finanzdienstleistungen 2 161 f.
Fluchtweg 2 61

Gefahrenstoff 2 61
General Comments Einl. 15
General Surveys Einl. 15
Geschäftsbereich, eigener *siehe* eigener Geschäftsbereich
Geschäftsbeziehung Einl. 8
- Abbruch 7 50 ff., 73
- Aussetzen 7 48
- etablierte 2 182, 9 48
- Sorgfaltspflichten-Richtlinie
2 182
Geschäftsführung 1 27
Geschäftsgeheimnis 17 8
- Bericht 10 39 ff.
- Dokumentation 10 7
- Träger 17 33
Geschäftsherrenhaftung 3 38
Gesellschaft, konzernangehörige
2 171
Gesellschafter 1 26, 27
Gesetzeswirkung, präventive
14 6
Gesetzgebungsverfahren
Einl. 11
Gesundheit, Recht auf 2 86

Gesundheitsgefahr, arbeitsbedingte 2 59
Gesundheitsschädigung 2 88
Gewährleistung, kaufrechtliche 3 38
Gewässerverunreinigung 2 87
Gewerkschaft 4 63
– auf Dauer angelegte Präsenz 11 14
– Begriff 11 9
– Inlandsansässigkeit 11 11
– nicht nur vorübergehender Einsatz 11 14
– nicht-gewerbsmäßige Tätigkeit 11 13
– Parteifähigkeit 11 9
Gewinnerzielungsabsicht 1 8
Gleichbehandlungsgrundsatz 22 65 f.
Gleichordnungskonzern 1 36, 39
Gratifikationen 2 82
Green Procurement 22 62
Grundsatzerklärung über die Menschenrechtsstrategie 6 42
– Präventionsmaßnahme 6 11 ff.
– Risikomanagement 4 46
– Zulieferer, mittelbarer 9 44
Guiding Principles Reporting Framework 10 25

Haftung
– deliktsrechtliche 3 33 ff.
– Exkulpation 3 41
– Sorgfaltspflichten-Richtlinie 3 40 ff., 11 26
– zivilrechtliche 3 29 ff., 32 ff., 42
– zivilrechtliche, Anspruchsgrundlagen 3 37 ff.
– zivilrechtliche, Reichweite 3 33 ff.
Handelsvertreter 1 25

Handreichungen des BAFA 20 1 ff.
– Abstimmung 20 3
– Form 20 2
– Veröffentlichung 20 2
– Zeitpunkt 20 2
Hauptniederlassung 1 11
Hauptverwaltung 1 10
Hazardous Work 2 34 f., 35
Heimarbeit 1 25, 27
Herausgabepflicht 17 3 ff.
– Kostentragung 17 16
– nemo tenetur 17 17
– Selbstbelastungsfreiheit 17 17
– Verhältnis zum Auskunftsverlangen 17 15
Herrschaftsausübung 2 50, 54
Hinweisgeberschutzgesetz (HinSchG) 8 10
Hinweisgeberschutz-Richtlinie 8 10, 54
Hochrisikosektor
– Produktionsstandort 3 22
– Rahmenbedingungen 3 22
Human Rights Impact Assessment 5 14, 23
Human Rights Risks Einl. 9, 2 20
ILO-Expertenausschuss Einl. 15
ILO-Kernübereinkommen Einl. 15, 2 1
Informationspflicht, Risikomanagement 4 52
Inlandsbezug 1 2, 9 ff.
International Bill of Human Rights Einl. 8, 2 1
Juristische Person des öffentlichen Rechts 1 7
Kamapgnebetrieb 1 20
Katastrophe 2 46

Kenntnis, substantiierte 4 7, 9 9 ff.
- Risikoanalyse 5 21
Key Performance Indicators 6 41
Kinderarbeit 2 23 ff.
- Altersuntergrenze 2 24
- Mindestalter 2 23 ff.
- schlimmste Formen 2 33 ff., 39
- Schulpflicht 2 24
Kinderbetreuung 2 82
Koalitionsfreiheit 2 65 ff.
- Betätigungsfreiheit 2 69
- Diskriminierung 2 68
- Kollektivverhandlungen 2 71
- Legaldefinition 2 66
- persönlicher Anwendungsbereich 2 67
- Schranken 2 72
- Sorgfaltspflichten-Richtlinie 2 73
- Streikrecht 2 70
- Vergeltungsmaßnahme 2 68
Kollektivverhandlung 2 71
Konfliktzone 7 58 f.
Kontrollbefugnis
- präventive 14 9
- vorbeugende 14 9
Kontrolle
- behördliche 14 1 ff.
- risikobasierte 14 1 ff.
Kontrollmechanismen, risikobasierte 6 63 ff.
Konzern 1 36
- Bericht 10 29
Konzernangehörige Gesellschaft 2 171
Konzernangehörigkeit 1 37
Konzernbericht 10 29
Konzerndokumentation, Zulässigkeit 10 10
Konzernmutter 1 35, 37, 40
Konzernunternehmen 1 37

Krankenversicherungsbeitrag 2 82
Kündigung 7 77 f.
Kündigungsrecht 6 55
Lärmemission, schädliche 2 87
Lebensgrundlage 2 92
Lebenshaltungskosten 2 82
Lebensunterhalt, angemessener 2 82
Leibeigenschaft 2 50, 52
Leiharbeitnehmer 1 32
Leistungsfähigkeit, wirtschaftliche 1 16, 27, 33
Leitprinzipien der Vereinten Nationen für Wirtschaft und Menschenrechte (VNLP) Einl. 7, 4 6, 5 12, 17, 28, 6 3, 14, 21, 28, 36
- Due Diligence 8 3 ff.
- Lieferkette 2 160
- Perspektive 8 5 f.
- Wirksamkeitskriterien 8 4, 34 ff.
Lieferant, zertifizierter 6 60
Lieferantenkodex 6 52
Lieferkette
- Bestandteile 2 155 ff.
- Betriebskantine 2 159
- Definition 2 151 ff.
- Dienstleistungen 2 167
- Downstream-Seite 2 154, 157 ff.
- Endkunde 2 157 ff.
- Erforderlichkeit 2 159
- Finanzdienstleistungen 2 161 f.
- Gebäudereinigung 2 159
- geschlossene 22 65 f.
- Handelskette 2 153, 167
- missbräuchliche Ausgestaltung 5 20
- Produkte, Herstellung und Verwertung 2 167

– Produkte und Dienstleistungen
2 152
– Sorgfaltspflichten-Richtlinie
2 164
– Upstream-Seite   2 154, 156
– Versicherungsunternehmen
2 163
– VNLP   2 160
Lieferkettenkriterium   22 65 f.
Lohn, angemessener   2 82 ff.,
4 5
– anwendbares Recht   2 83
– Legaldefinition   2 83
– Recht des Beschäftigungsortes
2 83
– Sorgfaltspflichten-Richtlinie
2 84
Luftverunreinigung   2 87
Mediation   8 25 ff.
Menschenhandel   2 43
Menschenrechte, Rechtsnatur
2 4
Menschenrechtsausschuss
Einl. 15
Menschenrechtsbeauftragter
9 27
– Risikomanagement   4 45,
47 ff.
Menschenrechtsbezogene Erwartungen   5 4
Militärdienstpflicht   2 45 f.
Minamata-Übereinkommen
2 120 ff.
– abweichende Maßnahmen
2 124
– Ausnahmen   2 122 f.
– Quecksilber   2 110
– schriftliche Notifikation
2 123
– Sekretariat   2 123
Mindestalter   2 24, 26, 29
– Ausnahme für bestimmte Kategorien   2 27

– Begrenzung auf bestimmte Arten von Unternehmen   2 28
– Begrenzung auf bestimmte Wirtschaftszweige   2 28
– Bereichsausnahme   2 29
– Berufsausbildung   2 29
– Einzelfallausnahme   2 30
– künstlerische Veranstaltungen
2 30
– leichte Arbeiten   2 29
– Schulpflicht   2 29
– Sorgfaltspflichten-Richtlinie
2 32
Mindestlohn   2 83, 4 5
Minimierungskonzept   9 42 f.
Mitarbeiter, freier   1 26, 28
Mitwirkungspflicht   16 18,
18 1 ff.
Mutterschaftsurlaub   1 25
Mutterunternehmen   1 35
Nachbesserungsverlangen
13 12
Nachhaltigkeitsaudit   7 38
Nachprüfungsverfahren
22 55 ff.
– Wirkung der Entscheidung
22 57
Nachschau   16 7 ff.
– Abgrenzung zur Durchsuchung
16 4 ff.
– Adressaten   16 9
– Ankündigung   16 12
– Informationspflicht   16 13
– Sorgfaltspflichten-Richtlinie
16 25
– Verdacht   16 12
Nachunternehmer   22 53
Nationale Kontaktstelle   8 7
Nationaler Aktionsplan (NAP)
Einl. 10
NGO   *siehe* Nichtregierungsorganisation

Nichtregierungsorganisation
- auf Dauer angelegte Präsenz **11** 14
- Begriff **11** 10
- Inlandsansässigkeit **11** 11
- nicht nur vorübergehender Einsatz **11** 14
- nicht-gewerbsmäßige Tätigkeit **11** 13
- Parteifähigkeit **11** 10
- Präventionsmaßnahme **6** 38

Notstand **2** 46

Obergesellschaft **1** 35 f., 39 f., **2** 171
- Bericht **10** 29
- Dokumentation **10** 11
- ultimative **1** 40

OECD-Leitsätze **Einl.** 10, **8** 3
- Nationale Kontaktstelle **8** 7

Organisationsstruktur
- Risikomanagement **4** 33

Organisationsverschulden **3** 38, **9** 29
- Kenntniserlangung, proaktive **9** 33

Organmitglied **1** 26, 27

Palermo-Protokoll **2** 14, 43

Pestizidvergiftung **2** 61

POPs-Übereinkommen **2** 129 ff.
- anwendbares Recht **2** 138
- Ausnahmen **2** 131
- Handhabung, Sammlung, Lagerung und Entsorgung von Abfällen **2** 134
- Liste eliminierter Stoffe **2** 130
- Ratifikation **2** 138

POP-Verordnung **2** 111, 132 f.

Präventionsmaßnahme **4** 1, **5** 26, **6** 1 ff.
- AGB-Kontrolle **6** 53
- Angemessenheit **6** 2, 4 f., 9
- Audit-System **6** 63 ff.
- Austausch mit NGOs **6** 38
- Berichtspflicht **6** 14 f., 55
- Beschaffungsstrategie **6** 28 ff., 66
- Blockchain **6** 39, 59
- Bußgeld **24** 16 ff.
- eigener Geschäftsbereich **6** 23 ff.
- Einkaufsbedingungen **6** 53
- Einkaufspraktiken **6** 28 ff., 66
- Einschätzungsprärogative **6** 9
- Erwartungen, menschenrechts- und umweltbezogene **6** 21
- Fair Operating Practices **6** 29
- Grundsatzerklärung über die Menschenrechtsstrategie **6** 4, 8, 11 ff., 42
- Informationspflicht **6** 55
- Key Performance Indicators **6** 41
- Kontrollmaßnahmen, risikobasierte **6** 42 f.
- Kontrollmechanismen, risikobasierte **6** 63 ff.
- Kündigungsrecht **6** 55
- Lebensmittelbranche **6** 31
- Lieferant, zertifizierter **6** 60
- Lieferantenbewertung **6** 47
- Lieferantenkodex **6** 27, 52
- Menschenrechtsstrategie **6** 48
- Menschenrechtsstrategie, Umsetzung **6** 24 ff.
- Ordnungswidrigkeit **6** 10
- Risiko, Feststellung **6** 12
- risikobasierter Ansatz **6** 43
- Risikocluster **6** 20
- Risikomanagement, Beschreibung **6** 18
- Risikopriorisierung **6** 19 f.
- Schulung **6** 40, 61 f.
- Sorgfalt eines ordentlichen Geschäftsmannes **6** 6
- Sorgfaltspflichten-Richtlinie **6** 70 f.
- Spot Market **6** 29
- Stakeholder **6** 66

- Transparenz 6 36
- Unternehmensleitung 6 16
- unverzügliche 6 2, 6 ff.
- Verhaltenskodex 6 21, 24 ff.
- Verhaltensrichtlinie 6 24 ff., 32, 43
- vertragliche Zusicherung 6 48 ff.
- Vertragsstrafe 6 55
- Verzögerung 6 7
- Weitergabeklausel 6 58 f.
- Wirksamkeit 6 68 f.
- Zertifizierungssystem 6 63 ff.
- Zulieferer, Auswahl 6 47
- Zulieferer, mittelbarer 6 58 ff., 9 37 f.
- Zulieferer, unmittelbarer 6 44 ff.

Produktionsstandort, Hochrisikosektor 3 22

Prozessstandschaft
- ausländisches Deliktsrecht 11 21
- Deliktsstatut 11 18
- ermächtigte Prozessstandschafter 11 8 ff.
- Ermächtigung zur Prozessführung 11 7
- gesetzliche 11 4
- Gewerkschaft 11 9
- gewillkürte 11 4
- internationale Zuständigkeit 11 17
- NGO 11 10
- prozessuale Erleichterung 11 2
- schutzwürdiges Interesse 11 4
- überragend wichtige Rechtsposition 11 5 f.
- zivilrechtliche Haftung 11 2
- zivilrechtlicher Haftungsausschluss 11 15

Quecksilber 2 120 ff., 122
- Acetaldehyd-Herstellung 2 126
- Chlor-Alkali-Herstellung 2 126
- Herstellung, Einfuhr, Ausfuhr 2 121
- Herstellungsprozess 2 125

Rechenschaftsbericht des BAFA 21 1 f., 2

Recht des Beschäftigungsorts
- Lohn, angemessener 2 83
- Schulpflicht 2 24

Rechts- und Fachaufsicht
- Einvernehmen 19 6 ff.

Rechtsanwalt
- Berufsgeheimnisträger 17 32

Rechtsposition, geschützte **Einl.** 3, 13, 2 1 ff.
- Arbeit und soziale Sicherheit 2 12
- Diskriminierungsverbot 2 10
- Gleichbehandlungsgebot 2 10
- Rechtsnatur 2 3 f.
- Regelungstechnik 2 2
- Schutz des Kindes 2 11
- Schutz vor Zwang 2 8
- Sorgfaltspflichten-Richtlinie 2 14
- Vereinigungs- und Koalitionsfreiheit 2 9
- weitere Rechte 2 13

Rechtsvergleich
- Australien 11 24
- Frankreich 11 23
- Niederlande 11 23
- Schweiz 11 23
- Vereinigtes Königreich 11 24

Rekrutierung 2 44

Repressalien, Beschwerdeverfahren 8 53 ff.

Risiko 4 4 ff., 5 10
- abstrakte Gefahr 4 6
- Bewertung 4 7, 5 9, 24 f.
- hinreichende Wahrscheinlichkeit 4 7
- Identifizierung 5 8

- konkrete Gefahr 4 6
- unmittelbare Verbindung 5 17 f.
- Unterlassung 4 41
- Verursachung 4 40

Risiko, branchenspezifisches 3 16

Risiko, länderspezifisches 3 16

Risiko, menschenrechtliches Einl. 3
- Definition 2 15 ff.
- Drohen 2 20
- hinreichende Wahrscheinlichkeit 2 18
- potenzieller Verstoß 2 20
- Proportionalität, umgekehrte 2 18
- Sorgfaltspflichten-Richtlinie 2 21
- tatsächliche Umstände 2 19
- Zustand 2 17

Risiko, umweltbezogenes Einl. 3, 2 109 ff.
- anwendbares Recht 2 113 ff.
- Verweisungstechnik 2 113 ff.

Risiko, warengruppenspezifisches 3 16

Risikoanalyse 4 1, 15 f., 38, 5 1 ff.
- Aktualisierung 5 35
- Angemessenheit 5 1, 22 ff.
- Angemessenheit, Kriterien 5 3 ff.
- Beschwerdeverfahren 5 35
- bottom-up 5 8
- Bußgeld 24 15
- Compliance Management-System 5 5 ff.
- Dialog mit Betroffenen 5 13, 15
- Dokumentation 5 26, 30
- Due Diligence-Leitfaden 5 13
- Durchführung, anlassbezogene 5 34, 38 ff.
- Durchführung, jährliche 5 34 ff.
- eigener Geschäftsbereich 5 36
- Einkaufspolitik 5 12
- Entscheidungsträger, maßgebliche 5 28 f., 31
- gesamte Lieferkette 5 38 ff.
- Grundsätze 5 2 ff.
- Human Rights Impact Assessment 5 14, 23
- Inspektion vor Ort 5 14
- Kenntnis, substantiierte 5 21
- Kommunikation, interne 5 28 ff.
- Lieferkette, missbräuchliche Ausgestaltung 5 20
- Methode 5 13
- Organisationsstruktur 5 29, 32, 43
- Priorisierung 5 3
- Prozess, zweistufiger 5 3
- Rahmen, organisatorischer 5 6
- Reichweite 5 16 ff., 38 ff.
- Risikobegriff 5 10
- Risikobewertung 5 9, 24 f.
- Risikocluster 5 24
- Risikogewichtung 5 24 f.
- Risikoidentifizierung 5 8
- Risikokatalog 5 7
- Risikokategorien 5 26
- Risikolage 5 41 ff.
- Risikomapping 5 7, 12
- Risikopriorisierung 5 24 f.
- Risikoszenario 5 8
- Risk Owner 5 32
- rollierendes System 5 37
- Sorgfaltspflichten-Richtlinie 5 21
- top-down 5 8
- Umfang 5 35 ff., 38 ff.
- Umfang und Ziele 5 7
- Umweltverträglichkeitsprüfung 5 14
- Zulieferer, mittelbarer 5 20, 36, 9 36

Risikobasierte Aufgabenwahrnehmung 19 10
Risikobewältigung 4 15 f.
Risikocluster 5 24, 6 20
Risikogewichtung 5 24 f.
Risikokategorien 5 26
Risikolage 5 41 ff., 8 60
Risikomanagement 4 1 ff., 8 ff.
– angemessene Ausgestaltung 3 12
– Angemessenheit 4 29 f., 66
– Anhörungsrecht 4 53
– Berichtsrecht 4 53
– Beschäftigte, eigene 4 59
– Beschäftigte, informelle 4 59
– Beschäftigte innerhalb der Lieferkette 4 60
– Bußgeld 24 14
– Compliance Management-System 4 13, 49
– Dialog mit Betroffenen 4 55 ff.
– Dokumentation 4 15, 17
– etablierte Geschäftsbeziehung 4 32
– Grundsätze 4 10 ff.
– Grundsatzerklärung über die Menschenrechtsstrategie 4 46
– Handlungsspielraum 4 44
– individuelle Unternehmens- und Risikosituation 3 12
– Informationspflicht 4 42, 52, 5 31
– Inhalt und Aufbau 4 14 ff.
– Kommunikation 4 15
– Menschenrechtsbeauftragter 4 45, 47 ff.
– normativer Hintergrund 4 3
– Organisationsstruktur 4 14 ff., 33, 6 16
– prozessorientiertes 3 5
– rechtlicher Hintergrund 4 11 ff.
– Reichweite 4 28
– Risikoanalyse 4 15 f.
– Risikobegriff 4 2, 4 ff.
– Risikobewältigung 4 15 f.
– Risikomanagementsystem 4 13, 16, 49
– Risikoüberwachung 4 15 f.
– Schutzgesetz 4 54
– sonstige Betroffene 4 61 f.
– Sorgfalt eines ordentlichen und gewissenhaften Geschäftsleiters 4 12
– Sorgfaltspflichten-Richtlinie 4 31 f.
– Stakeholder-Dialog 4 55 ff., 65
– Three Lines Modell 4 20
– Überwachung 4 12, 42 ff.
– Überwachungspflicht 4 14
– Überwachungszuständigkeit 4 43
– Verankerung im Geschäftsablauf 4 35 f.
– Verhältnismäßigkeit 4 32, 40
– wirksame Maßnahmen 4 38 ff.
– Wirksamkeit 4 33 f.
– zertifizierte Standards 4 18 ff.
– zu berücksichtigende Interessen 4 54
Risikomanagementsystem 4 13, 16, 49
– Zulieferer, mittelbarer 9 35
Risikomapping 5 7, 12
Risikopriorisierung 5 24 f.
– Präventionsmaßnahme 6 19 f.
Risikoszenario 5 8
Risk Owner 5 32
Ruggie, John Einl. 7
Sachleistungen 2 82
Saisonbetrieb 1 20
Sanitäranlagen 2 88
Sanktionsregime
– öffentlich-rechtliches 3 30

- zivilrechtliches 3 30
Schlichtung 8 25 ff.
Schuldknechtschaft 2 42
Schulpflicht 2 24
- Recht des Beschäftigungsortes 2 24
Schulung 6 40, 61 f.
Schutzgesetz 3 31
- Risikomanagement 4 54
Schutzpflicht, staatliche Einl. 7
Schwellenwert 1 2, 16 ff.
- aktuelle Personalstärke 1 18
- Sorgfaltspflichten-Richtlinie 1 41
- vorübergehende Unterschreitung 1 22
- zukünftige Erreichung 1 22 f.
Schwestergesellschaft 1 39
Sektorenauftraggeber 22 6, 44
Selbstreinigung 22 14, 29 ff.
- erfolgreiche 22 33
- Prüfungsrecht 22 39
- Voraussetzungen 22 33
Selbstständiger 1 26
Sicherheitskräfte 2 96 ff.
- Beauftragung 2 98
- bewaffneter Konflikt 2 97
- Kontrolle 2 101
- Nutzung 2 98
- Sorgfaltspflichten-Richtlinie 2 102
- unternehmerisches Projekt 2 99
- Unterweisung 2 101
Single Source-Fälle 7 79
Sitz, satzungsmäßiger 1 13
Sklaverei 2 50 ff., 51
- Sorgfaltspflichten-Richtlinie 2 55
Sklavereiähnliche Praktiken 2 50, 53
Social Procurement 22 61 ff.
Soldat 1 27

Sorgfalt, Begriff 3 5
Sorgfaltspflicht
- Angemessenheitsvorbehalt 3 2, 4, 7
- Beenden 3 7
- Begleitpflichten 3 11
- Bemühenspflicht 3 5
- Dokumentation 10 2 f.
- Durchsetzung Einl. 5
- Durchsetzung, zivilrechtliche Einl. 6
- Einflussmöglichkeit 3 11
- Erfolgspflicht 3 5, 6
- Inhalt 3 1 ff., 10 ff.
- Katalog, abschließender 3 3
- Kernpflichten 3 11
- Kontrolle Einl. 5
- Minimieren 3 7
- Rechtsanwendungsbefehl 3 4
- Überblick Einl. 4
- Verletzung Einl. 3
- Vorbeugen 3 7
- Wesen 3 1 ff.
- Ziel 3 7
Sorgfaltspflichten-Richtlinie Einl. 16, 1 41 f., 2 14, 11 25 ff.
- Abhilfemaßnahme 7 83
- Arbeitsschutz 2 64
- Auffangklausel 2 107
- Auskunfts- und Herausgabepflicht 17 34
- Bericht 10 47 ff., 12 8
- Bericht, Anforderungen 10 48 f.
- Beschwerdeverfahren 8 11
- Beweiserleichterung 11 29
- Bußgeld 24 4 f.
- Duldungs- und Mitwirkungspflicht 18 9
- Eingriffsnorm 11 30
- etablierte Geschäftsbeziehung 2 182, 9 48, 11 28
- Geschäftsbeziehung 2 182
- Haftung 3 40 ff.

- Haftung für indirekte Geschäftspartner **11** 27
- Haftung, privatrechtliche **11** 26
- Kinderarbeit, schlimmste Formen **2** 39
- Koalitionsfreiheit **2** 73
- Lieferkette **2** 164
- Lieferkette, Begriff **2** 158
- Lohn, angemessener **2** 84
- Mindestalter **2** 32
- Nachschau **16** 25
- Präventionsmaßnahme **6** 70 f.
- Rechtsposition, geschützte **2** 14
- Risiko, menschenrechtliches **2** 21
- Risikoanalyse **5** 21
- Risikomanagement **4** 31 f.
- Schadensersatz **3** 40 ff.
- Schwellenwerte **1** 41
- Sicherheitskräfte **2** 102
- Sklaverei **2** 55
- Umwelteinwirkungen, schädliche **2** 89
- Ungleichbehandlung in Beschäftigung **2** 81
- Unternehmensbegriff **1** 42
- weitergehende Verbote **2** 108
- Wertschöpfungskette **2** 164
- Zwangsarbeit **2** 49
- Zwangsräumung **2** 95

Sorgfaltspflichtverletzung
- Verursachung **3** 26

Spot Market **6** 29

Stakeholder-Dialog **7** 16, 35, **9** 26
- Risikomanagement **4** 55 ff., 65

Standards, zertifizierte **4** 18 ff.

Streik **2** 44

Streikrecht **2** 70

Streitbeilegung, einvernehmliche **8** 25 ff.

Subsequent Practice **Einl.** 14

Substantiierte Kenntnis **4** 7

Substantiierungslast **9** 21

Tätigwerden, behördliches
- Antragsbefugnis **14** 16 ff.
- Antragsberechtigung **14** 12 ff.
- auf Antrag **14** 10 ff.
- von Amts wegen **14** 4 ff.

Telearbeit **1** 27

Tochtergesellschaft **1** 40

Travaux préparatoires **Einl.** 14

Trinkwasser **2** 88

Übereinkommen, völkerrechtliche **Einl.** 13
- Bindung **2** 6
- Vertragspartei **2** 5

Umweltbezogene Erwartungen **5** 4

Umweltbundesamt **20** 3

Umwelteinwirkungen, schädliche **2** 85 ff.
- Beeinträchtigung **2** 88
- Sorgfaltspflichten-Richtlinie **2** 89

Umweltverträglichkeitsprüfung **5** 14

Ungleichbehandlung in Beschäftigung **2** 74 ff.
- Ausnahmen **2** 78
- Berufsausbildung **2** 77
- Beschäftigungsbedingungen **2** 77
- Entgelt **2** 80
- Sorgfaltspflichten-Richtlinie **2** 81

Unterdrückung **2** 50, 54

Unterlagen
- Herausgabe von **17** 14
- Überlassen von **17** 14

Unternehmen
- Begriff **1** 4, 6 ff.
- Einheit **2** 168

463

- Rechtsform 1 6
- Sorgfaltspflichten-Richtlinie 1 42
- Ziel 2 165 f.

Unternehmen, öffentliches 1 7

Unternehmen, verbundenes 1 35, 2 169 ff., 9 27
- bestimmender Einfluss 2 172 f., 175 f.
- Holdinggesellschaft 2 175
- konzernangehörige Gesellschaft 2 171
- Obergesellschaft 2 171
- Tochtergesellschaft, Sitz 2 174

Unternehmenseinheit 2 168

Unternehmensleitung 6 16

Urenkelgesellschaft 1 40

Verfahren der risikobasierten Kontrolle 14 20

Verfahrensordnung
- Beschwerdeverfahren 8 35
- Konsultation 8 38
- Öffentlichkeit 8 37
- Textform 8 37
- Unabhängigkeit 8 40 f.
- Unparteilichkeit 8 39
- Verschwiegenheit 8 43
- Weisungsfreiheit 8 42
- zeitlicher Rahmen 8 36

Vergabe öffentlicher Aufträge, Ausschluss *siehe* Ausschluss von der Vergabe öffentlicher Aufträge

Vergabesperre 22 2

Vergabeverfahren
- Eignungskriterium 22 68
- soziale Aspekte 22 61 ff., 65 f.
- umweltbezogene Aspekte 22 62
- Versorgungssicherheit 22 67

Verhaltenskodex 6 21

Verjährung, Bußgeld 24 52

Verkehrssicherungspflicht 3 38

Verletzung, sehr schwerwiegende 7 55 ff.

Verletzungshandlung, Zurechnung 3 36

Verschwiegenheitspflicht 17 32

Versicherungsleistungen 2 163

Versicherungsunternehmen 2 179

Versorgungssicherheit 22 67

Vertrag mit Schutzwirkung zugunsten Dritter 3 38

Vertragsstrafe 6 55, 7 49

Verursacher, unmittelbarer 3 18

Verursachungsbeitrag
- Verursachung, mittelbare 3 25, 28
- Verursachung, unmittelbare 3 25, 28

Verwaltungsrechtsweg 14 19

Verwaltungssitz 1 12

Verwaltungsvollstreckung 16 2 f.

VN-Behindertenrechtskonvention 2 14

VN-Frauenrechtskonvention 2 14

VN-Kinderrechtskonvention 2 14

VNLP *siehe* Leitprinzipien der Vereinten Nationen für Wirtschaft und Menschenrechte (VNLP)

VN-Rassendiskriminierungskonvention 2 14

Völkermordkonvention 2 14

Völkerrechtsfreundliche Auslegung 4 3

Vollziehbare Anordnung 24 31 f.

Vorruhestand 1 26

Wasser, Recht auf 2 86

Wasserverbrauch, übermäßiger
2 87
Weitergabeklausel 6 58 f., 9 39
Wettbewerbsregister 22 48 f.
– Beschwerde 22 60
– Bußgeld 24 51
– Löschung 22 45
Wettbewerbsregistergesetz
(WRegG) 22 43 ff.
Wiedergutmachung 7 20 ff.
Wiener Vertragsrechtskonvention
Einl. 14
Wirksamkeitsüberprüfung
7 81 f.
Wirtschaftsunternehmen Einl. 8
Wissensvertreter 9 24 ff.
Wissenszurechnung 9 24 ff.
Wohnung, Unverletzlichkeit
16 4 f.
Wohnungszuschuss 2 82
Zertifizierte Standards 4 18 ff.
Zertifizierungssystem 6 63 ff.
Zulieferer, mittelbarer
2 177 ff., 181, 6 58 ff., 9 1 ff.,
9 ff.
– Abhilfemaßnahme 7 10, 28
– Anhaltspunkte für eine Verletzung 9 15 ff.
– Beschwerdeverfahren 9 2 ff.
– Brancheninitiative 9 41
– Grundsatzerklärung über die Menschenrechtsstrategie 9 44
– Informationsabfragepflicht
9 28
– Informationsquelle 9 22 f.
– Informationsweiterleitungspflicht 9 28
– Kenntnis, substantiierte
9 9 ff.
– Kontrollmaßnahme 9 39
– Menschenrechtsbeauftragter
9 27
– Minimierungskonzept 9 42 f.

– Organisationsverschulden
9 29
– Präventionsmaßnahme
9 37 f.
– Risikoanalyse 5 20, 36
– Risikomanagement 9 7 f.
– Risikomanagementsystem
9 35
– Stakeholder-Dialog 9 26
– Substantiierungslast 9 21
– Unterstützung 9 40
– verbundenes Unternehmen
9 27
– Verletzung, mögliche 9 13 f.
– Weitergabeklausel 9 39
– Wissensvertreter 9 24 ff.
Zulieferer, unmittelbarer
2 177 ff., 6 44 ff.
– Abhilfemaßnahme 7 5 f., 10, 27 ff.
Zurechnung
– Adressat 1 38
– „nach oben" 1 39
Zuschlagskriterium 22 65 f., 66 f.
Zwang, politischer 2 44
Zwangsarbeit 2 40 ff., 41
– besondere Verbote 2 44
– Diskriminierung 2 44
– Freiheitsentzug 2 46
– gerichtliche Verurteilung
2 45 f.
– höhere Gewalt 2 45
– Sorgfaltspflichten-Richtlinie
2 49
Zwangsgeld
– BAFA 23 1
– Verwaltungszwangverfahren
23 1
Zwangsräumung 2 91
– Sorgfaltspflichten-Richtlinie
2 95
– widerrechtliche 2 90 ff., 94
Zweigniederlassung 1 14 f.
– Arbeitnehmerzahl 1 30